CODE

DE LA

MARTINIQUE.

CODE
DE LA
MARTINIQUE.

NOUVELLE ÉDITION,

Continuée par M. Dufresne de St-Cergues, Président du Tribunal de première Instance à la Basse-Terre, Guadeloupe.

TOME CINQUIÈME;

Contenant les Actes Législatifs des Colonies de la Martinique et d' Sainte-Lucie depuis 1805 *jusqu'en* 1813 *inclusivement, ainsi qu'un Supplément des Pièces omises dans les Volumes précédens.*

A SAINT PIERRE MARTINIQUE,
De l'Imprimerie de Jean-Baptiste Thounens, Fils,
Imprimeur du Gouvernement.

1814.

TABLE

ALPHABÉTIQUE ET RAISONNÉE

DES MATIÈRES

Contenues dans le cinquième volume du Code de la Martinique.

DATES.	TITRES ANALYTIQUES.
An XIII. 15 pluviose.	ARRÊTÉ du Capitaine-général de la Martinique, pour la répression du Marronnage. [N°. 1091, p. 3.]
20.	ARRÊT du Préfet colonial, portant formation d'une *Commission des Comptes*. [N°. 1092, p. 5.]
10 ventose.	ARRÊTÉ des Capitaine-général et Préfet colonial de la Martinique, portant aliénation d'un Terrein dépendant de *l'Hôpital de Saint-Pierre*. [N°. 1093, p. 6.]
17.	EXTRAIT d'une Dépêche ministérielle, aux trois Chefs de la Martinique, portant ordre de rendre exécutoire dans cette Colonie, les dispositions du *Code civil*, sous les modifications qu'exigeront les localités du pays. [N°. 1094, p. 7.]
7 germinal.	ARRÊTÉ du Préfet colonial qui homologue diverses délibérations de l'Assemblée paroissiale du Fort Saint-Pierre, concernant les Eaux de ladite Paroisse. [N°. 1095, p. 8.]
23.	—— qui accorde aux Curés desservant une Paroisse vacante la moitié du traitement annuel du Titulaire. [N°. 1096, p. 8.]
25.	—— des Capitaine-général et Préfet colonial de la Martinique, qui supprime l'Atelier des Nègres Pionniers. [N°. 1097, p. 9.]
27.	—— portant concession et vente d'un Terrein national en faveur du Sieur *Aquart*. [N°. 1098, p. 12.]
18 floréal.	—— du Préfet colonial qui nomme une Commission chargée d'examiner divers points sur les Monnaies en circulation à la Martinique. [N°. 1099, p. 14.]
19.	—— portant que la *Cale* dite *Boisson*, de la ville de Saint-Pierre, sera réparée (par adjudication d'entreprise au rabais) aux frais des propriétaires qui sont

DATES.	TITRES ANALYTIQUES.
An XIII. 15 messidor.	ARRÊTÉ du Préfet colonial de la Martinique, concernant la formation des Dénombremens. [N°. 1108, p. 31.]
19.	CIRCULAIRE du Préfet colonial, aux Commissaires-commandans de Paroisse, concernant le rétablissement de la Poste aux Lettres. [N°. 1109, p. 31.]
25.	ARRÊTÉ du Préfet colonial, qui renvoie aux Tribunaux une question relative à la distribution des Eaux, etc. [N°. 1110, p. 31.]
1er. thermid.	ARRÊTÉ du Préfet colonial, qui homologue une délibération de la Paroisse du Fort St-Pierre, portant permission de vendre les Rentes de 50 liv. et au-dessous, au profit de la Paroisse, etc. [N°. 1111, p. 34.]
2.	—— qui autorise les Cabaretiers de St-Pierre, à se choisir entr'eux un Syndic. [N°. 1112, p. 34.]
4.	AVIS du Conseil d'état, dans sa séance du 27 messidor, sur des formalités relatives au Mariage. [N°. 1113, p. 35.]
5.	ARRÊTÉ du Préfet colonial, relatif aux pouvoirs du Syndic des Cabaretiers de St-Pierre. [N°. 1114, p. 37.]
18.	—— des Capitaine-général et Préfet colonial, qui prononce la réunion des deux Préfectures Apostoliques, en une seule. [N°. 1115, p. 38.]
22.	AVIS du Préfet colonial, portant défense aux Capitaines Américains et autres, à Saint-Pierre, de vendre leurs cargaisons avant d'avoir fourni leurs manifestes au Préfet colonial. [N°. 1116, p. 39.]
6 fructidor.	ARRÊTÉ des Capitaine-général et Préfet colonial, pour les secours à accorder aux Personnes du Fort-de-France, dont les

DATES.	TITRES ANALYTIQUES.
	Officiers et Employés de l'Administration. [N°. 1163, p. 142.]
1806. 10 avril.	DÉCRET IMPÉRIAL qui défend à tous les Chefs civils et militaires dans les Colonies de prendre aucun arrêté tendant à suspendre l'exécution des jugemens rendus en dernier ressort par les Tribunaux français. [N°. 1164. p. 145.]
3 mai.	ARRÊTÉ du Préfet colonial de la Martinique, concernant la remise de cinq pour cent, allouée au Trésorier des Deniers municipaux. [N°. 1165, p. 145.]
5.	—— de la Cour d'appel de l'île Ste-Lucie, qui alloue un traitement de 2500 livres, par an, à l'Interprète-juré de la Colonie à titre de dédommagement des traductions qu'il est dans le cas de faire pour la Cour et la Sénéchaussée de cette île, [N°. 1166, p. 146.]
24.	—— du Préfet colonial, concernant la paie, l'habillement et la police des Garde-chiourmes. [N°. 1167, p. 146.]
9 juin.	LETTRE de S. Em. le Cardinal de *Caprara*, à l'Amiral *Villaret-Joyeuse* sur les Missions des îles du vent de l'Amérique, réunies provisoirement sous l'Administration d'un seul Préfet apostolique. [N°. 1168, p. 148.]
11.	ARRÊTÉ des Capitaine-général et Préfet colonial, qui règle le Costume de l'Arpenteur-général et Grand-voyer de la Colonie. [N°. 1169, p. 151.]
14.	—— du Préfet colonial qui renvoie le Sieur *Ithier* devant l'Officier de l'Etat-civil pour y faire la déclaration de changement de domicile, à défaut de Municipalité dans la Colonie. [N°. 1170, p. 152.]

DATES.	TITRES ANALYTIQUES.
1806. 21 juin.	ARRÊTÉ colonial, qui proroge le délai fixé pour l'Inscription des Titres de Créances hypothécaires et pour la Transcription des Actes de mutations antérieurs à la promulgation du Code civil. [*N°*. 1171, *p*. 153.]
7 juillet.	CIRCULAIRE ministérielle aux Préfets coloniaux, qui leur transmet un nouveau Tarif, et une Lettre instructive aux Receveurs et Payeurs, pour faciliter l'exécution du Décret impérial, du 20 floréal an XIII, sur les Monnaies. [*N°*. 1172, *p*. 154.]
7 août	ARRÊTÉ du Préfet colonial, concernant les travaux et l'entretien des Canaux et Fontaines de la rive droite de la Paroisse du Fort St-Pierre, avec destination de Fonds pour y subvenir. [*N°*. 1173, *p*. 157.]
1er, septem.	—— portant homologation du devis des travaux à faire pour le rétablissement du Canal du Fort St-Pierre. [*N°*. 1174, *p*. 163.]
2.	—— d'une délibération de l'assemblée paroissiale du Fort St-Pierre, qui établit une *Contribution extraordinaire municipale de dix pour cent* sur les maisons et habitations de ladite paroisse du Fort. [*N°*. 1175, *p*. 163.]
6.	CIRCULAIRE ministérielle, aux trois premiers Chefs des Colonies, portant instruction sur le mode d'exécution de l'Arrêté Consulaire, concernant le jugement des contraventions aux lois et réglemens sur le commerce étranger. [*N°*. 1176, *p*. 163.]
12.	DÉPÊCHE ministérielle au Préfet colonial, relative aux moyens d'exécution du Décret impérial, sur les Monnaies, et approbation de l'Arrêté colonial sur le Cours

DATES.	TITRES ANALYTIQUES.
1806. 4 décembre.	ARRÊTÉ du Grand-juge, *par interim*, portant que les anciens Titres ou Papiers des Successions vacantes déposés au Greffe de la Cour d'appel, seront brûlés comme inutiles et prescrits. [*N°*. 1185, *p*. 174.]
11.	—— du Préfet colonial de la Martinique, portant rétablissement d'un Huissier d'Administration et du Domaine, à la Martinique. [*N°*. 1186, *p*. 175.]
15.	—— concernant l'Assiette et la Levée des Contributions publiques pour l'année 1807. [*N°* 1187, *p*. 176.]
18.	—— qui nomme une Commission chargée de faire un rapport sur le projet de communication entre la *rue Toraille* et la *rue Lucy*, à St-Pierre. [*N°*. 1188, *p*. 177.]
1807. 6 janvier.	LETTRE du Préfet colonial au Grand-juge *par interim*, relative au mode de liquidations des prises. [*N°*. 1189, *p*. 179.]
20.	ARRÊTÉ colonial, qui autorise une nouvelle édition du *Code de la Martinique*. [*N°*. 1190, *p*. 181.]
3 février.	EXTRAIT d'une dépêche ministérielle au Préfet colonial de la Martinique, portant ordre de ne payer de pension à des personnes arrivant de France, que sur des ordres positifs du Ministre. [*N°*, 1191, *p*. 181.]
7.	ARRÊTÉ du Préfet colonial, qui homologue une délibération de la paroisse du Fort St-Pierre, du 19 janvier 1807, portant à *mille livres* le prix de chaque *pouce d'eau*, à concéder pendant l'année 1807 et provenant du canal de ladite paroisse. [*N°*. 1192, *p*. 182.]
idem.	——portant décharge en faveur de l'*habitation Clermont*, de la contribution locale,

DATES.	TITRES ANALYTIQUES.
	promenade publique, sous le nom de *Cours Napoléon*, etc, [*N*°. 1201, *p*. 193.]
1807. 24 mars.	CIRCULAIRE ministérielle, aux trois premiers chefs des colonies, concernant le *Code de la Procédure civile*. [*N*° 1202, *p*. 193.]
11 avril.	ARRÊTÉ des Capitaine-général et Préfet colonial de la Martinique, concernant une subvention extraordinaire de guerre, pour l'année 1807. [*N*°. 1203, *p*. 195.]
idem.	—— pour les frais d'éclairage de la ville de St-Pierre, [*N*°. 1204, *p*. 203.]
idem.	—— qui ordonne les versemens et emploi de la taxe des nègres justiciés, dans la caisse des deniers municipaux de la colonie, à compter de l'exercice 1807. [*N*°. 1205, *p*. 204.]
13.	—— du Préfet colonial de la Martinique, qui établit un bureau temporaire des Douanes au Vauclin. [*N*°. 1206, *p*. 205.]
16.	CIRCULAIRE du Préfet colonial de la Martinique, aux commissaires commandans des paroisses, sur l'exécution de l'arrêté qui établit une subvention extraordinaire de guerre, pour l'année 1807. [*N*°. 1207, *p*. 206.]
23.	AVIS du Conseil d'état, relatif aux parentés et alliances entre les membres de l'Ordre judiciaire dans un même Tribunal. [*N*°. 1208, *p*. 210.]
2 mai.	ARRÊTÉ des Capitaine-général et Préfet colonial de la Martinique, qui fixe le mode de Recouvrement de la *Taxe locative*, établie par l'Arrêté colonial, concernant une subvention extraordinaire de guerre. [*N*°. 1209, *p*. 213.]
16.	—— colonial, portant que les Actes civils des deux paroisses du Fort et du Mouillage, à Saint-Pierre, seront reçus par

DATES.	TITRES ANALYTIQUES.
1808. 4 janvier.	PROCLAMATION du Commandant de l'île Ste-Lucie, concernant la Vérification des Titres de liberté des Gens de couleur. [*N°*. 1243, *p*. 251.]
6.	ARRÊT de la Cour d'appel de l'île Sainte-Lucie, qui fixe à 30 sols par gallon le droit d'importation des Rums étrangers dans cette Colonie. [*N°* 1244, *p*. 254.]
idem.	—— qui ordonne que les Poids dans tous les quartiers de la Colonie soient vérifiés et étalonnés, et qu'à l'avenir il ne soit plus permis de vendre, ni acheter, qu'au poids français, sous telles peines qu'il appartiendra. [*N°*. 1245, *p*. 254.]
idem.	—— concernant les Actes de Décès dans les Paroisses où il ne se trouve pas de Curé. [*N°*. 1246, *p*. 254.]
idem.	—— qui ordonne aux Procureurs de donner la communication de leurs Dossiers, trois jours avant la séance de la Cour. [*N°*. 1247, *p*. 255.]
18.	ARRÊTÉ des Capitaine-général et Préfet colonial, pour qu'il soit fait des Plantations extraordinaires de Vivres du Pays, à cause des circonstances de la guerre. [*N°*. 1248, *p*. 256.]
27.	ASSEMBLÉE Consultative pour la répartition de Contributions extraordinaires à lever, à la Martinique, pour l'année 1808. [N°. 1249, *p*. 259.]
29.	ARRÊTÉ du Préfet colonial de la Martinique, concernant l'Assiette et la Levée des Contributions publiques ordinaires, pour l'année 1808. [*N°*. 1250, *p*. 262.]
idem.	—— sur la Taxe des nègres justiciés, pour l'année 1808. [*N°*. 1251, *p*. 264.]
idem.	—— des Capitaine-général et Préfet colonial de la Martinique, concernant une

DATES.	TITRES ANALYTIQUES.
	subvention extraordinaire de guerre, pour l'année 1808. [*N*°. 1252, *p*. 265.]
1808. 29 janvier.	ARRÊTÉ des Capitaine-général et Préfet colonial, pour l'établissement d'une Contribution affectée à la dépense de l'éclairage de la ville de St-Pierre. [*N*°. 1253, *p*. 283.]
31.	—— des Courtiers de commerce dans la ville de St Pierre. [*N*°. 1254, *p*. 284.]
17 février.	—— qui établit à St-Pierre des Agens de Change, etc. [*N*°. 1255. *p*. 287.]
17 mars.	—— Interprétatif et Modificatif du Tarif des patentes, inséré dans l'arrêté du 29 janvier 1808, concernant une subvention de guerre. [*N*°. 1256, *p*. 289.]
18.	CIRCULAIRE du Préfet colonial de la Martinique aux Commissaires chargés de la classification des patentes, relativement aux exceptions dans ce genre de Taxe et de Lois [*N*°, 1257, *p*. 294.]
27 avril.	ARRÊTÉ du Préfet colonial de la Martinique, portant formation d'une Commission pour la reddition des Comptes du Receveur-général de la colonie et du Trésorier des deniers municipaux, exercice 1807. [*N*°. 1258, *p*. 296.]
27.	ARRÊT de la Cour d'appel de l'île Ste-Lucie, qui ordonne que les Ordonnances concernant les fabriques, seront exécutées suivant leur forme et teneur, etc. [*N*°. 1259, *p*. 297.]
4 mai.	—— de la Martinique, concernant les consignations d'amendes des appels. [*N*°. 1260, *p*. 297.]
idem.	—— qui fixe à 45 sous le prix de la nourriture des esclaves détenus dans les geoles de la colonie, etc. [*N*°. 1261, *p*. 299.]
10.	ARRÊTÉ du Préfet colonial de la Martinique, qui rétablit sur le pied de 500 francs,

DATES.	TITRES ANALYTIQUES.
1808. 20 octobre.	CIRCULAIRE du Préfet colonial de la Martinique, aux Commissaires commandant les paroisses, relative aux dénombremens pour l'année 1809. [*N°.* 1278, *p.* 317.]
idem.	INSTRUCTIONS du Préfet colonial de la Martinique, adressées aux Commissaires commandant les paroisses, sur la manière dont ils doivent recevoir les déclarations des habitans, pour leurs dénombremens pour l'année 1809. [*N°.* 1279, *p.* 317.]
idem.	ARRÊTÉ du Préfet colonial de la Martinique, concernant la formation des dénombremens pour l'année 1809. [*N°.* 1280, *p.* 317.
24 octobre.	DÉPÊCHE ministérielle aux Capitaine-général et Grand-juge de la Martinique, portant envoi du décret impérial qui établit 4 Juges assesseurs près la Cour d'appel de cette colonie, et qui prescrit les mesures autorisées pour faciliter le passage en France des jeunes créoles destinés à étudier en Droit. [*N°.* 1281, *p.* 318.]
3 novembre.	ARRÊTÉ des Capitaine-général et Préfet colonial de la Martinique, relatif aux Cautionnemens des payeurs du trésor public et des receveurs tant généraux que particuliers [*N°.* 1282, *p.* 319.]
10.	ASSEMBLÉE Consultative pour la répartition de Contributions extraordinaires à lever, à la Martinique, pour l'année 1809. [*N°.* 1283, *p.* 321.]
12.	ARRÊTÉ des Capitaine-général et Préfet colonial de la Martinique, concernant une Subvention extraordinaire de guerre, pour l'année 1809. [*N°.* 1284, *p.* 324.]
14.	—— du Préfet colonial de la Martinique, concernant l'Assiette et la Levée des Contributions publiques ordinaires, pour l'année 1809. [*N°.* 1285, *p.* 326.]
idem.	—— sur la Taxe des Nègres justiciés et la Contribution pour l'Éclairage de Saint-Pierre. [*N°.* 1286, *p.* 327.]

AVIS

DATES.	TITRES ANALYTIQUES.
	de l'autre, de leurs Vagabonds et Gens sans aveu. [*N°*. 1494, *p*. 645.]
1810. 27 avril.	PROCLAMATION du Gouverneur de la Martinique, pour renouveler les Réglemens existans sur les Départs et Arrivées illicites. [*N°*. 1348, *p*. 451.]
10 mai.	CIRCULAIRE du Gouverneur de la Martinique, à MM. les Commissaires civils, sur l'exacte observation des Lois existantes sur les Arrivées et Départs illicites. [*N°* 1495, *p*. 645.]
12.	ORDONNANCE du Gouverneur de la Martinique, pour l'ouverture d'une Rue au Fort-Royal, et le prolongement de celle du Gouvernement. [*N°*. 1496, *p*. 746]
19.	—— pour encourager l'établissement des Moulins à Vapeurs dans la Colonie. [N°. 1349, *p*. 452.]
1er. juillet.	PROCLAMATION du Gouverneur de la Martinique, pour étendre au Port de la Trinité de cette île l'exécution des ordres en Conseil publiés par la Proclamation du 10 avril dernier. [*N°*. 1350, *p*. 453.]
2 juillet.	ARRÊT de la Cour d'appel de l'île Sainte-Lucie, concernant les Libertés et les Affranchissemens. [*N°*. 1351. *p*. 454.]
idem.	—— tendant à réprimer les abus commis par les Avocats et Procureurs dans les Plaidoieries et Ecrits. [*N°*. 1352, *p*. 455.]
4.	—— qui ordonne que tout Procureur postulant, inscrit sur l'ordre du Tableau, qui n'aura pas 25 ans accomplis, ne pourra point remplir les Fonctions de Juge, ni celle de Procureur du Roi, etc, [*N°*. 1353, *p*. 456.]
idem.	ORDONNANCE du Gouverneur de la Martinique, portant défense de construire dans la Ville du Fort-Royal, des Maisons en

DATES.	TITRES ANALYTIQUES.
1810. 24 décemb.	ORDONNANCE du Gouverneur de la Martinique, sur les Impositions pour l'année 1811. [N°. 1374, p. 492.]
idem.	INSTRUCTIONS du Gouverneur de la Martinique, pour l'exécution de l'article II, de l'Ordonnance du 24 Décembre 1810, sur l'Imposition colonial de la Martinique. [N°. 1502, p. 759.]
26.	ORDONNANCE du Gouverneur de la Martinique, sur le Nivellement et le Tracé des nouveaux Chemins. [N°. 1503, p. 761.]
1811. 4 janvier.	ARRÊT de la Cour d'appel de l'île Martinique, sur l'examen des Notaires, Avoués et Huissiers à leur réception. [N°. 1375, p. 501.]
idem.	ARRÊT de la Cour d'appel de l'île Martinique, relatif aux Minutes, Registres et autres Papiers déposés au Greffe de St-Pierre. [N°. 1376, p. 502.]
20.	ORDONNANCE du Gouverneur de la Martinique, portant que le Vice-préfet Apostolique, le Chef de l'Administration coloniale et le Procureur-général du Roi, sont Inspecteurs nés des divers Bureaux de Charité de la Colonie. [N°. 1377, p. 504.]
idem.	—— concernant la vente à rentes perpétuelles de l'habitation du Fonds St-Jacques, faisant partie des Domaines coloniaux. [N°. 1504, p. 762]
23.	ORDONNANCE du Gouverneur de la Martinique, portant création de Primes d'encouragemens pour les Bâtimens anglais qui introduiront dans cette Colonie des objets de première nécessité. [N°. 1378, p. 505.]
idem.	—— sur les Retenus en faveur des Bureaux de Charité. [N°. 1379, p. 506.]

DATES.	TITRES ANALYTIQUES.
1811. 1er. février	INSTRUCTIONS du Gouverneur de la Martinique, pour l'exécution de l'Ordonnance du 23 janvier 1811. [*N*°. 1505, *p*. 766.]
1er. mars.	RÈGLEMENT du Gouverneur de la Martinique, portant modification des anciennes Lois sur la Procédure civile, de l'article 113 du *Code civil*, et de l'Arrêté du Gouvernement colonial en date du 7 novembre 1805, relatif à la Conservation des Hypothèques. [*N*°. 1380, *p*. 508.]
25.	ORDONNANCE du Gouverneur de la Martinique, concernant les changemens faits dans l'organisation des Brigades de Police à St-Pierre. [*N*°. 1506, *p*. 768.]
26 mars.	EXTRAIT d'une Lettre du Gouverneur de la Martinique, à M. le Procureur du Roi de St-Pierre, sur les Débarquemens clandestins. [*N*°. 1507, *p*. 769.]
30.	ORDONNANCE du Gouverneur de l'île Ste-Lucie, relative au Pavé de la Ville de Castries. [*N*°. 1381, *p*. 510.]
1er. avril.	CONSIGNE du Gouverneur de la Martinique, pour la Police du Jardin colonial des Plantes, à St-Pierre. [*N*°. 1382, *p*. 512.]
6.	ORDONNANCE du Gouverneur de la Martinique, fixant les Droits à exiger par les Conservateurs des Hypothèques. [*N*°. 1383, *p*. 513.]
23.	CIRCULAIRE du Gouverneur de la Martinique, aux Officiers des Tribunaux de Première Instance de cette Colonie, sur les Sursis à accorder dans les Circonstances actuelles en faveur de certaines Classes de Débiteurs. [*N*°. 1384, *p*. 514.]
25.	RÈGLEMENT du Gouverneur de la Martinique, additionnel à celui du 17 Octobre 1810, portant établissement des Bureaux

DATES.	TITRES ANALYTIQUES.
	de Charité à la Martinique. [*N°*. 1385, *p*. 518.]
1811. 7 mai.	ARRÊT de la Cour d'Appel de la Martinique, concernant les Titres, Actes, Registres et Papiers du Greffe du Fort-Royal. [*N°*. 1386, *p*. 521.]
idem.	—— concernant les Actes, Titres etc., du Greffe de St-Pierre. [*N°*. 1387, *p* 522.]
11.	INSTRUCTIONS du Gouverneur de la Martinique, relatives à l'Ordonnance du 23 Février 1811, sur les Primes d'encouragement. [*N°*. 1388, *p*. 523.]
15.	ORDONNANCE du Gouverneur de la Martinique, pour l'Aliénation d'une partie des Maisons des *Dames Ursulines*. [*N°*. 1389, *p*. 524.]
22.	RÈGLEMENT du Gouverneur de la Martinique, additionnel à ceux relatifs aux Arrivées et Départs illicites. [*N°*. 1390, *p*. 524.]
30 mai.	DÉCISION du Gouverneur de la Martinique, concernant la construction de divers Hangards à St-Pierre. [*N°*, 1391, *p*. 526.]
24 juin.	DÉPART du Gouverneur de la Martinique, remplacé *par interim*, par S. E. le Brigadier-général *Charles Wale*, dans le Commandement Civil et Militaire de ladite Colonie. [*N°*. 1392. *p*. 531.]
3 juillet.	EXTRAIT d'une Lettre du Gouverneur *par interim* de la Martinique, au Commandant du bataillon de St-Pierre, sur le service de la Milice, et le mot d'ordre à recevoir du Commandant de la Garnison. [*N°*. 1393, *p*. 531.]
4.	ARRÊT de la Cour d'appel de la Martinique, relatif à la Nourriture des Prisonniers, détenus aux Geôles. [*N°*. 1394, *p*. 532.]

DATES.	TITRES ANALYTIQUES.
1812. 12 août.	HOMOLOGATION par le Gouverneur de la Martinique, d'une Délibération de la Paroisse du Mouillage, à Saint-Pierre, pour l'imposition d'une année seulement pour subvenir aux frais de logement du Curé de la Paroisse. [*N°*. 1429, *p*. 590.]
18.	ORDRE du Commandant de l'île Sainte-Lucie, concernant la petite monnaie, dit les Mocos de la Martinique. [*N°*. 1430, *p*. 591.]
12 septemb.	DÉLIBÉRATION du Conseil privé de la Martinique, concernant le Presbytère de la Paroisse du Mouillage. [*N°*. 1431, *p*. 592.]
7 octobre.	ORDONNANCE du Commandant de l'île Ste-Lucie, portant qu'il ne sera plus accordé de Patente aux Gens de couleur se disant libres. [*N°*. 1432, *p*. 593.]
18.	DÉCISION du Gouverneur de la Martinique, concernant 1°. l'ouverture d'une Rue de communication entre les Rues *Lucy* et *Toraille*, 2°. le prolongement de cette dernière Rue, 3°. l'établissement d'un Cours au Mouillage, etc. 4°. l'établissement du Presbytère de ladite Paroisse. [*N°*. 1433, *p*. 595.]
31.	ORDONNANCE du Gouverneur de la Martinique, pour l'exécution plus exacte de l'Ordonnance du 6 Octobre 1809, sur l'intérêt de l'Argent. [*N°*, 1434, *p*. 598.]
idem.	—— portant rétablissement des Commissaires du Commerce, ainsi que de Courtiers Agens de change commissionnés dans la Ville St-Pierre. [*N°*. 1435, *p* 600.]
idem.	—— portant Règlement et Tarif général de tous les Emolumens attribués à divers Fonctionnaires publics dans ladite Colonie, etc. [*N°*. 1436, *p*. 602.]
12 novemb.	—— du Juge de Police du Fort-Royal

DATES.	TITRES ANALYTIQUES.
	Martinique, qui fixe le prix de la *Viande de Boucherie*, etc. [*N°*. 1437, *p*. 630.]
1812. 19 novemb.	ORDONNANCE du Gouverneur de la Martinique, portant que le Prix de la Viande, sera fixé à l'avenir selon les circonstances par des Ordonnances de Police. [*N°*. 1438, *p*. 630.]
20.	—— concernant la formation des Dénombremens, etc., pour l'année 1813. [*N°*. 1439, *p*. 631.]
1er. décemb.	—— du Juge de Police de St-Pierre Martinique, qui fixe le prix de la *Viande de Tortue*, et celui de la *Viande de Porc*. [*N°*. 1440, *p*. 631.]
5.	—— du Juge de Police du Fort-Royal Martinique, qui fixe le prix de la *Viande de Tortue*, et celui de la *Viande de Porc*. [*N°*. 1441, *p*. 631.]
1813. 11 janvier.	ARRÊT de la Cour d'appel de l'île Ste-Lucie, qui autorise les Commissaires de Quartier à recevoir le Serment des Habitans et leur en fournir Certificat, pour constater que les Denrées embarquées sont du crû de l'Isle. [*N°*. 1442, *p*. 632.]
11.	ORDONNANCE du Gouverneur de la Martinique, sur les Impositions pour l'année 1813. [*N°*. 1443, *p*. 633.]
20.	—— du Commandant de l'île Sainte-Lucie, pour l'Emission et la Circulation des Pièces d'Argent, composées de fractions de Gourdes. [*N°*. 1444, *p*. 634.]
18.	—— du Gouverneur de la Martinique, attribuant à la Cour d'appel de cette Colonie les modifications à faire aux Règlemens sur le prix de la Viande et du Poisson. [*N°*. 1445, *p*. 636.]
20.	—— portant obligation de présenter les Enfans nouveaux-nés à l'Officier de

Fin de la Table.

CODE
DE LA
MARTINIQUE.

(N°. 1088.) Arrêt *de la Cour d'appel de l'île Sainte-Lucie, qui ordonne qu'à l'avenir aucuns Notaire, Procureur, ni Chirurgien, ne seront reçus et ne pourront exercer leurs fonctions qu'après qu'ils en auront été reconnus capables, d'après l'examen qu'ils auront subi à cet effet.*

Du 8 janvier 1805.

(N°. 1089.) Décret impérial *concernant les Appointemens des Officiers du Génie maritime, d'Administration, de Santé, et de divers Entretenus de la Marine employés dans les Colonies.*

Du 22 nivôse an XIII (12 janvier 1804).

Napoléon, Empereur des Français, sur le rapport du Ministre de la marine et des colonies, le conseil d'état entendu, décrète :

Art. Ier. Le décret impérial du 29 fructidor an XII, qui règle les appointemens des officiers du génie maritime, d'administration, de santé et de divers entretenus de la marine, conformément au tableau y annexé, aura son exécution dans les colonies pour les grades et emplois correspondans, de la manière suivante.

II. Les chefs d'administration jouiront des appointemens attribués à ceux de Brest, Toulon et Rochefort.

III. Les inspecteurs jouiront des appointemens attribués à la classe à laquelle ils seront attachés par les décrets de leur nomination, ou par les décisions impériales qui pourront intervenir.

Jusqu'à ce qu'il en soit autrement ordonné, les commissaires faisant fonctions d'inspecteurs recevront les appointemens fixés pour la troisième classe de ce dernier grade.

IV. Nul officier de santé ne pourra, même provisoirement, jouir des appointemens accordés aux officiers de santé en chef, s'il n'est directement pourvû de ce grade par un décret impérial.

V. L'article II de l'arrêté du gouvernement du 15 nivose an IX continuera d'être exécuté. En conséquence, et indépendamment des appointemens de France dont il s'agit, il sera payé la moitié en sus, pendant la durée des services effectifs dans les colonies.

Cette disposition ne concerne point les personnes en activité de service sur les bâtimens de mer.

VI. Le principe consacré par l'art. III du décret impérial du 29 fructidor dernier sera appliqué à tous fonctionnaires militaires ou civils, qui pourront être appellés à remplir, par intervalle, les fonctions de capitaines-généraux, préfets coloniaux, chefs de justice, ou celles de tout autre chef exerçant, sous un autre titre, leur autorité.

VII. Le ministre de la marine et des colonies est chargé de l'exécution du présent décret. *Signé* Napoléon.

(N°. 1090.) Arrêté *du Préfet colonial, portant qu'un nouveau Chemin public du* Saint-Esprit *au* François, *sera tracé dans les formes ordinaires d'après la direction demandée par les Habitans du Saint-Esprit, l'ancien Chemin n'étant plus praticable.*

Du 3 pluviose an XIII (23 janvier 1805).

(N°. 1091.) Arrêté *du Capitaine-général, pour la répression du Marronnage.*

Du 15 pluviose an XIII (4 février 1805).

Le Capitaine-général de la Martinique, etc., considérant son ordonnance du 12 vendémiaire an XI sur le marronnage, ainsi que tous les réglemens existant dans la Colonie relativement à cet objet important;

Considérant les comptes qui lui parviennent de la quantité de nègres marrons répandus dans plusieurs quartiers de l'île, et spécialement dans les hauteurs de Saint-Pierre;

Considérant la sévérité avec laquelle l'intention du gouvernement est de punir désormais tout délit de ce genre : et voulant prévenir par des exemples salutaires tous les désordres qui en résultent, arrête :

Art. Ier. Les nègres marrons, esclaves fugitifs, déserteurs des corps noirs, déserteurs des pionniers, déserteurs des bagnes, ou nègres prisonniers anciennement amenés de Sainte-Lucie, qui se rendront, ou chez leurs maîtres, ou chez les Commissaires commandant les paroisses, ou qui se mettront, de quelque manière que ce soit, à la disposition du Gouvernement dans les quinze jours qui suivront la publication du présent arrêté, seront les seuls susceptibles d'obtenir leur grâce.

II. Après l'expiration de ce délai, il sera fait, sur tous les points de la Colonie, des dispositions pour leur arrestation; et tous ceux qui seront pris dans le courant du mois après l'expiration du délai, seront dans le cas immédiat d'être pendus prévotalement.

III. Tous ceux qui se trouveront par la suite en marronnage, et qui seront pris dans les recherches qui continueront à se faire sans intervalle dans la Colonie, seront livrés sur le champ au Tribunal spécial qui aura à prononcer à leur égard toute peine que le cas requerrera, même celle de mort.

IV. Tous esclaves receleurs, fauteurs ou complices de nègres marrons, seront de même immédiatement livrés au Tribunal spécial, et tous autres receleurs seront mis à la disposition du Gouvernement pour être renvoyés de la Colonie s'il y a lieu, sans préjudice des poursuites des Tribunaux, et de l'action personnelle à exercer par les propriétaires.

V. Tous maîtres de bâtimens quelconques, prévenus d'avoir admis à leur bord un esclave fugitif, ou d'avoir favorisé son évasion, seront poursuivis extraordinairement selon toute la rigueur des ordonnances, sans préjudice de l'action personnelle que le propriétaire conservera toujours contre eux.

VI. Il est enjoint à tous les propriétaires ayant des esclaves marrons, non encore déclarés, d'en faire sur le champ la déclaration, soit aux greffes des Tribunaux de première instance, soit chez les Commissaires-commandans de leurs paroisses. La déclaration faite chez le Commandant de la paroisse sera valable à tous égards, et aura le même effet que celle qui aura été faite dans les greffes.

VII. Tout habitant, qui desirera faire des chasses particulières de nègres marrons, obtiendra de suite du Capitaine-général la permission d'usage.

VIII. Tous les Commandans de troupes et de gardes-nationales, ainsi que le Commandant de la gendarmerie sont spécialement chargés de l'exécution du présent qui sera publié, etc.

Donné au Fort-de-France, le 15 pluviose an XIII. *Signé* VILLARET.

Enregist. aux Greffes des Tribunaux.

(N° 1092.) ARRÊTÉ *du Préfet colonial, portant formation d'une* Commission des Comptes, *à l'effet de prononcer sur les Comptes rendus par le Receveur-général de la Colonie, et des Receveurs particuliers, depuis la reprise de la Colonie jusqu'au premier Vendémiaire an XIII.*

Du 20 pluviose an XIII (9 février 1805).

(N°. 1093.) Arrêté *des Capitaine-général et Préfet colonial, portant aliénation d'un Terrein dépendant de* l'Hôpital de Saint-Pierre, *en faveur du Sieur* Coppens.

Du 10 ventose an XIII (1er. mars 1805).

VU la pétition, en date du 5 fructidor an XII, du sieur Coppens, tendant à obtenir l'aliénation en sa faveur d'une portion de terrein dépendant de l'hôpital militaire de St-Pierre, laquelle est contiguë aux magasins du pétitionnaire;

Vu, etc. etc. etc.;

Considérant que les rapports et procès-verbal etc., s'accordent à attester, que bien loin que ladite aliénation soit préjudiciable à l'hôpital, auquel elle n'enlève qu'un terrein vague sans emploi et séparé du reste du sol par un canal servant d'égoût, elle contribuera à la salubrité du local et diminuera les frais de l'entretien du canal; arrêtent :

Art. Ier. La langue de terre désignée dans le plan du sieur Coppens, sous le nom de *terrein demandé*, etc., appartiendra définitivement, à titre de propriété, au sieur Coppens ou à ses ayans-cause, aux conditions ci-après.

II. Le sieur Coppens fera construire aux trois côtés de ladite surface, qui confinent soit au terrein, soit au canal de l'hôpital, un mur destiné à faire la séparation de ses propriétés d'avec celles de l'hôpital et à fermer toute communication avec elles, et l'entretien dudit mur demeurera à sa charge ou à celle de ses ayans-cause.

III. L'un des parois intérieurs de la partie du canal de l'hôpital qui borne ladite acquisition, la plus voisine du terrein aliéné sera réparé et entretenu aux frais de l'acquéreur.

IV. Le sieur Coppens versera dans la caisse du Receveur-général de la Colonie, pour prix de vente dudit terrein, à raison de 2 livres par pied carré, la somme de 2084 livres colon.

V. L'acquéreur versera en outre dans la caisse dudit Receveur-général, conformément à l'offre qu'il en fait dans sa pétition, le capital représenté par la prestation annuelle de 435 livres, pour diverses maisons qu'il possède dans la ville de Saint-Pierre. Le rachat de ladite prestation sera opéré d'après le mode prescrit par l'arrêté du 11 germinal an XII.

VI. Toutes les charges imposées à l'acquéreur par le présent arrêté seront remplies dans quatre mois à compter de ce jour, et faute par l'acquéreur d'exécuter lesdites conditions la présente vente demeure résiliée de droit.

VII. Le Directeur des fortifications et le Directeur-général du domaine veilleront particulièrement, chacun en ce qui les concerne, à l'exécution du présent arrêté, qui sera, etc.

Donné à St-Pierre, le 10 ventose an XIII.

Signé, VILLARET et LAUSSAT.

(N°. 1094.) EXTRAIT *d'une Dépêche ministérielle de M.* Decrès, *aux trois Chefs de la Martinique, portant ordre de rendre exécutoire dans cette Colonie, les disposition du* Code civil, *dit* Code Napoléon, *sous les modifications qu'exigeront les localités du pays.*

Du 17 ventose an XIII (8 mars 1805).

(N°. 1095.) ARRÊTÉ *du Préfet colonial, qui homologue les délibérations de l'Assemblée paroissiale du* Fort Saint-Pierre, *dans ses séances des* 12 *janvier*, 9 *février*, 16 *mars*, 29 *juin*, 19 *octobre et* 14 *décembre* 1800 *et dans celle du* 8 *avril* 1804, *concernant la nomination de* Commissaires pour les Eaux, *la distribution de ces Eaux aux Habitans et la portion que devra en recevoir le Curé de ladite Paroisse.*

Du 7 germinal an XIII (28 mars 1805).

N. B. Nous avons cru inutile d'insérer les dispositions de cet arrêté qui est fort long, et qui ne peut intéresser que les habitans de la paroisse du Fort Saint-Pierre, sur les registres de laquelle cette pièce se trouve transcrite en entier.

(N°. 1096.) ARRÊTÉ *du Préfet colonial, qui accorde aux Curés desservant une Paroisse vacante la moitié du traitement annuel du Titulaire.*

Du 23 germinal an XIII (13 avril 1805).

CONSIDÉRANT qu'il y a dans l'île plusieurs cures vacantes, faute de sujets, sans que la guerre laisse la facilité ni l'espoir d'y remédier incessamment; que ces cures sont, en attendant, desservies par des curés du voisinage, pour qui elles deviennent ainsi le sujet d'un accroissement de travail et l'occasion de quelques frais extraordinaires, et que n'y ayant rien de réglé sur l'indemnité qui leur en paraît due, il est juste d'y statuer;

Après en avoir délibéré avec le Capitaine-général, arrête :

Art. Ier. En cas de vacance, dans la cure d'une paroisse sans remplacement immédiat, le curé du voisinage, qui en fera le service, jouira de la moitié du traitement fixe qui y est affecté.

II. Si le service était partagé entre deux curés voisins, cette moitié serait également divisée entre eux.

III. Les mandats de paiement de cette indemnité devront avoir à leur appui la lettre du Préfet apostolique qui aura pourvu au mode provisoire du service.

Ils ne pourront, dans aucun autre cas, être confondus avec les mandats du traitement ordinaire attribué à chaque curé, et ils seront expédiés séparément.

IV. Le Sous-Préfet chef d'Administration, est chargé de l'exécution de cet arrêté : il sera enregistré à l'inspection.

Donné à St-Pierre, le 23 germinal an XIII.

Signé, Laussat.

(N°. 1097.) Arrêté *des Capitaine-général et Préfet colonial qui supprime l'Atelier des Nègres Pionniers.*

Du 25 germinal an XIII (15 avril 1805).

Vu l'arrêté du 15 ventose an XII, portant *formation d'un atelier de nègres pionniers attachés à l'artillerie et au génie jusqu'à la paix, à moins qu'il ne fut jugé convenable de les renvoyer, en totalité ou en partie, avant cette époque :*

Vu aussi les réglemens particuliers rendus ultérieurement sur le même sujet ;

Considérant que la dépense de cet atelier s'élève fort au-dessus des fonds qui y avaient été affectés ; que, si des motifs de la plus urgente nécessité en déterminèrent l'établissement à l'époque où il eut lieu, les circonstances sont devenues depuis moins impérieuses ; que l'arrivée des derniers renforts de France, et notamment d'ouvriers et soldats d'artillerie, permet de soulager de cette charge le trésor de la Colonie, et d'y rendre en même tems à la culture un nombre considérable de nègres qui en avaient été détournés ; qu'il sera désormais facile de se procurer, par la simple voie des journaliers, la moins grande quantité de secours extraordinaires en ce genre, dont le service de l'artillerie et du génie auront besoin, et qu'enfin il en résultera ordre et économie ; arrêtent :

Art. 1er. L'atelier des nègres pionniers, établi par l'arrêté du 15 ventose an XII, est supprimé à compter du premier messidor prochain.

II. Dans l'intervalle du tems qui courra jusqu'alors, et le plutôt possible, chaque nègre pionnier sera rendu à son maître, à la diligence du Sous-Préfet chef d'administration, qui s'entendra à cet effet, soit avec les directeurs d'artillerie et du génie, soit avec la commission de colons formée pour cet atelier, soit avec les propriétaires eux-mêmes, ou les Commissaires-commandans des paroisses.

III. Il sera tenu, au bureau des revues, un contrôle, jour par jour, de la restitution faites des nègres pionniers à leurs maîtres.

IV. Au premier prairial prochain, il sera dressé décompte, sur revue, de ce qui sera dû aux propriétaires, à raison du loyer des nègres pionniers et de toutes autres reprises qu'ils auraient à former, à quel titre que ce soit, pour le même objet, afin qu'il soit ultérieurement pourvu à l'acquittement final de cette dépense.

V. Il cessera d'être alloué aucun frais quelconque résultant de l'établissement des nègres pionniers, à compter du 1er. messidor prochain.

VI. Les manœuvres, qui seront à l'avenir nécessaires pour le service des directions de l'artillerie et du génie, seront loués comme autrefois, à la journée, au prix de 3 livres, argent des colonies, par jour, et la nourriture en sus.

VII. Ne seront payées que les journées de présence et de travail : et les manœuvres, hors des travaux, et en cas de maladie, seront au compte des maîtres, et sous leur surveillance propre, ou sous celle de leurs ayans-cause.

VIII. Les directeurs de l'artillerie et du génie auront le choix des ouvriers, et sera néanmoins, à mérite égal, donnée la préférence à ceux qui proviendront de l'atelier des nègres pionniers.

IX. Le nombre des manœuvres à louer, dans le courant du mois suivant, par chacune des directions, sera convenu et arrêté du 20 au 25 de chaque mois; l'état en sera transmis aussi-tôt au Sous-Préfet chef d'administration.

X. Reste affectée aux loyers des manœuvres de journée, la contribution des sous-additionnels rétablie par l'arrêté du 15 ventose an XII (6 mars

1804), pour servir à la dépense de l'atelier des nègres pionniers.

XI. Le présent arrêté sera enregistré à l'inspection, etc.

Donné à la Martinique, le 25 germinal an XII. *Signé*, VILLARET et LAUSSAT.

(N°. 1098.) ARRÊTÉ *des Capitaine-général, et Préfet colonial, portant concession et vente d'un Terrein national en faveur du Sieur* Aquart, *et dont le produit est consacré à l'embellissement du* Jardin colonial des Plantes.

Du 27 germinal an XIII (17 avril 1805).

VU la pétition du sieur Aquart, tendant à obtenir la concession d'un terrein national, situé sur la pente du Morne d'Orange, et faisant anciennement partie des propriétés des religieuses Dominicaines à Saint-Pierre : ledit terrein contigu à des maisons qui appartiennent au pétitionnaire, et qui se trouvent sans cesse menacées de la chûte des roches dont il est hérissé.

Vu l'offre que fait le sieur Aquart, dans la même pétition, d'en payer la valeur en objets de sa fabrique de poterie, utiles à l'établissement du Jardin colonial des plantes;

Vu, etc. etc. etc.;

Considérant que la réunion de tous les témoignages dépose de l'inutilité et de la non-valeur en soi du terrein dont la concession est demandée, qu'il est d'ailleurs entièrement détaché par la grande route, dite le Morne d'Orange, de l'enclos du ci-devant couvent des Dominicaines, à qui il a appartenu avant de devenir propriété

propriété nationale, que passant dans les mains du concessionnaire, son intérêt particulier l'engagera à y faire des travaux et des dépenses qui contribueront à la sûreté et à l'embellissement de cette partie de la ville de St-Pierre; qu'en même-tems le *Jardin colonial des plantes*, cet établissement naissant et précieux, trouvera dans le produit de cette aliénation un moyen de se donner des eaux d'arrosement et quelques avantages, dont il ne se passait qu'avec beaucoup d'inconvéniens, sans que les embarras de la guerre permissent au gouvernement d'y obvier; qu'enfin de cette manière tourneraient, au profit de la Colonie elle-même et de la ville de St-Pierre, les avantages sensibles de cette vente de domaine national opéré dans leur sein; arrêtent :

ART. 1er. La portion du terrein, etc., est et demeure concédé au sieur Aquart, aux conditions suivantes;

1°. Il paiera une somme de 3960 liv. argent des îles, pour prix de la valeur dudit terrein.

2°. Il l'acquittera etc., en objets de fournitures pour les travaux du Jardin colonial des plantes, qu'il donnera en paiement.

II. La demande en concession, avec le plan et autres pièces à l'appui, restera annexé à l'original du présent arrêté aux archives de la Préfecture.

III. Le Sous-préfet chef d'administration et le Directeur-général du Domaine sont chargés, chacun en ce qui le concerne, de son exécution : et attendu qu'il contient aliénation de propriété nationale, le Grand-juge sera invité à le faire enregistrer au greffe du Tribunal de St-Pierre.

Donné à la Martinique, le 27 germinal an XIII. *Signé*, Villaret et Laussat.

(No. 1099.) Arrêté *du Préfet colonial, qui nomme une Commission chargée d'examiner, 1°. quelles sont les espèces de Monnaies, de toute Nation, en circulation dans la Colonie, avec leurs dénominations; 2° quel est le poids originaire et le titre de fin de chacune d'Or ou d'Argent, soit en carats, soit en deniers et grains; et 3°. quel est le cours du Change ou de la conversion de chacune respectivement, en* livres tournois *et en* francs, *au cours de la Place, sans avoir égard au cours des Tarifs.*

Du 18 floréal an XIII (8 mai 1805).

(No. 1100.) Arrêté *du Préfet colonial, portant que* la Cale *dite* Boisson, *de la ville de St-Pierre, sera réparée (par adjudication d'entreprise au rabais,) aux frais des propriétaires qui sont intéressés à son rétablissement, à la diligence du Procureur impérial et d'après le devis du Voyer de ladite Ville.*

Du 19 floréal an XIII (9 mai 1805).

(No. 1101.) Arrêté *du Préfet colonial, pour le rétablissement de* la Poste aux Lettres *à la Martinique, et sa réunion à la Direction générale du Domaine ou Revenus public.*

Du premier prairial an XIII (21 mai 1805).

VU l'ordonnance coloniale du 4 mars 1766 et l'arrêté du 13 brumaire an XI, concernant la *Poste aux lettres à la Martinique;*

Considérant que le rétablissement d'une Poste aux lettres, dans l'étendue de l'île, y est ardemment desirée ; qu'elle n'a pu s'y relever encore, malgré des efforts réitérés, sous le régime d'une administration particulière et isolée, faute de trouver en elle-même des moyens suffisans pour se monter et se soutenir ; que cependant le cours des affaires publiques et celui des affaires privées en souffrent gravement ;

Considérant qu'au contraire, en rattachant, à l'exemple de la Guadeloupe, cet établissement à la Direction générale du Domaine ou Revenus publics, on lui donne sur le champ l'appui et la force d'une Administration en pleine activité, qui a des Agens sur les points principaux de l'île, et des rapports journaliers avec tous ses Habitans; qu'on ne saurait par conséquent espérer ailleurs autant de facilité ni autant d'économie, pour réorganiser ce service avec succès; qu'il ne s'agit guère, pour le surplus, que de renouveler les sages dispositions des anciennes ordonnances;

Après en avoir délibéré avec le Capitaine-général, arrête :

Art. Ier. La Direction de la Poste aux lettres de la Martinique est réunie à la Direction générale du Domaine ou Revenus publics de la Colonie.

II. Il y aura, dans chacune des Paroisses de l'île, un *Bureau de la Poste aux lettres*, et parmi eux quatre Bureaux principaux, savoir : un à St-Pierre, point central; un au Fort-de-France; un à la Trinité, et le quatrième au Marin.

III. Les Directeurs ou Receveurs du Domaine, à la Trinité, au Fort-de-France et au Marin, seront Directeurs particuliers des Postes aux lettres des chefs-lieux où ils résident.

IV. Dans chaque Paroisse, autre que Saint-Pierre, Fort-de-France, la Trinité et le Marin, il sera nommé un Buraliste correspondant de la Poste aux lettres du Quartier.

V. Le service sera monté de manière que toutes les Paroisses de l'île puissent correspondre entre elles deux fois par semaine.

VI. Il sera établi, à cet effet, douze Postillons ou Couriers pour le service général de la Poste aux lettres.

VII. Les jours de passage, de départ et d'arrivée des Couriers dans les Villes et Bourgs, seront annoncés par un tableau qui sera imprimé et affiché.

VIII. Il y aura, pour chacun des quatre bureaux principaux de la Poste aux lettres, un timbre portant la lettre initiale du lieu; lequel timbre sera apposé sur toutes les lettres et paquets expédiés dudit bureau.

IX. L'habillement, le traitement et le placement des Couriers seront déterminés par un réglement particulier d'administration.

X. Chacun d'eux portera, attachée à une bandoulière noire, une boite de fer-blanc contenant les lettres et paquets : ces boîtes seront fermées à clef et chaque correspondant de la Poste en aura une.

XI. Ils porteront en outre sur la poitrine, une plaque de fer-blanc, en forme d'aigle déployée, avec ces mots au bas : *Poste aux lettres*.

XII. Il est expressément défendu aux Couriers, et ce sous peine de prison, de se charger, dans leur route, d'autres lettres ou paquets que de ceux des bureaux de Poste.

XIII. Tout individu qui, sous quelque prétexte que ce puisse être, même d'autorité publique, se permettra d'ouvrir les boîtes et paquets des Couriers, sera puni d'une amende de quatre mille cinq cens livres coloniales, pour la première fois, et de plus forte peine, en cas de récidive, ou circonstances aggravantes du délit. Si le délinquant est esclave, il subira celle de dix années de fer, et pourra même être puni de mort, selon les circonstances.

XIV. Toute personne qui serait convaincue d'avoir soustrait ou intercepté quelques lettres confiées à la Poste, sera poursuivie extraordinairement, suivant la rigueur des ordonnances.

XV. Tous les Capitaines de navires venant de France ou des pays étrangers, les Maîtres de goëlettes ou bâteaux faisant le cabotage de la Martinique et des Colonies voisines, françaises et étrangères, seront tenus de remettre, au bureau de la Poste du lieu où ils aborderont, les lettres et paquets qu'ils auront à leur bord. Ils ne pourront (à moins d'ordre militaire supérieur, pendant les tems d'état de siége et de guerre seulement), en délivrer aucune, soit à bord, soit à terre, à peine de six cens livres coloniales d'amende, dont moitié au profit du Trésor public, et moitié au profit du dénonciateur.

XVI. Chaque Capitaine de navire, partant pour l'Europe, sera tenu, un mois avant son départ, de remettre, au bureau de la Poste de l'endroit d'où il s'expédiera, un sac sur lequel seront écrits le nom du Navire, celui du Capitaine, et celui du port pour lequel il sera destiné.

XVII. Aucun Capitaine de navire ne pourra obtenir son expédition de la Douane qu'il n'ait justifié de la remise de ses paquets et de son sac, conformément aux articles XV et XVI ci-dessus.

XVIII. Dans les Paroisses autres que Saint-Pierre, Fort-de-France, la Trinité et le Marin, les Commissaires-commandans sont surveillans nés du service de la Poste aux lettres de leurs quartiers respectifs.

A Saint-Pierre, Fort-de-France, la Trinité et le Marin, les Commissaires-commandans pourront assister quand ils le jugeront convenable, à l'ouverture des paquets venant de l'intérieur ou du dehors.

XIX. Deux heures après l'arrivée des lettres d'Europe, la distribution en sera faite au bureau du port où le bâtiment aura mouillé.

XX. La distribution des lettres, dans chaque bureau de Poste, se fera par une ouverture pratiquée a cet effet; en conséquence, personne n'entrera dans l'intérieur du bureau.

XXI. Les préposés à la Poste ne remettront les lettres qu'à des personnes connues.

Aucun esclave ne pourra en retirer pour son maître, à moins qu'il ne soit porteur d'un billet signé de lui.

XXII. Dans les Villes où l'ordre du service permettra d'établir des facteurs, la remise des lettres qui resteront après la distribution, aura lieu à domicile, dans le jour même de l'arrivée des Couriers. Il sera perçu, sur chaque paquet ou lettre ainsi distribuée en ville, une taxe de deux sous et demi, argent des colonies, en sus du port ordinaire, par forme de gratification au facteur.

XXIII. Les ports de lettres et paquets seront payés comptant, lors de la remise aux Particuliers à qui ils seront adressés; il leur sera libre néanmoins de les refuser avant de les avoir décachetés.

XXIV. Les lettres adressées aux Sous-officiers et soldats de toutes armes, ne seront soumises qu'à la moitié de la taxe déterminée pour le port des autres lettres ou paquets.

XXV. Seront franches de port toutes lettres contre-signées du Capitaine-général, du Préfet colonial et du Grand-juge; celles qui leur seront adressées et à leurs premiers Secrétaires; celles qui le seront aux Généraux commandans au Fort-de-France et à St-Pierre, au Chef d'administration, au Directeur-général du Domaine ou Revenus publics, au Procureur-général impérial près la Cour d'appel. Seront pareillement franches de port, les lettres sur lesquelles le Procureur-général impérial et les Procureurs-impériaux près des Tribunaux de Première-instance écriront de leurs mains et signeront ces mots : *Pour le Service.*

XXVI. Le contre-seing se fera par une griffe ou par la signature même, sur l'adresse des lettres, des Fonctionnaires publics jouissant de la franchise.

XXVII. Les lettres et paquets jouissant de la franchise, au moyen du contre-seing, devront être remis aux préposés de la Poste directement; ceux qui auront été jetés à la boîte, quoique contre-signés, seront soumis à la taxe.

XXVIII. Les Lois et Actes de l'Autorité publique circuleront en franchise, mais sous bande, dans toute l'étendue de la colonie.

XXIX. Toutes lettres des Particuliers adressées aux Autorités ou aux Fonctionnaires publics, Militaires, Civils et Judiciaires, devront être affranchies, faute de quoi elles seront mises au rebut.

XXX. Toute personne qui remettra à un bureau de Poste une lettre ou paquet pour l'Europe, ou pour l'extérieur de la colonie, sera tenue de l'affranchir jusques au bureau du port où se trouve le bâtiment qui doit s'en charger ; les lettres ou paquets non affranchis, qui auraient cette destination, resteront au rebut.

XXXI. Ceux qui voudront faire charger des lettres et paquets pour l'intérieur de la colonie les remettront d'avance aux préposés des Postes qui percevront le double du port, et qui transcriront lesdits paquets ou lettres sur un registre particulier.

Les lettres ainsi chargées seront de suite marquées au dos de deux empreintes ou cachets de la Poste, et ne pourront être remises aux Particuliers auxquels elles sont adressées, qu'après qu'ils en auront donné décharge sur le registre.

XXXII. Si des paquets ou lettres chargées s'égarent ou ne peuvent être remis dans le mois de la réclamation, il sera payé au réclamant par la Direction de la Poste, sauf son recours contre ses Agens individuellement, une indemnité de cent quatre-vingt livres des colonies ; laquelle indemnité sera réduite de moitié, si le paquet ou la lettre se retrouve dans la suite.

XXXIII. Les lettres et paquets qui seront restés pendant six mois dans les bureaux particuliers, sans avoir été réclamés, seront envoyés à la Direction générale des Postes à Saint-Pierre ; il en sera fait un état qui sera rendu public par la voie de l'impression, et trois mois après, les lettres ou paquets non-réclamés seront brûlés.

Les lettres chargées seront soumises à la même formalité, à l'exception néanmoins des effets précieux, s'il s'en trouve, lesquels seront, sur procès-verbal, déposés au Trésor public.

XXIV. La Direction de la Poste aux lettres ne sera pas responsable des espèces, ou matières d'or et d'argent, diamans, ou autres effets précieux, qui auraient été insérés dans les lettres ou paquets.

XXXV. Le Directeur-général du Domaine ou Revenus publics donnera tous les ordres et instructions nécessaires pour la prompte réorganisation du service des Postes de la colonie.

XXXVI. Un mois après que ce service sera rétabli, le Préfet colonial, sur le rapport du Directeur-général du Domaine ou Revenus publics, prendra un arrêté réglementaire sur le mode de comptabilité à suivre, et l'ordre intérieur des divers bureaux de Poste.

En attendant, les instructions provisoires du Directeur général du Domaine ou Revenus publics, à cet égard, auront force d'arrêté.

XXXVII. Les produits résultant des Postes sont spécialement affectés aux dépenses de ce service; s'il y a excédent de recette, ce qui dépendra principalement de l'exactitude des Couriers, ils recevront annuellement une gratification extraordinaire, qui sera déterminée, à la fin de chaque année, en proportion du zèle qu'ils auront montré.

XXXVIIII. Il sera pourvu, par des allocations extraordinaires de frais de bureaux, aux indemnités dues, pour ce surcroit de travail, dans le sein de la Direction générale du Domaine ou Revenus publics.

Les correspondans de la Poste, pris hors du sein de cette Direction, auront droit, pour le même objet, à une retenue de trente pour cent sur le prix des lettres et paquets qui seront adressés à leurs quartiers respectifs.

XXXIX. Le Tarif des ports de lettres demeure fixé comme il suit :

Les lettres venant de France, de pays étrangers, des colonies voisines françaises ou autres, qui seront distribuées dans le lieu où aura mouillé le bâtiment, seront payées *quinze sous coloniaux.*

Celles venant des mêmes pays, et qui seront pour les autres quartiers, seront payées *une livre deux sous six deniers des colonies.*

Les paquets qui seront distribués par la Poste dans l'intérieur de la colonie, et qui péseront depuis un once jusqu'à quatre, paieront *une livre dix sols, argent des colonies.*

Ceux qui péseront depuis quatre onces jusqu'à huit paieront *deux livres cinq sols des colonies*; ceux qui péseront au-dessus, jusqu'à une livre pesant, paieront *quatre livres dix sols.*

Les Directeurs, Receveurs, Correspondans et Commis des bureaux de Poste, se conformeront au Tarif ci-dessus, sous peine, en cas de contravention, d'etre punis comme concussionnaires,

XL. La distribution et le transport des papiers publics seront admis à un abonnement qui sera soumis à l'approbation du Préfet colonial.

XLI. Le Directeur-général du Domaine ou Revenus publics et les Commissaires-commandans des Paroisses de la colonie sont chargés, chacun en ce qui le concerne, de l'exécution du présent arrêté, qui sera enregistré, *etc.*

Donné à St-Pierre, île Martinique, le 1er. prairial an XIII. *Signé* LAUSSAT.

Enregist. aux Greffes des Tribunaux.

(N°. 1102.) ARRÊTÉ *du Préfet colonial, qui prescrit à chaque Curé, de remettre au Secrétariat de la Préfecture coloniale, les Actes de décès des Officiers Civils et Militaires, morts dans sa Paroisse.*

Du 17 prairial an XIII. (6 juin 1805).

VU la dépêche de S. E. le Ministre de la marine, du 12 pluviose dernier, portant ordre de lui transmettre, sans délai, les Extraits mortuaires des Officiers et Fonctionnaires publics de toutes classes, décédés dans des maisons particulières de la colonie;

Considérant que cet ordre n'est rempli que très-imparfaitement, pour la remise annuelle que chaque Curé est tenu de faire des doubles minutes des Actes civils de sa Paroisse, et qu'il en résulte nécessairement des retards nuisibles aux intérêts des familles en France, et contraires aux intentions de S. M. l'Empereur;

Après en avoir délibéré avec le Capitaine-général, arrête :

ART. 1er. Chaque Curé de la colonie sera tenu, sous peine de la perte d'un *sémestre* de son traitement annuel, de remettre dans deux mois, à compter de ce jour, pour tout délai, au Secrétariat de la Préfecture à St-Pierre et en *triple* expédition, les Extraits mortuaires des Officiers et Fonctionnaires publics militaires, civils ou judiciaires, décédés dans des maisons particulières de sa Paroisse, depuis la reprise de possession de l'île, jusqu'à ce jour.

II. Chaque Curé sera obligé, sous le même délai et sous la même peine, de certifier au Préfet colonial qu'il a fait les recherches nécessaires sur ses registres, et de l'informer en même-tems quel en a été le résultat.

III. Dorénavant tous les Curés devront, sous peine de la perte d'*un trimestre* de leur traitement annuel, au fur et à mesure du décès d'un Officier ou Fonctionnaire public militaire, civil ou judiciaire dans une maison particulière de leur Paroisse, adresser à la Préfecture coloniale, son Extrait mortuaire en *triple expédition.*

IV. Le Secrétaire principal de Préfecture, et les Curés des Paroisses sont chargés, chacun en ce qui le concerne, de l'exécution du présent arrêté, *etc.*

Donné à Saint-Pierre, le 17 prairial an XIII. *Signé*, Laussat.

(N°. 1103.) Extrait *d'une Dépêche ministérielle portant ordre de payer dans les Colonies les appointemens des Officiers qui partent pour France, jusqu'à la fin du mois qui précède leur embarquement.*

Du 24 prairial an XIII (13 juin 1805).

Le Ministre dans cette lettre, adressée au Préfet colonial, lui fait part, que l'intention de S. M., est que tout Officier militaire ou d'administration, qui partira pour France, quel que soit le motif de son voyage, soit soldé sur les lieux, soit en argent, soit en traite du Caissier général du Trésor public, sur lui même, des appointemens et indemnités accessoires qui pourront lui être dus, jusqu'à la fin du mois qui précédera son embarquement, et que toutes les sommes acquittées dans le courant des douze derniers mois, soient énoncées en détail sur le livret dont chaque Officier sera porteur.

(N. 1104.) CIRCULAIRE *du Capitaine-général aux Commissaires des Paroisses, portant modification de l'article VI de l'arrêté du 1er. prairial précédent, en substituant à des Postillons ou Couriers à gages, le service militaire des Gens de couleur libres de la Colonie, faisant partie de la Garde-nationale.*

Du 1er. messidor an XIII (20 juin 1805).

LA multiplicité, Monsieur, des anciennes ordonnances sur la *Poste aux lettres* et l'état de nullité où elle est tombée, depuis plusieurs années, ont assez démontré la nécessité de la réorganiser, sur des bases plus solides, si on en veut assurer l'existence et le succès.

Il s'est élevé depuis long-tems un cri général qui en sollicite le rétablissement : le Gouvernement en sent, de son côté, tous les jours la nécessité.

C'est ce qui m'inspire le vif desir de seconder les efforts que M. le Préfet colonial fait en ce moment dans ce dessein.

J'ai senti que ce serait un moyen puissant d'y réussir, que de rattacher ce service au *service militaire des Gens de couleur libres*, dans la colonie.

Je m'y suis déterminé, avec d'autant plus de confiance que, comme vous ne l'ignorez pas, nous sommes déjà obligés d'avoir recours à la Garde-nationale, dans les circonstances où il importe que nous assurions et que nous accélerions nos communications avec les divers points de l'île; nous avons souvent éprouvé qu'il n'y a nul compte à faire sur les autres voies qui peuvent se présenter.

Les Gens de couleur libres employés à ces courses s'en trouveront d'ailleurs dédommagés par l'exemption du service ordinaire des Milices et par l'indemnité en rations, etc. qui leur est attribuée : vous savez, Monsieur, qu'ils ne paient pas même, dans cet île, la capitation à laquelle ils sont assujétis dans les autres Colonies françaises.

Toutes ces considérations se sont donc réunies pour me faire adopter les dispositions suivantes :

1°. Il sera désigné, dans chaque Paroisse de l'île, par la voie du sort, tous les six mois, ou bien il sera choisi, selon les circonstances, (ce qui est laissé à la discrétion et à la sagesse des Commissaires-commandans) parmi les hommes de couleur libres, gardes-nationaux, non-mariés, âgés de plus de 14 ans et de moins de 50, un homme, pour servir de courier de sa Paroisse à la Paroisse voisine et limitrophe ;

2°. il en sera désigné, aux mêmes formes, deux au lieu d'un, au Fort-de-France, deux à Saint-Pierre et deux à la Trinité ;

3°. Ceux qui auront été ainsi désignés seront tenus de ce service, comme pour *Service militaire* et d'obligation.

4°. Ils seront exempts de tout autre service militaire, excepté dans le cas d'allarme.

5°. Il sera payé à ceux qui seront en activité de service ordinaire, une indemnité par jour, pour leur tenir lieu de ration, et une autre indemnité par mois, pour leur habillement et chaussure, aux taux qui seront ultérieurement réglés ;

6°. Les Commissaires-commandans de Paroisse mettront lesdits hommes à la disposition de la Direction de la Poste aux lettres, sous l'autorité du Préfet colonial.

J'aime à penser que MM. les Habitans verront avec plaisir qu'il leur est donné une aussi bonne garantie de l'exactitude et de la durée de l'établissement régulier d'une Poste aux lettres au milieu d'eux.

Je vous prie Monsieur, d'assembler en conséquence, s'il est nécessaire, les Gardes-nationales de couleur de votre Paroisse avant le 1er. thermidor prochain, et d'y désigner, de la manière la plus convenable, les hommes de couleur à fournir par votre Paroisse dans la classe indiquée.

Vous

Vous les tiendrez à la disposition de M. le Préfet colonial, pour servir de Couriers de votre Paroisse aux Paroisses voisines limitrophes. La désignation se renouvellera tous les six mois, et néanmoins ce premier choix servira jusqu'au 1er. germinal prochain.

Il parait, d'après le rapport qui m'a été fait, que l'organisation de la Poste aux lettres exigera 31 Couriers, parmi lesquels 15, *dits Couriers ordinaires*, marcheront habituellement et recevront les indemnités : les 16 autres, *dits Couriers extraordinaires*, ne marcheront qu'à défaut et en remplacement des premiers, et dans ce cas l'indemnité leur sera également payée.

C'est ce qui aurait encore lieu si le Gouvernement se décidait, pour quelque cause que ce fut, à multiplier les arrivées et par conséquent le nombre des *Couriers ordinaires*.

Je compte sur votre concours, Monsieur, pour donner à ces arrangemens l'activité et le soin qu'ils exigent.

J'ai l'honneur de vous saluer. *Signé*, VILLARET.

(N°. 1105.) CIRCULAIRE *ministérielle de M.* Décrès, *aux Préfets coloniaux, concernant l'Arrêté du Gouvernement Consulaire, du 17 prairial an XI, relatif aux différentes espèces ou matières d'Or et d'Argent.*

Du 5 messidor an XIII (24 juin 1805).

IL n'est point aujourd'hui, Monsieur, de Colonie française où il n'existe plus ou moins de désordre dans les monnaies. Tel doit être l'effet de la circulation à peu-près exclusive des espèces étrangères, dans ces établissemens, et de la cupidité toujours plus active à mesure qu'elle s'éloigne davantage du point central de surveillance et de répression.

Plusieurs Administrateurs se sont occupés de remédier à ces abus ; mais dans leurs tentatives partielles, ils n'ont guère employé que des palliatifs : il devenait indispensable de couper racine au mal. J'ai mis sous les yeux de l'Empereur et Roi les causes et les progrès d'un désordre aussi préjudiciable aux intérêts de ses sujets qu'à celui de ses finances ; et S. M., après avoir entendu son Conseil d'état, a rendu le 20 floréal dernier, un Décret impérial portant : « *Que les espèces étrangères et autres matières d'Or « et d'Argent, les espèces d'Argent de France an- « terieures à la refonte ordonnée en 1726, les espèces « d'Or de France anterieures à celle ordonnée en « 1785, ne pourront être mises en circulation, dans « les Colonies françaises, ni y être reçues dans les « Bureaux de change, que conformement aux Tarifs « annexes à l'arrête du 17 prairial an XI, con- « cernant les differentes espèces et matières d'Or « et d'Argent.* »

Je joins ici, Monsieur, la copie de ce Décret, ainsi que l'exemplaire du Bulletin des lois où se trouve l'arrêté imprimé qu'il rappelle.

Vous voudrez bien mettre en vigueur les dispositions de l'un et de l'autre ; et pour que leur exécution, dans toutes nos Colonies, commence, autant qu'il est possible, à la même époque, vous la fixerez (1) au 1er. vendémiaire an XIV.

Ainsi, seront déterminées, avec précision, pour les Caisses publiques des Colonies, comme pour celles de la Métropole, les valeurs réelles des Monnaies soit nationales soit étrangères.

A l'aide du terme commun, il sera facile d'établir avec une égale précision, le change entre la France et chaque Colonie, ou, en d'autres termes, la proportion entre le franc et la livre coloniale.

Il suffira de vérifier le poids et le titre des espèces qui seront présentées à la Caisse ; le Tarif consulté indiquera leur valeur en francs : ces données serviront de base à la conversion du franc en livres coloniales, et de cette livre en francs, jusqu'à ce que la computation du franc s'établisse par degrés exclusivement.

Quant au mécanisme de la vérification du poids et du titre, la balance et la pierre de touche sont

(1) Cette Circulaire n'étant parvenue dans les Colonies que dans le second semestre de l'an XIV, il fut impossible de songer à la mettre à exécution dans les Antilles durant le cours de 1806, et d'autres considérations connues de S. E. le Ministre ont empêché de s'en occuper l'année suivante. *(Note du Préfet colonial.)*

les moyens employés dans les Caisses publiques du Territoire continental, et vous devez les prescrire dans les Caisses publiques coloniales. Comme l'usage de ces instrumens est plus rare et moins certain chez les Particuliers, on pourrait y suppléer en ouvrant, dans les Villes, des Bureaux de pesée et d'essayage, où le Public aurait recours, au besoin, moyennant une légère rétribution.

Je vous invite, Monsieur, à m'accuser réception de cette dépêche, et à me rendre compte des mesures que vous aurez prises pour y satisfaire.

Recevez, Monsieur, l'assurance de ma parfaite considération. *Signé*, DÉCRÈS.

(N°. 1106.) ARRÊTÉ *du Capitaine-général de la Martinique, qui étend les attributions, et fixe la compétence du Tribunal spécial.*

Du 8 messidor an XIII (27 juin 1805).

CONSIDÉRANT que l'expérience, en faisant connaître la grande utilité de l'établissement du Tribunal spécial dans la colonie, a prouvé en même-tems que sa compétence n'est pas assez étendue, et qu'il est d'autres crimes que ceux spécifiés par les arrêtés des 24 vendémiaire an XII et 24 pluviose an XIII, dont la répression doit lui être attribuée, afin que les coupables étant atteints avec plus de célérité, la punition puisse frapper d'une terreur salutaire ceux qui seraient tentés de les imiter.

Après en avoir délibéré avec le Grand-juge; arrête:

ART. Ier. Le Tribunal spécial établi par l'arrêté du 24 vendémiaire an XII, continuera à juger, comme par le passé, les esclaves qui se seront rendus coupables des crimes d'empoisonnement, d'incendie et d'enlèvement

C 2

de canots et pirogues, conformément aux dispositions dudit arrêté.

II. Sera justiciable du Tribunal spécial, tout esclave qui sera prévenu d'avoir fait partie d'un rassemblement séditieux, ou d'avoir cherché à exciter ses semblables à la révolte ; ce crime sera puni de *mort.*

III. Tout esclave marron, qui sera pris les armes à la main, sera jugé par le Tribunal spécial, qui prononcera contre le coupable la peine de mort.

IV. Tout délit quelconque commis par un esclave en marronnage, sera du ressort du Tribunal spécial, qui prononcera, d'après les anciennes lois, une peine proportionnée au délit.

V. Les dispositions de l'arrêté du 15 pluviose dernier, relatif au marronnage, seront maintenues en ce qui concerne l'attribution donnée au Tribunal spécial.

VI. Tout esclave, qui sera prévenu du crime de désertion à l'ennemi, d'embauchage ou espionnage pour l'ennemi, sera jugé par le Tribunal spécial, et condamné à mort, s'il est reconnu coupable; cependant s'il était prouvé que le prévenu n'a pas agi de son propre mouvement, et qu'il a été entraîné par force; alors le Tribunal pourra, en connaissance de cause et suivant la circonstance du fait, commuer la peine.

VII. Toute tentative de ces crimes manifestée par des Actes extérieurs et suivie d'un commencement d'exécution, sera punie comme le crime même, si elle n'a été suspendue que par des circonstances fortuites, indépendantes de la volonté du prévenu.

VIII. Tout individu de couleur libre qui sera prévenu de quelqu'un des crimes attribués au Tribunal spécial, par les articles VI et VII ci-dessus, sera jugé par ce Tribunal, et soumis aux peines qui y sont prononcées, à moins que le prévenu n'eut commis le crime pendant le tems de son service; ce qui le rendrait alors justiciable d'un Conseil de guerre.

IX. Dans tous les cas prévus par le présent arrêté, les formalités prescrites par les arrêtés des 24 vendémiaire, et 9 brumaire an XII, pour l'instruction de la procédure, seront observées.

Le Grand-juge est invité à faire enregistrer *etc.*

Donné à la Martinique, le 8 messidor an XIII. *Signé*, VILLARET.

Enregist. aux Greffes des Tribunaux.

(N°. 1107.) ARRÊTÉ *des Capitaine-général et Préfet colonial, qui règle le salaire et l'habillement des Couriers de la Poste aux lettres.*

Du 10 messidor an XIII (29 juin 1805).

VU l'article IX de l'arrêté du 1er. prairial an XIII, concernant la *Poste aux lettres*, où il est dit : " que le traitement et l'habillement des Couriers seront déterminés par un réglement spécial. "

Vu les dispositions de la Circulaire du Capitaine-général aux Commissaires-commandans des Paroisses, du 1er. messidor, sur le même sujet, où il est annoncé : " qu'il sera payé aux Gens de couleur libres, gardes-nationaux, en activité de service ordinaire pour la Poste aux lettres, une

„ indemnité par jour pour leur tenir lieu de
„ rations, et une autre indemnité par mois
„ pour leur habillement et chaussure, aux
„ taux qui seront ultérieurement réglés ; „

Considérant qu'il ne manque désormais que d'avoir rendu ces réglemens ultérieurs de finances, tels qu'ils ont été annoncés, pour n'avoir plus qu'à s'occuper de l'exécution des diverses mesures adoptées pour le rétablissement de la Poste aux lettres; arrêtent :

ART. 1er. L'indemnité par jour, pour tenir lieu de rations aux Gens de couleur libres, gardes-nationaux, employés au service de la Poste aux lettres dans la Colonie, est fixée à 30 *sous* (argent des colonies.)

II. L'indemnité pour l'habillement et chaussure, est fixée à 27 *livres* (argent des colonies) par mois.

III. Il sera en outre payé par courier, en activité de service ordinaire, un salaire fixe de 36 *livres* (argent des îles) par mois.

IV. Les Facteurs de la Poste aux lettres, dans les villes du Fort-de-France et de St-Pierre, recevront un salaire fixe de 72 *livres* (argent des colonies) par mois.

V. Cette dépense aura lieu dans les mêmes formes et aux mêmes termes que celles du service de l'Administration générale du Domaine ou Revenus publics.

VI. Le Chef d'administration et le Directeur-général du Domaine ou Revenus publics sont chargés, chacun en ce qui les concerne, de l'exécution du présent arrêté.

Donné à la Martinique, le 10 messidor an XIII, *Signé*, VILLARET et LAUSSAT.

(N°. 1108.) ARRÊTÉ *concernant la formation des Dénombremens et Recensement.*

Du 15 messidor an XIII (4 juillet 1805).

N. B. Cet arrêté est en tous points conforme à celui du 1er. thermidor an XII, n°. 1059, tome IV, page 684.

(N°. 1109.) CIRCULAIRE *du Préfet colonial, aux Commissaires-commandans de Paroisse, concernant le rétablissement de la Poste aux lettres.*

Du 19 messidor an XIII (8 juillet 1805).

JE vous envoie ci-joint, Monsieur, les Actes que nous venons de rendre, le Capitaine-général et moi, pour le rétablissement de la *Poste aux lettres*, *etc.*

Témoin, dans ma tournée, des vœux des Habitans pour la prompte réorganisation de ce service, je m'en suis occupé sans relâche, à mon retour. Les moyens auxquels nous nous sommes arrêtés, le Capitaine général et moi, nous donnent la ferme confiance, que nous aurons fait un ouvrage solide et qui répondra à nos espérances et à celles de la Colonie.

Il faut essentiellement, pour le succès, Monsieur, le concours de votre zèle. J'y compte, et je vous demande de vous occuper, avec quelque soin et quelque célérité, des opérations préliminaires qui vous sont confiés et de m'en faire connaître en détail les résultats.

J'ai l'honneur de vous saluer. *Signé*, LAUSSAT.

(N°. 1110.) ARRÊTÉ *du Préfet colonial, qui renvoie aux Tribunaux une question relative à la distribution des Eaux, mais sans tirer à conséquence relativement à ses attributions en cette partie.*

Du 25 messidor an XIII (14 juillet 1805).

VU une pétition du sieur Fortier, habitant, où il nous demande de prononcer dans une discussion existante entre lui et les sieurs Préville, habitans au Prêcheur, au sujet d'une servitude d'eau, que l'exposant assure être due à son habitation par celle desdits sieurs Préville, et dont ceux-ci lui contestent la propriété, au moins sur le pied que ladite servitude s'effectue en ce moment;

Vu le déclinatoire des sieurs Préville, en réponse à la communication, que nous leur avons donnée du mémoire du sieur Fortier, et par lequel lesdits pétitionnaires supplient le Préfet colonial de vouloir bien renvoyer aux Tribunaux, comme seuls compétens, la connaissance de leur contestation avec le sieur Fortier;

Considérant que l'article XVI, de l'arrêté du 6 prairial an X, ayant mis expressément au nombre des attributions du Préfet colonial, celle de la *distribution des eaux*, et cet arrêté fondamental n'étant abrogé par aucune disposition plus récente, la compétence et le droit du Préfet colonial, de prononcer dans l'affaire dont il s'agit, paraissent d'autant plus incontestable, qu'il serait bien difficile d'entendre par le texte de l'arrêté précité, autre chose que le *droit de régler les intérêts publics et privés relativement à la distribution des eaux*;

Considérant que ni ledit arrêté du 6 prairial an X, ni d'autres subséquens, n'ont encore indiqué au Préfet colonial la marche qu'il aurait à suivre et les coopérateurs dont il devrait s'environner pour juger avec maturité des questions qui tiennent étroitement à la propriété;

Considérant que l'ordonnance du 10 septembre 1759, qui renvoie ces sortes de discussions aux Tribunaux, ayant été exécutée sans opposition, depuis cette époque jusqu'à ce jour, et le cas présent étant le premier qui se soit offert d'y déroger, la circonstance ne paraissant point opportune pour introduire une pareille innovation, dans un moment surtout où les soins et les embarras d'une guerre active absorbent toute l'attention du Gouvernement intérieur de l'île ;

Considérant néanmoins que le Préfet colonial ne peut sous aucun prétexte se dépouiller lui-même d'une attribution, dont il est investi par le Gouvernement ; arrête :

Art. Ier. Le déclinatoire des sieurs Préville, dans leur discussion avec le sieur Fortier, au sujet d'une servitude d'eau, et la demande qu'ils font d'être jugés par les Tribunaux, sont provisoirement admis sans que ledit renvoi puisse tirer à conséquence pour l'avenir, ni être invoqué en aucun cas, comme préjugé, en aucune autre instance du même genre.

II. Une expédition du présent arrêté sera adressée à S. E. le Ministre de la marine et des colonies, et une au Grand-juge de la Martinique, avec invitation d'en ordonner l'enregistrement aux greffes des Tribunaux.

Il sera aussi enregistré à l'Inspection.

Donné à Saint-Pierre Martinique, le 25 messidor an XIII. *Signé*, Laussat.

Enregist. aux Greffes des Tribunaux.

(N°. 1111.) ARRÊTÉ *du Préfet colonial, qui homologue la délibération de la Paroisse du Fort St-Pierre, du 7 juillet 1805, portant permission de vendre les Rentes de 50 liv. et au-dessous, au profit de la Paroisse, à la charge de faire remploi des deniers qui en proviendront.*

Du 1er. thermidor an XIII (21 juillet 1805).

(N°. 1112.) ARRÊTÉ *du Préfet colonial, qui autorise les Cabaretiers de Saint-Pierre, à se choisir entr'eux un Syndic.*

Du 2 thermidor an XIII (21 juillet 1805).

VU la pétition des Cabaretiers de la ville de Saint-Pierre, tendant à obtenir la faculté de nommer entr'eux, un Syndic chargé de surveiller et dénoncer les infractions aux lois, commises par des individus qui se permettent de débiter des liqueurs sans y être autorisés, et qui partagent ainsi gratuitement avec les Cabaretiers munis de patentes, les bénéfices d'un commerce sujet à des droits ;

Vu l'avis du Directeur-général du Domaine ou Revenus publics ;

Vu aussi celui du Procureur-impérial faisant fonctions de Commissaire de police à St-Pierre ;

Considérant qu'un syndicat des Cabaretiers, tel que le proposent les pétitionnaires, étant un nouveau moyen d'atteindre les contrevenans aux lois du Domaine, son établissement n'intéresse pas moins le Fisc que les Cabaretiers porteurs de permissions légales ; arrête :

ART. Ier. Le Préfet colonial accepte la proposition des Cabaretiers de Saint-Pierre, de nommer entr'eux un Syndic chargé de surveiller et dénoncer les infractions aux lois sur les Cabarets et l'offre qu'ils font d'allouer chacun par mois, à ce Syndic une somme de 4 liv. 10 s. des colonies, à titre d'indemnité.

II. Le Syndic choisi par les pétitionnaires sera soumis à l'approbation du Préfet colonial.

III. Le Syndic aura droit de requérir la force armée contre les contrevenans aux reglemens sur les Cabarets, à la charge par lui de les traduire devant qui de droit, et d'administrer ensuite les preuves du délit.

IV. Une expédition du présent arrêté sera adressé au Directeur-général du Domaine, et une au Procureur-impérial, faisant fonctions de Commissaire de police à Saint-Pierre, avec ordre d'en requérir l'enregistrement au greffe du Tribunal de police correctionelle.

Donné à Saint-Pierre, le 2 thermidor an XIII. *Signé*, Laussat.

(N°. 1111.) Avis *du Conseil d'état, dans sa séance du 27 messidor, sur des formalités relatives au Mariage.*

Du 4 thermidor an XIII (23 juillet 1805).

Le Conseil d'état, auquel S. M. a envoyé un rapport du Grand-juge Ministre de la justice, sur les difficultés que rencontrent beaucoup de mariages, dans l'application de divers articles du Code civil;

Après avoir ouï le rapport de la section de législation;

Considérant que les difficultés naissent de ce que les Officiers de l'Etat-civil ne discernent pas assez soigneusement les divers cas que la loi a voulu régler, de ceux qu'elle a laissés à la disposition des principes généraux et du droit commun,

Que, quoique l'acte de naissance des futurs mariés soit nécessaire, il est pourtant permis de le remplacer par les formalités mentionnées dans l'article 71; mais que ces formalités, prescrites lorsqu'il s'agit de suppléer au titre constitutif de l'état des personnes, ne peuvent être exigées en remplacement d'actes moins essentiels; qu'il ne faut donc pas, pour remplacer l'acte de décès des pères et mères ou ascendans, un acte de notoriété contenant la déclaration de sept témoins et homologué par le Tribunal;

Que le supplément naturel de l'acte de décès des pères et mères est dans la présence des aïeuls et aïeules, et dans l'attestation qu'on peut leur demander de ce décès;

Que si par l'ignorance du lieu où sont décédés les pères et mères, et ascendans, on ne peut produire leur acte de décès; que si, comme cela arrive souvent dans les classes pauvres, par l'ignorance du dernier domicile, on ne peut recourir à l'acte de notoriété prescrit par l'article 155 et destiné à constater l'absence d'un domicile connu, dans ce cas, la raison suggère de se contenter de la déclaration des témoins; que déjà, dans beaucoup d'occasions semblables, les Officiers de l'Etat-civil de Paris ont procédé aux mariages sur des actes de notoriété passés, ou devant Notaires ou devant les Juges de paix, par des témoins que les parties ont produits;

Qu'il n'en est résulté aucun inconvénient ni plainte; qu'il en est au contraire résulté beaucoup lorsque, dans des cas pareils, on a voulu être plus rigoureux et exiger davantage;

Que même, plusieurs fois, on a suivi une voie plus simple et encore moins coûteuse que celle des actes de notoriété, et qui mérite d'être préférée et de devenir générale : on s'est contenté de la déclaration des quatre témoins nécessaires à l'acte de mariage, faite à l'Officier public et mentionnée dans cet acte;

Que cette déclaration, aussi solennelle qu'un acte de notoriété, est sans danger relativement au mariage des majeurs, pour lequel le consentement ou le conseil des ascendans n'est pas d'une nécessité absolue et dirimante;

Que rien n'est à craindre relativement au mariage des mineurs, puisqu'en vertu de l'article 160 du Code civil, toutes les fois qu'il n'y a ni père ni mère, ni

aïeuls

aïeuls ou aïeules, ou qu'ils se trouvent dans l'impossibilité de manifester leur volonté, les fils ou filles mineures de vingt-un ans, ne peuvent contracter mariage sans le consentement du conseil de famille;

Est d'avis,

1°. Qu'il n'est pas nécessaire de produire les actes de décès des pères et mères des futurs mariés, lorsque les aïeuls ou aïeules attestent ce décès; et que dans ce cas, il doit être fait mention de leur attestation dans l'acte de mariage.

2°. Que si les pères, mères, aïeuls ou aïeules, dont le consentement ou conseil est requis, sont décédés, et si l'on est dans l'impossibilité de produire l'acte de leur décès, ou la preuve de leur absence, faute de connaître leur dernier domicile, il peut être procédé à la célébration du mariage des majeurs, sur leur déclaration à serment que le lieu du décès et celui du dernier domicile de leurs ascendans leur sont inconnus. Cette déclaration doit être certifiée aussi par serment des quatre témoins de l'acte de mariage, lesquels affirment que, quoiqu'ils connaissent les futurs époux, ils ignorent le lieu du décès de leurs ascendans et leur dernier domicile. Les Officiers de l'Etat-civil doivent faire mention, dans l'acte de mariage, desdites déclarations.

Pour extrait conforme : le Secrétaire général du Conseil d'état, *Signé*, J. G. LOCRÉ.

Approuvé, au Palais de Saint-Cloud, le 4 thermidor an XIII. *Signé* NAPOLEON.

Enregist. aux Greffes des Tribunaux.

(N°. 1113.) ARRÊTÉ *du Préfet colonial, relatif aux pouvoirs du Syndic des Cabaretiers de Saint-Pierre.*

Du 5 thermidor an XIII (24 juillet 1805).

VU l'élection faite par les Cabaretiers de la ville de Saint-Pierre, du sieur Antoine

Laveau, pour leur Syndic, conformément à notre arrêté du 2 thermidor dernier; arrête :

Art. 1er. Le sieur Antoine Laveau est confirmé Syndic des Cabaretiers de la ville de Saint-Pierre.

II. Dans le cas où il découvrirait des contraventions aux lois, sur la police des Cabarets, il a le droit de requérir la force armée pour saisir les délinquans, sauf à administrer ensuite devant qui de droit, les preuves du délit.

III. Le présent arrêté sera enregistré au greffe du Tribunal de police correctionnelle de la ville de Saint-Pierre.

Donné à St-Pierre Martinique, le 5 thermidor an XIII. *Signé*, Laussat.

(N°. 1114.) Arrêté *des Capitaine-général et Préfet colonial, qui prononce la réunion des deux Préfectures Apostoliques, en une seule, dont le Siège sera au Fort-de-France.*

Du 18 thermidor an XIII (6 août 1805).

Vu le concordat passé en l'an IX entre la France et le Pape, l'arrêté consulaire du 13 messidor an X, *relatif à l'exercice du Culte catholique dans les îles de la Martinique et de Sainte-Lucie*, et l'arrêté colonial du 6 nivose an XI, concernant *l'exercice du Culte catholique* dans ces deux îles;

Vu les instructions ministérielles du 14 messidor an X, et une dépêche de S. E. le Ministre de la marine et des colonies en date du 20 ventose an XI;

Considérant que le décès survenu le 15 de ce mois, de M. Verdery, dit *le Père Archange*, l'un des deux Préfets apostoliques à la Martinique, donne lieu à la réduction des deux Préfectures apostoliques en une seule, telle qu'elle était dans les vues de sagesse de S. M. Impériale, arrêtent :

Art. 1er. Il n'y aura plus qu'un Préfet apostolique à la Martinique.

II. Son siége sera au Fort-de-France, et les bâtimens qu'habitait le Préfet apostolique de la ci-devant *Mission des Capucins*, lui seront irrévocablement et à jamais affectés.

III. Néanmoins le Préfet apostolique actuel, M. François-Augustin Trepsac, conservera sa vie durant, sa résidence actuelle à St-Pierre, comme il l'a toujours eue.

Le présent arrêté sera enregistré, *etc.*

Donné à la Martinique, le 18 thermidor an XIII. *Signé*, Villaret et Laussat.

Enregist. aux Greffes des Tribunaux.

(N°. 1115.) Avis *du Préfet colonial, portant défense aux Capitaines Américains, et autres à St-Pierre, de vendre leurs cargaisons avant d'avoir fourni leurs manifestes au Préfet colonial.*

Du 22 thermidor an XIII (10 août 1805.)

Conformément aux ordonnances, défenses sont renouvelées aux Capitaines, Propriétaires, Subrécargues, Maîtres ou Patrons des bâtimens arrivant dans les ports de la Martinique, de vendre leurs cargaisons ou de faire aucune convention qui y soit relative, avant d'avoir fourni leur manifeste à M. le Préfet colonial. *Signé*, Laussat.

mes yeux, depuis que je suis à la tête de l'Administration de cette colonie.

J'ai l'honneur de vous saluer. *Signé*, LAUSSAT.

(N°. 1118.) DÉPÊCHE *ministérielle de M. Décrès, au Préfet colonial de la Martinique, relatif à différens points d'Administration, 1°. sur la Comptabilité des impositions et contributions; 2°. sur le droit de nomination attribué au Capitaine-général; 3°. sur l'ajournement de la formation de la Chambre d'agriculture; 4°. sur la transcription des Actes civils, et la nécessité de convoquer chaque année le Conseil de répartition; 5°. sur la transmission du relevé des Votes sur l'hérédité dans la Famille Impériale; 6°. sur les éclaircissemens demandés sur la Culture et la Population de la Colonie; 7°. sur la vérification des Titres des Gens de couleur se disant libres; 8°. sur le Commerce d'entrepôt; 9°. sur la dotation des Ministres du Culte et des Hospitaliers, et 10°. sur la nécessité de soumettre à l'approbation de S. M. I. et R., les projets d'aliénation des Domaines nationaux.*

Du 20 fructidor an XIII (7 septembre 1805).

VOTRE correspondance des six premiers mois de cette année, Monsieur, m'est parvenue toute à la fois et par la même occasion. J'ai vu avec satisfaction qu'elle renfermait sur toutes les parties administratives qui vous sont confiées, les renseignemens les plus circonstanciés et les plus étendus.

Un des objets les plus importans qu'elle embrasse, est sans doute la situation des finances de la Martinique, résultante de l'état de ses dépenses, et de celui de ses recettes.

Je réponds de la manière la plus explicite, à tous les articles qui, dans vos lettres, se rattachent à cette double branche de l'Administration publique. J'ajouterai seulement ici que plus les conjonctures vont devenir difficiles pour vous, plus les services que l'Empereur et Roi attend de votre zèle, seront appréciés.

Vous ne desiriez, dites-vous, *que de voir naître des circonstances propres à en manifester toute l'étendue.* Ces circonstances sont arrivées. Les intentions prononcées de S. M. vous donnent toute la latitude nécessaire pour la réduction des dépenses, et l'amélioration des recettes. Elle compte sur votre dévouement à remplir ses vues, comme sur le concours du Capitaine-général à vous seconder de toute son autorité; et la bienveillance du Monarque qui vous a remis à tous deux ses pouvoirs, est le prix qu'il réserve à vos efforts communs.

Je me propose seulement ici de répondre aux parties réglémentaires, administratives et politiques de votre correspondance qui peuvent demander une solution.

Onze arrêtés, instructions ou circulaires étaient joints à votre lettre du 14 vendémiaire dernier, n°. 3.

Je ne m'arrêterai point sur ceux de ces réglemens qui se trouvent compris dans votre liste d'indication, et dont toutes les dispositions m'ont paru propres, soit à simplifier et à éclairer la comptabilité, soit à assurer l'exactitude et l'égalité des perceptions. Je ne puis que les approuver entièrement.

Quant aux deux arrêtés, relatifs aux dépenses de l'atelier des nègres pionniers, ils eussent été susceptibles d'observations générales sur cet établissement en lui-même, si la suppression que vous m'annoncez de cet atelier, déjà très-dispendieux, et devenu depuis très-inutile, ne les rendaient superflues. Je me borne à vous témoigner ma satisfaction de la persévérance avec laquelle vous vous êtes attaché à réformer cette institution de votre Prédécesseur, peut-être momentanément nécessaire, mais certainement vicieuse sous tout autre rapport.

Vous me rendez compte, par votre dépêche du 24 vendémiaire dernier, sans numéro, de la différence d'opinion qui s'est élevée entre le Capitaine-général et vous, sur l'application de l'article VIII, de l'arrêté d'organisation de la Martinique.

L'intention du Gouvernement peut être facilement aperçue : elle a été d'attribuer au Capitaine général un droit honorifique d'approbation sur les divers nominations de la partie administrative, et de l'ordre judiciaire ; mais non pas de lui conférer le droit de nommer seul à l'intérim des places vacantes dans l'Administration et les Tribunaux, dont la responsabilité est placée toute entière sur le Préfet et le Grand-juge respectivement. Le délai de dix jours n'est fixé que pour prévenir l'inconvénient de trop longues vacances, dont le service public pourrait se ressentir.

Mais combien de choix le Capitaine-général peut-il rejeter, ou en d'autres termes combien de présentations successives peuvent-elles être exigées du Préfet et du Grand-juge ? Comme le Gouvernement ne s'est pas expliqué à cet égard : si les candidats présentés dans les dix jours à la nomination du Général, n'ont point obtenu son agrément, le service attaché à la place vacante sera, de droit, rempli par le Fonctionnaire immédiat ; et il en sera référé au Ministre de la marine et des colonies.

Vous êtes autorisé à donner connaissance de mes observations sur ce sujet à M. le Capitaine-général.

Je n'entrerai point ici dans le développement des motifs qui ont déterminé S. M. à ajourner, dans les circonstances actuelles, la formation de la Chambre d'agriculture de la Martinique, dont vous m'entretenez par votre lettre du 6 brumaire dernier, il suffit de vous faire remarquer que la difficulté de remplir le principal but de cette institution, c'est-à-dire, de réunir en Conseil, près du Ministère de la marine et des colonies, les différens Députés à nommer, rendrait incomplette l'exécution des vues que s'est proposées le Gouvernement.

L'arrêté joint à votre lettre du 10 nivose an XIII, et relatif à la transcription des Actes civils et judiciaires, qui depuis 1788, manquent au Dépôt de Versailles, m'a paru conforme à l'intention de l'édit de 1776, et d'ailleurs propre à remplir le but qu'il fallait atteindre ; mais je remarquerai que, sous tout autre rapport que sous celui de la dépense nécessaire pour assurer les moyens d'exécution, tout ce qui concerne les Actes civils et judicaires rentraient dans les attributions du Grand-juge, ainsi que le veut l'article X. VII, de l'arrêté d'organisation de la colonie.

Votre lettre du 2 nivose suivant, me transmet le réglement que vous avez émis le 28 vendémiaire précédent sur l'assiette et la levée des contributions pour l'exercice de l'an XIII. Il n'est en lui-même susceptible d'aucune observation, puisqu'il ne fait que continuer pour l'année actuelle les impositions de l'année précédente : mais il n'en eut pas été moins convenable et moins utile de le faire précéder par l'assemblée du Conseil de répartition prescrit par l'article XVIII, de l'arrêté du 6 prairial an X. C'est à ce conseil qu'il appartient d'éclairer, sur la répartition, la justice du Préfet : et quoique les contributions puissent rester les mêmes, les circonstances peuvent, d'une année à l'autre, rendre plus avantageux un changement de répartition. Je vous invite en conséquence a ne point omettre à l'avenir de l'appeler auprès de vous, et de m'adresser avec exactitude le procès-verbal de son avis motivé.

Le relevé des votes pour l'hérédité de la dignité Impériale dans la famille de Napoléon Bonaparte, que j'ai trouvé joint à votre lettre du 25 nivose dernier, a été transmis par moi au Secrétaire d'état pour être mis sous les yeux de l'Empereur et Roi. Si les premiers aperçus que me donne, sur l'esprit public de la colonie, votre dépêche du 6 brumaire déjà citée, ont eu pour moi quelque chose de pénible, les nouveaux renseignemens que vous m'adressez sur le dévouement, la confiance et l'amour des Habitans de la Martinique, pour le Héros qui gouverne la France, ont effacé avantageusement cette impression. Je ne les ai point laissé ignorer à S. M.; et c'est avec les sentimens de bienveillance particulière, dont elle daigne honorer la colonie, qu'elle en a vu la confirmation, dans l'allégresse unanime qui a signalé à la Martinique les fêtes de son couronnement.

L'état de population et de culture, que j'ai reçu avec votre lettre du 1er. pluviose dernier, offre, sous les deux rapports, quelque différence de calcul avec celui qui m'a été remis par votre Prédécesseur depuis son retour en France.

Ce dernier porte à 89,864, le nombre des esclaves. C'est environ dix mille de plus que je n'en trouve sur votre recensement.

La surface de la Martinique évaluée par M. le Conseiller d'état Bertin à 87.146 carrés de terre, présenterait 50,367 carrés arpentés et concédés, c'est-à-dire, plus de la moitié. Suivant votre état rédigé par M. de Sancé, il n'y aurait pas le tiers des terres de cultivées.

Je vous recommande de faire vérifier de quel côté se trouve l'erreur, et de fixer à cet égard mon opinion.

Les réflexions très-solides et très-justes que, par votre lettre du 2 pluviose dernier, vous me soumettez relativement à la commission chargée de vérifier les Titres des Gens de couleur, libres, ou se disant tels, s'accordent entièrement avec les observations que j'avais à cet égard adressées à votre Prédécesseur, et dont vous paraissez n'avoir point connaissance. Vous les trouverez contenus dans ma dépèche du 10 fructidor an XI, que vous voudrez bien vous faire représenter, et qui doit être déposée aux archives de la Préfecture. Je n'ai rien à y ajouter.

J'ai été satisfait de l'état du Commerce maritime de la colonie, dont vous avez accompagné votre lettre du 3 pluviose suivant, et je ne puis trop vous encourager à réaliser le projet que vous vous proposez de rappeler à la Martinique le Commerce d'entrepôt dont elle a joui relativement aux Nations neutres. Je recevrai avec intérêt les développemens que vous m'annoncez sur cette matière, et l'heureux résultat de vos efforts me sera doublement agréable sous les rapports de l'industrie intérieure et du produit des Douanes, si nécessaire aujourd'hui pour couvrir une grande partie des dépenses.

Les vues que vous me présentez, par votre lettre du 4 pluviose dernier, pour l'établissement et la dotation de deux corps de Missionnaires et d'Hospitaliers, seront prises en considération, quand le moment sera venu d'en examiner mûrement les avantages et l'opportunité : mais il est indispensable d'ajourner, jusqu'à la paix, la discussion d'un pareil projet, et l'état actuel des choses doit être d'autant plus maintenu, qu'il a été prescrit par un arrêté consulaire du 13 messidor an X.

J'ai reconnu la surveillance active que vous portez sur toutes les parties de la comptabilité, dans votre arrêté du 20 pluviose dernier, joint à votre lettre du 4 ventose suivant, et portant établissement d'une commission chargée de recevoir les comptes du Receveur général et des Receveurs particuliers depuis la prise de possession jusqu'au 1er. vendémiaire an XIII. J'approuve cette mesure d'ordre, urgente autant que nécessaire, et je m'en remets à votre zèle, pour ne jamais vous relâcher de cette vigilance sur l'Administration financière, et la comptabilité, sans lesquelles il ne peut exister de bonne gestion.

Il me reste à vous entretenir de l'aliénation de deux petites portions de terrein dont vous me rendez compte par vos deux dépêches des 22 ventose et 30 floréal de cette année. Les motifs m'en ont paru bien fondés, mais je dois vous observer qu'il eût été nécessaire de la soumettre préalablement à l'observation de S. M., et je vous invite à suivre cette marche à l'avenir. Vous n'ignorez point qu'en France, toute aliénation, tout échange de bien domanial ou communal, quelques modiques qu'en soient les valeurs, ne peuvent avoir lieu, qu'après avoir été autorisés par une loi, tant il importe d'environner de garanties, les propriétés publiques.

Recevez, monsieur, l'assurance de ma parfaite considération. *Signé*, Décrès.

(No. 1119.) Dépêche *ministérielle de M.* Décrès, *au Prefet colonial de la Martinique, sur différens points de son Administration ; 1°. sur les Journaliers à loyers et les Negres pionniers ; 2°. sur le service de l'Artillerie et du Génie ; 3°. sur les Domaines nationaux existans et les Amortissemens des rentes foncières ; 4°. sur les projets d'établissemens d'un Tribunal de Commerce et d'un Conseil de Préfecture pour le contentieux ; 5°. sur les Brevets d'Inventions nouvelles ; 6°. sur le moyen de remplacer les Ministres du Culte aux Colonies ; et 7°. sur la Direction de la Poste aux Lettres.*

Du 22 fructidor an XIII (9 septembre 1805).

Je venais, monsieur, de répondre à votre correspondance jusques au mois de germinal dernier, lorsque la flotte combinée de retour dans les ports de l'Espagne, m'a apporté vos dépêches ultérieures datées de germinal, floréal, prairial et messidor suivant. Je réponds aux diverses parties dont elle se compose, selon l'ordre des bureaux qu'elles concernent.

Vous m'aviez déjà fait pressentir, et je suis satisfait d'apprendre par votre lettre du 22 floréal la suppression de l'atelier des nègres pionniers. L'arrêté que vous m'adressez sur cet objet, a toute mon approbation.

Vous me témoignez la crainte que le mode des journaliers à loyers, très-sagement substitué à l'atelier dont il s'agit, ne fournisse encore matière à quelques abus. C'est à votre vigilance de les prévenir, et je sais que je puis y compter. Le Décret impérial du 4 pluviose an XIII, dont vous m'accusez la réception par votre dépêche du 22 prairial dernier, et qui rappelle, sur le service de l'Artillerie et du Génie, les dispositions du réglement du 24 novembre 1781, met aujourd'hui entre vos mains tous les moyens de contrôle et de surveillance, que vous vous proposez d'introduire dans cette partie du service.

En réformant les nègres pionniers, il n'a pas été moins prudent de maintenir la contribution des sols additionnels, rétablis pour défrayer leur dépense, et de l'appliquer à la solde des journaliers à loyers. Je ne doute pas que cette nouvelle destination ne procure en résultat au Trésor de la colonie, sur le montant des sols additionnels, une épargne importante qui tournera au profit des autres parties de l'Administration financière.

Les observations que m'a suggerées la nouvelle disposition économique adoptée par le Capitaine-général, et par vous, sur une des branches du service de l'Artillerie et du Génie, me ramène aux mesures d'exécution que vous avez prises pour mettre en vigueur le décret impérial du 4 pluviose dernier et dont vous me rendez compte par votre lettre du 17 messidor suivant.

Vous deviez vous attendre à rencontrer quelques obstacles dans les anciennes habitudes, et j'avais la confiance que vous ne vous en laisseriez point décourager. Elle n'a point été trompée, et je vois avec plaisir les formes de modération et de persévérance que vous avez cru devoir allier à la ferme détermination de remplir à cet égard

les

les volontés de l'Empereur et Roi. Le choix de l'Officier d'administration que vous avez chargé de l'inspection des magasins, les instructions que vous lui avez données, le mûr examen que vous vous êtes imposé à vous-même, tout me promet que vous parviendrez à surmonter heureusement toutes les difficultés qui pourraient entraver votre marche vers le but prescrit par les ordres de S. M. Je compte pour vous seconder, Monsieur, sur toute l'autorité du Capitaine-général et sur tout le dévouement des deux Directeurs du Génie et de l'Artillerie. Au moment où d'après l'augmentation des dépenses de la Métropole, nécessitée par la gravité des circonstances, l'Empereur et Roi a décidé que les colonies suffiraient par elles-mêmes aux frais de leur garde et de leur administration, tout motif qui ne prendrait pas sa source dans le bien de son service, doit se taire aujourd'hui devant une aussi puissante considération, et il ne doit plus exister entre tous les Agens civils et militaires qu'une seule et ble émulation, celle de concourir de tous leurs moyens à porter sur toutes les branches des dépenses coloniales, le zèle de la surveillance et la sévérité de l'économie.

Vous m'adressez par vos dépêches des 1er. et 18 rairial, le double état des Domaines nationaux non ncore vendus à la Martinique, et des amortissemens e rentes foncières, opérés au profit du Trésor de . M. en exécution de l'arrêté des Administrateurs de a colonie, en date du 12 germinal an XI. Les états ont il s'agit, complettent les éclaircissemens que je ous avais demandés sur cette partie de l'Administration.

En rapprochant ces deux états, de celui qui m'avait té transmis, à la prise de possession de la Martinique, ar votre Prédécesseur, il est à regretter que le reenu des Propriétés ci-devant Religieuses, actuellement éduit de 313,000 livres environ à moins de moitié, on-seulement ne puisse relever les établissemens de ienfaisance et de charité qu'il soutenait autrefois, mais ième qu'il ne suffise plus aux traitemens fixes des Miistres du culte, et aux pensions ecclésiastiques accordées l'infirmité et à la vieillesse, tels qu'ils ont été fixés jusques présent. C'est un nouveau motif pour vous, Monsieur, e ne point perdre de vue les améliorations possibles un revenu aussi précieux, et sur-tout de ne point y porter atteinte par des aliénations ultérieures, ainsi qu'il a été pratiqué sous l'administration à laquelle vous avez succédé, sans en avoir référé au Gouvernement.

Vous me soumettez par vos deux lettres des 5 et 29 prairial dernier, le projet de deux institutions nouvelles, dont l'une serait un Tribunal de commerce, et l'autre un Conseil de préfecture pour le contentieux. Je rends une parfaite justice aux motifs de zèle et de délicatesse qui vous ont inspiré la pensée de deux établissemens qui, d'ailleurs, en eux-mêmes, et toute considération locale écartée, n'offrent rien que d'avantageux : mais il n'a pu vous échapper, sans doute, que le Gouvernement, éclairé par les déplorables suites des innovations tentées dans les colonies, a voulu, en y rétablissant le régime de 1789, les ramener strictement aux mêmes institutions qui jusqu'alors avaient suffi, et contribué même à leur prospérité. S'éloigner en un point de la règle qu'il s'est faite à cet égard, serait sur plusieurs autres ouvrir la porte à des demandes peut-être imprudentes. J'observerai encore que l'établissement d'un Tribunal de commerce serait un nouvel objet de dépense, dans un moment où toutes les économies vont être importantes pour le Trésor colonial, et que les Agens de l'administration, sont en effet, par l'arrêté même d'organisation, le Conseil de préfecture : j'ajouterai enfin que tout changement quelconque dans les institutions actuelles, s'il doit être un jour adopté par l'Empereur et Roi, ne paraît pouvoir être avec opportunité pris en considération, qu'au retour de la paix : et je me réserve alors de revenir, s'il y a lieu, sur les idées que vous me proposez.

C'est avec raison que dans le règlement émis en commun le 23 floréal dernier, par le Capitaine-général et par vous, que vous me transmettez par votre dépêche du 16 prairial suivant, vous vous êtes refusé à accorder au sieur Gabrie le brevet d'invention sollicité par lui pour un nouvel appareil de fourneaux. En principe, une concession de cette nature, ne peut appartenir qu'au Gouvernement, et vous avez senti que seul, il était à la portée de juger de la validité des titres du pétitionnaire à être considéré comme inventeur. La mesure à laquelle vous vous êtes arrêté d'accorder à cet entrepreneur, une prime de 18,000 livres coloniales sous la condition d'introduire et d'établir dans la colonie douze des appareils dont il s'agit, ne serait susceptible d'aucune objection, si la situation des finances de la Martinique et les conjonctures présentes n'étaient telles que toutes les ressources intérieures doivent être aujourd'hui réservées exclusivement aux dépenses indispensables du service. C'est sous ce point de vue seulement, que je vous engage à examiner de nouveau la convenance et l'opportunité d'une disposition de fonds, dont l'objet, considéré en lui-même et indépendamment de besoin plus urgens, ne mériterait d'ailleurs qu'une approbation entière.

J'ai lu avec attention le mémoire de M. l'Abbé de Bouillé, curé du Vauclin, sur le meilleur moyen d'assurer le remplacement aux colonies des Ministres du culte, et les réflexions dont vous l'accompagnez par votre lettre du 29 prairial. Cet objet important a déja occupé la pensée du Gouvernement, et il a été pris à cet effet une mesure première, pour les colonies orientales, par le Décret impérial du 7 prairial an XII, qui rétablit les Missions étrangères. Je me concerterai, pour ce qui concerne les possessions de S. M. dans les indes occidentales, avec le Ministre des cultes, et je m'empresserai de lui donner communication de votre lettre et du mémoire de M. l'Abbé de Bouillé.

J'ai reconnu la vigilance et le zèle que vous portez sur toutes les parties de l'administration dans votre réglement du 1er. prairial de cette année qui rétablit la Poste aux lettres, et la réunit à la direction du Domaine. Je vois seulement avec regret par votre dépêche du 19 messidor dernier, a laquelle il était joint, que cet établissement, dont les frais s'éléveront par année à plus de 18,000 livres, ne promet de couvrir avec avantage, les dépenses par les recettes que dans un espace de trois années, et d'ajouter aux revenus publics dans un avenir lointain et indéterminé. La manière même dont vous vous exprimez à cet égard, me laisserait craindre que le Trésor de la colonie ne fut obligé à des avances pour la première et peut-être pour la seconde année de l'établissement. Ce serait une charge nouvelle ajoutée a toutes celles dont la Caisse coloniale est déjà trop grévée, et dans une conjoncture où les espérances de l'avenir ne peuvent compenser les embarras du présent.

Mon intention n'est point cependant de blâmer le parti que vous aurez adopté de suivre un autre mode que les Administrateurs de la colonie en 1776; époque où la Poste aux lettres a été mise en régie pour le compte d'un Entrepreneur, mais sans frais pour l'Etat. Je sens que l'essai tenté à cet égard par votre Prédécesseur, quoiqu'il ait échoué principalement, peut-être par le choix même du Régisseur-général, a dû contribuer à vous détourner du mode dont il est question: et mon opinion s'accorde en ceci avec la vôtre, qu'il est dans les principes d'une sage administration de chercher une source de revenu public dans celles des taxes de la Métropole qui peut avec le moins d'inconvénient, s'appliquer aux colonies: mais puisque vous avez réuni la Poste aux lettres à la Direction générale du Domaine, c'est-à-dire à un établissement déjà monté qui épargne toute autre dépense que celle du salaire, tant des Couriers que des Facteurs, et de l'habillement des premiers, j'aime à croire que non-seulement la Poste deviendra une ressource pour la Caisse de la colonie, mais que dès la première année même les produits couvriront au moins les frais : et je vous engage à porter sur cette branche nouvelle de l'administration financière, comme sur toutes les autres, cet esprit de surveillance qui prévient ou réprime les abus, et dont je me plais à vous témoigner ici ma satisfaction particulière.

Je ne terminerai point cette dépêche, Monsieur, sans donner les mêmes témoignages à l'exactitude et à la clarté des renseignemens que me fournit votre correspondance, soit en tout ce qui peut intéresser le service de S. M. et le bien de la colonie, soit en ce qui ne concerne que les particuliers : et je ne puis que vous inviter à mettre toujours dans vos opérations administratives et dans les comptes que vous me rendez le zèle, la droiture et les soins dont vous avez fait preuve.

Recevez, Monsieur, l'assurance de ma parfaite considération. *Signé*, Decrès.

(N°. 1120.) Extrait *d'une Dépêche ministérielle de M.* Décrès, *au Préfet colonial de la Martinique, sur les Liquidations des Prises faites en Mer par les Corsaires.*

Du 22 fructidor an XIII (9 septembre 1805).

Le Ministre dans cette dépêche, après avoir recommandé au Préfet colonial, l'exécution des dispositions de sa dépêche du 14 prairial an XIII, relative aux liquidations et répartitions, pour les bâtimens de l'État, s'exprime ainsi :

« A l'égard des prises faites par les Corsaires il importe de distinguer le cas où le Corsaire a fait son armement dans la colonie, et celui où il aurait armé, soit dans un port de France, soit dans une autre colonie.

« Dans le premier cas, il doit être procédé incontinent, après la vente, à la liquidation particulière du produit de chaque prise, et, à la fin de la croisière, à la liquidation générale de toutes les prises faites pendant la course expirée.

« C'est uniquement sur le produit de cette liquidation générale que doivent être perçus les cinq centimes pour franc attribués à la Caisse des invalides : la remise du montant de cette retenue doit être également faite en France en récépissés.

« Dans le second cas l'Administration doit se borner, après la vente, à la liquidation particulière du produit de la prise et ce produit doit être remis en totalité, soit à l'Armateur, soit à son correspondant. Une expédition de cette liquidation particulière doit être adressée dans le port d'armement, afin de mettre les Administrateurs de ce port en état de requérir la liquidation générale de la croisière, sur laquelle seule doivent être perçus les droits des invalides.

« Vous voudrez bien donner des ordres, en conséquence, aux Administrateurs chargés des diverses opérations relatives aux prises afin qu'ils s'y conforment. »

(N°. 1121.) ARRÊTÉ *Colonial concernant le Cours des Monnaies d'Or et d'Argent à la Martinique et dépendances.*

Du 30 fructidor an XIII (17 septembre 1805).

CONSIDÉRANT que la diversité qui existe entre le cours local des monnaies en circulation à la Martinique d'une part et à la Guadeloupe d'une autre, par l'effet de l'arrêté rendu, dans cette dernière île, le 19 germinal an XII, apporte un préjudice notable à la colonie de la Martinique, en présentant l'appât d'un gain assez considérable à l'exportation de ses meilleures monnaies vers la Guadeloupe;

Considérant que d'ailleurs la Martinique est, à cet égard, régie par un tarif dressé sous la domination anglaise, où sont employés les poids anglais et où les monnaies anglaises sont traitées avec une faveur et les monnaies françaises avec une défaveur, qui sont également réprouvées, l'une et l'autre, et par la juste appréciation de la valeur intrinsèque et par les vues nationales d'une saine politique;

Considérant enfin qu'il n'y a qu'inconvéniens et une bigarrure choquante à ce que les mêmes monnaies ne soient pas admises aux mêmes conditions dans deux colonies françaises d'un voisinage respectif aussi proche; que, fut-il possible d'atteindre à un tarif plus parfait, il s'agirait beaucoup moins encore dans cette circonstance de faire mieux que de faire uniformément; que cependant le tarif de la Guadeloupe est incontestablement plus juste en soi et plus impartial que celui qui est en usage à la Martinique; qu'enfin, si une réforme, en cette partie délicate, est ici bien évidemment nécessaire, le moment à saisir, comme le plus propice pour l'opérer, doit être sans doute de préférence celui où la circulation, déjà principalement alimentée par le commerce étranger à cause de l'état de guerre, se trouve, par la saison, avoir momentanément beaucoup perdu de son abondance et de son activité ; arrêtent :

Art. Ier. L'arrêté rendu par le Capitaine-général, le Préfet colonial et le Commissaire de justice de la Guadeloupe, le 19 germinal an XII, *concernant les Monnaies d'Or et d'Argent*, sera en vigueur à la Martinique et dépendances, à dater du 1er. vendémiaire an XIV, et ses dispositions transcrites à la suite du présent, seront exécutées selon leur forme et teneur.

II. Le Chef d'administration et le Directeur-général du Domaine ou Revenus publics, de concert avec l'Inspecteur et le Sous-inspecteur, sont spécialement chargés des mesures transitoires et de circonstance qu'il contient.

III. Il sera enregistré, *etc.*

Donné à la Martinique, le 30 fructidor an XIII. *Signé*, Villaret, Laussat et Levessier-Grandprey.

Dispositions *de l'Arrêté précité du* 19 *germinal an XII, qui auront force de loi à la Martinique et dépendances, en exécution de l'Arrêté qui précède, concernant le Cours des Monnaies d'Or et d'Argent.*

Art. Ier. La proportion entre l'argent de France et le cours colonial, sera de 3 à 5 ou de 100 à 166, (en négligeant la fraction de 67 *centièmes.*)

11. Les monnaies d'or (à l'exception des Quadruples entières et des Napoléons) seront toutes sujettes au poids; les monnaies seront d'ailleurs évaluées ou auront cours d'après le titre et la qualité de chacune, ainsi qu'il suit :

		LE GROS, (*Poids de Marc.*) Monnaie des Colonies			Monnaie de France.	
		liv.	s.	d.	Fr.	Ce.
PORTUGAISES ou MOEDES,	d'Or vrai de Portugal, entières ou non, même les Moëdes déclotées qui auront été reconnues de cette sorte d'Or, ci.	22	,,	,,	13	20
	De Fabrique d'Amérique, de Genève et autres pays étrangers.	20	,,	,,	12	00
	Cloutées, décloutées et ayant un cordon rapporté.	18	,,	,,	10	80
LOUIS. . . GUINÉES. OR des QUADRUPLES altérées dans leur poids.	altérés ou non dans leur poids.	19	15	,,	11	85

Quand aux monnaies ci-après désignées et supposées de poids, elles auront cours, comme il suit :

Ient. PIÈCES D'OR,

	Monnaie des Colonies			Monnaie de France	
	liv.	s.	d.	Fr.	Cts
QUADRUPLES d'Espagne non altérées et de bon alloi; la quadruple entière pour, ...	144	,,	,,	86	40
NAPOLEON simple, non altéré dans son poids, ...	33	6	8	20	00
NAPOLEON double, . , *idem.* . . .	66	13	4	40	00

IIent. PIÈCES D'ARGENT,	Monnaie des Colonies.	Monnaie de France.
	liv. s. d.	Fr. Ce
PIASTRE GOURDE d'Espagne, . . .	9 » »	5 40
ANCIEN ECU de SIX LIVRES de France, ...	9 17 6	5 93
Pièce de CINQ FRANCS ou QUINTUPLE Français, ...	8 6 8	5 00

III. La correspondance établie, en l'article précédent, entre le *cours colonial* et celui des *francs*, sera suivie dans toute l'étendue de la colonie et dépendances, tant par les Particuliers que par les Comptables.

IV. Pour la mise à exécution du présent, chaque Comptable produira immédiatement son restant en caisse disponible, savoir :

Au Fort-de-France, devant l'Inspecteur et l'Officier d'administration chargé présentement du bureau des fonds ;

A Saint-Pierre, devant le Directeur-général du Domaine ou Revenus publics et le Sous-inspecteur ;

A la Trinité et *au Marin*, devant des Officiers d'administration qui y seront envoyés exprès par le Chef d'administration et qui procéderont en présence du Commissaire-commandant de la paroisse.

Les procès-verbaux de l'opération, pour constater le bénéfice ou la perte qui résultera de ce changement au profit ou au préjudice des caisses publiques, seront dressés séance tenante et faits par double expédition dont l'une sera adressée de suite, par voie sûre, au Préfet colonial.

V. Tout Dépositaire, Receveur, Percepteur, Détenteur, ou en un mot Comptable de deniers publics, qui, à la première notification, ne se conformerait pas, en ce qui le concerne, aux dispositions précédentes, ne serait plus habile à faire de réclamation pour perte sur les espèces à raison de la différence des tarifs, et ne serait ultérieurement admis à représenter son *en-caisse* qu'en monnaie d'or évaluée au taux du présent arrêté.

VI. Il sera nommé des Vérificateurs attitrés des monnaies dans les villes du *Fort-de-France* et de *Saint-Pierre*.

Il en sera aussi nommé, s'il est réputé nécessaire, dans les bourgs de la *Trinité* et du *Marin*.

Dans les Paroisses où il n'y en aurait pas, les Commissaires-commandans en choisiraient d'office, au besoin, sauf l'approbation du Préfet colonial.

VII. Les contestations, s'il en survient, seront décidées par les Vérificateurs et Orfèvres garde-poinçons, sous l'autorité du Commissaire de police ou de celui qui en fait les fonctions sur les lieux, sans préjudice de la compétence des Tribunaux.

Adopté à la Martinique, conformément à notre arrêté de ce jour, pour être lesdites dispositions exécutées selon leur forme et teneur.

Donné à la Martinique le 30 fructidor an XIII. *Signé*, VILLARET, LAUSSAT et LEFESSIER-GRANDPREY.

Enregist. aux Greffes des Tribunaux.

(N°. 1122.) CIRCULAIRE *ministérielle de M. Décrès, aux Capitaine-général, Préfets coloniaux et Grand-juges des Colonies, qui règle le mode d'exécution dans les Colonies, de l'arrêté du Gouvernement du 20 prairial an XI sur les délivrances des dispenses relatives au Mariage.*

Du 30 fructidor an XIII (17 septembre 1805).

L'EMPEREUR et Roi a décidé, Messieurs, que les dispenses relatives au mariage, qui seraient sollicitées par les habitans des colonies, en conformité du Code civil, seraient délivrées d'après le mode que fixe l'arrêté du 20 prairial an XI, sauf les modifications ci-après exprimées.

Les pièces qui, d'après les articles II et III, sont énoncées devoir être adressées au Grand-juge Ministre de la justice, le seront aux trois premiers Magistrats de la colonie, qui me les transmettront directement, quand il y aura lieu, avec leur avis motivé, afin que je puisse, sur le tout, prendre les ordres de S. M.

Vous voudrez bien, Messieurs, donner à ces dispositions la plus grande publicité, les faire enregistrer dans les Tribunaux, et en maintenir l'exécution, chacun en ce qui vous concerne.

Recevez, Messieurs, l'assurance de ma considération distinguée. *Signé*, DÉCRÈS.

Enregist. aux Greffes des Tribunaux.

(N°. 1123.) ARRÊTÉ *des Capitaine-général et Préfet colonial, concernant la Marque des pièces d'Or en exécution de l'Arrêté du 30 fructidor an XIII.*

Du 4 vendémiaire an XIV (26 septembre 1805).

CONSIDÉRANT qu'il convient à l'utilité publique et particulière de rendre, autant que possible, reconnaissables à présentation, les diverses ualités de monnaies d'or, dont l'arrêté du 0 fructidor dernier, a fixé les différentes aleurs, d'après le titre du métal, de manière u'il ne faille pas sans cesse recourir au miistère des vérificateurs, arrêtent :

Art. 1er. Les moëdes, à mesure qu'il en era porté à la vérification ou versé dans les aisses publiques, seront, par le sieur Costet, rfèvre, vérificateur, étalonneur et gardeoinçons à Saint-Pierre, marquées comme suit :

Du chiffre 22, celles d'or vrai de Portugal, nême les décloutées qui se trouveront être le cette qualité d'or.

Du chiffre 20, celles de fabrique d'Amérique, de Genève ou de pays étrangers.

Quant aux cloutées et à cordon rapporté, elles ne seront sujettes à aucune marque, se listinguant assez d'elles-mêmes à l'œil.

II. Outre la marque en chiffre prescrite par l'article précédent, le sieur Costet apposera au-dessous de cette marque, sous chaque pièce d'or, un petit poinçon portant une Aigle.

III. Toute moëde qui, aux termes du présent arrêté, ne sera pas empreinte d'une de ces marques, ne sera admise que sur le pied de 18 livres (argent des colonies.) ou 10 francs 80 centimes (argent de France) le gros, *poids de marc.*

IV. Il sera payé un *sous-marqué* ou *noir* de rétribution par moëde vérifiée.

Donné à la Martinique, le 4 vendémiaire an XIV. *Signé* Villaret et Laussat.

Enregist. aux Greffes des Tribunaux.

(N°. 1124.)

(N°. 1124.) AVIS *du Conseil d'état, concernant les Actes de mutation des Immeubles situés dans les Colonies.*

Du 6 vendémiaire an XIV (28 septembre 1805).

LE Conseil d'état, qui, d'après le renvoi fait par S. M. l'Empereur et Roi, a entendu le rapport de la section des finances sur celui du Ministre de ce département, dans lequel il propose la question de savoir si les actes qui transfèrent la propriété ou l'usufruit d'immeubles situés en pays étrangers ou dans les colonies françaises où l'enregistrement n'est pas établi; passés en pays étrangers ou dans les colonies, doivent, lorsqu'ils sont produits en France, être traités comme les actes sous-seing privé passés en France, c'est-à-dire, être assujettis au droit proportionnel;

Vu les articles XXIII et XLII, de la loi du 22 frimaire an VII, portant qu'il ne pourra être fait aucun usage de ces actes, soit par acte public, soit en justice ou devant toute autre Autorité constituée, sans qu'ils aient été préalablement enregistrés, à peine, pour tout Officier public qui contreviendra à cette défense, d'encourir une amende de 50 livres, et de répondre personnellement du droit;

Considérant que le droit proportionnel, qui se perçoit du moment où il y a transmission ou mutation de propriété à quelque titre que ce soit, est un impôt qui ne peut atteindre les propriétés situées hors du territoire sur lequel il est établi; que si l'on a du devoir, pour donner une date légale aux actes passés en pays étrangers ou dans les colonies, les assujettir à un droit d'enregistrement, il n'était pas nécessaire que ce droit fut de quatre pour cent, comme pour les actes de même espèce passés en France;

Est, d'avis que dans les cas présentés par le Ministre des finances, il n'y a pas lieu de percevoir un droit proportionnel d'enregistrement.

Approuvé, etc. *Signé*, NAPOLÉON.

(N°. 1125.) DÉPÊCHE *ministérielle de M. Décrès, aux trois Premiers Chefs de la Martinique, sur les formalités à observer désormais pour la délivrance des Actes d'Affranchissement.*

Du 12 vendémiaire an XIV (4 octobre 1805).

LE Capitaine-général, Messieurs, me transmet par sa lettre du 26 messidor dernier, trois demandes d'affranchissement, dont une adressée aux deux premiers Magistrats de la colonie, et les deux autres au Capitaine-général seulement. Il y joint des apostilles de sa main et sollicite la confirmation de ces libertés, qu'il a, dit-il, provisoirement accordées.

Avant la révolution, les Actes d'affranchissement étaient délivrés par les Gouverneur et Intendant, sur la requête des maîtres; et lorsqu'ils avaient été obtenus, dans cette forme, et enregistrés dans les Tribunaux, rien ne manquait à leur validité.

La nouvelle législation des colonies, ne contient aucune disposition explicite sur cette matière; mais comme elle a transporté au Grand-juge sous le rapport de la justice, une partie des fonctions des anciens Intendans, il convient, dans le système actuel, que les demandes d'affranchissement soient présentées aux trois premiers Magistrats conjointement, qu'il y soit fait par eux, tel droit que de raison, suivant les lois et l'usage ; que celles qu'ils croiront devoir accueillir, n'aient d'effet qu'après avoir été enregistrées dans les Tribunaux : enfin que chaque liberté qui sera désormais accordée, soit préalablement soumise au paiement d'une taxe fixée par vous selon les convenances, et le double motif de cet ancien usage, n'a pas besoin de vous être développé.

Ces formalités suffiront dorénavant, sans qu'il soit besoin plus que par le passé, d'y ajouter la ratification du Gouvernement : et vous voudrez bien, Messieurs, les appliquer aux trois affranchissemens provisoires dont le Capitaine-général m'a rendu compte, afin de les mettre en règle.

Plus la disposition générale que je viens d'énoncer, vous donne de latitude, plus je compte, Messieurs, sur la circonspection avec laquelle vous userez, particulièrement dans les circonstances actuelles, de la faculté qui vous est attribuée et sur l'exactitude que vous mettrez à me donner sur le champ connaissance des affranchissemens que vous aurez prononcés.

Recevez, etc. *Signé*, Décrès.

(N°. 1126.) Extrait *d'une Dépêche ministérielle, de M.* Décrès, *au Préfet colonial, portant ordre d'inscrire strictement sur les livrets des Officiers et Employés civils et militaires, les acomptes ou solde d'appointement à la date et à mesure que ces paiemens auront lieu.*

Du 16 vendémiaire an XIV (8 octobre 1805).

Le Ministre, dans cette lettre adressée au Préfet colonial, lui enjoint de témoigner son mécontentement aux Officiers d'administration qui ont signé le livret de M. Bertin, sur leur négligence à y porter une somme que celui-ci avait perçue avant son départ de la colonie. Le Ministre lui ordonne de tenir sévèrement la main à l'avenir, à ce que l'on se conforme ponctuellement, à l'égard de ces pièces, à sa dépêche du 24 prairial an XIII.

(N°. 1127.) PROCLAMATION *de Son Exc. le Brigadier-général* Robert Brereton, *Commandant de l'île Ste-Lucie, relative à la levée de plusieurs Impôts, pour subvenir aux dépenses de cette Colonie.*

Du 8 octobre 1805.

COMME il a été trouvé que la levée d'impôt faite à Sainte-Lucie depuis la réduction de l'île, a été insuffisante pour subvenir à quelques dépenses des plus nécessaires à la colonie ;

Et comme par ordre du Secrétaire d'état de S. M. pour le département colonial, il est dit, qu'il doit être pris des mesures par la colonie pour le paiement des appointemens du Procureur-général ;

Et comme il a été trouvé aussi expédient de pourvoir par les ressources de la colonie, à l'achat, armement et équipemeut d'un bâtiment pour protéger la côte et le commerce de cet île :

J'ordonne par cette proclamation, et de l'avis et consentement du Conseil souverain de cette île, que les impôts suivans seront levés et existeront en forme jusqu'à ce qu'il soit jugé nécessaire de les révoquer.

1°. Que tout caboteur employé dans le commerce de la côte de cette colonie, payera un impôt annuel de 20 livres par tonneau, payable par chaque 6 mois et d'avance.

2°. Que tout canot employé à porter des Passagers, bagages, marchandises ou denrées de la baie ou bourg de la Soufrière, à toute autre partie de cette île, payera un impôt annuel de 16 gourdes, et les canots employés de la même manière, en toute autre partie de cette île, seront sujets à un impôt annuel de 8 gourdes, lesquels canots, seront incontinent enregistrés et numérotés suivant les dates de leurs enregistremens respectifs.

Tout propriétaire ou maître d'un caboteur ou canot, qui négligera de prendre un permis suivant les conditions ci-dessus, chez le Receveur et Trésorier de l'île, au moins un mois après la date de cette proclamation sera, le caboteur ou canot, s'il est trouvé employé, sujet à saisie et confiscation au profit de la colonie.

3°. Que tout colporteur de tous les bourgs et quartiers de l'île, prendra un permis à cet effet, c'est-à-dire ceux du quartier de Castries, chez ledit Receveur et Trésorier de l'île, et ceux des quartiers extérieurs, chez leurs Commissaires respectifs, pour lequel ledit colporteur payera un impôt annuel de 72 livres à défaut de quoi, sous un mois de la date de cette proclamation, toute personne libre quelconque ou esclave découverte à vendre, dans les bourgs et leurs environs, ou quartier de cette île, des marchandises, sera sujette à être saisie et confisquée, et le Propriétaire condamné à une amende de 10 moëdes ou 42 pounds courans, laquelle amende sera aussi applicable au profit de la colonie.

4°. Que toutes marchandises dont l'importation aura été permise sur des bâtimens neutres, payeront un impôt colonial de 5 pour 100 lorsqu'elles seront vendues en gros, et lorsqu'elles seront vendues au détail par le propriétaire du neutre, l'impôt sera augmenté à 7 et demi pour 100.

5°. Que tout rum importé dans cette île, de toute autre colonie anglaise, sera sujet à un droit de 5 sols par gallon, lequel rum lorsqu'il sera exporté après, sur des bâtimens neutres, sera néanmoins sujet au droit du Gouvernement de 4 et demi pour 100.

6°. Qu'il sera levé un impôt de 40 livres par tête de cheval qui ne sera pas attaché à des biens ou employé au service de S. M.

7°. Que toutes marchandises quelconques, vendues à l'encan dans quelque partie de la colonie que ce soit, seront sujettes à un impôt colonial de 2 pour 100, et aucunes marchandises ne pourront être vendues à l'encan que par des Encanteurs autorisés à cet effet par un permis de nous, sous peine de 100 pounds courans, contre ceux qui auront vendu des marchandises sans cette dite permission, sous 10 jours après la date de cette proclamation.

8°. Qu'il sera levé un impôt annuel de 600 livres particulièrement dans la ville de Castries, sur tout détailleur de rum ou toutes autres liqueurs spiritueuses, en quantité moindre que la futaille contenait originairement; quand au rum, on ne pourra en détailler moins de 40 gallons sans être sujet à cet impôt, à l'exception des Habitans qui ont des guildiveries qui pourront détailler leurs rums sur leur habitation par gallon; un impôt de 300 livres sera levé sur toute personne de la description ci-dessus, dans tous les autres bourgs de l'île,

9°. Qu'un impôt de 600 livres sera levé à Castries et à la Soufrière sur toute personne tenant cabaret ou maison publique pour vendre du vin ou liqueurs spiritueuses. 400 livres au Gros-îlet, et 100 livres seront levées sur toutes personnes de la même description dans tous les autres bourgs ou quartiers de l'île.

10°. Qu'un impôt annuel de 1,000 livres sera levé sur toute personne tenant billard public dans la ville de Castries, et 500 liv. sur toutes celles tenant billard public dans tout autre bourg et quartier de l'île.

Les impôts compris dans les clauses 8, 9 et 10, doivent être payés par quartier. La permission pour ce, dans la ville de Castries, doit être prise chez nous, et dans tous les autres bourgs et quartiers extérieurs de l'île, chez les Commissaires respectifs, à défaut de quoi une amende de 150 pounds courans, sera exigée sur toute personne vendant vins, liqueurs spiritueuses ou tenant billard sans cette permission.

11°. Qu'un impôt annuel de 5 pour 100 sera levé sur toutes maisons dans les villes de Castries et de la Soufrière qui sont occupées comme magasins ou autrement habitées soit par le propriétaire ou portant rente, lorsque la rente annuelle de la maison sera de 1,000 livres et au-dessus.

La valeur de telle maison sera cotisée immédiatement par 2 personnes expertes, choisies dans chaque bourg susdit. Pour cet effet, et après que cette cotisation sera faite, elle sera signifiée par les cotiseurs aux personnes habitant, les maisons comme susdit. Ces impôt sera payé tous les 6 mois, sous peine de payer double l'impôt stipulé pour toute personne qui écherra, à la personne ou personnes nommées par le Receveur et Trésorier, comme Receveur.

Donné à Sainte-Lucie, le 8 octobre 1805. *Signé*, Robert Brereton.

Enregist. à la Cour d'appel de Ste-Lucie.

(N°. 1128) Avis *du Commissaire du Génie, pour l'entreprise des travaux nécessaires à l'augmentation du volume d'Eau à fournir à la ville du Fort-de-France.*

Du 21 vendémiaire an XIV (13 octobre 1805).

Le public est prévenu que le vendredi 10 brumaire, (1er. novembre 1805) il sera procédé au rabais, jusqu'à extinction de feu, à l'hôtel connu sous le nom de *l'Intendance*, au Fort-de-France, à l'entreprise des ouvrages pour l'augmentation du volume d'eau à procurer à ladite ville du Fort-de-France. Les personnes qui voudraient se porter adjudicataires, pourront prendre connaissance du cahier des charges, chez le Commissaire soussigné, à son bureau, rue Saint-Louis.

Donné au Fort-de France, le 21 vendémiaire an XIV. *Signé*, Lagrange.

(N°. 1129.) ARRÊTÉ *du Préfet colonial, portant que tout Contribuable est tenu de contribuer dans les proportions convenables aux ouvrages d'art quelconques, classés au rang des charges et établissemens communaux, dans chaque Paroisse.*

Du 23 vendémiaire an XIV (15 octobre 1805).

SUR le compte qui en a été rendu, que les embarcadères des bourgs sont comme hors de service, en plusieurs Paroisses, à cause de l'état de dégradation où ils sont tombés; et qu'ils y restent, parce qu'un assez grand nombre d'habitans refuse de concourir à leur réparation, sous prétexte qu'ils n'en font pas usage et qu'ils entretiennent des embarcadères particuliers, *etc.*

Considérant que les établissemens communaux sont, de leur nature, à la charge de la généralité des Habitans, en proportion des facultés respectives, et sans s'arrêter au plus ou moins d'utilité que chacun en retire; que si un Propriétaire est le maître de se construire un embarcadère pour son usage privé, il n'en est pas moins de police et du bon ordre qu'il y ait un embarcadère commun à l'usage de tous; qu'il en est d'un embarcadère, dans les divers bourgs de cette île, comme d'un grand chemin et d'une Eglise, à l'entretien desquels on ne saurait se dispenser de contribuer, en alléguant qu'on a une chapelle dans sa maison ou un chemin dans ses possessions; qu'il n'y a pas de principe plus ennemi de l'ordre social, de tout perfectionnement et de toute prospérité, que celui qui tend à isoler les intérêts privés de l'intérêt général;

Après en avoir délibéré avec le Capitaine-général ; arrête :

Art. Ier. Nul Propriétaire ne peut se dispenser de contribuer, selon le mode établi par les réglemens coloniaux, aux constructions et réparations des embarcadères, des chemins qui y conduisent, et, en général, des ouvrages d'art classés par l'autorité publique au rang des *charges et établissemens communaux*, dans chaque Paroisse.

II. Pourront tous contrevenans être contraints par les voies ordinaires et de droit.

Donné à Saint-Pierre, le 23 vendémiaire an XIV. *Signé*, Laussat.

(N°. 1130.) Proclamation *de Son Exc. le Brigadier-général* R. Brereton, *Commandant de l'île Ste-Lucie, relative à la reconstruction des Maisons et à l'alignement des Rues dans la Ville de* Castries.

Du 23 octobre 1805.

Après le funeste incendie qui a consumé une partie de la ville de Castries, la première sollicitude du Gouvernement était de procurer des secours aux malheureuses victimes de cet événement : c'est ce que nous avons fait en nous adressant aux colonies anglaises voisines de Sainte-Lucie, et en ouvrant une souscription dont on attend les plus heureux effets. Déjà la colonie de St-Vincent s'est montrée grande et généreuse, et nous nous flattons que les autres ne lui céderont en rien.

Le second soin qui doit nous occuper, c'est de veiller lors de la reconstruction de la ville à la régularité des rues, à éviter à l'avenir des contestations sur l'étendue des terreins et à ordonner des précautions pour prévenir dans la suite, les funestes effets du feu.

C'est par ces motifs, qu'en vertu des pouvoirs qui nous ont été confiés par S. M. B. nous avons ordonné et ordonnons ce qui suit :

ART. Ier. Tout Particulier qui voudra reconstruire sa maison, sera tenu d'appeler le Grand-voyer et Arpenteur-général, lequel en présence du Procureur du Roi, prendra l'alignement d'après le plan de la ville, et en dressera procès-verbal ; et il est ordonné audit particulier de restreindre sa maison dans l'alignement qui lui sera indiqué.

II. Si pour se conformer audit alignement, il en coûtait des dépenses trop considérables, par la démolition des murs déjà existans, le propriétaire s'adressera à nous, et si d'après la connaissance des faits nous le trouvons dans le cas d'une exception, il en sera fait mention dans le verbal d'alignement avec soumission de la part du propriétaire de se conformer audit alignement, lorsqu'il fera construire de nouveau sa maison, et dans un tems plus favorable.

III. Lors du procès-verbal d'alignement, le propriétaire produira ses titres de propriétés aux Grand-voyer et Procureur du Roi, et d'après ces titres le verbal fera mention de la contenance du terrein qu'il doit occuper.

IV. A défaut de titres, les deux voisins limitrophes seront appelés et entendus, et d'après la connaissance qu'ils auront de la possession du propriétaire, ladite contenance du terrein sera déterminée dans le procès-verbal,

V. Tous les propriétaires de terreins sont invités à reconstruire leurs maisons aussi régulièrement qu'il sera possible, et à chambres carrées.

VI. Il est défendu à tout propriétaire de terreins de construire sur les rues principales du port, la rue de Micoud, la Grande-rue et celle de Mont giraud, des échoppes et des maisons qui aient moins de 20 pieds de façade, sur 91 de hauteur lorsque le terrein le permettra.

VII. Tout propriétaire, qui fera bâtir sur le bord de la mer, laissera l'espace nécessaire et déterminé par les ordonnances pour les quais.

VIII. Il est ordonné à tout propriétaire de maison dans la ville, de faire construire, dans les cuisines faites ou à faire, des cheminées en maçonne dont le tuyau s'élevera au moins de deux pieds au-dessus de la hauteur de la maison principale.

IX. Ordonnons à toutes personnes qui vendra du rum en gros ou en détail, de le garder dans un magasin distinct et séparé du reste de sa maison.

X. Ordonnons à tous les propriétaires de maisons d'avoir chez eux un seau et une baille, et en cas de tocsin pour le feu, de se rendre au lieu de l'incendie en les portant avec lui.

Le Procureur du Roi tiendra la main à l'exacte observation de la présente proclamation.

Prions messieurs les Officiers, *etc.*

Donné à Ste-Lucie, le 28 octobre 1805.

Signé, R. Brereton.

Enregist. à la Cour d'appel de Ste-Lucie.

(N°. 1131.)

(N°. 1181.) ARRÊTÉ *du Grand-juge, portant que les Notaires et Avoués ne pourront plus à l'avenir cumuler ces deux emplois, et qui permet aux Notaires qui ont aussi commission d'Avoués, d'opter en ces deux fonctions.*

Du 10 brumaire an XIV (1er. novembre 1805).

CONSIDÉRANT que plusieurs personnes réunissent la double commission de notaire et d'avocat ou avoué, et que l'exercice simultanée de ces différentes fonctions est essentiellement incompatible ;

Que si le petit nombre momentané de ces officiers a pu dans le tems motiver et autoriser cette réunion des deux offices, la même raison ne subsistant plus, il est instant et nécessaire de détruire un abus aussi contraire au bon ordre et aux convenances d'une justice bien réglée ;

Vu l'arrêt en réglement du Conseil souverain de la Martinique, en date du 12 juillet 1766, relatif à cet objet.

Après en avoir délibéré avec le Capitaine-général, arrête :

Aucune personne ne pourra à l'avenir être pourvu, en même-tems, des commissions de notaire et avocat ou avoué.

Les officiers qui en sont actuellement pourvus auront jusqu'à la séance de la Cour d'appel qui se tiendra au mois de mars prochain, pour terminer et liquider les affaires de l'un ou l'autre office.

Lesdits officiers seront tenus à ladite séance de faire leur option entre les mains du Procureur-général de S. M. l'Empereur et Roi ;

faute de quoi, ils seront à sa diligence déclarés déchus de toutes fonctions.

Ceux d'entr'eux qui opteront pour l'office d'avocat ou d'avoué, remettront de suite leurs minutes de notaire, au greffe de la jurisdiction dont ils dépendent, et ce, à la diligence du Procureur-impérial près ladite jurisdiction.

Le Procureur-général impérial rendra compte au Grand-juge de l'exécution du présent arrêté qui sera lu dans les Tribunaux, audience tenante, et enregistré dans les greffes.

Donné au Fort-de-France, le 10 brumaire an XIV. *Signé*, LEFESSIER-GRANDPREY.

Enregist. aux Greffes des Tribunaux.

(N°. 1132) ARRÊTÉ *du Capitaine-général, concernant l'exercice de Jurisdiction du Préfet apostolique actuel dans la Colonie, par le décès du Préfet apostolique de la ci-devant* Mission des Capucins.

Du 14 brumaire an XIV (5 novembre 1805).

CONSIDÉRANT que l'intention du gouvernement est qu'en cas de décès d'un des Préfets des missions de cette île, son autorité soit réunie à celle du préfet survivant;

Vu le décès de M. Archange, préfet apostolique de la ci-devant mission des capucins, à la Martinique, et successivement de M. Zacharie, vice-préfet, revêtu de ses pouvoirs;

Vu encore l'avis de six de MM. les curés de la colonie, ainsi que de MM. les vice-préfets de la Guadeloupe et de Sainte-Lucie convoqués à cet effet, etc., arrête :

Art. Ier. La juridiction spirituelle de la ci-devant mission des capucins à la Martinique, est dévolue à M. François-Augustin Trepsac, préfet-apostolique de la ci-devant mission des Dominicains.

II. Il sera en conséquence reconnu dorénavant, pour seul supérieur ecclésiastique dans la colonie, et seul préfet-apostolique de la Martinique.

M. le Grand-juge est invité à ordonner l'enregistrement du présent arrêté aux greffes des tribunaux.

Donné à la Martinique, le 14 brumaire an XIV. *Signé*, Vielaret.

Enregist. aux Greffes des Tribunaux.

(N°. 1133.) Arrêté *Colonial, concernant la promulgation du* Code civil, *à la Martinique.*

Du 16 brumaire an XIV (7 novembre 1805).

Sa Majesté l'Empereur et Roi, voulant faire jouir les colonies des avantages du Code civil, établi en France, en a fait adresser des exemplaires aux trois Magistrats qui gouvernent la Martinique, par S. E. le Ministre de la marine, qui leur a aussi transmis l'ordre de l'y mettre à exécution. Mais éclairé autant que juste, le Gouvernement français a senti que ce Code pouvait, à quelques égards, être contraire aux intérêts de la colonie, et, d'après cette sage prévoyance, il les a autorisés à ne l'appliquer que dans les cas utiles, et à suspendre l'exécution de toutes les dispositions qui pourraient blesser les convenances locales,

Il est donc de notre devoir de remplir aujourd'hui les intentions de S. M. I., et, en promulguant le Code civil, d'indiquer les articles dont l'exécution doit être suspendue ou modifiée.

Sur quoi, considérant que, de tous tems, on a connu dans les colonies la distinction des couleurs, qu'elle est indispensable dans les pays à esclaves, et qu'il est nécessaire d'y maintenir la ligne de démarcation qui a toujours existé entre la classe blanche et celle des affranchis ou de leurs descendans; que cette distinction d'état et de couleur a donné lieu à plusieurs lois locales, dont le maintien et la conservation sont également nécessaires;

Considérant que les propriétés dans la colonie, se composant essentiellement d'esclaves et de manufactures, il en résulte que les partages de famille ne peuvent s'effectuer de la même manière qu'en France.

Considérant que dans les colonies, où les mutations des personnes sont plus fréquentes qu'ailleurs, il y aurait de l'inconvénient à nommer autant de Curateurs qu'il y aurait de successions vacantes; que, conséquemment l'établissement d'un Curateur en titre d'office, chargé de recueillir généralement toutes les successions, paraît bien approprié à la colonie.

Considérant que, l'article 412 relatif aux tutelles qui exigent qu'un fondé de pouvoirs ne puisse représenter qu'une personne, ainsi que l'article 971, qui veut que les testamens soient reçus par 2 notaires et 2 témoins, ou par 1 notaire et 4 témoins, seraient souvent d'une exécution impossible dans les campagnes, en raison du petit nombre de ses habitans,

Considérant que l'exécution actuelle du titre 19, sur l'expropriation forcée, ainsi que celle actuelle des articles 2168 et 2169, relatifs au régime hypothécaire, seraient ruineuses pour les habitans, à raison de leurs dettes anciennes, et que, quoiqu'admissibles dès ce moment, pour les dettes qui seront contractées à l'avenir, la nature des propriétés des colonies qui se composent principalement d'esclaves et de manufactures, et qui sont d'ailleurs exposées à des accidens ruineux, exigera peut-être un mode d'expropriation différent de celui qui s'exécute en France, il nous a paru nécessaire d'en suspendre l'exécution, jusqu'à un an après la paix.

En conséquence, nous avons arrêté et ordonnons ce qui suit :

Art. Ier. Le Code civil ou Code Napoléon, qui a remplacé en France les anciennes lois, les remplacera de même à la Martinique, dans toutes les dispositions qui ne seront pas provisoirement suspendues ou modifiées par les articles ci-après.

II. Le Code Napoléon est adopté dans la colonie, comme l'étaient les lois auxquelles il est substitué, avec les distinctions qui constituent essentiellement le régime colonial.

En conséquence sont maintenues toutes les lois qui ont réglé la condition des esclaves, l'état des affranchis et de leurs descendans, et la ligne de démarcation qui a toujours existé entre la classe blanche et les deux autres, ainsi que les lois faites en conséquence de cette distinction.

III. Les lois du Code civil, relativement au mariage, à l'adoption, à la reconnaissance des enfans naturels, aux droits des enfans naturels dans la succession de leurs père et mère, aux libéralités faites par testamens ou donations, aux tutelles officieuses ou datives, ne seront exécutées dans la colonie, que des blancs aux blancs, entr'eux, et des affranchis ou des descendans d'affranchis, entr'eux, sans que, par aucune voie directe ou indirecte, aucune desdites dispositions puisse avoir lieu d'une classe à l'autre; et seront les personnes de l'une et de l'autre classe, tenues de se conformer, pour les actes de naissances, de mariages et de décès, à ce qui est prescrit par le Code civil.

IV. Demeurent maintenus provisoirement, la loi du 24 août 1726, concernant le mode des partages, et l'édit de 1781, sur les successions vacantes.

Les contestations privées, qui pourraient s'élever entre les habitans, relativement aux chemins qu'ils se doivent entr'eux et aux lisières d'habitations, seront décidées d'après les lois déjà existantes.

V. Demeure modifié l'article 412, relatif aux tutelles. Un fondé de pouvoirs pourra à l'avenir comme par le passé, représenter, pour les personnes de la campagne, plus d'une personne.

Demeure également modifié l'article 971, relatif aux testamens, et ils pourront être reçus dans les campagnes, comme par le passé, par deux notaires seulement, ou par un notaire, en présence de deux témoins.

Demeure suspendue, jusqu'à un an après la paix, l'exécution du titre 19 relatif à l'expropriation forcée, et des articles 2168 et 2169, concernant le régime hypothécaire, et, en attendant que le titre 19 sur l'expropriation forcée ait lieu, la loi du 24 août 1726, sur les déguerpissemens continuera à être exécutée.

VI. Les modifications et suspensions ci-dessus auront lieu, jusqu'à ce qu'il ait été rendu compte à S. M. I. des motifs qui les ont fait établir, et qu'il ait été définitivement statué par elle.

VII. Le Code civil, dans toutes les dispositions qui ne sont pas suspendues ou modifiées, sera exécuté comme loi dans toute la colonie, huit jours après la date de l'enregistrement de la présente ordonnance de promulgation.

VIII. A l'effet de ce que dessus, un des exemplaires du Code civil sera remis et déposé au greffe de la Cour d'appel, après avoir été certifié par nous, à l'effet de servir de minute et tenir lieu de transcription sur les registres ; un autre exemplaire d'icelui sera envoyé à chacun des Tribunaux de première instance, après avoir été certifié par le Président et le Greffier de la Cour d'appel, pour y tenir également lieu de minute et de transcription.

Sera, la présente ordonnance, pareillement transcrite sur les registres des greffes de la Cour et des Tribunaux de première instance, imprimée, publiée, *etc.*

Donné à la Martinique, le 16 brumaire an XIV. *Signé*, VILLARET, LAUSSAT et LEFESSIER-GRANDPREY.

Enregist. aux Greffes des Tribunaux.

(N°. 1134.) ARRÊTÉ *Colonial, portant Réglement sur la* Conservation des Hypothèques *à la Martinique, en exécution du Titre* 18 *du Livre* 3 *du Code civil.*

Du 16 brumaire an XIV (7 novembre 1805).

CONSIDÉRANT que l'établissement du régime hypothécaire fait partie intégrante du Code civil appliqué à la Martinique, et que cette institution ne peut qu'être éminemment avantageuse pour la colonie ;

Que ses effets, aussi certains qu'évidens, seront d'assurer les transactions privées, de faire renaître la confiance, d'éteindre l'usure, et de relever le crédit sur les bases invariables de la moralité et de la justice ;

Que, d'une part, les commissionnaires et les négocians, connaissant d'une manière exacte, les charges dont les biens des habitans sont grevés, et garantis désormais par une sûreté immobiliaire, leur feront sans crainte des avances dont l'intérêt n'est aujourd'hui calculé que sur l'incertitude des recouvremens ; que, de l'autre, les planteurs, aidés dans leurs moyens d'exploitation, pourront porter la culture au degré d'accroissement dont elle est susceptible ;

Que, par ces motifs, il est urgent de régler, sans délai, le mode d'exécution, et de déterminer sur-tout les dispositions transitoires pour le passé, et régulatrices des anciennes hypothèques ;

Vu les lois relatives au régime hypothécaire, en date des 11 brumaire et 21 ventose an VII, et le titre 18 du livre 3 du Code civil ; arrêtent :

Titre premier.

Disposition générale.

Art. Ier. En exécution du tit. 18 du liv. 3 du Code civil, rendu obligatoire pour la colonie par notre ordonnance de promulgation en date du 16 brumaire an XIV, les hypothèques et privilèges auront lieu et seront réglés désormais suivant les principes et le mode déterminés par ledit titre 18. En conséquence, il sera établi incessamment un bureau de la conservation des hypothèques, ainsi qu'il sera statué par un arrêté particulier.

Titre II.

Formalités à remplir pour les hypothèques, privilèges et mutations du passé.

II. A compter du dixième jour qui suivra la publication du présent arrêté, les créanciers hypothécaires avec ou sans privilège, auront jusqu'au premier juillet 1806 exclusivement, pour faire inscrire leurs titres de créances au bureau de la conservation des hypothèques.

III. Au moyen de cette inscription dans ledit délai, ils conserveront leur hypothèque ou privilège, au rang et à la date à laquelle ils étaient obtenus, en exécution des lois antérieures à la présente.

IV. Les titres des créances hypothécaires qui n'auraient pas été inscrits avant le premier juillet 1806, n'obtiendront hypothèque, qu'à compter du jour de l'inscription qui en serait requise postérieurement ;

Dans le même cas, les privilèges dégénéreront en simple hypothèque, et n'auront rang que du jour de leur inscription.

V. L'inscription de ces titres aura lieu, suivant les formes établies par le chap. 4 du tit. 18 du Code civil, intitulé : *Du mode de l'inscription des privilèges et hypothèques*. En conséquence, les bordereaux mentionnés audit chapitre contiendront le montant du capital des créances exprimées dans les titres, les intérêts échus et exigibles, ceux de deux années à venir, conformément à l'article 2151, et tous autres accessoires légitimement dus.

VI. Tous usufruitiers de biens immeubles, et tous appelés à recueillir un usufruit sous une condition échue, seront tenus de faire inscrire leur titre constitutif ou recognitif dudit usufruit, avant le délai prescrit, passé lequel, l'usufruit répondra subsidiairement des hypothèques de celui auquel appartient la nue propriété.

VII. Les maris, tuteurs, curateurs et autres administrateurs, soit privés, soit publics, tels que les curateurs aux successions vacantes, les marguilliers, comptables et autres, qui auraient négligé de faire inscrire, avant le délai ci-dessus fixé, soit les titres de créances hypothécaires appartenant à leurs femmes, leurs pupilles, aux interdits ou absens, et aux biens et droits dont ils ont la gestion et l'administration, soit les hypothèques légales affectées sur leurs propres biens au profit des femmes, des mineurs et autres, seront garans et responsables du défaut de conservation, ou du retard d'inscription desdites hypothèques.

Les inscriptions des époux encore mineurs, pour raison de leurs conventions et droits matrimoniaux, seront faites à la diligence des père, mère, ou tuteur, sous l'autorisation desquels le mariage aura été contracté.

VIII. Les subrogés tuteurs ou curateurs, et à leur défaut, les parens et amis qui auront concouru à la tutelle ou curatelle, seront tenus sous leur responsabilité personnelle, et sous peine de dommages-intérêts, de veiller à ce que les inscriptions soient prises, sans délai, sur les biens des tuteurs ou curateurs, pour raison de leur gestion, même de requérir lesdites inscriptions.

IX. Si les inscriptions mentionnées aux articles précédens, n'ont point été requises, dans les trois mois de la publication de la présente, par les personnes chargées de le faire, elles le seront par le Procureur-impérial près le tribunal de première instance du domicile des maris, ou tuteurs, ou de la situation des biens.

X. A l'égard des contrats et conventions du passé, dans lesquels l'hypothèque générale admise par les lois antérieures, a été stipulée, les inscriptions qui en seront faites dans le délai prescrit, en conserveront le rang sur les biens présens et à venir du débiteur, sans que le créancier soit obligé de désigner la nature, ni la situation des immeubles.

XI. Les rentes constituées, les rentes foncières et autres prestations réelles, ne pourront plus à l'avenir, d'après les dispositions du Code civil, être frappées d'hypothèques. Quant à celles qui sont antérieures à la publication de la présente, les inscriptions pour la conservation des droits et hypothèques dont elles sont affectées, devront être faites sur les registres du conservateur, dans les mêmes délais et formalités que les autres créances hypothécaires.

XII. Les possesseurs d'immeubles, qui n'auraient pas encore accompli toutes les formalités prescrites par les lois et usages antérieurs pour consolider leurs propriétés, et qui voudraient les purger des charges et hypothèques, y suppléront par la transcription de l'acte de mutation au bureau de la conservation.

XIII. Il n'est rien innové par la présente aux dispositions de l'ordonnance de la marine de 1681, concernant le droit de suite et les privilèges auxquels les navires et bâtimens de mer continueront d'être affectés, même dans les mains d'un nouvel acquéreur, pour les cas qui y sont exprimés, et sans qu'il soit besoin d'inscription.

XIV. Pendant toute la durée de la guerre actuelle, et un an après la paix, les dispositions comminatoires et le délai fatal prescrit ci-dessus pour les inscriptions des créances hypothécaires, ne courront point contre les absens hors la colonie, quelque soit le lieu de leur résidence. Mais passé ce terme, ils seront soumis de droit à la déchéance de leurs hypothèques, lesquelles ne pourront plus prendre rang que du jour de leur inscription.

TITRE III.

De la perception des droits d'hypothèques.

XV. Il sera perçu, au profit du trésor public, conformément à la loi du 21 ventose an VII, un

un

un droit sur l'inscription des créances hypothécaires, et sur la transcription des actes emportant mutation de propriétés immobiliaires.

XVI. 1°. Du droit d'inscription :

Le droit d'inscription des créances hypothécaires sera, 1°. *d'un pour deux mille* du capital de chaque créance hypothécaire *antérieure* à la promulgation du présent arrêté, et 2°. *d'un pour mille* du capital des créances *postérieures* à ladite époque.

XVII. Il ne sera payé qu'un seul droit d'inscription pour chaque créance, quel que soit d'ailleurs le nombre des créanciers requérans et celui des débiteurs grevés.

XVIII. 2°. Du droit de transcription :

Le droit sur la transcription des actes emportant mutation de propriétés immobiliaires, sera *d'un et demi pour cent* du prix intégral de chaque mutation.

XIX. Les frais des inscriptions sont à la charge du débiteur, s'il n'y a eu stipulation contraire. L'avance en est faite par l'inscrivant. Les frais de la transcription, qui peut être requise par le vendeur, sont à la charge de l'acquéreur.

XX. Le Conservateur sera tenu de remettre dans le premier mois de chaque année, au Préfet colonial, pour être envoyé au dépôt de Versailles, un registre contenant sommairement les inscriptions de créances hypothécaires faites pendant l'année, et un autre registre contenant aussi sommairement les transcriptions des actes de mutation des propriétés immobiliaires. Ces deux registres seront arrêtés et certifiés par le Conservateur, dont la signature sera légalisée par qui de droit.

Le présent arrêté sera imprimé, publié, *etc.*

Donné à la Martinique, le 16 brumaire an XIV. *Signé*, VILLARET, LAUSSAT et LEFESSIER-GRANDPREY.

Enregist. aux Greffes des Tribunaux.

(N°. 1135.) ARRÊTÉ *Colonial, pour l'Organisation d'un Bureau de Conservation des Hypothèques, à la Martinique.*

Du 16 brumaire an XIV, (7 novembre 1805).

CONSIDÉRANT que la promulgation du Code civil, ou Code Napoléon, dans cette colonie, pour y avoir force de loi, y suppose l'établissement d'une conservation des hypothèques, et ne permet plus de différer un moment à y introduire cette salutaire institution;

Considérant que la loi du 21 ventose an VII en a définitivement fixé l'organisation dans la métropole; que cette loi y est en pleine vigueur; que le seul soin qui semble en conséquence rester à remplir aujourd'hui à cet égard pour la Martinique, c'est simplement de l'y transporter avec les légères modifications que les localités exigent; arrêtent :

ART. Ier. Il y aura, pour toute la Martinique, un bureau de conservation des hypothèques, placé à St-Pierre, et un Conservateur.

II. Il sera, quant à l'ordre et à l'exactitude des écritures et quant à la comptabilité, sous la surveillance immédiate de la direction générale du Domaine ou Revenus publics.

III. Le Conservateur des hypothèques sera chargé,

1°. De l'exécution des formalités civiles prescrites pour la conservation des hypothèques et la consolidation des mutations de propriétés immobiliaires ;

2°. De la perception des droits établis au profit du trésor public pour chacune de ces formalités.

IV. Avant d'entrer en exercice, il fera enregistrer sa commission au greffe de la Cour d'appel de la colonie.

Il y prêtera le serment prescrit par l'article 56 du sénatus-consulte organique du 28 floréal an XII, et celui de remplir avec fidélité et exactitude les fonctions qui lui sont confiées.

V. Le Conservateur fournira un cautionnement en immeubles. Ce cautionnement sera reçu par le tribunal civil de la situation des biens, contradictoirement avec le Procureur-impérial près le même tribunal.

VI. Le Conservateur sera tenu de faire recevoir son cautionnement et d'en justifier à la direction générale du Domaine ou Revenus publics, dans les trois mois de l'enregistrement de sa commission; il déposera, dans le même délai, une expédition de la réception dudit cautionnement, au greffe du tribunal de St-Pierre.

VII. L'inscription du cautionnement sera faite à la diligence et aux frais du Conservateur.

Elle subsistera pendant toute la durée de sa responsabilité, sans avoir besoin d'être renouvellée.

VIII. Le cautionnement ci-dessus demeure spécialement et exclusivement affecté à la responsabilité du Conservateur des hypothèques, pour les erreurs et omissions dont la loi le rend garant envers les parties intéressées.

Cette affectation subsistera pendant toute la durée des fonctions et dix années après : passé lequel délai, les biens servant de cautionnement seront affranchis de plein droit de toutes actions de recours qui n'auraient point été intentées dans cet intervalle.

IX. Le Conservateur des hypothèques aura domicile dans le bureau où il remplira ses fonctions, pour les actions auxquelles sa responsabilité pourrait donner lieu.

Ce domicile est de droit : il durera aussi long-tems que la responsabilité du Conservateur : toutes poursuites à cet égard pourront y être dirigées contre lui, quand même il serait sorti de place, ou contre ses ayans-cause.

X. Le cautionnement sera de quarante mille francs, monnaie française.

XI. En cas d'absence ou d'empêchement du Conservateur, il sera suppléé par son premier commis.

Le Conservateur demeurera néanmoins redevable de cette gestion, sauf le recours contre ceux qui l'auront remplacé.

XII. S'il survenait vacance du bureau par mort ou autrement, le cas de démission excepté, il serait rempli provisoirement par un des principaux employés de la direction générale du Domaine ou Revenus publics; le Directeur-général serait responsable de cette gestion provisoire.

XIII. Un Conservateur démissionnaire ne pourra quitter ses fonctions avant l'installation de son successeur, à peine de répondre de tous dommages et intérêts, auxquels la vacance momentanée du bureau pourrait donner lieu.

XIV. Le traitement du Conservateur des hypothèques est réglé ainsi qu'il suit :

Premièrement, il aura sur la récette des droits d'hypothèques, perçus au profit du trésor public, une remise de cinq pour cent ;

Secondement, il lui sera payé par les requérans, pour les actes qu'il délivrera, les sommes énoncées, monnaie coloniale, au tarif suivant :

1°. Inscription de chaque droit d'hypothèque ou privilège, quelque soit le nombre des créanciers, si la formalité est requise par le même bordereau, *neuf livres*.

2°. Transcription de chaque acte de mutation, par rôle d'écriture, contenant vingt-cinq lignes à la page, et dix-huit syllabes à la ligne, *deux livres cinq sols*.

3°. Pour chaque déclaration de changement de domicile, *deux livres cinq sols*.

4°. Pour l'inscription de chaque notification de procès-verbaux d'affiche, *neuf livres*.

5°. Pour chaque radiation d'inscription, *quatre livres dix sols*.

6°. Pour chaque extrait d'inscription, ou certificat qu'il n'en existe aucune, *quatre livres dix sols*.

7°. Pour les copies collationnées des actes déposés ou transcrits dans les bureaux des hypothèques, par chaque rôle de vingt-cinq lignes à la page, et de dix-huit syllabes à la ligne, *deux livres cinq sols*.

8°. Pour copie sommaire de chaque bordereau d'inscription, destiné au dépôt des Chartres des colonies à Versailles, *une livre dix sols*.

9°. Pour copie sommaire des actes de mutation destinée audit dépôt, par chaque rôle de l'expédition desdits actes, *une livre dix sols*.

XV. Il sera placé, dans le bureau de la conservation des hypothèques, un tableau qui contiendra, par ordre alphabétique, les noms de toutes les paroisses de l'île.

XVI. Les registres servant à recevoir les actes du régime hypothécaire, seront cotés et paraphés à chaque feuillet par le président du tribunal de première instance de St-Pierre.

Cette formalité sera remplie dans les trois jours de la présentation des registres, et sans frais.

XVII. Les actes seront datés et consignés de suite, sans blanc et jour par jour : ils seront numérotés suivant le rang qu'ils tiendront dans les registres, et signés du Conservateur.

XVIII. Outre les registres mentionnés en l'art. XVI, le Conservateur tiendra un autre registre, dans lequel seront portés par extrait au fur et à mesure des actes, sous le nom de chaque grevé, et à la case qui lui sera destinée, les inscriptions à sa charge, les transcriptions, les radiations et les autres actes qui le concernent, ainsi que l'indication des registres où chacun de ces actes sera porté, et les numéros sous lesquels ils y seront consignés.

XIX. Le Conservateur sera tenu de délivrer à celui qui paiera les droits d'inscription ou transcription, indépendamment de la quittance au pied du bordereau, autant de duplicata de ladite quittance qu'il lui en sera demandé.

Il lui sera payé *deux livres cinq sols*, argent colonial, par chaque duplicata.

XX. L'inscription des créances appartenant à l'état, aux hospices civils ou militaires, et aux autres établissemens publics, sera faite sans avance du droit d'hypothèque et des salaires du Conservateur.

XXI. Toutes les fois que l'inscription aura lieu sans avance du droit et des salaires, le Conservateur sera tenu, 1°. d'énoncer, tant sur les registres que sur le bordereau à remettre au requérant, que les droits et salaires sont dus; 2°. d'en poursuivre le recouvrement, sur les débiteurs, dans le mois de la date de l'inscription.

XXII. Hors les cas d'exception, les droits et salaires dus pour les formalités hypothécaires, seront payés d'avance par les requérans.

Le Conservateur expédiera quittance au pied des actes et certificats par lui remis et délivrés; chaque somme y sera mentionnée séparément et en toutes lettres.

XXIII. Le présent arrêté sera imprimé, publié, enregistré, *etc.*

Donné à la Martinique, le 16 brumaire an XIV. *Signé*, VILLARET, LAUSSAT et LEFESSIER-GRANDPREY.

Enregist. aux Greffes des Tribunaux.

(N°. 1136.) ARRÊTÉ *Colonial, portant que les* Actes civils *continueront provisoirement à être tenus comme par le passé, mais dans les formes prescrites par le Code civil.*

Du 17 brumaire an XIV (8 novembre 1805).

CONSIDERANT que le Code civil ou Code Napoléon introduit dans cette colonie, y suppose des

Officiers de l'Etat-civil qui n'y existent pas encore, et dont l'état actuel des choses n'y comporte pas l'établissement immédiat, arrêtent :

Art. Ier. Les registres des naissances, mariages et décès, continueront provisoirement à être tenus comme ils l'étaient par le passé, selon les modèles ; néanmoins, et dans les formes aujourd'hui prescrites en France.

II. Quant aux actes non compris dans le précédent article, il y sera pourvu ultérieurement, s'il y a lieu.

III. Sera le présent enregistré dans les tribunaux, etc.

Donné à la Martinique, le 17 brumaire an XIV. *Signé*, Villaret, Laussat et Lefessier-Grandprey.

Enregist. aux Greffes des Tribunaux.

(N°. 1137.) Procès-verbal *de la Séance de la Cour d'Appel de la Martinique, relativement à la promulgation du* Code civil.

Du 18 brumaire an XIV (9 novembre 1805).

L'an XIV de la république, le 18 brumaire, à onze heures du matin, tous les membres de la Cour d'appel réunis en la salle des audiences, au palais de justice, en conséquence de l'invitation faite à la Cour par les Chefs de la colonie, à l'effet de procéder à l'enregistrement de l'arrêté de promulgation du Code Civil ou Napoléon, et autres arrêtés réglementaires; les magistrats sur leurs sièges.

Les membres du Tribunal de première instance séant au Fort-de-France, les notaires et avoués de cet arrondissement invités et présens à la séance, un grand nombre de spectateurs remplissant les galeries du palais.

Le bruit d'une musique militaire annonce l'arrivée des trois Chefs du gouvernement; M. le Président nomme une députation de trois membres qui va les recevoir à l'entrée du prétoire.

Les Chefs de la colonie, en grand costume, entrent dans la salle des audiences, escortés d'une garde d'honneur, et accompagnés des principales autorités civiles et militaires. Ils se placent sur les sièges qui leur étaient destinés.

M. Villaret-Joyeuse, Capitaine-général, prononce le discours suivant :

Messieurs les Membres de la Cour d'appel,

Qu'il est doux et glorieux à la fois pour les Chefs de cette colonie, de venir dans cette enceinte présider à l'inauguration du nouveau Code qui doit la régir! Que pouvions-nous desirer de plus, que d'attacher nos noms à cette époque qui doit être à jamais mémorable dans vos annales, par sa puissante influence sur votre prospérité future?

Oui, Messieurs, si, dans le cours de notre administration, nous avons rendu quelques services, S. M. ne pouvait nous offrir de plus d'une récompense, que de nous confier l'honorable mission d'appliquer à la Martinique le Code Napoléon, qui assure aujourd'hui le bonheur de la France, par le gage le plus solide de la force et de la tranquillité des empires, par la garantie des bonnes lois.

Mais, en vous donnant cette précieuse conformité de lois avec la métropole, il était sage et nécessaire de les approprier au sol, aux habitudes, au genre de propriétés, et aux diverses classes d'hommes qui composent les colonies.

Nous nous sommes donc occupés de renfermer l'exécution du Code dans les bornes que le système colonial indiqué, et que la sagesse de S. M. avait daigné prévenir d'avance. Aidés de vos lumières et de votre expérience, nous avons établi les modifications que commandent les localités et les principes conservateurs des colonies.

Puisse, Messieurs, cette heureuse époque resserrer les liens qui vous unissent à la Mère-patrie ! Que votre corps auguste, l'élite de la colonie, par la fortune, la considération, et l'ancienneté des familles; que votre respectable compagnie, si chère à vos compatriotes par son zèle pour leurs intérêts, et par l'influence du mérite et de la vertu, concoure avec nous à leur faire chérir ces lois nouvelles. Dispensateurs gratuits et désintéressés de la justice, votre patrie vous compte déjà au nombre de ses bienfaiteurs : éclairez, en ce moment, les esprits, ralliez tous les cœurs à ce nouveau pacte d'alliance, que l'adoption du Code civil va stipuler entre les colonies et la grande famille; vous allez acquérir des droits plus sacrés encore à la reconnaissance publique.

Pour nous, Messieurs, organes de S. M. dans cette époque de bonheur où se manifeste toute l'étendue de sa bienveillance pour la Martinique, qui (je me plais à vous rappeler la touchante expression de son cœur) lui est chère à plus d'un titre ; nous continuerons à veiller à votre félicité, tant que nous resterons au milieu de vous ; et lorsque nous en serons éloignés, vous n'en serez pas moins les objets de nos vœux et de nos sollicitudes ; moins jaloux de devoir à l'autorité le nom de vos Chefs, que de recevoir de votre affection le titre plus doux de protecteurs et de pères.

Ce discours prononcé, M. LAUSSAT, Préfet colonial, a pris la parole et a dit :

Messieurs,

Il appartient, sans doute, à celui des Chefs de cette colonie, que sa mission spéciale et ses attributions placent à la tête de l'ordre judiciaire, de relever plus particulièrement à vos yeux l'objet, les vues et les espérances qui viennent se rattacher à cette cérémonie auguste et mémorable. Cependant, notre présence commune dans cette enceinte, et le prix que nous avons mis, en cette circonstance extraordinaire, à nous y rapprocher de vous, Messieurs, disent assez que, tous, nous avons vu, dans ce grand changement, une source nouvelle et certaine de bien-être pour cette portion de l'empire français.

L'Empereur, en la confiant à nos soins, ne décréta-t-il pas, pour ainsi dire, que vos intérêts, seraient désormais ceux même de notre renommée et de notre bonheur? Aussi nous réunissons-nous en ce moment à vous, Messieurs, comme, dans les événemens propices de la vie, on accourt et on se rassemble au sein de l'amitié, pour s'entre-féliciter et se communiquer les uns aux autres de fortunés présages. Je remercie personnellement ma destinée d'avoir voulu que je concourusse, moi aussi, de mes délibérations et de mon nom, à marquer cette journée dans les fastes de la Martinique.

Le vœu et le plan tant de fois conçus et avortés, et chez tant de nations, de former un code de lois civiles, qui contînt complettement, et dans leur juste mesure, les règles-pratiques de l'équité et de la raison, adaptées aux rapports mutuels des hommes vivant en société et parvenus à ce degré de civilisation où en est aujourd'hui l'élite des peuples de la terre; les tentatives qui, même de nos jours, en furent renouvellées vainement, quoiqu'avec ardeur, sous les deux souverains qui ont signalé leur siècle par le plus de lumières, comme par le plus de gloire, attestaient des difficultés si bien éprouvées, qu'elles semblaient devoir tout à fait décourager de l'entreprise.

Quand on envisage ce chaos immense de lois, de coutumes, de commentaires, de traités si complexes, si contradictoires, dont la substance la plus pure se trouve exprimée dans quelques pages formant un volume de médiocre grosseur, il est impossible de ne pas s'énorgueillir d'appartenir au tems, à la génération, à la nation, au Prince, qui, en trois années, ont achevé un semblable ouvrage, avec un succès auquel le monde entier rend déjà justice. N'en doutez pas, Messieurs, le sort du Code Napoléon sera de faire encore plus de conquêtes que ses armes: celui-là régnera long-tems et au loin sur le globe, quand la marche dévorante et révolutionnaire des âges aura relégué celles-ci dans le domaine de l'histoire.

En associant, dès à présent, ce pays aux avantages de ce bel acte de la législation française, vous n'ignorez pas, Messieurs, quelle étude, quelle application, nous avons apportées à le concilier avec les différences de conditions qui constituent essentiellement parmi nous la population et le système colonial; car nous sommes envoyés pour consolider et perfectionner, et non pour altérer et détruire.

Fidèles à ce principe conservateur, nous goûtons d'ailleurs une satisfaction d'autant plus douce à remplir le desir très-prononcé de S. M. pour l'introduction du Code civil dans cette colonie, que c'est vous appeler au partage d'un des fruits les plus précieux de cette fameuse révolution, dont néanmoins les ravages, détournés à propos de dessus vos têtes, grâces à votre courage et à votre bonne fortune, vous seront demeurés et vous demeureront éternellement étrangers. Ainsi vous n'aurez pas, à notre exemple, acheté chérement les biens qui en sont restés; et ces biens vous étant transmis, comme aujourd'hui, avec discernement et sagesse, à mesure que l'utilité et le besoin s'en feront véritablement ressentir, ils resserreront de plus en plus les liens indissolubles de sentimens et de conformité qui vous unissent à la métropole : ses opinions épurées, ses maximes fondamentales, ses mœurs, ses affections, seront en tout les vôtres; vos cœurs palpiteront toujours au cri de la *Mère-patrie*; et les français de l'une à l'autre rive ne cesseront de se tenir fraternellement embrassés, malgré les mers vastes, et souvent ennemies, qui les séparent.

C'est sous de tels auspices, Messieurs, que l'Empereur sourit en ce moment à cette île, avec laquelle son âme (nous aimons à le redire) a contracté en quelque sorte la plus tendre des alliances. S'il assistait à cette solennité, il se louerait, j'en suis sûr, de s'y voir entouré de magistrats d'une intégrité, d'une délicatesse, d'une droiture dont la calomnie et le soupçon n'approchèrent jamais : et tout ensemble de grands propriétaires dont le travail et les vertus privées coopèrent puissamment au bon ordre et à la brillante prospérité de la colonie.

Quand la paix nous permettra-t-elle, à notre tour d'y verser à pleines mains ses bienfaits? Puissent la

constance

constance des triomphes et la force du génie, toujours enchaînées au Héros qui nous gouverne, seconder promptement ses nobles intentions, tant de fois déclarées, de la rendre au plutôt au monde, cette paix, et de la lui rendre autant juste et modérée pour nos ennemis, qu'honorable et solide pour la France !

Ah ! Messieurs, que de jours discontinueront alors d'être perdus et regrettés pour des chefs, qui, en retour de la confiance dont l'Empereur daigne les revêtir au milieu de vous, souhaiteraient n'y respirer qu'en y semant à toutes les heures, sur leur passage, des sujets de bénédictions et les souvenirs mérités de la reconnaissance?

Monsieur Lefessier-Grandprey, Grand-juge, a parlé ensuite en ces termes :

Messieurs,

Nous vous avons communiqué, dans le tems où nous la reçûmes, la dépêche par laquelle S. Exc. le Ministre de la marine nous a adressé, dans les formes prescrites par les anciennes lois, l'ordre de S. M. de mettre provisoirement à exécution dans la colonie toutes les parties du Code civil, que nous trouverions susceptibles d'y être appliquées avec avantage ou sans inconvénient.

Nous devions cette communication à des magistrats qui possédaient toute notre confiance et celle de la colonie, à des magistrats, l'élite de leurs compatriotes, et placés, par les positions de leurs fortunes et les exemples de leurs familles, dans l'heureuse habitude de ne voir leur bonheur que dans celui de leur pays, et de ne chercher, en lui rendant les services les plus éminens, d'autre récompense que la satisfaction de les lui rendre.

Vous voyant ainsi élevés au-dessus de toute autre considération que celle de l'intérêt public, nous avons espéré que nous trouverions en vous nos coopérateurs les plus utiles et les plus éclairés.

Nous avons aussi invité les membres des tribunaux de première instance et les jurisconsultes à nous communiquer les observations que pouvait suggérer, à leur zèle connu pour le bien de la justice, leur expérience locale des hommes et des choses.

La mission à remplir était digne de ce concours. Il s'agissait d'affermir les bâses de votre prospérité et de votre sûreté, et de séparer, par une barrière infranchissable, la législation générale qui vous fut, dans tous les tems, commune avec la France, des institutions particulières à la Colonie.

Le Ministre nous l'écrivait au nom de S. M. : « *Le « Code civil doit remplacer, à la Martinique, la « Coutume de Paris et les Ordonnances qui, de tous « tems, y étaient observées.* »

Comme les lois auxquelles il est substitué, ce Code doit co-exister avec les lois essentiellement coloniales. Sur ces bâses, après de longues méditations sur les divers intérêts qu'il fallait co-ordonner, nous avons rédigé l'exposé qui a obtenu votre assentiment unanime à votre séance de fructidor dernier.

L'ordonnance de promulgation, que nous rendons en ce jour, n'est que l'analyse de ces exposés. Nous n'avons rien retranché ni ajouté. En un mot, c'est l'exposé lui-même réduit à la précision d'une ordonnance du Gouvernement.

Les principes de ces institutions coloniales, qui vous ont élevés au plus haut degré de prospérité, sont maintenus dans les termes les plus énergiques, et toutes vos localités sont respectées et reconnues pour votre loi avec tant de précision et de force, qu'elles deviendront plus que jamais fixes et inébranlables.

Quant à la législation commune à la France et à la Colonie, elle est le produit des lumières et de l'expérience des siècles; et sans contenir aucune innovation dans les lois de précepte ou de prohibition, si ce n'est le régime hypothécaire qui était depuis long-tems desiré, sollicité par vous et par les Cours des autres Colonies, elle écarte beaucoup de sources de procès, et donne aux Juges des règles déjà reçues dans la Pratique, mais jusqu'ici simples opinions de jurisconsultes, et pour la première fois élevées à l'autorité de lois.

Vous applaudirez, Messieurs, avec tous les bons esprits à la suppression du retrait lignager et de la distinction des propres, à l'amélioration du systême des donations entre-vifs et à cause de mort, enfin aux dispositions bienfaisantes par lesquelles se trouvent remplacés tous les germes de division que la main de l'ignorance avait semés dans nos statuts coutumiers.

Vous bénirez avec tous les amis de l'humanité les nouveaux soutiens que le Code Napoléon donne à la morale des familles, en donnant une nouvelle force à l'autorité des pères, en les rendant les rénumérateurs des vertus de leurs enfans, et les arbitres de leurs destinées, pour le tems où eux-mêmes ne seront plus.

Vous bénirez cette faculté par laquelle la loi console ceux à qui la nature a refusé la douceur d'être pères, ceux qui survivent à leur postérité, et leur permet de goûter encore le charme d'aimer et d'être aimés.

Quant à ces infortunés qui ne trouvent que malheur dans cette union qui fait les délices des époux bien assortis, reportons-nous à ces tems encore si près, et par le bienfait du génie de Napoléon, déjà si loin de nous : rappelons-nous les discordes épouvantables qui armèrent le père contre le fils, le frère contre le frère : rappelons-nous que la différence des opinions sépara des époux, changea leur sympathie en haine, et les éloigna l'un de l'autre.

Le législateur a gémi comme nous de ces maux affreux : mais il fallait les empêcher de se changer en crime ; il fallait guérir des désespoirs jusqu'alors sans remède. Dans une telle position, comme le disait Montesquieu, le mal même, qui arrête un plus grand mal, devient un bien, et nous devons regarder comme un bienfait, autant que comme un devoir du législateur placé dans ces terribles circonstances, d'avoir établi une nouvelle cause de dissolution de mariage.

Nous devons regarder cette partie de notre législation, entourée comme elle est, de précautions, de lenteurs et d'entraves, comme un remède légitime, puisqu'il est nécessaire pour prévenir les plus grands crimes.

Ici, Messieurs, comme par-tout, des maris se sont séparés de leurs femmes, et sont allés ailleurs contracter de nouvelles unions consacrés par les lois. Le lien du mariage peut-il subsister pour l'un des époux, lorsqu'il est légalement rompu pour l'autre?

Ce remède malheureux nous a paru la déplorable propriété de tout français, forcé d'y avoir recours. Voila les motifs qui ne nous ont pas permis de suspendre cette disposition. Nos vœux comme les vôtres, comme ceux de tous les amis des mœurs, sont qu'elle devienne bientôt inutile, et l'influence de vos exemples nous permet d'en concevoir l'espérance.

Quant aux dispositions que nous avons suspendues, cette mesure commandée par l'intérêt de la colonie, eût été indiqué par vous, si nos sollicitudes ne nous avaient pas fait deviner les vôtres et devancer vos idées.

Il est doux pour nous de le publier, Messieurs, nous avons été puissamment soutenus dans nos travaux par la franchise de vos rapports avec nous, par la religieuse absence de toute prévention, avec laquelle vous nous avez aidés à concilier toujours les droits et les intérêts de la colonie avec ceux de la Mère-patrie.

C'est le besoin de vous exprimer notre reconnaissance, autant que le desir de donner la plus grande solennité à l'adoption du Code Napoléon, modifié selon vos convenances; c'est la conscience d'avoir assuré votre bonheur qui amène avec moi, dans cet auguste sanctuaire de la justice, les deux premiers Magistrats de la colonie, pour y déposer ce précieux monument de la sagesse et de la grandeur des vues de l'Empereur; ce Code civil, résultat sublime de la méditation des sages et de la volonté d'un héros; pour le déposer, dis je, entre les mains des premiers gardiens de la fortune, de la vie et de l'honneur des Habitans de la Martinique. Heureux de vous offrir en même tems le tribut public de notre vénération pour vos vertus, pour votre attachement à vos deux patries, et pour le zèle aussi pur qu'éclairé avec lequel vous consacrez vos talens à les servir.

Après avoir prononcé ce discours, M. le Grand-juge a remis sur le bureau trois exemplaires du Code civil, dont l'un, certifié et signé par les trois Chefs de la colonie, doit être, au desir de l'ordonnance de promulgation, déposé au greffe de la Cour, pour y servir de minute et tenir lieu de transcription sur les registres, et chacun des deux autres, certifié et signé du Président et du Greffier de la Cour, déposé, pour le même effet, au greffe des deux Tribunaux du ressort.

M. le Grand-juge a pareillement remis sur le bureau l'ordonnance de promulgation du Code civil ou Napoléon, l'arrêté relatif aux Officiers de l'Etat-civil, et deux arrêtés réglementaires, concernant l'établissement du régime hypothécaire à la Martinique; tous lesdits arrêtés et ordonnance rendus par les trois Chefs de la colonie, en date du 16 brumaire an XIV, (7 novembre 1805). M. le Grand-juge, en leur nom, a demandé acte à la Cour de la remise présentement par lui faite desdites ordonnances; à la suite desquelles était écrit son mandement d'enregistrement sur les registres des Tribunaux.

Monsieur Bence, Procureur-général-impérial, a pris la parole, et a adressé aux Chefs du gouvernement le discours qui suit;

Messieurs,

Sa Majesté, en ordonnant que le Code civil des Français devînt la loi des colonies, a voulu resserrer les liens qui les unissent à la Métropole. Mais elle a prévu, dans sa sagesse, que leur organisation, leur population mixte, leurs habitudes enfin, nécessitaient qu'il nous fût transmis avec les modifications convenables à nos localités.

Les lumières de l'expérience, et votre amour pour la colonie, Messieurs, ont fixé les bases sur lesquelles ont été établies ces modifications. Sages, prudentes, et rapprochées, autant que possible, de nos anciennes institutions, elles préviennent le danger des innovations, elles tranquillisent notre avenir.

Le tribunal de famille chargé de l'application de la loi, en vous offrant aujourd'hui, Messieurs, le témoignage de sa reconnaissance, ne fait que devancer celui de ses concitoyens.

Nos vœux vous désignaient long-tems avant de vous connaître personnellement, M. le Capitaine-général, comme celui qui devait fixer le bonheur dans ces contrées trop peu connues de l'Europe, et nos vœux n'ont point été trompés. Sous votre gouvernement paternel, sous l'administration exacte et éclairée de M. le Préfet, la colonie s'aperçoit à peine qu'elle est exposée au fléau de la guerre, toujours si fatale pour elle; et les Magistrats de la Cour d'appel, M. le Grand-juge, rediront à leurs compatriotes, qu'ils doivent à vos veilles, à vos profondes connaissances, à votre zèle pour nos intérêts, une jurisprudence certaine qui, en modifiant les lois du Code, ou contraires à notre manière d'exister, ou trop rigoureuses dans leur exécution, doit assurer la prospérité future de la colonie.

Nous requérons que l'ordonnance de promulgation du Code civil des français, et les arrêtés réglementaires déposés sur le bureau par M. le Grand-juge au nom des Chefs du gouvernement, soient enregistrés sur les registres de la Cour et des Tribunaux de première instance, lus et publiés par-tout où besoin sera.

Monsieur de LAHANTE, Président de la Cour d'appel, parle ensuite en ces termes :

Messieurs,

La Cour que j'ai l'honneur de présider, reçoit avec reconnaissance le bienfait de S. M. l'Empereur et Roi.

Je ne sais, Messieurs, comment vous présenter les divers sentimens dont nous sommes aujourd'hui tous pénétrés. Le cœur est saisi, et l'expression manque...... Veuillez, Monsieur le Capitaine-général, veuillez, Monsieur le Préfet, et vous, Monsieur le Grand-juge, accueillir nos remercîmens sur la manière gracieuse autant qu'éclairée, dont vous avez modifié ou éloigné celles d'entre ces lois qui paraissaient ne pouvoir, dans leur totalité, convenir à la colonie. Vous nous avez, de plus, laissé les bases et les réglemens qui ont établi et dirigé avec succès les classes d'hommes qui la composent. Ainsi vos soins, Messieurs, nous font passer, sans nous en apercevoir, de l'ancienne à la nouvelle loi; nous restons avec nos habitudes!

Et nous, Magistrats de la Cour d'appel, chérissons-les ces habitudes, et continuons à servir utilement nos compatriotes dans la partie qui nous tes réservée de la distribution de la justice, beau privilége sans doute, qui réunit à l'idée d'être justes, celle de pouvoir contribuer au bonheur que le gouvernement nous fait goûter.

Immédiatement après ce discours, lecture a été faite de l'ordonnance de promulgation du Code civil, et des arrêtés réglementaires.

La Cour a ordonné, qu'ils seront enregistrés sur les registres du greffe, lus, publiés et affichés par-tout où besoin sera, et envoyés aux Tribunaux de première instance, à l'effet d'y être aussi enregistrés pour être exécutés selon leur forme et teneur, et que personne n'en prétende cause d'ignorance.

Et avant de lever la séance, la Cour a arrêté qu'il en serait dressé procès-verbal qui serait consigné dans ses registres comme monument authentique d'une époque de bonheur, à jamais mémorable dans les fastes de la Martinique.

Fait et arrêté au Palais de justice, ledit jour et an. *Signé*, De Lahante, *président* ; Le Camus, *greffier en chef*.

Enregist. aux Greffes des Tribunaux.

(N°. 1138) Proclamation *de Son Exc. le Brigadier-général* Robert Brereton, *Commandant de Sainte-Lucie, relative à la prohibition de l'importation des Esclaves.*

Du 9 novembre 1805.

Attendu qu'il a plû à S. M. par un ordre donné en son conseil, le 15 août 1805, d'enjoindre à tout Gouverneur ou Officier chargé de l'administration de quelque colonie ou île de l'Amérique, ou dans les Indes occidentales qui ont été conquises par les armes de sa dite majesté, durant la guerre actuelle, à rendre une proclamation pour y régler l'importation future des esclaves.

Pour obéir aux ordres de S. M., il est arrêté par notre présente proclamation, que de la date des présentes et à l'avenir, aucun esclave quelqu'il puisse être, ne sera débarqué des bâtimens anglais ou neutres, dans aucunes baies, ports, rades ou anses, ou sur aucune partie des côtes de cette colonie, sans qu'au préalable une permission spéciale n'en ait été obtenue de nous et ce, jusqu'à nouveaux ordres, sous peine de confiscation au profit de S. M., ses héritiers et successeurs, de tous esclaves qui seront débarqués, ou que l'on tentera de débarquer sans notre permission, ensemble la cargaison du bâtimemt et le bâtiment lui-même qui importera ou tentera d'importer lesdits esclaves, ou du bord duquel ils auront été débarqués, soit sous voile, le long de la côte ou autrement.

Et comme il plaît à S. M. que le nombre des esclaves qui seront apportés annuellement dans cette colonie, n'excède pas les 3 pour 100 de ceux de tout sexe et de tout âge, appartenant actuellement aux propriétaires habitans de cette colonie.

Comme aussi, d'après des mesures politiques, il a paru convenable à S. M. que la culture dans cette colonie, demeure limitée à celles de toutes terres déjà exploitées; c'est pourquoi l'importation d'esclaves pour dégrader et défricher de nouvelles terres ou pour former de nouveaux établissemens, est absolument prohibée jusqu'à ce qu'il en soit autrement ordonné.

Les intentions du Roi étant ainsi rendues publiques, et S. M. ayant bien voulu fixer généreusement le taux auquel l'importation des esclaves dans cette colonie doit avoir lieu et ce taux ne devant dans aucun cas, être excédé, il est à espérer que les propriétaires eux-mêmes, tant d'après les motifs susdits, que d'après celui de leur intérêt personnel, useront de tous leurs moyens pour empêcher la formation de nouvelles habitations, comme aussi de prévenir les défrichemens de nouvelles terres, à l'exception de celles qui seront nécessaires à la culture des vivres pour fournir à la subsistance de leurs esclaves.

En conséquence et, pour assurer l'exécution des ordres de S. M., il est enjoint à tous cultivateurs et propriétaires d'habitations en cette colonie, d'envoyer aussitôt après la publication des présentes, une liste ou un dénombrement dûment certifié et signé de lui, dans lequel lesdits esclaves seront distingués en hommes et femmes, en africains et créoles, en enfans et en adultes ; ce dénombrement sera adressé au commandant de Castries.

Ceux des cultivateurs ou propriétaires d'habitation qui desireront acheter ou importer des nègres pour maintenir leurs ateliers dans leur état actuel, nous présenterons requête, à cet effet, avant le premier janvier prochain, ou à l'arrivée ou avant l'arrivée fortuite de quelques bâtimens chargés d'esclaves ; cette formalité sera observée subséquemment.

Tous cultivateurs ou propriétaires, seront tenus d'envoyer au Général par chaque six mois, c'est-à-dire du 1er. janvier au 1er. juin suivant, et ainsi de suite, un état désignatif d'esclaves qui lui seront nés, de ceux qu'il aura perdus, qu'il aura vendus ou achetés; ledit état spécifiera en outre le nombre d'esclaves qui seront sur chaque habitation, et ils seront distingués ainsi qu'il a été dit ci-dessus; lesdits états ou dénombremens seront tenus en ordre et conservés de manière qu'on en puisse former des registres sous le nom de chaque habitation ou sous celui de son propriétaire, en sorte que l'augmentation ou la diminution dans le nombre des esclaves sur chacune des habitations de la colonie puisse être facilement déterminée.

Il est aussi ordonné que ceux qui présenteront requête pour obtenir la permission d'acheter ou d'importer des esclaves, y déclareront la cause du déficit qu'ils auront éprouvé, soit qu'il ait résulté de la rareté des vivres, des maladies épidémiques ou d'accidens; lesquels accidens mentionnés en la requête seront attestés par le chirurgien abonné pour l'habitation, ou par le chirurgien le plus voisin, et ce, sous la formule ci-annexée. Mais il est bien entendu que l'on ne considérera pas comme diminution dans un atelier, tous esclaves qui auront été vendus par un propriétaire à un autre, ou qui seront morts des cruautés exercées sur eux.

S'il se découvrait aucune fraude dans la liste ou dénombrement que chacun des habitans est tenu de fournir, celui ou ceux qui s'en seront rendus coupables, seront à toujours privés du droit d'importer des esclaves.

C'est encore le bon plaisir de S. M. que si quelques bâtimens chargés d'esclaves viennent directement ou indirectement de la côte d'Afrique dans cette colonie, avant le 1er. janvier 1807, lesdits bâtimens, après en avoir obtenu la permission de nous, pourront sous les restrictions mentionnées, débarquer et vendre un nombre déterminé des esclaves qu'ils auront ainsi apportés avant ladite époque.

Les permissions, quant au nombre d'esclaves qui devront être débarqués, seront calculés sur les différentes demandes qui en seraient faites par les habitans pour leur contingent respectif, et au cas que l'on tente de débarquer un plus grand nombre d'esclaves que celui porté sur les permissions, lesdits esclaves, bâtimens et cargaisons seront sujets aux peines et confiscations sus-énoncées.

S'il apparaissait qu'aucuns des bâtimens, qui arriveront dans cette colonie avec des esclaves avant le 1er. janvier 1807, auraient été frêtés pour cette colonie, en vertu d'arrangement souscrit antérieurement, lesdits bâtimens obtiendront de préférence la permission de débarquer leurs esclaves; mais néanmoins sous les restrictions et réglemens susdits.

La volonté de S. M. est en outre, qu'à compter du 1er. janvier 1807, aucune importation d'esclaves ne se fasse directement de la côte d'Afrique dans cette colonie, en ce que les esclaves dont Sainte-Lucie aura besoin à l'avenir doivent être tirés par ses propriétaires des autres colonies de S. M., dans les Indes occidentales, qui n'ont pas été soumises par ses armes pendant la guerre actuelle.

Et tous les bâtimens qui importeront lesdits esclaves devront être pourvus de notre permission à cet effet, laquelle nous sera demandée en tems opportuns par les différens habitans, ce qui sera par nous accordé sous les restrictions sus-spécifiées.

Les officiers des Douanes de S. M., conformément aux ordres qu'ils ont reçus à ce sujet, et tous autres qu'il appartiendra, tiendront la main à ce que les ordres de S. M. reçoivent leur pleine et entière exécution.

Donné à Ste-Lucie, le 9 novembre 1805.

Signé, R. BRERETON.

Enregist. à la Cour d'appel de Ste-Lucie.

(N°. 1139.) ARRÊTÉ *Colonial qui ordonne la suspension provisoire de toute Perception de Droits, au profit du Trésor public, sur les Inscriptions ou Transcriptions Hypothécaires, à la Martinique.*

Du 19 brumaire an XIV (10 novembre 1805).

VU l'arrêté colonial du 16 brumaire an XIV, *portant règlement sur la conservation des hypothèques à la Martinique;*

D'après les représentations qui ont été faites; arrêtent :

ART. 1er. Les articles XV, XVI, XVII et XVIII, qui ordonnent la perception des droits d'hypothèques, sont suspendus, jusqu'à ce qu'il ait été statué par S. M. l'Empereur et Roi.

II. Le Directeur-général du Domaine est chargé de l'exécution du présent arrêté : il sera enregistré aux Tribunaux et à l'Inspection.

Donné à la Martinique, le 19 brumaire an XIV. *Signé*, Villaret, Laussat et Lefessier-Grandprey.

Enregist. aux Greffes des Tribunaux.

(N°. 1140.) Circulaire *du Grand-juge, adressé aux Présidens des Tribunaux de Première Instance, pour les charger provisoirement de remplir les fonctions de Juge de Paix.*

Du 21 brumaire an XIV (12 novembre 1805).

Je vous charge provisoirement, Monsieur le Président, et jusqu'à ce qu'il y ait été autrement pourvû, de remplir les fonctions attribuées par le Code civil au Juge de paix ; elles le seront en cas d'absence ou autre empêchement de votre part, par le Juge qui doit vous remplacer.

Il en sera usé pour les homologations et autres actes, pour lesquels, l'intervention du Tribunal est requise, comme pour les procédures qui sont renvoyées au même Tribunal devant un autre Juge.

J'ai l'honneur de vous saluer. *Signé*, Lefessier-Grandprey.

Enregist. aux Greffes des Tribunaux.

(N°. 1141.) ARRÊTÉ *Colonial, pour le rétablissement de l'usage du Calendrier Grégorien à la Martinique, à compter du premier janvier 1806.*

Du 27 brumaire an XIV (18 novembre 1805).

CONSIDÉRANT que, bien que l'avis officiel ne nous en soit point encore parvenu par les difficultés que la guerre met aux communications, il est devenu de notoriété publique, par les rapports des papiers nouvelles d'Europe, qu'il a été rendu en France, le 22 fructidor dernier, un Sénatus-consulte, portant qu'à compter du 1er. janvier 1806, le Calendrier grégorien serait suivi dans toute l'étendue de l'Empire français;

Considérant qu'il en résulte notamment un grand changement dans les exercices comptables, tant des revenus que des dépenses publiques, qui exige qu'on y soit préparé d'avance;

Considérant d'ailleurs qu'il importe de coordonner, à cet égard, les dispositions de la colonie avec celles de la Métropole; arrêtent:

Il sera pris, dès-à-présent les mesures nécessaires pour que le Calendrier grégorien puisse être suivi à la Martinique, à compter du 1er. janvier 1806.

Donné à la Martinique, le 27 brumaire an XIV. *Signé*, VILLARET, LAUSSAT et LEFESSIER-GRANDPREY.

Enregist. aux Greffes des Tribunaux.

(N°. 1142.) Avis *du Préfet colonial, portant qu'en cas de vérification des pièces d'Or, le Noir ou Sous-marqué attribué au Poinçonneur revient aussi au simple Vérificateur.*

Du 29 brumaire an XIV (20 novembre 1805).

Les orfèvres vérificateurs-jurés des monnaies se plaignent au Préfet colonial, d'être exposés, sans nul dédommagement, à des interruptions fréquentes dans leur travail, par le grand nombre de personnes qui leur portent leur or à reconnaître.

Il est dans l'intention de la loi que le ministère des vérificateurs ne soit invoqué, que lorsqu'il y a contestation entre parties intéressées, et alors *le noir*, qui est alloué au poinçonneur, revient également au simple vérificateur.

L'instant n'est pas loin où l'on apprendra à distinguer à l'œil les vraies moëdes de Portugal de celles de fabrique : c'est ce qui est arrivé dans le tems, fort vîte, à la Guadeloupe, où dès-lors personne n'a plus eu recours, que dans des cas très-rares, soit au poinçonneur, soit au vérificateur. *Signé*, Laussat.

(N°. 1143.) Arrêté *du Préfet colonial, concernant l'Assiette et la Levée des Contributions publiques pour les cent derniers jours de l'an* 1805, *et pour l'an* 1806, *formant un espace de quinze mois et dix jours.*

Du 12 frimaire an XIV (3 décembre 1805).

Vu les anciennes ordonnances concernant les contributions publiques, présentement levées dans cette île, sous diverses dénominations et avec différentes destinations ;

Vu notamment l'arrêté du 10 nivose an XII (1er. janvier 1804), qui se borna à lever les contributions de l'année courante pour les huit mois et 25 jours compris entre le 1er. janvier 1804 (10 nivose an XII), et le 22 septembre 1804 (5e. jour complémentaire);

Vu l'arrêté colonial du 27 brumaire an XIV, portant qu'il sera pris des mesures pour que le calendrier grégorien soit rétabli à la Martinique, comme il doit l'être en France, à compter du 1er. janvier 1806;

Considérant qu'il est nécessaire de co-ordonner à cette mesure la reprise et la confection des rôles pour la fin de 1805 et l'an 1806;

Considérant d'ailleurs que, s'agissant simplement d'asseoir les contributions annuelles qui existent, sans les changer ni les augmenter, il n'y a pas lieu à convoquer de Conseil colonial de répartition, en exécution de l'article 18 de l'arrêté du 6 prairial an X, concernant l'organisation des pouvoirs dans cette colonie;

Sur le rapport du Directeur-général du Domaine ou Revenus publics; arrête :

Art. 1er. Les contributions seront assises et réparties à la Martinique pour les cent derniers jours de l'an 1805 et pour l'année 1806, au prorata des contributions et centimes additionnels, fixés pour l'an XII.

Les rôles seront dressés, en conséquence, pour l'espace de quinze mois et dix jours.

N. B. Le reste de cet arrêté comprenant les articles II à XXVIII inclusivement, est en tous points conforme aux mêmes articles de l'arrêté sur le même sujet, du 28 vendémiaire an XIII, N°. 1075, tome IV, page 713.

Donné

Donné à Saint-Pierre, le 12 frimaire an XIV. *Signé*, LAUSSAT.

Enregist. aux Greffes des Tribunaux.

(N°. 1144.) DÉCRET *Impérial, relatif aux Lettres de grâce pour les Colonies.*

Du 21 frimaire an XIV (12 décembre 1805).

NAPOLÉON, Empereur des Français et Roi d'Italie; sur le rapport de notre Ministre de la marine et des colonies, le Conseil d'état entendu, nous avons décrété et nous décrétons ce qui suit :

ART. 1er. Les lettres de grâce seront par nous données pour les colonies comme pour la partie continentale de l'empire, après avoir entendu un conseil privé; elles seront expépédiées dans la même forme.

II. Les pièces et renseignemens relatifs aux demandes de lettres de grâce pour les colonies seront transmis par le Ministre de la marine et des colonies au Grand-juge, Ministre de la justice, qui en fera le rapport au conseil privé.

III. L'expédition des lettres de grâce sera transmise par le Grand-juge Ministre de la justice au Ministre, de la marine, qui les adressera aux tribunaux des colonies, pour être par eux transcrites sur leurs registres.

IV. Notre Grand-juge Ministre de la justice et notre Ministre de la marine et des colonies sont chargés, chacun en ce qui le concerne, de l'exécution du présent décret. *Signé*, NAPOLÉON.

Enregist. aux Greffes des Tribunaux.

(N°. 1145.) ARRÊTÉ *des Capitaine-général et Préfet colonial, qui accorde un Brevet d'invention à* MM. W. Tudor et J. Savage, *Citoyens des Etats-Unis d'Amérique, portant privilége d'importer et vendre de* la Glace *dans cette Colonie, exclusivement à tout Individu de Nation étrangère, pendant dix années, sans préjudicier aux Droits des Nationaux qui voudraient faire le même Commerce.*

Du 5 nivose an XIV (26 décembre 1805).

N. B. Ces Messieurs firent leur première expédition à Boston, d'où ils partirent, le 13 février 1806, sur le brick *la Favorite*, chargé de *glace*, et arrivèrent à St-Pierre le 5 mars suivant, ce qui procura à cette ville la nouveauté de prendre des glaces pendant plusieurs semaines : cette expédition fut la seule qui eût lieu; on ignore les motifs qui ont empêché ces Messieurs de jouir de leur privilége, par d'autres envois.

(N°. 1146.) CIRCULAIRE *de M. le Préfet colonial, aux Curés des Paroisses, sur la Tenue des Actes de l'Etat civil.*

Du 6 nivose an XIV (27 décembre 1805).

UNE série de questions, Monsieur, m'ayant été faite par quelques-uns de vos confrères, sur la tenue des actes de l'Etat civil, je joins ici ma décision :

Premièrement : *Sur les gens de couleur libres :*

Ils doivent être portés sur les registres de l'Etat civil, en y faisant d'ailleurs mention de ce qui peut être relatif à leurs titres de liberté, conformément aux ordonnances locales de la colonie. Au surplus, ils pourront se se servir de témoins entr'eux, dans ces actes.

Secondement : *Sur l'époque où doit se faire la déclaration de la naissance.*

Le Code civil ne donne que trois jours, mais les localités, et sur-tout les maladies du climat, ne comportant pas ici un aussi court délai, il suffira que l'acte de naissance soit passé dans les trois premières semaines : cette décision fera provisoirement règle.

Troisièmement : *Des esclaves.*

Messieurs les curés feront, à cet égard, comme ils l'entendront, et s'ils veuleut tenir un registre des esclaves qui seront présentés au baptême, etc., ils en sont les maîtres ; mais la loi ne reconnaît point d'Etat civil aux esclaves : ils n'existent à ses yeux, que par les recensemens des maîtres.

Quatrièmement : Quelques curés demandent à mettre sur les registres, non seulement ces mots : *Par moi Officier de l'Etat-civil*, mais encore ceux-ci, *et Curé de ladite paroisse* ; cela ne se peut pas. Il faut que les formules données, qui sont littéralement copiées du *Bulletin des lois*, soient strictement suivies.

Cinquièmement : *Des dispenses.*

La loi française ne reconnaît plus aucune sorte de dispense ecclésiastique, dont elle ne se mêle pas : c'est au Préfet colonial qu'il faut s'adresser pour les dispenses qui peuvent dériver du Code civil. Au reste, parmi les anciennes dispenses, on comptait celles des bans : les Evêques ne les accordaient qu'en conséquence de la loi civile, qui avait ordonné la publication de trois bans. L'autorité civile s'est maintenant réservé d'accorder elle-même ces dispenses, et il faut le dire, il y aurait abus, si, ne se contentant pas, dans cette partie, des dispenses que le Préfet colonial jugera à propos d'accorder, on voulait encore exiger ou y joindre celle de l'autorité ecclésiastique.

Sixièmement : *Registre des actes de publication.*

Les Officiers de l'Etat-civil sont obligés de tenir un registre pour les publications. Ce registré n'est qu'accessoire, et il est d'ailleurs d'une rédaction si simple, que la loi a regardé comme inutile d'en faire de modèle, et s'est contentée de prescrire qu'il fût tenu. Il sera seulement bon qu'on ait soin d'en numéroter tous les articles, en même-tems qu'on y consignera leur date.

J'ai l'honneur de vous saluer. *Signé*, LAUSSAT.

(N°. 1147.) ARRÊTÉ *Colonial, qui établit une place de Trésorier des Deniers municipaux de la Colonie.*

Du 7 nivose an XIV (28 décembre 1805).

CONSIDÉRANT que nous avons déjà éprouvé en diverses circonstances les inconvéniens de n'avoir pas une caisse où seraient déposés les deniers appartenant proprement à des objets et à des destinations purement locaux ; tels que *réparations de chemins, embellissemens ou police des villes, etc.*

Considérant que ces sortes de deniers, entrant dans la caisse du payeur de la colonie, non-seulement s'y confondent avec les deniers dépendant du trésor public, mais y supportent, lors de l'emploi, une retenue de trois pour cent au profit des invalides de la marine, à laquelle ils ne devraient pas être assujettis par leur nature;

Considérant qu'il est de règle générale en France d'avoir des caisses et des comptables particuliers pour les deniers des villes et bourgs;

Après en avoir délibéré avec le Capitaine-général; arrête:

Art. 1er. Il y aura, à St-Pierre, un Trésorier des Deniers municipaux, dans la caisse duquel seront versés tous les deniers levés ou recouvrés, quelle qu'en soit l'origine, pour servir aux dépenses locales des villes et bourgs de la colonie.

II. Il lui sera alloué cinq pour cent sur le montant de ses recettes et dépenses.

III. Il rendra ses comptes tous les ans devant la commission désignée par le Préfet colonial.

IV. Le présent sera enregistré à l'Inspection.

Donné à Saint-Pierre, le 7 nivose an XIV.

Signé, Laussat.

(N°. 1148.) Arrêté *Colonial, portant qu'il sera nommé, à St-Pierre et au Fort-de-France, des Officiers de l'Etat-civil, pour dresser les Actes non compris dans l'Arrêté Colonial, du 8 novembre* 1805.

Du 9 janvier 1806.

Vu la pétition d'une personne domiciliée dans cette colonie et légalement divorcée en France, pour qu'il soit désigné un Officier public, devant qui elle puisse contracter un second mariage;

Considérant que c'est-là le cas de pourvoir à la tenue des actes de l'Etat-civil, non compris dans l'art. Ier. de notre arrêté du 8 novembre 1805, et prévus par l'article 2 dudit arrêté; arrêtent :

Art. Ier. Il sera nommé dans chacune des villes de Saint-Pierre et du Fort-de-France, un Officier de l'Etat-civil, pour recevoir et dresser les actes de l'Etat-civil, non compris dans l'article Ier. de l'arrêté colonial du 8 novembre 1805.

II. Le présent arrêté sera enregistré dans les tribunaux, aux formes ordinaires.

Donné à la Martinique, le 9 janvier 1806.

Signé, Villaret, Laussat et Lefessier-Grandprey.

Enregist. aux Greffes des Tribunaux.

(N°. 1149.) Arrêté *du Préfet colonial portant formation d'une Commission pour la reddition des Comptes du Receveur-général de la Colonie, pendant l'exercice an XIII.*

Du 17 janvier 1806.

Vu notre arrêté du 20 pluviose an XIII, portant qu'il sera formé une commission pour recevoir les comptes des Receveurs de la colonie, depuis l'époque de la reprise de possession jusqu'au Ier. vendémiaire an XIII;

Considérant que, si les lois de l'état assujétissent les Payeurs des colonies à des comptes périodiques et réguliers envers le trésor public, il n'existe jusqu'à présent rien de semblable pour les Receveurs, soit généraux, soit particuliers de ces possessions; que cependant, les principes d'ordre et les devoirs de l'administration, non moins que l'intérêt des comptables et la tranquillité de leurs familles, font une loi de procéder annuellement à la reddition et à l'apurement de leurs comptes; arrête:

Art. 1er. Il est formé une commission des comptes composée des sieurs Brière, Frigière, Venancourt, Dupuy et Sargenton, assistée de l'Inspecteur et du Directeur-général du Domaine ou Revenus publics.

II. Elle prononcera sur le compte du Receveur-général de la colonie pour l'an XIII, appuyé de ceux que les Receveurs-particuliers lui auront rendus, pour toutes les recettes de quelque nature qu'elles soient faites, depuis le 1er. vendémiaire an XIII, jusqu'au 1er. vendémiaire an XIV.

III. Le Receveur-général demeure tenu de lui présenter ses comptes, avant le 15 de mars prochain, et à défaut de ponctuelle exécution, il y serait contraint, aux termes des lois françaises, présentement en vigueur, contre les comptables en retard.

IV. En conséquence le Directeur-général du Domaine ou Revenus publics est chargé de notifier cet arrêté aux comptables, dont il y est question, et de surveiller la reddition des comptes des Receveurs-particuliers envers ledit Receveur-général.

V. Le Directeur-général du Domaine ou Revenus publics et l'Inspecteur seront tenus, chacun en ce qui le concerne, de procurer à la commission tous les renseignemens dont elle aurait besoin.

VI. Le compte du Receveur-général devra être rédigé, en cahier, par chapitres et articles, distribués et libellés selon les diverses sortes de contributions, avec grande marge, pour que l'examen et le prononcé de la commission puissent être constatés à côté de chaque article.

VII. Le présent arrêté sera enregistré à l'Inspection et à la direction du Domaine, le Grand-juge sera invité à le faire enregistrer aux greffes des Tribunaux.

Donné à Saint-Pierre, le 17 janvier 1806.

Signé, LAUSSAT.

Enregist. aux Greffes des Tribunaux.

(N°. 1150.) EXTRAIT *d'une Circulaire ministérielle de* M. Décrès, *aux Capitaines-généraux, Préfets coloniaux et Grand-juges, concernant les Légalisations des Pièces envoyées hors du territoire des Isles.*

Du 20 janvier 1806.

N. B. Cette dépêche étant textuellement la même que celle du 6 messidor an XII (25 juin 1805), voyez le N°. 1052, tome IV page 677.

(N°. 1151.) ARRÊTÉ *du Préfet colonial, relatif à la Perception et Comptabilité des* Sous-additionnels *levés sur la Ville de St-Pierre, et l'Etablissement d'*un Droit de Port; *l'une et l'autre Contribution destinées à subvenir à des Dépenses purement municipales.*

Du 21 janvier 1806.

VU le rapport à nous faite par la commission des comptes établie par les arrêtés des 20 pluviose et 8 prairial an XIII, sur la contribution des sous-additionnels levée dans la ville de Saint-Pierre, pour subvenir aux frais du *chemin de la Calebasse* ;

Considérant que cette partie de comptabilité était tombée dans la confusion, faute d'en avoir déterminé dès le principe la forme et les règles, et faute de l'avoir séparée de la comptabilité des deniers publics, qui constitue l'objet essentiel des places de Receveurs tant général que particulier à St-Pierre ;

Considérant que l'un des avantages à retirer de la caisse du Trésorier des Deniers municipaux, créée par l'arrêté récent du 28 décembre 1805, est d'établir un ordre clair et invariable en cette partie des finances ;

Considérant qu'il n'est pas de jour dans l'année où le Gouvernement n'éprouve l'inconvénient de ne pas avoir quelques fonds à employer à des travaux publics de localité, tels que réparations urgentes ou entretiens, et pour objets de charges purement municipales ;

Après en avoir délibéré avec le Capitaine-général ; arrête :

ART. Ier. La contribution locale de 20 sous, argent des colonies, par tête de nègre payant droit, dans la ville de St-Pierre, pour servir à l'entretien et aux réparations du chemin de la Calebasse, telle qu'elle avait été votée en assemblée paroissiale, le 12 février 1804 (22 pluviose an XII), sans néanmoins avoir été homologuée depuis, comme elle aurait dû l'être, demeure homologuée sur ce pied, à compter de l'exercice an XIV ou 1806 inclus.

II. Il sera levé en outre, pour subvenir en général à des dépenses purement municipales, un *droit de port* sur les bâtimens de mer, autres que ceux du cabotage autour de l'île, lequel sera de 4 liv. 10 sous, des colonies, par bâtiment de 100 tonneaux et au-dessous; de 9 livres par bâtiment de 100 à 200 tonneaux exclusivement; de 13 livres 10 sous par bâtiment de 200 à 300 tonneaux et de 18 liv. par bâtiment de 300 tonneaux et au-dessus.

III. Les sous-additionnels dont il est question, art. 1er., et le droit de port établi, art. II, seront perçus par les Receveurs, soit général soit particulier, en exercice dans la ville ou le port, en même-tems et de la même manière que les autres contributions et droits de douanes.

IV. Le Receveur-général, qui aura opéré lesdits recouvremens, versera à la fin de chaque mois, ès-mains du Trésorier des Deniers municipaux à St-Pierre, le produit desdites perceptions, et il en retirera récépissé visé du Directeur-général du Domaine ou Revenus publics.

V. Le Receveur-général comptera de ladite perception par *appendice* à son compte général de l'année, et lesdits récépissés en forme seront admis sans difficulté à sa pleine décharge, il se fera rendre pareil compte par les Receveurs particuliers, et il le rapportera à l'appui du sien propre.

VI. Les mandats, en paiement de la dépense à laquelle ces sous-additionnels et droit de port sont destinés, seront délivrés à l'avenir sur le Trésorier des Deniers municipaux.

VII. Les Receveurs qui ont procédé à la levée des *sous-additionnels* en question, depuis la reprise de possession de l'île par les français, en compteront devant les commissions des comptes établies pour les exercices, an XI, an XII et an XIII, et verseront leur *debet*, s'il y en a, dans la caisse du Trésorier des Deniers municipaux.

Les quittances de l'Entrepreneur *du chemin de la Calebasse*, leur seront allouées en dépenses.

Cette reddition des comptes devra être terminée le 1er. avril prochain.

VIII. Le présent arrêté sera enregistré à l'Inspection, et à la Direction générale du Domaine.

Le Directeur-général du Domaine ou Revenus publics, est chargé de l'exécution, en ce qui est du Receveur-général, ou des Receveurs-particuliers des deniers publics.

Donné à St-Pierre, le 21 janvier 1806. *Signé*, LAUSSAT.

(N°. 1152.) DÉCISION *de M. le Préfet colonial, portant que les Huissiers n'ont point droit à des Vacations pour publications et affiches des Actes de l'Autorité publique.*

Du 22 janvier 1806.

LES affiches et publications dans le lieu de leur résidence, sont des charges attachées aux places lucratives, dont les Huissiers sont redevables au Gouvernement : cela a déjà été décidé ainsi précédemment, et notamment le 20 janvier 1787.

St-Pierre, le 22 janvier 1806. *Signé*, LAUSSAT.

(N°. 1153.) Arrêté *du Préfet colonial, portant réglement pour les Dépenses et la Comptabilité du Jardin colonial des Plantes.*

Du 25 janvier 1806.

Considérant que le Jardin colonial des plantes forme aujourd'hui un établissement de fondation permanente, aux dépenses et à la comptabilité duquel il convient de donner de l'ensemble, en même tems que des formes fixes et simples ; arrête :

Art. 1er. A compter du 1er. février prochain, le Directeur du Jardin colonial des plantes, à St-Pierre, recevra, par versemens réguliers, de mois en mois, les sommes qui seront assignées pour l'entretien et les dépenses de l'établissement ; elles lui seront payées sur mandat de paiement motivé sur le crédit ouvert pour cet objet à la charge par le Directeur, d'en rendre compte, à la fin de chaque année.

II. Le Directeur du Jardin colonial des plantes tiendra journal de *recettes* et *dépenses* sur un registre coté et paraphé par l'Inspecteur ou le Sous-inspecteur.

III. Le Commissaire chargé du service à Saint-Pierre et l'Inspecteur auront la surveillance de cette comptabilité : ils interviendront aux formes ordinaires, dans les marchés, s'il y en a.

IV. Les quittances des entrepreneurs ou ouvriers pour les marchés et ouvrages extraordinaires, et les revues du mois, pour les nègres au mois, serviront de valable décharge dans les comptes.

V. Ces comptes seront rendus devant le Commissaire chargé du service, à St-Pierre, l'Inspecteur ou Sous-inspecteur, et le Secrétaire principal de Préfecture.

Le Chef d'administration pourra présider cette commission, quand il le jugera convenable.

VI. L'arrêté de compte dressé par la commission sera soumis au Préfet colonial qui le visera.

Il sera déposé à l'Inspection, et copie en sera envoyée à S. Exc. le Ministre de la marine et des colonies.

VII. Le Chef d'administration est chargé de l'exécution du présent arrêté qui sera enregistré à l'Inspection.

Donné à Saint-Pierre le 25 janvier 1806.
Signé, LAUSSAT.

(N°. 1154.) ARRÊTÉ *de M. le Grand-juge, concernant les expéditions à faire des Testamens déposés au Greffe, soit authentiques, soit olographes.*

Du 3 février 1806.

CONSIDÉRANT qu'un des principaux motifs de l'établissement, à Versailles, d'un dépôt des Colonies, créé par l'édit du mois de juin 1776; a été de conserver tous les actes qui intéressent les personnes et les propriétés, de remédier aux causes de destructions auxquels ces actes sont exposés dans les colonies par l'effet du climat et de donner aux personnes résidentes en France, qui peuvent y avoir intérêt plus de facilité et de tems pour faire les recherches desdits actes, et réclamer les droits qui peuvent en résulter pour eux.

Considérant que l'article XII de cet édit annonce, par l'importance des obligations qu'il impose aux Notaires, que la volonté du législateur a été qu'une expédition en forme des testamens remplaçât la double minute, lorsque les circonstances ne permettent pas de dresser sur le champ cette double minute.

Considérant qu'il arrive souvent que les Notaires qui ont reçu un testament, et en ont délivré expédition au testateur, ne savent ni le lieu, ni l'instant de sa mort, et qu'ils ne peuvent alors remplacer la double minute par une expédition, dans les 15 jours de l'ouverture et publication desdits testamens.

Que pour obéir au sens de la loi, et en remplir le but, il est indispensable d'atteindre, dans la colonie, pour l'exécution de l'article XII dudit édit, les Greffiers des deux Tribunaux de Première instance au Greffe desquels le dépôt des testamens a été ordonné jusqu'à la promulgation du Code civil qui, par l'article 1007, indique un autre dépôt.

Après avoir délibéré avec M. le Préfet colonial, arrête :

Art. 1er. Les Présidens et Procureurs-impériaux des Tribunaux du Fort-de-France et de Saint-Pierre se transporteront aux Greffes de leurs jurisdictions dans la huitaine.

II. Ils s'y feront représenter par les Greffiers tous les testamens olographes et toutes les expéditions de testamens authentiques, qui y ont été déposés depuis l'occupation de la colonie par les anglais jusqu'à ce jour.

III. Ils feront classer par ordre et date ceux de ces actes qui contiennent des dispositions relatives à des propriétés situées dans la France continentale ou en faveur des particuliers absens, et pouvant résider en France.

IV. Ils prescriront à leurs Greffiers, en exécution du présent arrêté, et pour assurer celle de l'article XII de l'édit de juin 1776, qui ne peut l'être que de cette manière, de dresser des expéditions de chacun de ces actes; lesquelles seront visées sans frais, et déposées par lesdits Greffiers au greffe de la Préfecture coloniale; il leur sera alloué, pour frais de copie, la même indemnité que celle qui leur a été accordée pour les expéditions, dont ils n'étaient pas personnellement chargés.

Sera le présent arrêté adressé au Procureur-général-impérial près la Cour d'appel, qui chargera ses Substituts près les deux tribunaux d'en requérir l'enregistrement; ils lui rendront compte, dans le mois, des mesures qu'ils auront prises pour son exécution.

Donné au Fort-de-France, Martinique, le 3 février 1806. *Signé* LEFESSIER-GRANDPREY.

Enregist. aux Greffes des Tribunaux.

(N°. 1155.) DÉCRET *impérial, pour la Célébration de la Fête de* Saint-Napoléon *et de celle de l'Anniversaire du Couronnement de S. M. l'Empereur et Roi.*

Du 19 février 1806.

NAPOLÉON, Empereur des Français et Roi d'Italie, sur le rapport de notre Ministre du Culte, avons décrété et décrétons ce qui suit;

Titre premier.

Art. Ier. La fête de Napoléon, et celle du rétablissement de la Religion Catholique en France, seront célébrée, dans toute l'étendue de l'Empire, le 15 août de chaque année, jour de l'Assomption et époque de la conclusion du Concordat.

II. Il y aura, ledit jour, une procession, hors de l'Eglise, dans toutes les Communes, où l'exercice du culte est autorisé; dans les autres, la procession aura lieu dans l'intérieur de l'Eglise.

III. Il sera prononcé, avant la procession et par un ministre du culte, un discours analogue à la circonstance, et il sera chanté immédiatement après la rentrée de la procession un *Te deum* solennel.

IV. Les Autorités militaires, civiles et judiciaires assisteront à cette solennité.

V. Le même jour, 15 août, il sera célébré dans tous les Temples du culte Réformé, un *Te deum* solennel, en action de grâces pour l'anniversaire de la naissance de l'Empereur.

Titre deuxième.

VI. La fête de l'anniversaire de notre couronnement et celle de la bataille d'Austerlitz, seront célébrées le premier dimanche du mois de décembre dans toute l'étendue de l'Empire.

VII. Les Autorités militaires, civiles et judiciaires y assisteront.

VIII. Il sera prononcé dans les Eglises et dans les Temples, par un ministre du culte, un discours sur la gloire des armées françaises et sur l'étendue du devoir imposé à chaque citoyen de consacrer sa vie à son prince et à

sa

sa patrie ; après ce discours un *Te deum* sera chanté en action de grâces.

IX. Notre Ministre du culte est chargé de l'exécution du présent décret. *Signé* NAPOLÉON.

Enregist. aux Greffes des Tribunaux.

(N°. 1156.) ARRÊT *de la Cour d'appel de la Martinique, qui prohibe aux Notaires d'intervenir dans aucun travail réservé aux Avoués, à peine d'interdiction.*

Du 5 mars 1806.

MONSIEUR le Procureur-général impérial ayant remis, sur le bureau de la Cour, les lettres à lui adressées par Mes. Jollivet, Vincendon Dutour, Rondeau, Ferrier et Depaz qui tous ont opté pour les fonctions de Notaire ; sur sa réquisition, la Cour en a donné acte auxdits Mes. Jollivet, Vincendon Dutour, Rondeau, Ferrier et Depaz : et attendu l'incompatibilité entre les fonctions de Notaire et celles d'Avoué ; ordonne que tout Officier public, qui a opté pour les fonctions de Notaire, se renfermera dans lesdites fonctions et sera scrupuleusement tenu de s'abstenir et d'intervenir directement ou indirectement dans toute espèce de travail exclusivement réservé aux Avoués, sous peine d'interdiction en cas de contravention.

Mandons, etc.

Fait en la Cour d'appel de l'île Martinique, séant en la ville du Fort-de-France, le 5 mars 1806. *Signé*, LE CAMUS.

(N°. 1157.) NOTE *officielle du Préfet colonial sur les réformes dans les Dépenses de la Colonie, par suite de la Dépêche ministerielle du 25 fructidor an XIII.*

Du 6 mars 1806.

LA colonie, à la suite de l'arrivée des avisos qui ont porté récemment des dépêches de France, entend beaucoup parler de réformes dans les dépenses et d'augmentations de contributions : celles-ci lui ont même été annoncées, pour ainsi dire, officiellement, par la publication de la correspondance ministérielle. Il est juste de fixer ses idées sur des objets qui lui importent autant. Ces sortes de communications sont tout à-fait dans l'esprit du Gouvernement français, et dans le caractère du Héros fondateur qui règne sur cet empire.

A l'arrivée du Préfet colonial actuel, son prédécesseur venait d'éprouver, pendant près de deux ans, et les embarras d'un établissement commençant et ceux d'un blocus long et rigoureux qui devint pour lui le premier signal de la reprise imprévue des hostilités. M. le Conseiller-d'état Bertin s'est trouvé ici dans des circonstances épineuses, et il en est personnellement parti avec une honorable pauvreté.

Lorsqu'il transmit le service à son successeur, celui-ci ne parvint pas facilement à ramasser dans toutes les caisses, une somme en argent de 78,400 livres coloniales, (dont 56,000 livres dans le trésor.)

Le trésor possédait en outre des traites sur France qui s'étaient constamment, jusqu'alors, négociées à perte de 9 à 10 pour cent contre engagemens à termes ou conditionnels ; ce qui ne représentait, sous aucun point de vue, du comptant. Le restant disponible de ces traites montait alors à 179,000 francs.

Il y avait en circulation, à la charge du trésor, ce qu'on avait appelé des bons de caisse, qui étaient des bons provisoires, remboursables à présentation, que le payeur donnait en acquittement de dépenses, quand l'argent manquait ; il fut à la fin vérifié, avec assez de difficulté, qu'il en existait pour 279,974 livres coloniales, au premier messidor.

D'autres fournisseurs avaient reçu, en paiement, des délégations sur divers contribuables, et les rentrées prouvèrent, dès fructidor, qu'il y en avait pour plus de 89,000 livres coloniales.

Enfin, il fut dressé, dès-lors, un aperçu de l'arriéré exigible au 1er. messidor an XII, qui le supposait d'environ 900,000 livres coloniales.

Cet arriéré s'est élevé réellement à près de 1,900,000 livres coloniales, sur lesquelles il ne reste plus à acquitter qu'environ 160,000 livres.

Cependant le Préfet colonial reçut, pour renseignement, de son prédécesseur, que le service irait avec 3 ou 400,000 livres coloniales, par mois : tant on connaissait mal alors le véritable état des dépenses.

Les comptabilités étaient dans le plus grand désordre : aucun comptable n'avait rendu de compte ; aucun n'avait de registre en règle et ne tenait même, ce qui paraîtra incroyable, de livre de caisse.

Heureusement le Ministre envoya, par la frégate la *Ville de Milan*, deux millions de francs, tant pour l'an XIII que pour l'exercice précédent ; mais il écrivait en même-tems au Préfet colonial que l'intention de l'Empereur était qu'il ne fût fait aucune nouvelle remise de fonds à la colonie, jusqu'à ce qu'enfin *l'état des dépenses annuelles*, qu'il réclamait vainement depuis deux ans, eût été envoyé à S. Exc. et par elle mis sous les yeux de S. Majesté.

Le Préfet colonial s'occupa donc aussitôt de le former. Il employa trois mois entiers, il y eut des peines infinies à en rassembler les élémens épars, enfouis, et qui n'étaient même plus suppléés par la tradition, puisqu'elle avait éprouvé, depuis 1790, une lacune de douze ans.

Cet état redigé avec exactitude, et pièces à la main, présenta, savoir :

Pour l'an XIII, la somme de 10,466,930 liv. coloniales.

Pour l'an XIV, (le nombre de troupes et le pied de guerre étant beaucoup plus considérables, qu'en l'an XIII), la somme de 13,787,429 livres coloniales.

Le Préfet colonial ne se dissimula pas qu'il ne subviendrait à une pareille dépense, en attendant les secours de la Métropole, qu'à force d'ordre et d'économie ; il n'en était pas à apprendre que l'un et l'autre

L 2

engendrent beaucoup de mécontentemens et de haines; mais il serait indigne de sa place, s'il ne se sentait pas capable de les braver pour répondre à la confiance de S. M. et seconder ses plans de bienfaisance et de prospérité pour ses peuples.

En conséquence, le Préfet colonial mit tous ses soins à rétablir partout, autant qu'il le put, l'observation sévère des réglemens et des lois, non moins pour l'amélioration des recettes, que pour la diminution et l'extrême régularité des dépenses et des comptabilités.

De bonne heure il en recueillit le fruit : la colonie en a été témoin.

Mais il ne saurait trop répéter combien il s'est trouvé, à cet égard, heureusement secondé par les vues constantes de bien du Capitaine-général, par sa délicatesse en quelque sorte excessive pour tout ce qui est, en général, disposition de deniers publics et finances.

Cependant les états de dépense n'ont pu parvenir à S. Exc. le Ministre que par le retour des escadres du contre-amiral Missiessy et du vice-amiral Villeneuve. Ils ont été soumis bientôt après à S. M. l'Empereur et Roi. Il faut avoir été à portée de connaître, par expérience, le prix que S. M. attache à cette branche de gouvernement, et l'application particulière qu'elle y donne, pour sentir à quel point sont vraies les expressions dans lesquelles le Ministre mande, et ne cesse de répéter, en diverses lettres, que S. M. a jugé les charges de cette colonie exorbitantes, et a enjoint à S. Exc. de faire opérer, sans délais ni restrictions, les réformes convenables, pour que la dépense ne dépasse en aucune hypothèse cinq millions de francs par an (8,333,333 livres coloniales).

S. M. tient évidemment d'autant plus à cette forte réduction, qu'au même instant les évènemens de l'Europe l'ont forcée à appeler ses sujets de la Martinique au secours de ses finances, en rejetant sur eux, comme on l'a vu, la totalité des dépenses intérieures de l'île.

Les réformes à faire sont spécialement marquées et prescrites dans le travail que S. Exc. le Ministre a dressé, d'après les bâses ordonnées par S. M.

Les premiers Magistrats de la colonie sont ramenés strictement à leur traitement.

L'état des officiers, tant militaires que d'administration,

est circonscrit aux cadres étroits de l'organisation, tant pour le nombre que pour les grades.

Il n'est, en général, rien changé au sort des troupes ou corps militaires ; car la réforme des *fourrages* ne porte guère que sur leurs officiers supérieurs, et celle des *gratifications de campagne* ne porte plus aujourd'hui que sur des avancemens partiels et éventuels : mais ces *gratifications de campagne* sont supprimées, parce que, d'après la loi, et d'après leur objet, elles ne peuvent être jamais applicables aux colonies ; quand aux *indemnités de fourrages* elles n'y sont applicables que dans le cas réel de *guerre dans la colonie même*. *Les indemnités de logement* sont restreintes, et pour les sommes et pour ceux qui y ont droit, aux termes de la loi, en ajoutant néanmoins *moitié en sus* au tarif de France. Les *frais de tournée* sont ou supprimés ou bornés aux seuls directeurs de l'artillerie et du génie, avec réduction. Les *frais de bureau* sont aussi considérablement circonscrits. Les traitemens des *ministres du Culte* sont fixés à 2,000 francs par tête, (environ 3,333 livres coloniales) l'un dans l'autre, sans y comprendre 12,000 francs pour le Préfet apostolique. Le Procureur-général impérial près la Cour d'appel ne jouira plus que du *droit de sceau*. Les *pensions*, qui ne proviennent pas du Gouvernement français lui-même, sont supprimées. Les cumulations de traitement sont proscrites. Les trois premiers Magistrats, le Général commandant les troupes, le Sous-Préfet chef d'administration, et l'Inspecteur colonial, sont déclarés avoir seuls droit au *logement en nature*. Les *frais d'éclairage* de St-Pierre sont rejetés, comme dépense purement communale, sur les habitans de cette ville. Nous passons plusieurs autres réformes de détails.

C'est après avoir épuisé ce genre de ressources que S. M. l'Empereur et Roi a recours à l'amour et au patriotisme des Martiniquais.

Nous servirons fidélement, Colons, les intentions de S. M en même-tems que vos intérêts. Nous épargnerons même, je l'espere, sur les fonds qu'elle nous accorde. Néanmoins, il restera encore, ne vous le dissimulez pas, un assez gros déficit à combler. Mais quand il en sera tems, mais quand nous aurons fait tout ce qui aura dépendu de nous pour le diminuer, nous vous demanderons avec confiance de faire le reste.

Son Excellence le Ministre m'écrit que l'intention de S. M. est d'imprimer le compte général annuel des recettes et des dépenses de cette colonie. Ce fut toujours mon vœu : ce sera ma récompense : la desirer, c'est assez montrer l'ambition de mériter l'approbation du Héros qu'attendent dans la prospérité tant de louanges immortelles, et, en le représentant, pour ma part, auprès de vous, d'y acquérir en même-tems des droits à votre estime et à votre reconnaissance.

Saint-Pierre, le 6 mars 1806. *Signé*, Laussat.

(N°. 1158.) Arrêté *Colonial qui autorise les Donations en faveur des Blancs, faites par des Gens de couleur libres.*

Du 12 mars 1806.

Vu l'article III de l'arrêté colonial du 16 brumaire dernier (7 novembre 1805), relatif à la promulgation du Code civil, et aux modifications qu'exigeait l'intérêt colonial à l'égard de quelques dispositions de ce code ;

Maintenant les prohibitions portées en cet article relativement au mariage, à l'adoption, à la reconnaissance des enfans naturels dans la succession de leurs père et mère, aux tutelles officieuses ou datives ;

Mais en ce qui concerne les libéralités faites par donation ou testament ; considérant que s'il y a des inconvéniens à ce que les blancs puissent faire des libéralités, par testament ou donation, en faveur des affranchis et de leurs descendans ; il n'y a aucun inconvénient à ce que ces derniers puissent en exercer envers les blancs ; que c'est même fournir aux affranchis et à leurs descendans le moyen d'acquitter les devoirs de la reconnaissance à l'égard de leurs patrons, ou autres, de qui ils auraient reçu des libéralités, en leur permettant de rapporter le bienfait à sa source primitive; arrêtent :

Il est permis et loisible à tous affranchis et à leurs descendans de disposer par donation, testament ou de toute autre manière que ce soit, de leurs biens meubles et immeubles, en tout ou en partie, en faveur de personnes blanches : dérogeant, quant à ce seulement, audit article III; lequel sera exécuté en toutes ses autres dispositions.

Sera le présent arrêté enregistré aux formes ordinaires aux greffes des tribunaux, à la diligence du Procureur-général impérial, chargé d'en surveiller l'exécution.

Donné à la Martinique, le 12 mars 1806.
Signé, VILLARET, LAUSSAT et LEFESSIER-GRANDPREY.

Enregist. aux Greffes des Tribunaux.

(N°. 1159.) AVIS *du Préfet colonial qui annonce que l'établissement de la Poste aux Lettres, ordonné par l'arrêté du premier prairial an XIII, est suspendu jusqu'à la paix.*

Du 19 mars 1806.

SON Excellence le Ministre de la marine et des colonies a témoigné au Préfet colonial, dans ses dépêches de fructidor an XIII, au sujet de *l'établissement de la Poste aux lettres*, qu'il regrettait « que cette « charge nouvelle eût été ajoutée à toutes celles dont « la caisse coloniale est déjà trop grévée, dans ces « conjonctures où les espérances d'un produit à venir « ne peuvent compenser les embarras de la situation « présente........ Il aimait néanmoins à croire que, dès

« la première année, les recettes couvriraient les frais.
« Il engageait le Préfet colonial à porter une surveil-
« lance particulière sur cette branche d'administration
« financière. »

Ces observations coïncidaient avec les ordres pour la diminution des dépenses et l'augmentation des revenus, que les circonstances avaient forcé S. M. l'Empereur et Roi de donner à ses Représentans dans la colonie.

L'expérience a démontré au Préfet colonial que loin d'espérer un produit de la Poste aux lettres, la guerre le prive même de tous les moyens de faire marcher régulièrement ce service, et d'y maintenir aucune police.

En conséquence, il se détermine à suspendre la circulation des couriers dans l'intérieur, jusqu'à la paix.

Le bureau général n'en restera pas moins établi comme il l'est, et il sera pris toutes les précautions possibles, quand on n'a pas d'agens salariés, pour faire tenir les lettres sur les divers points de l'île.

Elles seront d'ailleurs expédiées avec exactitude pour le dehors.

Saint-Pierre, le 19 mars 1806. *Signé*, LAUSSAT.

(N°. 1160.) ARRÊTÉ *du Préfet colonial, portant réglement pour la Comptabilité du Trésorier des Deniers municipaux de la Colonie.*

Du 22 mars 1806.

Vu l'arrêté du 28 décembre dernier, qui établit une place de Trésorier des Deniers municipaux de la colonie;

Considérant qu'il reste à régler dans quelles formes le Trésorier procédera légalement et à sa décharge, tant aux recettes qu'aux dépenses; arrête :

ART. 1er. La caisse des Deniers municipaux, en vertu de son institution, recevra les deniers provenant, savoir :

1°. Des *sous* ou *centimes additionnels* destinés à des réparations de chemins, de pavés et autres travaux publics, ainsi qu'aux dépenses d'éclairage et autres dépenses communales;

2°. Du *droit de port* établi par l'arrêté du 21 janvier dernier.

3°. Des vérifications et concessions de libertés;

4°. Des libéralités, dons, souscriptions, etc. qui auraient pour objet des dépenses d'utilité locale.

En un mot, suivant l'expression de l'arrêté du 28 décembre dernier, *de tous deniers levés ou recouvrés, quelle qu'en soit l'origine, pour servir aux dépenses locales des villes et bourgs de la colonie,*

II. Si les recettes sont opérées par versemens d'autres Comptables, tels que les *Receveurs ordinaires des contributions*, ceux-ci les accompagneront d'un bordereau signé d'eux, visé par le *Directeur-général du domaine;* et en tête sera rappelé l'acte originaire d'autorité en vertu duquel la recette a été faite ou le versement s'est opéré. Le Trésorier fera une copie certifiée de ce bordereau et mettra sa quittance comptable au pied.

III. Si les recouvremens se font directement sur les Redevables, le Trésorier leur en donnera quittance et justifiera de sa recette en rapportant le titre en vertu duquel il l'a faite.

IV. Il ne sera fait de paiement valable par le Trésorier que sur mandat motivé du Secrétaire principal de la préfecture, visé par le Préfet colonial et enregistré sur un cahier particulier à l'inspection; cette quittance devra être appuyée des pièces justificatives qui seront indiquées par le mandat.

V. La caisse du Trésorier des Deniers municipaux est mise sous la surveillance immédiate du Secrétaire principal de la préfecture et sous le contrôle de l'Inspection coloniale.

VI. Le Trésorier aura pour ses écritures un *livre de caisse*, un *registre-journal comptable* coté et paraphé par le Secrétaire principal de préfecture, et un livre de *comptes courans* pour chaque nature de contributions ou de dépenses. Il se conformera au surplus en cette partie ainsi que pour la reddition de ses comptes aux usages et aux ordonnances et réglemens. L'Inspection y tiendra la main.

VII Le Trésorier adressera au Préfet colonial *sa situation effective au dernier jour de chaque mois*, dans les cinq premiers jours du mois suivant. Elle contiendra en résumé le montant des *recettes* et celui des *dépenses*, en les distinguant suivant leurs différentes natures, et pour résultat le *restant en caisse.*

VIII. Le présent sera enregistré à l'Inspection.

Donné à Saint-Pierre, le 22 mars 1806.
Signé, LAUSSAT.

(N°. 1161.) ARRÊTÉ *du Préfet colonial, qui ordonne la remise, dans le Greffe de la Préfecture, des Papiers provenans de la Commission des Libertés.*

Du 27 mars 1806.

VU la lettre de la commission de Vérification des titres de liberté en date du 17 de ce mois ;

Considérant que cette commission ayant cessé son travail depuis le 1er. janvier de cette année, il devient nécessaire de déterminer le greffe où seront déposés les registres et papiers résultans de son opération, arrête :

Art. 1er. Les registres titres et papiers de toute espèce qui existent en ce moment au secrétariat de la commission de vérification des titres de liberté, au Fort-de-France, seront déposés au greffe de la préfecture à St-Pierre.

II. Les registres seront préalablement arrêtés et signés par les Commissaires-vérificateurs.

III. Les registres et autres pièces seront remis à St-Pierre au secrétariat principal de la préfecture, qui s'en chargera sur inventaire et donnera décharge.

IV. Cet arrêté sera enregistré à l'Inspection et M. le Grand-juge sera prié de vouloir bien en ordonner l'enregistrement au greffe des Tribunaux.

Donné à Saint-Pierre, le 27 mars 1806. *Signé*, Laussat.

Enregist. aux Greffes des Tribunaux.

(N°. 1162.) Arrêté *du Préfet colonial, portant établissement d'une* Bourse commune *en faveur des Officiers et Employés de l'Administration.*

Du 28 mars 1806.

Considérant que les réductions et réformes ordonnées dans les appointemens dont jouissaient divers fonctionnaires et employés de l'administration de la marine, vont rendre leurs moyens d'existence fort difficiles, et qu'il en résultera que les bons sujets quitteront et que le service ou languira ou manquera tout-à-fait ;

Considérant qu'à l'exemple de ce qui se pratique chez les autres nations, les bâtimens ont toujours payé à leur expédition dans les divers bureaux, des rétributions fondées sur un usage ancien et constant, quelquefois vainement proscrit, d'ordinaire tacitement toléré et qui tournait au profit exclusif de ceux des fonctionnaires ou employés que leur place mettait en quelque correspondance avec les Capitaines des navires, les Patrons et les Interprètes ;

Considérant qu'instruits de ces faits, depuis long-tems nous avions toujours différé d'y arrêter notre attention, par la presque certitude, d'une part, d'échouer dans les mesures qu'il serait possible de prendre pour arrêter cet abus, et d'autre côté, par les inconvéniens que nous appercevions à reconnaître et à donner ainsi un titre légal à ce genre d'émolumens; que, cependant le commerce supportant cette charge et s'y assujettissant de sa volonté libre et unanime, sans que jamais ni avertissement ni défense l'en aient empêché, il y a également de l'avantage et à régulariser cette recette, et à la faire tourner au profit du service, comme déjà cela s'était pratiqué à Tabago, lors de sa dernière reprise de possession par les français;

Considérant enfin, et principalement, que le réglement du Roi du 26 décembre 1724, et ceux postérieurs de 1753 et de 1771 ont réellement établi des droits de cette nature, et que ces droits auront un caractère de légitimité irrécusable, toutes les fois qu'ils ne dépassent pas les tarifs que les réglemens ont consacrés; arrête :

ART. Ier, Les rétributions payées dans les bureaux de l'administration à l'occasion d'expéditions de bâtimens du commerce et de toutes autres seront réunies en bourse commune.

II. Les fonds de cette bourse seront répartis, à l'expiration de chaque trimestre, de manière qu'ils tournent en supplément d'appointemens de divers Officiers et Employés de l'administration depuis et compris le grade de Sous-commissaire, jusques et compris le grade de Commis de 2me. classe, et, toutefois le Chef du bureau d'expédition de l'acte, qui aura donné lieu à la rétribution, aura moitié en sus de plus que les autres copartageans de son grade.

III. Le Chef d'administration choisira, parmi les Employés, un dépositaire de cette bourse commune, en mains de qui tous les interprètes de l'île seront tenus de verser, chaque mois, le montant des rétributions de cette espèce qu'ils auront reçus avec un bordereau à l'appui, contenant la désignation des bâtimens qui l'auront payée.

IV. Le Chef d'administration dressera l'acte de distribution à la fin du trimestre. Il sera soumis au *visa* du Préfet colonial. Le dépositaire de la bourse commune paiera à chacun ce qui leur aura été assigné et en retirera quittance par émargement.

V. Il n'est rien changé à la nature et au montant des rétributions, telles qu'elles sont fixées par les ordonnances et réglemens.

S'il en était exigé ou offert d'autres ou qu'elles se trouvassent augmentées, les interprètes en demeureraient responsables, sous peine de destitution personnelle, sans préjudice de celle de l'officier ou employé au profit de qui les deniers auraient tourné. Il suffirait de l'indice ou présomption du fait pour que la destitution fut encourue.

VI. Le présent réglement sera notifié aux interprètes des ports de St-Pierre, du Fort-de-France, de la Trinité et du Marin, pour qu'ils aient à s'y conformer. Il recevra son exécution à compter du 1er. avril prochain. Il sera enregistré à l'Inspection.

Donné à Saint-Pierre, le 28 mars 1806. *Signé*, LAUSSAT.

(N°. 1163.) ARRÊTÉ *du Préfet colonial, qui autorise à percevoir au Secrétariat de la préfecture quelque rétribution au profit de la* Bourse commune *des Officiers et Employés de l'Administration de la Marine, créée par l'Arrêté du 28 mars précédent.*

Du 29 mars 1806.

Vu les réglemens coloniaux portant tarif des 24 décembre 1753 et 30 avril 1771, lesquels chapitre VIII, assimilent les salaires, vacations et droits du Greffier de l'Intendance à ceux du Greffier en chef du Conseil supérieur;

Vu le dernier tarif en date du 1er. mars 1799, qui fixe de nouveau, ainsi que tous autres droits, ceux dudit Greffier du Conseil, en proportion du renchérissement des objets de première nécessité;

Considérant que les réductions et réformes résultantes des ordres de S. Exc. le Ministre de la marine et des colonies, en date du 25 fructidor an XIII, diminuent les traitemens des Officiers d'administration de manière à nous obliger de suppléer à leur insuffisance évidente par tous les moyens légitimes qui dépendent de nous, et que, sous ce rapport, le rétablissement des droits du Greffier de l'Intendance semble offrir quelque ressource;

Considérant que le tarif du 1er. mars 1799, bien que muet sur les droits du Greffier de l'Intendance parce qu'à cette époque la colonie était sous la domination anglaise, et l'intendance, par conséquent, comme non existante, n'a point porté atteinte au principe d'administration de ce Greffier avec celui du Commis, tel qu'il avait été antérieurement consacré; qu'en conséquence les droits et salaires attribués au Greffier en chef du Conseil sont la bâse légale des droits et salaires attribués au Greffier de l'Intendance et qu'il ne s'agit que d'en déterminer l'application, autant, du moins, que peut le permettre la diversité des actes; arrête :

Art. 1er. A compter du 1er. avril prochain et en vertu des tarifs des 24 décembre 1753 et 30 avril 1771, chapitre VIII, et du tarif du 1er. mars 1799, chapitre VII, les rétributions éventuelles à percevoir au greffe de la préfecture pour les expéditions d'actes qui en émanent, demeurent fixées conformément au tarif annexé à cet arrêté.

II. Ces rétributions perçues au fur et à mesure et déposées provisoirement dans les mains d'un employé qui sera désigné à cet effet, par le Secrétaire principal, seront, de mois en mois, versées à la bourse commune des officiers et employés de l'administration de la marine, pour être réparties entr'eux conformément à notre arrêté du 28 de ce mois.

III. La disposition de l'article II dudit arrêté concernant la moitié en sus revenant au Chef du bureau qui aura donné lieu à la rétribution est applicable au Secrétaire principal de la préfecture.

Donné à Saint-Pierre, le 29 mars 1806. *Signé*, LAUSSAT.

TARIF *des Rétributions à percevoir au Greffe de la Préfecture, à compter du* 1er. *avril* 1806 ; *savoir :*

	GOURDES.	
PERMISSION de mariage, expédition et droit de sceau, ...	2	«
PERMISSION de colportage, *idem*	1	«
PERMISSION de cabaret, *idem*	1	«
PERMISSION de Boucher et Boulanger, *idem*	1	«
Arrêté portant commissions, permissions ou facilités en faveur de divers particuliers, quelque soit le nombre de rôles d'écritures, pour expédition et droit de sceau, ...	2	«
Pour ampliation d'expédition et droit de sceau,	2	«
MINUTES de l'ancienne Intendance, tels qu'*arpentages. arrêtés divers, concessions, titres de liberté ; minutes* des Administrateurs sur le même objet depuis la reprise de possession jusques et y compris le Prédécesseur du Préfet colonial actuel, lorsque ces pièces auront au-dessous de 4 rôles d'écriture, ...	2	«
Pour les expéditions de même nature au-dessus de huit rôles d'écriture, ...	4	«
Chaque rôle au-dessus du huitième, ...	«	½

Chaque rôle aura le nombre de lignes et de mots prescrits par les ordonnances et réglemens.

Quant aux arpentages on ne comprend point ici la copie ou levée des plans. qui, exigeant un soin et un art particuliers, se paient à celui qui s'en ocupe hors des heures du bureau, à raison

de

COURDES.

de l'importance et des difficultés du travail. Ordinairement les parties conviennent du prix d'avance.

Recherches desdites pièces et sceau apposé à leur expédition, ... 2 "

Signé, LAUSSAT.

(N°. 1164.) DÉCRET IMPÉRIAL *qui défend à tous les Chefs civils et militaires dans les Colonies de prendre aucun arrêté tendant à suspendre l'exécution des jugemens rendus en dernier ressort par les Tribunaux français, et pour l'exécution desquels, il leur est, au contraire, enjoint de prêter main-forte chaque fois qu'ils seront requis.*

Du 10 avril 1806.

(N°. 1165.) ARRÊTÉ *du Préfet colonial, concernant la remise de cinq pour cent, allouée au Trésorier des Deniers municipaux.*

Du 3 mai 1806.

VU l'arrêté colonial du 28 décembre 1805, concernant la caisse des Deniers municipaux, par lequel il est accordé au Trésorier une remise de *cinq pour cent ;*

Considérant qu'il convient de ne pas laisser la moindre équivoque sur le sens positif de cette disposition ; arrête :

ART. Ier. La remise de *cinq pour cent* n'est acquise au Trésorier des Deniers municipaux que sur la somme des dépenses réelles.

II. A la fin de chaque mois, il chargera ses livres en dépense du montant de ladite remise, pendant le mois.

III. Elle lui sera allouée dans ses comptes en un seul article, chaque année, par la commission qui les vérifiera et les jugera.

IV. S'il survenait mutation de Comptable et que le *restant en caisse* dût être versé à un nouveau Trésorier, il serait déterminé par le Préfet colonial quelle indemnité il conviendrait d'accorder à l'ancien Comptable, à raison du dépôt des deniers dont il ferait versement à son successeur.

V. Le présent arrêté sera enregistré à l'Inspection à St-Pierre.

Donné à Saint-Pierre, le 3 mai 1806. *Signé*, LAUSSAT.

(N°. 1166.) ARRÊT *de la Cour d'appel de l'île Ste-Lucie, qui alloue un traitement de 2500 livres, par an, à l'Interprète-juré de la Colonie à titre de dédommagement des traductions qu'il est dans le cas de faire pour la Cour et la Sénéchaussée de cette île.*

Du 5 mai 1806.

(N°. 1167.) ARRÊTÉ *du Préfet colonial, concernant la paie, l'habillement et la police des Garde-chiourmes.*

Du 24 mai 1806.

VU la lettre de S. Exc. le Ministre de la marine et des colonies, du 25 fructidor an XIII, et l'état général des dépenses y annexé, en date du 22 du même mois, portant réformes et améliorations dans les dépenses annuelles de la colonie ;

Vu le réglement de M. Foulquier, intendant, en date du 5 mars 1787, concernant la compagnie de pertuisanniers ou garde-chiourmes, établie pour la garde des galériens ou forçats dans cette colonie;

Considérant qu'à cette époque cette compagnie était composée de *blancs* et qu'elle l'est aujourd'hui d'*hommes de couleur;*

Considérant que ce changement en exige un dans la paie et l'habillement; arrête :

Art. Ier. La paie annuelle des pertuisanniers ou garde-chiourmes préposés à la garde des forçats, est fixée pour l'avenir comme il suit :

Au Sergent, 750 francs.

Au Caporal détaché à St-Pierre, 650 francs.

A chaque Garde-chiourme, 575 francs.

II. Pour l'habillement il leur sera fourni, savoir :

1°. Tous les deux ans, au Sergent, comme il suit :

Un habit-veste en drap bleu, collet et paremens écarlate, boutons blancs unis,
Deux gilets de nankin jaune,
Un pantalon de nankin à guêtres,
Deux pantalons de rondelette, à pieds,
Un chapeau rond,
Un ceinturon.

Au Caporal comme au Sergent, excepté qu'il n'aura que le collet écarlate, avec passe-poil écarlate aux paremens.

Aux quatre pertuisanniers ou garde-chiourmes, comme au Sergent et au Caporal, excepté qu'ils n'auront que passe-poil écarlate au collet et aux paremens.

2°. Tous les ans aux Sergent, Caporal et Pertuisanniers ou Garde-chiourmes, savoir :

Habit-veste en rondelette ou nankin,
Chapeau rond,
Six paires de souliers.

III. Il sera fourni aux Sergent, Caporal et Pertuisanniers ou Garde-chiourmes, les armes et fournitures ordinaires.

IV. Il leur sera fourni une ration ordinaire sans retenue.

V. Le Sergent au Fort-de-France, et le Caporal à Saint-Pierre, rendra tous les jours compte de la police des Pertuisanniers ou Garde-chiourmes, et du détail du bagne à l'Officier d'administration qui en aura la direction et l'inspection, et prendra de cet Officier les ordres qu'il aura reçu du Préfet colonial, et aussi savoir, au Fort-de-France, du Chef d'administration, et à St-Pierre, du Commissaire de marine chargé en chef du service.

VI. Le présent arrêté sera enregistré à l'Inspection.

Donné à la Martinique, le 24 mai 1806. *Signé*, LAUSSAT.

(N°. 1168.) LETTRE *de S. Em: le Cardinal de* Caprara, *à l'Amiral* Villaret-Joyeuse *sur les Missions des îles du vent de l'Amérique, réunies provisoirement sous l'administration d'un seul Préfet apostolique.*

Du 9 juin 1806.

EXCELLENCE, la lettre dont V. Exc. m'a honoré, en date du 1er. frimaire an XIV, m'a été remise le 7 du mois d'avril précédent; je l'ai envoyée sans délai à Rome et avec le dernier courrier, j'ai reçu le décret par lequel le père Trepsac est autorisé à l'administration de la préfecture dont jouissaient les PP. Capucins. Je vous remets ci-joint la copie du décret et de la lettre qui, en cette occasion, m'a été écrite par S. Em. le cardinal de Pietro à qui je m'étais adressé pour obtenir du Pape une décoration pour le père Trepsac. Par cette lettre V. Exc. connaîtra quels sont les motifs pour lesquels le Pape n'a pas cru pouvoir acquiescer à vos desirs comme il l'aurait souhaité, et comme je l'avais demandé.

Je prie V. Exc. de vouloir bien faire remettre la ci-jointe au père Trepsac, qui renferme le décret original dont V. Exc. reçoit la copie et je saisis avec empressement cette occasion pour vous assurer de toute ma considération.

Paris, le 9 juin 1806. *Signé*, J.- B. Cardinal CAPRARA.

(Suivent les annexes.)

1°. *Copie de la Lettre du Cardinal de* Pietro, *au Cardinal* Caprara.

EMINENCE,

J'ai l'honneur de joindre à V. Em. le décret par lequel suivant le desir de M. de Villaret, capitaine-général de la Martinique et dépendances, le père Trepsac vient d'être autorisé à exercer les fonctions de Préfet dans la préfecture des Capucins.

Comme V. Em. l'observera, le décret est conçu en termes provisoires pour ne pas blesser les droits des Capucins.

S. S. aurait bien desiré de pouvoir acquiescer au desir de M. le capitaine-général Villaret en accordant une décoration au père Trepsac, mais réfléchissant qu'il n'y a pas d'exemple qu'aucun Préfet apostolique des missions, porte la Croix pectorale et que d'ailleurs cette nouveauté pourrait être regardée de mauvais yeux par les Préfets des autres missions, et peut-être causer de la jalousie qui d'ordinaire ne produit que des troubles, a cru mieux faire de laisser les choses telles qu'elles ont été de tous tems.

Après avoir acquitté les ordres que S. S. vient de me communiquer sur cet objet, il ne me reste qu'à assurer V. Em. du profond respect avec lequel j'ai l'honneur de lui baiser les mains.

Rome, 21 mai 1806. *Signé*, le Cardinal de PIETRO.

2°. *Traduction de la Lettre du Cardinal* Caprara, *au T.-R. P.* François-Augustin Trepsac, *Préfet apostolique des Missions des PP. Prêcheurs et Capucins aux îles Martinique et Guadeloupe* (*).

TRÈS-RÉVÉREND PÈRE,

Vous trouverez ci-joint le décret original par lequel le souverain Pontife accorde à votre paternité, T.-R., l'administration de la préfecture des missions des PP. Capucins dans les îles Martinique, Guadeloupe, Ste-Lucie, Tabago, St-Martin, St-Barthelemy et la Désirade. Ce décret vous sera remis par M. de Villaret qui gouverne la Martinique et ses dépendances, au nom de l'Empereur des français, et qui le premier m'a instruit de ce qui y avait été fait envers votre personne après la mort du sieur Paulin, ex-vice Préfet des missions des PP. Capucins. En vous rapportant toutes ces choses et vous faisant l'envoi du décret sus-mentionné, j'exécute les intentions de S. Em. le Cardinal-préfet de la Propagande, et je prie le Dieu infiniment bon et infiniment puissant qu'il vous rende parfaitement heureux.

(*) Pour ne pas trop grossir ce volume nous avons cru inutile d'y mettre cette lettre en latin avec sa traduction, cette dernière remplissant le but desiré.

A Paris, le 9 juin 1806. Prêt à vous servir. *Signé*, J.-B. Cardinal Caprara, Légat.

N. B. Les trois lettres ci-dessus qui sont en la possession de M. l'abbé Foulquier, préfet apostolique par intérim, ne sont que des duplicata. L'original et la copie du décret qu'elles annoncent ont été envoyés avec les primata qui ne sont point parvenus.

(N°. 1169.) Arrêté *des Capitaine-général et Préfet colonial, qui règle le Costume de l'Arpenteur-général et Grand-voyer de la Colonie.*

Du 11 juin 1806.

VU les arrêtés consulaires des 8 messidor an VIII, et 15 germinal an IX; le premier qui règle *le costume des Ingénieurs et Elèves des ponts et chaussées;* le second qui règle *l'uniforme des Administrateurs et Agens forestiers,* et en même-tems *celui des Arpenteurs;* arrêtent :

Art. 1er. L'uniforme de l'Arpenteur-général et Grand-voyer de la colonie est réglé ainsi qu'il suit :

Habit de drap vert, gilet blanc, pantalon chamois, chapeau à la française, cocarde nationale et une arme.

L'habit doublé du même, croisé sur la poitrine et dégagé sur les cuisses.

Huit gros boutons placés sur chaque revers, poches en travers et à trois pointes, trois gros boutons sur chaque poche.

Un gros bouton à la naissance des plis et deux dans leur longueur.

Collet renversé de drap cramoisi, monté sur un collet de huit centimètres de hauteur,

La manche de l'habit coupée en-dessous avec parement et patte de drap cramoisi, garni de trois petits boutons.

Boutons sur-dorés avec un fond uni.

Autour du bouton ces mots *Arpenteur-général et Grand-voyer*.

Au collet et aux paremens une broderie en or, consistante en une baguette à fleurons.

Le chapeau uni, avec gance en or, pareille à la baguette de la broderie, la gance arrêtée par un petit bouton.

II. Le présent arrêté sera enregistré à l'Inspection.

Donné à la Martinique, le 11 juin 1806. *Signé*, VILLARET et LAUSSAT.

(N°. 1170.) ARRÊTÉ *du Préfet colonial sur la pétition du Sieur* Ithier, *qui le renvoie devant l'Officier de l'Etat-civil pour y faire la déclaration de changement de domicile, à défaut de Municipalité dans la Colonie.*

Du 14 juin 1806.

LE sieur Pierre-Joseph Ithier, résidant en ce moment à St-Pierre, mais desirant transporter son domicile au Fort-de-France, nous a supplié de lui indiquer l'autorité qui, à défaut de municipalité dans la colonie, doit recevoir la *déclaration de changement de domicile*, conformément à l'article 104 du Code civil :

Nous avons provisoirement, sur le cas particulier, rendu la décision suivante :

N'y ayant point (aux termes de l'art. 104 du Code civil) de *municipalité* dans cette colonie; le Pétitionnaire fera sa déclaration de *changement de domicile* devant l'Officier de l'Etat-civil de la ville qu'il quitte, et devant l'Officier de l'Etat-civil de la ville où il va se fixer.

Il sera tenu chez ces deux Fonctionnaires registre de ladite déclaration, dont ils délivreront acte au réclamant.

Donné à Saint-Pierre, le 14 juin 1806. *Signé*, Laussat.

(N°. 1171.) Arrêté *Colonial, qui proroge le délai fixé pour l'Inscription des Titres de Créances hypothécaires et pour la Transcription des Actes de mutations antérieurs à la promulgation du Code civil.*

Du 21 juin 1806.

Considérant que l'exécution du titre 18 du Code civil relatif aux hypothèques, a éprouvé des difficultés, et que le terme fixé par l'arrêté colonial, en date du 7 novembre 1805, pour l'inscription des titres de créances hypothécaires et pour la transcription des actes de mutations antérieurs à sa promulgation, est sur le point d'expirer ;

Considérant que des circonstances du même genre déterminèrent en France, dans le tems, à y prolonger successivement de quatre mois, les mêmes délais ; arrêtent :

Art. Ier. Le terme fixé par l'arrêté colonial du 16 brumaire an XIV, (7 novembre 1805), pour l'inscription des titres de créances hypothécaires et pour la transcription des actes de mutations antérieurs à sa promulgation, qui devait expirer au 1er. juillet, est prorogé jusqu'au 1er. novembre prochain, exclusivement.

II. Ce dernier délai est de rigueur et ne sera pas susceptible de nouvelle prorogation.

III. Sera le présent arrêté enregistré dans les Tribunaux et à l'Inspection, publié, etc.

Donné à la Martinique, le 21 juin 1806. *Signé*, Villaret, Laussat, et Bence, Grand-juge par *intérim*.

Enregist. aux Greffes des Tribunaux.

(N°. 1172.) Circulaire *ministérielle de M.* Décrès, *aux Préfets coloniaux, qui leur transmet un nouveau Tarif, et une Lettre instructive aux Receveurs et Payeurs, pour faciliter l'exécution du Décret impérial, du 20 floréal an XIII, sur les Monnaies.*

Du 7 juillet 1806.

Avec ma dépêche du 5 messidor an XIII, Monsieur, je vous ai transmis un Décret impérial du 20 floréal précédent sur les Monnaies, et les Bulletins des lois contenant un arrêté du Gouvernement du 17 prairial an XI, sur la même matière.

Je ne doute point de l'empressement que vous aurez mis à en ordonner l'exécution : mais ayant reconnu depuis qu'il pourrait être utile de dresser des tarifs qui, conformes à ceux annexés à l'arrêté du 17 prairial an XI, seraient d'une exécution plus facile pour les colonies; en ce que des colonnes des poids et titres anciens, seraient mises en regard des poids et titres nouveaux, en ce qu'on distinguerait les sommes avec retenues applicables aux Hôtels des monnaies seulement, des sommes sans retenues qui doivent être admises pour les caisses publiques et les affaires privées, je me suis concerté avec le Ministre du trésor public qui a fait rédiger dans ses bureaux et vérifier par l'administration des monnaies un tarif qui me paraît devoir atteindre le but que je me suis proposé.

J'en joins ici divers exemplaires, ainsi qu'un pareil nombre d'imprimés d'une circulaire du Ministre du trésor public aux Receveurs et Payeurs des colonies.

Je vous invite à les faire enregistrer ainsi que cette lettre au bureau de l'Inspection et tenir la main à leur exécution. Recevez, Monsieur, etc. *Signé*, DÉCRÈS.

(Suit l'annexe.)

Circulaire de S. Exc. le Ministre du Trésor public en date du 16 mai 1806, adressée aux Receveurs et Payeurs dans les Colonies, pour faciliter l'exécution du décret impérial, du 20 floréal an XIII, sur les Monnaies.

Les instructions qui ont été données pour l'admission, par les Receveurs de deniers publics dans les différentes colonies, des espèces françaises hors de cours, de celles rognées et altérées, et des pièces étrangères, n'ayant point été concertées, il est résulté qu'une même monnaie, reçue pour une valeur dans une colonie, a été admise dans une autre pour une valeur différente.

Cette variation de cours occasionne des irrégularités nuisibles à l'ordre de la comptabilité, et qui peuvent être préjudiciables aux intérêts des comptables.

Pour remédier à ces inconvéniens, S. M., sur le rapport de S. Exc. le Ministre de la marine, a rendu le décret du 20 floréal an XIII, portant que :

« Les espèces d'*argent de France* antérieures à la « refonte ordonnée en 1726, les espèces étrangères et « autres matières d'argent ; les espèces d'*or de France* « antérieures à la refonte ordonnée en 1785, les espèces « étrangères et autres matières d'or, ne pourront être « mises en circulation dans les colonies françaises, et « y être reçues dans les caisses publiques ou dans les « bureaux de change, que conformément au tarif « annexé à l'arrêté du 17 prairial an XI, concernant « les différentes espèces et matières d'or et d'argent. »

Pour rendre les dispositions de ce décret faciles à exécuter, j'ai fait rédiger, Monsieur, un tarif de la valeur, en francs, des espèces étrangères et matières d'or et d'argent, en prenant pour base ceux annexés à l'arrêté du 17 prairial an XI. Ce tarif a été vérifié par l'administration des monnaies ; vous en trouverez ci-joint des exemplaires.

Vous n'admettrez, Monsieur, dans vos recettes, et n'emploierez dans vos paiemens, les différentes espèces désignées dans ce tarif, d'après leur titre et leur poids, que pour la valeur qui y est énoncée.

Les colonnes du tarif qui indiquent les valeurs sans retenues, sont les seules que vous ayez à consulter; celles où sont rapportées les valeurs avec retenues, ne s'appliquent qu'aux espèces et matières qui se reçoivent dans les Hôtels des monnaies pour y être fondues et converties en espèces.

Quant aux espèces françaises, vous vous conformerez à l'arrêté du Gouvernement, du 17 prairial an XI; suivant les dispositions de cet arrêté, les pièces d'or de la fabrication ordonnée en 1785, qui ont conservé leur poids, doivent être reçues pour leur valeur nominale. Le poids originaire des pièces de 48 livres tournois est de 4 gros; et celui des pièces de 24 liv., de 2 gros.

On considère, Monsieur, comme ayant conservé le poids originaire, les pièces de 48 liv. qui, par le frai, n'ont perdu qu'un grain, et celles de 24 liv. qui n'ont perdu qu'un demi-grain.

Les pièces dont le poids serait inférieur doivent être reçues pour celui qu'elles ont conservé, aux prix indiqués dans le tarif pour les pièces et matières d'or au titre de 21 karats $\frac{21}{32}$ (21 milliémes.)

Les écus de 6 liv, et 3 liv. de la fabrication ordonnée en 1726 doivent être admis dans les recettes, et employés dans les paiemens pour leur valeur nominale, quelque soit le poids qu'ils aient conservé, à moins que leur altération ne soit l'effet de la rognure.

Ces dernières pièces rognées, ne pourront être reçues que pour leur poids seulement, suivant la valeur assignée dans le tarif aux espèces étrangères et autres matières d'argent, au titre de 10 deniers 21 grains (906 millièmes.)

Ces explications, Monsieur, ne devant vous laisser aucune incertitude, je dois croire que vous et vos préposés ne rencontrerez aucune difficulté pour vous conformer aux dispositions du décret de S. M.

Vous voudrez bien, Monsieur, m'accuser la réception de cette lettre. *Signé*, Mollien.

(N°. 1173.) Arrêté *du Préfet colonial, concernant les travaux et entretien des Canaux et Fontaines de la rive droite de la Paroisse du Fort St-Pierre, avec destination de Fonds pour y subvenir.*

Du 7 août 1806.

Vu les pétitions présentées, au nom de la paroisse du Fort St-Pierre, par le Marguillier en charge, tendantes à obtenir l'autorisation de lever, sur les maisons intéressées au maintien du canal et des fontaines qui donnent de l'eau à cette partie de la ville, sur la rive droite de la *Rivière du Fort*, une contribution extraordinaire locale de dix pour cent sur le montant du loyer des maisons pour faire face à l'entreprise des travaux qu'exige la reconstruction de ce canal ;

Vu la délibération prise en conséquence par l'Assemblée de ladite paroisse, le 19 mai dernier; ensemble le marché qu'elle a conclu avec le sieur Albertini, pour le rétablissement du canal ; l'état qui nous a été remis des rentes perpétuelles perçues au profit de cet établissement, et enfin les observations contenues dans deux lettres du sieur Desfontaines, marguillier en charge, sous les dates des 18 et 22 juillet dernier ;

Vu le rôle des maisons imposables, pour cet objet, dont les loyers s'élèvent annuellement à une somme de 583,907 livres coloniales ;

Considérant que la nécessité d'une restauration entière du canal, suppose qu'il n'avait pas été pourvu jusqu'alors, avec assez de soin aux moyens de le maintenir et conserver, à l'aide d'un entretien constant et de réparations faites à propos; que la preuve en est dans l'insuffisance évidente des recettes actuelles, qui ne s'élèvent qu'à une somme de 800 et quelques livres, tandis que la dépense d'entretien ordinaire est calculée devoir monter annuellement à une somme de près de 4,000 liv.; que ces recettes se composent d'ailleurs de rentes perpétuelles, auxquelles ont été taxés d'une manière inégale, les particuliers qui ont l'eau chez eux, ce qui, outre l'injustice apparente, rend la perception de ces rentes plus difficile et ne permet pas de compter sur cette ressource, autrement que comme *ressource extraordinaire*; qu'il convient de s'en créer de plus indépendantes et de plus fixes dans une contribution additionnelle permanente, proportionnée aux besoins, et graduée sur le plus ou moins d'intérêt que chaque habitant de la paroisse a au maintien du canal et des fontaines;

Considérant qu'en imposant, pour cet objet, 9 livres coloniales par pouce d'eau cédé aux particuliers, on se crée une recette annuelle d'environ . . . . 1,368 *liv. col.*

Et qu'une contribution additionnelle annuelle d'un *demi pour cent*, sur les loyers des maisons intéressées au canal et aux fontaines est présumée devoir rendre à peu-près . . . . 2,919 *l.* 10 s.

Ce qui, sauf les non-valeurs, assure un fonds annuel pour l'entretien ordinaire, d'environ 4,287 *l.* 10 s.

Considérant que le produit des rentes perpétuelles, celui de leur amortissement successif et le prix des aliénations d'eau qui pourront se faire à l'avenir formant un fonds de *recettes extraordinaires*, doivent subvenir aux cas imprévus, aux améliorations jugées nécessaires, et, en un mot, aux travaux extraordinaires;

Après en avoir délibéré avec le Capitaine-général; arrête :

Art. Ier. Il sera levé annuellement, à compter de l'année 1807, d'après les rôles des contributions, dressés et arrêtés au bureau du Domaine, sur toutes les maisons qui composent la partie de la ville de St-Pierre, située sur la rive droite de la rivière du Fort, une contribution additionnelle de *dix sols par cent livres* ou d'un *demi pour cent* du loyer desdites maisons, pour subvenir aux frais d'entretien annuel du canal et des fontaines de la paroisse du Fort St-Pierre.

Cette contribution sera désignée sous le nom de *contribution additionnelle pour l'entretien des eaux et fontaines du Fort St-Pierre.*

II. Il sera payé, annuellement en outre, à dater de la même époque et pour le même objet, par chaque Propriétaire qui reçoit chez lui une portion d'eau provenant dudit canal, indépendamment des *deniers d'entrée* qu'il aurait payés, ou dont il ferait encore la rente, une *taxe de 9 livres coloniales* par pouce d'eau concédé.

Cette taxe portera le nom de *taxe spéciale pour concession d'eau.*

III. Le Receveur-général du Domaine percevra la *contribution additionnelle pour l'entretien des eaux et fontaines du Fort St-Pierre*, en même-tems et de la même manière que le montant du principal des contributions publiques ; et elle sera en conséquence portée sur une colonne particulière dans les rôles des maisons.

IV. Quant à la *taxe pour concession d'eau*, elle sera perçue directement par le Trésorier des Deniers municipaux, à qui sont attribuées, pour cet effet, les voies de co-action et de contrainte accordées par les lois aux Receveurs, pour le recouvrement des deniers publics.

V. Il sera remis, en conséquence, audit Trésorier des Deniers municipaux, un état exact des concessionnaires d'eau, pour les maisons dont ils sont propriétaires dans la paroisse, et le rôle dressé tous les ans, conjointement entre le Commissaire-commandant et les Commissaires des eaux et fontaines de la paroisse, en charge, en sera présenté au visa du Préfet colonial, pour être rendu exécutoire.

VI. Le Commissaire-commandant et les Commissaires des eaux et fontaines déposeront, en outre, en main du Trésorier des Deniers municipaux et à la Préfecture, un état certifié d'eux, du montant des rentes que paie annuellement chaque concessionnaire d'une portion d'eau, à raison des *deniers d'entrée* auxquels la concession avait été originairement assujettie. Cet état devra également être visé par le Préfet colonial.

VII. Le trésorier des deniers municipaux poursuivra le paiement desdites rentes aux échéances.

VIII. Toutes lesdites rentes sont rachetables au *denier vingt*. Le Trésorier municipal est autorisé à en passer les contrats d'amortissement, en présence du Commissaire-commandant et des Commissaires des eaux et fontaines de la

paroisse

paroisse. Le capital remboursé sera aussi versé dans la caisse dudit Trésorier municipal.

IX. Il ne pourra plus être fait, à l'avenir, de concession d'eau, *à rente perpétuelle ;* mais toute concession de cette espèce sera soumise au paiement d'une somme déterminée pour *deniers d'entrée* et payable au comptant, ou à termes fixes, avec intérêt ;

Les concessions d'eau devront être homologuées par le Préfet colonial.

X. Au commencement de chaque mois, le Receveur-général de la colonie versera, dans la forme ordinaire, au Trésorier des Deniers municipaux, le montant de la *contribution additionnelle* qu'il aura recouvré.

XI. Le Trésorier des Deniers municipaux tiendra, par chapitres distincts, la comptabilité de ces diverses recettes provenant des eaux et fontaines de la paroisse, et la distinguera en *recettes et dépenses ordinaires*, et *recettes et dépenses extraordinaires*.

Les *recettes ordinaires* seront composées, savoir :

1°. Du produit de la *contribution additionnelle pour l'entretien des eaux et fontaines ;*

2°. De celui de la *taxe spéciale pour concession d'eau*.

Les *recettes extraordinaires* se formeront, savoir :

1°. De l'excédent, s'il y en a, des *recettes ordinaires* sur les dépenses du même genre ;

2°. Du montant des rentes contractées et non amorties par les concessionnaires de l'eau ;

3°. Des sommes provenantes de l'amortissement des rentes au *denier vingt*.

4°. Et enfin, du produit des *deniers d'entrée* provenant des concessions nouvelles d'eau.

Ces *recettes extraordinaires* formeront un fonds de réserve, destiné à subvenir aux *dépenses extraordinaires et imprévues*, soit en constructions, soit en réparations ou embellissemens.

XII. Le Trésorier des Deniers municipaux jouira, sur cette partie de ses recettes, de la remise qui lui est généralement affectée sur toutes.

XIII. L'administration de ces fonds, quant aux recettes et aux dépenses, sera soumise aux formes établies par notre arrêté du 22 mars 1806, portant réglement de la comptabilité des Deniers municipaux; et néanmoins, il ne pourra être fait ni proposé de dépense, qu'après qu'il en aura été délibéré par le comité *des eaux et fontaines* établi dans la paroisse.

XIV. L'entreprise de l'entretien ordinaire du canal, ainsi que toute autre du même genre se donneront au rabais, par adjudication publique. Le procès-verbal d'adjudication sera soumis à l'homologation du Préfet colonial.

XV. Il est dérogé à toutes délibérations de paroisse qui seraient contraires aux dispositions du présent arrêté.

XVI. Le Commissaire-commandant et les Commissaires des eaux et fontaines de la paroisse, le Trésorier des Deniers municipaux et les Directeur-général du Domaine et Receveur-général de la colonie, sont chargé chacun en ce qui le concerne, de l'exécution du présent arrêté, qui sera inscrit sur les registres de l'assemblée paroissiale, au bureau de la Sous-inspection à Saint-Pierre, et à celui de la Direction-générale du Domaine.

Donné à St-Pierre, le 7 août 1806. *Signé*, LAUSSAT.

(N°. 1174.) ARRÊTÉ *du Préfet colonial portant homologation du devis des Travaux à faire pour le rétablissement du Canal du Fort St-Pierre, et de l'adjudication qui en a été passée au Sieur* Albertini, *moyennant la somme de* 59,300 *liv. argent colonial.*

Du 1er. septembre 1806.

Enregist. ès-registres de ladite Paroisse.

(N°. 1175.) ARRÊTÉ *du Préfet colonial, portant homologation d'une délibération de l'assemblée paroissiale du Fort St-Pierre, du 19 mars dernier, qui établit une* Contribution extraordinaire municipale de dix pour cent *sur les maisons et habitations de ladite paroisse du Fort, situées sur la rive droite de la Rivière, pour subvenir aux frais de reconstruction du Canal qui donne de l'eau à cette partie de la Ville.*

Du 2 septembre 1806.

Enregist. ès-registres de ladite Paroisse.

(N°. 1176.) CIRCULAIRE *ministérielle de* M. Décrès, *aux trois premiers Chefs des Colonies, portant instruction sur le mode d'exécution de l'Arrêté Consulaire du 12 vendémiaire an XI, concernant le jugement des contraventions aux lois et réglemens sur le Commerce étranger.*

Du 6 septembre 1806.

L'EXÉCUTION, Messieurs, de l'arrêté du 12 vendémiaire an XI, concernant le jugement des contraventions aux lois et réglemens sur le commerce étranger dans les colonies, a donné lieu à des doutes qu'il convenait d'éclaircir, et même à des irrégularités dont il importait, de prévenir le retour.

J'ai dû, en conséquence, à la suite du compte que j'en ai rendu à l'Empereur et Roi, lui soumettre les moyens que j'ai cru les plus propres à remplir ce double but : et S. M., après avoir entendu à ce sujet le rapport de son Conseil d'état, m'ordonne de vous transmettre en son nom les instructions qui suivent :

1°. Le Capitaine-général et le Préfet colonial s'attacheront, avec un soin particulier, à ne permettre aucun chargement, déchargement, ni aucune expédition de navires, que dans les lieux où il se trouvera des bureaux de douanes soit déjà établis, soit nouvellement créés, s'ils jugeaient nécessaire d'augmenter momentanément le nombre des points de chargement et de déchargement.

2°. La présidence de la Commission spéciale créée par l'arrêté du 12 vendémiaire an XI, et la prépondérance des voix qui y est attachée, en cas de partage d'avis, sont la prérogative du Capitaine-général; mais s'il arrive qu'il se fasse remplacer par le Commandant des troupes, l'une et l'autre passent de droit au Préfet colonial, et à son défaut au Grand-juge ou Commissaire de justice, en sorte que le Commandant des troupes ne puisse se les attribuer qu'autant qu'il exercerait l'*intérim* de la place de Capitaine-général, ou qu'aucun des trois premiers Magistrats de la colonie ne siégerait en personne.

3°. Le choix des membres de la Cour d'appel et du Secrétaire-greffier, destinés à completter la Commission, appartient au Capitaine-général, lors même qu'il ne préside pas; mais ce choix doit être notifié, ainsi qu'aux autres membres de la Commission, au moins trois jours avant le jugement.

4°. La nature des fonctions de la Commission n'étant point judiciaire, mais administrative et politique, le lieu des séances ne doit pas être le local consacré aux tribunaux, mais l'hôtel du président actuel de la Commission.

Par le même motif et d'après l'esprit même de l'article II de l'arrêté du 12 vendémiaire an XI, l'audience ne sera point publique : l'instruction se fera sur simples mémoires et sans plaidoiries.

5°. Quoique la Commission spéciale statue en dernier ressort, ses décisions ne laissent pas d'être sujettes à la révision supérieure du Conseil d'état, lorsqu'il plaît à S. M. de l'ordonner, soit à la demande de la partie condamnée, soit pour l'intérêt lésé du gouvernement.

En conséquence, lorsque l'événement du procès est favorable à la partie privée, l'Inspecteur peut, de son propre mouvement, ou doit, à la demande de l'un des trois premiers Magistrats de la colonie, requérir pour la garantie des droits du Fisc, que le jugement ne soit exécuté que sous bonne et valable caution : ce qui ne pourra être refusé.

6°. Les bureaux de la Préfecture où se recueillent déjà les jugemens des autres prises, doivent être aussi le dépôt de ceux rendus par la Commission : et le Préfet colonial en adressera toujours une copie, avec les pièces et ses observations, au Ministre de la marine et des colonies, pour en être référé à S. M. s'il y a lieu.

Les dispositions que je viens de vous tracer, Messieurs, fixent toute incertitude sur l'interprétation des différens articles de l'arrêté du 12 vendémiaire an XI, et préviendront à l'avenir tout écart dans leur application.

Je vous invite à m'accuser réception de cette dépêche, à la faire enregistrer, tant aux greffes des Tribunaux qu'au bureau de l'Inspection, et à tenir la main à son exécution.

Recevez, Messieurs, etc. *Signé*, DÉCRÈS.

Enregist. aux Greffes des Tribunaux.

(N°. 1177.) DÉPÊCHE *ministérielle de M.* Décrès, *au Préfet colonial, relative aux moyens d'exécution du Décret impérial du 20 floréal an XIII, sur les Monnaies, et qui approuve l'Arrêté Colonial, du 30 fructidor an XIII, sur le Cours des Monnaies d'Or et d'Argent à la Martinique.*

Du 12 septembre 1806.

JE réponds, Monsieur, à la lettre du 22 avril dernier, par laquelle vous me rendez compte de la réception du décret impérial du 20 floréal an XIII, sur la valeur des monnaies dans les colonies.

Des dispositions transitoires que vous me proposez, la plus importante et la plus utile de toute est celle qui tend à introduire le calcul exclusif en francs et centimes, et à fixer, pour les conventions passées, le rapport entre la livre coloniale et le franc.

Le tarif du 17 prairial an XI obvie à la circulation des monnaies étrangères, dites de fabrique, sur le même pied que les monnaies légales de même espèce, puisque les unes et les autres ne peuvent être reçues que suivant leur titre et leur poids.

Au surplus, je vous ai transmis avec ma dépêche du 7 juillet dernier, un tarif conforme à celui du 17 prairial an XI, mais contenant des colonnes supplémentaires qui ne peuvent que faciliter l'exécution du décret impérial du 20 floréal.

Je ne terminerai point cette lettre sans vous faire connaître que S. M., sur le compte que je lui ai rendu, a approuvé les motifs d'utilité publique qui vous ont porté à proposer, et qui ont déterminé MM. les Capitaine-général et Grand-juge, à adopter, de concert avec vous, sur les monnaies, l'arrêté du 30 fructidor an XIII, que remplace aujourd'hui le décret du 20 floréal, dont vous ignoriez alors l'existence.

Recevez, Monsieur, etc. *Signé*, DÉCRÈS.

(N°. 1178.) ARRÊTÉ *du Préfet colonial, concernant le premier établissement d'une Bibliothèque de Préfecture coloniale.*

Du 25 septembre 1806.

CONSIDÉRANT que nous avions apporté avec nous une collection de livres principalement composée, savoir :

Des Recueils complets des lois et réglemens, depuis 1788, jusqu'en l'an XI.

Des divers Codes particuliers les plus nécessaires;

Des Lois et Ordonnances anciennes, relatives aux diverses branches de l'administration publique;

Des Ouvrages usuels et renommés de l'économie politique;

Enfin des principaux livres classiques, en *Histoires*, *Voyages*, *Histoire naturelle*, *Grammaires*, *Littérature*;

Et que nous nous y déterminâmes par la réflexion que nous allions recommencer le gouvernement français dans des pays où il venait de subir de longues interruptions et où nous ne trouverions ni tradition, ni lois, pour diriger notre administration.

Considérant qu'en effet, nous avons lieu de nous applaudir de notre prévoyance, faute de laquelle, en plusieurs circonstances importantes, nous nous fussions trouvés dans d'extrêmes embarras au préjudice du service;

Considérant que les seules collections même qui aient été apportées jusqu'à présent ici depuis la reprise de possession de la Colonie par les français, s'y réduisent à des exemplaires incomplets du *Recueil des lois de la marine* et du *Journal militaire*;

Considérant qu'il n'est pas, en général, possible d'exiger d'un Préfet colonial qui vient exercer à 16 ou 1800 lieues de l'Europe une haute magistrature pendant un petit nombre d'années, d'y traîner à sa suite une bibliothèque dont pourtant il sentira tous les jours la nécessité, pour remplir, au plus grand avantage de l'Etat, l'exercice de ses fonctions publiques;

Considérant qu'en rapportant en France les livres que nous avons apportés d'abord à la Louisiane et ensuite ici, d'un côté les frais de ce nouveau déplacement tourneraient en dernière analyse, comme de raison, à la charge de l'Etat, et d'autre part que de ce redoublement de dépense et de nos propres pertes et embarras en cette circonstance, il n'en résulterait qu'un vide nuisible et mal aisé à réparer autour de notre successeur; arrête :

ART. Ier. Les livres dont il a été dressé procès-verbal d'inventaire et d'estimation, en date du 15 courant, aux formes d'usage et des réglemens, seront et demeureront réservés à la bibliothèque coloniale de la Martinique, déposée dans l'hôtel de cette préfecture à St-Pierre.

II. Il sera expédié un mandat de 10,639 fr. 80 centimes pour paiement du prix des livres portés auxdits inventaire et estimation.

III. Il sera dressé un catalogue de tous les livres composant ladite bibliothèque que le Secrétaire principal de la préfecture coloniale vérifiera et arrêtera, et qui, sera et demeurera déposé tant aux archives de la Préfecture, qu'au bureau de l'Inspection à St-Pierre.

IV. Toutes les fois qu'il sera ajouté quelque livre à ladite bibliothèque il sera inscrit sur ledit catalogue par forme de supplément.

V. Le Secrétaire principal de la Préfecture est chargé en chef de la garde de ladite bibliothèque de la Préfecture.

Donné à Saint-Pierre, le 25 septembre 1806.

Signé, LAUSSAT.

(N°. 1179.) ARRÊTÉ *du Capitaine-général concernant la compétence du Tribunal Spécial sur le fait des Révoltes et provocations à la Révolte dans les Ateliers des Campagnes.*

Du 26 septembre 1806.

CONSIDÉRANT que depuis quelques tems les plaintes des Commissaires des différens quartiers de la Colonie, se multiplient sur l'insubordination des nègres dans les ateliers;

Considérant qu'il est essentiel de faire suivre de près la punition de ces délits, pour les arrêter par un jugement prompt et rendu sur les lieux;

Considérant encore qu'il est extrêmement important de prévenir le danger, qui peut résulter de l'arrivée clandestine des provocateurs à la révolte, et que par les arrêtés des 24 vendémiaire, 24 pluviose an XII, et 8 messidor an XIII, relatifs à la compétence du Tribunal spécial, les cas de révolte et de provocation à la révolte des nègres, dans les ateliers, soit contre les maîtres, les économes et autres préposés à la discipline intérieure de chaque habitation, n'ont point été prévus;

Après en avoir délibéré avec le Grand-juge; arrête :

ART. Ier. Sera justiciable du Tribunal spécial tout esclave des campagnes, prévenu de s'être révolté contre un blanc, ou de l'avoir frappé.

II. Tout homme non domicilié, sans aveu et entré furtivement dans la colonie, de quelque couleur qu'il soit, prévenu du crime d'espionnage, d'embauchage à l'ennemi, ou de provocation à la révolte sera justiciable du Tribunal spécial qui prononcera d'après les lois une peine proportionnée au délit.

Donné au Fort-de-France, le 26 septembre 1806. *Signé*, VILLARET.

(N°. 1180.) ARRÊT *de la Cour d'appel de l'île Sainte-Lucie, qui fixe le nombre des Notaires et des Procureurs dans cette Colonie, et qui leur défend l'exercice de ces deux Offices en même tems.*

Du 7 octobre 1806.

LA Cour, etc. a réglé et arrêté que le nombre des Notaires, demeurera fixé à l'avenir pour toute l'étendue de la colonie à huit, dont trois, au plus, résidant en la ville de Castries, et les autres dans les divers autres quartiers; et que le nombre des Procureurs demeurera fixé à six.

Ordonne qu'aucune personne ne pourra à l'avenir être pourvue en même tems des offices de notaire et procureur; enjoint en conséquence aux officiers qui en sont actuellement pourvus, de faire leur option dans la quinzaine de la publication des présentes, entre les mains du Procureur du Roi en la Sénéchaussée; faute de quoi, ledit délai expiré, ils seront déchus de droit de l'un et l'autre office.

Déclare qu'il ne pourra à l'avenir être reçu aucun notaire et procureur au-delà du nombre fixé par le présent réglement; en conséquence ordonne que, si après l'option qui aura lieu en exécution du présent, il se trouve y en avoir un plus grand nombre, les premières places qui viendront à vaquer demeureront supprimées jusqu'à ce qu'elles se trouvent réduites au nombre ci-dessus déterminé.

Ordonne enfin qu'à la diligence du Procureur-général, expédition du présent arrêt sera envoyée aux officiers de la Sénéchaussée pour qu'ils aient à la faire enregistrer, publier, etc. *Signé*, R. DROUILHET, *greffier*.

(N°. 1181.) CIRCULAIRE *du Préfet colonial, aux Commissaires commandant les Paroisses, relative aux Dénombremens et Récensement pour l'année* 1807.

Du 20 octobre 1806.

N. B. Cette circulaire est en tous points conforme à celle, sur le même sujet, du 1er. thermidor an XII, voyez le N°. 1057, tome IV, pages 680 et 681.

(N°. 1182.) INSTRUCTIONS *du Préfet colonial, adressées aux Commissaires commandant les Paroisses, sur la manière dont ils doivent recevoir les déclarations des Habitans, pour leurs Dénombremens et Récensement pour l'année* 1807.

Du 20 octobre 1806.

N. B. Ces instructions sont absolument les mêmes que celles sur le même objet, du 1er. thermidor an XII; voyez le N°. 1058, tome IV, pages 682 *et suiv.*

(N°. 1183.) ARRÊTÉ *du Préfet colonial, concernant la formation des Dénombremens et Récensement de l'île Martinique, pour l'année* 1807.

Du 20 octobre 1806.

N. B. Cet arrêté est absolument le même que celui sur le même objet, du 1er. thermidor an XII ; voyez le No. 1059, tome IV, pages 684 *et suivantes.*

(No. 1184.) ARRÊTÉ *du Préfet colonial, qui charge le Trésorier des Deniers municipaux de la Recette de la Contribution extraordinaire municipale de* dix pour cent, *sur les Maisons de la rive droite de la Rivière de St-Pierre, pour le rétablissement du* Canal du Fort.

Du 4 décembre 1806.

Vu notre arrêté du 2 septembre 1806, portant homologation d'une délibération de l'assemblée paroissiale du Fort Saint-Pierre, du 19 mai dernier, qui établit une contribution extraordinaire municipale de *dix pour cent*, sur les maisons, pour subvenir aux frais de reconstruction du canal qui fournit l'eau à cette partie de la ville ;

Considérant que le recouvrement de ladite contribution est d'autant plus urgent, que cette partie de la ville est à la veille de manquer d'eau ;

Considérant que le Trésorier des Deniers municipaux accélèrera cette recette en l'en chargeant spécialement ; arrête :

ART. 1er. La perception de la contribution extraordinaire municipale de dix pour cent à lever sur les maisons de la rive droite de la rivière du Fort Saint-Pierre, pour le rétablissement du canal, laquelle d'après l'arrêté du 2 septembre 1806, devait être fait par le Receveur-général des contributions, le sera par le sieur Desfontaines, Trésorier des Deniers municipaux de la colonie ; à qui sont attribués pour cet effet, les voies de coaction et de contrainte accordées par les lois aux Receveurs pour le recouvrement des deniers publics.

II. Le Directeur-général du Domaine, le Receveur-général des contributions et le Trésorier des Deniers municipaux sont chargés, chacun en ce qui le concerne, de l'exécution du présent arrêté, qui sera enregistré à l'Inspection et à la Direction-générale du Domaine.

Donné à Saint-Pierre, le 4 décembre 1806. *Signé*, LAUSSAT.

(N°. 1185.) ARRÊTÉ *du Grand-juge*, par intérim, *portant que tous les anciens Titres ou Papiers des Successions vacantes déposés au Greffe de la Cour d'appel, seront brûlés comme inutiles et prescrits.*

Du 4 décembre 1806.

VU l'exposé de M. le Procureur-général impérial et la délibération de la Cour d'appel en la séance du mois de novembre 1806, portant que les anciens titres des successions vacantes déja réglées par elle, et conséquemment portés sur ses registres, soient brûlés, le Grand-juge en fonctions, arrête :

ART. Ier. Les papiers mentionnés en l'exposé de M. le Procureur-général impérial, seront à la diligence du Greffier en chef, et en présence du Commissaire de la Cour et du Procureur-général impérial, brûlés comme papiers inutiles et prescrits.

II. Ledit exposé et notre présent arrêté seront enregistrés sur les registres ordinaires de la Cour d'appel.

Donné au Fort-de-France, le 4 décembre 1806. *Signé*, Binck.

(N°. 1186.) Arrêté *du Préfet colonial, portant rétablissement d'un Huissier d'Administration et du Domaine, à la Martinique.*

Du 11 décembre 1806.

Vu une commission d'huissier du Domaine, délivrée au sieur Colonia, en mai 1795, laquelle atteste que, dès cette époque, un pareil emploi existait dans la colonie ;

Vu la dépêche ministérielle du 21 ventose an XI, l'arrêté du Gouvernement du 14 du même mois, et le réglement consulaire du 2 prairial suivant, sur les armemens en course, d'où il résulte que, dans le système actuel du Gouvernement, les fonctions des anciennes Amirautés, en ce qui concerne les naufrages et les prises, sont attribuées à l'administration de la marine ;

Considérant que nous avons été souvent dans le cas de reconnaître la nécessité d'un huissier pour le service de l'administration en général et notamment pour la rentrée des deniers publics et pour la vente des saisies et des prises ; arrête :

Art. Ier. Il y aura un huissier de domaine et amirauté pour la rentrée des contributions et des deniers publics et pour la vente des saisies et des prises, sauf à en établir un plus grand nombre si le service l'exige.

II. Cet huissier, ou ces huissiers, seront assujettis à un cautionnement en immeubles de 18,000 liv., argent colonial.

III. Le Chef d'administration et le Directeur-général du Domaine sont chargés, chacun en ce qui le concerne, de l'exécution du présent arrêté, qui sera enregistré à l'Inspection et à la Direction-générale du Domaine.

Donné à Saint-Pierre, le 11 décembre 1806.

Signé, LAUSSAT.

(N°. 1187.) ARRÊTÉ *du Préfet colonial concernant l'Assiette et la Levée des Contributions publiques pour l'année* 1807.

Du 15 décembre 1806.

VU les anciennes ordonnances concernant les contributions publiques, présentement levées dans cette île, sous diverses dénominations et avec différentes destinations;

Vu notamment l'arrêté du 12 frimaire an XIV (3 décembre 1805), qui ordonne que les contributions pour les cent derniers jours de l'an XIV et pour l'année 1806, compris entre le premier vendémiaire an XIV (23 septembre 1805) et le 31 décembre 1806, formant une espace de quinze mois et dix jours.

Considérant d'ailleurs que, s'agissant pour le moment d'asseoir les contributions annuelles qui existent, sans les changer ni les augmenter, il n'y a pas lieu à convoquer le conseil colonial de répartition, en exécution de l'article 18 de l'arrêté du 6 prairial an X, concernant l'organisation des pouvoirs dans cette colonie;

sur

Sur le rapport du Directeur-général du Domaine ou Revenus publics ; arrête :

ART. Ier. Les contributions seront assises et réparties à la Martinique pour l'année 1807 au prorata des contributions et centimes additionnels, fixés pour les cent derniers jours de l'an XIV, et l'année 1806.

N. B. Le reste de cet arrêté étant en tous points conforme à celui sur le même sujet, du 28 vendémiaire an XIII (20 octobre 1804), voyez le N°. 1075, tome IV, pages 713 *et suivantes*.

Enregist. aux Greffes des Tribunaux.

(N°. 1188.) ARRÊTÉ *du Préfet colonial, qui nomme une Commission chargée de faire un rapport sur le projet de communication entre la* Rue Saint-Dominique, *dite* Toraille, *et la* Rue Beauséjour, *dite* Lucy, *à Saint-Pierre.*

Du 18 décembre 1806.

CONSIDÉRANT que depuis très-longtems il a été projeté d'établir dans cette ville la communication entre la rue St-Dominique et la rue Beauséjour, à travers les maisons qui font face du côté de la rue Beauséjour à la petite rue aboutissante à la rue Justine, et du côté de la rue St-Dominique à la petite rue qui longe le jardin du ci-devant couvent des Pères-Blancs ;

Considérant que les voisins réclament en ce moment, avec de nouvelles instances, cette communication qui doit faciliter et abréger à une partie considérable de ce quartier, les avenues de la paroisse et des promenades qui l'environnent ; arrête :

Art. Ier. Il est nommé une commission chargée d'aviser aux moyens d'établir une communication directe entre la rue Beauséjour, en face de celle qui aboutit à la rue Justine, et la rue Saint-Dominique, en face de la rue qui longe le ci-devant jardin des Pères-Blancs.

II. A cet effet cette commission procédera ou fera procéder à l'estimation du terrein et à celle de démolition et de reconstruction, en distinguant ce qui est de propriété privée de ce qui est de propriété publique ou nationale. Elle entrera même en pour-parlers à cet égard, soit avec les propriétaires ou leurs représentans, soit avec des entrepreneurs.

III. Elle fera un projet de répartition de la dépense qui en résulterait de manière à la faire supporter par les possesseurs circonvoisins, tant de maisons que de terreins, en proportion de l'avantage et de la valeur que chaque local sera jugé devoir en retirer.

IV. Elle nous fera ensuite son rapport, mettra sous nos yeux son travail et nous proposera son avis, le tout dans deux mois au plus tard.

V. Cette commission est composée des sieurs Brière, Dariste cadet, propriétaires de maisons, et Jacques-Marie Lalanne, négociant ; tous trois résidant audit quartier de cette ville.

Donné à Saint-Pierre, le 18 décembre 1806.
Signé, Laussat.

(N°. 1189.) LETTRE *du Préfet colonial au Grand-juge* par interim, *relative au mode de Liquidations des Prises.*

Du 6 janvier 1807.

J'AI reçu, Monsieur, la lettre du 2 de ce mois, par laquelle vous me demandez expéditions de plusieurs réglemens anciens, et en même-tems de la circulaire ministérielle du 14 prairial an XIII, que vous présumez être relative à la liquidation des prises, et qui, dans ce cas, devrait être enregistrée aux greffes des tribunaux chargés d'opérer lesdites liquidations.

J'ai examiné attentivement cette dépêche, ainsi que les lois et réglemens qu'elle rappelle; je n'y ai trouvé que des dispositions purement administratives, qui ne paraissent pas à la rigueur, susceptibles de cette formalité, puisque les administrateurs sont seuls appelés à les remplir; le seul article qui soit du ressort des tribunaux, qui est un article déjà prévu par le réglement du 2 prairial an XI, est celui-ci extrait de ladite dépêche du 14 prairial an XIII :

" Enfin les prises, faites pendant la guerre " actuelle, ne sont conformément à l'arrêté " du 2 prairial an XI, assujettis à d'autres " droits qu'à la retenue des 5 centimes pour " franc. ,,

Mais il existe une autre dépêche de S. E. le Ministre de la marine et des colonies, en date du 22 fructidor an XIII, qui indique les formes à suivre. Pour les liquidations, les tribunaux de première instance devant, comme tribunaux de commerce, concourir à ces opérations, je partage bien votre avis, qu'il convient de faire enregistrer à leurs greffes, tout ce qui y a rapport. L'extrait de cette dernière dépêche me paraît dans ce cas, je vous l'adresse donc, en vous priant de vouloir bien ordonner cet enregistrement.

C'est d'après les dispositions prescrites par cette lettre ministérielle, que l'Inspecteur de la marine réclame, auprès des tribunaux, le redressement de quelques liquidations antérieures; parce qu'au lieu d'avoir attendu d'exercer la retenue des 5 centimes par franc, *uniquement sur le produit de la liquidation générale*, on la fait supporter au produit de chaque liquidation particulière. Il est certain, que cette manière d'opérer contrarie essentiellement le vœu de la lettre ministérielle déjà citée.

Enfin l'Inspecteur de la marine demande aux tribuuaux, que *la commission des armateurs* et *le dédommagement du coffre du capitaine pris* soient, dans les liquidations, soumis à la retenue comme faisant partie du *produit net*. Cette demande me paraît juste et conforme à ce qui se pratique en France. Je ne connais, il est vrai, aucune instruction récente qui la consacre, mais je ne sache pas non plus qu'il y en ait aucune qui ait abrogé une lettre de M. de Sartines, du 19 août 1780, où la retenue réclamée par l'Inspecteur, est positivement ordonnée.

Je vous prie donc de vouloir bien prescrire aux tribunaux d'opérer d'après ces bases, jusqu'à ce que S. E. le Ministre, à qui nous devons copies de ces liquidations, nous ait transmis d'autres instructions, s'il le juge nécessaire.

Au surplus, si les greffiers des tribunaux éprouvaient quelques incertitudes dans la forme de ces liquidations, ils en trouveraient des modèles dans les Codes de la marine et des prises, déposés soit à la Préfecture, soit à l'Inspection.

Agréez, Monsieur, l'assurance, etc. *Signé*, Laussat.

Enregist. aux Greffes des Tribunaux.

(N°. 1190.) Arrêté *Colonial, qui autorise une nouvelle édition du* Code de la Martinique.

Du 20 janvier 1807.

N. B Voyez tome Ier., page iij, où cet arrêté se trouve transcrit en entier.

(N°. 1191.) Extrait *d'une Dépêche ministérielle de M. Décrès, au Préfet colonial de la Martinique, portant ordre de ne paier de Pension à des Personnes arrivant de France, que sur des ordres positifs du Ministre.*

Du 3 février 1807.

Le Ministre, après avoir donné des renseignemens au Préfet colonial, à l'égard d'une avanturière qui avait trompé sa bonne foi, en obtenant une pension, lui dit :

« J'espère, au surplus, que cet événement vous tiendra en garde, pour l'avenir, contre les avanturiers de tout séxe, qui pourraient aborder à la Martinique, et je vous invite à ne faire payer des pensions à des personnes arrivant de France, que sur des ordres positifs de ma part. „

(N°. 1192.) ARRÊTÉ *du Préfet colonial, qui homologue une délibération de la Paroisse du Fort Saint-Pierre, du* 19 *janvier* 1807, *portant à* mille livres *le prix de chaque* pouce d'Eau, *à concéder pendant l'année* 1807, *et provenant du Canal de ladite Paroisse.*

Du 7 février 1807.

(N°. 1193.) ARRÊTÉ *du Préfet colonial, qui homologue une délibération de la Paroisse du Fort Saint-Pierre, du* 19 *janvier* 1807, *portant décharge en faveur de l'*Habitation Clermont, *de la Contribution locale, qu'elle devait payer pour la reconstruction du Canal; laquelle exemption étant accordée en considération de la charge que cette habitation reçoit par le passage dudit nouveau Canal sur ses terres.*

Du 7 février 1807.

(N°. 1194.) ARRÊTÉ *Colonial, concernant les Affranchissemens obtenus hors de la Martinique.*

Du 12 février 1807.

CONSIDÉRANT que des esclaves qui n'avaient pu obtenir, dans cette colonie, leur affranchissement, sont allés le surprendre, sous divers prétextes, dans les colonies voisines, d'où ils ont cru pouvoir ensuite venir en jouir ici;

Considérant que cet abus est de nature à entraîner avec lui les plus fâcheuses conséquences, et à rendre tout-à-fait illusoire la sagesse de nos mesures locales, en cette matière si importante à la sûreté et à la prospérité de la colonie; arrêtent :

Art. Ier. Nul affranchissement délivré en autre colonie que celle-ci, fut-ce même en une autre colonie française, n'aura de valeur à la Martinique, qu'autant qu'il y aura été reconnu ou renouvellé, aux formes légales, condition, à défaut de laquelle, il est expressément défendu à tout Officier public d'y avoir aucune sorte d'égard.

II. Le présent arrêté sera inscrit sur les registres des Tribunaux et du Domaine.

Donné à la Martinique, le 12 février 1807. *Signé*, Villaret, Laussat et Bence.

Enregist. aux Greffes des Tribunaux.

(N°. 1195.) Arrêté *Colonial, portant que les Equipages des Bâtimens armés en Course, supporteront désormais la moitié des frais des relâches.*

Du 12 février 1807.

Vu la pétition des armateurs et intéressés du corsaire *la Marie-Anne*, armé à St-Pierre, par laquelle ils exposent que ledit corsaire ayant fait, pendant sa croisière, plusieurs relâches très-coûteuses, il en est résulté une dépense considérable qui est à la charge des armateurs seuls, tandis que les équipages qui n'y participent point, jouissent intégralement dans cette colonie de la moitié du produit net des prises dont en France, ils n'ont que le tiers; les pétitionnaires nous priant de vouloir bien rendre plus exacte entre eux et les équipages, la balance des profits et pertes, en faisant supporter également par les uns et par les autres, les frais desdites relâches.

Vu le réglement du Gouvernement français, du 2 prairial an XI, sur les armemens en course ;

Vu l'arrêté colonial, du 10 brumaire an XII, lequel déroge à l'article 91 dudit réglement, qui n'attribue que le tiers des prises aux équipages capteurs, et statue que, suivant l'usage des colonies, les équipages auront droit à la moitié ;

Considérant qu'à la Guadeloupe les équipages des corsaires supportent la moitié des frais de relâches, et que cette mesure y a été adoptée sur les représentations des armateurs que la plus grande partie des produits de la course était absorbée par les dépenses desdites relâches, faits souvent sans nécessité, et aussi comme une juste conséquence de la moitié allouée dans les îles aux équipages, au lieu du tiers qui leur revient, d'après les lois de France ;

Considérant qu'il n'est que trop vrai que les relâches se sont souvent multipliées au point de rendre à charge aux armateurs les croisières les plus heureuses ; que le moyen de diminuer ces relâches est sans doute d'en rendre la charge commune aux équipages qui seront intéressés, par là, à ne se permettre que celles qui seront indispensables ; que cet arrangement est d'autant plus juste à leur égard que la part qui leur est attribuée ici dans les prises est au-dessus de celle qu'ils reçoivent en France ; arrêtent :

Art. Ier. Les frais de relâches de bâtimens armés en course, en guerre et en marchandises, seront prélevés, à compter de ce jour, sur le produit brut des prises, et supportés également par les armateurs et équipages, dans la proportion de la part qui revient aux uns et aux autres, dans le produit de la course, d'après l'arrêté colonial du 10 brumaire an XII.

II. Le présent arrêté sera enregistré à l'Inspection et aux Greffes des tribunaux de première instance, jugeant en matière de commerce.

Donné à la Martinique, le 12 février 1807.

Signé, VILLARET, LAUSSAT et BENCE.

Enregist. aux Greffes des Tribunaux.

(Nº. 1196.) ARRÊTÉ *du Préfet colonial, portant formation d'une Commission pour la reddition des Comptes du Receveur-général de la Colonie et du Trésorier des Deniers municipaux, exercice an XIV et année 1806.*

Du 14 février 1807.

Vu notre arrêté du 17 janvier 1806 portant qu'il sera formé une commission pour recevoir les comptes du Receveur-général de la colonie, pendant l'exercice an XIII;

Considérant qu'il est nécessaire de procéder à la vérification des comptes de l'exercice an XIV, depuis le 23 octobre 1805 jusqu'au 31 décembre 1806; arrête :

ART. Ier. Il est formé une commission des comptes composée des sieurs Chalvet, J.-F. Labatut, Sargenton, Joyau et Damaret, assistée du Directeur-général du Domaine.

L'Inspecteur colonial en fait partie nécessairement et de droit; mais il n'y aura que voix consultative.

II. Elle prononcera sur les comptes du Receveur-général de la colonie, pour l'an XIV, appuyés de ceux que les Receveurs particuliers lui auront rendus pour toutes les recettes de quelque nature qu'ils soient, depuis le premier vendémiaire an XIV, jusqu'au premier janvier 1807.

III. Elle prononcera également sur les comptes tant de recettes que de dépenses du Trésorier des Deniers municipaux de la colonie, depuis l'époque de l'établissement de sa caisse, jusqu'au premier janvier 1807.

IV. Le Receveur-général et le Trésorier des Deniers municipaux, demeurent en conséquence tenus de lui présenter leurs comptes, avant le 1er. avril prochain, et à défaut de ponctuelle exécution, ils y seraient contraints aux termes des lois françaises, présentement en vigueur, contre les comptables en retard.

V. Le Directeur-général du Domaine ou Revenus publics est chargé de notifier cet arrêté au Receveur-général, et de surveiller la reddition des comptes des Receveurs particuliers envers ledit Receveur-général.

VI. Le Directeur-général du Domaine ou Revenus publics et l'Inspecteur seront tenus chacun en ce qui le concerne, de procurer à la commission tous les renseignemens dont elle aurait besoin.

VII. Les comptes tant du Receveur-général que du Trésorier des Deniers municipaux devront être redigés en cahier par chapitres et articles, distribués et libellés selon les diverses sortes de contributions, avec grande marge pour que l'examen et le prononcé de la commission puissent être constatés à côté de chaque article.

VIII. Le présent arrêté sera enregistré à l'Inspection et à la Direction-générale du Domaine; le Grand-juge sera invité à le faire enregistrer aux greffes des Tribunaux.

Donné à St-Pierre, le 14 février 1807. *Signé*, LAUSSAT.

Enregist. aux Greffes des Tribunaux.

(N°. 1197.) ARRÊTÉ *du Préfet colonial, portant fixation des Droits de l'Huissier du Domaine et d'Amirauté, dans les ventes des Saisies et Prises.*

Du 6 mars 1807.

VU notre arrêté du 11 décembre 1806, portant établissement d'un Huissier du Domaine et d'Amirauté à la Martinique;

Vu le tableau comparatif des droits perçus jusqu'à ce jour par les encanteurs chargés de la vente des prises, tant à la Martinique qu'à la Guadeloupe, lesquels consistent à la Martinique, en une remise de deux et demi pour cent, et à la Guadeloupe, en une remise de deux pour cent, sur le montant des recettes, sans compter les frais de procès-verbaux, publications, criées, vacations, etc.; arrête:

ART. Ier. Les droits de l'huissier du Domaine et d'Amirauté, dans les ventes des saisies et des prises, pour tous frais de publications, criées, expéditions, procès-verbaux et généralement toutes opérations quelconques, de son fait, relatives auxdites ventes, ainsi que pour sa responsabilité et ses peines, dans le recouvrement des deniers, seront de deux pour cent, sur le montant des recettes.

II. Le Chef d'administration est chargé de l'exécution du présent arrêté qui sera enregistré à l'Inspection.

Donné à Saint-Pierre, le 6 mars 1807. *Signé*, LAUSSAT.

(N°. 1198.) ARRÊTÉ *des Capitaine-général et Préfet colonial, portant modification à quelques dispositions des Lois des Douânes, dans la Colonie, pendant la guerre.*

Du 7 mars 1807.

VU les arrêtés coloniaux des 11 nivose et 1er. messidor an XI (1er. janvier et 20 juin 1803) relatifs aux droits des Douanes;

Considérant qu'il est devenu nécessaire, par l'effet des circonstances, d'y apporter, sans plus de délai, quelques modifications, pour le tems que durera la guerre actuelle; arrêtent :

ART. 1er. Tout bâtiment étranger venu dans les ports de l'île avec une cargaison d'entrée et qui n'en rapportera pas un chargement de valeur égale à celle des trois quarts de ladite cargaison, paiera à sa sortie neuf pour cent sur l'excédant. Le quart restant est abandonné aux intéressés, franc dudit droit, pour leur tenir lieu, soit d'indemnité à raison de la partie de leurs importations encore invendue à l'époque du départ, soit des frais de séjour, de port, de vente, d'expéditions et tous autres.

II. Ce droit d'excédant sera de douze pour cent, si lesdits bâtimens sortent de la colonie sur leur lest.

Seront réputés sortir sur leur lest les bâtimens dont le chargement de retour ne s'élèvera pas à; savoir :

Le cinquième de la valeur de leur cargaison d'importation, quand cette cargaison n'aura été que de 60,000 livres coloniales, ou au-dessous;

Quinze mille livres coloniales, quand la cargaison d'entrée aura été de soixante à cent vingt mille livres;

Vingt mille livres, si elle a été de cent vingt à deux cent mille livres;

Vingt-cinq mille livres, si elle a été de de deux cent à trois cent mille livres;

Et enfin trente mille livres, si elle a été de plus de trois cent mille livres, quelle que soit d'ailleurs la somme.

La valeur des cargaisons, passible du droit de douze pour cent, ne sera néanmoins déterminée qu'en déduisant, du montant total de la cargaison entière d'entrée, la remise du quart accordée aux bâtimens par l'article II.

III. Le droit au quintal sur les sucres sera à l'avenir de; savoir :

Trente-cinq sous (monnaie coloniale) pour les sucres bruts, et cinquante-cinq sous pour les sucres terrés : avec dix sous pour livre en sus, comme par le passé.

IV. Le droit additionnel sur les cafés, coton, cacao sera de trois et demi pour cent.

V. Les liqueurs seront considérées et traitées, pour tous droits des Douanes, comme les denrées coloniales énoncées en l'article précédent.

VI. L'introduction accidentelle des marchandises essentiellement prohibées continuera à être régie, quand il y aura lieu, par des exceptions spéciales.

VII. Les bâtimens espagnols demeurent définitivement assimilés aux bâtimens français, par rapport aux Douanes, dans cette colonie.

VIII. Sont au surplus maintenus, les lois ordonnances, arrêtés et tarifs existans, en tout ce à quoi il n'est pas formellement dérogé par le présent.

Le Directeur-général du Domaine est chargé de l'exécution de cet arrêté ; il sera enregistré à l'Inspection et à la Direction-générale du Domaine ou Revenus publics.

Donné à la Martinique, le 7 mars 1807. *Signé*, VILLARET et LAUSSAT.

(N°. 1199.) ARRÊTÉ *du Préfet colonial, qui accorde le quart du produit net des Confiscations et Amendes pour fait de fraude des Droits des Douanes à celui qui la découvre et réserve éventuellement un sixième de ce produit au Trésor public.*

Du 9 mars 1807.

CONSIDÉRANT que l'effet naturel des modifications et augmentations que l'arrêté colonial, du 7 de ce mois, apporte aux droits des douanes, pendant la guerre, doit être d'accroître et multiplier les efforts pour s'y dérober par la contrebande ; et qu'en conséquence, les moyens de répression dans les mains de la Direction-générale du Domaine, étant déjà auparavant reconnus trop faibles et insuffisans, il est maintenant indispensable de les renforcer et de leur donner quelque extension en cette circonstance; arrêtent :

Art. Ier. Tout employé du Domaine, ou autre personne, qui aura découvert quelque contravention aux lois, sur l'importation ou sur l'exportation et la circulation des denrées et marchandises, d'où se soit ensuivie la saisie, aura le quart dans la répartition du produit net des confiscations et amendes qui en proviendront, indépendamment, pour les employés, de leurs quotités ordinaires, sur la répartition générale du surplus.

II. Si le produit net desdites amendes et confiscations monte à plus de 9,000 livres coloniales, le sixième dans ladite répartition, demeure réservé au Trésor public.

Donné à Saint-Pierre, le 9 mars 1807. *Signé*, Laussat.

(N°. 1200) Circulaire *ministérielle de M.* Decrès, *aux Capitaines-généraux et Grand-juges des Colonies; portant que nul ne sera plus admis à siéger dans les Tribunaux des Possessions françaises au-delà des Mers, s'il n'est gradué en France.*

Du 16 mars 1807.

A la suite, Messieurs, d'une révolution qui avait renversé presque toutes les institutions anciennes, l'Empereur, en décrétant successivement, sur mon rapport, l'organisation du personnel des Tribunaux de ses colonies, n'a point exigé que les sujets présentés à sa nomination, eussent préalablement justifié des degrés pris dans la métropole, sans lesquels, avant 1789, on ne pouvait être pourvu des emplois judiciaires.

S. M. a bien voulu jusqu'à présent se contenter des justes présomptions de moralité et d'instruction, résultantes de vos suffrages, en faveur des candidats proposés par vous.

Il est tems, Messieurs, de se préparer d'avance au rétablissement de l'utile et nécessaire usage en vertu duquel nul n'était admis à siéger dans les tribunaux des possessions françaises au-delà des mers, s'il n'était gradué en France.

Resserrer de plus en plus les liens qui unissent la métropole et ses colonies, entretenir parmi les jeunes créoles, qui se destinent à la carrière judiciaire, le goût des bonnes études et une connaissance des lois puisée à leur source, assurer aux colons le précieux avantage de continuer à être jugés par des magistrats pris dans leur sein, tels ont été et tels seront encore les heureux effets de la disposition, qu'il s'agit de remettre en vigueur.

Je vous invite en conséquence, Messieurs, à faire connaître à cet égard les intentions du Gouvernement, non seulement aux Cours de justice par la communication de cette dépêche, mais encore à tous vos administrés par la voie de l'impression.

Quelles que soient les circonstances de la guerre maritime, elles n'ont point interrompu les fréquens passages des habitans de nos colonies, et rien n'empêche qu'ils n'envoïent leurs enfans en France chercher l'instruction, et prendre les degrés nécessaires pour devenir aptes à siéger dans les tribunaux. En un mot, ils doivent être avertis que, si par une insouciance, que je ne puis présumer de leur part, sur un objet qui les intéresse aussi particulièrement, le Gouvernement au fur et à mesure n'apercevait point, parmi les jeunes créoles français, des sujets ayant les conditions requises, il se verrait forcé de diriger ses choix sur les gradués du territoire continental.

Recevez, Messieurs, l'assurance, etc. *Signé*, DÉCRÈS.

Enregist. aux Greffes des Tribunaux.

(N°. 1201.) ARRÊTÉ *du Préfet colonial, qui fixe le mode d'acquittement, par la Caisse des Deniers municipaux, des dépenses faites et à faire pour l'établissement d'une Promenade publique, sous le nom de* Cours Napoléon, *sur le bord de la Rivière du Fort St-Pierre, en l'emplacement appellé Savanne des Religieuses ou de la Rivière.*

Du 18 mars 1807.

(N°. 1202.) CIRCULAIRE *Ministérielle de* M. Décrès, *aux trois premiers Chefs des Colonies, concernant le* Code de la Procédure civile.

Du 24 mars 1807.

LE nouveau Code civil de la France, Messieurs, appliqué aux diverses colonies de S. M. avec les modifications provisoirement jugées nécessaires, a été reçu dans toutes, comme un bienfait du Gouvernement,

De cette mesure fondamentale paraît devoir naturellement suivre l'application du Code de la Procédure civile, décrété par le Corps législatif, et promulgué par ordre de l'Empereur en 1806, pour être exécuté, à dater du 1er. janvier 1807.

Déjà elle a été sollicitée par plusieurs magistrats des colonies. Mais, pour n'agir en matière aussi délicate, qu'avec une parfaite connaissance de cause, je me borne, en ce moment à vous adresser ici un exemplaire du Code dont il est question, en vous invitant à provoquer, sur cet objet, les observations de tous les magistrats et jurisconsultes éclairés, à vous entourer de leur expérience et de leurs lumières, et d'après le vœu que vous aurez recueilli, ainsi que d'après vos propres méditations, à prendre, par une délibération commune, telle détermination que vous aurez jugée convenable aux intérêts de la colonie confiée à vos soins, et à m'en rendre compte immédiatement. Les dispositions que je viens de vous prescrire sont les mêmes que je vous traçai lorsque je vous envoyai le Code civil lui-même, et les heureux effets qu'elles ont produit, dans cette première circonstance, me sont garants, de ceux qu'elles produiront encore, dans la conjecture qui se présente.

Vous voudrez bien, Messieurs, m'accuser réception de cette dépêche.

Recevez, Messieurs, l'assurance, etc. *Signé*, DÉCRÈS.

(N°. 1203.) ARRÊTÉ *des Capitaine-général et Préfet colonial, concernant une Subvention extraordinaire de guerre, pour l'année* 1807.

Du 11 avril 1807.

CONSIDÉRANT que par sa dépêche du 25 fructidor an XIII (12 septembre 1805), S. Exc. le Ministre de la marine et des colonies, nous déclare : " Que la Métropole, a besoin de " réunir en Europe toutes ses ressources pour " terminer heureusement une guerre dont les " frais ne peuvent être que très-considérables ; " que dans de telles circonstances, l'opinion " de S. M. l'Empereur et Roi, est que chaque " portion des habitans de l'Empire doit également contribuer, selon ses facultés, aux " charges publiques ; que les Colons doivent, " à cet égard, rivaliser de zèle avec les français " du Territoire continental ; que les contributions semblent pouvoir être portées, sans " beaucoup d'inconvéniens, à un taux plus " élevé à la Martinique, colonie florissante, " qui a peu souffert, en comparaison des " autres ; qu'il est enfin indispensable que " chaque colonie pourvoie, par ses propres " revenus locaux, à ses dépenses intérieures " et à celles que nécessite sa défense ; "

Considérant que S. Exc., par son autre dépêche du 1er. complémentaire an XIII (18 septembre 1805), nous répète : " Que " de nouveaux ennemis exigeant de nouveaux " efforts, ces efforts doivent être partagés " par les Habitans des colonies françaises, " appelés aussi à partager l'honneur et la " gloire des succès ; que S. M. l'a chargé

« de nous informer qu'il faut, pour l'intérêt
« commun de la métropole et des colonies ;
« que les colonies aussi, qui, tant que la
« chose a été possible, n'ont que faiblement
« participé aux charges qui les concernent, et
« qui ne sont, depuis la guerre, d'aucun pro-
« duit pour l'état, fassent en sorte que, par
« la sage économie des administrateurs, par
« les douanes, par un accroissement convenable
« d'impôts, elles suffisent à leurs dépenses inté-
« rieures et à l'entretien des troupes chargées
« de leur défense ; qu'il n'est pas de vrai
« français qui n'en sente la justice et même,
« s'il faut le dire, la nécessité, dans des cir-
« constances, où tous les habitans de la Mé-
« tropole offrent leur sang et leur fortune pour
« conserver l'édifice de grandeur et de gloire
« élevé par nos armées, et sur-tout par le génie
« de notre Souverain ; „

Considérant que l'espoir de la paix et notre répugnance à appesantir, à moins d'une inévitable nécessité, le fardeau des charges publiques dans cette colonie confiée à nos soins, nous ont fait épuiser toute sorte de moyens pour éloigner ce pénible moment, mais qu'il est enfin arrivé, sans qu'il soit plus possible d'éluder ou d'ajourner ;

Considérant qu'à la suite d'un examen sérieux et d'un rapport circonstancié, S. M. l'Empereur et Roi, après avoir ordonné de grandes réformes et réductions dans l'état, alors existant des dépenses de cette colonie, en détermina néanmoins le montant à 5 millions de francs, somme que l'expérience a prouvé, jusqu'à présent, être insuffisante ;

Considérant que, cependant, les recettes, évaluées sur le pied des années dernières, ne sauraient produire au-delà de 3 millions 7 à 800,000 francs : d'où résulte pour une année, un déficit réel d'au moins 12 à 1,300,000 francs, sans compter ce qui est dû sur les exercices précédens ;

Considérant que ce *déficit* devient lui-même la cause journalière d'un arriéré ou trop dangereux à laisser subsister et s'accroître, ou près d'être bientôt si difficile à couvrir qu'on n'y parviendrait plus, sans quelque opération violente et des sacrifices extrêmement onéreux ;

Considérant enfin qu'il s'agit ici d'accourir au secours de la Patrie et de seconder les vues glorieuses et bienfaisantes du Souverain par des moyens et par un effort extraordinaires, au moment où il redouble de travaux et de prodiges pour forcer ses ennemis à la paix et la donner à ses sujets et au monde ;

Après avoir convoqué et consulté une assemblée de trois principaux habitans et trois principaux négocians de l'île (*), aux termes de l'article XVIII de l'arrêté consulaire du 6 prairial an X (26 mai 1802) ; arrêtent :

TITRE PREMIER.

Disposition générale.

ART. Ier. Il est établi, pour cette année 1807, une subvention extraordinaire de guerre, comme il va être statué dans les titres suivans.

(*) MM. Dessalles, Assier et Eyma, habitans, et MM. Joyau Vatable et Ladame, négocians.

TITRE II.

Supplément de Contributions sur les maisons.

II. Il sera perçu, en supplément à la contribution des maisons et sur leur valeur locative ;

Premièrement si la maison est réellement louée

Quinze pour cent à Saint-Pierre,

Douze pour cent au Fort-de-France,

Dix pour cent à la Trinité,

Cinq pour cent au Marin et au Lamentin, à payer par le locataire ; et en outre :

Quatre pour cent à Saint-Pierre,

Trois pour cent au Fort-de-France,

Deux pour cent à la Trinité,

Un pour cent au Marin et au Lamentin, à payer par le propriétaire.

Deuxièmement, si la maison n'est pas louée, mais est occupée par le propriétaire faisant commerce, il paiera, outre la portion du droit qui vient d'être assignée sur lui comme propriétaire, la portion encore recouvrable sur le locataire ; s'il n'est pas négociant et qu'il occupe sa maison, il paiera, en remplacement de ladite taxe locative, deux pour cent en sus de celle à laquelle il est extraordinairement imposé comme propriétaire.

TITRE III.

Droit de Trait de deux pour cent.

III. Le droit, connu sous le nom de Trait de 2 pour 100, est rétabli sur les denrées coloniales.

IV. Ce droit sera, suivant l'ancien usage, acquitté aux douanes par les capitaines des bâtimens sur lesquels les denrées seront chargées, et à eux remboursé par le vendeur ou le chargeur. La liquidation en sera faite, sur déclarations des négocians domiciliés et établis dans la colónie depuis au moins deux ans. Les employés du Domaine pourront aller faire la vérification des déclarations sur les livres desdits négocians.

V. Les habitans du voisinage des villes, qui vendent en détail lesdites denrées coloniales provenant de leurs habitations, paieront ce droit sur la déclaration, signée d'eux, du montant annuel de leurs ventes.

Titre IV.

Contribution personnelle.

VI. Il sera levé une contribution personnelle, dont les sexagénaires seuls seront exempts.

VII. La contribution personnelle sera de 18 livres coloniales, pour les blancs, et 6 livres pour leurs enfans au-dessous de douze ans.

VIII. La contribution personnelle sera de 9 livres coloniales pour les gens de couleur libres et affranchis, et 3 livres pour leurs enfans âgés de moins de douze ans.

IX. Les dénombremens préalables, nécessaires pour l'assiette de cette contribution personnelle, seront fournis, dans la quinzaine de la publication de cet arrêté, aux formes et conditions des dénombremens annuels et ordinaires, sous peine d'une amende qui, pour les blancs, pourra s'élever depuis 360 livres jusqu'à 1000 livres coloniales, et pour les gens de couleur libres, depuis 45 livres jusqu'à 200 livres coloniales, suivant l'état et la fortune des contrevenans.

TITRE V.

Capitation supplémentaire sur les Esclaves.

X. Il sera levé extraordinairement, par tête d'esclave payant droit, un supplément de capitation, dans les proportions suivantes :

Premièrement, trois livres coloniales indistinctement par esclave de toute culture.

Deuxièmement, 36 liv. coloniales par esclave de poterie et chaufournerie.

Troisièmement, 36 livres coloniales par esclave canotier ou marin.

Quatrièmement, 9 livres coloniales, enfin, par esclave des villes et bourgs, autres, toutefois, que ceux compris dans l'énumération qui précède.

XI. L'assiette de ces capitations supplémentaires sera faites par rôles séparés.

XII. Nul esclave marin ne pourra être employé au cabotage ni au service des canots de poste, acons, gros-bois, bâteaux côtiers, qu'il n'ait été inscrit au bureau de l'Inscription, à St-Pierre, sous peine de 360 livres coloniales d'amende contre le propriétaire de l'esclave et le maître de l'embarcation solidairement, et d'emprisonnement provisoire de l'esclave, lequel ne sera relâché qu'après paiement de l'amende et autres frais, s'il y en a.

XIII. Le bureau de l'Inscription délivrera aux maîtres, pour leurs esclaves marins, une carte d'inscription, dont ceux-ci devront être constamment munis, et qu'ils devront représenter à toute réquisition. Ladite carte ne pourra être délivrée que sur exhibition de la quittance du paiement des capitations, soit ordinaire, soit supplémentaire, de l'esclave.

TITRE VI.

Droits sur les Encans.

XIV. Il sera perçu un droit de cinq pour cent, sur tous les encans, soit volontaires, soit forcés ou judiciaires. Les encans tant pour cause de succession en ligne directe que pour cause de saisie, en sont exceptés.

XV. Tout huissier ou autre agent, qui ne ferait point préalablement dans les bureaux de la direction-générale du Domaine, sa déclaration écrite, d'un encan auquel il aurait à procéder, paierait, par forme d'amende, un double droit pour la première fois, et un quadruple droit en cas de récidive; et pareilles amendes seront en outre payées, dans les mêmes circonstances, par le propriétaire des effets encantés, avec solidarité entre lesdits propriétaire et encanteur, pour le paiement de l'une et l'autre partie d'amende. Le quart du montant totale de ces amendes, appartiendra au dénonciateur.

XVI. Les droits d'encan seront acquittés par l'adjudicataire, avant que de pouvoir retirer la chose à lui adjugée; et elle ne lui sera délivrée que sur représentation de la quittance de paiement dudit droit.

TITRE VII.

Dispositions d'exécution.

XVII. Les arrêtés des 15 décembre 1806, concernant l'assiette et la levée des contributions publiques pour l'année 1807, et 7 mars dernier, portant modification à quelques dispositions des lois des douanes dans la colonie, pendant la guerre, seront exécutés selon leur forme et teneur, ainsi que toutes autres lois, ordonnances, arrêtés et réglemens en vigueur, relativement aux contributions, sauf pour celles de leurs dispositions auxquelles il aurait été dérogé par le présent.

XVIII. La subvention extraordinaire de guerre établie ici pour l'année, est franche de tous sous additionnels.

XIX. Les ordres de S. M. l'Empereur et Roi, donnés en son conseil d'état, et à nous transmis par S. Exc. le Ministre de la marine et des colonies, en sa dépêche du 6 septembre dernier, pour qu'il ne soit fait *aucun chargement, déchargement, ni aucune expédition de navires que dans les lieux où il se trouvera des bureaux de douanes*, sortiront leur effet à compter de la publication du présent.

XX. Le Directeur-général du Domaine ou Revenus publics est spécialement chargé de l'exécution de cet arrêté.

XXI. Il sera publié, imprimé, affiché, enregistré au greffe de la Préfecture coloniale, et au bureau de l'Inspection.

Une expédition en sera envoyée au Grand-juge, avec invitation de le faire transcrire sur les registres des greffes des tribunaux.

Donné à la Martinique, le 11 avril 1807. *Signé*, VILLARET et LAUSSAT.

Enregist. aux Greffes des Tribunaux.

(N°. 1204.) ARRÊTÉ *des Capitaine-général et Préfet colonial, pour les frais d'Eclairage de la ville de Saint-Pierre.*

Du 11 avril 1807.

CONSIDÉRANT que S. Exc. le Ministre de la marine et des colonies nous a donné avis que S. M. l'Empereur et Roi avait prescrit " de " rayer du budjet de cette colonie, les frais " d'éclairage de la ville de Saint-Pierre, at- " tendu qu'ils forment une dépense commu- " nale, qui doit être supportée exclusivement " par ses habitans, et à laquelle nous de- " meurons chargés de pourvoir en consé- " quence, par tel moyen analogue que nous " jugerons convenable. „

Après avoir consulté une assemblée de trois principaux habitans et trois principaux négocians (*), aux termes l'article XVIII, de l'Arrêté consulaire du 6 prairial an X (26 mai 1802); arrêtent :

ART. Ier. Il sera levé à Saint-Pierre, une taxe additionnelle de cabaret de quatre cents livres coloniales, par permission de cette espèce, qui s'accorde en vertu de la loi annuelle concernant les contributions de la colonie.

II. Il ne pourra plus être tenu de cabrouet, ni exercé l'état de boulanger, ni de boucher, dans la ville de Saint-Pierre, qu'avec permission spéciale : pour l'obtenir, il faudra, outre les conditions d'usage, avoir acquitté une taxe qui sera, pour l'année, comme il suit :

(*) Voyez la note de la page 197.

Boulanger de	première classe,	1200 liv. col.
	seconde classe,	900
Boucher de	première classe,	1000
	seconde classe,	500
	troisième classe,	200
Cabrouet, chacun		300

III. Les fonds provenant de ces taxes demeureront exclusivement affectés à l'éclairage de ladite ville de Saint-Pierre.

IV. Ils seront versés dans la caisse du trésorier des Deniers municipaux, par le Receveur-général, au fur et à mesure du recouvrement et dans la forme déjà établie pour semblables versemens.

V. Les règles d'emploi et de comptabilité de cette partie de recette, seront les mêmes que pour les autres deniers dépendans du Trésorier des Deniers municipaux.

Donné à la Martinique, le 11 avril 1807. *Signé*, VILLARET et LAUSSAT.

(N°. 1205.) ARRÊTÉ *des Capitaine-général et Préfet colonial, qui ordonne les Versemens et Emploi de la Taxe des Nègres justiciés, dans la Caisse des Deniers municipaux de la Colonie, à compter de l'exercice de 1807.*

Du 11 avril 1807.

CONSIDÉRANT qu'au moment où nous prenons des mesures extraordinaires et importantes de finances, dont la plûpart tendent à augmenter considérablement le fardeau des contributions, pour faire face à la somme des dépenses annuelles, auxquelles S. M. l'Empereur et Roi a ordonné que la colonie pourvût par ses propres moyens, il est souverainement juste de donner en même tems à la colonie elle-même, la satisfaction de voir que des fonds originairement destinés à venir au secours de ceux des habitans propriétaires qui sont forcés de sacrifier leurs esclaves à la vindicte et à la sûreté publiques, ne pourront plus être détournés de cette destination sacrée; arrêtent :

Art. Ier. La taxe dite des nègres justiciés sera, désormais, versée par le Receveur-général, et à compter de l'exercice 1807, au fur et à mesure des recouvremens, dans la caisse du Trésorier des Deniers municipaux, pour y recevoir son emploi et sa destination, conformément au vœu de son établissement, et selon les formes réglées pour les deniers de cette caisse.

II. L'indemnité des nègres justiciés qui, d'après la dernière fixation, était jusqu'à ce jour de 12 à 1800 livres, sera à l'avenir, de 2,000 livres coloniales, par tête d'esclaves.

Donné à la Martinique, le 11 avril 1807.
Signé, Villaret et Laussat.

(N°. 1206.) Arrêté *du Préfet colonial, qui établit un Bureau temporaire des Douanes au Vauclin.*

Du 13 avril 1807.

VU l'arrêté colonial du 11 courant, concernant une subvention extraordinaire de guerre, pour cette année, par lequel il est statué, article XIX, conformément aux ordres de S. M. l'Empereur et Roi, contenus dans la dépêche ministérielle du 6 septembre dernier, " qu'il " ne sera plus fait de chargement, déchargement " ni expédition de navires dans les lieux où " il n'y aurait pas de bureaux des Douanes; „

Considérant qu'il peut être, en tems de guerre, de quelque utilité d'accorder une pareille facilité à la partie des côtes de l'île, où se trouvent les paroisses du Vauclin, du François, et du Robert; arrête :

Art. Ier. Il y aura, pendant la guerre ou jusqu'à nouvel ordre, un bureau des Douanes au Vauclin.

II. Le Directeur-général du Domaine est chargé de l'exécution de cet arrêté, qui sera enregistré à l'Inspection.

Donné à Saint-Pierre, le 13 avril 1807. *Signé*, Laussat.

(N°. 1207.) Circulaire *du Préfet colonial, aux Commissaires-commandans des Paroisses, sur l'exécution de l'Arrêté colonial du 11 avril précédent, qui établit une Subvention extraordinaire de guerre, pour l'année* 1807.

Du 16 avril 1807.

Nous avons été forcés, Monsieur, de demander un secours extraordinaire à la colonie, pour subvenir aux besoins urgens et impérieux du service : il nous en a beaucoup coûté, à M. le Capitaine-général et à moi, d'en venir à cette extrémité : il y avait quatorze mois que nous nous en défendions : il y en a près de vingt que S. M. l'Empereur et Roi nous fit prévenir, cependant, par le

Ministre, que lui-même se voyait obligé par les circonstances de la guerre rallumée sur le continent de l'Europe, de s'en reposer, pour les dépenses d'entretien et de défense des colonies, à leur fidélité, à leur zèle et à leurs propres ressources. Nous avons cité les termes mêmes des dépêches dans nos arrêtés du 11 de ce mois : ils vous ont été envoyés. Ils n'ont fait que consacrer, en général, les plans proposés par l'assemblée consultative des notables habitans et négocians que nous avions convoquée, dans cette occasion importante, conformément aux lois et aux intentions de S. M.

Ils ont donné à l'Empereur et Roi des preuves irrécusables du dévouement de la colonie, et il nous sera bien doux d'avoir à en rendre le témoignage non moins honorable pour elle, que flatteur pour ses chefs.

Mais de quoi servirait tant de bonne volonté, si les effets en devenaient nuls dans l'exécution, par la négligence des uns et la mauvaise foi des autres.

Vous ne l'ignorez pas plus que moi, Monsieur, un très-grand nombre de redevables se refuse tant qu'il peut, au paiement de l'impôt, et, ce qui est encore pire, et malheureusement pas assez rare, plusieurs s'y dérobent par des déclarations infidèles. Il est des dénombrans qui ne se font point un scrupule de tromper, tantôt sur le nombre, tantôt sur l'âge, ici sur le métier qu'exerce l'esclave, là sur la qualité d'esclave de ville ou de culture ; il est des plantations sur lesquelles le même nom est donné à plusieurs esclaves, qui, à ce moyen, figurent pour une seule tête sur les dénombremens ; on diffère, d'année en année, les déclarations de naissance ou d'achat, etc. Bien des personnes, d'ailleurs pleines de probité, croient qu'il est permis de tromper le Fisc. Ceux qui sont chargés de réprimer ces abus ne veulent pas ou chagriner des voisins ou se faire des ennemis. Les hommes mêmes, à qui leur état impose le plus sévèrement un pareil devoir, cèdent à ces considérations de tranquilité et d'indulgence.

Il règne, en outre, une complaisance excessive et très-préjudiciable à l'intérêt public, dans la délivrance des certificats en décharge des contributions ; et pour le démontrer, il suffira de dire que ces non-valeurs se sont élevées, pendant l'exercice qui a fini le 31 décembre dernier à 148,636 francs (247,727 livres coloniales :) c'est que les précautions de l'arrêté colonial, du 18 thermidor an XII, sont le plus souvent éludées.

Au préjudice de qui pourtant tournent, de plus en plus, toutes ces déceptions, d'une part, et ces faux ménagemens, de l'autre ? Je ne crains pas de le dire : si chaque contribuable se fût exécuté loyalement, tant pour les capitations des esclaves, que pour les droits d'entrée et de sortie, nous n'aurions pas aujourd'hui la douleur de voir un énorme surcroît de taxes peser sur la colonie. Que si le même esprit de fraude s'étend jusqu'aux nouvelles contributions, je n'oserais, quelque considérables qu'elles soient, garantir qu'il n'y aura pas encore à y suppléer de rechef, avant la fin de l'année : il n'est donc pas, à vrai

dire,

dire, dans toute l'île, une seule personne qui ne soit personnellement et particulièrement intéressée à ce que chacun paye, selon toute l'étendue de ses facultés.

Mais c'est sur-tout, à vous, Monsieur, qu'il appartient d'y veiller : c'est l'une des premières fonctions de votre place, et en la remplissant vous servez à la fois et votre Souverain et vos compatriotes.

Je vous invite à redoubler de sévérité et d'attention à cet égard.

Aujourd'hui que tout le monde est tenu de payer une contribution personnelle, ceux qui n'ont pas été dans le cas de fournir déjà leur dénombrement, devront se présenter, dans la quinzaine, pour le donner (art. 9 de l'arrêté).

Nous en prendrons occasion de perfectionner nos tableaux de population. Il convient, sous ce point de vue, de diviser les dénombremens en trois classes, savoir :

Première classe, des blancs;

Seconde classe, des libres et affranchis, passés à la vérification en 1803, 1804 ou 1805;

Troisième classe, des libres et affranchis, non passés à la vérification en 1803, 1804 ou 1805.

Vous voudrez donc bien vous faire rapporter les titres de liberté des gens de couleur et les ranger, en conséquence de ces titres, dans la classe à laquelle ils se trouveront appartenir.

Nous verrons, ainsi, s'il est resté encore un grand nombre de libertés à vérifier. Des formules imprimées, qui vont vous être adressées par la Direction-générale du Domaine, vous faciliteront ce travail.

Je vous recommande, Monsieur, d'observer soigneusement ces différences.

Il est inutile de vous faire remarquer combien il importe de hâter ces opérations : l'année avance, et les besoins nous pressent.

La Colonie retirera un avantage précieux de l'empressement que vous montrerez en cette circonstance, et je me plairai à le relever, comme une preuve de votre zèle pour le service de S. M., dans le compte que j'aurai l'honneur d'en rendre à S. Exc. le Ministre de la marine et des colonies.

Recevez, Monsieur, *etc. Signé*, LAUSSAT.

(N°. 1208.) AVIS *du Conseil d'Etat, relati aux Parentés et Alliances entre les Membres de l'Ordre judiciaire dans un même Tribunal.*

Du 23 avril 1807.

LE Conseil d'état sur le renvoi qui lui a été fait par ordre de S. M. l'Empereur et Roi, d'un rapport du Grand-juge, Ministre de la justice, tendant à ce qu'il soit donné un avis interprétatif des lois relatives aux parentés et alliances entre les membres de l'ordre judiciaire dans un même tribunal.

Considérant que la loi du 27 ventose an VIII, qui a donné à S. M. la nomination des membres des tribunaux, n'a rappellé aucune des dispositions des lois précédentes sur l'incompatibilité résultant des parentés ou alliances : d'où il suit qu'elle n'a point limité les pouvoirs de S. M., qu'elle a laissé à sa sagesse le soin d'appeler les plus capables, sans égard s'il en était besoin, à leurs parentés, et qu'elle a supposé qu'en tout cas la nomination emporterait de plein droit dispense.

Que cette opinion est fondée, 1°. Sur ce que l'incompatibilité établie par la loi du 11 septembre 1790 et étendu jusqu'au degré de cousin issu de germain, avait été restreinte par l'article 207 de la constitution de l'an III, au degré de cousin germain; qu'il aurait fallu choisir entre ces deux prohibitions, et déclarer si la dernière, à laquelle l'exécution aurait appartenu de droit commun pouvait avoir force étant contenu dans une constitution qui ne nous régissait plus;

2°. Sur ce que les dispositions de la loi du 11 septembre 1790 et de l'article 207 de la constitution de l'an III, étant relatives à l'élection des juges par des assemblées électorales, on avait pu prescrire à ces assemblées des règles qui demeuraient étrangères aux nominations à faire par S. M., et que la loi n'aurait pas manqué de rappeler si elles avaient dû être encore observées;

3°. Sur ce que, quoique dans le ministère de la justice on ait regardé la prohibition de parenté comme utile en général, on ne l'a point considérée comme une règle, puisqu'on s'en est écarté plusieurs fois, d'où il suit qu'il n'y a de loi sur cette matière que celle du 27 ventose an VIII, laquelle est muette sur les incompatibilités.

Considérant que S. M. peut sans diminuer la prérogative qu'elle tient de cette loi, en régler l'usage de manière à prévenir les inconvéniens ou les suspicions qui peuvent résulter des parentés et alliances entre les membres d'un même tribunal ; et passer cependant sur ces inconvéniens lorsque la nature des circonstances et la qualité des sujets l'exigeront ; qu'elle userait en cela du droit des Rois qui étaient en possession d'accorder des dispenses de parenté ; est d'avis que S. M. pourrait prescrire au Grand-juge, Ministre de la justice, de ne lui présenter aucun candidat, pour les places de Juge, Suppléant, Procureur-général, Procureur-impérial, ou Substituts, Greffier ou Commis-greffier, dans les Cours et Tribunaux de Justice civile, criminelle ou spéciale, qu'il ne se soit assuré par certificats des Présidens des Cours ou Tribunaux dans lesquels il s'agira de nommer, ou par toute autre voie qui paraîtra convenable, si les candidats sont ou non parens ou alliés des membres exerçant déjà dans lesdites Cours ou Tribunaux, jusqu'au dégré de cousin-germain inclusivement, ainsi, le choix de S. M. serait éclairé sur ce fait, ou elle s'abstiendrait de nommer le candidat qui aurait un parent dans le tribunal, ou si elle le nommait ce serait par des considérations qui emporteraient implicitement une dispense donnée en connaissance de cause.

Le conseil pense, au surplus, que dans le cas où les parens ou alliés au degré de cousin-germain inclusivement opinent dans la même cause, l'ancienne règle que leurs voix ne comptent que pour une, s'ils sont du même avis, doit être observée.

Pour extrait conforme. Signé, J. G. Locré.

Approuvé le 23 avril 1807. *Signé*, Napoléon.

(N°. 1209.) ARRÊTÉ *des Capitaine-général et Préfet colonial, qui fixe le mode de Recouvrement de la* Taxe locative, *établie par l'Arrêté colonial, du 11 avril dernier, concernant une Subvention extraordinaire de guerre.*

Du 2 mai 1807.

Vu le rapport qui nous a été fait par le Directeur-général du Domaine sur l'impossibilité, à peu-près absolue, de lever immédiatement sur les locataires la taxe locative, de quinze pour cent, établie par l'arrêté colonial du 11 du mois dernier; à moins de former à cet effet, une administration spéciale, qui deviendrait fort inquisitoriale pour le redevable, et disproportionnément onéreuse au Trésor-public;

Considérant, qu'en effet il paraît bien difficile d'atteindre directement les locataires dans un pays où l'on loue généralement au mois, où il y a des changemens rapides dans l'état des locations, et où une grande partie même des locataires ne présente que des résidences passagères;

Considérant que rien ne serait plus illusoire que des rôles qui, faits pour l'année, comprendraient des contribuables, qui paient de mois en mois;

Considérant que, quelque dur qu'il puisse paraître au propriétaire de répondre de la taxe locative, cet inconvénient, néanmoins, tient essentiellement à la nature de cette contribution, et qu'elle deviendrait réellement impraticable et comme nulle, si le Fisc n'en avait le propriétaire pour garant;

Considérant qu'autant les poursuites en ce genre seraient multipliées, laborieuses et souvent vaine de la part du Fisc, autant elles seront faciles et peu embarrassantes pour le propriétaire, puisqu'elles se trouveront confondues dans ses mains avec celles qu'il serait obligé de faire pour ses propres deniers;

Considérant, enfin, qu'à moins de vouloir renoncer totalement à cette taxe, que l'Assemblée consultative coloniale a proposée au gouvernement comme une des principales ressources pour le service de l'année, il est indispensable d'adopter cette mesure; arrêtent:

Art. 1er. Le propriétaire de maisons tiendra compte, au Trésor-public de la colonie, du montant de la taxe locative de ses maisons.

II. Il jouira, pour cette taxe locative, des privilèges du Fisc sur le redevable.

III. Il paiera la taxe locative des maisons, à trimestre échu, et, au plus tard, dans les dix premiers jours du trimestre suivant; lequel terme est déclaré de rigueur.

IV. Le Directeur-général du Domaine ou Revenus publics, est chargé de l'exécution, *etc.*

Donné à la Martinique, le 2 mai 1807. *Signé*, Villaret et Laussat.

(N°. 1210.) Arrêté *Colonial, portant que les Actes Civils des deux Paroisses du Fort et du Mouillage, à Saint-Pierre, seront reçus par l'Officier spécial de l'Etat-civil.*

Du 16 mai 1807.

Vu deux lettres, l'une en date du 10 de ce mois, de M. le Curé de la paroisse du

Fort, et l'autre en date du 13, de M. le Curé du Mouillage, à Saint-Pierre, par lesquelles ils demandent à être déchargés des fonctions d'Officiers de l'Etat-civil, et à être exclusivement rendus à celles de Ministres du Culte catholique ;

Considérant que les irrégularités nombreuses qui se trouvent dans les registres qu'ils ont tenus pendant l'année dernière, prouvent d'ailleurs assez les avantages d'une semblable mesure ; arrêtent :

ART. Ier. A compter du 1er. juin prochain, les actes civils de naissances, mariages et décès des deux paroisses du Fort et du Mouillage, à St-Pierre, seront reçus par l'Officier spécial de l'Etat-civil, nommé pour cet arrondissement.

II. Le présent arrêté sera enregistré à l'Inspection, et aux Greffes des tribunaux.

Donné à la Martinique, le 16 mai 1807.
Signé, VILLARET, LAUSSAT, et BENCE, Grand-juge par *intérim*.

Enregist. aux Greffes des Tribunaux.

(N°. 1211.) EXTRAIT *d'une Dépêche ministérielle de M.* Décrès, *au Préfet colonial de la Martinique, concernant le compte des Finances de cette Colonie.*

Du 25 mai 1807.

Le Ministre, dans cette dépêche, témoigne au Préfet la satisfaction qu'il a éprouvé à la réception du compte des finances de la Martinique, du 1er. messidor an XII au 1er. vendémiaire an XIV, auquel il n'a pu qu'applaudir pour l'esprit d'ordre et les renseignemens utiles qui distinguent en général ce travail. *Vous avez*, lui dit le Ministre, *justement senti qu'il ne pouvait être imprimé, que sur un ordre spécial de l'Empereur : et les circonstances ne permettent pas même qu'il soit encore mis sous les yeux de S. M.*

Le Ministre termine sa dépêche en invitant le Préfet de donner à son travail la suite dont il est susceptible de manière que le compte de son administration soit à jour à la fin de chaque année.

(N°. 1212.) ARRÊTÉ *du Préfet colonial, portant que les Ventes de Prises ne sont point soumises au Droit d'Encan.*

Du 27 mai 1807.

Vu la pétition, sous la date du 18 mai 1807, de divers négocians, armateurs de corsaires, résidant à Saint-Pierre, tendante à obtenir une modération dans les droits de Douanes et autres établis sur l'importation et la vente des marchandises provenant des prises et notamment à ce que lesdites marchandises jouissent 1°. de l'exemption du droit d'encan créé par l'arrêté colonial, du 11 avril dernier; 2°. d'une diminution du tarif des droits de Douanes qu'elles paient d'après les réglemens existans;

Vu le rapport du Directeur-général du Domaine, du 26 mai 1807;

Considérant que les produits des prises étant déjà, d'après l'article 95 du réglement consulaire, du 2 prairial an XI, soumis à une retenue de cinq centimes par franc, au profit des Invalides de la marine, il paraît effectivement juste de ne pas les charger encore du droit d'encan de cinq pour cent, que le gouvernement n'a eu dessein d'appliquer qu'aux encans ordinaires ; arrête :

Art. Ier. Les marchandises et bâtimens provenant des prises faites sur l'ennemi, ne sont pas soumis au droit d'encan, établi par l'arrêté colonial, du 11 avril dernier.

II. Il n'y a lieu à statuer sur les demandes des négocians et armateurs de Saint-Pierre, en modération des autres droits existant sur l'importation desdites marchandises.

III. Le Directeur-général du Domaine est chargé de l'exécution du présent arrêté, qui sera enregistré à l'Inspection.

Donné à Saint-Pierre, le 27 mai 1807.

Signé, Laussat.

(No. 1213.) Lettre *du Préfet colonial à M.* Legrand, *Officier spécial de l'Etat-civil, à Saint-Pierre, sur la forme des Actes de son ministère relatifs aux Gens de couleur, dont les Titres de liberté n'ont pas été vérifiés.*

Du 5 juin 1807.

J'ai reçu, Monsieur, la lettre que vous m'avez adressée le premier de ce mois, et par laquelle vous me demandez mes ordres sur la conduite que vous aurez à tenir relativement aux gens de couleur qui se prétendent libres.

Voici ce que je crois devoir décider à ce sujet.

1°. Vous ne considérerez comme légitimement libres que les individus de couleur qui vous justifieront, soit d'une *liberté* délivrée par les premiers Magistrats de la colonie, *depuis la reprise de possession, en* 1802, soit de la *confirmation* ou *vérification*, depuis 1803, d'une liberté ancienne, soit enfin d'une *autorisation provisoire*, délivrée par le Préfet colonial sur le vu d'ancien titre.

Les actes civils de ces individus font partie des registres officiels et légaux que vous devez tenir.

2°. Vous pourrez ouvrir des registres particuliers pour les actes civils des individus dont les libertés, soit étrangères, soit locales, n'ont point été soumises à la vérification depuis 1803. Ils seront intitulés : *Registres non officiels des naissances, mariages, décès, etc., des gens de couleur se disant libres et dont l'Etat-civil n'est point vérifié.*

La teneur des actes qui y seront compris doit être telle qu'il ne puisse en être argué rien de favorable aux prétentions des individus qu'ils concernent.

3°. Enfin rien ne s'oppose à ce que dans d'autres registres, spécialement consacrés à cet objet, vous receviez les déclarations de naissances, mariages et décès des esclaves qui le désireraient, pourvu que la qualité d'esclave et le nom du maître, exprimés, soit dans le titre, soit dans le corps de l'acte, ne laissent point d'incertitudes sur l'état social des individus qui y sont désignés.

Tous ces registres au surplus doivent être cotés et paraphés par le Juge à la manière ordinaire.

J'ai l'honneur de vous saluer. *Signé*, LAUSSAT.

(N°. 1214.) DÉPÊCHE *ministérielle de M.* Décrès, *à l'Inspecteur colonial de la Guadeloupe, portant décision relativement au Concours de l'Inspecteur dans les Revues et la Police administratives, et concernant les Honneurs militaires qui lui sont dus.*

Du 8 juin 1807.

JE mande à Messieurs les Capitaine-général et Préfet colonial que, d'après les réglemens anciens et nouveaux, et conformément à ma circulaire du 15 fructidor an XIII, vous devez continuer à assister aux revues, et exercer votre inspection sur les registres et comptabilité tant du Commissaire de marine chargé des revues, et de la police des troupes, que des conseils d'administration des Corps. Je dois, au surplus, vous prémunir contre une erreur, vers laquelle vous paraissez pencher, en vous observant que les Inspecteurs de marine n'ont d'analogie que par leur uniforme, avec les Inspecteurs aux revues. Ces derniers sont au Département de la guerre ce que sont au mien les Commissaires chargés des revues; mais ceux-là ne sont inspectés par personne, ceux-ci le sont, au contraire, par les Inspecteurs de marine ou coloniaux. Votre tâche consiste donc à assister aux revues, à les vérifier et signer, parce qu'elles donnent lieu à une dépense; à prendre connaissance, quand vous le jugerez convenable, de tous registres et pièces de comptabilité relatifs à l'administration des Corps; à instruire M. le Capitaine-général ou M. le Préfet, suivant la nature des affaires, des abus que vous avez pu remarquer, et à me rendre compte de tous ceux que vous jugerez nécessaire de porter à ma connaissance.

Telle doit être, Monsieur, la règle de votre conduite.

Quand au mot d'ordre et au port d'armes, je m'étonne qu'ils aient pu vous être contestés; les articles 59 et 84 du décret impérial du 6 frimaire an XIII, relatifs aux honneurs militaires dans les ports, arsenaux de marine et aux colonies, ont formellement prononcé en votre faveur.

J'ai l'honneur de vous saluer. *Signé* DÉCRÈS.

(Nº. 1215.) LETTRE *du Préfet colonial à M.* Legrand, *Officier spécial de l'Etat-civil, à Saint-Pierre, sur les obstacles qu'éprouve dans la Colonie, l'exécution littérale de l'article* 55, *du Code Civil, concernant les déclarations des Naissances et sur la solennité qu'il convient d'apporter en général aux divers Actes de l'Etat-civil.*

Du 22 juin 1807.

JE donnerai connaissance, Monsieur, à S. E. le Ministre de la marine et des colonies, des difficultés qu'éprouve dans son exécution la disposition modificative même par laquelle nous avions donné trois semaines au lieu de trois jours, que l'article 55 du Code civil accorde, pour les *déclarations de naissances.*

Je croyais qu'une espace de trois semaines pourvoirait suffisamment, soit aux obstacles, soit aux préjugés des localités.

On verra par la suite s'il convient, ou de tenir la main à la rigueur du délai prescrit, ou d'étendre le délai.

Il faut dans tout cela, attendre un peu plus les conseils de l'expérience.

Usez toujours des moyens de persuasion pour vous rapprocher autant que possible de la volonté de la loi.

Je profiterai de cette occasion pour vous observer, Monsieur, qu'à moins de force majeure très-réelle, les naissances et les mariages ne peuvent jamais être constatés hors de votre bureau public. Ce sont des actes solennels : il est de l'intérêt public qu'ils aient la plus grande notoriété.

Telle est au surplus, l'intention de la loi et le Gouvernement a défendu, en France, de s'en écarter.

J'appelle *force majeure*, par exemple, en fait de mariage *in articulo mortis*, *etc.*

J'ai l'honneur de vous saluer. *Signé*, LAUSSAT.

(N°. 1216.) ARRÊTÉ *du Capitaine-général, concernant les Déserteurs des Gens de guerre, et les Fauteurs de Désertion.*

Du 25 juin 1807.

CONSIDÉRANT la nécessité de prendre des mesures répressives contre la désertion et la complicité dont se rendent coupables ceux qui la provoquent ou la favorisent de quelque manière que ce soit ;

Considérant également l'abus que font quelques militaires, des permissions qu'ils obtiennent pour travailler dans les campagnes, et dont ils se servent pour rester errans et vagabonds ; arrête :

Art. 1er. La loi du 19 vendémiaire an XII, portant établissement des conseils de guerre spéciaux, celles du 24 brumaire et 14 vendémiaire an XII, relatives aux fauteurs du crime de désertion, et le décret impérial du 17 messidor an XII, relative à l'établissement des commissions militaires spéciales, pour le jugement des espions et embaucheurs, seront mis en activité à compter du 15 juillet prochain.

II. Les délits de désertion, dont les plaintes sont antérieures à cette époque, seront jugés par les conseils de guerre permanens conformément à la loi du 21 brumaire an V.

III. Les circonstances du délit de désertion étant, pour l'armée de la Martinique, modifiées d'une manière particulière par les localités, tout militaire qui, à l'avenir, sera arrêté hors les limites de sa garnison, ou sur les bâtimens de guerre de l'Etat, sans la permission de ses Chefs, sera réputé déserteur à l'intérieur et puni comme tel.

IV. Sera réputé déserteur à l'étranger et puni comme tel, tout militaire qui sera trouvé, sans ladite permission, à bord d'un navire neutre, ou d'un corsaire, ou d'un bâtiment de commerce allié ou même français.

V. Sera réputé déserteur à l'ennemi et puni comme tel, tout militaire qui sera trouvé dans une embarcation, faisant route vers le territoire ennemi, ou cherchant à gagner un bâtiment ennemi.

VI. Tous les militaires qui ont obtenu des permissions des Chefs de leurs corps, comme travailleurs, seront rappelés sur le champ, sans exception. Ces permissions seront annullées.

VII. Une revue expresse et générale, sera passée par le Commandant des troupes et le Commissaire aux revues, à l'époque qui sera fixée.

VIII. A l'avenir les Chefs des corps ne pourront accorder de permission d'aller travailler à l'extérieur, à moins que la demande ne leur en soit faite par un habitant connu, qui contractera l'obligation de donner avis au corps de tout ce qui pourrait arriver aux militaires travaillant chez lui.

IX. Lesdites permissions seront imprimées et inscrites sur un registre, tenu à cet effet par chaque corps, et visées à l'Etat major général, ou par les Commandans des arrondissemens militaires.

X. A l'expiration des permissions, les hommes qui les auront obtenues rentreront à leurs corps et n'en pourront avoir une nouvelle que sur une autre demande. L'habitant chez lequel ils auront travaillé sera tenu d'informer le Commissaire-commandant du quartier, de leur arrivée, leur séjour et leur départ.

XI. Il est défendu aux Chefs de corps de donner des permissions générales et illimitées.

XII. Tout soldat qui ne sera pas muni d'une permission, ou dont la permission sera expirée, sera arrêté sur le champ, pour être conduit à son corps; il est enjoint aux Commissaires-commandans de donner à ce sujet les ordres les plus précis aux habitans de leurs quartiers respectifs.

XIII. Tout habitant qui donnera asile à des militaires, qui ne sont point en règle, sera poursuivi, conformément aux lois précitées, comme ayant favorisé la désertion et en étant fauteur et complice.

XIV. Il est sévèrement défendu aux militaires, qui auront obtenu des permissions de travailler, de faire le métier de colporteur, et de vaguer dans les bourgs et les habitations.

XV. Le Capitaine-général recommande aux Chefs de bataillon des Gardes-nationales et aux Commissaires-commandans des quartiers, d'établir la plus grande surveillance, afin que les soldats et les marins déserteurs, les vagabonds et les gens sans aveu soient arrêtés sans délai, et constitués prisonniers. Ils rendront compte sur le champ à l'Etat-major général, et aux Commandans d'arrondissement, des arrestations qui auront eu lieu.

XVI. Le Général commandant les troupes, les Commandans des places et arrondissemens militaires, les Chefs des corps, le Commissaire aux revues, les Chefs de bataillon des Gardes-nationales, et les Commissaires-commandans des quartiers sont chargés chacun en ce qui les concerne, de l'exécution du présent.

Donné au Fort-de-France, le 25 juin 1807.

Signé, VILLARET.

(N°. 1217.) ARRÊT *de la Cour d'appel de l'île Sainte-Lucie, concernant la Caisse des Nègres justiciés de ladite île.*

Du 7 juillet 1807.

LA Cour, etc. ordonne qu'en exécution de l'édit du Roi de 1685, le prix des esclaves justiciés

justiciés sera payé à leurs maîtres par une imposition qui sera mise sur chaque tête d'esclaves payans droit.

Que cette imposition sera fixée pour l'année, par la Cour, dans sa séance de janvier, d'après le dénombrement et recensement général dressé sur les états que chaque Commissaire-civil de quartier est tenu d'adresser annuellement audit Procureur-général.

Qu'il sera nommé par la Cour un Receveur-général de la caisse des nègres justiciés chargé de faire la recette, et qui sera responsable des sommes perçues par les Receveurs particuliers qu'il choisira dans les différens quartiers; il lui sera alloué un droit de dix pour cent sur la recette, et rendra ses comptes chaque année à la Cour dans la séance de janvier.

Que le prix de chaque esclave au-dessus de 14 ans, justicié ou tué en marronnage, demeure fixé à la somme de 2,000 l.; laquelle le Receveur-général sera autorisé à payer au propriétaire sur sa requête appointée par la Cour et par ordre de la date dudit appointement.

Qu'attendu l'état malheureux où se trouve la colonie, par les mauvaises récoltes et par la cherté des vivres, et qu'il se trouve dans la caisse coloniale une somme d'environ mille moëdes, provenant en grande partie de celles destinées au paiement des appointemens du Procureur-général en titre d'office, lesquelles se trouvent disponibles par le retard de nomination à cette place; le montant de ces mêmes sommes, ou appointemens non employés, sera d'abord affecté au paiement du prix desdits esclaves justiciés.

Ordonne que copie collationnée du présent arrêt sera adressée par son Président à S. E. le général Brereton, pour être soumis à sa sanction, et qu'ensuite expédition en sera adressée aux officiers de la Sénéchaussée pour y être enregistrée, lue, publié, etc. *Signé*, R. DROUILHET, *greffier*.

(N°. 1218.) ARRÊTÉ *du Préfet colonial, relatif au droit de Surveillance de l'Inspecteur de la Colonie sur la Direction-générale du Domaine.*

Du 10 juillet 1807.

CONSIDÉRANT que rien n'importe autant au bien du service que d'y maintenir, dans toutes ses parties, cette surveillance régulière qui est la meilleure preuve et le plus sûr garant d'une bonne administration;

Considérant qu'il a été élevé mal à propos des doutes sur le droit qui appartient à l'Inspection, dans les colonies, d'étendre l'exercice de ses fonctions jusques dans le sein de la Direction-générale du Domaine ou Revenus publics;

Considérant que ce droit est incontestable par la nature de l'organisation politique des colonies françaises et que les avantages de ce genre de contrôle ne sont mêlés d'aucun inconvénient, puisque l'Inspecteur ne peut au surplus, dans le cours des affaires, rien suspendre et rien ordonner; arrête :

ART. Ier. La Direction-générale du Domaine ou Revenus publics est soumise au contrôle de l'Inspecteur de la colonie, ou du Sous-inspecteur à défaut de l'Inspecteur, comme toutes les autres parties de l'administration ou des finances, aux termes et selon les formes prescrites par les lois.

II. La Direction-générale du Domaine ou Revenus publics est tenue en conséquence d'ouvrir à l'Inspecteur ses bureaux et de lui communiquer ses registres ou papiers toutes les fois qu'elle en sera requise.

III. L'Inspecteur assiste nommément, de droit et nécessairement, aux adjudications et marchés, ainsi qu'aux comptes de la Direction et de ses Receveurs.

Il vérifie à volonté les caisses des Receveurs.

IV. Sera le présent arrêté, enregistré à l'Inspection et à la Direction-générale du Domaine.

Donné à Saint-Pierre, le 10 juillet 1807.

Signé, LAUSSAT.

(No. 1219.) ARRÊTÉ *du Préfet colonial, qui fixe la manière de recevoir les Comptes du Marguillier de la Paroisse du Diamant, à défaut d'Assemblée paroissiale compétente.*

Du 13 juillet 1807.

Vu les lettres qui nous ont été adressées par le Marguillier de la paroisse du Diamant, pour nous prier de lui désigner devant qui il doit rendre ses comptes annuels de marguillage, n'ayant pu malgré l'ordre que nous avions donné le 24 avril dernier, parvenir à réunir une assemblée paroissiale en nombre compétent pour recevoir lesdits comptes,

Vu les ordonnances coloniales des 24 février 1726, et 31 août 1778;

Considérant que le nombre très-circonscrit d'habitans notables, au Diamant, dont la plupart sont presque toujours absens de leur domicile, ne permet pas en effet d'espérer qu'il puisse y être formé à tems une assemblée régulière;

Considérant que ces circonstances exigent qu'il soit pris, dans ce cas particulier, une mesure spéciale; arrête :

Art. Ier. Les comptes du marguillage du Diamant, seront rendus devant le Commissaire-commandant de ladite paroisse en présence et sous le contrôle de l'Inspecteur de la colonie, extraordinairement préposé à cet effet.

II. Le Commissaire-commandant se fera assister dans cette vérification, de deux habitans notables du quartier, et d'un plus grand nombre, si la chose est possible.

Néanmoins s'il ne se trouve pas d'habitans notables sur les lieux, l'opération pourra avoir lieu, sans leurs concours, en se conformant à l'article premier.

III. Il sera procédé au surplus, d'après la teneur des ordonnances coloniales.

IV. Il est attribué, conformément au tarif, quatre gourdes par jour, à titre de vacation et d'indemnité de déplacement, à l'Inspecteur de la colonie, pour tout le tems qu'exigera l'apurement desdits comptes.

Cette dépense sera à la charge de la fabrique du Diamant, et payable par le Marguillier en fonctions, qui est autorisé à l'allouer dans les comptes de son exercice.

V. Le présent arrêté sera enregistré à l'Inspection, et transcrit sur le registre des délibérations de la paroisse du Diamant.

Donné à Saint-Pierre, le 13 juillet 1807. *Signé*, LAUSSAT.

(Nº. 1220) CIRCULAIRE *ministérielle de M.* Décrès, *aux Capitaines-généraux et Préfets coloniaux, qui remet en vigueur, avec quelques modifications, les anciennes mesures du Gouvernement tendantes à empêcher l'introduction et le séjour en France des Noirs et Gens de couleur des deux sexes.*

Du 20 juillet 1807.

L'ACCROISSEMENT, Messieurs, du nombre des noirs et des gens de couleur de l'un et de l'autre sexe qui se sont introduits, et qui journellement s'introduisent sur le territoire continental de l'Empire, a fixé l'attention du Gouvernement.

La déclaration du Roi, du 9 août 1777, avait établi les précautions les plus propres à écarter un pareil abus.

L'arrêté consulaire du 13 messidor an X, n'en a point abrogé les dispositions. S'il paraît difficile de les remettre toutes en vigueur, avant le retour de la paix maritime; si même à cette époque, elles semblent devoir exiger quelques modifications, il en est du moins plusieurs, auxquelles il est indispensable que les Chefs des colonies se conforment dès aujourd'hui.

D'après les articles IV et V de la déclaration du 9 août 1777, aucun habitant des colonies, passant en France, ne pouvait se faire suivre que d'un seul noir, ou mulâtre, de l'un ou de l'autre sexe; et il était obligé de consigner une somme de mille francs, entre les mains du Trésorier de la colonie, pour caution du retour de l'individu de couleur admis à s'embarquer.

Monsieur le Capitaine-général regardera, désormais, cette double condition comme étant de rigueur, dans la délivrance des autorisations d'embarquement, que l'arrêté du 13 messidor lui laisse la faculté d'accorder aux noirs et aux mulâtres.

Aux termes de la déclaration de 1777, ces autorisations porteront visa de la quittance de consignation des mille francs qui auront été versés au Trésor.

Elles seront enregistrées au bureau de l'Inspection de la colonie.

Au commencement de chaque mois, vous me transmettrez, Messieurs, l'état des autorisations de cette nature, qui auront été obtenues dans le mois précédent. Cet état visé par vous, après avoir été fourni et certifié par l'Inspecteur, contiendra les noms des sujets noirs et de couleur, à qui il aura été permis de s'embarquer, leur âge, sexe et profession, le nom des maîtres qui les auront emmenés, celui du port de la destination de chacun d'eux, la date de la quittance de consignation celle d'autorisation d'embarquement, et le nom du navire sur lequel ils auront fait voile.

Tels sont les moyens dont il a été jugé le plus convenable pour le moment, de prescrire l'emploi, aux colonies, à l'effet d'arrêter l'introduction, en France, de la race africaine, le mélange impolitique et scandaleux qui peut en résulter, dans le sang français, et les autres inconvéniens graves attachés à cette immigration.

Des ordres sont donnés dans tous les ports, pour faire repartir, sur les bâtimens mêmes qui les auront amenés, et plutôt si faire se peut, tous nègres, mulâtres ou autres gens de couleur des deux sexes qui pourraient y arriver.

Les frais de garde des individus de couleur, pendant le séjour, en rade des navires, qui les auront illégalement apportés, seront à la charge desdits navires.

Le Ministre plénipotentiaire de France près les Etats-Unis de l'Amérique, est chargé de notifier, ces dispositions aux armateurs anglo-américains; et j'invite le ministre de la police générale à concourir, ici, par l'entremise de ses agens, à en assurer l'accomplissement.

L'ensemble et l'étendue des mesures dont je viens de vous faire part, vous prouveront Messieurs, l'importance que le gouvernement attache à leur succès.

Je ne doute pas que vous ne vous efforciez d'y contribuer efficacement, chacun en ce qui vous concerne; et que vous ne me fournissiez ainsi l'occasion de rendre à l'Empereur, un compte satisfaisant de votre zèle et de votre exactitude sous ce nouveau rapport.

Vous voudrez bien, Messieurs, m'accuser réception de cette dépêche, donner connaissance de son objet à vos administrés, et la faire enregistrer au bureau de l'Inspection de la colonie.

Recevez, Messieurs, etc. *Signé*, DÉCRÈS.

(N°. 1221.) EXTRAIT *d'une Dépêche ministérielle de M. Décrès, au Préfet colonial de la Martinique, relative aux nouvelles Taxes d'Impositions sur cette Colonie.*

Du 23 juillet 1807.

Le Ministre lui accuse réception de ses lettres, au sujet des nouvelles taxes établies d'après ses ordres antérieurs pour subvenir aux besoins du service, et lui mande qu'il en a rendu compte à l'Empereur.

« Je ne puis, ajoute-t-il, qu'approuver les dispositions que vous avez prises de concert avec M. le Capitaine-général, puisque le choix des impôts paraît avoir été déterminé par l'opinion publique; car sans cette considération, je vous dirais qu'à la place de quelques-uns de ces impôts qui ajoute beaucoup aux charges de même nature, on aurait pu en introduire qui, atteignant plus universellement la masse des administrés, étaient par conséquent susceptibles de taxes très-modérées. Au surplus l'expérience vous indiquera quelles sont les améliorations à faire en cette partie, si les circonstances exigent que la Martinique continue de fournir pendant quelque tems au trésor colonial le même surcroît de revenu.

« L'envoi que je vous ai fait de deux millions par ordre de S. M., coïncidant avec les nouvelles taxes, vous permettra d'éteindre la dette arriérée, et de pourvoir aux dépenses de l'exercice prochain, et le secours inespéré que la colonie reçoit, malgré les embarras des conjectures politiques, lui est un sûr garant de ce qu'elle peut attendre des bontés de S. M. dans des tems plus tranquilles. »

(N°. 1222.) CIRCULAIRE *ministérielle de M.* Décrès, *aux Préfets des Colonies, relative aux Remboursemens à faire par le Département de la guerre, aux Caisses des Colonies, des Avances faites pour payemens de Solde de retraite ou Traitement de reforme.*

Du 5 août 1807.

Le Ministre dans cette circulaire, mande aux Préfets coloniaux, qu'il importe que les caisses des colonies puissent être remboursées, suivant les intentions de l'Empereur, de toutes les avances qu'elles font pour objets étrangers au service colonial, tels que les dépenses des forces navales, du trésor public et du département de la guerre. En conséquence de ces dispositions qui sont déjà en vigueur pour la marine et le trésor public, il demande qu'il lui soit adressé exactement tous les trimestres, un état général et nominatif des officiers, sous-officiers et soldats de l'armée de terre, domiciliés dans la colonie, et qui jouissent de solde de retraite ou de traitement de réforme, et des sommes payées à chacun d'eux pour l'une ou l'autre de ces causes pendant le trimestre précédent, avec indication des corps et grades où ils ont terminé leur activité de service, etc.; afin de faire rembourser par le Ministre de la guerre ces avances, et en faire faire l'envoi à la colonie qui les aura faites.

(N°. 1223.). ARRÊTÉ *des Capitaine-général et Préfet colonial, portant Ouverture des Ports du* François *et du* Robert, *jusqu'à nouvel ordre.*

Du 13 août 1807.

Vu la pétition de plusieurs habitans notables du François par laquelle ils exposent au nom de ce quartier, que, par l'effet de la guerre, les habitans du François ne peuvent qu'à travers mille dangers, et à un prix exorbitant, faire transporter par mer leurs denrées dans les ports ouverts aux étrangers; que la voie de terre n'étant pas plus praticable, à cause de la dépense, il en résulte qu'une très-grande partie des sirops reste invendue et à pure perte, et qu'il est presqu'impossible de pourvoir à la subsistance de la population d'esclaves; que cet état de choses semble nécessiter l'ouverture du port de ce quartier au commerce neutre;

Vu une semblable pétition et pour les mêmes motifs présentée au nom du quartier du Robert, par Messieurs Catalogne, chef de bataillon, et Gaigneron, commissaire-commandant;

Vu l'arrêté colonial du 11 avril dernier, concernant une subvention extraordinaire de guerre, pour cette année, par lequel il est statué, article XIX, conformément aux ordres de S. M. l'Empereur et Roi, dans la dépêche ministérielle du 6 septembre dernier, " qu'il " ne sera plus fait de chargement, déchar- " gement, ni expédition de navires dans les " lieux où il n'y aurait pas des bureaux de " Douanes; ,, arrêtent:

Art. Ier. Les ports du François et du Robert, sont provisoirement et jusqu'à nouvel ordre, ouverts aux navires neutres, sauf à y établir les bureaux nécessaires pour le service de la douane.

II. Le présent arrêté sera enregistré à l'Inspection et à la Direction-générale du Domaine.

Donné à la Martinique, le 13 août 1807. *Signé*, Villaret et Laussat.

(N°. 1224.) PROCLAMATION *de Son Exc. le Brigadier général* Alexandre Wood, *Commandant de l'île Sainte-Lucie, qui remet en vigueur l'article III de l'Ordonnance du Général Brereton, du 8 octobre 1805, concernant les Colporteurs, et qui prescrit à ceux-ci d'être toujours porteurs de la quittance du Receveur de la Colonie, et qui attribue le produit des Marchandises saisies, savoir, moitié aux différens Commis à la Police, et l'autre moitié au Receveur de la Colonie.*

Du 18 août 1807.

Enregist. à la Cour d'appel de Ste-Lucie.

(N°. 1225.) ARRÊTÉ *des Capitaine-général et Préfet colonial, qui fixe les Emolumens et Droits à percevoir par le Jaugeur de la Colonie pour le Tonnage des Bâtimens du Commerce.*

Du 20 août 1807.

CONSIDÉRANT que les émolumens et droits perçus par le Jaugeur de la colonie, pour le tonnage des bâtimens du commerce, ne sont fondés que sur un usage variable ; qu'il importe au commerce qu'il en soit dressé un tarif légal et authentique, et que le Jaugeur actuellement en exercice réclame lui-même depuis long-tems cette fixation ;

Après nous être fait présenter l'état desdits droits et émolumens, tels qu'ils se perçoivent aujourd'hui, et avoir pris l'avis de négocians notables et expérimentés de St-Pierre; arrêtent :

Art. 1er. Le tarif des droits et émolumens à percevoir par le Jaugeur de la colonie, ou ses préposés, pour le tonnage des bâtimens du commerce, nationaux et étrangers, est déterminé comme suit, savoir :

Les bâtimens au-dessous de 30 tonneaux, non pontés, paieront 36 livres, et lorsqu'ils seront pontés, 54 livres.

Les bâtimens depuis 30 tonneaux, jusqu'à 50 exclusivement paieront pour lesdits droits lorsqu'ils seront pontés 72 livres, et s'ils ne le sont pas 54 livres seulement ;

Les bâtimens de 50 à 75 tonneaux inclusivement, 90 livres.

Ceux au-dessus de 75 tonneaux quelle que soit leur capacité croissante, paieront, en sus de cette dernière somme, 40 sous par chaque tonneau excédant.

II. Toutes lesdites sommes sont stipulées argent des colonies.

III. Le Chef d'administration est chargé de l'exécution du présent arrêté, qui sera enregistré à l'Inspection.

Donné à la Martinique, le 20 août 1807. *Signé*, Villaret et Laussat.

(N°. 1226.) Arrêté *des Capitaine-général et Préfet colonial, qui exempte de la Taxe locative pour* 1807, *les Maisons tenues à loyer par le Gouvernement et les Logemens loués par les Officiers militaires ou civils à qui le Gouvernement alloue leur logement en argent.*

Du 22 août 1807.

(N°. 1227.) Arrêté *du Préfet colonial, qui accorde au 1er. Bataillon du 82e. Régiment, en garnison à Saint-Pierre, une somme de 6490 livres coloniales, pour le remblai et le nivellement de* la Place d'armes et Cours Napoléon, *à l'emplacement ci-devant appellé Savanne des Religieuses ou de la Rivière du Fort Saint-Pierre.*

Du 9 septembre 1807.

(N°. 1228.) Extrait *d'une Dépêche ministérielle de* M. Décrès, *au Préfet colonial, relativement au traitement du Député de la Martinique, en France.*

Du 14 septembre 1807.

Le Ministre mande au Préfet, dans cette dépêche, que S. M. l'Empereur et Roi ayant décidé que Monsieur *Dubuc*, député de la Martinique, jouira du traitement de 24,000 francs, sollicité par lui, à compter du jour de la reprise de possession de la colonie, il l'invite à faire verser annuellement de la caisse des Deniers municipaux dans celle du Payeur principal, la même somme de 24,000 francs, qu'il fait payer à Monsieur Dubuc, sur les fonds généraux des colonies, à partir du jour où la taxe des nègres justiciés chargée de cette dépense a été perçue par la caisse des Deniers municipaux.

(N°. 1229.) Extrait *d'une Dépêche ministérielle de* M. Décrès, *au Préfet colonial, concernant la Caisse des Deniers municipaux de la Martinique.*

Du 14 septembre 1807.

Le Ministre demande au Préfet, dans cette dépêche, de lui envoyer avec exactitude les bordereaux et états des recettes et dépenses du Trésorier des Deniers municipaux, aux époques où il fait les mêmes remises pour la caisse du Payeur principal.

(N°. 1230.) ARRÊT *de la Cour d'appel de l'île Sainte-Lucie, concernant la Caisse des Nègres justiciés de ladite île.*

Du 5 octobre 1807.

CE jour, la Cour délibérant sur la proposition de M. le général Wood, relative à la caisse des nègres justiciés, ouï le Procureur-général du Roi en ses conclusions;

Considérant que par son arrêté du 7 juillet dernier, elle a déjà ordonné l'établissement d'une caisse pour le paiement des nègres justiciés et qu'il ne reste aujourd'hui qu'à déterminer la quotité de l'imposition et le mode de perception, a ordonné et ordonne :

ART. Ier. A partir du 1er. janvier 1808, il sera perçu par tête de nègre de tout âge, et de tout sexe, une capitation de 20 sous, argent de la colonie.

II. Elle a nommé et nomme pour la perception de ladite taxe, M. Genest Roussin, commis-greffier, auquel elle attribue, conformément au précédent arrêt, dix pour cent sur la recette effective, à la charge par lui d'établir, à ses frais et dépens, les Receveurs-particuliers nécessaires dans les différens quartiers.

III. Après que les dénombremens de cette année seront fournis, le Procureur-général remettra au Receveur un état général des contribuables, et du nombre de leurs nègre sujets à ladite capitation, et la perception de la taxe commencera au 1er. janvier prochain, sans pouvoir être plus retardée que jusqu'au mois de juillet suivant.

IV. Les délinquans à ladite taxe seront contraints au paiement d'icelle, à la diligence du Procureur-général ou de ses Substituts, par les voies de droit, même par saisie et vente des nègres sans distinction.

V. Le prix des nègres justiciés ayant été fixé par l'arrêt précédent, à 2,000 livres, le Receveur sera tenu de payer ladite somme conformément à ce qui est prescrit par ledit arrêté du 7 juillet dernier.

VI. A la séance du mois d'octobre 1808, le Receveur-général sera tenu de présenter ses comptes à la Cour pour être arrêtés, et d'après l'état de la caisse, la Cour déterminera si la taxe doit être supprimée, continuée ou diminuée pour l'année suivante.

VII. A la diligence du Procureur-général, le présent arrêt sera lu, publié et enregistré à la Sénéchaussée, et affichée dans les paroisses, etc.

Signé, R. Drouilhet, *greffier*.

(No. 1231.) Arrêt *de la Cour d'appel de l'île Sainte-Lucie, concernant les Terreins non clos de la Ville de Castries.*

Du 5 octobre 1807.

Ce jour, la Cour délibérant sur la proposition du général Wood, relative aux terreins de la ville de Castries en non-valeur; ouï, le Procureur-général du Roi en ses conclusions.

Considérant que par les lois existantes, tous concessionnaires de terreins dans les bourgs, sont tenus de les mettre en valeur dans un tems déterminé, sous peine de réunion au Domaine;

Considérant que dans la ville de Castries, il y a une infinité de terreins sans clôture et sans culture, qui étant le réceptacle de toutes les ordures de la ville, nuisent à la salubrité de l'air;

Considérant que s'il fallait suivre à la rigueur les ordonnances, on exigerait qu'on y élevât des édifices dans l'an et le jour de la concession, mais que la situation de la colonie porte la Cour à ne pas exiger de pareilles dépenses; elle a ordonné et ordonne:

Que dans trois mois de la publication du présent arrêt, tous propriétaires de terreins dans la ville de Castries, seront tenus de les faire clore et nétoyer sous peine de nullité de concessions.

Tout contrevenant à la présente disposition, sera poursuivi, à la diligence du Procureur du Roi de la Sénéchaussée, en réunion du terrein au Domaine, suivant la forme prescrite par la déclaration du Roi du 17 juillet 1743, pour ledit terrein être de nouveau concédé.

Ordonne que le présent arrêté, sera publié, affiché et envoyé à la Sénéchaussée, pour y être enregistrée, etc. *Signé*, DROUILHET, *greffier*.

(N°. 1232.)

(N°. 1232.) ARRÊT *de la Cour d'appel de l'île Sainte-Lucie, relative à l'administration des Biens des Absens de la Colonie.*

Du 5 octobre 1807.

CE jour, la Cour délibérant sur la proposition du général Wood, relative à l'administration des biens des absens, et ouï le Procureur-général du Roi, en ses conclusions ;

Considérant que la guerre est un obstacle à l'envoi des procurations des absens ; qu'il en est plusieurs qui ont des biens dans cette colonie, qui souffrent de leur absence et du défaut de représentant ;

Considérant, que la plupart du tems on est dans l'embarras pour assigner les absens ; que tantôt les assignations sont données au dernier domicile, tantôt à cri public et tantôt à l'hôtel du Procureur-général, mais que de quelque manière qu'elles le soient, l'absent n'est jamais défendu ; a ordonné et ordonne :

Que dès la publication du présent arrêt, il sera établi une régie des biens des absens, non légalement représentés, sous les mêmes formes et mode de l'administration des successions vacantes, et conformément à l'édit de 1781 ; que ces deux administrations seront réunies, et que toutes demandes seront dirigées contre le Régisseur. La Cour invite en conséquence M. le général Wood, à vouloir bien faire délivrer une commission de Régisseur des biens des absens, à M. Gabriel Arnauld, Curateur aux successions vacantes.

Sera le présent, etc. *Signé* R. DROUILHET.

(N°. 1233.) DÉPÊCHE *ministérielle de M.* DÉCRÈS, *aux Capitaine-général et Préfet colonial de la Martinique, qui annonce un prochain envoi de Fonds, et qui enjoint une levée d'Impositions locales pour subvenir au surplus des Dépenses de la Colonie.*

Du 13 octobre 1807.

JE m'empresse, Messieurs, de vous annoncer qu'un décret impérial, du 9 de ce mois, ordonne qu'il sera mis sans délai à ma disposition une somme d'un million, pour le service de la colonie pendant l'exercice 1808, et je donnerai bientôt avis, à M. le Préfet colonial, de la remise de ce fonds au Consul général de France à Philadelphie.

Mais je dois aussi vous prévenir que l'article 3 du même décret porte qu'il sera pourvu au surplus des dépenses de la Martinique pendant 1808, au moyen des impositions perçues sur les lieux : vous sentirez donc la nécessité de prendre sans retard les mesures convenables pour mettre les ressources de la caisse coloniale au niveau de ses besoins. Je ne puis trop vous recommander de faire à cet égard tout ce qu'exigent les intentions très-positives de l'Empereur.

Recevez, Messieurs, l'assurance, etc. *Signé*, DÉCRÈS.

(N°. 1234.) CIRCULAIRE *du Préfet colonial, aux Commissaires commandant les Paroisses, relative aux Dénombremens et Récensement pour l'année* 1808.

Du 20 octobre 1807.

N. B. Cette circulaire est en tous points conforme à celle, sur le même sujet, du 1er. thermidor an XII, voyez le N°. 1057, tome IV, pages 680 et 681.

(N°. 1235.) INSTRUCTIONS *du Préfet colonial, adressées aux Commissaires commandant les Paroisses, sur la manière dont ils doivent recevoir les déclarations des Habitans, pour leurs Dénombremens et Récensement pour l'année* 1808.

Du 20 octobre 1807.

N. B. Ces instructions sont absolument les mêmes que celles sur le même objet, du 1er. thermidor an XII; voyez le N°. 1058, tome IV, pages 682 *et suiv.*

(N°. 1236.) ARRÊTÉ *du Préfet colonial, concernant la formation des Dénombremens et Récensement de l'île Martinique, pour l'année* 1808.

Du 20 octobre 1807.

N. B. Cet arrêté est absolument le même que celui sur le même objet, du 1er. thermidor an XII; voyez le N°. 1059, tome IV, pages 684 *et suivantes.*

(N°. 1237.) ARRÊTÉ *des Capitaine-général et Préfet colonial, qui ordonne la réunion du Jardin potager, (vendu par les Anglais, à M.* Eyma, *) à l'enclos de l'Hôpital de St-Pierre, et le remboursement de la somme de* 15,000 *livres coloniales, prix d'achat à son Acquéreur.*

Du 29 octobre 1807.

(N°. 1238.) ARRÊT *de la Cour d'appel, de l'île Martinique, qui ordonne que les Avoués de son Ressort seront tenus de certifier l'exactitude de toutes les Pièces qu'ils pourront faire signifier.*

Du 6 novembre 1807.

LA Cour, etc., ordonne que conformément à l'article 33 de l'ordonnance du 10 mai 1771, les Avoués de son ressort, seront tenus de certifier l'exactitude de toutes les pièces qu'ils pourront faire signifier; ordonne qu'à la diligence du Procureur-général, le présent arrêt sera notifié aux deux Doyens desdits avoués pour qu'ils aient à s'y conformer, et à en donner communication à leurs confrères.

Fait en la Cour d'appel, séant au Fort-de-France, le 6 novembre 1807. *Signé*, RONDEAU, *greffier en chef.*

(N°. 1239.) ARRÊTÉ *du Préfet colonial, portant qu'il sera fait enregistrement à l'Inspection de la Martinique, pour y servir de règle et d'instruction comme à la Guadeloupe, de la Dépêche de S. Exc. le Ministre de la Marine et des Colonies, en date du 8 juin 1807, qui contient Décision, relativement* au concours de l'Inspecteur, dans les Revues, et la Police administrative des Troupes, *et concernant* les Honneurs militaires *qui lui sont dûs.*

Du 27 novembre 1807.

N. B. Voyez le N°. 1214, page 219, de ce tome.

(N°. 1240.) ARRÊTÉ *du Préfet colonial, qui ordonne, que l'Hôpital militaire du Fort-de-France, continuera à jouir comme avant la Révolution, d'un Terrein attenant à son enclos malgré les prétentions contraires des Propriétaires de l'Habitation limitrophe, dite* habitation Duthuron.

Du 14 décembre 1807.

(N°. 1241.) ARRÊTÉ *des Capitaine-général et Préfet colonial, portant que nul n'obtiendra de* Passe-port *pour sortir de la Colonie, qu'il ne justifient préalablement du paiement de ses Contributions.*

Du 15 décembre 1807.

CONSIDÉRANT que parmi les non-valeurs qui surviennent annuellement dans la perception des contributions, d'après le rôle, il en est un bon nombre de motivées sur ce que le contribuable a disparu ou est inconnu.

Considérant que, s'il a été pris de sages mesures pour que nul ne put échapper, par un départ évasif de la colonie, aux poursuites de ses créanciers ordinaires, les créances de l'Etat, plus privilégiées encore, réclament aussi des garanties qui leur soient appropriées; arrêtent :

ART. Ier. Nul contribuable porté sur les rôles n'obtiendra, à l'avenir, de passe-port pour sortir de la colonie, qu'autant qu'il représentera un certificat du Receveur-général, visé par le Directeur-général du Domaine, portant qu'il n'est redevable d'aucune partie de contribution publique d'après les rôles.

II. Les contribuables en annonçant d'avance par les papiers publics, leur départ, aux termes des ordonnances coloniales, insèreront eux-mêmes, d'après l'avis imprimé, une pareille déclaration.

III. Cet arrêté sera publié et affiché aux formes ordinaires; il sera enregistré à l'Inspection et à la Direction-générale du Domaine.

Donné à la Martinique, le 15 décembre 1807. *Signé*, VILLARET et LAUSSAT.

(N°. 1242.) CIRCULAIRE *du Préfet colonial, relative aux Contributions publiques, aux Certificats d'Indigence et aux Non-valeurs.*

Du 16 décembre 1807.

LES commissions, Monsieur, qui ont été successivement chargées d'examiner les comptes des Receveurs, ont toutes été frappées des abus qui existent dans les certificats d'indigence et, en général, dans les non-valeurs : elles ont toutes fait de ce sujet la matière de leurs représentations.

J'ai accueilli leurs avis avec cette sérieuse attention qui est due à des hommes choisis parmi ce qu'il y a de plus respectable dans la colonie, et évidemment exempts, dans leurs recherches et leurs jugemens, de tout autre sentiment et de tout autre intérêt que la décharge de leur conscience et le pur amour de l'ordre et du bien public.

J'avais moi-même éprouvé la même indignation la première fois que j'avais eu occasion de mesurer l'étendue de cet abus : je m'efforçai d'y remédier sur le champ par l'arrêté réglementaire du (6 août 1804) 18 thermidor an XII.

La commission, qui vient de terminer l'examen des comptes de l'exercice an XIV (1806), s'est récriée sur les conséquences qui sont résultées de l'inexécution de cet arrêté. " Très-peu de quartiers, [dit-elle dans un rapport qu'elle m'a présenté, après de longues vérifications et avant de se séparer,] " très-peu " de quartiers se sont conformés à la marche " prescrites : il en est très-peu où les comités, " que l'arrêté établit, se soient assemblés.

" Pour première preuve, la plus grande " partie des certificats d'indigence ne sont " signés que du Commissaire-commandant et " du Curé, et, dans la plupart des autres, " il paraît que les signatures ont été recueillies " isolément çà et là, pour donner un air " de légalité à une chose qui en était réel" lement tout-à-fait dépourvue. Mais la plus " forte preuve, la preuve incontestable, c'est " que, parmi ces prétendus indigens, on " trouve des contribuables qu'il est impossible " de considérer comme tels, puisqu'ils sont " en général propriétaires de 8, 10, 12 et " jusqu'à 29 esclaves. Il est enfin plusieurs " de ces listes d'indigens, où par une sin" gularité assez étrange, le Commissaire-com" mandant s'est porté lui-même, lui qui d'or" dinaire, est choisi entre les plus riches " habitans. „

La commission observe " Que des proprié" taires de plus de cinq esclaves ne doivent " pas être rangés au nombre des indigens,

" quoiqu'ils puissent d'ailleurs avoir droit à
" la bienfaisance du Gouvernement, soit
" comme surchargés de famille, soit à raison
" de pertes fortuites et considérables qu'ils
" auraient essuyées : le Gouvernement y pour-
" voirait dans ces sortes de cas par lui-même
" et sur des renseignemens particuliers. „

C'est aussi une remarque qui échappe à peu de personnes et que la commission a relevée : " Qu'il suffit d'avoir été porté une
" année au nombre des indigens, pour avoir
" comme acquis le droit d'y être ensuite porté
" tous les ans, quoique souvent on eut dû
" cette faveur à des accidens passagers et à
" la situation du moment. „

Une source encore de non-valeurs, autre que celle des certificats d'indigence, mais également abusive, ce sont les cotes des inconnus et des absens.

Le Capitaine-général et moi venons de rendre un arrêté qui en diminuera considérablement le nombre : il y est posé en règle, que personne n'obtiendra à l'avenir de passe-port pour sortir de la colonie, qu'il n'ait préalablement justifié du paiement de ses contributions.

Continuant à profiter des lumières et des conseils de la commission, je vais ajouter quelques dispositions d'exécution à celles que contient déjà l'arrêté du (6 août 1804) 18 thermidor an XII.

Je vous avertis donc, Monsieur, que, dorénavant, 1°., il ne sera plus admis de certificats d'indigence, qu'autant que les formalités ordonnées par l'arrêté du 18 thermidor an XII, auront été fidèlement et rigoureusement observées, tous autres certificats de cette espèce sont nuls et je n'y aurai aucun égard.

2°. Qu'il faudra autant de certificats d'indigence qu'il y aura de contribuables déclarés susceptibles d'exemption;

3°. Qu'enfin tout contribuable blanc, propriétaire de plus de cinq esclaves, et tout contribuable de couleur, qui possédera en propriété plus de deux esclaves, ne pourra être exemptés que par décision spéciale et directe du Préfet colonial. On sera tenu, pour l'obtenir, d'adresser sa pétition, avec les pièces à l'appui, au Directeur-général du Domaine, qui en fera son rapport au Préfet.

Quant aux cotes d'inconnus, elles ne seront déchargées, qu'au bout de cinq années. Le Receveur-général sera tenu d'en dresser un état séparé à la fin de chaque année et de justifier des poursuites qu'il aura faites, par lui ou par les Receveurs particuliers, pour découvrir ces inconnus ou leurs ayans-cause, soit acquéreurs, héritiers ou autres. Cet état, visé et vérifié par le Directeur-général du Domaine, sera présenté au Préfet colonial et joint aux comptes.

Je vous invite, Monsieur, à user de toute votre autorité et de toute votre influence pour que le surcroit de précautions que nous prescrivons aujourd'hui ne tourne pas à pure perte. Je ne rappelerai pas ici combien de puissans motifs vous en pressent. Je vous les ai naguères retracés dans ma circulaire du 6 avril dernier. J'y ai montré que les funestes conséquences de tout relâchement en cette partie retombaient sur la colonie en général et sur le contribuable exact en particulier.

L'Empereur, au milieu même des combats, n'a pas perdu un instant de vue la Martinique. Au moment de rouvrir la campagne, et du fond de l'Europe, il surpassait, par les secours qu'il nous envoyait, et ses premières promesses et nos espérances : Qu'eussions-nous fait, depuis quatre mois, sans ces secours ? Ils sont néanmoins fort au-dessous de nos besoins. S'il survient des non-valeurs dans les contributions destinées à y suppléer, à qui nous en prendrons-nous pour remplir ce vide, occasionné par le contribuable qui ne paye pas, sinon au contribuable qui paye ?

L'opinion universelle des Colons ne saurait être différente de l'opinion de ceux d'entr'eux qui, trois années de suite, ont été à même de s'en former une à cet égard et de s'en expliquer dans la commission des comptes : car leur cause à tous et leur bon esprit sont les mêmes.

Loin d'eux et loin de nous de ne pas compatir à la situation du véritable indigent : heureux au contraire, en le connaissant, de pouvoir le soulager ! mais l'humanité devient répréhensible chez l'homme public, quand il néglige de la concilier avec le sentiment de la justice et le sentiment de l'ordre.

J'ai l'honneur de vous saluer, etc. *Signé*, LAUSSAT.

(N°. 1243.) PROCLAMATION *de Son Exc. le Brigadier-général* Alexandre Wood, *Commandant de l'île Sainte-Lucie, concernant la Vérification des Titres de liberté des Gens de couleur.*

Du 4 janvier 1808.

CONSIDÉRANT qu'après les évènemens qui se sont succédés depuis 15 ans à Sainte-Lucie, une loi qui assure la liberté aux gens de couleur qui en jouissent justement, ne peut que leur être avantageuse, en les distinguant de ceux qui ont usurpé le titre de libres.

Considérant qu'au moment où la colonie a été soumise aux armées de S. M. B., une pareille loi émanée des Chefs de la Martinique, en date du 15 mars 1803, allait s'exécuter, et que la vérification actuelle des titres de liberté sera aussi utile à la colonie qu'aux individus de couleur véritablement libres, dont elle fixera l'état d'une manière irrévocable, nous, etc., avons ordonné et ordonne :

ART. Ier. Tous les gens couleur de l'un et de l'autre sexe, se disant libres, qui ont pris l'année dernière des dénombremens, où qui se sont fait porter sur ceux d'autrui, seront tenus d'envoyer à M. le Procureur-général de la Cour d'appel, ou de remettre à MM. les Commissaires de leur quartier, qui les feront passer à ce Magistrat, les titres en vertu desquels ils se prétendent libres, dont il leur sera fourni un récépissé sans frais.

II. Ceux des gens de couleur se disant libres, de l'article ci-dessus qui dans le délai de trois mois, à compter de la publication des présentes, n'auront pas représenté leurs titres de liberté, seront considérés comme esclaves épaves, et comme tels vendus à l'encan au profit du Domaine.

III. Les gens de couleur, se disant libres, qui n'ont pas pris des dénombremens, ou ne sont pas portés sur ceux d'autrui, seront tenus d'en prendre un dans le délai d'un mois, et de remettre en même-tems aux Commissaires leurs titres de liberté, qui les fera également passer au Procureur-général, et faute de ce faire, les délinquans seront considérés comme épaves.

IV. Le Procureur-général, après avoir vérifiés les titres à lui présentés ou envoyés, nous en fera son rapport, d'après lequel et sur ses conclusions, il sera par nous prononcé sur la validité desdits titres.

V. Ceux des gens de couleur dont les titres auront été validés, recevront une patente ou certificat, qui les maintiendront dans la possession de leur état, laquelle patente ou certificat sera enregistrée sur un double registre, dont l'un sera déposé au Greffe de la Sénéchaussée, et l'autre demeurera dans les Archives de notre Gouvernement ; le tout sans frais pour lesdits gens de couleur.

VI. A l'égard de ceux dont les titres auront été jugés non-valides, ils seront obligés de retourner chez leurs anciens maîtres qui seront tenus de les porter comme esclaves sur leur dénombrement. Si leurs anciens maîtres ne sont pas connus, ils seront obligés, par une condescendance de notre part, de sortir de la colonie, à moins que par des circonstances particulières, nous ne jugions convenable de leur accorder l'affranchissement.

VII. A l'égard des individus qui allégueront avoir perdu leurs titres de liberté par des incendies ou évènemens désastreux qui ont désolé cette colonie, ils seront admis à en faire la preuve, tant par titres équivalens que par trois témoins au moins, mâles et de couleur blanche, laquelle enquête sera faite devant un membre de la Cour d'appel, s'il y en a dans le quartier, ou devant les Commissaires civils respectifs; et ce, dans le délai de deux mois.

VIII. Tous les gens de couleur libres, dont les libertés auront été validés, qui auront des enfans, seront tenus de prendre pour chacun d'eux, une patente de liberté sur la représentation de l'acte de leur baptême; et ce, dans le délai prescrit, par l'article III, et pour ceux des enfans qu'ils auront à l'avenir, dans les trois mois de leur naissance, à l'effet d'être inscrit sur les registres de liberté.

IX. Messieurs les Curés ne pourront à l'avenir baptiser aucun enfant, et marier aucun homme ou femme de couleur, comme libres, que sur la présentation de la patente de liberté, dont ils feront mention dans leur acte.

X. Six mois après la publication de la présente ordonnance, il sera fait une recherche exacte, à la diligence du Procureur du Roi, des individus qui ne seront pas munis des patentes, et qui ne seront point portés sur aucun dénombrement comme esclaves, et les individus, s'il s'en trouve dans ce cas, seront vendus comme épaves.

Prions messieurs les Officiers, *etc.*

Donné à Ste-Lucie, le 4 janvier 1808.
Signé, ALEXANDRE WOOD.

Enregist. à la Cour d'appel de Ste-Lucie.

(N°. 1244.) ARRÊT *de la Cour d'appel de l'île Sainte-Lucie, qui fixe à 30 sols par gallon, le droit d'importation des Rums étrangers dans cette Colonie, à compter du premier février* 1808.

Du 6 janvier 1808.

(N°. 1245.) ARRÊT *de la Cour d'appel de l'île Sainte-Lucie, qui ordonne que les Poids dans tous les quartiers de la Colonie, soient vérifiés et étalonnés, et qu'à l'avenir il ne soit plus permis de vendre, ni acheter, qu'au Poids français, sous telles peines qu'il appartiendra.*

Du 6 janvier 1808.

(N°. 1246.) ARRÊT *de la Cour d'appel de l'île Sainte-Lucie, concernant les Actes de Décès dans les Paroisses où il ne se trouve pas de Curé.*

Du 6 janvier 1808.

LA Cour considérant qu'un des objets les plus utiles que les lois aient eu en vue dans dans toute société policée a été de constater d'une manière certaine les décès; considérant que le défaut de curés, dans la plupart des paroisses de la colonie, rend insuffisantes les dispositions de l'ordonnance à cet égard, et sur ce, ouï le Procureur-général du Roi, a ordonné et ordonne :

1°. Que dans les paroisses où il n'y a point de curé, les registres des sépultures seront déposés chez les Marguilliers, s'il y en a un, et dans le cas contraire, chez le Commissaire du quartier.

2°. Le plus proche parent d'une personne décédée, et à son défaut, le propriétaire de la maison où la personne sera décédée seront tenus, dans le cas où on ne pourrait avoir le curé le plus prochain pour l'inhumation, et pour en rédiger l'acte, de faire dénoncer le décès avant la sépulture au Marguillier, ou au Commissaire chez lesquels seront les registres, qui, sur le témoignage de deux témoins, rédigeront l'acte de décès.

Sera le présent arrêt, lu, *etc.* *Signé*, R. DROUILHET, *greffier en chef.*

(N°. 1247.) ARRÊT *de la Cour d'appel de l'île Sainte-Lucie, qui ordonne aux Procureurs de donner la communication de leurs Dossiers, trois jours avant la séance de la Cour.*

Du 6 janvier 1808.

CE jour, le Procureur-général a dit : " Que " le Ministère public, fait pour porter une " œil scrutateur sur les formes suivies ou " méprisées de la procédure, n'était instruit " des causes que par les plaidoieries, et que " dans les causes appointées on négligeait de " suivre un réglement porté au Code, et " toujours exécuté à la Martinique, qui était

" de nommer un Evangéliste en même-tems
" qu'un Rapporteur; usage pourtant bien avan-
" tageux, puisqu'il n'en peut résulter qu'un
" plus grand jour sur les questions à décider
" par la Cour. „

En conséquence la Cour a ordonné et ordonne:

1°. Que trois jours avant la séance, les Procureurs seront tenus de donner en communication leurs dossiers par la voie du Greffe, au Procureur-général, sous peine de renvoi de la cause.

2°. Qu'à l'avenir, et lors de la nomination du Rapporteur, il sera nommé en même-tems un Evangéliste, auquel les dossiers seront communiqué quinze jours avant le rapport.

Sera le présent arrêt notifié aux Procureurs en la Cour, à la diligence du Procureur-général, qui en certifiera la Cour à la prochaine séance. *Signé*, R. DROUILHET, *greffier en chef.*

(N°. 1248.) ARRÊTÉ *des Capitaine-général et Préfet colonial, pour qu'il soit fait des Plantations extraordinaires de Vivres du pays, à cause des circonstances de la guerre.*

Du 18 janvier 1808.

VU l'ordonnance du 15 mars 1714, et celles des Gouverneur et Intendant de la colonie, des 1er. septembre 1736, 10 mars 1740 et 24 juillet 1751.

Considérant que les mesures violentes que vient d'adopter l'Angleterre, par les ordres du Roi, du 11 novembre dernier, et les conditions inouïes qu'elle prétend imposer à la navigation

navigation des neutres, sont si contraires aux premiers principes du droit des gens et si incompatibles avec l'indépendance et l'honneur des autres nations, que nous devons dès-à-présent les regarder comme l'équivalent d'une interdiction absolue de tout pavillon neutre sur les mers;

Considérant qu'en effet le bruit s'est déjà répandu avec les apparences d'une parfaite certitude, que les Etats-Unis, à la réception de cette nouvelle, ont aussitôt mis un embargo général dans leurs ports;

Considérant que, bien que par une faveur signalée de la Providence et par une suite de cette bonne fortune qui s'étend sur tout ce que l'étoile et la puissance de l'Empereur Napoléon protègent, ces évènemens arrivent à l'instant où cette île et ses magasins impériaux sont plus surabondamment approvisionnés en vivres et denrées de consommation qu'ils ne l'avaient été de toute cette guerre et de toutes les guerres précédentes;

Considérant que, malgré la confiance si bien justifiée que doivent nous inspirer le génie et les prodiges du grand-homme qui tient aujourd'hui dans ses mains, à la tête de l'Empire français, les destinées de la terre, et qui saura, n'en doutons point, faire sortir de cet excès d'animosité et de fureur une prompte et glorieuse paix, nous serions imprudens et inexcusables de ne pas prémunir cette colonie contre les conséquences de l'abandon à ses propres moyens, dont les circontances actuelles la menacent; arrêtent :

ART. Ier. Tout habitant est tenu d'avoir et d'entretenir, sur ses terres, des plantations de manioc à raison d'un carré par vingt têtes de nègres ou d'esclave de tout âge, et en outre des plantations de patates à raison d'un quart de carré par même nombre de nègres ou d'esclaves, et de plus enfin des plantations de bananiers à raison de vingt-cinq touffes par tête de nègres ou d'esclaves.

II. Invitation est en outre faite à tous les habitans propriétaires de cette colonie d'y beaucoup multiplier, sans délai et autant que la saison et la qualité et situation des terres le permettront, les cultures des ignames, des pois d'angole, des tobinambours et surtout du maïs.

III. Sont renouvelées et modifiées, pour mesures d'exécutions du présent arrêté, les dispositions des anciennes ordonnances et nommément de celle du 1er. septembre 1736, ainsi qu'il suit :

1°. Dans les quinze premiers jours de mars prochain, le Commissaire - commandant de chaque quartier fera la visite des plantations et en adressera dans les huit jours suivans au Préfet colonial le procès-verbal. Il s'adjoindra le Lieutenant-commissaire pour cette opération.

2°. Il ne sera point acquitté d'indemnité pour nègres justiciés qu'on ne rapporte le certificat du Commissaire-commandant et Lieutenant-commissaire attestant que le réclamant en indemnité a sur ses terres ladite quantité de plantations en vivres.

3°. L'habitant qui se rendra coupable d'inexécution du présent arrêté, sera condamné à payer à la caisse des nègres justiciés une somme qui pourra s'élever depuis trente jusqu'à cinq cents piastres gourdes, suivant l'étendue de la négligence et la gravité du cas, et s'il y avait entêtement et récidive malgré les avertissemens, le délinquant, outre l'amende, encourait deux mois de prison.

Ces peines seraient prononcées, la première fois par voie de mesures d'administration, la seconde par voie de mesures de Gouvernement.

4°. Néanmoins les habitans qui auraient des raisons valables et suffisantes d'être dispensés de l'exécution de la loi dans toute sa rigueur, en instruiraient le Préfet colonial dans le courant de février prochain, pour y être par lui statué. Ils l'informeraient en même-tems des moyens qu'ils auraient de suppléer à la partie des cultures d'obligation qu'il leur serait impossible de remplir.

Sont déclarées non-recevables toutes excuses qui seraient présentées postérieurement à la reconnaissance de la contravention.

IV. Le présent arrêté sera lu, publié et affiché partout où il est d'usage, et enregistré à l'Inspection. M. le Grand-juge est invité à le faire aussi enregistré dans les Tribunaux.

Donné à la Martinique, le 18 janvier 1808.

Signé, VILLARET et LAUSSAT.

Enregist. aux Greffes des Tribunaux.

(N°. 1249.) ASSEMBLÉE *Consultative pour la répartition de Contributions extraordinaires à lever, à la Martinique, pour l'année* 1808.

Du 27 janvier 1808.

LA convocation de cette assemblée a eu lieu à la suite de la réception d'une dépêche du

Ministre, du 13 octobre 1807, que des frégates ont apportée, le mois dernier, de France, à MM. les Capitaines-général et Préfet colonial; lesquels convinrent de composer l'assemblée comme suit : trois habitans, savoir : Messieurs Janville, Assier et Chalvet; et trois négocians, savoir : Messieurs Gaschet, Antoine Delorme et Pinel ; il leur a été en conséquence adressé individuellement le 22 janvier, une circulaire pour les engager à se trouver le 27 suivant à 9 heures du matin, à St-Pierre, à l'hôtel de la Préfecture, où se tiendrait l'assemblée, qui, en effet, s'est réunie aux jour et lieu désignés.

Elle a été présidée par MM. les Capitaine-général et Préfet colonial.

M. Bouchard, commis principal de marine et secrétaire principal de Préfecture, a rempli près d'elle les fonctions de secrétaire *pro tempore*. Il a rédigé et présenté à l'approbation et aux signatures de ses membres le procès-verbal de la séance, pour être envoyé au Ministre, conformément aux ordres de S. Exc.

M. le Préfet colonial a retracé les besoins du Gouvernement et suggéré les moyens qui lui paraissaient les plus propres à y pourvoir avec le moins de surcharge possible pour la colonie. Heureux, a-t-il dit, si, dans le choix des maux, il savait indiquer les moindres.

M. le Capitaine-général et lui n'ont pas d'ailleurs dissimulé combien la mission qu'ils remplissaient leur était pénible dans des circonstances aussi critiques et aussi difficiles que celles où la tournure et l'étendue actuelle des hostilités plaçaient malheureusement ce pays. Cependant, il faut encore quelques sacrifices ;

Il les faut pour le soin de sa défense, pour empêcher même sa situation d'empiter et pour remplir les espérances bien fondées de S. M. l'Empereur et Roi. Sa providence aussi veille sur nous, et les évènemens n'ont cessé de justifier depuis dix ans l'excès même de confiance auquel nous nous livrons, en ne doutant pas dès ce moment d'une amélioration prochaine dans cette perspective de l'avenir qui nous inquiète. L'Empereur enfin n'a pas laissé échapper d'occasion de manifester l'intérêt particulier qu'il porte à cette colonie et de lui exprimer, par la voix de S. Exc. le Ministre de la marine et des colonies, le bien que S. M. lui destine. La colonie s'en montrera constamment digne.

Tel a été le langage des représentans de S. M.

Les membres de la commission ont renouvelé à leur tour et à l'envi les acclamations de l'amour et du dévouement des Colons : ils ont assuré que, quelle que fût la position de ceux-ci, tous s'empresseraient de se réunir dans un effort commun autour du Gouvernement et à son appui.

Repassant ensuite les ressources dont on avait usé l'an passé, la discussion s'est surtout long-tems arrêtée à choisir entre les droits de patente, ou les augmentations alors adoptées tant sur la contribution des maisons que sur la capitation des esclaves. Quelques membres, sans précisément repousser les patentes en elles-mêmes, pensaient que le moment, où le commerce allait tomber dans une totale stagnation, n'était pas celui de l'assujettir à cet impôt. A quoi on répliquait, que cette stagnation, supposée ainsi à l'extrême, tarirait de même toutes les autres sources de revenus : d'où s'ensuivrait que si l'objection était suffisante contre les patentes, elle devrait valoir également contre toutes les contributions publiques, nommément contre cette taxe locative, à l'aide de laquelle on s'était proposé d'atteindre formellement l'industrie et avec laquelle l'expérience a prouvé qu'on atteignait trop généralement et trop inégalement la misère d'une part, et de l'autre certaines classes de capitaux et de propriétés.

Quoi qu'il en soit, un seul sentiment l'a emporté sur cette diversité d'opinions : c'est le desir de montrer sans mélange à l'Empereur, dans cette circonstance importante, un égal zèle et un égal dévouement pour ses grandes vues, pour son service et pour les nécessités de l'Etat.

Il a été décidé que les patentes prendraient la place des taxes, tant supplémentaire, locative, que des maisons.

On s'en est d'ailleurs tenu aux autres moyens déjà adoptés pour la subvention de guerre de l'année dernière, et en conséquence, des arrêtés ont été rendus sur ces bases, d'avis de la commission.

(N°. 1250.) Arrêté *du Préfet colonial concernant l'Assiette et la Levée des Contributions publiques ordinaires, pour l'année* 1808.

Du 29 janvier 1808.

Vu les anciennes ordonnances concernant les contributions publiques, présentement levées dans cette île, sous diverses dénominations et avec différentes destinations ;

Vu notamment l'arrêté du 15 décembre 1806 qui ordonne les contributions ordinaires pour l'année 1807 ;

Considérant d'ailleurs que, s'agissant pour le moment d'asseoir les contributions annuelles qui existent, sans les changer ni les augmenter, il n'y a pas lieu à délibérer avec le conseil colonial de répartition, en exécution de l'article 18 de l'arrêté du 6 prairial an X (26 mai 1802), concernant l'organisation des pouvoirs dans cette colonie ;

Sur le rapport du Directeur-général du Domaine ou Revenus publics ; arrête :

ART. Ier. Les contributions seront assises et réparties à la Martinique pour l'année 1808 au prorata des contributions et centimes additionnels, fixés pour l'année 1807.

N. B. Voyez pour les articles II à VII, les mêmes articles de l'arrêté du 29 pluviose an XI, n°. 986, tome IV, page 568.

VIII. Les maisons de Saint-Pierre paieront un droit de cinq pour cent sur le montant de leur loyer, et à légard des propriétaires qui les occuperont eux-mêmes, le droit de cinq pour cent sera arbitré sur la dernière estimation qui en a été faite en l'an 1807.

N. B. Voyez pour les articles IX à XVII, les articles X à XV, de l'arrêté précité ; et pour les articles XVIII à XXIV, les articles XXII à XXVIII du même arrêté.

Enregist. aux Greffes des Tribunaux.

(N°. 1251.) Arrêté *du Préfet colonial, concernant la Taxe des Nègres justiciés, pour l'année* 1808.

Du 29 janvier 1808.

Vu les ordonnances concernant la taxe dite des nègres justiciés;

Vu notamment l'article VIII de l'arrêté du 15 décembre 1806, relatif aux contributions ordinaires pour l'année 1807.

Considérant que, s'agissant ici purement et simplement de renouveler l'assiette et de continuer la levée d'une contribution annuelle, déjà existante en vertu d'anciennes lois, sans la changer ni l'augmenter, il n'y a pas lieu à délibérer avec le Conseil colonial de repartition, en exécution de l'article XVIII, de l'arrêté consulaire du 6 prairial an X (26 mai 1802.); arrête :

Art. Ier. La taxe dite des nègres justiciés sera, comme les années précédentes, d'un franc trente-cinq centimes (deux livres cinq sols des colonies) par tête d'esclaves payant droit, et sur ses produits seront pris, conformément à l'ordonnance du janvier 1802, et à l'arrêté du 21 ventose an XI, concernant les chambres d'agriculture, les fonds nécessaires pour subvenir aux frais du Député de la colonie à Paris et de la Chambre d'agriculture près le gouvernement intérieur de la colonie.

II. Le produit de cette taxe sera versé dans la caisse des Deniers municipaux par le Receveur-général au fur et à mesure du recouvrement et dans la forme déjà établie pour semblables versemens.

III. Les règles de comptabilité de cette partie de recette seront les mêmes que pour les autres Deniers municipaux.

Donné à Saint-Pierre, le 29 janvier 1808.

Signé, LAUSSAT.

(N°. 1252.) ARRÊTÉ *des Capitaine-général et Préfet colonial, concernant une Subvention extraordinaire de guerre, pour l'année* 1808.

Du 29 janvier 1808.

CONSIDÉRANT que, suivant une dépêche de S. Exc. le Ministre de la marine et des colonies, du 18 octobre dernier, S. M. l'Empereur et Roi, en assignant, par décret impérial du 9 du même mois, un million de francs pour le service de cette colonie pendant l'exercice 1808, a ordonné, article III du même décret, « qu'il serait pourvu au surplus « des dépenses pour l'année, au moyen des « impositions perçues sur les lieux; »

Considérant que S. Exc. ajoute « que nous « sentirons la nécessité de prendre en consé- « quence, sans retard les mesures convenables « pour mettre les ressources de la caisse co- « loniale au niveau de ses besoins, et que « nous ferons à cet égard tout ce qu'exigent « les intentions très-positives de l'Empereur; »

Considérant que les besoins en question avaitnt déjà précédemment été fixés par S. M. à la somme de cinq millions de francs par an pendant la guerre, appréciation modérée, constamment inférieures aux dépenses réelles, et qui néanmoins laisse encore un vide de quatre millions de francs à remplir par des contributions à percevoir dans la colonie ; considérant que le produit des taxes ordinaires telles qu'elles existent, n'a pas atteint, dans les années les plus brillantes, le montant du déficit;

Considérant que, parmi les ressources extraordinaires dont il a été fait essai l'année dernière, dans des circonstances semblables et pourtant beaucoup moins critiques, la contribution supplémentaire sur les maisons et la capitation supplémentaire des esclaves ont excité des réclamations comme surchargeant avec trop de disproportion quelque classe de contribuables;

Considérant que, malgré l'excès de mal-aise et d'embarras dont l'île est si imminemment menacée par la direction et la violence actuelle des hostilités, nous ne pouvons la dispenser de faire en cette occasion un effort de zèle qui devient nécessaire au salut de cette partie de l'Empire, et dont S. M. saura bien lui tenir compte et la dédommager;

Considérant qu'il est beau de fixer la bienveillance particulière d'un Souverain qui élève notre nation à un si haut degré de splendeur et de supériorité, et de concourir par des sacrifices passagers à l'accomplissement des grands desseins que son génie a conçus et poursuit sans relâche pour étendre et affermir inébranlablement la prospérité et le bonheur de ses peuples;

Après avoir convoqué et consulté une assemblée de trois principaux habitans et trois principaux négocians de l'île, aux termes de l'article XVIII de l'arrêté consulaire du 6 prairial an X (26 mai 1802); arrêtent :

TITRE PREMIER.

Disposition générale.

ART. Ier. Il est établi, pour cette année 1808, une subvention extraordinaire de guerre, comme il va être statué dans les titres suivans.

TITRE II.

Patentes.

II. Dans toute l'étendue de la colonie, ceux qui exerceront le commerce, l'industrie, les métiers ou professions désignés dans le tarif annexé au présent, seront tenus de se munir d'une patente pour l'année courante 1808, et de payer les droits fixés par la classe du tarif à laquelle ils appartiendront. Les associés, composant authentiquement une seule et même raison de commerce ou d'industrie, n'ont besoin pour eux tous que d'une patente. Les patentes sont personnelles, et une patente ne peut servir qu'à celui qui l'a obtenue.

Sont distinctes des patentes, et ne pourront être confondues avec elles, les permissions de colportage et de circulation de paniers, auxquelles il sera pourvu par des réglemens particuliers, comme l'exige le régime colonial.

III. Les patentes seront prises dans les trois premiers mois de l'année, pour l'année entière, sans qu'elles puissent être bornées à une partie de l'année. Ceux qui entreprendront dans le courant de l'année un commerce, une profession, une industrie sujets à patente, ne devront le droit qu'au prorata de l'année calculée par trimestre et sans qu'un trimestre puisse être divisé : ils seront tenus de payer le prorata dans le premier mois de leur établissement.

IV. Nulle patente ne sera délivrée que sur représentation préalable de la quittance du droit de patente.

V. Faute de paiement du droit de patente au tems prescrit, et néanmoins quinze jours après avoir été avertis par le Receveur de le payer, les redevables en retard seront contraints par les voies de droit et comme pour les contributions ordinaires.

VI. La Direction-générale du Domaine ou des Revenus publics est chargée de toutes les opérations relatives aux patentes, et les tableaux des personnes qui y sont assujéties seront dressés par les Contrôleurs de cette Direction.

VII. Ces tableaux, formés par paroisse, seront arrêtés par les Commissaires-commandans. Ils pourront y joindre leurs observations.

VIII. Des commisions seront nommées par le Préfet colonial pour déterminer la classe propre à chaque imposable. Il y aura une commission par arrondissement de recette : elles seront composées de cinq membres, à St-Pierre et au Fort-de-France ; et de trois, au Marin et à la Trinité. L'Inspecteur ou Sous-inspecteur de marine et des colonies et le Directeur-général ou particulier du Domaine au Fort-de-France et à St-Pierre, le Contrôleur du Domaine à la Trinité et au Marin, assisteront à leurs séances avec voix consultative.

IX. Les rôles rendus exécutoires par le Préfet-colonial, seront remis par le Directeur-général du Domaine ou Revenus publics au Receveur-général, qui devra en suivre et en faire suivre, par les Receveurs particuliers, le recouvrement.

X. Les quittances des Receveurs seront échangées contre les patentes dans les dix jours de leur date pour les arrondissemens du Fort-de-France et de St-Pierre, et dans les vingt jours pour ceux de la Trinité et du Marin. Les patentes seront expédiées au contrôle du bureau central de la Direction-générale du Domaine, vérifiées et arrêtées par le Directeur-général, et revêtus de la signature du Préfet-colonial et du sceau de la Préfecture.

XI. Les règles générales de comptabilité de cette partie des contributions seront les mêmes que celles auxquelles est soumise la gestion des autres deniers publics en mains des Receveurs dans cette Colonie.

XII. Quiconque se croira fondé à réclamer, soit contre l'insertion de son nom au tableau des redevables du droit de patente, soit sur le taux de la taxe qui lui aura été assignée, pourra, ou avant l'avertissement du Receveur, ou dans les dix premiers jours de cet avertissement, faire des réclamations devant le Préfet-colonial.

XIII. Les feuilles de dénombrement ne seront délivrées aux personnes tenues d'en prendre et qui seraient portées sur les rôles des patentes, qu'autant qu'elles représenteront leur patente, et il sera fait mention de cette représentation sur ladite feuille.

XIV. Nul ne pourra former de demande ni fournir aucune exception ou défense en justice, ni faire aucun acte ou signification par acte extra-judiciaire pour tout ce qui serait relatif à son commerce, sa profession ou son industrie ; sans qu'il soit fait mention, en tête des actes, de la patente prise, avec désignation de la classe, de la date, du numéro, à peine d'une amende double du droit pour la première fois, et quadruple pour la seconde contre les particuliers sujets à la patente, et de trois mille six cens livres coloniales contre les Fonctionnaires publics qui auraient fait ou reçu lesdits actes sans mention de la patente. La condamnation de l'amende sera poursuivie devant les Tribunaux, comme il se pratique pour les contraventions aux droits des Douanes, auxquelles demeurent à cet égard assimilées les contraventions pour droits de patente. Le rapport de la patente ne pourra suppléer au défaut de l'énonciation ni dispenser de l'amende.

XV. Celui qui exposera des marchandises en vente, devra, toutes les fois qu'il en sera requis, exhiber sa patente à tout Officier ou Magistrat ou Agent de police, et à tout Officier ou Employé ou Agent du Domaine.

XVI. Si celui qui n'est point pourvu de patente vend hors de son domicile, les objets exposés en vente seront saisis ; s'il vend à son domicile, il sera dressé procès-verbal de la contravention. Le Directeur-général du Domaine fera poursuivre en justice le contrevenant.

XVII. Celui qui entreprendrait dans le cours de l'année un genre d'industrie ou de commerce ou une profession qui le ferait passer d'une classe de patente inférieure à une classe supérieure, serait tenu de prendre dans le cours du trimestre suivant une nouvelle patente, et il paierait l'excédant du droit au prorota du tems de l'année qui resterait à s'écouler, à dater du premier jour de ce trimestre.

XVIII. Les négocians étrangers non naturalisés, qui seront tolérés dans la colonie, seront portés indistinctement dans la première classe du droit de patente, et il n'en sera en outre accordé qu'à ceux qui auront deux années de domicile de fait dans cette île.

XIX. Nul capitaine de bâtiment ne sera admis à l'avenir à faire de déclaration d'entrée ou de sortie aux Douanes, s'il n'est accompagné d'un négociant achetant cargaisons patenté, ou d'un courtier patenté.

Celui qui aura assisté ainsi à la déclaration, la signera sur les registres et demeurera responsable des fraudes qui y seraient commises en contravention aux lois des Douanes.

XX. Il ne pourra être accordé de dispense de patente ou droit de patente, sous nul prétexte, soit d'indemnité ou de récompense, ou tout autre quel qui fût.

XXI. Par l'effet des présentes, les anciennes taxes sur les cabarets sont abolies, et celles portées pour les cabarets dans le tarif des patentes leur sont substituées. Il sera en conséquence payé un supplément proportionnel de droit pour la fin de l'année courante.

TARIF DU DROIT DE PATENTE.

SECTION PREMIÈRE.

Villes et banlieues de St-Pierre et du Fort-de-France.

PREMIERE CLASSE, A 4,500 LIVRES.

Négocians en gros et Armateurs.

DEUXIEME CLASSE, A 2,700 LIVRES.

Négocians de première classe achetant cargaisons; Commissionnaires de première classe; Notaires de première classe.

TROISIEME CLASSE, A 1,800 LIVRES.

Négocians de deuxième classe achetant cargaisons; Commissionnaires de deuxième classe; Notaires de deuxième classe; Avoués de première classe; Encanteurs (Huissiers) de première classe; Interprètes jurés de la langue anglaise; Officiers de santé, Médecins, Chirurgiens et Pharmaciens de première classe; Cabaretiers, Aubergistes, Teneurs de Cafés et de Billards, de première classe.

QUATRIEME CLASSE, A 1,350 LIVRES.

Marchands de première classe; Avoués de seconde classe; Interprètes jurés des langues espagnole et du nord de l'Europe; Boulangers et Bouchers de première classe; Cabaretiers, Aubergistes, teneurs de Cafés et de Billards de seconde classe.

CINQUIEME CLASSE, A 900 LIVRES.

Marchands de seconde classe; Courtiers; Officiers de santé, Médecins, Chirurgiens et Pharmaciens de seconde classe; Cabaretiers, Aubergistes, teneurs de Cafés et Billards de troisième classe; Architectes et Entrepreneurs de bâtimens; Horlogers, Orfévres, Joailliers de première classe; Imprimeurs de première classe; Menuisiers et Charpentiers de première classe.

SIXIEME CLASSE, A 675 LIVRES.

Marchands de troisième classe; Horlogers, Orfévres, Joailliers de seconde classe; Huissiers; Libraires

Libraires; Cabaretiers, Aubergistes, teneurs de Cafés et de Billards de quatrième classe; Boulangers et Bouchers de seconde classe, et Maréchaux de première classe et Artistes vétérinaires.

SEPTIEME CLASSE, A 540 LIVRES.

Imprimeurs de deuxième classe; Marchands Chapeliers; Marchands de modes; Perruquiers Coiffeurs de première classe; Bains publics; Chaudronniers; Ferblantiers; Armuriers; et Tailleurs.

HUITIEME CLASSE, A 360 LIVRES.

Constructeurs de barques et bâteaux; Cabrouets et Loueurs de chevaux.

NEUVIEME CLASSE, A 270 LIVRES.

Menuisiers et Charpentiers de seconde classe; Maréchaux de seconde classe; Boutiquiers; et Maîtres de grandes Pirogues faisant le cabotage.

DIXIEME CLASSE, A 180 LIVRES.

Maîtres de Pirogues, Gros-bois, Canots de poste etc.; Maîtres Seineurs; Bouchers de troisième classe; Perruquiers de seconde classe; Barbiers; et Ouvriers de tous métiers ou professions autres que ceux désignés ci-dessus et ayant boutiques ou ateliers.

SECTION DEUXIÈME.

Villes et Bourgs de la Trinité, du Marin et du Lamentin.

Les droits de patente sont réduits d'un quart sur le tarif ci-dessus, pour les villes et bourgs de la Trinité, du Marin et du Lamentin.

SECTION TROISIÈME.

Autres Bourgs et Paroisses de la Colonie.

La réduction est d'un tiers pour les bourgs et paroisses de la colonie autres que ceux désignés ci-dessus.

TITRE III.

Permissions soit de colportage dans les campagnes, soit de circulation de paniers dans les Villes.

XXII. Nul ne peut exercer l'état de marchand forain ou de colporteur dans les campagnes, ni vendre au panier dans les villes, sans une permission spéciale qui se renouvelle tous les ans.

XXIII. Les seuls blancs et gens de couleur libres ont qualité pour obtenir une permission de colportage dans les campagnes. Les esclaves ne peuvent y être employés que comme aides ou porteurs.

XXIV. Le tarif de la taxe de colportage se divise en diverses classes, selon le nombre de bras et forces employés au transport des marchandises, comme il suit :

PREMIERE CLASSE, A 900 LIVRES.

Colporteurs voyageant avec deux esclaves et deux bêtes de somme.

SECONDE CLASSE, A 720 LIVRES.

Colporteurs voyageant avec un esclave et deux bêtes de somme.

TROISIEME CLASSE, A 540 LIVRES.

Colporteurs voyageant avec un esclave et une bête de charge.

QUATRIÈME CLASSE, A 360 LIVRES.

Colporteurs voyageant avec un seul esclave ou une seule bête de charge.

CINQUIÈME CLASSE, A 200 LIVRES.

Colporteurs voyageant isolément.

Tout colporteur, qui voudra exercer son colportage avec plus, soit de deux esclaves, soit de bêtes de charge, formant la première classe, payera, outre la somme de 900 livres, celle de 63 livres coloniales par tête d'esclave, et celle d'autres, 63 livres coloniales par chaque bête de somme, au-delà des nombres fixés pour cette première classe.

XXV. Les permissions de colportage expriment, avec les noms et avec les lieux tant de naissance que de domicile, le nombre de personnes et bêtes de charge qu'elles donnent le droit d'employer audit colportage. Toute permission de colportage est personnelle et ne peut servir qu'à celui qui l'a obtenue. Elles ne seront accordées que sur les certificats ordinaires de bonne conduite et sur quittance du paiement de droit conformément au tarif.

XXVI. Quiconque sera surpris colportant dans les campagnes sans permission, ou avec la permission d'un autre, sera arrêté, et les marchandises, esclaves et bêtes de somme seront saisis et confisqués au profit commun des dénonciateurs et saisissans, sur simple rapport, suffisamment justifié, du Directeur-général du Domaine au Préfet colonial. Si la contravention consiste seulement en un plus grand nombre d'esclaves ou bêtes de somme que n'en admet la permission, l'excédant tant en esclaves qu'en bêtes de somme, et les marchandises dont ils seront chargés, seront de même saisis et confisqués au profit commun des saisissans et des dénonciateurs.

XXVII. La permission de colportage ne donne en aucun cas le droit de vendre dans l'enceinte des villes et bourgs du Fort-de-France, de St-Pierre, de la Trinité, du Marin et du Lamentin.

XXVIII. Toute personne libre ou esclave qui circulera dans les villes du Fort-de-France et de St-Pierre avec des paniers de marchandises à vendre, devra être munie d'une permission spéciale, dite permission de circulation de paniers, et sur laquelle seront exactement indiqués les noms du porteur et ceux de son maître, s'il est esclave.

XXIX. Le droit de circulation de paniers est de 200 livres coloniales par an. La permission de circulation de paniers ne se délivre que sur représentation de la quittance de paiement du droit.

XXX. Tout marchand dûment patenté et désigné par le tarif des patentes sous les noms de marchands de première classe, marchands de deuxième classe, et marchands de troisième classe, pourra faire circuler, dans la ville seulement où il sera établi, un panier de marchandises, sans être tenu de payer, outre son droit de patente, le droit de circulation de paniers; mais, en ce cas, la personne à qui il aura confié la circulation de ce panier devra être constamment munie d'un billet de confiance de lui, lequel sera visé, enregistré et numéroté à la Direction-générale du Domaine, et portera les mêmes indications exactes de noms que celles exigées pour les permissions spéciales de circulation de paniers.

XXXI. Tout panier de marchandises circulant sans valable permission, sera, pour la première fois, saisi et confisqué au profit commun des saisissans et dénonciateurs, sur simple rapport, suffisamment justifié du Directeur-général du Domaine au Préfet colonial. En cas de récidive, l'esclave, porteur du panier sera en outre vendu, et le prix qui en proviendra sera versé dans la caisse des nègres justiciés; si le porteur n'est pas esclave, il sera, en ce cas, condamné, par voie de police ordinaire, ou à un emprisonnement qui pourra être de trois mois, ou à une amende qui pourra être de 500 livres coloniales, selon la gravité des circonstances et la qualité de la personne.

XXXII. Il ne sera permis d'employer d'esclaves pour circulation de paniers, que ceux appartenant à la personne même qui les emploîra ou loués par elle au mois, et elle demeurera responsable de leur conduite.

XXXIII. Continueront, au surplus, les esclaves des habitations de porter librement aux marchés des villes et bourgs les volailles, fruits, légumes et autres menus comestibles, pourvu qu'ils soient munis d'une permission de leurs maîtres, conformément aux anciens réglemens.

XXXIV. Le présent arrêté recevra son exécution à compter du premier mois de sa publication.

Néanmoins, les permissions existantes et non expirées de colportage et circulation de paniers, sortiront leur plein effet jusqu'à l'expiration déterminée de leur durée.

XXXV. Il ne pourra être accordé de dispense de permission ou de droit, soit de colportage, soit de circulation de paniers, sous nul prétexte, même de récompense ou indemnité, ou tout autre.

XXXVI. Il est dérogé aux anciennes ordonnances concernant le colportage et la circulation des paniers, pour tout ce en quoi elles seraient contraires au présent arrêté.

TITRE IV.

Contribution personnelle.

XXXVII. Il sera levé une contribution personnelle.

Elle sera de, savoir :

Premièrement, sur les blancs,

Trente-six livres coloniales par chef de famille, homme ou femme, marié et n'ayant pas plus de deux enfans ;

Vingt-sept livres coloniales, — de deux enfans jusqu'à quatre inclusivement ;

Dix-huit livres coloniales — de quatre à six inclusivement ;

Neuf livres coloniales — de six à dix inclusivement.

Au-dessus de dix enfans, il y aura exemption de contribution personnelle.

Quarante-cinq livres coloniales par chef de famille veuf sans enfans ;

Dix-huit livres coloniales par homme non marié ayant plus de vingt ans;

Vingt-sept livres coloniales — au-dessus de trente ans;

Cinquante-quatre livres coloniales — au-dessus de quarante ans.

Cent-huit livres coloniales — au-dessus de cinquante ans.

Deuxièmement, sur les gens de couleur libres affranchis,

Dix-huit livres coloniales par chef de famille, homme ou femme, marié ou veuf, n'ayant pas plus de deux enfans;

Treize livres dix sols des colonies — de deux à quatre enfans inclusivement;

Neuf livres coloniales — de quatre à six enfans inclusivement;

Quatre livres dix sols des colonies — de six à dix inclusivement.

Au-dessus de dix enfans, il a exemption de contribution personnelle.

Treize livres dix sols des colonies, pour tout homme non marié, âgé de plus de vingt ans;

Vingt-sept livres coloniales, s'il a plus de trente ans;

Cinquante-quatre livres coloniales, s'il a plus de quarante ans;

Quatre livres dix sols des colonies pour toute fille de couleur libre non mariée, âgée de plus de seize ans;

Dix-huit livres coloniales, si elle a un enfant;

Trente-six livres coloniales, si elle a plus d'un et jusqu'à quatre enfans;

Soixante-douze livres coloniales, au-dessus de quatre enfans.

Les filles de couleur libres ou affranchies qui auront cinquante ans, ne paieront pas de contribution personnelle.

XXXVIII. Nul individu jouissant de ses droits, domicilié de fait dans l'île depuis un an, autre que ceux en faveur de qui il est expressément prononcé des exemptions dans l'article qui précède, ne pourra se présumer et ne sera exempt de la contribution personnelle, excepté pour cause d'indigence justifiée aux termes des réglemens.

XXXIX. Les dénombremens annuels ordinaires, qui ont dû être fournis pour 1808, serviront aussi pour l'assiette de la présente contribution personnelle. Les personnes qui n'étaient pas dans le cas d'en fournir précédemment et pour qui l'établissement de cette contribution personnelle les rend nécessaires, les fourniront ou les renouvelleront cette année, comme elles ont dû les fournir l'année dernière, et dans la quinzaine de la publication de cet arrêté, aux formes d'usage.

Les délinquans d'une et d'autre espèce encourront la peine d'une amende qui, pour les blancs, pourra s'élever depuis trois cent soixante livres jusqu'à mille livres coloniales, et pour les gens de couleur libres et affranchis, depuis quarante-cinq livres jusqu'à deux cents livres des colonies, suivant l'état et la fortune.

TITRE V.

Droit de trait de deux pour cent.

XL. Le droit connu sous le nom de droit de trait de deux pour cent est rétabli sur les denrées coloniales.

XLI. Ce droit sera, selon l'ancien usage, acquitté aux Douanes par les capitaines des bâtimens sur lesquels les denrées seront chargées, et à eux remboursé par le vendeur ou le chargeur. La liquidation en sera faite, sur déclarations des négocians domiciliés et établis dans la colonie depuis au moins deux ans. Les Employés du Domaine pourront aller faire la vérification des déclarations sur les livres desdits négocians.

XLII. Les habitans du voisinage des villes, qui vendent en détail lesdites denrées coloniales provenant de leurs habitations, paieront ce droit sur la déclaration signée d'eux du montant annuel de leurs ventes.

TITRE VI.

Droit sur les encans.

XLIII. Il sera perçu un droit de cinq pour cent sur tous les encans (ventes d'effets mobiliers faites aux enchères,) soit volontaires, soit forcés ou judiciaires.

XLIV. Tout Huissier et autre Agent qui ne ferait pas, d'avance, dans les bureaux de la Direction générale du Domaine, sa déclaration écrite d'un encan auquel il aurait à procéder, paierait par forme d'amende un double droit pour la première fois et un quadruple droit en cas de récidive ; pareilles amendes seraient en outre payées dans les mêmes circonstances, par le propriétaire des effets encantés, avec solidarité entre ledit propriétaire et ledit encanteur, pour le paiement de l'une et l'autre partie d'amende. Le quart du montant total de ces amendes appartiendra au dénonciateur.

XLV. Les droits d'encan seront acquittés par l'adjudicataire avant que de pouvoir retirer la chose à lui adjugée, et elle ne lui sera délivrée que sur représentation de la quittance du paiement dudit droit.

XLVI. La Direction générale du Domaine est chargée, conjointement avec les Receveurs de la rentrée du droit d'encan et de tout ce qui s'y rapporte.

TITRE VII.

Dispositions d'exécution.

XLVII. La subvention extraordinaire de guerre est franche de tous sols-additionnels.

XLVIII. Il n'est d'ailleurs aucunement donné atteinte par le présent à l'établissement, assiette et levée des contributions publiques ordinaires pour l'année courante ni aux réglemens et tarifs des Douanes, non plus qu'en général aux lois, ordonnances ou arrêtés maintenant en vigueur relativement aux contributions, excepté néanmoins pour celles de leurs dispositions auxquelles il aurait été dérogé par quelqu'une des dispositions qui précèdent.

XLIX. Le Directeur-général du Domaine ou Revenus publics, est chargé de l'exécution de cet arrêté.

Il sera imprimé, publié, affiché, enregistré au greffe de la Préfecture coloniale et au bureau de l'Inspection.

Une expédition en sera envoyée au Grand-juge, avec invitation de la faire transcrire sur les registres des Greffes des tribunaux.

Donné à la Martinique, le 29 janvier 1808. *Signé*, VILLARET et LAUSSAT.

Enregist. aux Greffes des Tribunaux.

(N°. 1253.) ARRÊTÉ *des Capitaine-général et Préfet colonial, pour l'établissement d'une Contribution affectée à la dépense de l'Eclairage de la Ville de Saint-Pierre.*

Du 29 janvier 1808.

VU l'arrêté colonial du 11 avril 1807, pour les frais d'éclairage de la ville de St-Pierre;

Considérant que par l'établissement des patentes pour subvenir aux besoins du service du Trésor public dans le courant de cette année, les cabaretiers, les boulangers, les bouchers, et les cabrouets qui payaient des taxes spéciales destinées à l'entretien de cet éclairage, vont se trouver assujettis au droit de patentes, chacun proportionnément dans sa classe, selon l'étendue évaluée de son commerce, et qu'il n'est par conséquent plus possible de songer à taxer encore d'autre part leur industrie;

Considérant qu'en exécution des ordres de S. M. l'Empereur et Roi portant " que l'éclairage de St-Pierre est une dépense communale qui doit être supportée par l'habitant, et à laquelle nous demeurons chargés de pourvoir par tel moyen analogue que nous jugerons convenable; ,, il devient indispensable dans ces circonstances de remplacer le produit de la taxe sur les bouchers, les boulangers, les cabaretiers et les cabrouets qui y avait été affectée;

Après avoir consulté une assemblée de trois principaux habitans et trois principaux négocians, aux termes de l'art. XVIII de l'arrêté consulaire du 6 prairial an X, (26 mai 1802;) arrêtent:

Art. 1er. Il sera levé un et demi pour cent par addition à la taxe des maisons de Saint-Pierre, lesquels demeurent exclusivement affectés aux frais d'éclairage de cette ville.

II. Ils seront versés dans la caisse des Deniers municipaux, par le Receveur-général, au fur et à mesure du recouvrement et dans la forme déjà établie pour semblables versemens.

III. Les règles d'emploi et de comptabilité de cette partie de recette seront les mêmes que pour les autres deniers dépendans du Trésorier des Deniers municipaux.

Donné à la Martinique, le 29 janvier 1808. *Signé*, Villaret et Laussat.

(No. 1254.) Arrêté *des Capitaine-général et Préfet colonial, pour l'établissement des Courtiers de Commerce dans la ville de Saint-Pierre.*

Du 31 janvier 1808.

Considérant que la force naturelle des choses a fait s'établir dans le commerce de la place de St-Pierre des courtiers qui n'ont aucun caractère officiel et reconnu, et qui par cela même, ne présentent aucune des garanties authentiques que l'intérêt public et que la législation générale de l'Empire français et de toutes les nations réclament de pareils agens; arrêtent:

Art. Ier. Nul ne pourra faire le courtage dans cette colonie, et nommément sur la place de commerce de St-Pierre, qu'il n'ait obtenu une commission de courtier.

II. Il y aura dans ladite ville de St-Pierre quatre courtiers de commerce et non davantage.

III. Neuf négocians désignés à cet effet par le Préfet colonial, et au nombre desquels sont compris toutefois les Commissaires du commerce en exercice, formeront une liste de huit candidats; et le Préfet colonial y ajoutera, s'il le trouve à propos, deux autres noms de son choix.

IV. Qui que ce soit ne pourra être mis sur cette liste, s'il n'est français, jouissant des droits de français, ou naturalisé tel, aux termes des constitutions de l'Empire, ou s'il n'a du moins dans cette île domicile de droit et de fait, par une résidence non-interrompue, depuis la reprise de possession en 1802, sans préjudice d'ailleurs des autres qualités et conditions exigées par les lois pour pouvoir exercer spécialement cette profession.

V. Le Capitaine-général et le Préfet colonial procéderont aux nominations d'après la liste en question dûment composée et arrêtée.

VI. Les commissions de courtier par eux délivrées seront présentées et enregistrées au tribunal ordinaire, qui recevra des courtiers le serment d'obéissance aux constitutions de l'Empire et de fidélité à l'Empereur, en même-tems que celui de bien remplir les devoirs de leur charge.

VII. Chaque courtier fournira caution solvable d'une somme de dix mille livres argent des colonies, laquelle demeurera exclusivement affectée à la garantie du recours qui pourrait par la suite être intenté contre lui, pour faits dérivant de ses fonctions.

VIII. Il est expressément défendu, sous les peines portées par l'arrêt du conseil du Roi, du 26 novembre 1781, par la loi du 21 ventose an IX (12 mars 1801,) et par l'arrêté consulaire du 27 prairial an X (16 juin 1802) à toutes autres personnes que celles qui auront obtenu commission de courtier, de s'immiscer, en façon quelconque et sous quelque prétexte que ce puisse être, dans les fonctions de courtier de commerce.

Bien entendu néanmoins qu'il demeure permis à tous particuliers de négocier entre eux et par eux-mêmes de leurs marchandises et de les vendre.

IX. Au surplus, les dispositions générales des lois françaises en vigueur, concernant les courtiers, seront exécutées selon leur forme et teneur.

X. Le présent arrêté sera publié et affiché.

Il sera enregistré à l'Inspection.

M. le Grand-juge sera invité à le faire enregistrer, sur son mandement, aux Greffes des Tribunaux

Donné à la Martinique, le 31 janvier 1808.
Signé, VILLARET et LAUSSAT.

Enregist. aux Greffes des Tribunaux.

(N°. 1255.) Arrêté *des Capitaine-général et Préfet colonial, qui établit, à Saint-Pierre, des Agens de Change, en réunit les fonctions à celles des Courtiers de Commerce et y fixe les droits de Courtage.*

Du 17 février 1808.

Vu notre arrêté du 31 janvier dernier, portant établissement de courtiers de commerce dans la ville de St-Pierre ;

Vu le procès-verbal de la séance tenue, le 9 de ce mois, par l'assemblée de neuf négocians chargés de dresser la liste des candidats (*) pour ces places, aux termes de l'article III dudit arrêté ; procès-verbal dans lequel ils ont consigné leur avis sur la fixation des droits de courtage, ajoutant qu'il leur paraîtrait avantageux au commerce de cette ville d'y réunir les fonctions d'agens de change à celles de courtiers de commerce ;

Considérant que cette place étant reconnue pour offrir un mouvement journalier assez considérable d'effets négociables, et la nature même des propriétés et des affaires exigeant, dans ces contrées plus que partout ailleurs, un usage habituel du crédit et par conséquent un cours non-interrompu de relations entre le prêteur et l'emprunteur, il en résulte une grande utilité, et souvent la nécessité, de recourir à des agens intermédiaires ;

Considérant qu'il s'en est en conséquence établi par le fait, et que cependant, faute d'être

(*) Cette assemblée était composée de MM. Lalanne, A. Delhorme, Joyau, Saint-André Lechevalier, Laguigneraie, Dupuy, B. Pitard, Vasselin et Videloup.

avoués et institués par la loi, ils n'offrent aucune des garanties qu'elle a sagement exigées en pareil cas, autant pour l'intérêt des parties contractantes que pour celui de l'ordre public; arrêtent:

ART. Ier. Il sera établi des agens de change, à Saint-Pierre.

II. Les courtiers de commerce y cumuleront les fonctions d'agens de change.

III. En considération de cette cumulation de fonctions, la somme dont il doit être fourni caution par les courtiers de commerce en vertu de l'article VII de l'arrêté du 31 janvier dernier, est portée de dix mille livres, argent des colonies, à vingt mille livres.

IV. Le droit de courtage est fixé, savoir: à un quart pour cent sur les négociations d'agens de change, et à un et un quart pour cent sur les négociations de courtiers de commerce.

Celui qui recevrait, à quel titre que ce fût, plus forte somme d'aucune des parties contractantes, serait destitué, et paierait une amende de cinq mille livres coloniales, sans préjudice des autres actions de droit.

V. Les lois françaises relatives aux agens de change sont déclarées applicables aux agens de change dans cette colonie.

VI. Le présent arrêté sera publié, *etc.*, M. le Grand-juge est invité à le faire enregistrer, sur son mandement, aux Greffes des tribunaux.

Donné à la Martinique, le 17 février 1808.

Signé, VILLARET et LAUSSAT.

Enregist. aux Greffes des Tribunaux.

N. B. Le 18 février 1808, MM. Diant, Macaire, Baudouin et L. Landais, ont été nommés agens de change courtiers de commerce.

(N°. 1256.)

(N°. 1256.) ARRÊTÉ *des Capitaine-général et Préfet colonial, Interprétatif et Modificatif du Tarif des Patentes, inséré dans l'arrêté du 29 janvier 1808, concernant une Subvention de guerre.*

Du 17 mars 1808.

Vu l'arrêté colonial du 29 janvier dernier concernant une subvention de guerre pour l'année courante 1808 ;

Vu le tarif du droit de Patente qui y est inséré ;

Considérant qu'il s'est manifesté, dans l'application de ce tarif, quelques difficultés et quelques omissions auxquelles il est urgent de remédier ; arrêtent :

ART. Ier. Le tarif du droit de patente inséré au titre II dudit arrêté, à la suite de l'article XXI, demeure définitivement rédigé et fixé comme il suit :

TARIF DU DROIT DE PATENTE.

SECTION PREMIÈRE.

Villes et banlieues de St-Pierre et du Fort-de-France.

PREMIERE CLASSE, A 4,500 LIVRES.

Négocians en gros, faisant à la fois le commerce d'exportation et d'importation, Armateurs.

DEUXIEME CLASSE, A 2,700 LIVRES.

Commissionnaires de première classe; Négocians de première classe achetant cargaisons; Notaires de première classe.

TROISIEME CLASSE, A 1,800 LIVRES.

Commissionnaires de deuxième classe; Négocians de deuxième classe achetant cargaisons; Notaires de deuxième classe; Avoués de première classe; Encanteurs (Huissiers) de première classe; Interprète juré de la langue anglaise; Médecins, Chirurgiens et Pharmaciens de première classe; Imprimeurs de première classe; Boulangers, achetant en gros, de première classe; Cabaretiers, Aubergistes, Teneurs de Cafés et de Billards, de première classe.

QUATRIEME CLASSE, A 1,350 LIVRES.

Marchands de première classe; Avoués de seconde classe; Interprètes jurés de la langue espagnole et des langues du nord de l'Europe; Boulangers de deuxième classe; Bouchers de première classe; Cabaretiers, Aubergistes, Teneurs de Cafés et de Billards de seconde classe.

CINQUIEME CLASSE, A 900 LIVRES.

Notaires de troisième classe; Interprète-juré de la langue anglaise, de deuxième classe; Marchands de seconde classe; Médecins, Chirurgiens et Pharmaciens de deuxième classe; Courtiers; Architectes et Entrepreneurs de bâtimens; Horlogers, Orfévres, Joailliers de première classe; Menuisiers et Charpentiers de première classe; Cabaretiers, Aubergistes, Teneurs de Cafés et Billards de troisième classe.

SIXIEME CLASSE, A 675 LIVRES.

Marchands de troisième classe; Horlogers, Orfévres, Joailliers de seconde classe; Propriétaires de Seines avec équipage faisant commerce de poisson, dans les arrondissemens du Fort-de-

France et de St-Pierre ; Huissiers, (attendu que les huit huissiers près le tribunal de première instance du Fort-de-France, et les neuf près celui de Saint-Pierre, forment une société forcée, avec bourse commune, et qu'ils sont en même tems Encanteurs-judiciaires, ils paieront en masse sur leur bourse commune, pour leur patente de cette année, savoir, ceux du Fort-de-France 4800 livres et ceux de Saint-Pierre 5500 livres) ; Libraires ; Cabaretiers, Aubergistes, Teneurs de Cafés et de Billards de quatrième classe ; Boulangers de troisième classe ; Bouchers de seconde classe ; Maréchaux de première classe et Artistes vétérinaires.

SEPTIEME CLASSE, A 540 LIVRES.

Imprimeurs de deuxième classe ; Marchands Chapeliers ; Marchands de modes, de première classe ; Perruquiers-coiffeurs de première classe ; Bains publics ; Chaudronniers ; Ferblantiers, Armuriers, Tailleurs, etc. de première classe.

HUITIEME CLASSE, A 360 LIVRES.

Tapissiers, Peintres, Décorateurs de maisons, ne tenant pas magasin ; Constructeurs de barques et bâteaux ; Loueurs de chevaux.

NEUVIEME CLASSE, A 270 LIVRES.

Menuisiers et Charpentiers de seconde classe ; Maréchaux de seconde classe ; Boutiquiers, de première classe.

DIXIEME CLASSE, A 180 LIVRES.

Propriétaires de Seines avec équipage, faisant commerce de poisson, dans les arrondissemens de la Trinité et du Marin ; Maîtres Seineurs sans équipage, faisant commerce de poisson.

dans les arrondissemens du Fort-de-France et de Saint-Pierre ; Marchands de modes, de seconde classe ; Boutiquiers de deuxième classe ; Ferblantiers, Armuriers, Tailleurs, etc. de deuxième classe ; Bouchers de troisième classe ; Perruquiers de seconde classe ; Barbiers de première classe ; Ouvriers de tous métiers ou professions autres que ceux désignés ci-dessus et ayant boutiques ou ateliers, de première classe.

ONZIEME CLASSE, A 108 LIVRES.

Boutiquiers de troisième classe ; Ferblantiers, Armuriers, Tailleurs, etc. de troisième classe ; Maîtres Seineurs sans équipage, faisant commerce de poisson, dans les arrondissemens de la Trinité et du Marin.

DEUXIEME CLASSE, A 54 LIVRES.

Boutiquiers de quatrième classe ; Perruquiers de troisième classe ; Barbiers de deuxième classe ; Ouvriers de tous métiers ou professions, autres que ceux désignés ci-dessus, et ayant boutiques ou ateliers, de deuxième classe.

SECTION DEUXIÈME.

Villes et Bourgs de la Trinité, du Marin et du Lamentin.

Les droits de patente sont réduits d'un quart sur le tarif ci-dessus, pour les villes et bourgs de la Trinité, du Marin et du Lamentin ; néanmoins les Boulangers n'y payeront généralement que deux cents livres pour leur patente, et les Seineurs y payeront les leurs comme il a été fixé dans les sixième, dixième et onzième classes du tarif.

SECTION TROISIÈME.

Autres Bourgs et Paroisses de la Colonie.

La réduction est d'un tiers pour les bourgs et paroisses de la colonie, autres que ceux désignés ci-dessus ; néanmoins les Boulangers n'y payeront généralement que 75 livres pour leur patente, et les Seineurs y payeront les leurs conformément à ce qui est spécifié dans les dixième et onzième classes du tarif.

II. Au lieu de patente, il sera pris, pour le commerce de transport par terre ou par eau, des permis de cabrouet et des permis de navigation dans les ports et autour de l'île, moyennant une taxe dont le tarif est fixé comme il suit :

PREMIERE CLASSE, A 300 LIVRES.

Cabrouet.

DEUXIEME CLASSE, A 500 LIVRES.

Bâtiment de mer ponté.

TROISIEME CLASSE, A 360 LIVRES.

Pirogue non pontée de 20 barriques et au-dessus.

QUATRIEME CLASSE, A 300 LIVRES.

Canots passagers ou Gros-bois ; Acon ou Cabarre.

CINQUIEME CLASSE, A 200 LIVRES.

Pirogue non pontée au-dessous de vingt barriques.

SIXIEME CLASSE, A 144 LIVRES.

Canot de poste.

Les ordonnances et réglemens de police relatifs tant aux Cabrouets qu'aux diverses espèces d'embarcations sont aux surplus confirmés.

L'ordonnance du (20 juin 1803) 1er. messidor an XI, pour la police et la navigation du cabotage, est déclarée commune aux gabarres ou acons.

III. Sont d'ailleurs maintenues toutes les lois, ordonnances, arrêtés, concernant les contributions, en tout ce à quoi il n'est pas dérogé par le présent.

Il sera imprimé, publié, *etc.* M. le Grand-juge est invité à le faire enregistrer, sur son mandement, aux Greffes des tribunaux.

Donné à la Martinique, le 17 mars 1808. *Signé*, VILLARET et LAUSSAT.

Enregist. aux Greffes des Tribunaux.

(N°. 1257.) CIRCULAIRE *du Préfet colonial, aux Commissaires chargés de la classification des Patentes, relativement aux exceptions dans ce genre de Taxe et de Lois.*

Du 18 mars 1808.

IL me paraît indispensable, Messieurs, de vous faire connaître les égards que des considérations politiques ont déterminé le législateur à avoir en France pour certaines professions et certains genres d'industrie que les patentes semblaient devoir atteindre. Vous y trouverez une règle de conduite qui pourra prévenir plusieurs doutes de votre part, et qui, dans tous les cas facilitera votre travail.

Voici sur quoi il n'est pas levé en France de droit de patente :

Premièrement. Les Fonctionnaires publics et Employés salariés par l'Etat, en ce qui concerne l'exercice de leurs fonctions.

Deuxièmement. Les laboureurs et cultivateurs, pour la vente du produit des terres qui leur appartiennent ou par eux exploitées, et pour le bétail qu'ils y élèvent.

Il est néanmoins établi en même-tems en France que le cultivateur ne peut vendre les boissons de son crû à pinte et à pot sans patente. Les localités semblent réclamer qu'on n'y assujettisse pas dans les colonies l'habitant qui vend aussi en détail, dans l'intérieur de sa sucrerie ou de sa distillerie, son sirop ou son tafia; mais s'il en vendait hors de ses bâtimens d'exploitation, dans un bâtiment séparé, sur les bords d'une route, aux entrées d'une ville ou d'un bourg etc., il serait sujet à patente.

Troisièmement. Les commis, ouvriers, etc., travaillant pour compte d'autrui et dans les ateliers et boutiques de ceux qui les mettent en œuvre (par conséquent, les gèreurs et économes); mais ne sont pas réputés ouvriers travaillant pour compte d'autrui, ceux qui travaillent chez eux pour les marchands et fabriquans en gros et en détail, ou pour les particuliers, même sans compagnons, enseignes ou boutiquiers : ceux-ci payent patente.

Quatrièmement. Les peintres de tableaux ou portraits, les graveurs, les sculpteurs considérés comme artistes et ne vendant que le produit de leur art.

Cinquièmement. Les officiers de santé attachés aux armées, aux hôpitaux, ou au service des pauvres, par nomination du Gouvernement et par lui en conséquence brévetés, même lorsqu'indépendamment de leurs fonctions comme officiers publics, ils exercent leur art chez les particuliers.

Sixièmement. Les sages-femmes.

Septièmement. Les maîtres de la poste aux chevaux.

Huitièmement. Les pêcheurs (il s'agit ici de la petite pêche, et ceci ne peut s'entendre de nos seineurs.)

Neuvièmement. Les cardeurs, fileurs de laine et coton, les blanchisseuses, les savetiers, les tripiers.

Dixièmement. Ceux qui vendent en ambulance dans les rues etc., les fruits, légumes et menus comestibles.

Je vous autorise et vous invite, Messieurs, à étendre à cette colonie, l'esprit de cette législation dans l'application que vous êtes chargés de faire de nos arrêtés des 29 janvier dernier et 17 mars courant, relatifs aux patentes, en vous tenant néanmoins rigoureusement dans les bornes positives de ces exceptions.

Toutes les fois d'ailleurs que vous en prononcerez une, vous voudrez bien la consigner formellement par écrit à côté du nom sur l'état de la paroisse.

J'ai l'honneur de vous saluer. *Signé*, LAUSSAT.

(N°. 1258.) ARRÊTÉ *du Préfet colonial, portant formation d'une Commission pour la reddition des Comptes du Receveur-général de la Colonie et du Trésorier des Deniers municipaux, exercice* 1807.

Du 27 avril 1808.

N. B. A la différence des Commissaires qui sont pour cette année, MM. Labatut, Damaret, Chénaux, Aubin Bellevue et Arnoux, cet arrêté est en tous points conforme à celui du 14 février 1807; voyez le N°. 1196, pages 185 *et suivantes* de ce tome.

(N°. 1259.) ARRÊT *de la Cour d'appel de l'île Ste-Lucie, qui ordonne que les Ordonnances des* 11 *mai* 1726, 31 *août* 1778, *et* 24 *novembre* 1781, *concernant les Fabriques, seront exécutés suivant leur forme et teneur, et qui fait défenses à tous Curés et Marguilliers d'exécuter et d'inscrire sur les Registres de Paroisses, aucunes Ordonnances, Edits, Déclarations ou Lois, autres que celles qui auront été enregistrées par la Cour, et à eux adressées par le Procureur-général ou ses Substituts.*

Du 27 avril 1808.

(N°. 1260.) ARRÊT *de la Cour d'appel de l'île de la Martinique, concernant les Consignations d'amendes des Appels.*

Du 4 mai 1808.

CE jour, le Procureur-général impérial a dit: qu'il était parvenu à sa connaissance que plusieurs Avoués de Saint-Pierre, négligeait de consigner entre les mains du commis-greffier de la Cour, receveur de la consignation, établi en ladite ville, les amendes ordinaires des appels des jugemens par eux interjetés devant la Cour, que cette négligence, qu'il ne regarde point comme intentionnelle, outrage les formes prescrites par l'ordonnance, et frustre la caisse des amendes, des sommes qui lui sont légitimement dues.

Pour quoi, il a conclu à ce qu'il plaise à la Cour, ordonner que les Avoués délinquans en cette partie, seront tenus dans la huitaine de la signification de son arrêt à intervenir; de verser entre les mains du Greffier en chef, receveur de consignations, les amendes de tous les appels, par eux formés pendant l'année 1807, sur la note des arrêts intervenus sur lesdits appels qui sera fournie par ledit Greffier en chef, et qu'à l'avenir les consignations d'amendes des appels, seront signifiées avec leurs reliefs ou requêtes en anticipation, sans préjudicier aux droits des parties, d'interjeter appel sur le bureau, et d'y consigner l'amende.

Ordonner qu'à sa diligence, ledit arrêt de la Cour sera adressé par expédition à ses substituts près les deux tribunaux de première instance, pour qu'ils en requièrent la lecture et la publication à l'audience.

La Cour faisant droit au réquisitoire du Procureur-général-impérial; ordonne que dans la huitaine de la lecture et publication du présent arrêt, qui sera faite à l'une des audiences des deux tribunaux de première instance, les Avoués qui ont négligé de consigner les amendes des appels par eux formés pendant l'année 1807, s'acquitteront desdites consignations entre les mains du Greffier en chef de ladite Cour, qui demeure tenu, par ce présent arrêt d'en justifier auprès dudit Procureur-général; ordonne en outre, qu'à l'avenir, les quittances de consignation d'amendes seront signifiées avec leurs reliefs ou leurs requêtes en anticipation sans préjudice des appels sur le bureau, au moyen des consignations d'amendes qui y seront faites.

Fait en la Cour d'appel, séant au Fort-de-France, le 4 mai 1808. *Signé*, RONDEAU, *greffier en chef.*

(N°. 1261.) ARRÊT *de la Cour d'appel de l'île de la Martinique, qui fixe à 45 sous, par jour, le prix de la Nourriture des Esclaves détenus dans les Geôles de la Colonie, pour quelle cause que ce puisse être, pendant toute la durée de l'Embargo des Américains.*

Du 4 mai 1808.

(N°. 1262.) ARRÊTÉ *du Préfet colonial, qui rétablit sur le pied de 500 francs, les Honoraires annuels de l'Avocat du Domaine, à compter du premier janvier 1807, et payable à l'expiration de l'année.*

Du 10 mai 1808.

(N°. 1263.) ARRÊTÉ *des Capitaine-général et Préfet colonial, qui exempte, jusqu'à nouvel ordre, la Farine, le Maïs, le Bœuf et le Porc salés, la Morue, le Beurre et le Sel, des Droits d'entrée et du Droit d'excédant.*

Du 19 mai 1808.

CONSIDÉRANT les difficultés extroardinaires que les circonstances actuelles de la guerre apportent aux entreprises du commerce pour l'introduction des comestibles de première nécessité dans cette colonie ;

Considérant que sa situation demande cependant qu'il ne soit négligé aucun des encouragemens propres à faire tenter de surmonter ces obstacles ; arrêtent :

ART. Ier. Tout droit d'entrée sur les farines, le maïs, les salaisons en porc et bœuf, la morue, le beurre et le sel, à leur introduction dans la colonie, est suspendu jusqu'à nouvel ordre ; nulle cargaison ne sera assujétie au droit d'excédant à raison de ces articles.

II. La déclaration d'importation devra néanmoins en être faite aux Douanes, sous peine d'une amende du quart de la valeur.

III. Le présent arrêté sera enregistré à l'Inspection. Le Directeur-général du Domaine est chargé de son exécution.

Donné à la Martinique, le 19 mai 1808.
Signé, VILLARET et LAUSSAT.

(N°. 1264.) DÉCISION *du Préfet colonial, portant qu'il n'y a lieu à statuer sur la Pétition du Sieur Davoust, à l'effet d'obtenir la permission de placer une Tombe sur la sépulture de feue son Epouse.*

Du 16 juin 1808.

VU la pétition du sieur Davoust, en date du 14 de ce mois, à l'effet d'obtenir la permission de placer une tombe sur la sépulture de feue la dame Davoust, son épouse.

Vu le décret impérial du 23 prairial an XII, sur les sépultures, portant article XII,

" qu'il n'est point dérogé aux droits qu'a
" chaque particulier, sans besoin d'autorisation,
" de faire placer sur la fosse de son parent,
" ou de son ami, une pierre sépulcrale, etc. „

Arrête qu'il n'y a lieu à statuer sur la demande, la présente décision devant au surplus suffire pour justifier, s'il était nécessaire aux droits du pétitionnaire par devers les autorités inférieures, sans préjudice néanmoins des rétributions que les réglemens et les usages locaux pourraient avoir établies en pareil cas, en faveur des Fabriques.

Donné à Saint-Pierre, le 16 juin 1808.

Signé, LAUSSAT.

(N°. 1265.) DÉCISION *Coloniale, relativement à des Libertés accordées par Testament qui n'ont pu être homologuées.*

Du 28 juin 1808.

VU la pétition du Sr. Bernard Pitard, négociant, agissant au nom et comme représentant des héritiers du Sr. Jean Pitard, son frère, légataire universel de feu Sr. François Tolozan;

Vu le testament, du 12 avril 1798, de feu sieur François Tolozan, portant don de liberté, après sa mort, à Rose, négresse, à Marie-Françoise, mulâtresse, fille de Rose, et à une autre mulâtresse nommée également Marie-Françoise.

Vu une dépêche ministérielle du 6 avril 1716, enregistrée au greffe de la Cour d'appel, relative aux affranchissemens accordés par testamens ou acte de dernière volonté;

Les affranchissemens accordés par le testament de feu sieur Tolozan, ne pourront être homologués; il n'y a lieu à statuer sur la demande que forme le sieur Bernard Pitard, d'être autorisé à faire vendre ces esclaves au profit des héritiers du sieur Jean Pitard, légataire universel dudit sieur François Tolozan, cette demande étant de droit.

Donné à la Martinique, le 28 juin 1808. *Signé*, Villaret, Laussat, et Bence.

(N°. 1266.) Arrêt *de la Cour d'appel de l'île Sainte-Lucie, qui ordonne que le Concierge des Prisons royaux, sera tenu de mettre une affiche tous les Lundis de chaque Semaine à la porte du Palais, laquelle contiendra le nom et la désignation des Nègres marrons qui seront à la Geôle ainsi que le nom de leur Maître, et que le premier Lundi de chaque mois, il enverra à chaque Commissaire de Quartier, une liste contenant également, les nom et désignation desdits Nègres marrons et le nom de leur Maître, lorsqu'il pourra les connaître.*

Du 6 juillet 1808.

(N°. 1267.) Arrêté *du Capitaine-général portant défenses aux Canots de Pêche de communiquer avec l'Ennemi.*

Du 9 juillet 1808.

Considérant que l'interruption du cabotage et les vexations particulières qui se commettent journellement sur les côtes, sont souvent le résultat des renseignemens que l'ennemi se procure par les pêcheurs ;

Considérant l'urgence de remédier, d'une manière efficace, à un abus qui tend à organiser un système d'espionnage, et qui peut devenir conséquemment aussi préjudiciable à la sûreté générale de la colonie, qu'aux intérêts individuels des habitans ; arrête :

Art. Ier. Il est défendu à tout canot de s'éloigner de la côte à plus d'une lieue, sous quelque prétexte que ce soit, à moins d'une permission particulière.

II. Lorsque les bâtimens ennemis s'approcheront des parages où un pêcheur se sera établi, il rentrera sur le champ, et en cas qu'une surprise rendit ses efforts impuissans, il est tenu, sous peine de confiscation de son canot, et d'une amende proportionnée, de jeter son poisson à la mer. Il se présentera à son retour au Capitaine de port ou Commissaire de son quartier, par qui il sera dressé procès-verbal de sa déclaration ; elle sera envoyée sans délai au Capitaine-général qui, d'après ce rapport et les renseignemens qu'il fera prendre dans les postes voisins, fera traduire le prévenu, si le cas l'exige, devant une commission militaire.

III. Les pêcheurs ou autres individus quelconques, qui seront convaincus d'avoir communiqué volontairement avec les bâtimens ennemis, seront considérés comme espions et jugés de suite militairement, conformément aux ordonnances sur l'espionnage.

Les Capitaines de port, Commandans de bataillon, Commissaires commandant les paroisses, et en général tous les Commandans des postes sur la côte, sont chargés de l'exécution du présent arrêté.

Donné au Fort-de-France, le 9 juillet 1808. *Signé*, VILLARET.

(N°. 1268.) ARRÊTÉ *du Préfet colonial, portant autorisation de construire un Pont de Bois, sur le bas de la Rivière du Fort St-Pierre, pour communiquer des Rues du Bord de la Mer à la Place du Marché de la paroisse du Fort et Rues environnantes.*

Du 30 juillet 1808.

VU une pétition signée individuellement des habitans de cette ville, propriétaires et locataires de maisons avoisinant la rivière du Fort, à son embouchure; laquelle pétition tendante à permettre la construction d'un Pont de bois au-dessous du Pont de pierre de la rivière du Fort; pour communiquer de la place du marché, sur la rive droite de ladite rivière, aux rues du bord de la mer sur la rive gauche;

Vu le rapport du sieur Gaillard St-Léger, Grand-voyer, par nous consulté sur cet objet; arrête :

ART. 1er. La construction d'un Pont de bois sur le bas de la rivière du Fort, pour communiquer des rues du bord de la mer au marché de la paroisse du Fort, et rues environnantes, est autorisée, à la charge par les pétitionnaires de se concerter, dans le cours de l'exécution, avec le Grand-voyer, lequel l'assurera s'assurera ainsi par lui-même que les précautions qu'il indique comme nécessaires pour le meilleur succès de cette entreprise, soient observées : en conséquence copie de son rapport sera jointe à l'expédition de cet arrêté.

II. Il sera justifié devant nous, en tems et lieu, de la dépense faite pour cette construction, et de la manière dont il y aura été pourvu.

III. Le présent arrêté sera enregistré à l'Inspection.

Donné à St-Pierre, le 30 juillet 1808. *Signé*, LAUSSAT.

(N°. 1269.) DÉCRET *Impérial relatif au Mariage des Officiers Militaires et Civils, des Sous-Officiers et Soldats, employés au service du département de la Marine.*

Du 3 août 1808.

NAPOLÉON, etc., sur le rapport de notre Ministre de la marine et des colonies, notre Conseil d'Etat entendu, nous avons décrété et décrétons ce qui suit :

ART. 1er. Les dispositions de notre Décret du 16 juin 1808, relatif au mariage des militaires en activité de service, sont applicables aux officiers et aspirans de notre marine impériale, aux officiers de nos troupes d'artillerie de marine, aux officiers du génie maritime, aux administrateurs de la marine, et enfin à tous officiers militaires et civils du département de la marine, nommés par nous.

En conséquence, nul desdits officiers ne pourra désormais se marier, sans en avoir obtenu la permission, par écrit, de notre Ministre de la marine.

II. Nous autorisons toutefois les Capitaines-généraux de nos colonies et les Préfets-coloniaux à consentir aux mariages des officiers qui leur sont respectivement subordonnés, si les circonstances ne permettaient pas d'attendre la permission de notre Ministre, à la charge, par eux, de lui en rendre compte par la plus prochaine occasion.

III. Les sous-officiers et soldats des troupes appartenant au département de la marine, ne pourront de même se marier, qu'après en avoir obtenu la permission du conseil d'administration de leur corps.

IV. Notre Ministre de la marine et des colonies est chargé de l'exécution du présent Décret. *Signé*, NAPOLÉON.

(N°. 1270.) ARRÊTÉ *du Préfet colonial, Modificatif de celui du 11 décembre 1806, relativement au nombre et au cautionnement des Huissiers du Domaine et d'Amirauté.*

Du 3 août 1808.

Vu notre arrêté du 11 décembre 1806, concernant le rétablissement d'un huissier de domaine et d'amirauté à la Martinique;

Considérant que l'expérience nous a prouvé l'utilité et même la nécessité qu'il y ait deux semblables huissiers, l'un de résidence au Fort-de-France et l'autre à Saint-Pierre;

Considérant en outre que l'insuffisance du cautionnement déterminé par l'arrêté en question a été démontrée par les sommes considérables dont cet officier public a dû faire le recouvrement depuis vingt-un mois qu'il est en exercice; arrête:

Art. 1er. Au lieu d'un huissier de domaine et d'amirauté pour la Martinique, il y en aura deux, dont l'un sera nécessairement résidant au Fort-de-France et l'autre à St-Pierre.

II. Néanmoins ils feront bourse commune dont ils partageront le produit par égales portions.

III. Ils pourront être employés indifféremment par l'administration dans quel lieu que ce soit de la colonie, même l'un pour l'autre dans les villes, soit du Fort-de-France, soit de St-Pierre, et sans égard à quelle circonscription que ce soit d'arrondissement.

IV. Le cautionnement en immeubles de chacun de ces huissiers sera à l'avenir de cinquante mille livres coloniales, et devra être certifié devant les tribunaux ordinaires.

V. Le chef d'administration et le Directeur-général du Domaine sont chargés, chacun en ce qui le concerne, de l'exécution du présent arrêté, qui sera enregistré à l'Inspection et à la Direction-générale du Domaine.

Donné à Saint-Pierre, le 3 août 1808.
Signé, Laussat.

(N°. 1271.) Extrait *d'une Circulaire ministérielle de M.* Décrès, *aux Capitaines-généraux, Préfets et Grands-juges des Colonies, concernant l'exécution du Décret impérial du 3 août 1808, relatif aux Mariages de tous Officiers militaires et Civils, Sous-officiers et Soldats, employés au service du Département de la Marine.*

Du 22 août 1808.

Le Ministre, dans cette circulaire commune, leur fait part que les intentions de S. M. I. sont qu'aux termes de l'article II, du décret précité, les Chefs coloniaux peuvent, dans les cas urgens, permettre (à la charge d'en rendre compte au Ministre) le mariage de leurs Subordonnés respectifs; et que quoique MM. les Grands-juges et Commissaires de justice n'y soient pas nommément investis de cette faculté, comme le sont MM. les Capitaines-généraux et Préfets coloniaux, ils n'en demeurent pas moins autorisés à l'exercer sous les mêmes conditions, en ce qui concerne les Officiers de justice.

(N°. 1272.) DÉCRET *Impérial, relatif au mode de Service et à la Reddition des Comptes des Payeurs des Colonies.*

Du 10 septembre 1808.

NAPOLÉON, etc.; sur le rapport de notre Ministre du trésor public, relatif au service et à la reddition des comptes des Payeurs des colonies; notre Conseil d'état entendu, nous avons décrété et décrétons ce qui suit:

ART. 1er. Les Payeurs des colonies sont comptables directs à notre Cour des comptes, tant de l'emploi des fonds mis à leur disposition par le Trésor public de France, que de ceux qui proviendront des recettes locales faites dans les colonies.

II. Leurs recettes s'établiront;

1°. Par leurs récépissés, pour les envois de fonds expédiés de France;

2°. Par leurs traites et récépissés, pour les versemens de fonds faits à leurs caisses dans la colonie;

3°. Par des bordereaux récapitulatifs des versemens qui leur auront été faits sur les lieux; lesquels bordereaux seront certifiés par le Payeur, vérifiés et visés par l'Inspecteur de la marine, visés par le Préfet colonial ou autre administrateur en chef, et légalisés par notre Ministre de la marine.

III. Leurs récépissés, traites et autres pièces justificatives de leurs recettes ordinaires et extraordinaires, seront vérifiés et visés par l'Inspecteur de marine.

IV. Ils justifieront de leurs dépenses, par les mandats des ordonnateurs, par les pièces dont ces mandats auront exigé la production, et par les quittances des parties prenantes, revêtues des formes prescrites.

V. Il sera dressé, chaque mois, dans les colonies, un bordereau détaillé et divisé, ainsi que l'exigera l'ordre de la comptabilité, des paiemens effectués. Ces bordereaux seront certifiés par le Payeur, vérifiés et visés par l'Inspecteur de marine, visés par le Préfet colonial ou autre administrateur en chef, et légalisés par notre Ministre de la marine. Ces bordereaux, revêtus de ces formalités, seront joints aux pièces de dépenses, pour en attester la validité et tenir lieu des ordonnances ministérielles que les Payeurs de France seront tenus de rapporter à l'appui des paiemens.

VI. Le Payeur-général de la marine ne sera comptable, relativement au service des colonies, que des envois des fonds faits par le Trésor public, pour ce service, et des paiemens des traites et des récépissés délivrés pour le même service, par les Payeurs des colonies sur le Trésor de France.

La dépense s'établira, relativement aux envois, par les récépissés des Payeurs des colonies; et, à défaut de ces récépissés, par les quittances de l'Agent du Ministre de la marine auquel les valeurs auront été remises.

Elle se justifiera, à l'égard des traites et récépissés, par les ordonnances de notre Ministre de la marine, par l'acquit des porteurs au bas des ordonnances ou au dos des effets dont elles auront autorisé le paiement, ou par toutes autres pièces indiquées par ces mêmes ordonnances.

VII. Les quittances de l'Agent du Ministre de la marine, mentionnées en l'article ci-dessus, établiront également, à défaut de quittances des Payeurs des colonies, la dépense du Payeur-général des dépenses diverses, relatives aux envois de fonds, qui leur seront faits pour le montant de leurs traitemens annuels et frais de service.

VIII. Il est enjoint au Payeur-général de la marine, lorsqu'il en sera requis par notre Cour des comptes, de faciliter par son concours, et à titre consultatif, la rédaction et présentation des comptes des Payeurs coloniaux, dans la forme la plus rapprochée de celle usitée pour les comptes généraux et collectifs qu'il est chargé de présenter directement.

IX. Ces dispositions sont applicables à la comptabilité des colonies, à compter du 1er. germinal an VIII, pour les comptes qui restent à présenter depuis cette époque.

X. Elles ne seront point applicables au service des îles Ioniennes.

XI. Nos Ministres du trésor public et de la marine et des colonies sont chargés, chacun en ce qui le concerne, de l'exécution de notre présent décret. *Signé*, NAPOLÉON.

(N°. 1273.) ARRÊTÉ *des Capitaine-général et Préfet colonial, qui, en conséquence de la division faite des fonctions d'Huissier exploiteur et Encanteur du Domaine, entre deux titulaires au lieu d'un, réduit la taxe de la Patente à prendre séparément par chacun d'eux.*

Du 23 septembre 1808.

Vu les arrêtés coloniaux du 29 janvier et 17 mars derniers, en ce qui est relatif aux patentes;

Considérant que l'huissier du Domaine, d'après les tarifs des patentes contenus dans ces arrêtés, payait, en sa qualité d'huissier-encanteur, 1,800 livres coloniales; qu'il n'existait à l'époque où ces arrêtés ont été rendus, qu'un seul huissier-encanteur; que depuis la place a été divisée en deux, dont les titulaires doivent résider, l'un à Saint-Pierre et l'autre au Fort-de-France, sans que d'ailleurs le cercle de leurs fonctions ait été étendu; arrêtent:

ART. 1er. La taxe de la patente d'huissier exploiteur et encanteur de Domaine et d'Amirauté sera perçue, pour les six derniers mois de 1808, à raison de neuf cens livres coloniales, par année et par Huissier.

II. Sont d'ailleurs maintenues toutes les dispositions des lois, arrêtés et réglemens en cette partie.

Le présent arrêté sera rendu public et enregistré à l'Inspection.

M. le Grand-juge est invité à le faire enregistrer, sur son mandement, au Greffe des tribunaux.

Donné à la Martinique, le 23 septembre 1808.
Signé, VILLARET et LAUSSAT.

Enregist. aux Greffes des Tribunaux.

(N°. 1274) CIRCULAIRE *ministérielle de M.* Décrès, *aux Premiers Chefs des Colonies, concernant les Parentés et Alliances des Membres de l'Ordre judiciaire dans un même Tribunal.*

Du 26 septembre 1808.

VOUS avez dû, Messieurs, recevoir dans le tems, un avis du Conseil d'état, relatif aux parentés et alliances entre les Membres de l'ordre judiciaire dans un même tribunal, et approuvé par S. M., le 23 avril 1807; je vous remets au surplus ici un nouvel exemplaire de ce bulletin. M. le Grand-juge voudra bien tenir la main à l'exécution de l'avis du Conseil d'état, que je viens de citer.

Toutes les fois que vous aurez à me proposer des nominations aux places qui y sont indiquées, vos dépêches seront accompagnées des états de service des candidats. Ces états contiendront les noms, prénoms, époques et lieux de naissance; ils indiqueront les grades obtenus dans les anciennes universités ou les facultés de droit; à quelles dates et dans quels lieux; les divers emplois judiciaires par lesquels les candidats auront passé, à quelles époques, et par qui ils auront été accordés; enfin ces états seront certifiées par les impétrans, vus et vérifiés sur les pièces, par le Procureur-général impérial, et visés par M. le Grand-juge. Ce dernier certifiera en outre, que les candidats sont ou non parens ou alliés des membres de la Cour ou du Tribunal où il s'agira de nommer jusqu'au dégré de cousin-germain inclusivement, et à défaut de renseignemens certains, il pourra faire précéder son attestation d'une enquête judiciaire.

Je vous invite, Messieurs, à vous conformer aux dispositions de la présente circulaire que M. le Grand-juge aura soin de faire enregistrer aux Greffes des tribunaux, ainsi que l'avis du Conseil d'état, dont il s'agit.

Recevez, Messieurs, etc. *Signé*, DÉCRÈS.

Enregist. aux Greffes des Tribunaux.

(Nº. 1275.) DÉCRET *Impérial, qui établit quatre Juges Assesseurs près la Cour d'appel de la Martinique.*

Du 5 octobre 1808.

SUR le rapport de notre Ministre de la marine et des colonies, nous avons décrété, et décrétons ce qui suit :

ART. 1er. Il sera établi, près la Cour d'appel de la Martinique, quatre Juges assesseurs; lesquels exerceront leurs fonctions conformément aux lettres-patentes du mois d'août 1742.

II. Pour la première nomination seulement, ils pourront être choisis parmi des sujets non gradués en droit.

III. Notre Ministre de la marine et des colonies est chargé de l'exécution du présent décret. *Signé*, NAPOLEON.

Enregist. aux Greffes des Tribunaux.

(N°. 1276.) INSTRUCTION, *en forme de lettre, du Préfet colonial, aux Inspecteur-colonial, Directeur-général du Domaine, et Receveur-général de la Martinique, contenant quelques dispositions d'ordre pour la Reddition annuelle des Comptes des Receveurs de la Colonie.*

Du 12 octobre 1808.

LA commission coloniale des comptes de 1807, Messieurs, m'a fait des observations qui ont fixé toute mon attention et m'ont déterminé à prendre quelques mesures, dont cette circulaire a pour but de vous donner connaissance et de vous recommander très-particulièrement l'exécution.

Premièrement. Il sera dressé à l'avenir, tous les ans, par les Receveurs, un état des redevables en retard, qui présentéra le montant des restes à recouvrer au 1er. janvier, en y conservant la distinction par exercices. Cet état certifié par le Comptable, visé et vérifié par le premier officier du Domaine sur les lieux, sera joint au compte et servira à son appui. Tout redevable qui ne serait point porté sur cet état restera au compte personnel du Receveur.

Deuxièmement. Tout Receveur qui à l'avenir sous quelque prétexte que ce fut, même de paiement par forme d'acompte, substituerait d'autres quittances à celles qui lui sont fournies par le Directeur-général du Domaine, pour la valable décharge des contribuables, serait destitué sur la simple constatation du fait et en outre traduit comme prévaricateur devant les Tribunaux.

Troisièmement. Toute quittance de cote tombée en non-valeur sera rapportée à la commission où elle sera biffée pour être rendue ensuite à la Direction du Domaine qui l'annullera.

Quatrièmement. Les comptes du dernier exercice devront être rédigés dans les trois premiers mois de l'année suivante, et la remise devra en être faite à la commission des comptes chaque année dans les premiers jours d'avril.

Messieurs l'Inspecteur colonial et le Directeur-général du Domaine y tiendront la main.

Cinquièmement. Les trois derniers exercices seront distingués en autant de parties et de colonnes dans les comptes et dans les tableaux; mais les exercices antérieurs n'occuperont qu'une seule partie divisée en chapitres dans le compte et seront confondues en une seule colonne dans les tableaux où l'on les désignera sous le titre du dernier exercice et exercices antérieurs : ainsi, en 1809, ce sera an XIV ou 1806 et exercices antérieurs.

La commission des comptes de 1807 a rendu un témoignage honorable de l'état dans lequel elle a trouvé en général les comptabilités de cette colonie : le pays et les comptables lui auront une nouvelle obligation pour la simplicité et l'ordre que les conseils éclairés tendent de plus en plus à y introduire, et S. M. l'Empereur, qui a déjà exprimé une fois, par l'organe de S. Exc. le Ministre, sa satisfaction de ce travail, saura apprécier l'esprit de perfectionnement qui y préside.

J'ai l'honneur de vous saluer. *Signé*, LAUSSAT.

(N°. 1277.) CIRCULAIRE *du Préfet colonial, aux Commissaires-commandans des Paroisses, concernant les Exemptions et Décharge de Contributions, pour cause d'Indigence, demandées par des Contribuables, propriétaires de Maisons ou jouissant de 2,000 livres coloniales de Revenu annuel.*

Du 14 octobre 1808.

DE même, Monsieur, qu'il a été réservé au Préfet colonial, par la circulaire du 16 décembre dernier, de décider des exemptions et décharges de contributions, pour cause d'indigence, en faveur de tout blanc, propriétaire de plus de cinq esclaves, et de toute personne de couleur, propriétaire de plus de deux esclaves, le Préfet colonial statuera à l'avenir, par décisions spéciales et directes, sur ces sortes de demandes, lorsqu'elles seront faites par des contribuables qui seraient propriétaires d'une ou plusieurs maisons.

Enfin, il prononcera sur les exemptions et décharges des contribuables qui jouiraient, soit en esclaves, soit en maisons ou autrement, d'un revenu réputé de plus de 2,000 livres coloniales par an.

Il n'est d'ailleurs rien innové aux formes et conditions accessoires prescrites en pareil cas.

Cette nouvelle mesure m'a été dictée, comme celles de l'année dernière, par les sages observations de la commission des comptes.

Recevez, Monsieur, *etc.* *Signé*, LAUSSAT.

(N°. 1278.) CIRCULAIRE *du Préfet colonial, aux Commissaires commandant les Paroisses, relative aux Dénombremens et Récensemens pour l'année* 1809.

Du 20 octobre 1808.

N. B. Cette circulaire est en tous points conforme à celle, sur le même sujet, du 1er. thermidor an XII, voyez le N°. 1057, tome IV, pages 680 et 681.

(N°. 1279.) INSTRUCTIONS *du Préfet colonial, adressées aux Commissaires commandant les Paroisses, sur la manière dont ils doivent recevoir les déclarations des Habitans, pour leurs Dénombremens et Récensemens pour l'année* 1809.

Du 20 octobre 1808.

N. B. Ces instructions sont absolument les mêmes que celles sur le même objet, du 1er. thermidor an XII; voyez le N°. 1058, tome IV, pages 682 *et suiv.*

(N°. 1280.) ARRÊTÉ *du Préfet colonial, concernant la formation des Dénombremens et Récensemens de l'île Martinique, pour l'année* 1809.

Du 20 octobre 1808.

N. B. Cet arrêté est absolument le même que celui sur le même objet, du 1er. thermidor an XII; voyez le N°. 1059, tome IV, pages 684 *et suivantes.*

Enregist. aux Greffes des Tribunaux.

(N°. 1281.) DÉPÊCHE *ministérielle de M. Decrès, aux Capitaine-général et Grand-juge de la Martinique, portant envoi du Décret impérial, qui établit quatre Juges assesseurs près la Cour d'appel de cette Colonie, et qui prescrit les mesures autorisées pour faciliter le passage en France des jeunes Créoles destinés à étudier en Droit.*

Du 24 octobre 1808.

J'AI mis sous les yeux de l'Empereur et Roi, Messieurs, la double demande présentée dans votre dépêche commune du 15 août 1807, et tendante à obtenir non-seulement la nomination de quatre Assesseurs à la Cour d'appel de la Martinique, mais encore la faculté aux Candidats d'occuper ces sortes de places, sans être préalablement gradués jusques au terme de deux ans après la paix maritime.

S. M. ayant égard à vos représentations, a bien voulu accorder à sa colonie quatre Juges assesseurs choisis parmi des sujets non gradués, mais seulement pour cette première nomination.

Je vous adresse en conséquence ici le décret rendu à ce sujet à Erfurth, le 5 de ce mois. Vous voudrez bien le faire enregistrer aux greffes des tribunaux, et concourir à son exécution.

Afin de faciliter le passage en France des jeunes créoles, qui y seront envoyés pour leur éducation et pour étudier en droit, M. le Capitaine-général pourra permettre leur embarquement sur les bâtimens de guerre opérant leur retour, à la charge par les familles de pourvoir à la subsistance de ces jeunes gens pendant la traversée.

M. le Préfet colonial, à qui vous communiquerez cette dépêche, fera remettre des traites du Caissier-général du Trésor public sur lui-même, en échange des fonds qui seront versés dans la caisse publique, aux familles qui voudront assurer sans aucun risque les sommes nécessaires à ces jeunes créoles ; de sorte que les principales difficultés, dont vous m'avez présenté le tableau, comme empêchant les communications qui seules pouvaient permettre de former au sein de la métropole des Magistrats créoles pour la Martinique, se trouvent applanies.

D'ailleurs vous m'avez annoncé, par la dépêche du 15 août 1807, que quelques jeunes gens de la colonie suivaient en France les cours de jurisprudence : c'est un motif de plus pour espérer que bientôt vous ne manquerez pas de sujets ayant les qualités requises.

Au surplus, MM., l'intention de l'Empereur est que la loi du 22 ventose an XII, sur cette matière, n'éprouve pas d'autre exception que celle qui vient d'être autorisée par le décret impérial du 5 de ce mois, et vous ne pouvez manquer de sentir que l'intérêt réciproque des colonies et de la métropole l'exige ainsi.

Recevez, Messieurs, etc. *Signé*, DÉCRÈS.

Enregist. aux Greffes des Tribunaux.

(N°. 1282.) ARRÊTÉ *des Capitaine-général et Préfet colonial, relatif aux Cautionnemens des Payeurs du Trésor public et des Receveurs tant généraux que particuliers.*

Du 3 novembre 1808.

Vu la loi du 6 frimaire an VIII, relative aux obligations et cautionnemens à fournir par les Receveurs-généraux, et celle du 4 germinal suivant, ainsi que l'arrêté consulaire du 7 thermidor de la même année, relativement aux cautionnemens des Payeurs et Caissiers du Trésor public;

Considérant que l'exacte observation des lois relatives aux cautionnemens des comptables ayant été négligée pendant le cours de la révolution, soit par l'effet du bouleversement général, soit par suite des immenses émissions du papier-monnaie; l'une des premières œuvres d'un bon gouvernement renaissant fut de rétablir à cet égard les principes, les garanties et l'ordre; que de même, quoiqu'au premier moment de la reprise de possession de cette colonie, on ait omis d'exiger de semblables gages de leurs gestions des comptables qui y étaient envoyés, nous venons de faire deux fois, dans le cours de cette année, la malheureuse expérience de la nécessité qu'il y a d'y pourvoir immédiatement et sans attendre même la paix, époque à laquelle nous avions cru d'abord devoir remettre cette réforme; arrêtent :

ART. Ier. Les Payeurs du Trésor public et les Receveurs, tant généraux que particuliers, sont assujettis, dans cette colonie, à fournir des cautionnemens en immeubles.

II. Le cautionnement du Payeur principal sera de soixante-dix mille francs, et celui du Payeur particulier sera de quarante mille francs, monnaie de France.)

III. Le cautionnement du Receveur-général sera de cinquante-cinq mille francs et ceux des Receveurs particulier seront de trente mille francs, (monnaie de France.)

IV.

IV. Tous ces cautionnemens seront reçus devant le tribunal de première instance du ressort, aux formes ordinaires.

V. Le présent arrêté sera enregistré à l'Inspection.

M. le Grand-juge est invité à en ordonner l'enregistrement aux greffes des tribunaux.

Donné à la Martinique, le 3 novembre 1808.

Signé, VILLARET et LAUSSAT.

Enregist. aux Greffes des Tribunaux.

(N°. 1283.) ASSEMBLÉE *Consultative pour la répartition de Contributions extraordinaires à lever, à la Martinique, pour l'année* 1809.

Du 10 novembre 1808.

L'ÉPOQUE étant arrivée où il fallait s'occuper de l'assiette des contributions pour 1809, et la guerre paraissant n'être pas près de finir, MM. les Capitaine-général et Préfet-colonial résolurent de convoquer l'assemblée consultative des contributions pour lui soumettre encore une fois la question d'une levée extraordinaire d'impôts que sollicitent d'avance les besoins de l'Empire et qu'attend de cette colonie la confiance de S. M. l'Empereur et Roi dans la lutte qu'il continue de soutenir.

L'assemblée s'est réunie au Fort-de-France, le 10 novembre 1808, à l'hôtel de M. le Capitaine-général, et était composée de trois principaux habitans MM. De Lahante, Faure et Roland Levassor, et trois principaux négocians, MM. Pinel, Vatable et Saint-André Lechevalier.

L'ouverture de la séance n'a eu lieu, par le retard de quelques membres, que vers dix heures et demie.

Elle a été présidée par MM. le Capitaine-général et le Préfet colonial.

M. Jubelin, commis principal de marine, secrétaire de M. le Préfet, a rempli les fonctions de secrétaire *pro tempore.*

Il a redigé et présenté à l'approbation et signature de ses membres le procès-verbal de l'assemblée, pour être envoyé au Ministre, conformément aux ordres de S. E.

M. Capitaine-général a ouvert la séance, en annonçant l'objet de la réunion.

M. le Préfet colonial a exposé la situation actuelle des finances de la colonie et les embarras au milieu desquels il a soutenu, avec des peines infinies, le service depuis dix mois. Il a présenté le tableau des recettes effectives et des dépenses réelles. Il n'eût pu, à beaucoup près, suffire à celles-ci, sans les réserves des années précédentes. Il s'est plaint de la tâche douloureuse que M. le Capitaine-général et lui avaient à remplir, en entretenant aujourd'hui la colonie des besoins publics; lorsqu'elle-même en éprouve de si sensibles. Cependant ce leur est un devoir impérieux et inévitable. Il faut assurer l'assiette des contributions de l'année qui va commencer. Si S. M. l'Empereur et Roi s'est vu obligé de demander, ces deux dernières années, à la colonie, un secours extraordinaire, la guerre a pris un tel aspect, qu'il a en ce moment plus de droit que jamais à un semblable sacrifice de la part de ses fidèles sujets de la Martinique, malgré l'état de détresse où eux-mêmes se trouvent. M. le Préfet colonial a donné le relevé exact des produits de la subvention extraordinaire de guerre et de toutes les contributions même ordinaires, depuis le 1er. janvier dernier. Il en est résulté la démonstration que la Métropole aurait elle-même un supplément beaucoup plus considérable à fournir que les années précédentes. Néanmoins, et quoique les prix des vivres aient été exhorbitans, il y aura eu en 1808 une très-forte diminution dans le montant des dépenses. La commission a été mise à portée de s'en convaincre. Rien de ce qu'il sera possible que la colonie obtienne de l'économie, du zèle, du dévouement de MM. les Capitaine-général et Préfet colonial, ne manquera, dans ces circonstances critiques, à son soulagement : ce sont les intentions de l'Empereur, et c'est le but de toutes leurs actions, de toutes leurs vues. Ils y cherchent leur bonheur. M. le Préfet colonial ne mettra pas d'innovation en avant. Il faut les éviter autant que possible. Des inventions, des idées nouvelles, des systèmes ont été parcourus et discutés les deux dernières années. On a devant soi l'expérience positive de celle qui s'écoule. M. le Préfet se contente donc de proposer que la subvention de guerre de 1808 soit renouvelée pour 1809, sauf d'ailleurs à y introduire quelques perfectionnemens de détail. Il invoque au reste les lumières de l'assemblée.

Elle s'est en général plainte avec douleur de la détresse sous laquelle gémissait le contribuable, des difficultés extrêmes qu'il avait eues à s'acquitter cette année et de l'espèce d'impossibilité où elle prévoyait qu'il serait de le faire l'année prochaine, si les choses ne changeaient. Tous les membres ont néanmoins exprimé le sentiment que la colonie devait à son souverain, dans les circonstances présentes, les plus grands efforts, et ne pouvait lui refuser ce nouveau témoignage de son amour et de sa fidélité. Ils ont également été d'avis unanime qu'il fallait s'en tenir pour 1809 à la subvention de guerre qui avait été adoptée pour 1808.

(N°. 1284.) Arrêté *des Capitaine-général et Préfet colonial, concernant une Subvention extraordinaire de guerre, pour l'année* 1809.

Du 12 novembre 1808.

Considérant que telle est la fatalité des circonstances que l'instant même où la colonie a le moins de ressources, est aussi celui où le Trésor public a le plus besoin de ses secours; que les sacrifices auxquels elle s'est portée pendant l'année courante avec tant de gêne, la situation actuelle de la Métropole les réclame de rechef, avec encore plus d'instance, pour l'année qui va commencer; que l'artisan éternel des maux de notre patrie est parvenu à lui susciter une nouvelle guerre, une guerre insensée, sauvage et séditieuse; qu'il y va, non-seulement de la sécurité et de la tranquilité de l'Empire pour des siècles, mais encore de l'honneur du nom français; que S. M. l'Empereur et Roi a été en conséquence obligé d'augmenter considérablement le nombre de ses troupes, et qu'une armée de 180,000 hommes, conduite par ses premiers Généraux, pénêtre déjà de toutes parts sur le territoire espagnol d'Europe ;

Considérant que sans doute cela n'empêchera point S. M. de nous continuer les preuvesde sa constante sollicitude pour cette colonie ; mais que difficilement S. M. pourrait faire davantage en notre faveur qu'elle n'a fait les deux dernières années ; que cependant la principale source du Revenu public colonial, celles des Douanes, est depuis lors comme tarie ; que si, dans le tems de la plus grande abondance de ses produits, nos moyens furent démontrés insuffisans et s'il fallut en conséquence y suppléer par une subvention extraordinaire de guerre, à combien plus forte raison, la colonie ne sentira-t-elle point, malgré la situation infiniment pénible où elle se trouve, qu'une subvention de même espèce devient aujourd'hui indispensable, sauf d'ailleurs à en adoucir le fardeau, autant que possible, dans la perception ;

Considérant que nous ne saurions, sans manquer à la première et à la plus sacrée de nos obligations, négliger de prendre à propos les mesures que commande le salut de la colonie qui nous est confiée ;

Considérant, enfin, que, dans le choix des expédiens auxquels nous sommes forcés de recourir, la subvention extraordinaire de guerre, dont nous avons fait l'essai en 1808, est encore celui qui présente le moins de désavantage ; qu'il a pour lui la recommandation d'une expérience acquise, et que cette expérience elle-même nous a mis en état d'y apporter des perfectionnemens ;

Après avoir convoqué et consulté une assemblée de trois principaux habitans et de trois principaux négocians de l'île, aux termes de l'article XVIII de l'arrêté consulaire du 6 prairial an X (26 mai 1802) ; arrêtent :

TITRE PREMIER.

Disposition générale.

ART. Ier. Il sera établi, pour l'année 1809, une subvention extraordinaire de guerre, comme il va être statué dans les titres suivans.

N. B. Attendu que la conquête de la colonie en 1809, par les armes de S. M. B. a rendu nul cet arrêté, nous avons cru inutile de le rappeler en entier ici, pour ne pas trop grossir le volume, ses dispositions étant au surplus les mêmes que celles des arrêtés sur le même sujet, des 29 janvier et 17 mars 1808, Nos. 1252 et 1256, pages 265 et 289 de ce tome.

Enregist. aux Greffes des Tribunaux.

(No. 1285.) ARRÊTÉ *du Préfet colonial concernant l'Assiette et la Levée des Contributions publiques ordinaires, pour l'année* 1809.

Du 14 novembre 1808.

Vu les anciennes ordonnances concernant les contributions publiques ordinaires, présentement levées dans cette île, sous diverses dénominations et avec différentes destinations ;

Vu notamment l'arrêté du 29 janvier 1808, qui ordonne les contributions ordinaires pour l'année 1808.

Considérant d'ailleurs que, s'agissant ici d'asseoir les contributions annuelles qui existent, sans les changer ni les augmenter, il n'y a pas lieu à délibérer avec le Conseil colonial de répartition, en exécution de l'article XVIII de l'arrêté du 6 prairial an X (26 mai 1802), concernant l'organisation des pouvoirs dans cette colonie;

Sur le rapport du Directeur-général du Domaine, ou Revenus publics; arrête :

Art. 1er. Les contributions seront assises et réparties à la Martinique pour l'année 1809 au prorata des contributions et centimes additionnels, fixés pour l'année 1808.

N. B. Le reste de cet arrêté est en tous points conforme à celui sur le même sujet du 29 janvier 1808, voyez le N°. 1250, pages 262 et 263 de ce tome.

Enregist. aux Greffes des Tribunaux.

(N°. 1286.) Arrêté *du Préfet colonial, concernant la Taxe des Nègres justiciés et la Contribution pour l'Eclairage de St-Pierre.*

Du 14 novembre 1808.

Vu les anciennes ordonnances concernant la taxe dite des nègres justiciés;

Vu notamment l'article VIII de l'arrêté du 15 décembre 1806, relatif aux contributions ordinaires pour l'année 1807.

Vu l'arrêté colonial du 11 avril 1807, et celui du 29 janvier 1808, pour les frais de l'éclairage de la ville de Saint-Pierre;

Considérant que, s'agissant ici purement et simplement de renouveler pour ces objets l'assiette, et de continuer sans augmentation ni diminution la levée de contributions annuelles qui y ont été affectées, il n'y a pas lieu à en délibérer avec le Conseil colonial de répartition, en exécution de l'art. XVIII, de l'arrêté consulaire du 6 prairial an X (26 mai 1802); arrête :

Art. Ier. La taxe dite des nègres justiciés sera, comme les années précédentes, d'un franc trente-cinq centimes (deux livres cinq sous des colonies) par tête d'esclaves payant droit, et sur ses produits seront pris, conformément à l'ordonnance du 2 janvier 1802 et à l'arrêté du 21 ventose an XI, concernant les chambres d'agriculture, les fonds nécessaires pour subvenir aux frais du Député de la colonie à Paris et de la chambre d'agriculture, près le Gouvernement intérieur de la colonie.

II. Il sera levé un et demi pour cent par addition à la taxe des maisons de St-Pierre, lesquels, demeurent exclusivement affectées aux frais d'éclairage de cette ville.

III. Les produits de ces taxes seront versés dans la caisse des Deniers municipaux, par le Receveur-général, au fur et à mesure du recouvrement et dans la forme déjà établie pour semblables versemens.

IV. Les règles d'emploi et de comptabilité de cette partie de recette seront les mêmes que pour les autres deniers dépendans du Trésorier des Deniers municipaux.

Donné à St-Pierre, le 14 novembre 1808. *Signé*, LAUSSAT.

(N°. 1287.) ARRÊTÉ *du Capitaine-général, portant Amnistie en faveur des Déserteurs qui rentreront volontairement à leurs Corps jusqu'au* 25 *janvier* 1809.

Du 1er. janvier 1809.

CONSIDÉRANT qu'un certain nombre de militaires qui, par erreur ou égarement, ont momentanément abandonné leurs drapeaux, sont maintenus loin de leurs corps, dans les différentes parties de la colonie, par la crainte de subir la peine qu'ils ont méritée;

Considérant que l'occasion d'expier leurs fautes semble leur être fournie aujourd'hui par l'ennemi, et qu'ils n'attendent pour rentrer dans leurs rangs, qu'un pardon que leur courage et leur dévouement ne tarderont pas à justifier; arrête :

ART. 1er. Il est accordé amnistie du crime de désertion à tous militaires qui rentreront volontairement à leurs corps, immédiatement après la publication du présent.

II. Dans la persuasion que l'ignorance seule de cette amnistie peut retenir plus long-tems loin de leurs drapeaux les militaires qu'y rappellent leurs devoirs et la présence de l'ennemi; le Capitaine-général étend, jusqu'au 25 janvier courant, le terme du pardon accordé aux déserteurs.

III. Il sera dressé pour chacun des déserteurs rentré volontairement, ainsi qu'il est dit ci-dessus, un acte, en bonne forme, de leur amnistie, afin que par l'annulation du jugement contumax, s'il est intervenu, la famille du déserteur soit déchargée de l'amende de quinze cens francs, prononcée par la loi du 17 ventose an VIII.

IV. A l'expiration du terme de l'amnistie tout déserteur non rentré sera poursuivi et jugé suivant la rigueur des lois.

Le présent arrêté sera imprimé, affiché, mis à l'ordre des différens corps de l'armée, envoyé aux Commissaires commandant les quartiers, et publié au prône pendant trois dimanches consécutifs, par MM. les Curés des différentes paroisses de l'île.

Donné au Fort-de-France, le 1er. janvier 1809. *Signé*, VILLARET.

(N°. 1288.) PROCLAMATION *de leurs Excellences, le Lieutenant-général* George Beckwith, *et le Contre-amiral l'Honorable* Alexandre Cochrane, *Chevalier de l'Ordre du Bain, Commandant les Forces de Terre et de Mer de S. M. B., aux îles du Vent, etc. etc. etc., aux Colons et Habitans de la Martinique.*

Du 30 janvier 1809.

SA Majesté cédant à des circonstances impérieuses vous remit au pouvoir qui alors gouvernait la France.

S. M., trompée dans l'espoir que le bonheur que son gouvernement avait fait naître au milieu de vous aurait été cultivé par vos nouveaux maîtres, gémit de la position malheureuse où les évènemens de la guerre, ou plutôt l'oubli du respect dû aux propriétés, ont réduit votre colonie.

Mais le terme de vos malheurs est arrivé; la famine disparaîtra; les sources de votre prospérité seront renouvelées. Vos ancienn eslois vous seront rendues, et le gouvernement protecteur des personnes et des propriétés, qui vous a régi sous le pavillon britannique, sera rétabli dans la colonie. C'est avec ces intentions que S. M. nous a confié le commandement d'une armée formidable de terre et de mer pour reprendre la Martinique, et faire renaître dans cette colonie souffrante, l'abondance et la tranquilité, compagnes insèparables d'un gouvernement juste et protecteur.

D'après ces dispositions bienfaisantes, nous vous invitons au nom de l'humanité, à vous soumettre de suite aux forces de S. M., qui ne manqueraient pas de punir la témérité d'une résistance infructueuse.

Nous ordonnons à tous les Commissaires Civils et Militaires de se démettre à l'instant de leurs fonctions (*).

A tout habitant de quelque classe et condition qu'il soit, de se retirer paisiblement chez lui, d'y maintenir l'ordre.

Nous déclarons que tout colon ou habitant qui sera pris les armes à la main, sera traité comme prisonnier de guerre.

(*) Le 7 février 1809 fut publié l'ordre suivant :

Pour le maintien de l'ordre et de la sûreté publique, Messieurs les Commissaires civils continueront toutes leurs fonctions, sur leur responsabilité.

Ordonnons à toutes personnes de leur obéir en tout ce qu'ils leur commanderont pour le service de S. M. B.

FREDERICK MAITLAND, Major-général.

Que tout homme de couleur libre, pris les armes à la main, sera déporté, et que tout esclave pris de même, sera sujet à être jugé par un tribunal militaire.

Ministres du Culte divin, votre Religion sera protégée, les propriétés et les droits de l'Eglise seront respectés.

Donné au Quartier-général, le 30 janvier 1809. *Signé*, G. BECKWITH et ALEX. COCHRANE.

(N°. 1289.) CAPITULATION *conclue entre M.* Villaret Joyeuse, *Capitaine-général de la Martinique, et leurs Excellences le Lieutenant-général* George Beckwith, *et le Contre-amiral Sir* Alexandre Cochrane, *Commandant les Forces de Terre et de Mer de S. M. B., dans l'attaque de ladite île.*

Du 24 février 1809.

LE fort Desaix sera remis aux troupes de S. M. B. aux conditions suivantes :

ART. Ier. La garnison du fort Desaix sortira pour être embarquée et conduite dans un des ports de France entre Bordeaux et l'Orient, aux jours et heures qui seront convenus, avec tous les honneurs de la guerre, savoir, tambours battans, drapeaux déployés, et mèche allumée, précédée de quatre pièces de campagne de quatre lb. et leurs canonniers. Les officiers civils et militaires de la marine, et toutes les personnes appartenant à ce département, seront aussi conduites au même port.

RÉPONSE. La garnison sortira avec les honneurs de la guerre demandés ; mais elle mettra bas les armes au-delà des glacis. Les officiers garderont leurs épées. En réponse au reste de l'article, il est convenu que les forces françaises seront embarquées sur des vaisseaux convenables comme prisonniers de guerre; qu'elles iront dans la baie de Quiberon, sous l'escorte de quelques vaisseaux de guerre anglais : là il se fera un échange entre les deux nations, grade pour grade; mais en conséquence de la haute vénération et estime portées généralement à S. Exc. le Capitaine-général Villaret-Joyeuse, il est convenu que lui-même et ses Aides-de-camp seront envoyés en France, sans aucune restriction.

II. Le Capitaine-général, le Préfet de la colonie, les Officiers-généraux et ceux de l'État-major, de l'artillerie et du génie, les officiers, les officiers sans commandement, et les soldats du service de terre; les officiers, soldats et équipages de la marine; le chef de l'état-major et les autres employés dans l'Administration de la marine et des colonies, emporteront leurs armes, leurs effets personnels, et tout ce qui leur appartient; ils auront en outre la liberté de disposer de leurs propriétés privées de toute espèce, avec pleine sûreté pour les acquéreurs.

R. Accordé, excepté pour ce qui diffère de la réponse à l'article précédent.

III. La garnison sera embarquée aux frais de S. M. B., par bataillons et compagnies; chaque personne appartenant au militaire, ou employée comme officier ou autrement dans l'État-major civil, recevra, durant la traversée, la ration allouée à chaque grade par les lois et réglemens français.

R. **Accordé, mais ils seront nourris selon la ration anglaise.**

IV. Il sera fourni le nombre de voitures et canots nécessaires pour transporter et embarquer les effets personnels, papiers et autres propriétés du Capitaine-général, du Préfet colonial, des Officiers-généraux, Commissaires et Chefs de corps, des Officiers d'administration de terre et de mer, et particulièrement les papiers des Conseils d'administration des corps, du Trésorier de la colonie, et des autres Employés civils et militaires. Ces papiers ne seront soumis à aucune visite ni inspection, sous la parole qu'ils ne contiendront rien d'étranger aux fonctions publiques de ces Agens.

R. **Accordé, bien entendu que cela ne protégera pas des papiers ou propriétés publiques.**

V. Les malades et blessés, tant ceux qui étaient dans les hôpitaux à l'époque de l'attaque de la colonie, que ceux qui sont entrés depuis, seront soignés aux frais de S. M. B. jusqu'à leur guérison, et partageront le sort de la garnison. Ceux qui sont en état seront embarqués en même-tems qu'elle. Les malades et blessés restant seront confiés à l'honneur du Commandant anglais. Il restera un nombre suffisant d'officiers de santé français, et un officier de l'état-major civil, pour en prendre soin.

R. Accordé.

VI. La garnison de l'îlet à Ramier, ainsi que tous les autres officiers et agens de l'état-major militaire et civil, qui sont dans ce moment hors du fort Desaix, partageront le sort de la garnison, et seront de même envoyés en France.

R. Il n'y a pas d'objection à ce que la garnison de l'ilet à Ramier soit traité de même que le reste de la garnison.

VII. Les fortifications du fort Desaix ne seront démolies qu'après la conclusion d'un traité de paix entre les deux puissances.

R. Le Gouvernement britanique peut seul répondre à cet article.

VIII. Il sera dressé un état de la condition du fort, de ses établissemens et magasins, lequel sera formellement vérifié, et signé par les Commissaires chargés de l'exécution de la présente capitulation.

R. Accordé.

IX. Aussitôt que la présente capitulation aura été conclue, la redoute de Bouillé sera occupée en partie par des troupes anglaises, et en partie par des troupes françaises. Leur nombre sera réglé par les Commissaires. La garnison française continuera d'occuper le fort Desaix jusqu'à son embarquement, ayant sa communication libre avec la ville. L'époque et le mode d'évacuation seront réglés par les Commissaires. Les malades et blessés qui sont dans le fort Desaix seront transportés à l'hôpital du Fort-de-France, et des moyens de transports seront fournis à cet effet. La garnison, jusqu'au moment de son embarquement, recevra ses subsistances de ses propres magasins et par les Agens français.

R. Accordé; mais il est requis que la porte du fort du côté du Nord et la demi-lune seront aussi remises dès que les articles auront été ratifiés par les Commandans en chef respectifs.

X. Les Officiers et tous les autres Employés dans le service militaire ou civil, qui sont mariés, pourront prendre à bord avec eux leurs femmes et leurs enfans. Ceux qui ont des propriétés ou des affaires à la Martinique, pourront y rester pendant six mois. Les Commandans anglais leur donneront à cet effet toute protection durant leur séjour dans la colonie. Ils suivront ensuite le sort de la garnison, et seront conduis en France aux frais de S. M. B.

R. Accordé; et ceux des officiers qui resteront pour un tems obtiendront leur passage quand cela leur conviendra.

XI. Les officiers de santé et tous autres qui ont été attachés pour le moment et par ordre au service de l'armée française, auront la permission de retourner chez eux sans être inquiétés.

R. Accordé.

XII. Les colons et habitans qui voudront suivre le sort de la garnison, et aller en France avec leurs propriétés, auront la permission de le faire; tous les individus, de quelque nation qu'ils soient, qui sont habitans de l'île de la Martinique, ne seront aucunement recherchés, inquiétés ou interrogés au sujet de leurs opinions politiques. Tous ceux qui ont été arrêtés sous ce prétexte, seront sur le champ remis en liberté.

R. Accordé.

XIII. Les personnes et les propriétés de tous les bâtimens de l'île de la Martinique seront respectées. Les lois qui sont actuellement en force seront maintenues jusqu'à la paix entre les deux nations. L'organisation des tribunaux restera telle qu'elle est actuellement. L'exercice

L'exercice de la Religion Catholique sera conservé dans son état actuel. Ses Ministres seront protégés et respectés. Les propriétés nationales affectées à leur entretien seront strictement employées à cet objet.

R. Accordé ; sauf tels changemens que S. M. B. pourra juger nécessaires.

XIV. En considération de l'état de détresse auquel la colonie est réduite, les habitans resteront exempts de taxe pendant deux ans.

R. Non accordé ; mais l'état de la colonie sera dûment pris en considération.

XV. Il sera permis au Général en chef de l'armée française d'envoyer immédiatement un officier à S. M. l'Empereur et Roi, pour rendre compte de la présente capitulation. L'Amiral anglais fournira un bâtiment pour transporter cet officier à Bordeaux, Rochefort ou l'Orient.

R. Accordé.

XVI. S'il s'élève des doutes sur le sens de quelque article, il sera interprété de la manière la plus favorable à la garnison française.

R. Accordé.

XVII. Des otages, du grade d'officier supérieur, seront remis de la part de l'armée et de la flotte anglaise, et de la part de l'armée française, pour la garantie réciproque de la présente capitulation. L'officier de l'armée anglaise sera rendu lorsque les articles relatifs à la garnison auront été exécutés, et l'officier de la flotte après le débarquement des troupes en France ; il en sera de même de la part de la garnison française.

R. Il y a pas besoin d'otages.

XVIII. S. Exc. l'amiral Cochrane sera prié de prendre à bord des vaisseaux de ligne et frégates S. Exc. le Capitaine-général, le Préfet colonial et les autres officiers de l'armée française.

R. Accordé, et il sera fourni un vaisseau de guerre pour le Capitaine-général et sa suite.

XIX. L'embarquement des troupes françaises aura lieu au plutôt dans huit jours, et au plus tard dans quinzaine, suivant que S. E. l'amiral Cochrane pourra faire préparer les transports.

R. Accordé.

XX. Les articles de la présente capitulation seront ratifiés aussitôt que possible, et pas plus tard que ce soir à dix heures.

R. La présente capitulation est signée par les Commissaires nommés par le lieutenant-général George Beckwith, commandant des forces de S. M. B., et par le contre-amiral Sir Alexandre Cochrane, chevalier du Bain, commandant en chef de l'escadre de S. M. B. d'une part; savoir, le lieutenant-général, Sir G. Prévost, baronet, le major-général Maitland et le commodore Cockburn, et par les Commissaires nommés par le général Villaret, capitaine-général au service de France, de l'autre part, savoir : le général de brigade Villaret-Joyeuse, le colonel Montfort du 82ᵉ. régiment, et le lieutenant-colonel Boyer chef de l'état-major.

Signé; G. PREVOST. lieutenant-général, FR. MAITLAND, major-général; G. COCKBURN, commodore; VILLARET-JOYEUSE, général de brigade; MONTFORT, colonel du 82ᵉ. régiment; BOYER, chef de l'état-major. Ratifié; *Signé*, G. BECKWITH. A. COCHRANE. VILLARET, capitaine-général.

(N°. 1290.) DISCOURS *de S. E. le Lieutenant-général* George Beckwith, *Commandant de la Martinique, prononcée à la Cour d'Appel, lors de la reprise de ses Séances.*

Du 20 mars 1809.

AUJOURD'HUI lundi 20 mars, S. Exc. le lieutenant-général George Beckwith, commandant en chef des forces de S. M. aux îles du vent et sous le vent, etc. etc., s'est rendu avec le cérémonial d'usage, dans le lieu des séances du Conseil supérieur, où s'étaient réunis les Membres de ce tribunal; et, assis dans le fauteuil destiné au Représentant de S. M., il a prononcé le discours suivant :

“ Messieurs du Conseil supérieur;

“ Lorsque le Roi, mon souverain, m'honora “ du commandement de l'armée destinée à l'attaque de cette importante colonie, S. M. “ daigna me faire connaître sa volonté et son “ plaisir de mettre, sous la sauve-garde la “ plus complète, les droits de propriété, la “ Religion et les lois de ses habitans, et de “ choisir le mode d'administration le plus “ doux, et qui leur fut le plus favorable.

“ Conformément à ces intentions, j'ai cherché “ l'occasion de vous réunir en conseil, afin “ de vous faire connaître les vües bienfaisantes de S. M. à l'égard de cette colonie; “ et je puis vous assurer, Messieurs, avec la “ plus parfaite sincérité, que je ferai tous “ mes efforts pour contribuer à ces projets “ de bienveillance, en adoptant toutes les “ mesures propres à la sûreté et au bonheur “ de cette colonie, convaincu que je serai

" secondé, avec empressement et cordialité,
" par ses habitans, dont le bon esprit m'ai-
" dera à établir un ordre de choses propre
" à fixer la sûreté et la prospérité de la colonie."

(N°. 1291.) ORDONNANCE *de S. E. le Lieutenant-général* G. Beckwith, *Commandant en Chef de la Martinique, sur les Milices, et la prestation du Serment d'Allégeance.*

Du 25 mars 1809.

LA sûreté intérieure de la colonie reposant essentiellement sur le bon ordre ; et le maintien du bon ordre exigeant une force répressive répandue sur tous les points de la colonie, et dont la réunion puisse aisément s'opérer, nous avons pensé que la conservation des milices sous leur forme actuelle, pouvait seule remplir cet objet d'utilité publique ; en conséquence, et en vertu des pouvoirs que S. M. a daigné nous confier, nous ordonnons ce qui suit :

ART. Ier. Il ne sera rien changé à l'organisation des milices jusqu'à nouvel ordre ; et elles continueront le même service auquel elles ont été jusques à présent employées.

II. Dans la quinzaine qui suivra la date des présentes, les commissions ou brevets des officiers de bataillons de milice seront envoyés au Secrétariat du gouvernement pour être renouvelés par nous ; et jusques à délivrance des nouvelles commissions, les officiers rempliront leurs fonctions comme ci-devant.

III. Le Dimanche second jour du mois d'avril prochain, les compagnies de milices se rassembleront sous leurs officiers dans leurs paroisses respectives ; pour, à l'issue de la messe paroissiale, prêter serment d'allégeance à S. M., entre les mains du Commissaire-commandant de la paroisse, ou du Lieutenant-commissaire en cas d'absence ou d'empêchement du Commissaire. Les Chefs de bataillon et officiers de l'Etat-major, prêteront leur serment dans la paroisse de leur résidence.

Ceux des habitans qui n'auront pû pour bonnes raisons se rendre le jour ci-dessus fixé, pour prêter leur serment, pourront le faire dans le délai de huitaine après le 2 avril, de manière que les cahiers portant les signatures des diverses paroisses, puissent être expédiées le onzième jour d'avril au Secrétariat du gouvernement, par les Commissaires-commandans.

Ne sont pas dispensés du serment ceux qui sont exempts du service de milices à raison de leur âge, attendu la nécessité que tous concourrent par les moyens moraux et physiques au maintien de l'ordre et à la sûreté publique.

Donné au Fort-Royal, le 23 mars 1809. *Signé* G. Beckwith.

(N°. 1292.) Ordonnance *de S. E. le Lieutenant-général* G. Beckwith, *Commandant en Chef de la Martinique, sur les Permis de résidence et les Passeports.*

Du 6 avril 1809.

Une surveillance exacte et rigoureuse sur l'entrée des étrangers dans cette colonie étant une mesure du plus grand intérêt pour sa sûreté, et de sages précautions étant nécessaires pour empêcher que la mauvaise foi de certains individus ne trompe la confiance de ceux avec lesquels ils ont des rapports d'affaires, nous, en vertu des pouvoirs qui nous ont été confiés par S. M. réglons, statuons et ordonnons ce qui suit :

ART. 1er. Toute personne débarquant dans les ports de la Martinique, sera tenue à se présenter aux bureaux des passeports, pour obtenir, si lieu y a, un permis de résidence qui sera limité à quinzaine.

II. Ce terme expiré, on sera tenu de se présenter de nouveau chez M. le Procureur du Roi à St-Pierre pour fournir une caution qui ne pourra être moindre de six mille livres, laquelle sera reçue par le Procureur du Roi, qui confirmera le permis de résidence fourni par le préposé au bureau des passeports.

III. Les mêmes formalités auront lieu au Secrétariat du gouvernement civil au Fort-Royal, à l'égard de tout étranger qui débarquera dans cette ville.

IV. Personne ne pourra sortir de la colonie après trois mois de résidence, sans avoir fait publier et afficher comme ci-devant son départ à la porte de l'Eglise par trois Dimanches consécutifs et dans trois gazettes de date suivies : lesdits départs seront de plus publiés et affichés un jour d'audience à la porte du Palais de justice.

V. Il sera permis de suppléer les formalités établies dans l'article IV en présentant bonne et solvable caution résidente et domiciliée dans cette île.

VI. La caution fera en personne sa soumission au greffe du lieu du départ, de répondre en son propre et privé nom, sans division ni discussion, de toutes les dettes quelconques que la personne, dont elle se rend caution, aura contractées dans l'île, sauf son recours sur ladite personne.

VII. La caution sera contraignable par corps au paiement de la dette, dans le cas où le principal obligé y serait soumis où y serait condamné après son départ; mais le cautionnement sera et demeurera éteint de plein droit du jour du retour du principal obligé.

VIII. Tous capitaine, maître ou patron de bâtimens de mer qui auront facilité l'évasion ou donné passage à qui que ce soit, sans passeport du gouvernement, répondront en leur propre et privé nom de toutes dettes, obligations et engagemens, que ceux qui seront ainsi sortis de l'île y laisseront et pourront être contraints à les acquitter de la même manière et par les mêmes voies que ceux qui se sont rendus cautions.

IX. Les passeports seront délivrés sur les certificats des greffiers qui auront reçu les soumissions de cautionnement ou sur la présentation qui sera faite au bureau des passeports des pièces constatant que toutes les formalités indiquées par l'article IV ont été remplies.

X. Toute personne débarquant à la Trinité ou dans tous autres ports ou anses dans lesquels il ne se trouve pas de bureaux de passeports, sera tenue de se présenter, dans les trois premiers jours de son débarquement, à un des bureaux, dont il va être parlé.

XI. Il sera établi à St-Pierre un bureau de délivrance de passeports qui sera sous l'immédiate surveillance de M. le Procureur du Roi; le bureau du Fort-Royal, sera au Secrétariat du gouvernement civil. Dans ces deux bureaux les passeports se délivreront *gratis*.

Sera la présente ordonnance enregistrée tant au greffe de la Cour d'appel qu'à ceux des tribunaux de première instance.

Donné à la Martinique, le 6 avril 1809. *Signé*, G. Beckwith.

Enregist. aux Greffes des Tribunaux.

(N°. 1293.) Arrêté *de la Cour d'Appel de l'île Ste-Lucie, qui fixe à* 100 *livres l'Amende de* Fol appel.

Du 11 avril 1809.

La Cour, sur l'observation qui a été faite par un de ses membres qu'on voyait les appels se multiplier à l'infini, et se porter quelquefois sur les objets les plus minutieux; voulant autant qu'il est en elle, mettre un frein à ces abus, a arrêté et arrête : que dorénavant l'amende de *fol appel* qui n'a été jusqu'ici que de 12 liv., sera portée à la somme de 100 liv.; et que les sommes provenant de ces amendes seront versées par le Greffier dans la caisse de la colonie, à l'exception de celle de 12 liv. par chaque amende, qui sera toujours laissée entre les mains du Greffier pour l'usage auquel elle est destinée.

Ordonne que le présent sera envoyé aux officiers de la Sénéchaussée pour y être lu, *etc.*

Fait à la Cour d'appel de Ste-Lucie, le 11 avril 1809. *Signé*, R. Drouilhet.

(N°. 1294.) ORDONNANCE *de S. E. le Lieutenant-général* G. Beckwith, *Commandant en Chef de la Martinique, sur l'Arriéré des Impôts dû aux diverses Caisses publiques de la Martinique.*

Du 15 avril 1809.

CONFORMÉMENT aux intentions bienveillantes de S. M. à l'égard de cette colonie, et la mémoire frappée du pénible souvenir des calamités auxquelles la guerre l'a exposée, et des pertes qu'ont éprouvées grand nombre de particuliers par l'effet nécessaire des opérations militaires, nous statuons et ordonnons ce qui suit :

ART. Ier. Jusquà ce qu'il plaise à S. M. de manifester ses intentions à l'égard de l'arriéré des impôts dû par les habitans de la Martinique, aux diverses caisses publiques, le paiement dudit arriéré est, et demeure suspendu suivant le développement et sous les restrictions ci-après.

II. Le paiement de l'arriéré de l'impôt connu sous la dénomination de capitation, dû jusques et compris l'année 1808, celui de tous autres impôts arriérés, quelqu'en soit la dénomination, (excepté celui des nègres justiciés) jusques et compris l'année 1807, resteront suspendus.

III. Les contribuables débiteurs de l'imposition sur les maisons des villes et bourgs, pour l'année 1808, seront tenus de l'acquitter entre les mains des Receveurs préposés à cet effet; cette partie de l'arriéré des villes et bourgs pour l'année 1808, balançant approximativement l'impôt que les planteurs auront à payer sur leurs denrées récoltées en 1808, (et qui se trouvent encore en grande partie dans la colonie) par le nouveau mode d'impositions que nous avons arrêté pour l'année 1809.

IV. Conformément à l'exception exprimée à l'article II, tous les débiteurs à la caisse des nègres justiciés seront tenus de s'acquitter, dans le plus court délai, entre les mains des Receveurs préposés à cet effet, afin que les dettes de ladite caisse envers les habitans de la colonie puissent être incessamment payées.

Sera la présente ordonnance enregistrée tant au greffe de la Cour d'appel qu'à ceux des tribunaux de première instance, lue, publiée et affichée partout où besoin sera.

Mandons au Commissaire d'administration de tenir la main à son exécution.

Donné au Fort-Royal Martinique, le 15 avril 1809. *Signé*, G. BECKWITH.

Enregist. aux Greffes des Tribunaux.

(Nº. 1295.) ORDONNANCE *de S. E. le Lieutenant-général* G. Beckwith, *Commandant en Chef de la Martinique, sur les Impositions pour l'année* 1809.

Du 15 avril 1809.

Si nous n'avions eu à consulter que les sentimens de bienveillance de notre auguste Souverain pour cette colonie, nous eussions été complétement heureux de soulager sa détresse, en la laissant respirer une année sans impôts; mais les caisses coloniales ayant été épuisées au moment de la capitulation; et le maintien de l'ordre et de la sûreté publique, exigeant des dépenses, nous nous trouvons forcé à restreindre l'effet de notre sollicitude pour le bonheur des habitans de cette île, à l'adoption de l'organisation la plus simple et la moins coûteuse, et du mode d'imposition le plus doux et le plus éloigné des contribuables.

Il nous a été démontré que la capitation sur les campagnes n'était pas le mode d'imposition le plus juste, puisque l'emploi de la même somme de forces sur des terres d'une inégale fécondité donne des résultats très-différens; ce qui met l'autorité souvent aux prises avec l'impuissance.

Nous nous sommes en conséquence déterminés d'après l'avis de notre Conseil privé, consulté sur cette importante matière, à convertir la capitation des nègres de culture en un droit sur les denrées.

Pourquoi, nous avons établi et établissons les impositions pour l'année 1809 ainsi qu'il suit:

Art. Ier. Les esclaves des villes et bourgs, ouvriers domestiques, servant à loyer, à la journée, ceux qui seront employés à la pêche ou dans les acons, bâteaux-caboteurs, canots de poste ou de passage, tous les esclaves attachés aux poteries, chaufourneries, rummeries et vinaigreries autres que celles qui dépendent des sucreries seront soumis à une capitation de vingt-cinq livres par tête, depuis l'âge de 14 ans inclusivement jusqu'à l'âge de 60 ans exclusivement.

II. Les maisons de St-Pierre payeront un droit de cinq pour cent sur le montant de leur loyer, et à l'égard des propriétaires qui les occupent eux-mêmes le susdit droit sera établi sur la dernière estimation qui en a été faite en 1808.

III. Les maisons situées dans la ville du Fort-Royal et dans les bourgs du Lamentin, de la Trinité et du Marin payeront un droit de trois pour cent.

Seront cependant déchargés de l'imposition les maisons de St-Pierre et autres lieux, qui seront plus de trois mois sans être louées; et ce pour le tems qu'elles demeureront dans cet état; ce que les propriétaires seront tenus de constater contradictoirement avec le Receveur du département.

Les Propriétaires des maisons ne pourront faire de poursuites en justice pour obtenir le paiement de leur loyer que sur les déclarations qu'ils auront faites au bureau de la recette (dont une expédition leur sera remise par le Receveur) nonobstant la représentation des baux qui porteraient les loyers à une somme plus forte.

Les propriétaires qui auront plusieurs maisons seront tenus, dans leurs déclarations, de distinguer le loyer de chacune desdits maisons.

IV. Tous cabaretiers, traiteurs, aubergistes, limonadiers et autres vendant en détail vin, eau-de-vie et liqueurs, ainsi que les personnes tenant billards ou jeux permis, soit qu'ils donnent à boire ou non, payeront par chaque année les sommes ci-après fixées :

Seize cents livres pour ceux résidant au Fort-Royal.

Deux mille l. pour ceux résidant à St-Pierre.

Sept cents livres pour ceux résidant à la Trinité et au Lamentin.

Quatre cent cinquante livres pour ceux résidant au Marin, au Prêcheur et au Carbet.

Et deux cent cinquante livres pour ceux des autres Bourgs de l'île.

Le paiement de ces droits sera divisé en quatre époques de trois mois chaque et exigible à l'avance en janvier, avril, juillet et octobre.

V. Tous colporteurs, marchands-forains vendant dans les campagnes, et tous gens de couleur libres porteurs de balles ou de paniers, payeront une imposition annuelle de deux cents livres par tête, et ne pourront vendre qu'en vertu d'un permis de nous, qui ne sera accordé que sur la quittance du Receveur; à peine de confiscation des marchandises colportées.

VI. Tous les hangards qui se trouvent établis à St-Pierre depuis la calle dite des Pères Blancs, jusques et compris la calle Lucy; et ceux établis depuis la calle Marote, jusques et compris la calle du Domaine, payeront un droit annuel de dix-huit livres par pied sur l'espace que chacun des hangards occupera le long de la tranchée : leur plus grande étendue de la tranchée à la mer sera fixée à 14 pieds en dehors du mur de la tranchée, à compter du haut du mur, et ledit mur non compris. L'état desdits hangards déjà dressé par les officiers de police servira à la perception du susdit droit.

VII. Les tonnelleries existantes sur la plage depuis la calle du Domaine jusques et compris la Galère payeront un droit annuel de douze livres par pied sur la longueur du bâtiment; défenses sont faites d'en construire ailleurs, ni d'en établir de nouvelles dans les lieux ci-dessus désignés, sans en avoir obtenu notre permission.

VIII. Il sera levé un droit de sortie de treize livres dix sols sur chaque barrique de sucre terré du poids d'environ 1000 livres, neuf livres par tierçon, et trois livres sept sols six deniers par quart,

Neuf livres par chaque barrique de sucre brut du même poids, six livres par tierçon, et deux livres cinq sols par quart,

Deux livres dix sols par chaque quintal de café,

Quatre livres par chaque quintal de coton,

Une livre cinq sols par chaque quintal de cacao,

Dix sols par chaque quintal de casse et quatre livres dix sols par boucaud de sirop d'environ cent gallons.

Lesdits droits seront à la charge du planteur, mais acquittables par le chargeur; et ce à compter du dix-huit du présent mois, pour toutes lesdites denrées non encore embarquées.

IX. Les rums des autres colonies payeront, à leur entrée à la Martinique, un droit de vingt-sept livres par boucaud d'environ cent dix gallons. Ne seront pas sujets à ce droit les rums introduits par les contracteurs pour le service de Sa Majesté.

X. La taxe pour les nègres justiciés demeure fixée pour l'année courante à raison de deux livres cinq sols par tête de nègres payant droit, et ladite taxe sera perçue tant sur les nègres des campagnes que sur ceux des villes et bourgs.

XI. Tous les droits domaniaux et seigneuriaux, tels que les épaves, bâtardises, deshérences, les biens vacans non réclamés, les confiscations et autres droits appartenant au Domaine, continueront d'être perçus comme par le passé.

XII. A défaut par les contribuables de s'acquitter sans délai, ils seront contraints par toutes les voies de droit, même par corps, comme s'agissant de deniers royaux.

Sera la présente ordonnance enregistrée tant au greffe de la Cour d'appel qu'à ceux des tribunaux de première instance, lue, etc.

Mandons au Commissaire d'administration de tenir la main à son exécution,

Donné au Fort-Royal Martinique, le 15 avril 1809. *Signé*, G. Beckwith.

Enregist. aux Greffes des Tribunaux.

(N°. 1296.) Ordonnance *de S. E. le Lieutenant-général* G. Beckwith, *Commandant en Chef de la Martinique, concernant les Etrangers, Marins, Passagers, et autres qui depuis la Capitulation ont débarqué dans la Colonie.*

Du 17 avril 1809.

En vertu des pouvoirs à nous confiés par S. M., nous avons statué et ordonné, statuons et ordonnons ce qui suit :

Art. Ier. Dans huitaine de la publication de la présente ordonnance, tous individus de quelque description que ce soit, qui se sont trouvés à bord des bâtimens capturés, tels que capitaines, officiers, mariniers, passagers, matelots et autres employés quelconques sur lesdits bâtimens, seront tenus de se présenter aux Procureurs du Roi dans les villes, et aux Commissaires civils dans les campagnes, à l'effet d'indiquer leurs noms, surnoms, et qualités respectives, ainsi que leur domicile actuel, faute de quoi ils seront arrêtés à la diligence, tant desdits Procureurs du Roi que desdits Commissaires civils, emprisonnés et traités comme prisonniers de guerre.

II. Il sera délivré à chacun desdits individus une déclaration qu'il s'est présenté en conformité de l'article premier.

III. A défaut de cette déclaration que chacun sera tenu de communiquer à son hôte, enjoignons à toutes personnes donnant à loger, de déclarer eux-mêmes les individus auxquels ils pourraient donner asile ou fournir logemens dans leurs maisons ou sur leurs habitations; leur faisons en conséquence défenses de leur donner retraite plus long-tems sous telles peines qu'il appartiendra.

IV. Déclarons nuls, de nul effet et valeur, tous permis de résidence qui pourraient avoir été délivrés par quelque personne que ce soit sans notre consentement exprès et par écrit signé de nous.

Enjoignons et ordonnons à ceux qui les auraient obtenus de les remettre auxdits Procureurs du Roi et Commissaires civils, sous peine de désobéissance et d'être traité, ainsi qu'il est dit à l'article premier, sauf à nous à prononcer sur la confirmation desdits permis à l'égard des particuliers qui mériteraient indulgence.

V. Après la huitaine prescrite pour les présentations et déclarations ci-dessus ordonnées, chacun des individus désignés par l'article premier sera tenu de quitter la colonie dans la huitaine suivante, sous les mêmes peines portées audit article premier; il leur sera pour cet effet délivré des passeports *gratis*.

VI.

VI. A l'égard des passagers qui auraient été appellés dans la colonie pour réglement d'affaires anciennes, nous les autorisons à présenter auxdits Procureurs du Roi et Commissaires civils les preuves de leurs missions, soit pour nous être transmises, soit pour en être par eux à nous référé, et par nous statué ce qu'il appartiendra.

Mandons et ordonnons auxdits Procureurs du Roi et Commissaires civils de tenir exactement la main à l'exécution de la présente ordonnance, ainsi qu'à tous Commandans sous nos ordres de leur prêter assistance et main-forte toutes les fois qu'ils en seront par eux requis.

Donné au Fort-Royal Martinique, le 17 avril 1809. *Signé*, George Beckwith.

(N°. 1297.) Avis *de S. Exc. le Lieutenant-général* G. Beckwith, *Commandant en Chef de la Martinique, concernant la réclamation des Mulets ou Bœufs étrangers qui se trouvent chez les Habitans.*

Du 17 avril 1809.

Il est enjoint à tout habitant chez qui pourraient se trouver des mulets ou des bœufs étrangers, d'en faire immédiatement sa déclaration au Commissaire civil de sa paroisse, à peine d'être contraint de payer les journées desdits animaux à raison de neuf francs par jour, à dater du 25 de ce mois d'avril jusqu'au jour de la réclamation.

Messieurs les Commissaires civils enverront au Secrétariat du gouvernement la note des déclarations qui leur auront été faites, afin que communication en soit donnée à tous ceux qui se présenteront pour réclamer des animaux perdus.

Lesdits animaux ne pourront être livrés aux réclamans que sur un ordre du Commissaire du quartier dans lequel se trouveront les animaux réclamés.

Fort-Royal, le 17 avril 1809. *Signé*, G. BECKWITH.

(N°. 1298.) ORDONNANCE *de S. E. le Lieutenant-général* George Beckwith, *Commandant en Chef de la Martinique, qui maintient le Tribunal Spécial, sous des Restrictions, Changemens et Altérations.*

Du 19 avril 1809.

L'EXTRÊME utilité de l'établissement du Tribunal spécial existant à la Martinique, nous ayant été démontrée, nous en vertu des pouvoirs qui nous ont été confiés par S. M., et de l'avis de notre Conseil privé, statuons et ordonnons ce qui suit :

ARTICLE Ier. Le Tribunal spécial, à la Martinique, sera maintenu jusqu'à nouvel ordre, tel qu'il a été établi par les lois ou arrêtés du Gouvernement français, avec les restrictions, changemens, et altérations suivantes.

II. Aucun homme libre, de quelque couleur qu'il soit, ne sera justiciable dudit Tribunal.

III. Il sera composé 1°. du Commissaire du quartier dans lequel le délit aura été commis, et, à son défaut, du Lieutenant-commissaire, et, au défaut de celui-ci, du Commissaire de la résidence la plus voisine de celle du Commissaire absent ou malade. *Président.*

2°. De deux Notables au choix du Président. *Juges.*

3°. D'un Rapporteur.

4°. D'un Procureur du Roi.

5°. D'un Greffier : et dans le cas de maladie du Procureur du Roi, il sera remplacé par le Rapporteur, et celui-ci par un des Juges au choix du Président.

Dans le cas où le Lieutenant-commissaire présiderait, il sera assisté de trois habitans notables. Il en sera de même si le Tribunal est présidé par le Commissaire civil le plus voisin ; et si le Lieutenant-commissaire était forcé de s'abstenir ; (le Tribunal étant présidé par le Commissaire) il serait remplacé par un habitant notable.

IV. A la réquisition du Procureur du Roi du Tribunal spécial, Messieurs les Commissaires civils fourniront le nombre d'hommes de couleur qui sera jugé nécessaire par ledit sieur Procureur du Roi, tant pour l'arrestation et la sûreté des accusés que pour l'exécution des criminels. La ration et la paie seront fournies auxdits hommes de couleur durant leurs fonctions.

La présente ordonnance sera enregistrée tant au Greffe de la Cour d'appel qu'à ceux des Tribunaux de première instance.

Donné à la Martinique, le 19 avril 1809.

Signé, GEORGE BECKWITH.

Enregist. aux Greffes des Tribunaux.

(N°. 1299.) ORDONNANCE *de S. E. le Lieutenant-général* George Beckwith, *Commandant en Chef de la Martinique, concernant la Police et la Navigation du petit Cabotage.*

Du 14 mai 1809.

COMME il est indispensable d'entretenir un ordre invariable dans la police et la navigation du petit cabotage, nous etc., ordonnons ce qui suit :

ART. Ier. Les propriétaires de pirogues et gros-bois de dix barriques et au-dessus, sont tenus de se présenter dans le délai de vingt jours de la date de la présente ordonnance, au bureau des Douanes impériales au Fort-Royal et à Saint-Pierre, pour y prendre un permis de naviguer sur les côtes de la colonie, sous peine de confiscation.

II. Ce permis constatera le nom du bâtiment, son numéro, le nom du patron et celui du propriétaire.

III. Les gros-bois et pirogues dont les propriétaires résideront au Fort-Royal, seront marqués des lettres F. R. et ceux dont les propriétaires demeureront à Saint-Pierre, le seront des lettres S. P. Ces lettres seront tracées en noir, dans un quarré de couleur blanche, du côté gauche de l'arrière, et du côté droit de l'avant desdits bâtimens, le numéro du bâtiment sera de même tracé en noir, sur un fond blanc, aux côtés opposés à ceux portant les lettres.

IV. Les gros-bois et pirogues seront sujets aux mêmes réglemens, restrictions et formalités que les caboteurs, et seront soumis à un droit annuel de vingt gourdes pour les pirogues, et de dix gourdes pour les gros-bois ; lequel droit sera payé au bureau de la Douane à la délivrance du permis de naviguer.

V. Ne sont soumis à aucun droit toutes pirogues ou gros-bois dépendans des poteries, chaufourneries ou appartenant à des habitans sucriers, pourvu néanmoins que ces bâtimens ne soient employé qu'au transport des seuls objets desdites manufactures, ou de provisions et marchandises à leur usage, sous peine de confiscation; seront néanmoins tenus les propriétaires desdits bâtimens d'en faire la déclaration au bureau des Douanes impériales, dans le susdit délai de vingt jours, à telles fins que de raison.

Seront aussi tenus de faire leurs déclarations toutes personnes habitant les villes et bourgs, propriétaires de gros-bois et pirogues, au-dessous du port de dix barriques, encore qu'ils ne soient pas tenus à prendre de permis et à payer de droit.

Donné au Fort-Royal Martinique, le 14 mai 1809. *Signé*, George Beckwith.

(Nº. 1300.) Avis *de S. Exc. le Lieutenant-général* George Beckwith, *Commandant en Chef de la Martinique, qui ordonne à tout Planteur ou Habitant des Villes ayant à gages ou logeant des Français, Déserteurs avant ou après la Capitulation, d'en rendre immédiatement compte, sous les peines de droit, au Commissaire Civil de sa Paroisse qui pourvoira à la conduite desdits Déserteurs au Secrétariat du Gouvernement Civil au Fort-Royal.*

Du 18 mai 1809.

(N°. 1301.) CIRCULAIRE *de Son Exc. le Lieutenant-général* George Beckwith, *Commandant en Chef de la Martinique, aux Commissaires commandans des Paroisses, relative aux Gens de couleur se disant Libres.*

Du 18 mai 1809.

INDÉPENDAMMENT, Monsieur le Commissaire, des hommes de couleur, jouissant à titres légaux des faveurs de la liberté, il en est dont l'existence est incertaine, ou que la loi ne reconnait pas; tels que 1°. Ceux qui s'appuyent sur un titre émané d'un gouvernement étranger ou autre que celui de la colonie; 2°. Ceux à qui le gouvernement français a promis la liberté en récompense de service militaire non encore complété et qui ne sont porteurs d'aucun diplôme; 3°. Ceux enfin qui, ayant payé la valeur de leur personne à leurs anciens maîtres, sont porteurs d'un titre illusoire aux yeux du gouvernement, et jouissent de leur liberté sous le patronage de ceux qui les portent sur leurs dénombremens.

Il importe au plus haut degré à l'intérêt public, que le gouvernement prenne une résolution définitive à l'égard des individus de ces trois classes d'hommes de couleur, et qu'il soit établi pour l'avenir une règle invariable pour éviter autant que possible les abus auxquels je suis obligé de remédier aujourd'hui.

Mais il est un préalable nécessaire à remplir avant d'en venir à l'examen des questions relatives à ces hommes de couleur; c'est de vérifier en quel nombre ils sont dans la colonie; et pour y parvenir, j'ai besoin que vous fassiez dans votre paroisse la plus exacte recherche des individus compris dans ces trois classes d'hommes de couleur, et que vous m'en transmettiez le plutôt possible la liste sous les trois désignations d'hommes de couleur porteurs de titres de liberté émanés d'un gouvernement autre que celui de la colonie; d'hommes de couleur soumis à un service militaire avec promesse de liberté; d'hommes de couleur jouissant de la liberté sous patronage d'habitans, qui les portent sur leurs dénombremens.

J'ai l'honneur d'être, etc. *Signé*, G. Beckwith.

(N°. 1302.) Ordonnance *de S. E. le Lieutenant-général* George Beckwith, *Commandant en Chef de la Martinique, qui règle la Police des Canots de Poste.*

Du 1er. juin 1809.

Etant nécessaire de réprimer les abus multipliés qui se sont introduits dans la police à laquelle doivent être soumis les canots, connus sous la dénomination de canots de poste, nous etc. ordonnons et statuons ce qui suit :

Art. 1er. Les canots de poste étant considérés comme voitures publiques, aucun ne pourra naviguer, à compter du 20 de ce mois, sans un permis de l'officier d'administration chargé du service, soit au Fort-Royal, soit à St-Pierre, sous peine de confiscation.

II. Les canots de poste du Fort-Royal seront numérotés des deux cotés de l'avant, en rouge, sur un fond blanc; ceux de St-Pierre seront numérotés aux mêmes endroits, en noir, sur un fond blanc.

III. Il sera nommé par l'administration un Directeur au Fort-Royal, et un à St-Pierre, pour assurer l'exécution des présentes et le service public auquel les canots de poste sont destinés. Les appointemens de ces Directeurs seront payés des deniers provenant d'une rétribution de trente-six livres par an que le propriétaire de chaque canot de poste sera tenu de payer à la caisse coloniale, et le permis de naviguer ne sera délivré que sur le vu de la quittance du receveur du département pour ladite rétribution, et le certificat du Directeur, pour constater que le canot a été numéroté conformément à l'article II.

IV. Le Directeur de chaque district se tiendra toujours à l'endroit où se rassemblent ces voitures publiques pour en assurer le service, tant à l'égard de ceux qui auront besoin de canots que pour protéger ces mêmes canots contre toute vexation.

V. Le Directeur répondra de tout désordre qu'il n'aura pas réprimé, et, en conséquence, les plaignans se pourvoiront contre lui pardevant les tribunaux.

VI. Le Directeur tiendra un registre, par numéros, de tous les canots de son district, et à chaque mutation de propriétaire, il fera faire le changement au bureau de l'administration.

VII. Lorsque le service du Gouvernement, de l'Administration et de la Justice aura besoin d'un canot, le Directeur sera tenu de le procurer, et par préférence au service des particuliers, en observant, à cet égard, la mesure de justice nécessaire pour que personne ne soit lésé.

VIII. Le Directeur requérera dans toutes les occasions, où il en aura besoin, la main forte de la police ou des postes militaires, et rendra exactement compte au Procureur du Roi de tous les incidens, infractions ou délits qui pourront avoir lieu dans la partie de service dont il est chargé.

IX. Tous particuliers qui pourront avoir à se plaindre du patron ou des nègres de canots, s'adresseront au Fort-Royal et à St-Pierre au Procureur du Roi pour obtenir justice, ou au Directeur qui sera, dans ce cas, tenu de produire la plainte pardevant le tribunal. Dans les autres paroisses, ils s'adresseront au Commissaire civil, et en son absence au commis à la police.

X. Le produit des amendes et confiscations qui seront prononcées dans les affaires relatives aux canots de poste, sera versé à la caisse coloniale, pour être appliqué suivant nos ordres.

Sera la présente ordonnance enregistrée, tant au greffe de la Cour d'appel qu'à ceux des tribunaux de première instance, lue, etc.

Mandons au Commissaire de l'administration coloniale et aux Procureurs du Roi, de tenir la main à son exécution.

Donné au Fort-Royal Martinique, le 1er. juin 1809. *Signé*, GEORGE BECKWITH.

Tarif pour les Canots de Poste.

Le prix du frêt du Fort-Royal aux lieux suivans, est fixé comme suit :

Au Prêcheur, sera payé, ...	45 liv.	
A Saint-Pierre, ...	27	
Au Carbet, ...	27	
A la Case-Pilote, ...	13	10 s.
Au Lamentin ou au Trou-au-Chat,	18	

Au Petit-Bourg de la Rivière-Salée,	27 liv.	
Au Grand-Bourg de la Rivière-Salée,	22	10 s.
Aux Trois-Islets, ...	18	
Aux Anses-d'Arlets, ...	27	

Le tarif de ces divers lieux, au Fort-Royal, sera le même que celui du Fort-Royal, à ces divers lieux.

Le prix du frêt de Saint-Pierre aux lieux suivans, est fixé comme suit :

Au Prêcheur sera payé, ...	18 liv.	
Au Carbet, ...	9	
A la Case-Pilote, ...	13	10 s.
Au Lamentin ou au Trou-au-Chat.	40	10
Au Petit et Grand-Bourg de la Rivière-Salée.	45	
Aux Trois-Islets, ...	40	10
Aux Anses-d'Arlets, ...	45	

Le tarif de ces divers lieux à Saint-Pierre, sera le même que celui de Saint-Pierre à ces divers lieux. *Signé*. George Beckwith.

Enregist. aux Greffes des Tribunaux

(N°. 1303.) Ordonnance *de S. E. le Lieutenant-général* George Beckwith, *Commandant en Chef de la Martinique, portant que les Actes civils des Paroisses du Fort et du Mouillage à St-Pierre, seront reçus par les Curés de ces deux Paroisses.*

Du 1er. juin 1809.

Nous ayant paru convenable d'établir une marche uniforme dans une partie de l'administration aussi essentielle que celle qui fixe l'État-civil des nouveaux sujets de S. M.; et ne trouvant dans les fonctions d'un officier spécialement chargé d'en tenir le registre dans les deux paroisses de la ville de St-Pierre, (quand, dans toutes les autres, les curés vaquent, sans rétribution aucunes, à ces mêmes fonctions) qu'un impôt dont le poids est sans compensation d'utilité pour le public.

Nous, en vertu des pouvoirs qui nous ont été confiés par S. M., avons statué et ordonné, statuons et ordonnons ce qui suit :

ART. Ier. L'officier de l'Etat-civil qui, en vertu de l'arrêté colonial du 16 mai 1807, a, depuis cette époque, reçu les actes civils de naissances, mariages et décès, cessera de les recevoir à dater du 15 du présent mois de juin.

Messieurs les Curés des deux paroisses de St-Pierre, recevront les actes civils de naissances, mariages et décès, à dater du 15 du présent mois de juin, sur un registre, autre que celui des actes de baptêmes, mariages et sépultures; et se conformeront pour la tenue de ce registre à ce que prescrit le titre second du Code civil qui régit aujourd'hui la Martinique, dans tous les articles qui y ont rapport.

III. Les fonctions de l'officier de l'Etat-civil à St-Pierre, se borneront aux formalités du divorce et aux mariages des divorcés qui sont incompatibles avec le sacerdoce.

La présente ordonnance sera enregistrée dans les greffes des tribunaux.

Donné au Fort-Royal Martinique, le 1er. juin 1809. *Signé*, GEORGE BECKWITH.

Enregist. aux Greffes des Tribunaux.

(N°. 1304.) LETTRE *de S. E. le Lieutenant-général* George Beckwith, *Commandant en Chef de la Martinique, aux Officiers du Tribunal de Première instance, de Saint-Pierre, pour les autoriser à délivrer les Permis de tenir Boucherie et Boulangerie.*

Du 7 juin 1809.

MESSIEURS, c'est à vous qu'il appartient de délivrer des permis pour tenir boucherie et boulangerie. C'est assez vous dire que ces deux genres d'industrie ne sont placés sous votre surveillance immédiate, que pour que le public en tire tous les avantages qu'il a droit d'en attendre, et que les abus soient immédiatement corrigés; et cette portion d'autorité entraine nécessairement avec elle une responsabilité dont je vous prie de ne jamais perdre de vue la conséquence.

J'ai l'honneur d'être, etc. *Signé*, G. BECKWITH.

(N°. 1305.) AVIS *de S. E. le Lieutenant-général* George Beckwith, *Commandant en Chef de la Martinique, concernant les Nègres fugitifs et marrons, appartenant à l'Etat.*

Du 14 juin 1809.

PLUSIEURS particuliers se permettent de faire travailler à leur profit les nègres du Gouvernement vulgairement connus sous les dénominations successives de nègres de Ste-Lucie, nègres du Roi, nègres du Gouvernement; il est enjoint à toutes personnes qui en ont à leur service, ou qui en autorisent à travailler dans les villes, bourgs et campagnes, d'avoir à les déclarer sans délai, aux Commissaires de leurs paroisses respectives, sous peine d'être poursuivis comme recéleurs de nègres marrons, à la diligence du ministère public.

Mandons à Messieurs les Commissaires civils de faire conduire dans les geoles, ceux desdits nègres qui leur seront dénoncés.

Donné au Fort-Royal, le 14 juin 1809. *Signé*, GEORGE BECKWITH.

(N°. 1306.) AVIS *de S. E. le Lieutenant-général* George Beckwith, *Commandant en Chef de la Martinique, portant que les Passe-ports pour tous pays au-delà de l'Archipel, doivent être demandés par pétitions.*

Du 15 juin 1809.

LES personnes qui voudront quitter la colonie pour passer en Angleterre sous la protection d'un passe-port du Commandant en chef, gouverneur de la Martinique, sont prévenues qu'elles doivent en faire la déclaration par pétitions dans lesquelles elles exprimeront;

1°. Si elles ont prêté le serment d'allégeance;

2°. Si l'Angleterre est le seul but de leur voyage; et dans le cas contraire, sur quelle partie de l'Europe elles entendent se rendre; ces différentes circonstances devant être mentionnées dans les passe-ports.

Les passe-ports pour tous pays au-delà de l'archipel, devront être également demandés par pétitions.

Fort-Royal, le 15 juin 1809. *Signé*, GEORGE BECKWITH.

(Nº. 1307.) PROCLAMATION *de S. E. le Lieutenant-général* George Beckwith, *Commandant en Chef de la Martinique, étendant à la Martinique les ordres en Conseil du* 12 *avril* 1809, *concernant le commerce des Neutres pour l'importation dans cette Colonie, des* Bois, Chevaux, Bestiaux, Volailles *et autres animaux vivans, ainsi que toutes espèces de salaisons, (le Bœuf, Pork et Beurre excepté.)*

Du 19 juin 1809.

AYANT été honoré du commandement du Roi, afin d'étendre jusqu'à la Martinique l'ordre émané de Sa Majesté en son conseil, en date du 12 avril dernier.

Etendons par ces présentes jusqu'à cette île l'ordre susdit dans tout son contenu, et enjoignons aux officiers des Domaines de Sa Majesté, et à tout autre qu'il appartient, appartiendra ou pourra appartenir, d'en prendre connaissance et de s'y conformer.

Donné au Fort-Royal Martinique, le 16 juin 1809. *Signé*, GEORGE BECKWITH.

(Nº. 1308.) DÉCISION *de S. E. le Lieutenant-général* George Beckwith, *Commandant en Chef de la Martinique, relative aux Hangards établis au quartier dit* du Figuier *à St-Pierre.*

Du 23 juin 1809.

VU la pétition à nous présentée, nous renouvelons par les présentes, l'ordonnance rendue par le major-général Keppel gouverneur de la Martinique le 30 janvier 1800, concernant les hangards et tonnelleries, établis sur le quai de St-Pierre, et ordonnons en conséquence qu'elle sera exécutée suivant sa forme et teneur en ce qui n'y est pas dérogé par l'article XI de l'ordonnance du 11 février 1804, dont nous maintenons les dispositions.

Ordonnons en outre que les propriétaires desdits hangards et tonnelleries, qui sont munis de titres, les feront vérifier et enregistrer au bureau de l'administration à St-Pierre pour en jouir comme par le passé aux charges et conditions énoncées à ladite ordonnance.

Considérant d'ailleurs que le retour du commerce américain étant fixé au 1er. juillet de cette année, ce sera à cette époque que les hangards commenceront à être occupés, en conséquence le droit à payer par les propriétaires commencera ledit jour 1er. juillet.

Mandons au Commissaire de l'administration coloniale et aux officiers du tribunal de première instance à St-Pierre, d'enregistrer, etc.

Fort-Royal, le 23 juin 1809. *Signé*, GEORGE BECKWITH.

(N°. 1309.) RÉGLEMENT *de S. E. le Lieutenant-général* George Beckwith, *Commandant en Chef de la Martinique, relatif au Service pour les Incendies dans les Villes du Fort-Royal et de Saint-Pierre.*

Du 28 juin 1809.

ASSURER la prospérité générale en veillant à la conservation des propriétés particulières, étant un des objets de notre constante sollicitude, nous nous sommes fait rendre comptes des différentes lois relatives aux incendies, et nous avons reconnu que le réglement du 1er. mars

1804 est de toutes ces lois, celle qui réunit les meilleures dispositions pour remédier à ces désastres, dont le ravage n'a que trop souvent désolé les villes des colonies; en conséquence, nous avons renouvelé et renouvelons ledit réglement ainsi qu'il suit;

N. B. Voyez pour les articles I à X, les mêmes articles de l'arrêté sur le même sujet du 1er. mars 1804. N°. 1043, page 661, du tome IV.

XI. Les propriétaires des maisons du Fort-Royal et de Saint-Pierre, soit qu'il les occupent par eux-mêmes, ou qu'elles soient à loyer, seront tenus sous un mois d'avoir dans chacune d'elles, un seau de cuir ou de fer-blanc à anse mobile, fait sur le modèle qui sera donné par la police, et portant le numéro de la maison à laquelle il appartiendra, afin que dans le cas d'incendie, chaque dépositaire du seau soit obligé de l'envoyer sur le lieu par un nègre de confiance.

A l'expiration du délai ci-dessus, il sera dressé à la diligence du Procureur du Roi, par les Commis à la police, un état des propriétaires dont les maisons ne se trouveraient pas pourvues de seaux, pour, sur le rapport qui nous en sera fait, être ultérieurement statué ce qu'il appartiendra.

Sera le présent réglement enregistré aux Greffes des tribunaux de première instance, etc.

Mandons aux Commissaires de l'administration de tenir la main à son exécution.

Donné au Fort-Royal Martinique, le 28 juin 1809. *Signé*, GEORGE BECKWITH.

Enregist. aux Greffes des Tribunaux.

(N°. 1310.)

(N°. 1310.) ORDONNANCE *de S. E. le Lieutenant-général* George Beckwith, *Commandant en Chef de la Martinique, portant établissement d'une Chaîne de Police au Fort-Royal et à Saint-Pierre.*

Du 30 juin 1809.

ATTENDU que les esclaves détenus dans les geôles y sont entassés d'une manière nuisible à leur santé, et livrés à l'oisiveté; ce qui met en péril la propriété de leurs maîtres; nous avons cherché, dans l'emploi de leur tems, le remède à des dangers aussi éminens, et une utilité réelle pour la chose publique.

En conséquence, nous avons statué et ordonné, statuons et ordonnons ce qui suit :

ART. Ier. Tous esclaves qui seront mis à la geôle du Fort-Royal et de Saint-Pierre, pour tout autre cause que les cas criminels qui nécessitent l'écrouage des individus, et le jugement des Tribunaux, seront appliqués au nettoiement des rues et autres travaux d'utilité publique, du jour de leur entrée à la geôle jusqu'à celui de leur sortie.

II. Ils seront retenus par une chaîne suffisante, pour les empêcher de s'évader pendant le tems qu'ils seront employés aux travaux ci-dessus.

III. Leur nourriture sera aux frais, soit de l'administration, soit de leurs maîtres, d'après l'usage établi dans les geôles de cette colonie.

IV. La surveillance de cette chaîne sera confiée à des hommes de couleur libres, choisis, nommés et appointés par l'administration coloniale sous notre approbation.

Ils répondront des nègres enchaînés qui leur seront confiés, et dans le cas d'évasion il sera retenu sur leurs appointemens tous les frais qui seront faits pour recouvrer les nègres évadés; après deux mois du jour de leur évasion, s'ils ne sont pas rentrés soit à la geôle, soit chez leurs maîtres, (ce qui sera constaté par le certificat du Procureur du Roi ou du Commissaire civil de la paroisse) ces surveillans seront condamnés à trois mois de prison et renvoyés de leurs fonctions.

V. D'après l'article ci-dessus les surveillans ont le droit de vérifier si les nègres sont parfaitement enchaînés au moment où ils sortiront de la geôle pour être appliqués aux travaux.

VI. Chaque jour (excepté le dimanche et les fêtes) ces nègres sortiront de la geôle au lever du soleil, y reviendront à midi, et sortiront à deux heures jusqu'au coucher du soleil qu'ils seront reconduits à la geôle pour y passer la nuit.

VII. Cette chaîne de police ne sera point confondue avec celle des criminels condamnés aux galères, et ne travaillera jamais avec elle, en conséquence les esclaves que leurs maîtres voudront châtier pour un tems quelconque, seront à l'avenir attachés à la chaîne de police et seront par conséquent à l'abri de tout ce qu'on peut craindre de l'association avec des malfaiteurs reconnus et condamnés pour crimes.

Sera la présente ordonnance enregistrée tant au greffe de la Cour d'appel qu'à ceux des Tribunaux de première instance.

Mandons et ordonnons au Commissaire de l'administration coloniale de tenir la main etc.

Donné à la Martinique, le 30 juin 1809.
Signé, George Beckwith.

Enregist. aux Greffes des Tribunaux.

(N°. 1311.) Ordonnance *de Son Exc. le Brigadier-général* Alexandre Wood, *Commandant de l'île Sainte-Lucie, relative aux Assemblées de Paroisse de ladite Colonie.*

Du 1er. juillet 1809.

Etant nécessaire de pourvoir à la manière dont les assemblées de paroisses seront tenues à l'avenir dans les différens quartiers de cette île, et de prévenir toutes difficultés à leur sujet; vu l'ordonnance du Roi du 24 novembre 1781, et l'ordre du général Prévost, aux Commissaires civils de la colonie, en date du 14 juillet 1800, nous etc., arrêtons et ordonnons ce qui suit :

Art. 1er. Une fois par an, il y aura nécessairement dans chaque paroisse une assemblée à l'effet de nommer un nouveau Marguillier, et des Commissaires pour recevoir les comptes de celui qui sortira de charge; seuls objets dont cette assemblée doit s'occuper. Ces comptes seront débattues et arrêtés suivant les circonstances, d'après ce qui est prescrit par les articles VI, VII, VIII et IX, de l'ordonnance du 24 novembre 1781, dont la stricte exécution est au surplus recommandée.

Dans toute autre occasion où les habitans croiront convenable qu'il soit tenu une assemblée, ils en obtiendront la permission de nous. A cet effet, ils nous feront une requête dans laquelle ils expliqueront l'objet qu'ils proposent. Cette requête doit être remise par le Marguillier à M. le Commissaire civil qui en fera l'examen, et y ajoutera les observations qu'il pourra juger nécessaires, après quoi il l'expédiera à M. le Procureur-général qui nous la présentera.

II. Lorsque l'assemblée aura été permise, elle sera annoncée aux formes ordinaires. Dans les annonces on aura soin de spécifier les objets qui devront être traités, et il en sera fait mention en tête du procès-verbal, ainsi que de la requête. Il est interdit aux assemblées, sans aucun prétexte, de s'occuper d'autres objets que de ceux qui auront été désignés dans les annonces.

III. Toute assemblée de paroisse sera présidée par le Commissaire civil, à qui le Marguillier remettra expédition des délibérations pour être par le Commissaire civil, (accompagnées de telles observations qu'il jugera convenable,) expédiées à M. le Procureur-général qui les soumettra à notre homologation.

IV. Dans les quartiers de Castriès et de la Soufrière, une assemblée pour être compétente doit être composée de douze votans au moins, le Commissaire civil compris. Dans les autres quartiers, sept votans suffiront pour rendre la délibération valable. Les délibérations seront signées seulement de ceux qui y auront été présens.

Quand, après que l'assemblée aura été deux fois annoncée aux formes ordinaires, les habitans par leur négligence la feront manquer, il sera permis au Commissaire civil et au Marguillier de faire le projet sur les objets énoncés; lequel projet nous sera envoyé pour par nous ordonner ce qui sera convenable.

V. Dans chaque quartier, le Commissaire civil requerra du Marguillier une liste détaillée des débiteurs à la paroisse. Cette liste nous sera envoyée afin que nous donnions nos ordres contre les débiteurs aux termes de l'ordonnance du 24 novembre 1781.

Prions MM. de la Cour d'appel de faire enregistrer, etc.

Donné à Ste-Lucie, le 1er juillet 1809.

Signé, ALEXANDRE WOOD.

Enregist. à la Cour d'appel de Ste-Lucie.

(N°. 1312.) ORDONNANCE *de S. E. le Lieutenant-général* George Beckwith, *Commandant en Chef de la Martinique, concernant la nouvelle Organisation de Police dans les Villes du Fort-Royal et de St-Pierre.*

Du 10 juillet 1809.

LA sûreté publique dépendant essentiellement du maintien de la police, et la police des campagnes devenant plus facile en raison de la plus grande régularité de celle des villes, nous avons pris en considération le besoin qu'ont les deux villes principales de la colonie d'une meilleure organisation de police, pour que les ordonnances et règlemens, que nous renouvelons, ou ceux que nous avons jugé utile de créer, soient exécutés avec suite et ponctualité, nous avons en conséquence statué et ordonné, statuons et ordonnons ce qui suit:

Art. Ier. Les commis à la police des villes du Fort-Royal et St-Pierre sont et demeurent supprimés.

II. Il sera établi dans chacune de ces deux villes un Commissaire de police, ayant rang de Capitaine d'infanterie de milice, et dont les fonctions seront d'exécuter et faire exécuter littéralement les lois et jugemens de police qui lui seront notifiés par les tribunaux; en conséquence il ne pourra, sous aucun prétexte et à moins d'ordre supérieur et par écrit, négliger d'exécuter aucune disposition de ces lois et jugemens sans manquer aux devoirs les plus sacrés de sa place.

III. La responsabilité du Commissaire de police étant sans restriction, il aura le choix, la nomination et la discipline des hommes composant les brigades de son service, en observant seulement de prendre l'approbation de l'officier d'administration et du tribunal de police lors des nominations ou mutations.

IV. Il y aura deux brigades de police dans chacune des villes du Fort-Royal et St-Pierre.

Chaque brigade du Fort-Royal sera composée d'un brigadier et de quatre archers.

Celles de St-Pierre le seront chacune d'un brigadier, d'un sous-brigadier, et de six archers.

V. L'uniforme et l'armement de ces brigades seront les mêmes que par le passé.

VI. Outre la main-forte que le Commissaire de police trouvera dans les brigades servant sous lui, il pourra requérir celles des corps de garde militaires, en répondant toujours de l'emploi qu'il en fera.

VII. Toutes gardes ou sentinelles de troupes posées aux postes des lieux de rassemblemens publics pour maintenir le bon ordre, seront sous la consigne et les ordres de la police.

Sera la présente ordonnance enregistrée tant au greffe de la Cour d'appel qu'à ceux des tribunaux de première instance, lue, publiée etc.

Mandons au Commissaire d'administration de tenir la main à son exécution.

Donné au Fort-Royal Martinique, le 10 juillet 1809. *Signé*, George Beckwith.

Enregist. aux Greffes des Tribunaux.

(N°. 1313.) Ordonnance *de S. E. le Lieutenant-général* George Beckwith, *Commandant en Chef de la Martinique, portant règlement général de la Poste Coloniale des Lettres.*

Du 10 juillet 1809.

Le besoin d'une poste pour régulariser la correspondance entre les différens points de la colonie, s'est de tout tems, fait sentir; plusieurs établissemens de ce genre ont eu lieu, mais sans succès, parce qu'ils étaient livrés à une entreprise qui, en elle-même, ne pouvait guères suffire à ses frais : néanmoins la privation d'une poste régulière a été, pour l'administration coloniale, d'une dépense très-considérable et pour les habitans d'une gêne et d'un poids insupportables; nous avons donc pensé que l'organisation d'une poste générale serait d'un avantage dont nous ne pouvions trop nous hâter de faire jouir la colonie : pourquoi nous avons statué et ordonné, statuons et ordonnons ce qui suit :

ART. 1er. Le bureau général de la poste coloniale sera établi au Fort-Royal. Ce bureau et celui de St-Pierre seront aux frais du directeur, et dans toutes les autres paroisses de la colonie les commis à la police feront, par ordre du Gouvernement, les fonctions de buralistes.

II. La poste coloniale sera journalière du Fort-Royal, à St-Pierre et *vice versa*, et partira une fois par semaine pour les campagnes. Chaque buraliste des paroisses recevra le cahier des instructions relatives à ce service.

III. La poste journalère se fera en remettant aux directeurs des canots de poste au Fort-Royal et à St-Pierre une boîte dont l'expédition sera commise à leurs soins.

IV. La poste de la campagne aura lieu en faisant circuler une boîte de paroisse en paroisse par des messagers. Ces messagers seront fournis par le Gouvernement et il y en aura deux par paroisse.

V. Le prix des ports de lettres du Fort-Royal à St-Pierre et *vice versa*, sera de 11 sols 3 d. Trois tempés.

Celui des paquets de demi-once à une once i 1 liv. 2 s. 6 d. Trois petites pièces.

Idem au-dessus d'une once à deux, 2 l. 5 s. Un moco.

Le prix des paquets de deux onces à quatre, sera de 4 liv. 10 s. Deux mocos.

Idem au-dessus de quatre onces, 6 lix. 15 s. Trois mocos.

Il ne sera pris aucun paquet au-dessus de six onces.

VI. Le prix des ports de lettres du Fort-Royal et de St-Pierre pour la campagne et *vice versa*, sera d'une livre 2 s. 6 d. Trois petites pièces.

Celui des paquets de demi-once à une once, 2 liv. 5 s. Un moco.

Idem au-dessus d'une once à deux, 4 l. 10 s. Deux mocos.

Idem au-dessus de deux onces à quatre, 6 l. 15 s. Trois mocos.

Il ne sera pris aucun paquet au-dessus de quatre onces.

VII. Les lettres dans la campagne, de paroisse à paroisse, ne seront payées que 15 sols (un escalin) et les messagers ne pourront se charger d'aucuns paquets étrangers à la poste.

VIII. Les lettres et paquets du Fort-Royal et de St-Pierre pour la campagne seront affranchies aux bureaux de ces villes et reconnus tels par le timbre *franco*.

Seront francs de port les lettres et paquets contresignés du Gouverneur, du Commissaire de l'administration coloniale, du sous-Commissaire chargé du service à St-Pierre, du Procureur-général de la Cour d'appel et des Procureurs du Roi des tribunaux de première instance : ainsi que les lettres et paquets à eux adressés en leur qualité.

X. Le directeur fera, tous les trois mois, un relevé de toutes les lettres qui lui resteront, et il en enverra copie dans toutes les paroisses pour y être affichée chez les buralistes. Un mois après le relevé il brûlera les lettres qui n'auront pas été retirées.

XI. Et afin que la poste coloniale ait son plein et entier effet, défenses sont faites aux messagers de se charger d'autres choses que des lettres et paquets ci-dessus mentionnés. Toute personne de quelque rang et condition qu'elle soit ne pourra, sous aucun prétexte, empêcher ou retarder la marche des messagers; et Messieurs les habitans voudront bien les aider et les protéger en cas de besoin.

Sera la présente ordonnance enregistrée aux greffes des tribunaux, lue, publiée etc.

Mandons au Commissaire d'administration de tenir la main à son exécution.

Donné au Fort-Royal Martinique, le 10 juillet 1809. *Signé*, GEORGE BECKWITH.

Enregist. aux Greffes des Tribunaux.

N. B. Depuis le 15 juillet 1810, par autorisation de S. E. le Major-général Brodrick, le prix des lettres du Fort-Royal à St-Pierre et *vice versa*, seulement, a été fixé à 22 sols 6 deniers; trois petites pièces.

(N°. 1314.) ORDONNANCE *de S. E. le Lieutenant-général* George Beckwith, *Commandant en Chef de la Martinique, portant défense de faire galoper les Chevaux dans les Rues du Fort-Royal et de Saint-Pierre.*

Du 19 juillet 1809.

ATTENDU qu'il nous a été représenté par les Procureurs du Roi des villes du Fort-Royal et de Saint-Pierre que les ordonnances portant défenses de faire galoper les chevaux dans les rues et le long des quais de ces deux villes sont tombées en désuétude.

Nous défendons à toutes personnes de quelque qualité et condition qu'elles puissent être, de faire galoper des chevaux dans les rues et le long des quais dans les villes du Fort-Royal et de St-Pierre, sous peine contre tout blanc ou homme de couleur libre, de soixante-douze livres ou huit gourdes d'amende applicables aux réparations des ponts et autres ouvrages publics; d'être responsable des dommages et intérêts qui pourraient en résulter, et d'être même poursuivi extraordinairement suivant l'exigeance des cas; et contre les nègres et mulâtres esclaves, qui feront galoper les chevaux de leurs maîtres ou qui les mèneront autrement que par la bride ou le licol, (à moins qu'ils ne suivent leurs maîtres) du fouet en place publique et de quatre gourdes à la charge de leurs maîtres, sans préjudice des dommages et intérets: à l'égard de ceux qu'ils auraient blessés et dont les maîtres demeureront responsables. La présente ordonnance aura toute force et vigueur, huit jours après sa publication.

Sera la présente ordonnance, enregistrée tant au Greffe de la Cour d'appel qu'à ceux des tribunaux de première instance, lue, publiée, etc.

Donné au Fort-Royal Martinique, le 19 juillet 1809. *Signé*, GEORGE BECKWITH.

Enregis. aux Greffes des Tribunaux.

(N°. 1315.) ORDONNANCE *de S. E. le Lieutenant-général* George Beckwith, *Commandant en Chef de la Martinique, faisant suite à celle du 6 avril 1809, concernant les Permis de Résidence et les Passe-ports.*

Du 19 juillet 1809.

L'EXPÉRIENCE nous ayant prouvé l'insuffisance des moyens établis pour éloigner de la colonie les étrangers qui pourraient y troubler l'ordre public, nous avons jugé convenable d'ajouter quelques dispositions à notre ordonnance du six avril dernier, et avons en conséquence statué et ordonné, statuons et ordonnons ce qui suit :

Art. 1er. A l'arrivée de tous navires, bâteaux ou barques quelconques dans les ports du Fort-Royal ou de St-Pierre portant des passagers des îles voisines ou autres pays, les maîtres desdits bâtimens seront tenus de se présenter au Gouvernement avec leurs passe-ports sous la conduite du Capitaine de port, de son agent ou autres personnes appointées par lui ; ils se rendront immédiatement après au Secrétariat du Gouvernement au Fort-Royal, et chez le Procureur du Roi à St-Pierre, pour y déclarer les motifs de leur arrivée, desquels il sera fait mention sur les registres tenus à cet effet.

II. Dans les cinq premiers jours de leur arrivée, tous passagers, sans autres exceptions que les sujets nés de S. M., seront tenus de nous présenter une pétition à l'effet d'obtenir le tems de résidence dont ils croiront avoir besoin pour leurs affaires, et ils auront soin d'indiquer les cautions qu'ils devront offrir.

III. Tous arrivans par autres ports que ceux du Fort-Royal et de St-Pierre, seront tenus de prendre un permis du Commissaire civil du lieu pour se rendre au Fort-Royal ou à St-Pierre, afin d'y remplir les formalités prescrites par les articles précédens.

IV. Tout contrevenant aux formalités ci-dessus établies, sera saisi au corps et mis à la geôle pour de là être renvoyé de la colonie comme ne pouvant avoir que des projets suspects.

V. Tous hôteliers, cabaretiers, traiteurs ou aubergistes, et tous particuliers de quelque qualité et condition qu'ils soient, sont tenus de faire aux Procureurs du Roi leurs déclarations de toutes personnes étrangères à la colonie, non munis de permis de résidence, dans les vingt-quatre heures de leur séjour chez eux, sous les peines portées par les ordonnances.

VI. Dans huit jours de la publication des présentes, tous habitans des villes ou des campagnes de quelque qualité et condition qu'ils puissent être, feront dans les villes aux Procureurs du Roi, et dans les campagnes aux Commissaires civils de leurs paroisses une déclaration des blancs étrangers à leurs familles, qui demeurent avec eux depuis le premier février dernier; ils seront tenus de signer ladite déclaration dans laquelle ils marqueront si les étrangers sont avec, ou sans permis de résidence.

VII. Ceux qui seront convaincus d'avoir fait des déclarations infidelles seront condamnés à mille livres d'amende; et si les délinquans se trouvent hôteliers, cabaretiers, traiteurs ou aubergistes, ils pourront en outre être déchus de leur permission, et encourir même la peine du bannissement si le cas le requiert.

Mandons aux officiers des tribunaux de première instance et aux Commissaires civils des paroisses de tenir la main à l'exécution des présentes qui seront lues, publiées et affichées partout où besoin sera, dans les deux langues. Mandons également à tous capitaines, maîtres de ports ou leurs députés de tenir la main à l'exécution de cette ordonnance et d'en donner connaissance tant aux maîtres de navires qu'aux caboteurs arrivans dans les ports de cette colonie.

Donné au Fort-Royal, le 19 juillet 1809. *Signé*, GEORGE BECKWITH.

(No. 1316.) PROCLAMATION *de S. Exc. le Lieutenant-général* George Beckwith, *Commandant en Chef de la Martinique, pour la Prestation du Serment d'Allégeance.*

Du 26 juillet 1809.

IL est d'usage constant parmi les nations civilisées, en guerre entre elles, d'exiger de la part de ceux qui veulent résider dans une colonie conquise, le serment d'allégeance au souverain conquérant.

J'ai néanmoins cru devoir différer le complément de cette importante mesure, de manière à laisser à chacun le tems nécessaire pour mûrir sa résolution à cet égard.

Le Serment n'a donc été reçu que de ceux qui de leur pleine et libre volonté l'ont prêté entre les mains des personnes désignées par nous pour le recevoir; et le Gouvernement n'a pas moins protégé indistinctement et ceux qui l'ont prêté et ceux qui s'y sont refusés.

Il est convenable de mettre un terme à cette tolérance.

Nous ordonnons que toutes personnes habitant l'île de la Martinique qui, de ce jour au 30 du mois de septembre prochain, n'auraient pas prêté le serment d'allégeance ordonné par nous (s'ils ne l'ont déjà prêté) aient à quitter la colonie dans le courant d'octobre prochain, sous toutes les peines de droit.

Le serment ne pourra être reçu qu'au Secrétariat du Gouvernement au Fort-Royal.

Donné au Fort-Royal Martinique, le 26 juillet 1809. *Signé*, GEORGE BECKWITH.

(N°. 1317.) AVIS *du Gouvernement, défendant aux Déserteurs Français de prendre des Passeports pour sortir de la Colonie.*

Du 26 juillet 1809.

IL est défendu à tous individus déserteurs ou prisonniers français ayant obtenu des permis de résidence temporaire, de prendre des passeports pour sortir de la colonie, sous peine d'être arrêtés et déchus du droit de résidence qui leur aurait été accordé.

En conséquence tous ceux desdits individus, qui se présenteront aux bureaux des passe-ports, seront arrêtés et constitués prisonniers pour être traités comme tels.

Donné au Fort-Royal, le 26 juillet 1809. *Signé*, GEORGE BECKWITH.

(N°. 1318.) ORDONNANCE *de S. Exc. le Lieutenant-général* George Beckwith, *Commandant en Chef de la Martinique, concernant les Déserteurs Français et les Marins Prisonniers de Guerre.*

Du 1er. août 1809.

SI l'humanité et l'intérêt colonial nous ont conseillé d'accorder des permis de résidence (avec les restrictions que la prudence indiquait) aux soldats français déserteurs avant la capitulation et à quelques autres individus dont les différens genres d'industrie sont utiles à la colonie, nous ne pouvons perdre de vue le danger dont il serait pour la sûreté publique, que de tels individus, étrangers à la colonie et sans propriétés, s'arrogeassent le droit d'y résider, et échappassent ainsi à la surveillance de la police; nous avons donc jugé utile au maintien du bon ordre de statuer et d'ordonner, et nous statuons et ordonnons ce qui suit :

ART. 1er. Les soldats français déserteurs ou autres et les marins ou autres prisonniers de guerre, sont soumis à tout ce qui, dans notre ordonnance du 19 du mois passé, peut s'appliquer indistinctement à tous les individus étrangers à la colonie.

II. Voulons et entendons que tous habitans des villes, bourgs et campagnes ayant chez eux des soldats déserteurs avant ou après la capitulation, ou des prisonniers de guerre, aient à les conduire eux-mêmes et sous leur responsabilité personnelle, aux Commissaires civils de leurs paroisses respectives, pour lesdits individus ainsi arrêtés, être conduits au Fort-Royal, au Lieutenant-colonel Campbell, Député adjudant-général, qui leur notifiera nos ordres.

III. Messieurs les Commissaires civils doivent considérer comme un devoir essentiel de leur place, de dénoncer au Gouvernement toute contravention aux dispositions énoncées dans l'article précédent pour qu'il soit pourvu aux moyens d'arrêter de vive force ceux qui auront cherché à se soustraire aux mesures de sûreté indiquées par ledit article.

IV.

IV. Toute contravention à ce qui est ordonné par l'article II, sera punie durant le mois qui suivra la publication des présentes, de cinq cens livres d'amende applicables à la réparation des ponts et voies publiques, laquelle amende sera exigible par corps : et à dater du 1er. de septembre, lesdites contraventions seront punies de mille livres d'amende et même d'arrestation de celui qui aura donné réfuge à l'individu étranger, et de son renvoi de la colonie, si les informations, que nous prendrons sur le compte du contrevenant, nous font juger cette mesure nécessaire.

Mandons aux Procureurs du Roi près des Tribunaux de première instance, et aux Commissaires civils des paroisses de tenir la main à l'exécution de la présente ordonnance etc.

Donné au Fort-Royal de la Martinique, le 1er. août 1809. *Signé*, George Beckwith.

(N°. 1319.) Réglement *de S. E. le Lieutenant-général* George Beckwith, *Commandant en Chef de la Martinique, pour les Compagnies des Pompiers, du Fort-Royal et de Saint-Pierre.*

Du 8 août 1809.

Art. 1er. La compagnie des pompiers du Fort-Royal, sera composée comme suit :

D'un Capitaine qui sera le Commissaire de police; d'un lieutenant; du premier brigadier; d'un sergent-major, du deuxième brigadier, et de trente hommes de couleur libres, résidant en ville et choisis par le Capitaine de la compagnie, de concert avec le Commissaire civil de la paroisse.

II. Le traitement du capitaine, du lieutenant et du sergent-major est fixé par le budjet. Les trente pompiers auront, pour toutes attributions, l'exemption du service de la milice, et la prime d'encouragement qu'ils pourront mériter, conformément à notre réglement du 28 juin dernier. Il leur sera fourni, à chacun, un gilet uniforme, qu'ils porteront seulement dans les cas d'incendie.

III. La compagnie des pompiers de St-Pierre sera composée et traitée comme celle du Fort-Royal, suivant les articles ci-dessus, à l'exception qu'au lieu de trente pompiers, il y en aura cinquante à St-Pierre.

IV. L'instruction, la tenue et la discipline de chacune de ces compagnies, sont confiées à leur capitaine qui en répondra dans toutes les occasions : il pourra en conséquence rassembler au moins, une fois le mois, ladite compagnie pour l'exercer et la mettre en état de rendre le meilleur service, en cas d'incendie.

Sera le présent réglement enregistré au bureau de l'administration coloniale et aux greffes de la police.

Donné au Fort-Royal Martinique, le 8 août 1809. *Signé*, GEORGE BECKWITH.

(N°. 1320.) ARRÊT *de la Cour d'Appel de l'île Martinique, concernant les Notaires, Procureurs, et Huissiers.*

Du 4 septembre 1809.

CE jour le Procureur-général du Roi a dit à la Cour qu'il croit de son devoir d'appeler son attention sur un abus qui devient chaque jour plus intolérable et qui a les inconvéniens les plus grâvés pour la fortune et les intérêts des particuliers.

Que l'ordonnance du 4 mai 1767, qui exige, pour la réception des notaires, procureurs et huissiers, un examen fait par deux de leurs confrères devant les officiers des tribunaux de première instance, est tombée en désuétude; ou que plutôt le but, que cette ordonnance se propose, a constamment été éludé par la légèreté avec laquelle on procède à ces examens, que les examinateurs ne s'acquittaient des devoirs, qui leur sont imposés qu'avec une négligence d'autant plus coupable, que les résultats de la facilité avec laquelle ils accordent les certificats d'examen, sont de placer dans les offices, dont le ministère est si important pour le public, des sujets absolument incapables d'en remplir les fonctions.

Que relativement aux places de notaires dont les actes destinés à asseoir la fortune des familles et à régler les intérêts les plus compliqués, doivent encore exercerleur influence dans des tems très-reculés, il est d'une importance majeure de n'y admettre que des sujets dont la capacité soit bien reconnue, et de ne laisser au public aucune inquiétude sur les conséquences infiniment dangéreuses qu'entrainent avec elles les erreurs que l'ignorance accumule dans les actes.

Que ce n'est qu'en réformant les abus qui se sont introduits dans la manière d'examiner les candidats, en remettant en vigueur l'ordonnance de 1767, et en donnant à ces examens une plus grande authenticité, qu'il sera possible d'atteindre ce but.

Sur quoi le Procureur-général du Roi a conclu à ce qu'il plaise à la Cour, ordonner que conformément à l'arrêt en réglement du conseil souverain en date du 4 janvier 1781, le nombre des notaires sera désormais fixé à dix-huit pour la colonie, savoir : dix en résidence dans le ressort du tribunal de première instance séant au Fort-Royal, et huit dans celui de St-Pierre; qu'en conséquence S. Exc. le Commandant en chef sera supplié de ne plus délivrer à l'avenir de commission de notaires, et de supprimer jusqu'à la concurrence de ce nombre les places qui seront désormais vacantes.

Ordonner en outre que nul ne pourra à l'avenir être reçu notaire, avoué ou huissier, qu'il n'ait conformément à la loi, subi un examen relatif auxdites fonctions par devant les officiers du tribunal de première instance en présence d'un des membres de la Cour, qu'elle nommera son commissaire à cet effet; qu'en conséquence lesdits examens ne pourront désormais avoir lieu que pendant la séance de la Cour.

Le Procureur-général du Roi étant retiré, la Cour, prenant son réquisitoire en grande considération et faisant droit aux conclusions qu'il contient, ordonne que l'arrêt en réglement du 4 janvier 1781, qui fixe le nombre des notaires à dix-huit pour l'étendue de la colonie, savoir, dix en résidence dans le ressort du tribunal de première instance au Fort-Royal et huit dans le ressort du tribunal de première instance séant à St-Pierre, aura son exécution à l'avenir; ordonne en conséquence que ledit

Procureur général du Roi présentera, séance tenante une expédition du présent arrêt à S. Exc. le Commandant en chef, avec invitation à sadite Exc. de ne plus délivrer à l'avenir de commission de notaire.

Ordonne que nul ne pourra désormais être reçu notaire, avoué ou huissier, sans avoir préalablement, et conformément à la loi, subi un examen relatif auxdites fonctions, par devant les officiers du tribunal de première instance, en présence d'un Commissaire de la Cour et dudit Procureur-général ou de son substitut, et que ces examens n'auront lieu désormais que pendant les séances de la Cour.

Fait à la Cour d'appel de l'île Martinique, le 4 septembre 1809. *Signé*, RONDEAU.

(N°. 1321.) PROCLAMATION *de Son Exc. le Lieutenant-général* George Beckwith, *Commandant en Chef de la Martinique, concernant les Nègres de l'Etat.*

Du 10 septembre 1809.

ATTENDU que nous sommes informés que des nègres appartenant au Gouvernement, vulgairement connus sous les diverses dénominations de nègres de Ste-Lucie, nègres à l'Etat, nègres du Roi, nègres du Gouvernement, errent librement dans les campagnes et particulièrement dans la paroisse du Fort-Royal, et travaillent impunément pour leur compte sans autorisation régulière et sans que néanmoins personne les arrête, nous déclarons et ordonnons que tous ceux desdits nègres qui se rendront à leurs devoirs en se présentant au Brigadier général Gladstanes, Quartier-maître-général de l'armée, dans la quinzaine qui suivra la date des présentes, n'encourront aucune punition, mais que ceux qui laisseront expirer ce délai sans se présenter seront livrés à toute la sévérité des lois.

Donné au Fort-Royal Martinique, le 10 septembre 1809. *Signé*, GEORGE BECKWITH.

(N°. 1322.) HOMOLOGATION *de Son Exc. le Lieutenant-général* George Beckwith, *Commandant en Chef de la Martinique, à l'avis du Grand-voyer, concernant la Nécessité de certaines Réparations à faire aux Pavés de la Ville de Saint-Pierre.*

Du 12 septembre 1809.

VU le procès-verbal du Grand-voyer, constatant la nécessité de certaines réparations à faire aux pavés de la ville de Saint-Pierre, nous homologuons ledit procès-verbal, ordonnons, en conséquence, que ledit Sieur Grand-voyer suivra l'exécution des dispositions qui y sont établies, et ce conformément aux lois et ordonnances y relatives.

Fort-Royal, le 12 septembre 1809. *Signé*, GEORGE BECKWITH.

N. B. Il résulte de l'homogation dudit rapport :

1°. Que chaque propriétaire de maisons sera tenu de faire réparer dans le délai d'un mois à compter du 26 du courant, les pavés qui sont à sa charge, c'est-à-dire, de faire remplacer les roches ou pierres de taille qui en ont été enlevées ou brisées, soit dans les ruisseaux, soit sur leurs côtés, et relever, au niveau de la rue, celles qui auront été enfoncées ; enfin, de faire remplir avec du sable, ou du tuf, les interstices qui se trouveront entre lesdits pavés.

Ce délai d'un mois n'est accordé aux propriétaires, que parce que, la plus grande partie des rues exigeant actuellement ces réparations, quelques-uns pourraient prétexter la difficulté de se procurer des maçons ou des paveurs pour les faire exécuter dans huit jours; délai qui sera plus que suffisant pour les réparations subséquentes et accidentelles.

Ne sont point comprises dans les réparations auxquelles les propriétaires sont tenus de faire travailler, dans le délai d'un mois, celles des pavés de la rue Lucy et de la partie de la Grande-rue qui l'avoisine; celles de la portion de la rue Hurtaud, depuis le quai de la rivière du Fort, jusqu'à l'entrée de la rue Macary; ni celles de l'entrée de la place du Fort à l'autre extrémité de la rue Macary; ni celles de la rue du bord de la mer, entre la calle Neuve et la calle Boisson. Ces portions de rues exigeant que le nivellement en soit rectifié, avant qu'on en répare les pavés, le délai d'un mois susmentionné ne commencera pour les propriétaires des maisons situées dans ces rues, que de l'époque où le nouveau nivellement leur aura été donné par le Grand-voyer, qui va s'en occuper incessamment.

2°. Que dans le délai de six mois, à compter du 26 du courant, les propriétaires des maisons ou emplacemens clos, situés dans les rues de la Nouvelle-Cité, dans la rue Saint-Louis et et autres rues non pavées, auront à se conformer aux ordonnances relatives aux pavés, en faisant faire ceux qui sont à leur charge, après avoir appelé le Voyer particulier pour leur en donner le nivellement.

Faute par lesdits propriétaires de se conformer, dans les délais prescrits par ladite ordonnance, aux deux articles ci-dessus, le Grand-voyer a reçu de Son Excellence, l'ordre de faire travailler aux réparations et aux pavés y mentionnés, et ce aux frais desdits propriétaires.

Saint-Pierre, le 20 septembre 1809. *Signé*, GAILLARD ST-LEGER, *Grand-voyer*.

(N°. 1323.) PROCLAMATION *de Son Exc. le Lieutenant-général* George Beckwith, *Commandant en Chef de la Martinique, concernant les Correspondances avec le Ministre* Décrès.

Du 29 septembre 1809.

ATTENDU que nous avons été informé que M. Décrès, chargé en France du Ministère de la marine et des colonies, a ouvert une correspondance avec plusieurs particuliers habitant cette colonie, relative à la guerre et à la politique; nous ordonnons et enjoignons par les présentes à tout individu résidant à la Martinique sous la protection du Gouvernement de S. M., lequel pourrait avoir reçu ou recevrait des lettres de cette nature, ou qui aurait connaissance que d'autres particuliers en auraient reçu ou en recevraient, d'avoir à se présenter directement à nous sans aucun délai, pour nous remettre lesdites lettres ou nous faire connaître ceux qui en ont reçu ou en recevront.

Et nous déclarons par ces présentes, que toutes personnes qui contreviendront au présent ordre, soit en retenant et cachant les lettres qu'ils ont reçues ou pourraient recevoir dudit ministre français sur des sujets touchant de près ou de loin la guerre ou des matières politiques, soit en se refusant de nous faire connaître ceux qui peuvent avoir reçu ou recevront de pareilles lettres, seront considérées comme ayant violé leur serment d'allégeance et auront encouru les peines prononcées par les lois contre une pareille violation.

Donné au Fort-Royal Martinique, le 29 septembre 1809. *Signé*, George Beckwith.

(N°. 1324.) Avis *de S. Exc. le Lieutenant-général* George Beckwith, *Commandant en Chef de la Martinique, relatif aux Fusils épars dans les Campagnes.*

Du 30 septembre 1809.

Etant informé que durant le siége, et par suite du désordre inséparable de pareils événemens, grand nombre de fusils avaient été jetés çà et là dans les chemins et ramassés par les nègres; et attendu que, malgré les défenses expresses portées dans toutes les ordonnances existantes dans cette colonie que les esclaves ayent des armes à feu à leur disposition, nous sommes instruits qu'ils chassent journellement, nous ordonnons à tous les habitans de faire d'exactes recherches dans les cases de leurs nègres, d'en enlever les armes à feu qu'ils pourraient y trouver et de les faire transporter chez Messieurs les Commissaires civils des paroisses, qui en rendront compte au Gouvernement; et nous déclarons qu'un mois après la publication du présent avis, les habitans, dans les cases à nègres desquels il serait trouvé des armes à feu par les patrouilles qui pourront les visiter, seront sévèrement punis.

Messieurs les Commissaires sont autorisés à donner des bons de deux gourdes pour chaque fusil en bon état et d'une gourde pour ceux qui ne le seront pas, aux porteurs desdits fusils, de quelque condition que soient lesdits porteurs : les fonds pour acquitter ces bons, seront immédiatement faits entre les mains de Messieurs les Commissaires.

Donné au Fort-Royal, le 30 septembre 1809. *Signé*, George Beckwith.

(Nº. 1325.) Ordonnance, *de S. E. le Major-général* Alexandre Wood, *Commandant de Sainte-Lucie, concernant la concession de l'ancien Cimetière du Bourg de la Soufrière.*

Du 30 septembre 1809.

Ayant duement pris en considération le réquisitoire de M. le Procureur-général du Roi, ainsi que les réclamations qui nous ont été faites, tant de la part de la paroisse que par les concessionnaires du terrein dit l'ancien cimetière, près du bourg de la Soufrière; voyant, par l'examen actuel que nous avons fait pour l'aggrandissement du bourg de ce côté, que le rétablissement d'un cimetière dans ce lieu pourrait avoir, pour les habitans des maisons avoisinantes, les mêmes inconvéniens qui en résulteraient encore pour ceux de la cazerne, lesquels ont, il y a dix ans, engagé le Gouvernement à y défendre des inhumations; voyant aussi qu'il parait que c'était par usage seulement, qu'on y a fait autrefois enterrer, et que cet usage a été reprimé par le Gouvernement, comme nuisible; que l'endroit n'a pas été clos et que les bornes du prétendu cimetière ne sont constatées par aucun titre, ni bien connues, ainsi qu'il résulte de la manière vague dont elles sont indiquées dans la réponse de MM. les marguilliers Granier et de Micoud en date du 28 février de cette année, à M. le Commissaire civil du quartier de la Soufrière, dont copie est entre nos mains: nous avons, pour le bien public qui résultera de l'éloignement du cimetière et l'élargissement du bourg, et pour la sûreté des concessionnaires déjà nombreux de ce terrein, ordonné, et par ces présentes ordonnons ce qui suit:

Art 1er. Tout concessionnaire dudit terrein est tenu de justifier devant nous sa concession dans le courant d'un mois après la publication des présentes, et de se soumettre au droit ci-après nommé à peine de nullité de sadite concession.

II. Le tombeau de feu M. l'abbé Baqué, seul monument sépulchral que l'on y ait posé, sera clos ou palissadé, laquelle cloture ou palissade sera faite et à perpétuité entretenue en bon état à la charge du concessionnaire du terrein où il gît, et la case ou maison qu'on y a fait bâtir sera éloignée de deux toises au moins de ce tombeau.

III. Il ne sera édifié aucun bâtiment en face de la cazerne ni de l'alignement qu'elle forme avec la rivière, cet espace étant destiné à la place d'armes, ni derrière la cazerne de plus près que de la distance où se trouve actuellement ledit tombeau de feu M. l'abbé Baqué. Tout bâtiment que l'on voudra ériger en cet endroit doit suivre l'alignement des autres rues du bourg, et toute case, maison ou cloture déjà faite ou bâtie, sera redressée et alignée, si elle ne se trouve pas conforme à cette disposition.

IV. En défence à jamais de faire inhumer, en deça de la rivière, nous avons pour cet usage établi, donné et concédé, et par ces présentes, établissons, donnons et concédons à la paroisse de la Soufrière le terrein au-delà de ladite rivière où depuis plusieurs années on a été accoutumé de faire enterrer les morts, à la charge par la fabrique d'y faire clore un espace convenable, et pour l'aider à faire la cloture nécessaire, nous avons imposé et imposons à chaque concession déjà faite aux concessionnaires désignés en l'article premier, et à chaque concession désormais par nous à faire dudit terrein, un droit de trois deniers sur chaque pied carré à prélever sur la contenance desdits concessions, et une fois à payer à la fabrique de la paroisse. Lequel droit est destiné, et l'argent en provenant doit être exclusivement employé, à ladite cloture.

Prions MM. de la Cour d'appel, de faire enregistrer, etc.

Donné à Ste-Lucie, le 30 septembre 1809.
Signé, Alexandre Wood.

Enregist. à la Cour d'Appel de Sainte-Lucie.

(N°. 1326.) ARRÊT *de la Cour d'Appel de l'île Sainte-Lucie, relatif aux abus qui se commettent par les Pharmaciens et Apothicaires de la Colonie.*

Du 4 octobre 1809.

SUR ce qui a été observé par un des membres de la Cour, qu'il se commet des abus très-dangereux et contraires aux ordonnances de la part de quelques pharmaciens ou apothicaires de la colonie, puisque les esclaves trouvent les moyens de se procurer chez eux des poisons très-actifs, comme arsenic et autres minéraux, et ouï le Procureur-général du Roi en ses conclusions, la Cour a ordonné et ordonne que l'exécution des articles V et VI de l'ordonnance du Roi du mois de février 1724 et des articles IV, V et VI de la déclaration du Roi du 30 décembre 1746 à ce sujet, sera rappelée et qu'il en sera donné connaissance, ainsi que du présent arrêt, à tous les pharmaciens ou apothicaires de la colonie, pour qu'ils aient à s'y conformer, et ce à la diligence du Procureur-général; ordonne en outre que le présent arrêt sera enregistré à la sénéchaussée.

Fait à la Cour d'appel de l'île Ste-Lucie, le 4 octobre 1809. *Signé*, R. DROUILHET.

(N°. 1327.) ORDONNANCE *de Son Exc. le Lieutenant-général* George Beckwith, *Commandant en Chef de la Martinique, portant Réglement sur l'Intérêt de l'Argent.*

Du 6 octobre 1809.

L'USAGE de prêter de l'argent à usure, ainsi que cela se pratique dans cette colonie, nous paraissant aussi contraire aux principes de saine morale que nuisible à l'intérêt public, nous avons jugé nécessaire d'en arrêter le cours par la présente ordonnance, qui aura force de loi jusqu'à ce qu'il plaise à S. M. d'en ordonner autrement ; nous avons en conséquence statué et ordonné, statuons et ordonnons ce qui suit :

ART. 1er. L'intérêt légal dans toutes les affaires autres que les commerciales est fixé à cinq pour cent par an.

L'intérêt légal dans toutes les affaires commerciales est fixé à six pour cent par an.

II. Toute personne convaincue de recevoir un intérêt au-dessus de celui qui est fixé par le précédent article, sera condamnée à restituer à l'emprunteur tout ce qui excédera les cinq ou six pour cent d'intérêt permis suivant la nature des affaires, et de payer une amende qui n'excédera pas le quart du montant de la somme capitale par elle prêtée.

Et quand les Juges obtiendront la preuve que le prêteur est dans l'usage habituel de donner de l'argent à usure, l'amende sera de la moitié de la somme capitale prêtée.

Et si un Usurier en habitude de prêter de l'argent à un taux excédant celui de la loi, poursuivait son débiteur, soit par lui-même, soit par intermédiaire, les Juges, après conviction, ainsi qu'il est dit ci-dessus, prononceront la confiscation de la somme entière qui aura été prêtée.

III. Du jour de la publication de la présente ordonnance, l'intérêt de tous contrats ou autres actes qui ont précédé, sera ramené au taux ci-dessus fixé, sans néanmoins que les peines prononcées par l'article II, puissent être appliquées contre ceux qu'ils concerneront.

IV. Toutes les amendes prononcées par l'article II, seront versées dans la caisse coloniale pour y être à la disposition du Représentant de S. M.

Sera la présente ordonnance enregistrée tant au Greffe de la Cour d'appel qu'à ceux des Tribunaux de première instance, lu, publié, etc.

Donné au Fort-Royal Martinique, le 6 octobre 1809. *Signé*, George Beckwith.

Enregist. aux Greffes des Tribunaux.

(N°. 1328.) Décision *de S. E. le Lieutenant-général* George Beckwith, *Commandant en Chef de la Martinique, qui autorise la Continuation de l'Impression de la Nouvelle Edition du Code de la Martinique.*

Du 21 octobre 1809.

N. B. Cette décision a été insérée en tête du troisième volume, voyez page v.

(N°. 1329.) Proclamation *de Son Exc. le Lieutenant-général* George Beckwith, *Commandant en Chef de la Martinique, concernant les Libertés obtenues en Pays Etrangers avant le 31 octobre courant.*

Du 23 octobre 1809.

Etant informé que des particuliers qui savent que nous sommes occupés du soin de régulariser tout ce qui a trait aux titres de liberté émanant des Gouvernemens étrangers et de mettre fin aux abus qui se sont introduits dans la colonie, au mépris des lois salutaires de 1713 et 1736, s'empressent de solliciter desdits Gouvernemens des titres qu'ils désespèrent sans doute d'obtenir de celui de cette colonie, faute de pouvoir faire valoir, en faveur des esclaves qu'ils voudraient affranchir, les motifs respectables de longs et importans services, nous déclarons que tout esclave de cette colonie porteur d'un titre d'affranchissement émanant d'un Gouvernement autre que celui de la Martinique, de dates postérieures au 31 présent mois, ne pourra jamais y en obtenir l'homologation et qu'il sera soumis à toute la rigueur des lois.

Donné au Fort-Royal, le 23 octobre 1809.
Signé, George Beckwith.

(N°. 1330.) Proclamation *de Son Exc. le Lieutenant-général* George Beckwith, *Commandant en Chef de la Martinique, accordant le Pardon aux Esclaves marrons, qui se rendront chez leur Maître avant un mois.*

Du 25 octobre 1809.

Ce jour commence la cinquantième année de la glorieuse accession de S. M. au trône de ses ancêtres; voulant qu'il soit marqué par un acte de bienfaisance envers les esclaves de cette colonie que l'excès de la misère qui y régnait sous le gouvernement français, ou toute autre raison, a pu écarter de leurs devoirs, nous déclarons que tout esclave marron, qui rentrera chez son maître dans le courant d'un mois,

mois, à dater de ce jour en obtiendra son pardon ; mais que ce terme expiré tous moyens seront employés pour forcer les marrons à rentrer dans leur devoir et qu'ils seront soumis à toute la rigueur des lois.

Donné au Fort-Royal le 25 octobre 1809.

Signé, GEORGE BECKWITH.

(N°. 1331.) RÉGLEMENT *de S. E. le Lieutenant-général* George Beckwith, *Commandant en Chef de la Martinique, concernant les Hommes de Couleur servant dans les Milices pour leur Liberté, les Affranchis par le Général* Rochambeau, *et les Affranchis par des Gouvernemens Etrangers.*

Du 1er novembre 1809.

ATTENDU que le gouvernement français a reconnu toutes les libertés données par le général Rochambeau durant son séjour dans cette colonie en soumettant les titres desdites libertés à une confirmation accompagnée d'une taxe au profit de la caisse publique, et que certains porteurs de pareils titres n'en ont pas les confirmations faute d'avoir versé les sommes auxquelles elles avaient ou auraient été taxées.

Attendu que le susdit gouvernement français a, soit par des autorisations particulières, soit par une mesure générale, formellement promis la liberté aux hommes de couleur qui s'enrôleraient dans les milices de la colonie en les astreignant à un certain tems de service.

Attendu qu'il existe dans la colonie un grand nombre d'individus de couleur dont l'existence repose sur des titres de liberté émanant des colonies voisines ou des Etats-Unis d'Amérique ; que les lois locales n'admettent aucuns de ces titres, si ce n'est ceux provenant du gouvernement des possessions françaises, et que ceux qui ont recours à ces voies illicites d'affranchissement ont pour objet de priver la caisse coloniale d'une rétribution légitime ; que les titres émanant des gouvernemens des colonies voisines, tout respectables qu'ils sont en eux-mêmes, ne donnent aucun droit de résidence dans cette colonie à ceux qui en sont porteurs.

Pénétrés des graves inconvéniens attachés à l'incertitude d'état de tout individu dans la société, et convaincus de la nécessité de régulariser ce qui a été trop vaguement établi par le gouvernement français dans une matière de si haut intérêt pour la colonie.

Sentant aussi le besoin qu'elle a que l'attention de ses habitans soit ramenée sur les lois concernant les affranchissemens, et sur les principes de ces lois qui, en permettant que des services réels soient récompensés par l'inestimable bienfait de la liberté, et en mettant des bornes aux caprices des particuliers en matière aussi importante, servent d'égide à la sûreté publique.

Nous, etc., déclarons et statuons ce qui suit :

ART. Ier. Aussitôt la publication du présent réglement tous porteurs de titres de libertés émanant du général Rochambeau, non appuyés de titres confirmatifs du gouvernement de cette colonie, nous présenteront leurs pétitions accompagnées du susdit titre afin d'en obtenir de nous la confirmation moyennant taxe.

II. Tout individu enrôlé pour sa liberté en vertu d'ordonnances, d'ordres ou de permis du gouvernement français, nous présentera sa pétition, si déja il ne l'a fait, aux fins d'obtenir la liberté qui lui a été promise. Sadite pétition devra être apostillée par le capitaine de la compagnie dans laquelle il est enrôlé, avec indication de la date de son enrôlement, et ladite apostille sera visée par le Chef du bataillon ou le Chef en second, en cas d'absence du premier.

III. Tous individus nés ou qui ont vécu en servitude à la Martinique, porteurs de titres de liberté émanant d'un des gouvernemens des Etats-Unis ou des colonies (les possessions françaises exceptées) nous présenteront incessamment leurs pétitions aux fins de l'homologation des susdits titres de liberté, si lieu y a.

Ils feront apostiller leurs pétitions par les Commissaires de leurs paroisses respectifs; de la mention de l'âge des pétitionnaires, de leurs enfans nés depuis la date des susdits titres, si lesdits pétitionnaires sont des femmes; de l'âge de la mère et des enfans, et de la conduite qu'ont tenue les pétitionnaires dans les lieux de leur résidence.

Recommandons à Messieurs les Commissaires la plus inflexible impartialité et la plus grande exactitude dans l'exécution de cette disposition. Nous attendons de leur zèle qu'indépendamment de la susdite apostille, ils nous instruiront directement des motifs d'intérêt public qui rendraient dangereuse la résidence de certains de ces individus dans la colonie; dans lequel cas lesdits individus n'obtiendraient pas notre homologation de leur titre primitif et seraient renvoyés à jouir de la liberté dans le lieu où ce titre leur aura été délivré.

IV. Dans deux mois de la date des présentes tous porteurs de titres de liberté étrangers à cette colonie (ceux émanés des Gouvernemens français exceptés) qui n'en auront pas obtenu notre homologation, seront censés n'avoir aucun droit de résidence dans la colonie; considérés comme étrangers sans aveu, et comme tels renvoyés à leurs frais aux lieux où ils auront obtenu leur liberté.

Etendons le susdit délai à trois mois pour ceux des porteurs desdits titres qui, se trouvant dans une des îles de l'Archipel, fourniront preuve de leur absence de la colonie au moment de la publication du présent réglement, et à six mois pour ceux qui se trouveraient hors de l'Archipel.

V. A dater de ce jour, tout individu né dans cette colonie, ou qui y ayant été en état de servitude, obtiendra titre de liberté d'un Gouvernement autre que celui de cette colonie, ne pourra jamais y obtenir l'homologation dudit titre, ni jouir des droits et privilèges accordés aux gens de couleur libres de cette colonie; n'entendons même d'ailleurs déroger en rien à leur égard aux dispositions des ordonnances de 1713 et 1736.

Sera le présent réglement enregistré tant au greffe de la Cour d'appel qu'à ceux des tribunaux de première instance, lu, etc.

Recommandons aux Commissaires civils des paroisses de porter la plus grande attention à l'exécution des dispositions qui les concernent.

Donné au Fort-Royal Martinique, le 1er. novembre 1809. *Signé*, George Beckwith.

Enregist. aux Greffes des Tribunaux.

(N°. 1332.) Réglement *de S. E. le Lieutenant-général* George Beckwith, *Commandant en Chef de la Martinique, concernant la Police générale de la Colonie.*

Du 1er. novembre 1809.

Diverses lois ont été successivement faites pour la police générale de la colonie.

L'influence de la révolution française en a fait tomber certaines en désuétude.

Des changemens dans les mœurs ou dans les circonstances locales ont rendu inutiles plusieurs dispositions de ces lois.

L'expérience a démontré qu'il en était d'autres d'exécution impossible;

Nous avons jugé convenable et utile au bien public de réunir dans le présent réglement toutes les dispositions éparses dans ces diverses lois et notamment dans celle du 25 décembre 1788, pour rappeler les habitans de cette colonie à leur salutaire observance; nous, etc., statuons et ordonnons ce qui suit :

Art. Ier. Les gens de couleur libres savent qu'ils sont des affranchis ou des descendans d'affranchis et qu'à quelque distance qu'ils soient de leur origine, rien ne peut les rendre égaux aux blancs, ni leur faire oublier le respect qu'ils leur doivent; mais, comme les blancs, ils jouissent des droits civils, que la liberté leur accorde, sous la discipline qu'exige le régime colonial; ils doivent aussi connaître la grande distance à laquelle les esclaves sont d'eux, et ce serait ne pas mériter leur état civil que de permettre à ces mêmes esclaves de la franchir.

Si leur bonne conduite leur a mérité le bienfait inestimable de la liberté, cette même conduite continue à les rendre précieux aux blancs leurs bienfaiteurs; et en raison de ce sentiment, une protection particulière leur est accordée; en conséquence les seuls affranchis ou descendans d'affranchis dont les titres ont été accordés ou ratifiés dans la colonie peuvent y jouir des droits civils, y posséder des biens, exercer des métiers et faire les trafics auxquels ils seront propres dans le commerce.

II. Tous gens de couleur affranchis ou descendans d'affranchis dont les titres n'auront pas été accordés ou ratifiés, dans la colonie, ne pourront y jouir d'aucun droit civil, posséder aucun bien, exercer aucun métier ni faire aucune espèce de trafic. En conséquence enjoignons aux curés, aux officiers de justice, aux notaires, avoués et tous autres fonctionnaires publics, de ne reconnaître aucun de ces étrangers à la colonie comme libres, dans quelque circonstance que ce puisse être, sous peine de 6000 livres d'amende au profit des pauvres gens de couleur libres de la colonie.

III. Les gens de couleur libres ne pourront s'assembler sous prétexte de noces, festins ou danses, sans une permission du Procureur du Roi, à peine d'une amende de 300 livres contre celui qui aura provoqué l'assemblée, de 100 livres contre chacun des assistans, et de 300 livres contre le maître de la maison où elle se sera tenue.

IV. Sous aucun prétexte que ce soit, les gens de couleur libres ne pourront admettre dans leurs assemblées aucun esclave à manger et danser avec eux à peine contre celui qui aura provoqué l'assemblée d'être chassé de la colonie comme indigne d'y jouir des droits civils.

V. Maintenons les dispositions exprimées par l'article III, de l'ordonnance du 25 décembre 1788.

VI. Tout homme ou femme de couleur libre, qui aura donné retraite à un esclave marron ou sans billet de son maître ou qui recélera des effets volés et les partagera, sera déchu de sa liberté et vendu au profit du Roi, sauf le tiers du prix qui sera donné au dénonciateur sur le produit net de la vente; les dommages et intérêts du maître de l'esclave soutiré seront à raison de dix livres par jour prélevés sur le prix de la vente; tout esclave dans la case ou dans le jardin duquel on trouvera un nègre marron sera condamné à trente coups de fouet par la main du bourreau et à huit jours de prison.

VII. Aucun individu de couleur libre ou esclave ne pourra exercer la médecine ou la chirurgie, ni faire aucune préparation de remèdes, ni traitement de malades à la ville ou à la campagne, d'une maison ou habitation à l'autre, sous quelque prétexte que ce soit, à peine de 500 livres d'amende pour la première fois, contre les libres et de punition corporelle, en cas de récidive; et contre les esclaves, d'être condamnés aux galères, et le prix perdu pour le maître qui n'y aura pas tenu la main.

VIII. Défendons à tous gens blancs ou de couleur, libres ou esclaves, d'énivrer les rivières, à peine de cinq ans de galère pour les blancs, des galères à vie pour les libres, et pour les esclaves conformément aux ordonnances rendues sur ce fait.

IX. Défendons pareillement de détourner les rivières pour arrêter le poisson, à peine de 200 livres d'amende contre les blancs, de 100 livres et un mois de prison pour les libres, et de la peine du fouet et du carcan pendant trois jours pour les esclaves.

X. Aucun blanc ni homme de couleur libre, ne pourra aller vendre des marchandises à la campagne, ou seul, ou avec un nègre et un cheval, qu'il ne soit muni de la permission d'usage, qu'il sera tenu de montrer dans sa route aux Commissaires civils et aux commis à la police qui se saisiront de lui et de ses marchandises à défaut de représentation de ladite permission, et le feront conduire à la prison la plus prochaine, aux ordres du Procureur du Roi.

XI. Défendons à tout homme blanc, libre ou esclave, de passer dans les grands chemins; et dans les routes particulières bordées de plantations de cannes, avec des flambeaux allumés et de traverser les pièces de cannes avec des bouts allumés, sous peine pour le seul fait contre les blancs et libres de 100 livres d'amende sans compter les dommages et intérêts des maîtres en cas d'accident; et contre l'esclave, de 29 coups de fouet, et du carcan pendant trois heures, et les maîtres seront en outre responsables du dommage qui aura pu en résulter à l'habitant sur les terres duquel l'accident sera arrivé.

XII. Les lois existantes sur la nourriture des esclaves, leur vêtement et les soins à leur donner en maladie, sont basés sur des principes d'humanité. Ces moyens de conservation intéressent au plus haut point les propriétaires; nous leur recommandons de se tenir strictement attachés à ces lois que nous maintenons en tant que de besoin dans toute leur vigueur.

XIII. La population étant l'effet naturel des soins que portent les maîtres à leurs esclaves, et voulant par principes d'humanité et d'intérêt pour les habitans de cette colonie fixer leur attention sur un point aussi essentiel à la prospérité de leurs établissemens, nous ordonnons qu'au 31 décembre de chaque année il sera fait par l'administration un dépouillement de tous les dénombremens d'ateliers de 50 esclaves ou au-dessus, pour déterminer quels seront les trois ateliers qui dans le courant de l'année auront eu l'augmentation proportionnelle la plus considérable, et le propriétaire de l'atelier dont la population se trouvera le plus accrue par les naissances de l'année au 31 décembre recevra une prime d'encouragement de quatre mille cinq cens livres; le second une prime de deux mille sept cens livres, et le troisième une prime de mille huit cens livres que le Commissaire de l'administration ordonnera sur les dépenses ordinaires de l'année si mieux n'aiment les propriétaires recevoir des médailles de la valeur desdites primes; connaissance sera donnée au public du résultat du dépouillement des dénombremens par la voie de la gazette et d'affiches à la porte des églises de la colonie.

XIV. Défendons aux maîtres d'abandonner ou laisser vaguer les esclaves surâgés ou infirmes, par maladie, vieillesse ou autrement; et en cas qu'ils soient rencontrés mendiant hors des habitations ou maisons de leurs maîtres, ils seront conduits à la geôle où ils seront nourris et entretenus aux dépens du maître qui sera condamné à 80 sols par jour, jusqu'à ce qu'il ait retiré l'esclave ou que celui-ci soit mort.

XV. L'esclave qui aura frappé un blanc ou homme libre, sera puni corporellement; si c'est son maître, sa maîtrese ou leurs enfans, et avec contusion ou effusion de sang, il sera puni de mort sans rémission.

XVI. Pourront les maîtres lorsqu'ils croiront que leurs esclaves l'auront mérité, les faire enchaîner et battre de verges ou de cordes, sans néanmoins les excéder de coups, chaque châtiment ne pouvant aller au-delà de 29 coups de fouet; leur faisons défenses de leur mutiler les membres ni de leur donner la torture à peine de confiscation des esclaves, et d'être procédé contre les maîtres extraordinairement; sauf à remettre lesdits esclaves à la justice dans les cas qui mériteraient une punition plus sévère que le fouet.

XVII. Les esclaves envoyés à la pêche seront munis d'un billet de leur maître, soit qu'ils y aillent dans leurs canots ou qu'ils s'associent dans ceux d'un voisin.

XVIII. Les maîtres qui ne sauront pas écrire, auront recours à un voisin connu, pour faire en leur nom les billets qu'ils doivent donner à leurs esclaves.

XIX. Les esclaves qui pêcheront jusqu'à la distance de deux lieues des villes du Fort-Royal, de Saint-Pierre et de la Trinité ne pourront vendre leur poisson sur la lame à autres que ceux des habitans voisins connus et pour leur subsistance seulement : ils seront tenus de l'entrer en ville pour y être vendu au marché, sous peine du carcan contre l'esclave vendeur et l'esclave acheteur, et de cent livres d'amende contre l'acheteur blanc ou libre.

XX. Défendons à tous caboteurs, maîtres de pirogues et patrons de canots de donner retraite ni passage dans les différens lieux de l'île à aucuns esclaves, s'ils ne sont munis d'un billet de leurs maîtres, ou à leur suite, sous peine contre le patron, s'il est blanc ou de couleur libre, de trente jours de prison, outre les dommages intérêts du maître de l'esclave, et s'il est esclave, du fouet et du carcan. Rendons les maîtres des bâtimens et des esclaves patrons de canots, responsables de cette police conformément aux dispositions des ordonnances sur cette matière.

XXI. Tout esclave qui sera surpris enlevant ou ayant enlevé un bâtiment pour s'évader ou pour favoriser l'évasion de quelque blanc ou noir sera réputé avoir commis un vol qualifié, et comme tel, condamné à une peine à infliger suivant les circonstances.

XXII. Faisons défenses à tous maîtres de laisser vaguer leurs esclaves et de les envoyer hors de chez eux sans un billet contenant le nom de l'esclave.

Tout esclave rencontré soit dans les villes et bourgs soit à la campagne, sans un billet sera dans le cas d'être arrêté ; les esclaves des villes pourront être porteurs de billets pour quinzaine, les seuls ouvriers exceptés qui pourront en avoir pour un mois ainsi qu'il est dit ci-après à l'article XXXI.

XXIII. Défendons pareillement aux maîtres des esclaves de leur permettre de tenir des maisons particulières, sous prétexte de métier, commerce ou autrement, à peine de confiscation de l'esclave et des effets dont ils se trouveront en possession, la moitié au profit du dénonciateur, l'autre moitié au profit de la police; ce qui aura lieu un mois après le jour de la publication du présent.

XXIV. Défendons aux esclaves des habitations de vendre aucune denrée comme bois, herbes, cannes à sucre, fruits ou légumes, soit à la ville, soit à la campagne, pour leur compte ou celui de leur maître, sans une permission par écrit; pourront les maîtres faire vendre en détail par leurs esclaves, ou envoyer à leurs Commissionnaires, café, sucre, cacao, indigo, coton, farine et sirop, en fournissant un billet qui désigne l'espèce et la quantité desdites denrées sous peine de la confiscation de la denrée contre le maître, cinquante livres d'amende contre l'acheteur, et de 29 coups de fouet contre l'esclave trouvé vendant sans ladite permission de son maître; l'esclave sera également muni à son retour d'un billet de son maître qui l'autorise à emporter les marchandises qu'il aura achetées ou dont on l'aura chargé, sous peine de confiscation comme dessus, et le billet ne pourra servir plus de six jours.

XXV. Il est également défendu aux esclaves qui apporteront en ville, avec permission de leurs maîtres, volailles, gibier, fruits, légumes, et autres objets, d'en vendre soit au bord de la mer, soit dans les grands chemins, à une lieue des villes, excepté aux habitans connus placés sur leur route, sous la peine ci-dessus prononcée, du carcan contre l'esclave, et de cent livres d'amende contre l'acheteur qui sera surpris sur le fait s'il est blanc ou libre.

XXVI. Faisons défenses à tout orfèvre ou autre personne d'acheter d'un esclave aucune argenterie neuve ou vieille, cassée ou rompue, brûlée ou autrement, à peine de 500 livres d'amende, et de plus grande peine s'il y écheoit; leur enjoignons, sur la proposition de l'esclave, de s'en saisir et de le conduire à la geôle, dans les bourgs, ou au Commis à la police dans les campagnes, pour être dénoncé et remis au Procureur du Roi.

XXVII. L'esclave qui aura volé du bétail, bestiaux, volailles, denrées, fruits ou légumes, sera puni selon la qualité du vol, battu de verges et marqué par le bourreau; les maîtres seront tenus du dommage causé par leur esclave, si mieux ils n'aiment l'abandonner à celui à qui le tort aura été fait.

XXVIII. Il est permis à tous habitans de se saisir de toutes les choses dont ils trouveront les esclaves nantis à la campagne lorsqu'ils n'auront pas de billets de leur maître, et sur leur dénonciation, la moitié leur sera adjugée, et l'autre moitié au profit de la police.

XXIX. Les propriétaires qui seront convaincus d'avoir loué leurs maisons, ou des chambres à des esclaves, directement ou indirectement, sans autorisation par écrit du maître de l'esclave, et ceux qui leur auront prêté leur nom, seront condamné chacun à 500 livres d'amende.

XXX. A compter d'un mois du jour de la publication du présent, défenses sont faites à toutes personnes de quelque qualité qu'elles soient de faire ou laisser leurs esclaves vendre aucune sorte de marchandises d'habitation en habitation, à moins que lesdits esclaves ne soient sous leur conduite ou celle d'un blanc ou d'un homme de couleur libre, muni de la permission d'usage, à peine contre les maîtres de 500 livres d'amende et de confiscation des marchandises; lesquelles confiscation et amende seront applicables les deux tiers au profit du Trésor public; l'autre tiers appartiendra à celui qui aura arrêté les esclaves porteurs desdites marchandises.

XXXI. Les esclaves envoyés dans les villes ou les campagnes, pour y travailler à la journée ou au mois, ainsi que les charpentiers et calfats envoyés dans les ports de l'île, seront pourvus de billets énonçant leur mission, le lieu et le tems qui n'excédera pas le mois, sinon seront arrêtés et punis comme marrons; un seul billet suffira s'ils sont plusieurs sous la garde d'un commandeur, ce qui sera spécifié; et si le billet est justifié avoir été donné par le maître, mais jeté ou prêté par eux, ils seront fouettés et attachés au carcan.

XXXII. Tout individu qui sera convaincu d'avoir donné à un esclave un faux billet, sera déporté de la colonie, si c'est un blanc ou homme de couleur libre; et condamné aux galères, si c'est un esclave; indépendamment de tous dépens, dommages et intérêts qui pourront être réclamés par les propriétaires des esclaves porteurs desdits billets contre ceux qui les auront délivrés ou les maîtres des esclaves qui les auront forgés.

XXXIII. L'esclave trouvé sur une habitation étrangère sans permission du maître sera châtié de quinze coups de fouet et mi dehors par police domestique.

XXXIV. Défendons à tout aubergiste, cabaretier ou gens libres de la ville, de donner gîte ou retraite à un esclave des villes ou des campagnes à l'exception des voyageurs porteurs d'ordres de leurs maîtres, à peine de 500 livres d'amende.

XXXV. L'esclave qui sera envoyé à la chasse par son maître, sera porteur d'une permission par écrit qui désignera l'étampe de l'arme qui lui aura été confiée, avec la quantité de poudre qui n'excédera jamais une demi livre, sous peine de 100 liv. d'amende contre le maître; défendons également à tout marchand de vendre à aucun esclave de la poudre et du plomb, sans qu'il soit muni d'un billet de son maître, qu'il remettra au marchand pour le garder; et celui-ci lui en donnera un autre où la quantité vendue sera spécifiée.

Défenses sont également faites de chasser à une distance des villes et bourgs moindre de 500 pas et de tous chemins publics de 200 pas, sous les mêmes peines exprimées dans la première partie du présent article.

Maintenons au surplus sans aucunes restrictions l'ordonnance du 12 août 1765 portant défenses de chasser dans les savanes d'autrui.

XXXVI. L'esclave qui sera rencontré portant un fusil, poudre, plomb et balles, sans une permission de son maître, sera arrêté, conduit en prison et puni, sur la simple vérification, du carcan et du fouet; et si l'arme n'est pas étampée, il pourra être poursuivi comme pour port d'armes, si le fait vient de lui; et si c'est du fait de son maître, l'arme sera confisquée et le maître condamné à l'amende de cent livres.

XXXVII. Il est défendu à tout esclave d'avoir dans sa case aucune arme, sous quelque prétexte que ce soit, et si dans les visites, il y en est trouvé, l'esclave sera pris et attaché au carcan, et le maître condamné à l'amende de 100 liv. pour n'y avoir pas mis ordre.

XXXVIII. Tout esclave arrêté sans billet sera conduit en prison; la prise et l'amende payées comme pour marronnage, suivant le lieu où il aura été arrêté : si c'est dans la ville, et que l'esclave soit à un domicilié, il sera puni simplement du fouet, et le maître mis à l'amende de neuf livres au profit des gens de la police qui l'auront arrêté.

XXXIX. Il est fait très-expresses inhibitions et défenses à tous esclaves, sans un billet de son maître, de porter, dans les chemins ou dans les rues, aucune arme offensive, comme fusil, épée, coutelas, couteau droit ou flamand, à l'exception des couteaux appelés jambettes, sans ressorts ni viroles, à peine d'être attachés au carcan pendant quatre heures pour la première fois et du fouet par la main du bourreau en cas de récidive : défendons également aux marchands boutiquiers et colporteurs, sous peine de 100 livres d'amende, de vendre ni débiter aucune desdites armes aux esclaves, sans un billet de leur maître qui les autorise à en acheter.

XL.

XL. Défendons à tous nègres esclaves appartenant à différens maîtres de s'assembler sur les habitations, à l'entrée des bourgs, sur les grands chemins et lieux écartés, sous peine de punition corporelle, qui ne pourra être moindre que le fouet et la marque, et même de mort en cas de circonstances aggravantes; auquel cas les maîtres qui l'auront souffert perdront le prix de leurs esclaves, et celui sur la terre duquel se sera passé le désordre, et qui l'aura également souffert, sera condamné à 300 livres d'amende, applicables, moitié au profit de la caisse publique, l'autre moitié aux officiers de police qui auront arrêté lesdits esclaves.

XLI. Les maîtres ou autres qui seront convaincus d'avoir permis ou souffert chez eux des assemblées d'esclaves, de quelqu'espèce qu'elles soient, d'avoir prêté ou loué leurs maisons auxdits esclaves sans une permission du Procureur du Roi (ce qui ne pourra avoir lieu que rarement, même en tems de carnaval, à cause des désordres qui s'en suivent) seront condamnés, savoir : les maîtres qui l'auront permis à cent livres d'amende, et ceux qui auront prêté ou loué leurs maisons à 300 livres d'amende, au profit de la caisse publique.

XLII. Défendons pareillement ces réunions d'esclaves des deux sexes qui ont pour prétexte des messes et des pains bénis, et tout luxe ou vêtemens extraordinaires dans leurs convois funéraires; recommandons aux Ministres du culte d'user de toute leur influence pour faire rentrer les esclaves dans le véritable sens et l'objet unique de ces cérémonies religieuses, pour arrêter le cours de ces pratiques et démonstrations superstitieuses qui blessent la religion et nourrissent des idées de désordre.

XLIII. Défendons aux esclaves en tout tems, mais particulièrement aux heures de la provision soir et matin, de jouer, de faire combattre des coqs, et de s'assembler sur le bord de la mer ou autre endroit, à peine de punition corporelle; il sera permis à toute personne de les prendre et arrêter sur le fait et de les faire emprisonner pour être poursuivis par le Procureur du Roi.

XLIV. Tout esclave travaillant dans son jardin et qui y mettra le feu sans l'agrément de son maître, sera fouetté par la main du bourreau et attaché au carcan pendant trois jours consécutifs.

XLV. Défendons à tout habitant de livrer à ses esclaves, pour jardins à nègres, des terreins limitrophes de ceux de ses voisins, à moins qu'il n'entretienne soigneusement à ses bornes, une trace de vingt pas, sous peine de répondre de tous les événemens du feu mis dans lesdits jardins, et d'être soumis au paiement de tous dommages et intérêts en résultant.

XLVI. Enjoignons à tous propriétaires d'esclaves, à leurs gérans, économes ou représentans, dans toute l'étendue de la colonie, de faire cesser, à neuf heures du soir, soit sur les habitations, soit dans les bourgs, toute espèce de danses et le son des tambours ou autres instrumens bruyans qui accompagne le gragement du manioc, à peine de cent livres d'amende contre tout contrevenant; nous invitons les habitans voisins de l'endroit où l'infraction à cet article aurait eu lieu, à la dénoncer aux agens de la police.

XLVII. Enjoignons à toutes personnes, qui connaîtront, dans leur quartier ou ailleurs, des nègres ou autres esclaves soupçonnés d'être empoisonneurs ou de distribuer des drogues, d'en faire leur déclaration au Procureur du Roi du tribunal spécial qui dans ce cas agira d'office.

Faisons défenses expresses à tous pharmaciens, apothicaires ou autres de vendre à aucun esclave des drogues quelconques sans permis de leurs maîtres, à peine de 100 livres d'amende au profit du dénonciateur; et si ce sont des poisons tels qu'arsenic, réalgal, sublimé, opium et autres, seront les vendeurs poursuivis à l'extraordinaire à la diligence du ministère public, et la moindre peine qui pourra être prononcée contre eux sera le bannissement perpétuel.

Défendons aux apothicaires, pharmaciens et autres de livrer lesdites drogues en d'autres mains qu'en celles des blancs ou gens libres propriétaires et bien connus; à peine de 300 livres d'amende.

Voulons que toute distribution de pareilles drogues soit portée sur un registre avec le nom de la personne à laquelle elles auront été vendues et la date de la vente; de manière que les tribunaux et la police puissent s'aider de ce registre en cas de besoin.

Enjoignons aux Commissaires civils des paroisses et aux Commissaires de police des villes de visiter lesdits registres au moins une fois le mois, et d'instruire le ministère public des irrégularités qu'ils pourraient y trouver.

Nul, s'il n'est blanc, ne pourra dans les dépôts des pharmaciens et autres, distribuer les drogues aux acheteurs.

Maintenons d'ailleurs toutes les lois existantes, contre les distributeurs et vendeurs de poisons et spécialement la déclaration du 30 décembre 1746.

XLVIII. Dans tous les cas d'infraction au présent règlement sur lesquels il n'est point spécialisé de peine dans les articles précédens, la punition sera déterminée d'après la gravité des faits, par Messieurs les Procureurs du Roi, sous notre approbation.

XLIX. Toutes les dispositions de l'ordonnance du 25 décembre 1783, qui ne se trouvent pas mentionnées dans le présent ou qui n'y sont pas maintenues, sont et demeurent annullées; renvoyons au surplus à toutes autres ordonnances pour ce qui n'y est pas dérogé par ce règlement.

Les amendes prononcées ci-dessus, et qui sont sans destination, seront au profit des agens de la police et exigibles à la requête des Procureurs du Roi.

Sera le présent règlement enregistré tant au greffe de la Cour d'appel qu'à ceux des tribunaux de première instance, lu, etc.

Mandons aux Commissaires civils et de police de tenir rigoureusement la main à son exécution.

Donné au Fort-Royal Martinique, le 1er. novembre 1809. *Signé*, George Beckwith.

Enregist. aux Greffes des Tribunaux.

(N°. 1383.) ORDONNANCE *de S. E. le Lieutenant-général* G. Beckwith, *Commandant en Chef de la Martinique, portant abrogation de l'Article III de celle en Règlement sur l'Intérêt de l'Argent.*

Du 2 novembre 1809.

LORSQUE, frappé des graves inconvéniens qui résultaient pour la colonie de l'usage de prêter à usure, je me déterminai à rendre, le 6 octobre dernier, l'ordonnance qui rétablit l'intérêt à un taux régulier, la considération de l'extrême disproportion qui existe entre le produit possible des terres dans cette colonie et l'intérêt exhorbitant de dix pour cent, me fit adopter la disposition exprimée dans l'article III de cette loi. Je vis dans tous contrats fixant un tel intérêt à la charge d'un planteur une source de ruine pour des manufactures d'une grande utilité commerciale.

Mais attendu qu'il nous a été démontré que les inconvéniens attachés à la rétroactivité portée dans l'article III de ladite ordonnance seraient plus nombreux et plus graves que ceux qui avaient décidé l'adoption de ladite disposition.

Nous, en vertu des pouvoirs à nous départis par Sa Majesté, avons déclaré et déclarons ledit article III, de l'ordonnance du 6 octobre de la présente année ayant pour titre : Ordonnance portant Règlement sur l'Intérêt de l'Argent, annullé. Voulons en conséquence qu'il soit et demeure abrogé et considéré comme non avenu.

Maintenons à tous autres égards notre susdite ordonnance jusqu'à ce qu'il plaise à S. M. d'en ordonner autrement.

Sera la présente ordonnance enregistrée tant au greffe de la Cour d'appel qu'à ceux des tribunaux de première instance, lue, publiée etc.

Donné à la Martinique, le 2 novembre 1809.

Signé, George Beckwith.

Enregist. aux Greffes des Tribunaux.

(N°. 1334.) Arrêt *de la Cour d'Appel de l'île Martinique, concernant le nombre de Lignes et de Syllabes, que doivent avoir les Rôles d'Expédition.*

Du 6 novembre 1809.

Vu la remontrance du Procureur-général du Roi, contenant que l'examen des différentes procédures, qui lui ont été communiquées, lui ont démontré l'existence d'un abus, auquel il lui parait instant de remédier, parce qu'il lèze infiniment les intérêts des justiciables et qu'il ne fait que s'accroître tous les jours.

Que les ordonnances de 1753 et 1771, en établissant un tarif pour les honoraires et émolumens des officiers de justice, avaient fixé en même-tems la quantité de lignes et de syllabes que devait contenir chaque page d'un rôle d'écriture, l'ordonnance de 1753 à dix-huit lignes, et dix syllabes à la ligne; et celle de 1771 actuellement en vigueur à vingt-quatre lignes de douze à quinze syllabes. Ce taux avait sans doute paru aux auteurs de ce tarif devoir concilier les intérêts des officiers de justice et ceux de leurs clients; les rôles furent taxés en conséquence à trente sous. Mais que sous le gouvernement du Général Keppel, vu l'augmentation du prix de toutes les denrées, la taxe fut augmentée de la moitié, et que tel est l'état actuel des choses.

Qu'injonction fut faite aux Procureurs, lors de l'établissement du tarif, de s'y conformer pour les grosses qu'ils feraient signifier, sous peine de voir lesdites grosses réduites de moitié.

Que cependant au mépris de cette injonction, au mépris de la loi du tarif, il n'est pas une seule grosse d'écriture qui ne soit une infraction manifeste de cette loi, MM. les Rapporteurs ont eu souvent l'occasion de se convaincre de cette vérité et de vérifier que, dans la majeure partie des écrits signifiés, les rôles n'ont pas dix lignes à la page et chaque ligne au plus sept à huit syllabes, qu'il en résulte que tels écrits qui n'auraient contenu que douze rôles au plus, en contient le double et le triple, ce qui ne peut exister sans porter un grand préjudice aux intérêts des parties.

Que la modicité du tarif et l'augmentation des objets de première nécessité ont sans doute introduit et perpétué ce dont le remontrant se plaint, qu'il appartient à la Cour d'appel de le faire disparaître et de peser dans sa sagesse, s'il ne conviendrait pas d'augmenter encore le tarif dans une proportion relative au prix actuel des denrées, et de tenir en même-tems la main avec beaucoup de vigueur à l'exécution de la loi sur la confection des rôles, en rejettant ou réduisant toutes les écritures qui ne seraient pas dans la forme exigée par elle.

Sur quoi ledit Procureur-général a conclu à ce qu'il plaise à la Cour prendre ses observations en sérieuse considération et de délibérer sur leur contenu.

Ledit Procureur-général du Roi étant retiré et la matière mise en délibération ; la Cour a arrêté et arrête qu'à l'avenir les rôles de grosses ou mises au net seront désormais passés en taxe à raison de cinquante sols chacune, à la charge par les avoués de se conformer strictement à la disposition du tarif de 1771, qui veut que chaque rôle soit composé de vingt-quatre lignes à la page, et de douze à quinze syllabes à la ligne; enjoint auxdits avoués de se conformer à cette disposition sous les peines portées par les ordonnances.

Fait à la Cour d'appel de l'île Martinique, le 9 novembre 1809. *Signé*, Rondeau, *Greffier*.

(N°. 1335.) Ordonnance *de S. E. le Lieutenant-général* G. Beckwith, *Commandant en Chef de la Martinique, concernant la nouvelle Organisation de Police dans les Campagnes.*

Du 14 novembre 1809.

Nous avons, par notre ordonnance du 10 juillet dernier, organisé la police exécutive des villes et nous y avons manifesté notre intention d'agir en même tems en faveur des campagnes; mais l'expérience nous a fait connaître que leur police, se faisant isolément dans chaque paroisse, manquait d'un centre de réunion, pour mettre en harmonie tous ces mouvemens pareils, et les rendre, par leur ensemble, d'une utilité générale et plus effective, nous avons en conséquence statué et ordonné, statuons et ordonnons ce qui suit :

Art. Ier. Il sera établi, dans chacune des vingt-quatre paroisses de la campagne, un commis à la police, dont les fonctions seront d'exécuter littéralement les lois et jugemens de police qui lui seront notifiés; en conséquence il ne pourra, sous aucun prétexte et à moins d'ordres supérieurs et par écrit, négliger d'exécuter aucune disposition de ces lois et jugemens sans manquer à ses devoirs les plus rigoureux.

II. Il sera établi dans chacun des deux départemens du Fort-Royal et de St-Pierre un Inspecteur de police ayant rang de Capitaine d'infanterie de milice, dont les fonctions seront de parcourir, au moins une fois le mois, toutes les paroisses de son département à l'effet d'inspecter les commis à la police, vérifier la manière dont ils remplissent leurs fonctions, s'assurer de l'exécution des lois, conférer et se concerter avec les Commissaires civils sur toutes les parties du service de la police et sur les abus qui peuvent se commettre, pour, à son retour, rendre compte à l'administration de tout ce qu'il aura fait dans sa tournée, afin que, sur le rapport du Commissaire de l'administration, il soit par nous statué et ordonné ce qu'il appartiendra.

III. Le marronnage des esclaves est un de ces maux qui nuisent le plus aux campagnes, soit par la perte du tems qui en résulte pour les propriétaires soit par le déréglement qu'il occasionne dans les ateliers. Affectés de ce désordre, nous sommes déterminés à employer tous les moyens en notre pouvoir pour y remédier. Le préalable le plus nécessaire est d'avoir la note exacte des marrons et leurs signalemens; en conséquence nous invitons les habitans de cette colonie, tant pour l'intérêt général que pour leur intérêt particulier, chacun dans sa paroisse, à déclarer dans les vingt-quatre heures, au commis à la police, le marronnage de ses nègres en lui donnant le signalement de chaque marron. A cet effet le commis à la police sera pourvû, par l'administration, d'un nombre suffisant d'exemplaires imprimés pour recevoir ces signalemens, dont une copie restera entre les mains dudit commis à la police, une sera envoyée au Commissaire de police du Fort-Royal et une à celui de St-Pierre.

Les déclarations de marronnage ainsi faites aux commis à la police des campagnes et aux Commissaires de police des villes suppléeront de droit à celles qui se faisaient aux greffes des tribunaux de première instance pour les cas de l'article XXXVII de l'édit du mois de mars 1685.

IV. Messieurs les Commissaires civils des campagnes étant, chacun dans sa paroisse, le représentant des autorités civiles et militaires de la colonie, le Commis comme l'Inspecteur de police seront sous ses ordres, dans les lieux de son district.

Sera la présente ordonnance enrégistrée tant au greffe de la Cour d'appel qu'à ceux des tribunaux de première instance, lue, publiée, etc.

Mandons au Commissaire de l'administration de tenir la main à son exécution.

Donné à la Martinique, le 14 novembre 1809.
Signé, G. Beckwith.

Enregist. aux Greffes des Tribunaux.

(N°. 1336.) ORDONNANCE *de S. E. le Lieutenant-général* G. Beckwith, *Commandant en Chef de la Martinique, fixant l'Ordre à suivre dans les Convois Funéraires.*

Du 9 décembre 1809.

LE désordre, qui règne dans certaines cérémonies religieuses et particulièrement dans les enterremens, a frappé les regards du Ministère public; l'affluence des personnes que réunissent le plus souvent ces tristes cortèges, obstrue les rues et en rend les communications impraticables. Cet inconvénient n'existe chez aucun peuple policé, et l'ordre qui partout préside à ces cérémonies, en prévenant les accidens, ne fait qu'ajouter à la majesté du convoi et du respect que doit inspirer tout ce qui tient à la Religion.

Ces considérations nous ont déterminé à faire usage des pouvoirs dont S. M. nous a investi pour statuer et ordonner, comme nous statuons et ordonnons ce qui suit :

ART. 1er. Tout convoi funéraire n'occupera que la moitié de la rue par laquelle il passera pour se rendre à l'église ou au cimetière, de manière que l'autre côté de la même rue soit toujours libre et à la disposition du public.

II. Aux enterremens et lorsque le cortège sera considérable, il sera nommé par la famille un ou plusieurs Commissaires chargés de faire observer l'ordre prescrit ci-dessus.

III. Les Commissaires ainsi choisis par la famille, ou à son défaut par M. le Curé, établiront l'ordre parmi les blancs et pourront requérir un ou deux archers de police pour le faire observer parmi les hommes de couleur et les esclaves, en observant que les libres ne marchent qu'avec les libres, et les esclaves avec les esclaves.

IV. Lorsque les tribunaux en corps assisteront au convoi, l'ordre de la cérémonie sera maintenu par les Huissiers qui seront tenus de s'y trouver.

V. Toute contravention à notre présente ordonnance sera dénoncée au Ministère public, qui prononcera ou requerra suivant l'exigence du cas.

Sera la présente ordonnance enregistrée tant au greffe de la Cour d'appel qu'à ceux des tribunaux de première instance, lue, etc.

Donné au Fort-Royal Martinique, le 9 décembre 1809. *Signé*, George Beckwith.

Enregist. aux Greffes des Tribunaux.

(N°. 1337.) Ordonnance *de S. E. le Lieutenant-général* G. Beckwith, *Commandant en Chef de la Martinique, concernant la Formation des Dénombremens et Recensemens de l'Isle Martinique, pour l'année* 1810.

Du 15 décembre 1809.

Art. Ier. Il sera, à compter du 1er. janvier 1810, procédé sans délai et dans la forme ordinaire, aux dénombremens et recensemens pour l'année 1810, de tous les habitans et particuliers de l'île Martinique, propriétaires ou non propriétaires, possédant des esclaves ou n'en possédant pas, ainsi que des gens de couleur libres.

II. Tous ceux qui y sont obligés, aux termes du précédent article, devront s'être présentés avant le 1er. mars suivant, savoir : dans les paroisses de St-Pierre et du Fort-Royal, aux bureaux de l'administration coloniale, et dans les autres paroisses, devant MM. les Commissaires civils, pour fournir et retirer leur feuille de dénombrement, sous peine, pour ceux sujets à la capitation d'être taxés au double d'après les dénombremens antérieurs sur les rôles des contribuables de l'année 1810, et de cinq cens livres d'amende pour ceux non sujets à la capitation.

III. Les propriétaires des maisons seront également tenus, dans les mêmes délais et sous la peine de la double taxe ci-dessus, de faire, contradictoirement avec le rédacteur des rôles d'impositions, les déclarations relatives aux maisons, avec le prix ou les évaluations des loyers, suivant qu'ils les auront louées ou qu'ils les occuperont par eux-mêmes. Ils désigneront au surplus les noms et qualités des locataires et rapporteront à l'appui de leurs déclarations les baux et autres conventions écrites.

IV. Nul esclave ne sera réputé infirme que les mutilés, les maniaques, les perclus, les ladres et les aveugles dont l'état aura été constaté par certificats de chirurgiens conformément aux règlemens et instructions précédemment rendus. Les certificats seront délivrés *gratis* par les chirurgiens avoués des paroisses et seront représentés à l'appui des déclarations : il ne sera admis d'exemptions de taxe qu'à ces conditions.

Le Commissaire d'administration coloniale à la Martinique est chargé de l'exécution de la présente ordonnance qui sera imprimée et affichée à sa diligence, dans toutes les paroisses de l'île.

Donné au Fort-Royal Martinique, le 15 décembre 1809. *Signé*, G. BECKWITH.

(N°. 1338.) ARRÊT *de la Cour d'Appel de l'île Martinique, concernant les Erreurs existantes dans le Texte de la Loi du 24 août 1726, imprimé dans l'ancienne Edition du Code.*

Du 6 janvier 1810.

CE jour, le Procureur-général du Roi a donné communication à la Cour d'une lettre à lui écrite le 4 de ce mois par le Sieur Louis Saint-Cergues, rédacteur de la nouvelle édition du Code de la Martinique, et dans laquelle il expose qu'en collationnant sur le registre de la Cour le texte de la déclaration du 24 août 1726 sur les licitations et partages, il a remarqué des différences sensibles entre le texte de cette loi et son impression dans l'ancien Code, et que ces différences étant de nature à changer le sens même de la loi dans plusieurs de ses dispositions, il n'a pas cru devoir passer outre dans la rédaction de son ouvrage sans instruire ledit Procureur-général de ces circonstances, afin d'avoir son avis et le prier même d'en référer à la Cour s'il le croit nécessaire afin de lui procurer une décision à cet égard.

La Cour prenant en considération l'exposé à elle fait par ledit Procureur-général du Roi, et la lettre du Sieur Louis Saint-Cergues, ordonne que, par M. Pocquet de Janville, l'un de ses membres qu'elle nomme Commissaire à cet effet, le registre de la Cour qui contient la transcription du texte de la déclaration du Roi du 24 août 1726 sur les licitations et partages sera compulsé et examiné pour, sur son rapport fait à la Cour, à la présente séance, être par elle statué ce qu'il appartiendra.

Fait à la Cour d'appel de l'île Martinique, le 6 janvier 1810. *Signé*, RONDEAU, *Greffier*,

---

(N°. 1339.) ARRÊT *de la Cour d'Appel, de la Martinique, portant ordre de réimpression (en tête du troisième volume de la nouvelle Edition du Code), de la Déclaration du Roi, du 24 août 1726, sur les Licitations et Partages.*

Du 8 janvier 1810.

N. B. Voyez tome IIIme., page xj, où cet arrêt se trouve transcrit en entier.

(N°. 1340.) PROCLAMATION *de S. E. le Lieutenant-général* George Beckwith, *Commandant en Chef de la Martinique, portant défenses de faire paître des Bestiaux sur les terreins du Roi.*

Du 16 janvier 1810.

LE rétablissement des alignemens et des bornes, qui séparent les terreins du Roi de ceux des particuliers dont les habitations avoisinent le Fort Bourbon, vient d'être exécuté par nos ordres.

Il a été reconnu dans le cours de cette opération que les bestiaux que ces particuliers voisins sont dans l'habitude de faire paître sur les terreins du Roi, au mépris du droit de propriété et des ordonnances locales, détruisaient ces alignemens et ces bornes.

Voulant prévenir la destruction des bornes qui viennent d'être rétablies, nous rappelons les propriétaires limitrophes des terreins du Roi à l'exacte observance des susdites ordonnances, et leur enjoignons de clore leurs savannes et contenir leurs bestiaux de manière à ce qu'ils ne puissent sortir des limites de leurs terres, sous toutes peines de droit.

Recommandons à tous officiers et agens de police de faire conduire au parc des épaves du Fort-Royal tous animaux trouvés errans sur lesdits terreins du Roi, et ne seront lesdits animaux rendus au propriétaire qu'en par lui payant la prise de deux gourdes pour chacun, indépendamment des frais de nourriture et tous autres que leur capture et conduite auront pu occasionner.

Donné au Fort-Royal Martinique, le 16 janvier 1810. *Signé*, George Beckwith.

(N°. 1341.) Réglement *de S. E. le Lieutenant-général* George Beckwith, *Commandant en Chef de la Martinique, portant Etablissement d'une Brigade ambulante et armée, pour la répression du Marronnage.*

Du 17 janvier 1810.

En addition à notre ordonnance du 14 novembre dernier, pour la repression du marronnage; nous avons statué et statuons ce qui suit;

Art. Ier. Il sera établi une brigade composée d'un chef et de quatre hommes, au moins, de de huit au plus ; pris dans la classe des gens de couleur libres, pour agir contre les marrons, suivant l'ordre de service que nous ferons expédier à cet effet.

II. Il sera fourni par l'administration coloniale un habillement par an à chacun des hommes de ladite brigade, composé d'une veste de drap bleu, deux chemises, deux culottes de toile et six paires de souliers. Leur ration sera de deux livres cinq sols par jour ; la brigade aura en outre une gratification d'une gourde pour chaque marron, qu'elle arrêtera dans les bois ou dans les campagnes, et dont la déclaration et le signalement lui aura été donnée et ce, en sus des droits de prise fixés par les ordonnances.

III. L'administration tiendra le contrôle de cette brigade et en suivra tous les mouvemens pour le paiement des rations, la fourniture de l'habillement, et la recette provenant des prises, observant, de faire chaque mois, la répartition du montant de ces prises, dont un cinquième appartiendra au chef de la brigade et le reste partagé en égales portions, à chacun des chasseurs.

IV. Il sera fourni à chaque homme un sabre et un mousquet avec des cartouches à balles par le Gouvernement, et le chef de la brigade sera responsable de ces armes pour les représenter à chaque fois qu'il en sera requis.

V. Le chef de la brigade sera muni de notre ordre de service et comme la brigade doit agir en corps ou par chasseur séparément, suivant le besoin d'employer la force ou l'espionnage ; chaque chasseur sera pourvu d'une carte portant son nom et son signalement, signée du chef de l'administration avec le cachet aux armes de S. M.; et cet ordre, comme cette carte, serviront pour obtenir toute protection, auprès de tous ceux sur lesquels notre pouvoir s'étend.

VI. Cette brigade sera continuellement en activité sous la surveillance de l'administration, qui aura soin de constater cette activité, par le rapport des Commissaires civils des différentes paroisses, en conséquence des instructions qu'elle donnera au chef de ladite brigade.

VII. Les affaires contentieuses, soit au civil ou au criminel, qui pourront naître du service de cette brigade, seront renvoyées par l'administration aux tribunaux du ressort.

Sera le présent règlement enregistré tant au greffe de la Cour d'appel, qu'à ceux des tribunaux de première instance.

Mandons au Commissaire de l'administration coloniale de tenir la main à son exécution.

Donné au Fort-Royal, le 17 janvier 1810. *Signé* G. Beckwith.

Enregist. aux Greffes des Tribunaux.

(N°. 1342.) Départ *de S. E. le Lieutenant-général* George Beckwith, *Commandant en Chef de la Martinique, remplacé* pro-tempore *par le Major-général* Carmichaël.

Du 22 janvier 1810.

N. B. Son Excellence le Commandant en chef s'étant embarqué ce jour à 10 heures du matin à bord du Pompée; l'administration de cette colonie et le commandement des troupes ont été conférés au Major-général Hu. Lyl. Carmichaël, durant l'absence du Commandant en chef, ou jusques à l'arrivée de S. E. l'Honorable Major-général Brodrick, gouverneur de la Martinique.

(N°. 1343.) Arrivée *à Saint-Pierre de Son Exc. l'Honorable Major-général* Brodrick, *gouverneur de la Martinique.*

Du 26 février 1810.

N. B. Son Exc. le Major-général John Brodrick, gouverneur de la Martinique est arrivé aujourd'hui avec son épouse, sur la frégate le *Nayden*, et a débarqué à St-Pierre, où il fera sa résidence.

(N°. 1344.) Ordonnance *de Son Excellence le Gouverneur de la Martinique, sur les Impositions pour l'année* 1810.

Du 31 mars 1810.

Le mode des impositions de l'année dernière, ayant réuni tous les suffrages, en réalisant l'espoir que le Gouvernement avait conçu à cette époque de parvenir à une proportion équitable entre la perception et le revenu, nous, en vertu des pouvoirs que S. M. nous a confiés et de l'avis de notre conseil, avons établis et établissons les impositions pour l'année 1810, ainsi qu'il suit :

Section Première,

Impositions sur la Colonie pour les Dépenses générales.

Art. 1er. Les esclaves des villes et bourgs, ouvriers, domestiques, servant à loyers, à la journée, ceux qui seront employés à la pêche ou dans les acons, bâteaux caboteurs, canots de pêche ou de passage; tous les esclaves attachés aux poteries, chaufourneries, rummeries et vinaigreries, autres que celles qui dépendent des sucreries, seront soumis à une capitation de 25 livres par tête, depuis l'âge de 14 ans inclusivement jusqu'à l'âge de 60 ans exclusivement.

II. Les maisons de Saint-Pierre payeront un droit de cinq pour cent sur le montant de leur loyer, et à l'égard des propriétaires qui les occupent eux-mêmes, le susdit droit sera établi sur l'estimation qui en sera faite par arbitres, à la diligence de l'administration coloniale.

III. Les maisons situées dans la ville du Fort-Royal et dans les bourgs du Lamentin, de la Trinité et du Marin, paieront un droit de trois pour cent.

Seront cependant déchargées de l'imposition, les maisons de St-Pierre et autres lieux, qui seront plus de trois mois sans être louées; et ce pour le tems qu'elles demeureront dans cet état, ce que les propriétaires seront tenus de constater contradictoirement avec le Receveur du département.

Les propriétaires des maisons ne pourront faire de poursuites en justice pour obtenir le paiement de leur loyer que sur les déclarations qu'ils auront faites au bureau de la recette (dont une expédition leur sera remise par le Receveur) nonobstant la représentation des baux qui porteraient les loyers à une somme plus forte.

Les propriétaires qui auront plusieurs maisons seront tenus dans leurs déclarations, de distinguer le loyer de chacune desdites maisons.

IV. Tous les cabaretiers, traiteurs, aubergistes, limonadiers et autres vendant au détail vin, eau-de-vie, et autres liqueurs ainsi que les personnes tenant billards ou jeux permis, soit qu'ils donnent à boire ou non, seront tenus de prendre un permis de nous et de payer par chaque année les sommes ci-après fixées ;

1,600 liv. pour ceux résidant au Fort-Royal ;

2,000 liv. pour ceux résidant à Saint-Pierre ;

700 livres pour ceux résidant à la Trinité et au Lamentin.

450 livres pour ceux résidant au Marin, au Prêcheur et au Carbet ;

Et 250 liv. pour ceux des autres bourgs de l'île.

Le paiement de ces droits sera divisé en quatre époques de trois mois chaque, exigible à l'avance en janvier, avril, juillet et octobre.

Seront considérés comme contrevenans au présent article tous marchands ou négocians qui vendraient des liqueurs ci-dessus par mesures au-dessous d'un gallon, et seront en conséquence poursuivis à la diligence du Procureur du Roi et condamnés à une amende au profit de la caisse coloniale égale pour la première fois, à la taxe annuelle à laquelle ils auraient été imposés s'ils eussent pris un permis de nous ; et en cas de récidive à une amende double.

Les habitans sucriers qui fabriquent du tafia ou du rum ont le droit de le débiter par toutes mesures, pourvu que ce soit dans leurs bâtimens ou manufactures et non dans quelqu'autre lieu que ce soit de leurs terres et sur leurs chemins.

V. Tous colporteurs, marchands-forains vendant dans les campagnes, et tous gens de couleur libres porteurs de balles ou de paniers payeront une imposition annuelle de 200 livres par tête et ne pourront vendre qu'en vertu d'un permis de nous qui ne sera accordé que sur la quittance du Receveur ; à peine de confiscation des marchandises colportées.

VI. Il sera levé un droit de sortie de,

13 liv. 10 sous par millier de sucre terré et en proportion pour les fractions de millier ;

9 liv. par millier de sucre brut, comme dessus.

2 livres 10 sous par quintal de café ;

4 livres par chaque quintal de coton ;

1 livre 5 sous par chaque quintal de cacao ;

10 sous par chaque quintal de casse.

Et 4 livres 10 sous par chaque centaine de gallons de sirop.

Lesdits droits seront à la charge du planteur, mais acquittables par le chargeur.

VII. Les rums des autres colonies paieront à leur entrée à la Martinique, un droit de 27 livres par boucaut d'environ 110 gallons. Ne seront pas sujets à ce droit les rums introduits par les contracteurs pour le service de S. M.

VIII. Tous les droits domaniaux et seigneuriaux tels que les épaves, bâtardises, déhérences, les biens vacans non-réclamés, les confiscations et autres droits appartenant au domaine, continueront d'être perçus comme par le passé.

IX. La taxe pour le remboursement des nègres justiciés demeure fixée pour l'année courante à raison de 2 livres 5 sous par tête de nègres payant droit dans les villes et bourgs, poteries, chaufourneries, rummeries et vinaigreries autres que celles qui dépendent des sucreries. La même taxe est fixée, pour les campagnes, à un droit de sortie de

20 sous par millier de sucre terré;

15 sous par millier de sucre brut;

5 sous pour chaque quintal de café;

10 sous pour chaque quintal de coton;

2 sous 6 den. pour chaque quintal de cacao;

10 sous pour chaque centaine de gallons de sirop.

A la charge et acquittables comme à l'art. VI.

SECTION DEUXIÈME,

Impositions particulières sur les Campagnes pour l'Entretien des Chemins publics.

Le mode employé jusqu'à présent pour l'entretien des chemins publics n'ayant donné que de mauvais résultats, cet entretien sera à l'avenir confié à des Entrepreneurs, et à cet effet.

Il sera perçu un droit de sortie de

3 livres 10 sous par millier de sucre terré et en proportion pour les fractions du millier;

2 livres 5 sous par millier de sucre brut et en proportion pour les fractions du millier;

15 sous pour chaque quintal de café;

30 sous pour chaque quintal de coton;

7 sous 6 den. pour chaque quintal de cacao.

5 sous pour chaque quintal de casse.

Et 35 sous pour chaque centaine de gallons de sirop.

A la charge et acquittables comme à l'art. VI de la première section.

Les poteries, chaufourneries, rummeries et vinaigreries, autres que celles qui dépendent des sucreries paieront un droit de 6 livres par tête de nègres pour le même objet.

Section Troisième,

Impositions particulières sur la ville du Fort-Royal pour ses dépenses municipales.

L'entretien des villes devant être à leur charge, les maisons du Fort-Royal paieront un droit de 2 pour 100 sur le montant de leur loyer, et ce droit sera établi et perçu ainsi qu'il est spécifié aux articles II et III de la première section, et son produit sera entièrement appliqué aux dépenses particulières à cette ville.

Section Quatrième,

Impositions particulières sur la ville de St-Pierre pour ses dépenses municipales.

Art. 1er. Par les mêmes motifs et suivant les dispositions établies à la troisième section, les maisons de Saint-Pierre paieront un droit de 2 pour 100 sur le montant de leur loyer. pour les dépenses particulières à cette ville.

II. L'entretien des tranchées de St-Pierre sur lesquelles sont appuyés les hangards servant au débit des bois, étant à la charge des habitans de cette ville, il est juste que la taxe à laquelle ces hangards sont imposés, fasse partie des fonds municipaux de ladite ville, en conséquence lesdits hangards établis ou à établir dans les lieux indiqués par l'ordonnance du 23 juin 1809 confirmative de celle du 21 février 1804 paieront un droit de 18 livres par pied qu'ils occupent le long de la tranchée et des perrons des maisons donnant sur la mer. Leur plus grande étendue de la tranchée ou des perrons à la mer reste fixée à 14 pieds, à compter du haut du mur de la tranchée, ledit mur non-compris.

L'état desdits hangards continuera d'être dressé par le Commissaire de police, à la fin de chaque année, pour servir à la perception du droit imposé. Il ne pourra d'ailleurs en être construit de nouveau, sans notre permission.

Dispositions d'exécution.

A défaut par les contribuables, de s'acquitter sans délai, ils seront contraints par toutes les voies de droit, même par corps, comme s'agissant de deniers royaux.

Sera la présente ordonnance enregistrée aux greffes des tribunaux, lue, etc.

Mandons au Commissaire en chef de l'administration coloniale de tenir la main à son exécution.

Donné à Saint-Pierre Martinique, le 31 mars 1810. *Signé*, J. Brodrick.

Enregist. aux Greffes des Tribunaux.

(N°. 1345.) Règlement *de Son Excellence le Gouverneur de la Martinique, concernant l'Administration des Deniers municipaux de la Ville de St-Pierre.*

Du 10 avril 1810.

Voulant procurer à la ville de St-Pierre les avantages d'une administration municipale propre à lui assurer l'exact et juste emploi des taxes destinées à couvrir, non-seulement les dépenses annuelles qui sont à sa charge, mais encore celles de divers établissemens d'utilité et d'embellissement dont elle est susceptible et que comportent son étendue, sa population et sa situation commerciale, nous nous sommes fait représenter les arrêtés des 28 décembre 1805, 22 mars, 3 mai, 7 août, 2 septembre et 4 décembre 1806, deux du 11 avril 1807 et ceux des 29 janvier et 14 novembre 1808, tous relatifs aux dépenses locales des villes et bourgs de la colonie, et aux eaux et fontaines de la rive droite de la rivière du Fort.

Après avoir reconnu que lesdits arrêtés n'atteignaient qu'imparfaitement leur objet, et que ceux des 22 mars et 7 août 1806, et 14 novembre 1808 notamment, consacraient dans une caisse qui doit être particulière à la ville de Saint-Pierre, la confusion des deniers qu'on voulait prévenir dans celle du Trésorier de la colonie, en faisant tomber dans la première, 1°. le produit de la taxe pour le remboursement des nègres justiciés et tués en marronnage, 2°. celui des vérifications et concessions de libertés dont l'emploi lui est étranger, 3°. le montant des rentes foncières pour concession d'eau, et des taxes spéciales devant servir à l'entretien du canal dont les habitans de la rive droite de la rivière du Fort sont exclusivement propriétaires.

Nous, etc., ordonnons ce qui suit:

Art. 1er. L'officier de l'administration coloniale, chargé en chef du service à St-Pierre, sera également chargé de suivre les différens détails de l'administration municipale de cette ville : en conséquence ses fonctions à cet égard seront, 1°. d'ordonner tous les travaux d'entretien et de réparations des établissemens publics;

2°. de présenter les projets qu'il jugera convenables, pour les établissemens nouveaux d'utilité, d'agrément et d'embellissement dont la ville est susceptible, en se conformant d'ailleurs à ce qui sera prescrit, pour ce cas, par l'article X du présent règlement; 3°, de prendre les ordres du Gouverneur à l'effet de s'entendre au besoin avec les Commissaires civils des deux paroisses pour le commandement dans la ville seulement des corvées de nègres manœuvres, lorsque la nécessité en sera constatée, pour des escarpemens, des comblemens et autres travaux de force majeure qui, faits à prix d'argent, absorberaient en grande partie les fonds destinés pour les matériaux et la main-d'œuvre des ouvrages.

II. Le Receveur des impositions du département qui sera en même-tems Trésorier des deniers municipaux, les percevra directement dans une caisse particulière; à la charge d'en rendre compte, à la fin de chaque exercice, dans la forme de comptabilité actuellement observée : en conséquence il tiendra un livre de caisse, un régistre-journal comptable, coté et paraphé par le premier officier de l'administration municipale, et un livre de comptes courans pour chaque nature de contributions et de dépenses.

III. Il sera par nous nommé pour diriger et surveiller les établissemens publics de la ville de St-Pierre, une personne capable de remplir les fonctions de cette place, qui seront : 1°. d'inspecter assiduement les établissemens publics de la ville, afin de constater par rapport et devis les réparations dont ils pourraient avoir besoin; 2°. de dresser et fournir à l'administration les plans et devis qui devront être joints aux projets des établissemens nouveaux dont elle aurait à faire la proposition ; 3°. de faire entreprendre, comme aussi de suivre et surveiller par lui-même jusqu'à leur confection, tous les travaux se rapportant aux deux cas ci-dessus.

IV. Nous fixerons, au surplus par des décisions particulièees le traitement qui devra être alloué sur les deniers municipaux aux préposés à leur administration.

V. L'entretien et la réparation du pavé, ainsi que des ruisseaux maçonnés (après toute fois qu'ils auront été exactement relevés dans toute la ville conformément à l'ordonnance du 12 septembre dernier homologative du procès verbal du Grand-voyer) seront donnés, à l'entreprise au rabais dans chaque paroisse, à un maître maçon, qui sera tenu de remplir ses engagemens régulièrement contracté sous la surveillance du Grand-voyer; et ce, afin d'écarter la difficulté qu'éprouvent les propriétaires de maisons d'y pourvoir à tems par eux-mêmes, d'où résultent des dégradations progressives entraînant finalement pour eux une dépense majeure.

VI. Quant à l'éclairage de la ville, dont les avantages ont été depuis l'année dernière étendus à toutes les rues qui en étaient privées et dont le service s'accomplit actuellement à la satisfaction générale, il continuera de rester sous l'inspection de l'administration et la surveillance de la police.

VII. D'après les bases posées par les articles précédens, les dépenses municipales de St-Pierre se diviseront en trois classes comme suit :

Première classe, dépenses fixes annuelles.

Deuxième classe, dépenses variables d'entretien et réparations.

Troisième classe, dépenses extraordinaires pour établissemens nouveaux.

Ces dernières seront couvertes par l'excédent de la recette sur celles des deux premières classes.

DÉTAILS.

Première classe, Dépenses fixes.

Dans celles-ci seront compris :

1°. Le traitement des préposés à l'administration municipale.

2°. Celui des officiers de la compagnie des pompiers et du garde magasin des pompes.

3°. La solde des deux conducteurs de la chaîne de police.

4°. Les frais d'éclairage de la ville par cent soixante reverbères.

5°. Le prix de l'entreprise qui aura lieu pour l'entretien et les réparations journalières du pavé.

Deuxième classe, Dépenses variables.

Elles se composeront,

1°. Des frais de taille, coupe et remplacement des arbres des promenades publiques qui sont au nombre de six, non compris le Cours, dont l'entretien est en partie à la charge du Directeur du jardin des plantes.

2°. De ceux d'entretien, même de renouvellement des ouvrages en murs et des barrières dudit Cours.

3°. De ceux à faire pour les réparations, dont les ponts, les cales, les quais, les tranchées et les fontaines, peuvent avoir accidentellement besoin,

4°. De l'habillement des pompiers, de la gratification qu'ils auront méritée en cas d'incendie, de l'entretien et renouvellement des pompes des ustensiles qui en dépendent, et des réparations du magasin où elles sont déposées.

5°. Des fournitures et réparations du magasin des reverbères.

6°. Des ustensiles nécessaires pour le travail de la chaîne de police.

7°. De la nourriture des nègres mis par forme de correction à ladite chaîne pour un mois au moins, et autres de cette nature qui ne peuvent être exactement prévus.

Troisième classe, Dépenses extraordinaires.

Celles-ci devant dépendre de l'excédent de la recette sur celles des deux premières classes, ne sauraient être indiquées à l'avance : il suffit que l'objet en soit connu.

VIII. Les taxes spéciales nécessaires pour subvenir aux dépenses des deux premières classes et former le fonds de réserve destiné à celles de la troisième, seront établies annuellement, en même-tems que l'imposition générale, et de la manière la moins onéreuse pour les contribuables.

IX. La perception de ces taxes par le Trésorier, se fera suivant leur nature, sur des rôles généraux ou particuliers, rendus exécutoires en la manière accoutumée.

Il fera pareillement celle des libéralités, dons, souscriptions etc. qui auraient pour objet des dépenses d'utilité ou d'agrément public.

Dans ce cas les noms des bienfaiteurs de la ville seront inscrits sur un registre ouvert à cet effet par l'administration, même sur les fontaines et autres monumens qu'ils auraient entrepris entièrement à leurs frais.

X. Aucun établissement ni aucun travaux extraordinaires constituant les dépenses de la troisième classe, ne pourront être ordonnés ni entrepris sans une ordonnance du Gouverneur approbative des projets, plans et devis, sur le rapport qui lui en sera fait par le Commissaire en chef de l'administration coloniale, à l'examen de qui tout sera préalablement soumis par l'administration municipale.

XI. Tout projet régulièrement approuvé sera mis immédiatement à exécution, et à l'égard de ceux qui ne le seront pas, ils resteront aux archives pour mémoire seulement.

XII. Réintégrons au surplus les habitans de la rive droite de la rivière du Fort dans la faculté de droit qu'ils avaient antérieurement à l'arrêté du 7 août 1806; 1°. de maintenir pour le capital des concessions d'eau faites ou à faire, les rentes constituées dont le produit est affecté à l'entretien de leur canal; 2°. de s'imposer à leur gré en assemblée de paroisse régulièrement convoquée, sauf l'homologation des délibérations en la manière accoutumée, pour subvenir tant à l'excédent de cette dépense qu'à toutes celles de réparations et d'améliorations qu'ils croiraient nécessaires de faire; en conséquence de quoi les deux taxes spéciale et additionnelle établies par l'arrêté du 7 août 1806, demeureront éteintes et supprimées à compter du premier janvier de cette année, sauf auxdits habitans à les rétablir eux-mêmes s'ils ne jugent pas à propos d'y suppléer autrement.

XIII. Par suite de la disposition portée en l'article précédent, nous ordonnons que les rôles des taxes dont s'agit, ensemble celui des restes dûs sur la contribution extraordinaire établie par l'arrêté du 2 septembre 1806 et les états des rentes foncières pour concession d'eau dressées tant pour la présente année que pour les exercices antérieurs non encore définitivement appurés, seront remis, moyennant décharge valable, par le Receveur des impositions du département de St-Pierre, aux Commissaires des eaux et fontaines de la paroisse du Fort, comme aussi que le Trésorier versera entre leurs mains les sommes perçues sur ces objets depuis l'établissement de l'administration actuelle; et ce, à l'effet par eux d'effectuer le recouvrement de tout ce qui est encore dû, et d'acquitter envers le Sieur Albertiny la solde arriérée du prix de la reconstruction du canal du Fort.

Attribuons en conséquence auxdits Commissaires, tant pour le présent que pour l'avenir, la faculté d'exercer contre les redevables en retard les voies de contraintes et de rigueur permises par les lois pour la perception des deniers publics.

XIV. Au moyen des dispositions portées au présent règlement, les différens arrêtés relatés dans son préambule demeurent abrogés de plein droit.

Sera le présent règlement enregistré au bureau de l'administration et au greffe du tribunal de première instance à St-Pierre.

Donné à la Martinique, le 10 avril 1810.
Signé, J. Brodrick.

(N°. 1346.)

(No. 1346.) PROCLAMATION *de S. Exc. le Gouverneur de la Martinique, qui met en Exécution dans cette Colonie les Ordres en Conseil des 12 avril et 16 août 1809, et 10 janvier et 7 février dernier, concernant l'Importation des articles propres à la Marine, des Bois de tous genres et Vivres de toutes espèces, jusqu'au premier décembre 1810.*

Du 10 avril 1810.

(No. 1347.) RÈGLEMENT *de Son Excellence le Gouverneur de la Martinique, portant établissement de deux Brigades ambulantes et armées, pour la Répression du Marronnage.*

Du 23 avril 1810.

ART. 1er. IL sera établi deux brigades, une au département du Fort-Royal, et une au département de St-Pierre, composées chacune d'un chef et de quatre hommes au moins, de huit au plus, pris dans la classe des gens de couleur libres, pour agir contre les marrons suivant l'ordre de service que nous ferons expédier à cet effet.

II. Il sera fourni par l'Administration coloniale, un habillement par an, à chacun des hommes de chaque brigade, composé d'une veste de drap bleu, deux chemises, deux culottes de toile, et six paires de souliers. Leur ration sera de deux livres cinq sols par jour; les brigades auront en outre une gratification d'une gourde pour chaque marron qu'elles arrêteront dans les bois, ou dans les campagnes.

et dont la déclaration et le signalement lui auront été donnés ; et ce, en sus des droits de prises, fixés par les ordonnances ; et pour les nègres marrons dont la déclaration n'aura pas été faite, la prise sera double.

III. L'administration tiendra le contrôle de chaque brigade et en suivra tous les mouvemens pour le paiement des rations, la fourniture de l'habillement, et la recette provenant des prises : observant de faire chaque mois la répartition du montant de ces prises.

La prise sera partagée entre tous les hommes composant la brigade qui aura arrêté le nègre marron, en parts, dont trois pour le chef et une pour chaque chasseur.

IV. Il sera fourni à chaque homme, un sabre et un mousquet avec des cartouches à balles, par le Gouvernement ; et le chef de la brigade sera responsable de ces armes pour les représenter à chaque fois qu'il en sera requis.

V. Les chefs de ces brigades seront munis de notre ordre de service ; et comme elles doivent agir en corps ou par chasseur séparément, suivant le besoin d'employer la force, ou l'espionnage, chaque chasseur sera pourvu d'une carte portant son nom et son signalement, signée du Chef d'administration, avec le cachet aux armes de S. M. ; et cet ordre comme cette carte, serviront pour obtenir toute protection auprès de tous ceux sur lesquels notre pouvoir s'étend.

VI. Chaque brigade sera continuellement en activité, sous la surveillance de l'Administration, qui aura soin de constater cette activité par le rapport des Commissaires civils des différentes paroisses, en conséquence des instructions qu'elle donnera au chef de ladite brigade.

VII. Les affaires contentieuses, soit au civil ou au criminel, qui pourront naître du service de ces brigades, seront renvoyées par l'Administration aux tribunaux du ressort.

Sera le présent règlement enregistrée, tant au greffe de la Cour d'appel qu'à ceux des tribunaux de première instance.

Mandons aux Commissaires de l'administration de tenir la main à son exécution.

Donné à St-Pierre Martinique, le 23 avril 1810. *Signé*, JOHN BRODRICK.

Enregist. aux Greffes des Tribunaux.

(No. 1348.) PROCLAMATION *de S. Exc. le Gouverneur de la Martinique, pour renouveler les Règlemens existans sur les Départs et Arrivées illicites.*

Du 27 avril 1810.

ATTENDU que le bien du service de S. M. et l'intérêt général des habitans de cette île, exigent que les Capitaines ou maîtres de tous bâtimens quelconques, anglais ou étrangers, soient instruits des lois existantes sur les embarquemens illicites, nous avons jugé devoir faire connaître par la présente proclamation, qu'en vertu d'une loi de cette colonie, en date du 20 octobre 1694, très-expresses inhibitions et défenses sont faites à tous capitaines ou maîtres de bâtimens, d'embarquer aucun particulier sans congé du Gouverneur, à peine contre lesdits capitaines de six mois de prison et de 500 livres d'amende, ce qui est sans préjudice des dommages et intérêts à exercer contr'eux par les particuliers qui se trouveraient lésés par le départ de leurs débiteurs ou l'enlèvement de leurs nègres.

Renouvelons en outre toutes les ordonnances existantes sur les départs et arrivées illicites, et notamment celle de Sir George Beckwith, du 6 avril 1809, et celle du 19 Juillet, qui y fait suite.

Seront les présentes enregistrées tant au greffe de la Cour d'appel qu'à ceux des tribunaux de première instance, lue, publiée, etc.

Donné à St-Pierre Martinique, le 27 avril 1810. *Signé*, J. Brodrick.

(N°. 1349.) Ordonnance *de Son Excellence le Gouverneur de la Martinique, pour encourager l'établissement des Moulins à Vapeurs dans la Colonie.*

Du 19 mai 1810.

Vu le rapport en ce qui concerne les moulins à vapeurs; nous autorisons le chef de l'administration à aider du crédit de la caisse coloniale, sans cependant en compromettre les fonds, les habitans de la colonie, qui se trouvent dans la nécessité d'établir chez eux des moulins à vapeurs.

En conséquence le chef de l'administration fera son marché avec chaque habitant, de manière à être remboursé positivement aux termes qui seront stipulés; à cet effet, les produits des cultures et manufactures du contractant seront affectés à ce remboursement, et par conséquent garantis contre toutes entreprises des créanciers particuliers jusqu'au parfait paiement des sommes dont l'administration aura répondu pour lui procurer un moulin à vapeurs. Les engagemens au surplus pour cet objet seront considérés comme tout ce qui a rapport aux recettes ordinaires du service, l'administration conservant à cet égard les mêmes privilèges que pour le recouvrement des deniers royaux.

Sera la présente ordonnance enregistrée tant au greffe de la Cour d'appel qu'à ceux des Tribunaux de première instance.

Mandons au Commissaire d'administration de tenir la main à son exécution.

Donné au Fort-Royal, le 19 mai 1810. *Signé*, JOHN BRODRICK.

Enregist. aux Greffes des Tribunaux.

(N°. 1350.) PROCLAMATION *de Son Exc. le Gouverneur de la Martinique, pour étendre au Port de la Trinité de cette île l'exécution des ordres en Conseil publiés par la Proclamation du* 10 *avril dernier.*

Du 1er. juillet 1810.

ATTENDU le desir que nous avons de faciliter autant qu'il est en nous, aux habitans des quartiers éloignés, la jouissance des avantages que les dispositions bienveillantes du Roi assurent à la colonie, nous, en vertu des pouvoirs que Sa Majesté nous a confiés, avons jugé convenable de publier la présente proclamation, par laquelle il est établi que l'exécution des ordres en conseil publiés par notre proclamation du 10 avril dernier, sera étendue au port de la Trinité de cette île, et que lesdits ordres seront à l'avenir mis en activité pour ledit port de la Trinité comme ils le sont pour les ports du Fort-Royal et de St-Pierre.

Mandons au Collecteur des Douanes de Sa Majesté pour les ports du Fort-Royal et de la Trinité, et à toutes personnes en office dans l'étendue de ce Gouvernement, de faire attention aux présentes et de s'y conformer.

Donné à Saint-Pierre, le 1er. juillet 1810. *Signé*, JOHN BRODRICK.

(N°. 1351.) ARRÊT *de la Cour d'Appel de l'île Sainte-Lucie, concernant les Libertés et les Affranchissemens.*

Du 2 juillet 1810.

LA Cour etc. délibérant sur les observations faites par M. le Général commandant en chef de la colonie, dans son discours dont il a déposé copie sur le bureau, au sujet des inconvéniens qui résultent de ce que les ordonnances qui règlent la manière de procéder aux affranchissemens des esclaves ne sont pas bien exécutées, sur-tout en ce qui regarde les dons de liberté par testament, a ordonné et ordonne que l'ordonnance du 11 février 1767 sera exécutée de plus fort; qu'en conséquence tous les notaires et greffiers seront tenus d'envoyer au Procureur du Roi un extrait des testamens contenant quelques dispositions touchant les libertés; que ledit

Procureur du Roi en rendra compte au Gouvernement et poursuivra les délinquans ainsi qu'il est porté par ladite ordonnance.

Et la Cour, considérant d'un côté la pauvreté de la colonie, et de l'autre le desir de prouver à S. Exc. le Général Wood, sa reconnaissance pour son Gouvernement doux et paternel, a arrêté et arrête que le prix des affranchissemens continuera d'être perçu par S. Exc. comme l'ont fait ses prédécesseurs et sur le même pied qui était fixé par le passé.

Fait à la Cour d'appel de l'île Ste-Lucie, le 2 juillet 1810. *Signé*, R. Drouilhet.

(N°. 1352.) Arrêt *de la Cour d'Appel de l'île Ste-Lucie, tendante à réprimer les Abus commis par les Avocats et Procureurs dans les Plaidoieries et Ecrits.*

Du 2 juillet 1810.

La Cour etc., a ordonné et ordonne l'exécution de l'ordonnance de 1440, de celle de François premier et notamment de l'arrêt en règlement du Conseil de la Martinique du 8 novembre 1755, et ajoutant à ses dispositions, ordonne que tout Procureur qui, dans les plaidoieries et écrits, ne sera pas retenu, modéré et décent dans ses expressions, et injuriera, ou sa partie adverse, ou son confrère, sera sur le champ, réprimandé et admonité par le Magistrat qui présidera, pour la première fois; en cas de récidive, interdit pour trois mois, et pour toujours, s'il retombe pour la troisième fois dans la même faute; sauf et réservé aux personnes injuriées tous leurs droits et poursuites.

Ordonne que le présent arrêt sera lu, enregistré à la Sénéchaussée etc.

Fait à la Cour d'appel de l'île Ste-Lucie, le 2 juillet 1810. *Signé*, R. DROUILHET.

(N°. 1353.) ARRÊT *de la Cour d'Appel de l'île Ste-Lucie, qui ordonne que tout Procureur postulant inscrit sur l'ordre du Tableau, qui n'aura pas 25 ans accomplis, ne pourra point remplir les Fonctions de Juge, ni celle de Procureur du Roi, lors même qu'ils y seraient appelé par l'ordre du Tableau.*

Du 4 juillet 1810.

(N°. 1354.) ORDONNANCE *de Son Excellence le Gouverneur de la Martinique, portant défense de construire dans la Ville du Fort-Royal, des Maisons en Bois, et d'y en couvrir aucune en Essentes.*

Du 4 juillet 1810.

SUR les remontrances à nous données par le Procureur du Roi du Fort-Royal, et les informations que nous avons prise en conséquence, instruit de l'accroissement considérable de la ville du Fort-Royal; de celui dont elle est encore susceptible, de la facilité qu'on a de s'y procurer des pierres propres à bâtir, et de ce que beaucoup de personnes y possédant des terreins assez vastes, se permettent de les bâtir en bois, et de les couvrir en essentes, prenant en considération les remontrances dudit Procureur du Roi, et pour éviter le malheur des incendies ; nous etc., statuons et ordonnons que les dispositions de l'ordonnance du 1er. février 1766, relativement à la construction des maisons de St-Pierre, seront applicables à celles du Fort-Royal. En conséquence faisons expresses inhibitions et défenses aux particuliers de ladite ville du Fort-Royal de faire construire en bois et couvrir en essentes à l'avenir, et à compter du jour de la publication des présentes, aucune maison, appentis, cuisine ou autre édifice, de quelqu'espèce qu'ils soient, à peine contre les contrevenans, de 300 livres d'amende, de démolitions des bâtimens, et de plus forte peine s'il y échet; permettons néanmoins à ceux qui ont commencé des bâtimens en bois de les achever en les faisant couvrir en tuiles.

Sera la présente ordonnance enregistrée aux Greffes de la Cour d'appel, et du Tribunal de première instance du Fort-Royal, lue, etc.

Mandons au Procureur du Roi de tenir la main à son exécution.

Donné à Saint-Pierre, le 4 juillet 1810.
Signé, JOHN BRODRICK.

Enregis. aux Greffes des Tribunaux.

(N°. 1355.) ARRÊT *de la Cour d'Appel de l'île Ste-Lucie, qui ordonne qu'il sera fait un Tableau par rang d'ancienneté des Procureurs postulant en la Sénéchaussée.*

Du 5 juillet 1810.

(N°. 1356.) EXTRAIT *des Instructions de S. M. B., au Major-général* John Brodrick, *Gouverneur de la Martinique, sur les Appels à faire au Conseil privé du Roi.*

Du 6 juillet 1810.

ART. 8 VOUS autoriserez qu'il soit fait des appels, à nous, en notre conseil privé, de la décision de toutes cours supérieures de ladite île, dans tous les cas où l'objet en litige excédera cinq cents pounds sterling, pourvu que ces appels soient faite sous quatorze jours après sentence, et que valable caution soit donnée par l'appelant, que suite effective sera donnée par lui audit appel; qu'il répondra de la condamnation et qu'il acquittera aussi les frais et dommages qui pourront être adjugés par nous, au cas que la sentence des cours supérieures dont s'agit, serait confirmée; pourvu toutefois, dans les cas où l'objet en question aurait rapport à recevoir ou à demander quelque droit à nous dévolu ou à quelques émolumens de charge ou rentes annuelles, ou autres semblables matières ou objets dans lesquels les droits à l'avenir pourraient être compromis; qu'en tous cas semblables, vous admettrez un appel à nous dans notre conseil privé, quand bien même la somme immédiate ou valeur formant l'objet de l'appel serait de moindre valeur; notre volonté et notre plaisir sont encore que dans tous les cas, ou par vos instructions vous aurez à admettre des appels à nous en notre conseil privé, l'exécution solide suspendue jusqu'à la détermination finale de semblables appels, à moins que bonne et suffisante caution ne soit donnée par l'intimé, de faire ample restitution de tout ce que l'appelant aura perdu par suite de semblable jugement ou décret, en cas que sur la détermination de l'appel, ledit jugement ou décret fut infirmé et restitutions adjugées à l'appelant.

Pour copie conforme aux instructions de S. M. *Signé*, JOHN BRODRICK.

Enregit. au Greffe de la Cour d'appel.

(N°. 1357.) RÈGLEMENT *de Son Excellence le Gouverneur de la Martinique, portant modification d'un Article de l'Ordonnance du* 19 *avril* 1809, *sur le Tribunal Spécial.*

Du 31 juillet 1810.

SUR les représentations qui nous ont été faites à l'égard des inconvéniens qui résultent de l'organisation actuelle du Tribunal spécial, dont les opérations nuisent souvent à l'expédition des affaires dans le Tribunal de première instance du Fort-Royal, par l'absence d'un trop grand nombre d'Avoués attachés à la fois aux deux Tribunaux; considérant en outre qu'à son origine, le Tribunal spécial était présidé par un chef permanent, et que la nécessité de mettre de la suite et de l'uniformité dans les procédures, fait journellement reconnaître l'avantage de cette première formation; nous etc., avons ordonné et ordonnons ce qui suit:

ART. Ier. L'article III de l'ordonnance du 19 avril 1809, est modifié de la manière suivante;

A l'exception du Procureur du Roi du Tribunal spécial, il ne sera plus attaché à ce Tribunal aucun homme de loi militant dans les autres tribunaux.

Le Tribunal spécial sera composé:

1°. D'un Officier ayant le rang de second chef de bataillon d'infanterie de milice. *Président.*

2°. Du Commissaire du quartier dans lequel le délit aura été commis.

Du Lieutenant-commissaire du même quartier.

Et de deux habitans notables, au choix du Président. *Juges.*

3°. D'un Procureur du Roi.

4°. D'un Greffier.

II. En cas de maladie ou d'empêchement du Président, il sera remplacé par le Commissaire du quartier dans lequel le délit aura été commis.

III. En cas de maladie ou d'empêchement du Procureur du Roi, il sera remplacé par un des Substituts des Procureurs de S. M. aux Tribunaux de première instance.

IV. Pour tous autres cas de remplacement de Juges, il y sera pourvu par la nomination d'habitans notables, au choix du Président, soit dans le quartier où le délit aura été commis, soit dans le quartier le plus voisin.

V. Toutes les autres dispositions de l'ordonnance du 19 avril 1809 sont maintenues et continueront d'être exécutées selon leur forme et teneur.

Sera le présent règlement, enregistrée tant au Greffe de la Cour d'appel qu'à ceux des tribunaux de première instance.

Donné à St-Pierre, le 31 juillet 1810. *Signé*, JOHN BRODRICK.

Enregist. aux Greffes des Tribunaux.

(N. 1858.) ORDONNANCE *de S. E. le Gouverneur de la Martinique, portant Établissement de deux Brigades ambulantes pour la Répression du Marronnage des Esclaves.*

Du 10 août 1810.

AYANT remarqué que divers inconvéniens s'opposaient à l'activité du service des brigades ambulantes, créées par les règlemens des 17 janvier et 23 avril derniers, et voulant donner toute l'utilité possible à cette institution si nécessaire pour la repression du marronnage des esclaves; nous avons statué et statuons ce qui suit :

ART. Ier. Les règlemens des 17 janvier et 23 avril derniers sont et demeurent annullés.

II. Il sera de nouveau établi deux brigades ambulantes, l'une au département du Fort-Royal, et l'autre au département de St-Pierre, composée chacune de deux sous-brigadiers et de quatre chasseurs, pour agir contre les marrons, suivant l'ordre de service que nous ferons expédier à cet effet.

III. Le traitement et l'armement des deux brigades seront les mêmes que ceux des brigades de police des villes.

IV. Chaque brigade sera dans le département qui lui est affecté, sous les ordres de l'Inspecteur de police, qui rendra un compte exact à l'administration de son service et de tous ses mouvemens.

V. Les Inspecteurs de police étant responsable du service de leurs brigades, auront le choix, la nomination et la discipline des hommes qui la composeront; en observant seulement de prendre l'approbation de l'administration coloniale, lors des nominations ou mutations.

V. Les Sous-brigadiers seront munis de notre ordre de service, et comme les brigades doivent agir en corps ou par chasseurs séparément, suivant le besoin d'employer la force ou l'intelligence, chaque chasseur sera pourvu d'une carte portant son nom et son signalement, signée du chef de l'administration coloniale avec le cachet aux armes de S. M.; et cet ordre comme cette carte serviront pour obtenir toute protection auprès de tous ceux sur lesquels notre pouvoir s'étend.

VII. Tous propriétaires d'esclaves seront tenus de déclarer dans les vingt-quatre heures, conformément à l'ordonnance du 14 novembre 1809, le marronnage de leurs esclaves, et seront également tenus de déclarer la rentrée chez eux, desdits marrons, dans le même délai de vingt-quatre heures.

La prise, par qui que ce soit, de tous marrons déclarés, suivant la disposition ci-dessus, sera payée conformément aux lois établies à cet effet, et celle de tous marrons non déclarés, sera payée double. La nécessité d'obliger les propriétaires aux déclarations ci-dessus ordonnées à l'effet de faire connaître exactement au Gouvernement les marrons dans la colonie, rend de rigueur la peine prononcée d'une taxe double.

VIII. Le produit des prises faites par les brigades ambulantes, sera partagé chaque mois et en égales portions, à chacun des Sous-brigadiers et chasseurs, dans leur département, et ce partage sera fait par l'Inspecteur de police, d'après les ordres de l'administration coloniale,

IX. Les affaires contentieuses, soit au civil, soit au criminel, qui pourront naître du service des deux brigades, seront renvoyées par l'administration aux Tribunaux du ressort.

Sera la présente ordonnance enregistrée tant au Greffe de la Cour d'appel qu'à ceux des Tribunaux de première instance, lu, publié, etc.

Donné à Saint-Pierre, le 10 août 1810. *Signé*, JOHN BRODRICK.

Enregist. aux Greffes des Tribunaux.

(N°. 1359.) AVIS *du Ministère public, de la Martinique, prévenant les Gens de couleur porteurs d'anciens Titres de Libertés non confirmés, qu'il ne leur sera délivré d'Autorisation pour ester en jugement etc., que sur la présentation du Titre primordial par le Propriétaire lui-même, muni d'une Attestation de Messieurs les Commissaires civils de leurs Paroisses qui prouve qu'il est le véritable propriétaire du Titre.*

Du 20 août 1810.

(N°. 1360.) ORDRE *de Son Excellence le Gouverneur de la Martinique, concernant la régularité du service des Canots de Poste au Fort-Royal et à St-Pierre.*

Du 23 août 1810.

LE service des canots de poste, ainsi qu'il est réglé par l'ordonnance du premier juin 1809, étant public, ne pourra, sous aucun prétexte, être entièrement interrompu les dimanches et fêtes; en conséquence, les propriétaires de ces canots s'assureront de patrons exacts, et chacun de ceux-ci d'un équipage fixé pour huit jours au moins à compter d'un lundi à l'autre,

Les quatre premiers canots dont le retour s'effectuera dans les districts du Fort-Royal et de St-Pierre, le samedi de chaque semaine et la veille des fêtes seront notés et commandés par les Directeurs pour être disponibles le lendemain, et à cet effet leurs gouvernails seront déposés dans les bureaux de la direction.

En suivant l'ordre de leurs numéros, ces quatre canots seront affectés, savoir, le premier (sur lequel il sera dès la pointe du jour arboré un pavillon distinctif) au service du Gouvernement, et les trois autres à celui des particuliers qui voudront les employer.

Chaque patron se tiendra constamment à son canot, afin de rallier à la première réquisition le reste de l'équipage.

En cas d'infraction au présent ordre par lesdits patrons, ils seront, sur le compte rendu aux Procureurs du Roi par les Directeurs, condamnés, savoir, les libres à huit jours de prison, et les esclaves, à recevoir vingt-neuf coups de fouet sur le lieu de la réunion des canots, même à plus grande peine s'il y échet.

Sera le présent ordre additionnel à l'ordonnance du premier juin 1809, enregistré, tant aux bureaux de l'administration colonial, qu'aux tribunaux de police du Fort-Royal et de St-Pierre, et copies certifiées d'icelui adressées aux Directeurs des canots de poste, auxquels il est enjoint d'y tenir exactement la main.

Donné à Saint-Pierre, le 23 août 1810.

Signé, JOHN BRODRICK.

Enregist. aux Greffes des Tribunaux.

(N°. 1361.)

(N°. 1361.) ORDRE *de Son Excellence le Gouverneur de la Martinique, pour renouveler les Consignes relatives à la Police du Spectacle.*

Du 24 août 1810.

LES lieux de rassemblemens publics étant ceux où il importe le plus de maintenir la décence et la tranquillité, nous avons jugé convenable de renouveler de la manière la plus positive les consignes précédemment établies pour cet objet : en conséquence avons ordonné et ordonnons ce qui suit :

ART. Ier. Nulle personne de quelque qualité qu'elle soit, soit militaire soit bourgeois, ne pourra entrer au Spectacle sans un billet, qu'elle prendra au bureau où ils se distribuent.

II. Les sentinelles placées aux portes d'entrée ne les laisseront obstruer par qui que ce puisse être.

III. Aucun blanc, soit militaire, soit bourgeois, ne pourra sous aucun prétexte monter au paradis.

IV. Le paradis étant la place assignée aux gens de couleur, aucun d'eux ne pourra aller dans les autres loges.

V. Le *God save the King* sera joué suivant l'usage à l'ouverture du spectacle; alors tous les spectateurs ôteront leurs chapeaux, qu'ils ne pourront remettre tant que le rideau sera levé, et ils se tiendront debout pendant la durée de l'air, qui une fois joué ne pourra être redemandé par qui que ce soit.

VI. Le commandant de la garde de service, ainsi que tous les gens de la police, auront soin de faire observer le plus grand silence pendant le spectacle : ils veilleront essentiellement à ce qu'il ne se commette rien qui puisse troubler l'ordre et la décence, et il leur est positivement enjoint de faire à l'instant arrêter les contrevenans : ils seront responsables envers nous, chacun dans leur partie, de l'exécution des présentes, et nous rendront compte avec exactitude de tout ce qui se passera d'extraordinaire.

VII. A cet égard, dans tous les cas où l'ordre viendrait à être troublé, nous invitons les personnes honnêtes, qui se trouveraient dans la salle, à désigner sur le champ les coupables.

VIII. Nulle personne ne pourra entrer aux répétitions à moins d'y être nécessaire ou d'en avoir la permission du maître de musique : tout contrevenant sera mis dehors par la sentinelle de service en cette occasion.

IX. M. le Procureur du Roi voudra bien donner des instructions à la police en conséquence des présentes, et y tenir la main en ce qui le concerne.

Seront les présentes publiées et affichées par-tout où besoin sera, et particulièrement à la porte de la salle des spectacles, afin que personne n'en ignore.

Donné à St-Pierre, le 24 août 1810. *Signé*, JOHN BRODRICK.

(Nº. 1362.) HOMOLOGATION *par Son Exc. le Gouverneur de la Martinique, d'une délibération de la Paroisse St-Hyacinthe de la Grand'Anse en date du 22 juillet 1810, qui autorise le Commissaire de la Paroisse à user des voies de contrainte pour le paiement des sommes dues à la Fabrique jusqu'à concurrence des sommes n'excédant pas celle de 36 livres.*

Du 13 septembre 1810.

Enregist. ès-registres de ladite Paroisse et du Tribunal de St-Pierre.

(Nº. 1363.) HOMOLOGATION *par S. Exc. le Gouverneur de la Martinique, d'une délibération de la Paroisse du Fort St-Pierre en date du 12 août 1810, concernant 1°. les eaux et fontaines de ladite Paroisse, ainsi que les rentes et taxes y relatives; 2°. les certificats d'indigence; 3°. l'indemnité accordée à M. Lejeune de la Rochetière, et 4°. les publications et tenues des Assemblées paroissiales.*

Du 24 septembre 1810.

Enregist. ès-registres de la Paroisse et du Tribunal de St-Pierre.

(Nº. 1364.) ARRÊT *de la Cour d'Appel de l'île Ste-Lucie, concernant les Actes de l'Etat civil, dans les Paroisses de l'île, où il ne se trouve pas de Curés.*

Du 1er. octobre 1810.

CE jour le Procureur-général du Roi a dit :

« Messieurs, personne de nous n'ignore que par la mort de M. l'abbé Bachelet, la colonie se trouve réduite à n'avoir qu'un seul ministre du culte, qui même par ses infirmités peut être regardé comme nul. Quand on réfléchit sur l'influence qu'a l'exercice de la religion sur les mœurs, et que sans de bonnes mœurs il ne peut y avoir ni repos, ni prospérité publique, on ne peut qu'être affligé de la situation où nous nous trouvons. S'il ne dépend pas de nous de la changer il est un objet du moins sur lequel nous devons porter notre attention puisque nous pouvons y porter remède.

« Par nos institutions et par nos lois c'était les ministres des autels qui constataient les naissances, les morts et les mariages, parce que toutes les époques de notre vie étaient liées aux pratiques de notre religion. Déjà et sur mon réquisitoire vous aviez cherché à remédier au défaut de Curés dans la plupart des paroisses pour ce qui regarde les sépultures; mais je suis instruit que cet arrêt n'est pas exécuté avec ponctualité, et comment pourrait-il l'être? Il y a des paroisses où il y a des Marguilliers, d'autres où il n'y en a pas; la plupart de ces Marguilliers sans fonctions négligent ce qui regarde les sépultures. Les registres sont-ils chez eux? ou ont-ils le soin qu'ils devraient en avoir? une année se passe, un autre Marguillier remplace ce premier; les registres voyagent, ils peuvent en passant par tant de mains souffrir des altérations, et jamais les doubles n'en sont envoyés au greffe de la sénéchaussée. Cependant, Messieurs, c'est sur ces registres que repose l'acte civil des colons; c'est de l'inexactitude et des altérations de ces registres que peuvent naître dans la suite les procès les plus conséquens, et que le repos et la tranquillité des familles peuvent être renversés. Je suis instruit aussi qu'il est plusieurs de ces registres qui par la négligence des Curés se trouve inexacts, contiennent des blancs et manquent souvent de signatures. »

En conséquence, le Procureur-général a requis et la Cour a ordonné et ordonne ce qui suit :

Art. 1er. Dans le délai d'un mois de la publication du présent arrêt, toute personne qui aura connaissance de quelques registres de paroisse, sera tenue de le déclarer au Commissaire de son quartier, lequel en fera la réclamation en quelqu'endroit qu'ils se trouvent, et les enverra au greffe de la Sénéchaussée.

II. Le Procureur-général ou ses Substituts vérifieront tous les registres qui seront envoyés au Greffe, ils en constateront l'état et les irrégularités par un procès-verbal qui sera rapporté à la Cour à la séance prochaine, pour par elle statuer ce qu'il appartiendra.

III. Il sera envoyé à chaque Commissaire de quartier deux registres qui seront cotés par première et dernière, et paraphés sur chaque feuillet par le Sénéchal ou par le Juge qui le remplacera. Ces registres seront intitulés pour servir aux actes de naissance et de sépulture, et le présent arrêt sera transcrit sur la première feuille de celui qui doit rester dans le quartier.

IV. Quinze jours après la naissance d'un enfant, le père d'icelui ou tout autre personne chargée de son pouvoir, présentera l'enfant au Commissaire du quartier, en présence de deux témoins, et l'acte de naissance en sera de suite rédigé.

V. L'acte de naissance énoncera le jour, l'heure et le lieu de la naissance, le sexe de l'enfant et les prénoms qui lui seront donnés, ainsi que les prénoms, noms, professions, domicile des père et mère, et sera signé par le père ou celui qui le représentera, par les deux témoins, et par le Commissaire, ou bien mention sera faite de la cause de la non-signature des témoins et du père, ou de celui qui le représentera.

VI. Toute femme de couleur libre présentera, dans le mois de la naissance, son enfant au Commissaire du quartier, en présence de deux témoins qui attesteront la maternité, et sur la présentation de la patente de liberté de la mère, dont il sera fait mention, ainsi que du numéro de l'enregistrement, le Commissaire inscrira dans le registre la naissance de l'enfant, son âge, sa qualité de libre, son prénom, celui de sa mère, et l'attestation des deux témoins qui signeront avec le Commissaire, ou bien mention sera faite de la cause, qui les en empêchera.

VII. Le plus proche parent d'une personne décédée, ou quelqu'un chargé par lui, et à leur défaut, le propriétaire de la maison où la personne sera décédée, seront tenus de dénoncer le décès au Commissaire du quartier avant la sépulture, et le Commissaire, sur le témoignage de deux témoins, rédigera l'acte de décès.

VIII. L'acte de décès contiendra les prénoms, noms, âge et profession de la personne décédée, et s'il est possible, le lieu de naissance, ainsi que les noms, prénoms et domicile de ses père et mère, et il sera signé avec les témoins par le Commissaire, ou mention sera faite de la cause de non-signature.

IX. A la fin de chaque année, les Commissaires clorront un de leurs registres, et l'enverront au greffe de la Sénéchaussée, l'autre devant demeurer en sa garde ou en celle de son successeur.

X. S'il arrive un Curé dans une paroisse, le Commissaire lui remettra de suite les registres qu'il aura et en retirera reçu, et le Curé continuera d'avoir la tenue d'iceux d'après les dispositions des lois et ordonnances à cet égard.

Ordonne en outre que le présent arrêt sera lu, etc., et copie collationné envoyée à chaque Commissaire de quartier, etc. Mande, etc.

Fait à la Cour d'appel de l'île Ste-Lucie, le 1er. octobre 1810. *Signé*, R. Drouilhet.

(N°. 1365.) Règlement *de Son Excellence le Gouverneur de la Martinique, portant établissement des Bureaux de Charité dans cette Colonie.*

Du 17 octobre 1819.

Vu le rapport du Chef de l'administration coloniale sur la nécessité d'établir des bureaux de charité dans cette colonie, vu aussi les motifs et le plan de cet établissement présentés par le Vice-préfet apostolique;

Attendu que l'indigence est un mal sous le rapport social et sous le rapport politique, nous avons pensé qu'il est du devoir du gouvernement d'étendre sa sollicitude à ce point également recommandé par l'intérêt public et par la charité; mais nous pensons en même tems qu'autant l'indigence vraie et involontaire doit inspirer d'intérêt, autant celle produite par la fainéantise et la mauvaise conduite, doit être surveillée et réprimée.

Nous savons qu'il se répand annuellement une masse considérable d'aumônes, et que cependant il est reconnu que le nombre des vrais indigens n'est point soulagé en proportion des secours, que même plusieurs de ces indigens ne sont point atteints par ces secours; cette connaissance nous fait penser que les aumônes sont souvent sollicitées et obtenues sans être méritées et qu'il naîtrait un bien réel de l'établissement d'un point central où aboutiraient les aumônes, comme aussi toutes les demandes y seraient portées et examinées.

Ce point de réunion amènera le double avantage d'assurer une répartition de la masse des secours, plus proportionnelle et mieux entendue.

Cet établissement assurera des ressources à tous les vrais indigens et écartera les mauvais pauvres qui, usurpant les dons de la charité et trompant son intention bienfaisante, savent, par ce honteux moyen, s'entretenir dans l'oisiveté et dans les vices dont elle est la source.

Ces bureaux de charité, en donnant tous leurs soins à se procurer des informations certaines, sur les nécessiteux méritans, assureront aux aumônes leur plus équitable application, et l'homme bienfaisant, dont le but est de secourir de vrais malheureux, ne sera plus exposé à voir ses dons et peut-être le fruit de ses privations, devenir la proie de l'astuce et de la mendicité sans pudeur.

Composés de personnes choisies et zélées, ces bureaux en tendant une main secourable à toutes les classes, éloigneront le malheur extrême que le défaut de protection et la timidité amènent trop souvent; ils seront surtout d'une ressource inestimable pour cette classe d'individus, que l'on peut nommer pauvres honteux, et qui tombés, par des malheurs, d'un état honnête et aisé dans l'indigence, y souffrent et y restent, parce qu'ils ne savent souvent à qui ils oseront la découvrir et s'en plaindre; là ils trouveront des secours et seront assurés que le secret sur leur position sera fidèlement gardé. En conséquence nous avons statué et statuons ce qui suit :

Art. Ier. Il sera établi au Fort-Royal, un bureau de charité composé du Curé de la paroisse, du Chef de l'administration coloniale, du Procureur-général de la Cour d'appel, du Commissaire civil, des deux Marguilliers, de six Habitans de la ville et de six Dames ou Demoiselles. Les paroisses du ressort de ce bureau seront le Fort-Royal, la Case-Pilote, le Lamentin, le Trou-au-Chat, le St-Esprit, la Rivière-Salée, les Trois-Islets, les Anses-d'Arlets, le Diamant, Ste-Luce, la Rivière-Pilote, le Marin, Ste-Anne, le Vauclin, le François, le Robert et le Gros-Morne.

Un second bureau sera établi au Fort Saint-Pierre, ayant dans son ressort les paroisses du Fort, du Prêcheur, du Macouba, de la Basse-Pointe et de la Grand'Anse.

Un troisième bureau au Mouillage Saint-Pierre; son ressort comprendra les paroisses du Mouillage, du Carbet, du Marigot, de Ste-Marie et de la Trinité.

Chacun de ces deux derniers bureaux sera composé du Curé de la paroisse, du Commissaire d'administration, du Procureur du Roi, du Commissaire-civil, des deux Marguilliers, de six Habitans de la ville et de six Dames ou Demoiselles.

La première nomination des six Habitans et des six Dames qui doivent composer les bureaux de charité sera faite par le Curé, l'Officier d'administration et celui du Ministère public. Dans la suite le bureau nommera aux places vacantes à la pluralité des suffrages.

II. Les fonds des pauvres seront administrés par le bureau.

III. Il y aura assemblée du bureau tous les 15 jours ; elle se tiendra au Presbytère et tous les membres y auront séance et voix délibérative.

IV. Le Curé présidera l'assemblée et recueillera les suffrages à la pluralité desquels se formeront les délibérations. Il aura voix prépondérante en cas de partage d'opinions.

V. Il sera élu un Trésorier des pauvres et un Secrétaire du bureau ; cette élection se fera chaque année à la première assemblée du mois de janvier, ils pourront être continués l'un et l'autre autant de tems qu'il sera jugé à propos.

VI. Il sera élu, tous les ans, une dame qui sera chargée de recevoir et de garder les linges, habits, meubles et autres effets qui seront donnés pour les pauvres des deux sexes; elle pourra être continuée tous le tems que la compagnie le jugera convenable. Au cas qu'elle se trouve surchargée, elle pourra se faire aider par une dame de la compagnie à son choix.

VII. Elle tiendra un état exact de ce qu'elle recevra et des pauvres auxquels les objets seront distribués. Elle rendra compte tous les ans.

VIII. Le Secrétaire écrira les délibérations. Il sera chargé d'écrire dans les paroisses du département pour demander les informations qui pourraient être nécessaires ; le Curé en prendra aussi de son côté, des Curés de ces paroisses.

IX. Pour mieux connaître les besoins des pauvres de la ville du Fort-Royal et des deux paroisses de la ville de St-Pierre, et pouvoir les assister avec discernement, chaque paroisse sera divisée par rues et en suivant les numéros des maisons, en douze parties qui seront réparties et distribuées à chacune des douze personnes de la ville qui composeront le bureau.

X. Dans la première assemblée qui suivra la publication des présentes, il sera dressé un tableau des personnes qui composeront le bureau de charité, et des quartiers de la ville distribués à chacune d'elles.

XI. La compagnie administrera les revenus des biens des pauvres, à quelque titre et de quelque nature qu'ils puissent être par la suite.

XII. Il sera réglé dans les assemblées de quelle manière la distribution des aumônes sera faite et de quoi se composeront ces aumônes.

XIII. Les dames de charité prendront soin de ce qui concerne l'assistance des malades, de celle des femmes en couche et des enfans, et de la distribution des linges, habits, meubles et autres choses qui, par l'usage et la bienséance, ne peuvent être administrées que par elles.

XIV. Les bureaux de charité auront des médecins affectés aux divers districts de la ville.

XV. A chaque assemblée, les membres qui auraient reçu des demandes depuis la dernière séance, ou qui auraient connaissance des besoin de quelque malheureux, en feront part à la compagnie qui décidera des secours à lui accorder, s'il est connu, ou qui chargera la personne dans le district de laquelle il habitera de prendre des informations et d'en rendre compte à l'assemblée suivante.

XVI. Dans le cas d'évènemens imprévus et de besoins urgens auxquels il faudrait pourvoir, le Curé convoquera une assemblée extraordinaire du bureau.

XVII. Nul pauvre fainéant, ivrogne ou débauché et généralement tous ceux qui seront de mauvaise vie ne seront assistés que dans le cas d'une maladie grave; alors c'est à l'humanité que l'on donnera et non à la personne.

XVIII. Les charités du bureau embrasseront, autant que ses fonds le permettront, toutes les espèces de misères. Le soulagement des malades, des femmes en couches, la nourriture des enfans à la mamelle, l'entretien des vieillards et des infirmes, la subsistance des orphelins et leur placement en apprentissage, l'ouvrage à procurer aux pauvres qui peuvent travailler; des avances, s'il est possible, et des prêts gratuits aux personnes que ce seul moyen peut arracher à l'indigence : en un mot toutes les misères humaines seront de son ressort.

XIX. Les délibérations du bureau seront inscrites sur un registre, ensemble les noms des personnes qui y auront assisté lesquelles signeront les délibérations; en cas d'absence de quelques membres, les délibérations prises par ceux qui seront présens, seront exécutées comme si tous eussent été présens.

XX. Dans toutes les assemblées, on commencera par la lecture des délibérations qui auront été prises dans la précédente assemblée, pour connaître si elles auront été exécutées et comment elles l'auront été. Ensuite il sera procédé aux informations faites relativement aux demandes des pauvres, après quoi il sera délibéré sur chacun des rapports à la pluralité des voix.

XXI. Les demandes adressées au bureau, par les pauvres des paroisses de la campagne, ne seront admises qu'autant qu'elles seront visées par le Curé, le Commissaire civil et par quatre habitans notables, elles feront mention détaillée de la position du pétitionnaire, de sa famille, s'il en a, et de ses ressources.

XXII. Le Trésorier recevra seul tous les revenus, tant fixes que casuels, appartenant aux pauvres, il s'en chargera en recette, et donnera, si besoin est, toutes décharges nécessaires.

XXIII. Il remettra à chacun des membres du bureau les sommes que l'assemblée aura réglé devoir leur être remises pour les distributions qu'elle aura délibéré de faire; ils en donneront décharge au Trésorier.

XXIV. Les sommes qui seront remises au Curé pour être distribuées aux pauvres, ensemble celles données par testament aux pauvres de la paroisse, et le produit des quêtes qu'il fera seront par lui versés dans les caisses du bureau de charité : le Trésorier lui en donnera quittance.

XXV. Chaque année, à la première assemblée du mois de janvier, le Trésorier rendra le compte des recettes et des dépenses par lui faites pendant le cours de l'année précédente.

XXVI. Ce compte aura été préalablement vérifié par deux Commissaires, que le bureau aura nommés à cet effet dans la dernière assemblée du mois de décembre précédent.

XXVII. Le Trésorier sera tenu de remettre son compte double ; il sera arrêté par l'assemblée : ensuite un des doubles sera déposé aux archives du bureau, l'autre demeurera entre les mains du Trésorier pour sa décharge.

XXVIII. A la même époque et dans la même assemblée, la Dame chargée des linges, habillemens, et autres objets appartenant aux pauvres, rendra le compte des objets reçus et de leur emploi ; ce compte aura été examiné, comme celui du Trésorier, par deux Commissaires nommés par l'assemblée.

XXIX. Le succès qu'on a lieu d'attendre de cet établissement, intéressant le public, on fera connaître et on publiera, chaque année, le résultat de l'administration des bureaux de charité. On s'instruira par ce moyen, des besoins des pauvres, de leur nombre et de la manière de les soulager ; et l'espérance de les secourir tous, sans exception, encouragera à faire de nouveaux efforts.

Sera le présent réglement enregistré, lu, etc.

Donné à St-Pierre Martinique, le 17 octobre 1810. *Signé*, JOHN BRODRICK.

Enregist. aux Greffes des Tribunaux.

(N°. 1366.) ORDONNANCE *de Son Exc. le Gouverneur de la Martinique, portant défense aux Particuliers de garder entre leurs mains des Armes et Munitions de guerre.*

Du 5 novembre 1810.

ATTENDU que par une contravention manifeste aux ordres du Gouvernement en date du 30 septembre 1809, plusieurs individus se sont permis non-seulement de ne pas donner connaissance des munitions et fusils restés épars dans la colonie pendant le siége, mais d'en faire des dépots, par des motifs qui doivent attirer toute la rigueur des lois, même quand ils donneraient leur cupidité pour excuse de leur conduite, toute spéculation étant criminelle lorsqu'il s'agit d'objets prohibés et tendant à exciter l'inquiétude publique ; Nous etc., avons ordonné et ordonnons ce qui suit :

Art. 1er. Vingt-quatre heures après la publication de la présente ordonnance, tout particulier armurier ou autre ayant entre ses mains des munitions, fusils, bayonnettes, gibernes, sabres, ou objets d'équipement de guerre quelconques, autres que ceux délivrés pour le service de police intérieur, en fera la déclaration au Commissaire de sa paroisse, qui en dressera un état, et assignera un jour fixe et prochain pour faire déposer chez lui ces armes qu'il enverra de suite au Fort-Royal au Chef de l'administration coloniale, à qui nous transmettrons nos ordres à cet égard. Tout contrevenant à cet article sera condamné à mille livres d'amende et poursuivi extraordinairement suivant les circonstances de la contravention.

II. Faisons défenses à tous capitaines de navires, négocians, armuriers, et autres particuliers, de garder dans les magasins, boutiques et maisons des bourgs et villes aucunes munitions de guerre et aucuns fusils, autre que des fusils de chasse. Enjoignons à ceux qui ont de la poudre et des munitions de les déposer dans les poudrières de Sa Majesté conformément aux ordonnances, à peine de mille livres d'amende pour chaque baril de poudre qui sera trouvé chez eux, et d'une amende proportionnée à l'égard de tous autres objets de contravention aux présentes, sans préjudice des poursuites extraordinaires qui seront faites à la diligence du Ministère public dans tous les cas où la contravention dévoilerait des intentions criminelles.

III. La police fera des visites périodiques aux époques que MM. les Procureurs du Roi et Commissaires des paroisses jugeront les plus convenables pour s'assurer de l'exécution des articles précédens et pour en atteindre les infracteurs.

IV. Toute personne qui aura facilité la découverte de contraventions à la présente ordonnance recevra la moitié des amendes prononcées, et en outre deux gourdes par fusil en bon état, et une gourde pour tout autre fusil qu'il aura contribué à faire découvrir.

V. Renouvelons en outre toutes les anciennes ordonnances existant à l'égard de contraventions du même genre, dans tous les cas qui n'auraient pas été prévus par la présente.

Sera la présente ordonnance lue, publiée etc.

Donné à Saint-Pierre Martinique, le 5 novembre 1810. *Signé*, JOHN BRODRICK.

Enregist. aux Greffes des Tribunaux.

(N°. 1367.) ARRÊT *de la Cour d'Appel de l'île Martinique, qui rétablit les Assises et la Mercuriale annuelle.*

Du 7 novembre 1810.

CE jour le Procureur-général du Roi étant entré a dit à la Cour que :

Les

Les abus multipliés qui se sont introduits depuis quelques années dans les diverses parties de l'administration judiciaire lui paraissent devoir mériter toute son attention, toute sa sollicitude.

C'est en vain que le Ministère public exerce une surveillance sévère sur les écarts auxquels se livrent les officiers ministériels, envain a-t-il provoqué plusieurs fois la Cour à de justes punitions contre ceux qui portaient l'oubli de leurs devoirs à un point qui n'était plus tolérable, ni les injonctions, ni les interdictions n'ont produit l'effet salutaire que les magistrats devaient en attendre; le mal s'accroît chaque jour; les négligences les plus coupables, une avidité soutenue et, nous le disons avec douleur, une mauvaise foi, qui blessent la dignité de la justice, caractérisent aujourd'hui les opérations de la plupart des officiers inférieurs qui militent près la Cour et les Tribunaux, et doivent nécessairement faire rejaillir sur la masse entière la défaveur dont quelques-uns sont justement couverts. Quel peut être le moyen qui nous ramènera à un ordre de choses plus conforme à la majesté de la justice.

L'usage solennel des mercuriales établies dans toutes les Cours souveraines du royaume et notamment dans le Conseil supérieur en 1717, tombé en désuétude bientôt après, remis en vigueur en 1784 mais pour trop peu de tems; cette cérémonie imposante qui réunit une fois l'année dans le sanctuaire de la justice tous les membres qui concourent à son administration, et dans laquelle le Ministère public exerce une censure sévère sur les différens ordres de la magistrature, doit, nous en sommes convaincus, nous conduire au but important que nous voulons atteindre. Le rétablissement de ces assises périodiques où les fautes et les moyens de les détruire indiqués par le censeur public, où chaque particulier a le droit de venir faire entendre ses plaintes et de dénoncer les officiers publics qui auraient prévariqué, ce rétablissement seul nous parait devoir mettre un terme aux abus dont nous nous plaignons, et rendre aux tribunaux ainsi qu'aux magistrats et aux officiers qui militent auprès d'eux tout le lustre et toute la considération dont l'intérêt même des justiciables veut qu'ils soient revêtus.

En conséquence ledit Procureur-général du Roi a conclu à ce qu'il plaise à la Cour prenant en grande considération sa présente remontrance, ordonner qu'à dater du 2 janvier prochain, les assises et mercuriales seront rétablies et se tiendront chaque année à pareil jour, qu'il sera enjoint à tous les membres des tribunaux, à tous les notaires, avoués et huissiers de s'y trouver et que les parties seront admises à y présenter leurs plaintes pour être statuée par la Cour ce qu'il appartiendra.

La Cour délibérant sur cette matière et prenant en grande considération les remontrances du Procureur-général du Roi, ordonne que l'usage des assises de la Cour et mercuriales du Ministère public établies par la loi de 1717 sera remis en vigueur pour l'avenir, que chaque année le deux du mois de janvier à l'ouverture de la séance de la Cour, il sera prononcé une mercuriale par le Ministère public: que tous les officiers ministériels de la justice sans exception magistrats, avocats, notaires, avoués et huissiers seront tenus de s'y trouver, sans pouvoir s'en dispenser sous quelque prétexte que ce soit, ordonne qu'auxdits assises les parties seront admises à présenter les plaintes qu'elles pourraient avoir à porter pour qu'il soit par la Cour statué sur lesdits plaintes ce qu'il appartiendra, ordonne qu'expédition du présent arrêt sera, à la diligence dudit Procureur-général du Roi, envoyée avec une lettre de convocation aux tribunaux du ressort et aux doyens des notaires, avec charge aux tribunaux d'avertir leurs officiers et aux doyens des notaires d'aviser leurs confrères.

Fait à la Cour d'appel de l'île Martinique, le 7 novembre 1810. *Signé*, Rondeau, *Greffier*.

(N°. 1368.) Ordonnance *de S. E. le Gouverneur de la Martinique, concernant la formation des Dénombremens et Recensemens pour* 1811.

Du 10 novembre 1810.

N. B. Cette ordonnance est absolument la même que celle sur le même objet, du 15 décembre 1809, voyez le N°. 1337, pages 428 *et suivantes* de ce Tome.

(N°. 1369.) Avis *de l'Administration Municipale de la Ville de St-Pierre, portant que la Baie étant actuellement, entretenue libre de tous les objets d'encombrement qui s'opposaient aux mouvemens du Commerce, les canots connus sous le nom de Bun-Boats qui seuls y causent encore de l'embarras, ne pouront plus se tenir et se haler que sur l'espace moins fréquenté qui se trouve entre les Calles des Pères-Blancs et de la rue St-Dominique.*

Du 13 novembre 1810.

(N. 1370.) AVIS *de l'Administration Municipale de la Ville de Saint-Pierre, portant que les Arbres de différentes espèces qui existent, ça et là en dedans de la tranchée depuis la Calle de l'Hôpital jusqu'à celle des Pères Blancs, nuisant beaucoup à ceux nouvellement plantés pour former une Promenade publique entre ladite tranchée et la mer, seront abattus et les propriétaires tenus à faire paver la place qu'occupait chaque arbre supprimé, afin de rétablir le cours des ruisseaux formés le long de la tranchée pour l'écoulement des eaux de la rue par les Calles adjacentes.*

Du 13 novembre 1810.

(N°. 1371.) ORDONNANCE *de Son Excellence le Gouverneur de la Martinique, pour prévenir les Débarquemens Clandestins.*

Du 5 décembre 1810.

LA bienveillance du Gouvernement de Sa Majesté, puissamment secondée par la paix profonde dont jouit en ce moment l'archipel des Antilles et en particulier la Martinique, appelle sur l'agriculture et le commerce de cette colonie tous les genres de prospérité. Notre premier devoir est d'écarter d'elle tout ce qui pourrait compromettre des avantages aussi précieux, en veillant à l'exécution des lois salutaires qui assurent sa tranquillité intérieure et sur-tout au maintien de celles qui dans les circonstances les plus critiques l'ont garantie de l'introduction des gens suspects et sans aveu. A ces causes, nous, etc. ordonnons ce qui suit :

Art. Ier. Les dispositions de l'ordonnance du Gouvernement colonial de cette île en date du 2 octobre 1802, sur les débarquemens clandestins, sont renouvellées, et seront exécutées de la manière suivante.

II. Aucun individu blanc ou de couleur libre ne pourra à l'avenir débarquer à la Martinique s'il n'est porteur d'une permission signée de nous, donnée d'avance, ou s'il n'est reconnu par le Procureur du Roi du lieu où il arrivera ou du Commissaire de sa paroisse pour propriétaire de biens fonds en cette colonie, sauf les exceptions à faire à l'égard de tous individus blancs sujets-nés du Roi, et de tous porteurs de passe-ports des Ministres ou Consuls de Sa Majesté.

III. Il est entendu néanmoins, que les permissions, attestations et passe-ports mentionnés au précédent article serviront seulement de garantie aux capitaines ou maîtres pour les passagers qu'ils apportent, et ne dispensent pas ces derniers des formalités nécessaires pour obtenir le permis de résidence d'usage, toutes dispositions actuelles étant maintenues, et notamment celles voulues par les articles I et II de l'ordonnance du 19 juillet 1809, laquelle reste en vigueur ainsi que toutes celles sur les étrangers et gens sans aveu, en ce qui n'y est pas dérogé par les présentes.

IV. Les permissions à accorder seront demandées d'avance par les personnes qui desireront venir dans la colonie ou par leurs représentans.

V. Les débarquemens de passagers n'auront lieu que dans les ports du Fort-Royal et de St-Pierre; tout autre port est interdit.

VI. Les personnes autres que les propriétaires désignés par l'article II qui se présenteront sans ce préalable resteront à bord pour repartir sur les bâtimens qui les auront apportées, et les capitaines ou maîtres qui auront la témérité de les débarquer sur les côtes, en contravention aux présentes, seront condamnés à trois mille livres d'amende, et suivant l'exigence des cas poursuivis, même extraordinairement, selon la rigueur des ordonnances.

VII. Il sera établi, auprès du Capitaine de port et à ses ordres, un Inspecteur de sûreté coloniale maritime, qui veillera à l'exécution des articles précédens, et qui sera tenu de se faire représenter par tous capitaines ou maîtres de bâtimens nationaux ou étrangers, de long cours, caboteurs ou autres, lors de leur entrée, le rôle de leur équipage et de s'assurer de la présence de tous ceux qui le composent, ou de recevoir la déclaration des motifs d'absence de ceux des matelots qui ne lui seront pas présentés, laquelle sera faite sous serment, de tout quoi il fera rapport au Secrétariat de l'extérieur à St-Pierre, et au bureau des passeports au Fort-Royal.

VIII. Tous capitaines et maîtres des susdits bâtimens feront, à leur arrivée, un acte de cautionnement, qui sera reçu aux bureaux des préposés coloniaux à la Douane, tant à St-Pierre qu'au Fort-Royal, de rembarquer les mêmes hommes formant l'équipage de leurs bâtimens à leur arrivée, à moins de mortalité ou de désertion constatées, sous la peine de cent gourdes d'amende (laquelle amende sera perçue au profit du Capitaine de port et dudit Inspecteur) par chaque homme d'équipage qui se trouverait manquer lors du départ desdits bâtimens ; et la seule manière légale de constater la désertion, sera une déclaration faite le jour même aux bureaux ci-dessus désignés.

IX. A la sortie de tous bâtimens, ledit Inspecteur ira vérifier l'équipage du bâtiment sortant sur le rôle qui en aura été fourni à son entrée, et s'il se trouve des matelots absens sans motifs patens, le capitaine ou maître dudit bâtiment sera traduit devant le Procureur du Roi, pour être par le Tribunal, à la réquisition dudit Procureur du Roi, statué ce que de droit, conformément aux dispositions de la présente ordonnance.

X. Pour assurer l'exécution de l'article ci-dessus, le billet de sortie de l'officier naval ne sera porté au Fort qu'après avoir été montré à l'Inspecteur ou au Capitaine de port, et que l'un ou l'autre d'eux aura attesté par sa signature que cette formalité a été remplie.

XI. Les personnes qui voudront quitter la colonie pour passer en Angleterre ou aux Etats-Unis sous la protection d'un passe-port émané de nous, sont prévenues qu'elles doivent en faire la déclaration par pétitions dans lesquelles elles exprimeront ; 1°. si elles ont prêté le serment d'allégeance ; 2°. si l'Angleterre ou les Etats-Unis sont le seul but de leur voyage ; et dans le cas contraire, sur quelle autre partie de l'Europe ou de l'Amérique elles entendent se rendre ; ces différentes circonstances devant être mentionnées dans les passe-ports.

XII. Défendons à toutes personnes quelconques, spécialement à tous hôteliers, cabaretiers, traiteurs et aubergistes de loger, héberger et retirer aucun étranger, sans qu'il leur ait été présenté ou la permission de cinq jours du Procureur du Roi, ou un permis de résidence de nous, qu'ils feront enregistrer avec leur déclaration, dans les 24 heures de l'arrivée de la personne chez eux, par le premier Agent de police requis, dans le registre qu'il leur est enjoint de tenir à cet effet, sous peine de mille livres d'amende et même de la fermeture de leur maison, auberge ou cabaret.

XIII. Conformément à l'ordonnance du 14 mars 1729 les étrangers qui seront trouvés à l'avenir dans la colonie sans être munis de la permission de cinq jours ci-dessus mentionnée, ou de notre permis de résidence, ou dont le séjour aurait excédé le délai porté par lesdites permissions, seront constitués prisonniers dans les prisons les plus prochaines du lieu où ils auront été arrêtés, d'où il ne pourront, sous quelque prétexte que ce soit (et dans la supposition même qu'ils fussent dans le cas d'être admis), être relâchés qu'au préalable, ils n'aient payé soit par eux-mêmes, soit par ceux qui solliciteront indulgence en leur faveur une amende de mille livres à laquelle nous les condamnons, et en outre les frais de gîte et geôlage, ou donné caution suffisante pour le tout, la moitié de laquelle amende de mille livres appartiendra à quiconque aura facilité la découverte d'un individu en contravention, et l'autre moitié sera appliquée aux réparations des ouvrages publics.

Sera la présente ordonnance enregistrée aux greffes des tribunaux, lue, publiée etc.

Donné à la Martinique, le 5 décembre 1810.

Signé, JOHN BRODRICK.

Enregist. aux Greffes des Tribunaux.

(N°. 1372.) RÈGLEMENT *de S. E. le Gouverneur de la Martinique, pour la conservation des Droits et Emolumens des Officiers des Tribunaux de Première Instance.*

Du 14 décembre 1810.

VU le renvoi qui nous a été fait par la Cour d'appel de cette île d'une requête présentée à sa séance du mois de septembre dernier, par Me. Blanc, Président du tribunal de première instance du Fort-Royal, par laquelle il représente " qu'il devient urgent d'aviser aux moyens d'empêcher que les officiers du tribunal de première instance soient frustrés de leurs droits par leurs justiciables et par les avoués qui sont chargés de la poursuite de leurs affaires.

" Que s'il dépend des justiciables et de leurs avoués de laisser au greffe tous les jugemens et autres actes sans en lever les expéditions et les payer, toutes les prérogatives de ces places sont anéanties.

" Que plusieurs de ces jugemens ne sont pas levés, lorsque sur-tout ils ne sont pas rendus au gré des parties, qui non-seulement disent n'en pas vouloir, mais qui veulent encore exiger du Greffier la remise de leurs dossiers.

" Qu'il dépend des avoués, que la chose regarde, d'atténuer ces abus, ou même de les prévenir, en exigeant de leurs clients ce qu'ils peuvent et sont en droit d'en exiger, car ne pouvant y avoir aucune espèce de contact direct entre le Juge et les justiciables, tout entr'eux doit se passer par l'intermédiaire des avoués qui ne sont certainement pas les maîtres de compromettre les émolumens des Juges.

“ Et par laquelle il conclut enfin à ce qu'il soit pourvu au moyen de remédier au préjudice que cause aux officiers du tribunal un état de choses qui leur est aussi défavorable, en avisant au maintien de leurs droits par telle mesure qui sera jugée convenable. „

Nous, etc., après examen de tous les détails et faits à l'appui des représentations ci-dessus, avons ordonné et ordonnons ce qui suit :

ART. Ier. Tout Avoué poursuivant sera tenu, avant les jugemens, de se constituer débiteur du montant de la sentence, sauf son recours sur son client, par qui il sera toujours censé s'être fait faire l'avance nécessaire pour cet objet.

II. Il est défendu à tous officiers publics de procéder sans avoir expédition des actes, délibérations, et de toutes autres pièces quelconques sur lesquelles ils doivent opérer, à peine de nullité de tous ceux de leurs propres actes où ils auraient cité ces pièces sans en avoir l'expédition sous les yeux.

III. Le Greffier est autorisé à envoyer et porter en compte à l'Avoué poursuivant expédition de tous jugemens et autres actes résultant de sa poursuite, dont ledit Avoué répondra personnellement conformément à l'article Ier.

Seront les présentes enregistrées aux Greffes des tribunaux lues, publiées, etc.

Donné à St-Pierre Martinique, le 14 décembre 1810. *Signé*, JOHN BRODRICK,

Enregist. aux Greffes des Tribunaux.

(N°. 1373.) ORDRE *de S. E. le Gouverneur de la Martinique, portant délégation des pouvoirs de l'Amirauté aux Tribunaux ordinaires.*

Du 24 décembre 1810.

VU les instructions de Sa Majesté données à St-James le 6 juillet 1809, dans la 49e. année de son règne et dont la teneur suit :

« Les pouvoirs judiciaires qui étaient exercés « par les cours françaises d'amirautés en matière « de police et de commerce et ne sont pas « compris dans la commission des cours anglaises « d'amirautés, seront dévolus à telles des an- « ciennes cours de judicature qui seront jugées « les plus convenables et qui les exerceront de « la manière que vous, notre Gouverneur, avec « l'avis du conseil privé, déterminerez. Cette « détermination sujette à être approuvée ou « désapprouvée. »

Nous, etc., avons ordonné et ordonnons, que les pouvoirs judiciaires décrits ci-dessus, demeureront dévolus, aux mêmes tribunaux de première instance et d'appel, qui les exerçaient précédemment, et qui continueront à les exercer dans la même forme, et sans qu'il n'y ait rien d'innové dans leurs attributions à cet égard.

Seront les présentes enregistrées aux greffes des tribunaux, lues, publiées, etc.

Donné au Fort-Royal Martinique, le 24 décembre 1310. *Signé*, JOHN BRODRICK.

Enregist. aux Greffes des Tribunaux

(N°. 1374.) ORDONNANCE *de S. E. le Gouverneur de la Martinique, sur les Impositions pour l'année* 1811.

Du 24 décembre 1810.

Il eut été bien satisfaisant pour nous de continuer pour l'année 1811, les impositions sur le même pied qu'elles avaient été établies dans les deux premières années de la conquête de la Martinique; mais si le Gouvernement a cru devoir dans ces premiers momens s'occuper à soulager la détresse des Colons après des tems malheureux, maintenant que la colonie a repris dans cet Archipel tous les avantages que sa situation et ses ressources locales lui assurèrent précédemment, maintenant que malgré les entraves des circonstances communes à toutes les colonies, il est notoire que c'est encore ici plus que par-tout ailleurs que l'activité du commerce intérieur et extérieur donne le mouvement qui rappelle l'aisance, nos regrets sur une augmentation devenue nécessaire sont adoucis par la certitude que la proportion se trouvera conservée entre les impositions que nous allons établir, et les moyens d'y pourvoir, et nous ne pouvons plus long-tems perdre de vue qu'un de nos premiers devoirs est de fixer notre attention sur les besoins du service (dont plusieurs parties quoique urgentes avaient été ajournées dans le principe) en portant nos soins sur tout ce qui peut tendre au bien général d'une colonie aussi intéressante. Les fonds de 1810 n'ont pas été en raison des besoins de l'année, et si dans ce moment nous sommes obligés de rapprocher la somme des recettes pour 1811 du taux auquel elle s'élevait sous le dernier Gouvernement de S. M., la colonie aura du moins la satisfaction de voir que tous les fonds qu'elle pourra faire seront entièrement appliqués soit au maintien de son service ordinaire, soit à des établissemens qui tendent à sa prospérité.

A ces causes, et de l'avis de notre Conseil privé, nous etc., avons établis et établissons les impositions pour l'année 1811, ainsi qu'il suit :

Section Première,

Impositions sur la Colonie pour les Dépenses générales.

Art. 1er. Les esclaves des villes et bourgs, ouvriers, domestiques, servant à loyer, à la journée, ceux qui seront employés à la pêche ou dans les acons, bâteaux-caboteurs, canots de pêche ou de passage; tous les esclaves attachés aux poteries, chaufourneries, rummeries et vinaigreries autres que celles qui dépendent des sucreries, seront soumis à une capitation de trente-six livres par tête, depuis l'âge de 14 ans inclusivement jusqu'à l'âge de 60 ans exclusivement.

II. Les maisons de Saint-Pierre paieront un droit de sept pour cent sur le montant de leur loyer, et à l'égard des propriétaires qui les occupent eux-mêmes, le susdit droit sera établi sur l'estimation qui en sera faite par arbitres à la diligence de l'Administration coloniale.

III. Les maisons situées dans la ville du Fort-Royal, et dans les bourgs du Lamentin, de la Trinité et du Marin, paieront un droit de quatre pour cent.

Seront cependant déchargées de l'imposition, les maisons de St-Pierre et autres lieux qui seront plus de trois mois sans être louées; et ce pour le tems qu'elles demeureront dans cet état, ce que les propriétaires seront tenus de constater contradictoirement avec le Receveur du département, auquel effet, ils auront, après lesdits trois mois expirés, à lui faire d'abord la déclaration du jour où la non-location aura commencé pour cause de réparations, reconstruction ou autrement et ensuite une autre déclaration du jour de la location nouvelle.

Ces deux déclarations seront faites à côté l'une de l'autre sur un registre ouvert à cet effet, et il ne pourra être reçu aucune demande en rectification du rôle, qu'elle ne soit vérifiée par le Receveur des impositions sur ledit registre.

Les propriétaires de maisons ne pourront faire de poursuites en justice pour obtenir le paiement de leur loyer que sur les déclations qu'ils auront faites au bureau de la recette (dont une expédition leur sera remise par le Receveur) nonobstant la représentation des baux qui porteraient les loyers à une somme plus forte.

Les propriétaires, qui auront plusieurs maisons, seront tenus, dans leurs déclarations, de distinguer le loyer de chacune desdites maisons.

IV. Les impositions directes étant acquises au Trésor public dès le premier jour de l'année, les propriétaires d'esclaves capités et de maisons imposées ne pourront vendre ni aliéner ces propriétés avant d'avoir acquitté la somme totale d'impôt pour laquelle ils sont compris aux rôles des contributions annuelles, et dans le cas de contravention à cet article les acheteurs de ces esclaves et maisons seront responsables du contingent des vendeurs et sujets par conséquent à toute la rigueur de la loi pour l'acquittement dudit contingent, nonobstant le droit primitif que le Domaine conserve toujours sur le vendeur afin de mieux assurer la recette de l'impôt.

La même disposition s'étend aux locataires des maisons ; ils ne pourront payer leurs loyers aux propriétaires, qu'au préalable ceux-ci ayent exhibé leurs quittances des impôts alors en recouvrement, et ce sous les mêmes peines que dessus.

V. Conformément aux articles II et III, de notre ordonnance concernant la formation des dénombremens et recensemens, les particuliers qui n'auront pas fourni leur dénombrement ou fait la déclaration de leurs maisons en tems opportuns et qui seront en conséquence taxés au double de l'impôt, ne pourront prétendre à aucune rectification de cette double taxe ; les préposés à la formation des rôles et à la recette des impositions sont responsables de l'exécution de cet article, qui ne pourra être réputé comminatoire.

VI. Les particuliers qui se trouveront hors d'état de payer leurs quôtes-parts des impôts, s'adresseront dans les villes aux bureaux de charité qui y sont établies et dans les campagnes à la réunion indiquée par l'article XXI. de notre règlement du 17 octobre 1810, pour obtenir un certificat qui constate leur impuissance d'acquitter lesdits impôts : ce certificat ne pourra être délivré par le bureau ou par la réunion qu'en assemblée compétente.

VII. Tous les cabaretiers, traiteurs, aubergistes, limonadiers et autres vendant au détail vin, eau-de-vie, et autres liqueurs ainsi que les personnes tenant billards ou jeux permis, soit qu'ils donnent à boire ou non, seront tenus de prendre un permis de nous et de payer par chaque année les sommes ci-après fixées ;

1,600 liv. pour ceux résidant au Fort-Royal;

2,000 liv. pour ceux résidant à Saint-Pierre;

700 livres pour ceux résidant à la Trinité et au Lamentin.

450 livres pour ceux résidant au Marin, au Prêcheur et au Carbet ;

Et 250 liv. pour ceux des autres bourgs de l'île.

Le paiement de ces droits sera divisé en quatre époques de trois mois chaque, exigible à l'avance en janvier, avril, juillet et octobre.

Seront considérés comme contrevenans au présent article tous marchands ou négocians qui vendraient des liqueurs ci-dessus par mesures au-dessous d'un gallon, et seront en conséquence poursuivis à la diligence du Procureur du Roi et condamnés à une amende au profit de la caisse coloniale égale pour la première fois, à la taxe annuelle à laquelle ils auraient été imposés s'ils eussent pris un permis de nous; et en cas de récidive à une amende double.

Les habitans sucriers qui fabriquent du tafia ou du rum ont le droit de le débiter par

toutes

toutes mesures, pourvu que ce soit dans leurs bâtimens ou manufactures et non dans quelqu'autre lieu que ce soit de leurs terres et sur les chemins.

VIII. Tous colporteurs, marchands-forains vendant dans les campagnes, et tous gens de couleur libres porteurs de balles ou de paniers payeront une imposition annuelle de 200 liv. par tête et ne pourront vendre qu'en vertu d'un permis de nous qui ne sera accordé que sur la quittance du Receveur; à peine de confiscation des marchandises colportées.

IX. Les canots connus sous le nom de *Canots de Poste* continueront à payer le droit de 36 livres par canot, établi pour contribuer aux frais de police de cet objet.

X. Il sera levé un droit de sortie de,

18 livres par millier de sucre terré et en proportion pour les fractions de millier;

12 l. par millier de sucre brut, comme dessus;

3 livres 10 sous par quintal de café;

5 liv. 10 s. par chaque quintal de coton;

1 livre 15 sous par chaque quintal de cacao;

12 sous par chaque quintal de casse;

Et 6 livres par chaque centaine de gallons de sirop.

Lesdits droits seront à la charge du planteur, mais acquittables par le chargeur.

XI. Les denrées ci-dessus des autres colonies payeront à leur entrée à la Martinique, les mêmes droits établis dans l'article précédent, toutes les fois qu'elles ne seront pas réexportées par celui qui les aura introduites. Les rums aussi des autres colonies continueront à payer dans le même cas le droit de 27 liv.

par boucaut d'environ 110 gallons; le tout conformément aux dispositions de nos instructions à l'Administration coloniale en date de ce jour. Ne seront pas sujets à ce droit les rums introduits par les contracteurs pour le service de S. M.

XII. Tous les droits domaniaux et seigneuriaux tels que les épaves, bâtardises, déhérences, les biens vacans non-réclamés, les confiscations et autres droits appartenant au domaine, continueront d'être perçus comme par le passé.

XIII. La taxe pour le remboursement des nègres justiciés demeure fixée, pour l'année courante, à raison de 2 livres 5 sous par tête de nègres payant droit dans lés villes et bourgs, et sur les poteries, chaufourneries, rummeries et vinaigreries autres que celles qui dépendent des sucreries. La même taxe est fixée, pour les campagnes, à un droit de sortie de

20 sous par millier de sucre terré;
15 sous par millier de sucre brut;
5 sous pour chaque quintal de café;
10 sous pour chaque quintal de coton;
2 sous 6 den. pour chaque quintal de cacao;
10 sous pour chaque centaine de gallons de sirop.

A la charge et acquittables comme à l'art. X.

SECTION DEUXIÈME,

Impositions particulières sur les Campagnes pour l'Entretien des Chemins-publics.

A mesure que les nouveaux chemins seront confectionnés dans une paroisse, leur entretien sera confié à des Entrepreneurs, et à cet effet, il sera perçu un droit de sortie de

3 livres 10 sous par millier de sucre terré, et en proportion pour les fractions du millier;

2 livres 5 sous par millier de sucre brut, et en proportion pour les fractions du millier;

15 sous pour chaque quintal de café;

30 sous pour chaque quintal de coton;

7 sous 6 den. pour chaque quintal de cacao;

5 sous pour chaque quintal de casse;

Et 35 sous pour chaque centaine de gallons de sirop.

A la charge et acquittables comme à l'art. X de la première section.

Les poteries, chaufourneries, rummeries et vinaigreries, autres que celles qui dépendent des sucreries, paieront un droit de 6 livres par tête de nègres pour le même objet.

SECTION TROISIÈME,

Impositions particulières sur la ville du Fort-Royal pour ses dépenses municipales.

L'entretien des villes devant être à leur charge, les maisons du Fort-Royal paieront un droit de 2 pour 100 sur le montant de leur loyer, et ce droit sera établi et perçu ainsi qu'il est spécifié aux articles II et III de la première section, et son produit sera entièrement appliqué aux dépenses particulières à cette ville.

SECTION QUATRIÈME,

Impositions particulières sur la ville de St-Pierre pour ses dépenses municipales.

ART. 1er. Par les mêmes motifs et d'après les réparations à faire au Pont de la ville de St-Pierre et plusieurs autres objets urgens de dépenses particulières à cette ville, les maisons de Saint-Pierre paieront, suivant les dispositions établies à la troisième section, un droit de 2 et demi pour 100 sur le montant de leur loyer, et il sera levé en outre par cabrouet un droit de 300 livres, et six liv. quinze sous par tête de nègres dans les deux paroisses.

II. L'entretien des tranchées de St-Pierre sur lesquelles sont appuyés les hangards servant au débit des bois, étant à la charge des habitans de cette ville, il est juste que la taxe, à laquelle ces hangards sont imposés, fasse partie des fonds municipaux de ladite ville, en conséquence lesdits hangards établis ou à établir dans les lieux indiqués par l'ordonnance du 23 juin 1809, confirmative de celle du 21 février 1804, paieront un droit de 18 livres par pied qu'ils occupent le long de la tranchée et des perrons des maisons donnant sur la mer. Leur plus grande étendue de la tranchée ou des perrons à la mer reste fixée à 14 pieds, à compter du haut du mur de la tranchée, ledit mur non-compris.

L'état desdits hangards continuera d'être dressé par le Commissaire de police, à la fin de chaque année, pour servir à la perception du droit imposé. Il ne pourra d'ailleurs en être construit de nouveau, sans nôtre permission, et lorsque les occupans desdits hangards seront dans le cas de les abandonner ou d'en céder la jouissance, ils ne pourront jamais les aliéner qu'en faveur des propriétaires des maisons vis-à-vis desquelles ils sont établis.

Dispositions d'exécution.

A défaut par les contribuables, de s'acquitter sans délai, ils seront contraints par toutes les voies de droit, même par corps, comme s'agissant de deniers royaux.

Sera la présente ordonnance enregistrée aux greffes des tribunaux, lue; etc.

Donné à Saint-Pierre Martinique, le 24 décembre 1810. *Signé*, J. Brodrick.

Enregist. aux Greffes des Tribunaux.

(N°. 1375.) Arrêt *de la Cour d'Appel de l'île Martinique, sur l'examen des Notaires, Avoués et Huissiers à leur réception.*

Du 4 janvier 1811.

Ce jour le Procureur-général du Roi a exposé à la Cour que, par son arrêt, en date du 4 septembre 1809, rendu sur son réquisitoire, et dont l'objet a été de donner une forme plus imposante et plus authentique aux examens des notaires, avoués et huissiers, elle a ordonné que ces examens se feraient à l'avenir, pendant le tems des séances de la Cour, en présence d'un Commissaire pris dans son sein, et dudit Procureur-général lui-même, que cette dernière disposition lui parait d'une difficile exécution et même peu convenable en ce qu'il ne peut être distrait des fonctions qu'il exerce à cette époque auprès de la Cour, pour en remplir de moins importantes.

Que d'ailleurs sa présence à ces examens est rendue inutile par celle de son substitut, qui y assiste de droit comme membre du tribunal,

Pour quoi ledit Procureur-général a conclu à ce que la Cour, prenant ses observations en considération, ordonne le rapport de la disposition de son arrêt ci-dessus daté, concernant sa présence aux examens des officiers ministériels de la justice.

La Cour prenant en considération les observations dudit Procureur-général du Roi, et d'accord avec lui de l'utilité de la mesure qu'il propose, ordonne que la disposition de son arrêt en date du 4 septembre 1809 sur l'examen desdits notaires, avoués et huissiers, et qui est relative à la présence dudit Procureur-général du Roi auxdits examens, est et demeure rapportée; confirme au surplus ladite Cour toutes les autres dispositions qui constituent ledit arrêt.

Fait à la Cour d'appel de l'île Martinique, le 4 janvier 1811. *Signé*, RONDEAU, *Greffier.*

(Nº. 1376.) ARRÊT *de la Cour d'Appel de l'île Martinique, relatif aux Minutes, Registres et autres Papiers déposés au Greffe de St-Pierre.*

Du 4 janvier 1811.

CE jour MM. Perrinelle et Jorna de la Calle ont donné lecture et déposé, sur le bureau, le procès-verbal par eux dressé, le 8 décembre dernier, de l'état des registres et papiers composant le greffe du tribunal de première instance séant à St-Pierre, conformément et en exécution de l'arrêt de la Cour du 7 novembre précédent, qui les nomme Commissaires à cet effet, lequel procès-verbal détermine l'état dans lequel se trouvent lesdits registres, etc.

La Cour statuant sur le tout, ordonne 1°. que le procès-verbal dressé par ses Commissaires, ensemble les conclusions par écrit du Procureur-général du Roi à son sujet, seront déposés dans les minutes de son greffe pour y avoir recours au besoin.

2°. Que les papiers devenus illisibles par vétusté, piqûre d'insectes, qualité corrosive de l'encre et autres causes; que les papiers inutiles tels que les procès-verbaux de jurande de témoins sur les enquêtes en séparation, avant l'année 1760; les procès-verbaux d'avaries de marchandises, les procès-verbaux de chirurgiens relativement à des nègres blessés, les registres de l'ancienne amirauté et généralement tous les actes, papiers, et registres jugés inutiles ou dangereux à la conservation des autres, seront brûlés en présence du Tribunal de première instance et inspection préalablement faite desdits papiers par les officiers de ce Tribunal.

3°. Qu'à l'égard des titres et registres qu'il importe de conserver et dont la transcription est absolument nécessaire, le Procureur général du Roi se retirera vers S. Exc. le Gouverneur de la colonie afin de la supplier d'établir pour le greffe de St-Pierre, un bureau de transcription sur les mêmes bases et dans le même ordre qu'est établi celui du Fort-Royal.

Fait à la Cour d'appel de l'île Martinique, le 4 janvier 1811. *Signé*, RONDEAU, *Greffier*.

(N°. 1377.) ORDONNANCE *de S. E. le Gouverneur de la Martinique, portant que le Vice-préfet Apostolique, le Chef de l'Administration coloniale et le Procureur-général du Roi, sont Inspecteurs nés des divers Bureaux de Charité de la Colonie.*

Du 20 janvier 1811.

En addition à notre règlement du 17 octobre 1810, pour l'établissement des bureaux de charité à la Martinique, nous avons statué et statuons ce qui suit :

Le vice-préfet apostolique, le chef de l'administration coloniale et le Procureur-général de la Cour d'appel étant appellés par leur Ministère à l'inspection de toutes les parties qui constituent un établissement aussi intéressant pour la colonie, ils tiendront non seulement leur place dans le bureau du Fort-Royal; mais encore dans ceux du Fort et du Mouillage à St-Pierre, et inspecteront lorsqu'ils le jugeront à propos la réunion indiquée dans les autres paroisses de l'île par l'article XXI dudit règlement; en conséquence lorsqu'ils ne pourront assister aux séances desdits bureaux ils y seront remplacés par leurs substituts.

Sera la présente enregistrée tant au greffe de la Cour d'appel qu'à ceux des tribunaux de première instance, lue, etc.

Donné à St-Pierre, le 20 janvier 1811.
Signé, JOHN BRODRICK.

Enregist. aux Greffes des Tribunaux.

(N°. 1378.) ORDONNANCE *de S. E. le Gouverneur de la Martinique, portant Création de Primes d'encouragement, pour les Bâtimens Anglais qui introduiront dans cette Colonie des objets de première nécessité pendant l'année* 1811.

Du 23 janvier 1811.

ATTENDU qu'il devient de jour en jour plus intéressant d'étendre les vues du commerce national sur tout ce qui peut être d'une nécessité directe à la colonie, et d'encourager, autant que possible, les bâtimens anglais à concourir au transport des objets de première nécessité que fournit le nord de l'Amérique, nous, etc., avons ordonné et ordonnons ce qui suit :

ART. Ier. A compter du 10 février, jusques et compris le 31 décembre 1811, il sera accordé des primes sur tous les objets de première nécessité indiqués ci-après, lorsqu'ils auront été introduis à la Martinique sur des bâtimens anglais, savoir :

Une prime d'une demi-gourde par quintal de morue introduit à la Martinique par tout bâtiment anglais venant des possessions britaniques du nord de l'Amérique.

Une prime d'un quart de gourde par quintal de morue introduit par tout bâtiment anglais venant des ports des Etats-unis de l'Amérique.

Une prime d'une gourde par baril de farine de froment.

D'un quart de gourde par baril de farine de seigle ou de maïs.

D'un quart de gourde par baril de maïs en grains.

D'une gourde par millier de riz introduit par tout bâtiment anglais venant de quelque port que ce soit du continent de l'Amérique.

II. Lorsque les bâtimens auront été expédiés des ports de la Martinique pour les contrées ci-dessus, avec leur chargement complet en denrées coloniales de ladite île, dont l'exportation est permise pour ces contrées, et qu'ils feront directement leur retour à la Martinique avec les provisions ci-dessus indiquées, la prime sera augmentée de moitié.

III. Ces primes seront acquises lorsque les vivres ci-dessus seront débarqués et emmagasinés dans la colonie, et que la reconnaissance en magasin aura été faite par un officier de la Douane impériale de concert avec un officier de l'administration coloniale, et elles seront payées par le trésor colonial, d'après le certificat de ces officiers, sur les fonds que nous assignerons à cet effet par nos instructions particulières au chef d'Administration; le tout sous la retenue de cinq pour cent, établie en faveur des bureaux de charité par nôtre ordonnance de ce jour.

Sera la présente enregistrée aux greffes des tribunaux, lue, publiée, etc.

Mandons au Chef de l'administration coloniale de tenir la main à son exécution.

Donné au Fort-Royal Martinique, le 23 janvier 1811. *Signé*, John Brodrick.

Enregist. aux Greffes des Tribunaux.

(N°. 1379.) Ordonnance *de S. E. le Gouverneur de la Martinique, portant Création de diverses Retenues en faveur des Bureaux de Charité.*

Du 23 janvier 1811.

En créant des bureaux de charité dans cette colonie, nous avons eu en vue de former un établissement d'humanité et en même-tems de police, et nous voyons avec satisfaction que le premier essai promet pour l'avenir les résultats les plus satisfaisans; mais pour qu'un tel établissement puisse subsister avec la stabilité convenable, il faut que les fonds qui doivent en faire la base soient assurés; en conséquence nous avons statué et ordonné, statuons et ordonnons ce qui suit :

Art. Ier. Il sera retenu cinq pour cent sur les paiemens des primes établies par notre ordonnance de ce jour en faveur du commerce national et cette retenue fera partie des fonds destinés aux bureaux de charité.

II. La retenue qui a existé de tous les tems sur les payemens faits au trésor public pour être appliquée au secours des invalides, sera rétablie à compter du quinze février de cette année à raison d'un pour cent sur tous les paiemens quelconques de cinquante livres et au-dessus, qui seront faits au trésor colonial, et cette retenue fera aussi partie des fonds destinés auxdits bureaux.

Sera la présente ordonnance enregistrée tant greffe de la Cour d'appel qu'à ceux des tribunaux de première instance.

Mandons au Chef de l'administration coloniale de tenir la main à son exécution.

Donné à la Martinique, le 23 janvier 1811.

Signé, John Brodrick.

Enregist. aux Greffes des Tribunaux.

(N°. 1380.) RÉGLEMENT *de S. E. le Gouverneur de la Martinique, portant modification des anciennes Lois sur la Procédure Civile, de l'article* 93 *du* Code Civil, *et de l'Arrêté du Gouvernement Colonial en date du* 7 *novembre* 1805, *relatif à la Conservation des Hypothèques.*

Du 1er. mars 1811.

VU les représentations qui nous ont été transmises par le Procureur-général du Roi :

1°. Sur les inconvéniens résultant du mode de récusation adopté par les anciennes lois sur la procédure civile et qui retardent souvent le jugement des procès au grand préjudice des parties, inconvéniens reconnus par le nouveau Code de la procédure civile qui y a pourvu.

2°. Sur la manière onéreuse dont l'article 93 du Code civil se trouve exécuté dans la colonie, cet article ordonnant qu'un notaire nommé par le tribunal représentera les absens dans les inventaires, tandis que cette représentation des absens, qui était une des fonctions des Procureurs du Roi, n'a jamais cessé de leur être dévolue, ce qui a occasionné souvent de l'embarras dans les affaires et un préjudice notable pour le public qui a vu les frais doublés pour cet objet.

3°. Sur ce que le vœu de la loi qui établit un bureau d'hypothèque auprès de chaque tribunal de première instance n'est pas rempli par cet établissement en cette colonie, ce qui entraine des déplacemens onéreux et des risques pour les habitans qui ne sont pas du tribunal où le bureau unique est placé, et met la surveillance des registres étrangers à ce tribunal, hors de la portée des magistrats qui doivent les surveiller.

A quoi voulant avoir égard, nous, etc., avons ordonné et ordonnons ce qui suit :

Art. 1er. Conformément au nouveau Code de procédure civile, les récusations à l'égard des juges pour cause de parenté seront restreintes à l'avenir au degré de cousin issu de de germain, inclusivement.

II. Cette disposition n'aura d'effet que pour les affaires qui ne sont point encore en instance, tout procès commencé devant être terminé selon les anciennes formes dans le Tribunal qui s'en trouve saisi.

III. L'article 93 du Code civil est et demeure modifié en ce qui concerne la présence d'un notaire à nommer pour représenter les absens dans les inventaires, et cette fonction restera dévolue aux seuls Procureurs du Roi comme par le passé.

IV. Il y aura un bureau de conservation des hypothèques pour chaque arrondissement de tribunal de première instance placé dans le lieu où siége le tribunal ; à cet effet, les registres, qui concernent l'arrondissement du Fort-Royal, y seront transportés, pour être remis aux conservateurs de ce bureau.

V. Les conservateurs seront sous la surveillance immédiate du Procureur-général du Roi et de ses substituts.

VI. Leurs commissions seront enregistrées au greffe du tribunal de première instance dont ils ressortent, et ils y prêteront le serment d'usage.

VII. Ils seront tenus de justifier de leur cautionnement pardevant le Procureur-général et de déposer l'expédition de la réception dudit cautionnement au greffe de leurs tribunaux respectifs.

VIII. Lesdits conservateurs seront responsables non-seulement des erreurs commises dans les inscriptions, transcriptions, etc. mais de l'exactitude de tous les certificats qu'ils délivreront.

IX. L'arrêté du gouvernement colonial de cette île en date du 7 novembre 1805, sera au surplus exécuté en tout ce qui n'y est pas dérogé par ces présentes.

Seront les présentes enregistrées aux greffes des tribunaux.

Donné à la Martinique, le 1er. mars 1811. *Signé*, John Brodrick.

Enregist. aux Greffes des Tribunaux.

(N°. 1381.) Ordonnance *de S. E. le Major-général* Al. Wood, *Commandant de l'île Sainte-Lucie, relative au Pavé de la Ville de Castries.*

Du 30 mars 1811.

Vu la remontrance du Procureur du Roi en la Sénéchaussée de cette colonie, considérant que la salubrité d'une ville dépend en grande partie de sa propreté et que le défaut de pavé de la ville de Castries, où le mauvais entretien de ceux qui existent, est une des principales causes de la malpropreté des rues;

Nous, etc. avons ordonné et ordonnons:

Art. 1er. Toutes les rues de Castries, qui n'ont point encore été pavées, le seront dans le délai d'un mois à compter de la publication de la présente ordonnance.

II. Attendu qu'une des conditions attachées à la concession qui a été faite des terreins de la ville, est de faire paver la partie de la rue qui se trouve entre ledit terrein et le ruisseau du milieu, les terreins dont les propriétaires n'obéiront pas à l'article précédent seront réunis, à la diligence du Procureur du Roi, au Domaine de S. M.

III. Chaque propriétaire sera tenu de paver suivant le niveau et l'alignement qui lui sera donné par un des Voyers de la colonie qui sera commis à cet effet.

IV. Dans le même délai d'un mois, ledit Voyer dressera, en présence du Procureur du Roi, un procès-verbal constatant quels sont les pavés susceptibles d'être refaits, et sur la notification de ce procès-verbal par le Procureur du Roi, aux propriétaires qu'il concernera, ceux-ci seront tenus de les faire refaire, dans le délai de 15 jours.

V. Faute par les propriétaires des terreins de refaire lesdits pavés, le Voyer sera autorisé par le Tribunal de la Sénéchaussée, sur le réquisitoire du Procureur du Roi, à les faire refaire aux dépens de qui il appartiendra, et il lui sera en conséquence délivré exécutoire des frais qu'il aura fait contre les contrevenans, pour iceux être contraints, même par corps, au paiement desdits frais.

VI. Tout propriétaire ou locataire de maison sera tenu de faire nettoyer, tous les jours, la partie de la rue qui se trouve entre ladite maison et le ruisseau qui traverse la rue, d'en faire arracher les herbes qui croissent entre les pavés, et de tenir propre ledit ruisseau.

VII. Tout contrevenant à l'article précédent sera condamné en une amende, qui ne pourra être moindre de 18 livres, ni excéder 72 livres, dont le quart applicable aux Commis à la police, et les trois autres quarts versés dans une caisse particulière tenue par le Greffier de la Sénéchaussée, pour, le produit desdites amendes, être employé à l'acquittement des dépenses qui pourraient être à la charge de la ville.

Enjoignons au Procureur du Roi de tenir la main à l'exécution de la présente ordonnance; et pour que personne n'en prétende cause d'ignorance, prions MM. de la Cour d'appel de faire enregistrer, etc.

Donné à Sainte-Lucie, le 30 mars 1811.
Signé, ALEXANDRE WOOD.

Enregist. à la Cour d'appel de Ste-Lucie.

(N°. 1382.) CONSIGNE *de Son Excellence le Gouverneur de la Martinique, pour la police du Jardin colonial des Plantes, à St-Pierre.*

Du 1er avril 1811.

LE Jardin colonial des Plantes n'étant point public, l'entrée n'en peut être donnée à qui que ce soit que par le Directeur dudit jardin présent sur les lieux.

En conséquence, les gens employés sous ses ordres sont autorisés à refuser cette entrée; et dans le cas où il leur serait fait violence à ce sujet, le délit sera dénoncé au Procureur du Roi pour en poursuivre la punition en police, même extraordinairement s'il y échêt.

Il

Il est en outre défendu à toutes personnes quelconques de pénétrer, chasser, fourager, couper du bois ni autrement causer des déprédations quelconques sur les dépendances de la partie close dudit jardin; et ce, sous telles peines qu'il appartiendra suivant l'exigence des cas.

Sera la présente consigne enregistrée au greffe du tribunal de St-Pierre et affichée à demeure, aux portes d'entrées du jardin colonial, à ce que personne n'en prétende cause d'ignorance.

Donné à la Martinique, le 1er. avril 1811.

Signé, John Brodrick.

(N°. 1383.) Ordonnance *de Son Excellence le Gouverneur de la Martinique, fixant les Droits à exiger par les Conservateurs des Hypothèques.*

Du 6 avril 1811.

Etant nécessaire d'établir, d'une manière fixe et invariable, les droits, que les Conservateurs des hypothèques sont autorisés à percevoir pour toutes leurs opérations, afin d'éviter qu'ils ne puissent les taxer arbitrairement.

Nous, etc., ordonnons, que les droits à percevoir par les Conservateurs des hypothèques, seront établis et fixés ainsi qu'il suit :

1°. Pour chaque inscription hypothécaire, 18 livres.

2°. Pour les bordereaux d'inscription, quand les Conservateurs les feront eux-mêmes, 13 liv. 10 sous.

3°. Par chaque radiation d'inscription, 22 l. 10 s,

4°. Pour chaque certificat, 6 liv. 15 sous.

5°. Pour le droit de recherche dans les registres, 4 liv. 10 sous.

6°. Pour la transcription des actes de mutations, par chaque rôle d'écriture, de 24 lignes à la page et de 15 à 18 syllabes à la ligne, pris sur le registre de transcription, 9 livres.

7°. Pour les copies collationnées des actes déposés ou transcrits dans le bureau des hypothèques, par rôle, 9 livres.

Défendons aux Conservateurs des hypothèques d'exiger une taxe plus forte que celle établie par ce tarif; et les autorisons à faire déposer, en même tems que les actes, le montant des droits qui leur sont alloués.

Seront les présentes enregistrées aux greffes des tribunaux.

Donné à la Martinique, le 6 avril 1811.

Signé, JOHN BRODRICK.

Enregist. aux Greffes des Tribunaux.

(N°. 1384.) CIRCULAIRE *de Son Excellence le Gouverneur de la Martinique, aux Officiers des Tribunaux de Première Instance de cette Colonie, sur les Sursis à accorder dans les Circonstances actuelles en faveur de certaines Classes de Débiteurs.*

Du 23 avril 1811.

MONSIEUR le Procureur-général, Messieurs, m'a fait un exposé sur la position dans laquelle se trouvent les affaires commerciales de la colonie, suite inévitable de l'impossibilité d'exporter les denrées coloniales et de la cessation, ou de la réduction considérable des transactions qui avaient eu lieu jusqu'à ce jour avec l'Amérique.

Ce Magistrat m'a représenté, avec toute l'énergie et le zéle qui le caractérisent, la manière effrayante dont l'usure s'est emparée de cet état de chose, les sacrifices qu'elle exige hautement de ses victimes, la ruine évidente qu'elle prépare au négociant, et l'augmentation désastreuse qui doit en résulter dans la masse des dettes de la colonie.

Une situation aussi critique doit nécessairement inspirer au Gouvernement le desir de l'améliorer, ou du moins de tenter un moyen d'arracher le commerce de la colonie à la subversion dont il est menacé.

En effet les Tribunaux étant obligés de faire l'application des lois dans toute leur rigueur, il résulte, de cette extrême sévérité, des frais considérables, une perte certaine pour le débiteur, et un bien faible avantage pour le créancier.

Ainsi la justice, l'intérêt du commerce, celui de la colonie sont d'accord en cette circonstance, pour déterminer le Gouvernement à adopter des dispositions, qui arrêteraient le débordement de l'usure, en assurant au créancier la sûreté de sa créance, et un intérêt légal de ses fonds.

Il est d'ailleurs rassurant pour le Gouvernement de voir, que l'expérience a déjà consacré le succès d'une mesure semblable, qui a sauvé le commerce de cette colonie à l'époque d'une crise du même genre, et que ces objets pris en considération en ce moment semblent même indiqués d'avance à la sagesse des Juges par l'article 1244 du Code civil.

En conséquence, j'ai l'honneur de vous prévenir, que vous êtes autorisés jusqu'à nouvel ordre à arrêter le cours des exécutions, d'après la connaissance que vous aurez de la nature de la créance, de la position pécuniaire du débiteur et du créancier, et des circonstances où ils se trouvent l'un et l'autre. Vous sentez qu'une loi générale sur cet objet pourrait être plus nuisible qu'utile; mais une application sage et modérée de cette mesure, et telle qu'elle ne pourrait favoriser que les débiteurs honnêtes et de bonne foi, arracherait peut-être à leur perte les plus importantes maisons de commerce, dont on doit considérer que le naufrage est dans le cas d'ébranler la colonie elle-même.

Cette mesure, pour qu'il ne soit point donné une fausse interprétation aux motifs qui la décident, peut et doit s'exercer par un simple ordre de vous à l'Administrateur de la bourse des Huissiers, qui ne devra faire procéder aux saisies-exécutions que d'après une injonction de votre part.

Son application ne devra avoir d'effet que pour les dettes contractées avant le 2 février dernier, époque où l'Amérique a ralenti ses expéditions pour les colonies, et sur celles qui sont la suite d'engagemens antérieurs, pour le paiement desquelles créances il serait fourni caution solvable ou hypothèque sur un immeuble, mais cette faveur ne pourra sous aucun prétexte s'appliquer aux intérêts courans, aux reliquats de compte dus par les comptables, aux dépositaires de deniers, aux pensions alimentaires, aux loyers de maisons, au paiement des journaliers et aux comptes des marchandises achetées depuis le 2 février. Dans tous ces cas, vous ne vous écarterez point de la rigueur de la loi; le déguerpissement est une loi particulière qui a pour objet de rendre au vendeur la propriété qu'il avait aliénée. L'insouciance, la mauvaise foi, le mépris des premières clauses, l'abus des circonstances et sur-tout l'impuissance reconnue de remplir les engagemens dans aucun tems, rendrait indispensable l'exécution des sentences, essentiellement quand le bien a dépéri : mais si l'acquéreur avait amélioré en portant des nègres, des bestiaux, des plantations et des bâtimens, et que le seul malheur des circonstances rendit nécessaire un délai avec la certitude du paiement soutenu de la bonne foi ; alors sans doute, l'homme malheureux, sans l'avoir mérité, doit être défendu par la mesure à laquelle vous êtes autorisée.

Il est une classe d'entremetteurs qui sous le nom de Courtiers, font beaucoup de mal en ce moment ; c'est à leur abri, c'est sous leur nom, que les Usuriers inconnus exercent toute leur rigueur contre leurs malheureux débiteurs, en les forçant, par la menace de l'exécution, à consentir des intérêts à perte de vue pour obtenir le renouvellement de leurs obligations. Si ces prétendus Courtiers existaient légalement, on leur retirerait leurs commissions d'après l'abus qu'ils en font ; mais ils sont confondus dans la foule, et chacun se croit maître du choix d'un particulier pour faire ses affaires. C'est à vous néanmoins, Messieurs, à surveiller de près ces Agens immédiats de l'usure, et à ne négliger aucune occasion de maintenir de tout votre pouvoir, l'exécution des ordonnances sur ce genre de délit, à l'égard duquel il serait bien instant de trouver à faire, dans la circonstance, un exemple marquant.

J'engage au surplus M. le Procureur général à correspondre avec vous sur tout ce qui aura rapport aux détails d'exécution de cette lettre, sur laquelle je m'en rapporte à votre sagesse et à vos lumières, comme à ce que les siennes le mettront dans le cas d'y ajouter et lui dicteront pour ce qui n'y aurait pas été prévu.

J'ai l'honneur d'être, etc. *Signé*, JOHN BRODRICK.

Enregist. aux Greffes des Tribunaux.

(N°. 1385.) RÉGLEMENT *de S. E. le Gouverneur de la Martinique, additionnel à celui du 17 Octobre 1810 portant établissement des Bureaux de Charité à la Martinique.*

Du 25 avril 1811.

L'EXPÉRIENCE ayant démontré, que les bureaux de charité établis dans les villes du Fort-Royal et de St-Pierre ne peuvent suffire aux détails à remplir dans les paroisses de la campagne pour les soins qu'exigent les pauvres de ces paroisses, nous avons jugé nécessaire d'organiser dans chaque lieu un bureau pour correspondre au bureau principal; en conséquence nous avons statué et statuons ce qui suit:

ART. 1er. Il sera immédiatement formé, dans les paroisses de l'arrondissement de chaque bureau principal, un bureau particulier composé du Curé, du Commissaire civil ou, à son défaut, de son Lieutenant, des deux Marguillers, et de quatre habitans des deux sexes, dont la première nomination se fera par le Curé et le Commissaire civil.

Dans les paroisses où il n'y aura point de Curé en titre, il y sera suppléé par le desservant; et en cas d'empêchement de ce dernier, le Commissaire civil pourra provisoirement remplir les fonctions de Président.

II. Ces bureaux s'organiseront d'après les dispositions du règlement du 17 octobre 1810, sauf les modifications qui devront nécessairement résulter de la différence des localités, notamment à l'égard du nombre des assemblées et de la division par district.

III. Ils correspondront avec le bureau principal de leur ressort et lui enverront exactement tous les trois mois la liste des pauvres, l'état des fonds perçus et celui de la répartition qui s'en sera faite pendant le trimestre écoulé.

IV. Les fonds particuliers des pauvres de chaque paroisse, tant des villes que de la campagne, se composeront 1°. du produit des quêtes locales en espèces; 2°. de celui des dons en denrées, pour la vente desquelles le bureau fera choix d'un commissionnaire dans le lieu où elles devront être reçues ou envoyées; 3°. de tous autres dons spéciaux quelconques faits entrevifs ou par testament.

V. Quant aux fonds généraux, ils se composeront 1°. des sommes provenant directement du Gouvernement ou du trésor-colonial par les retenues qui y seront faites; 2°. de celles qui auront lieu désormais sur toute loterie qui sera dans le cas d'être permise, à raison de cinq pour cent; 3°. du montant de toutes les amendes qui seront prononcées par les tribunaux au profit des pauvres de la colonie; 4°. des dons que toutes corporations ou que les particuliers voudront faire collectivement aux pauvres de la colonie.

VI. Ces fonds seront versés dans la proportion suivante; savoir : la moitié au bureau du Fort-Royal, et le quart à chacun des deux bureaux de St-Pierre, pour être par eux, de trois en trois mois, à compter de la date de leur établissement, répartis dans la proportion relative du nombre des pauvres de chaque paroisse; à l'effet de quoi les Trésoriers de ces bureaux tiendront deux comptes de caisse distincts et séparés, pour établir sur l'un la recette des fonds généraux à repartir, et sur l'autre celle des fonds particuliers du bureau.

VII. Pour faciliter le paiement des amendes par ceux qui y seront condamnés, les Greffiers des deux tribunaux de première instance en feront le recouvrement et, de trois en trois mois, la répartition aux trois bureaux principaux dans la proportion établie par l'article VI.

VIII. Nous ordonnons au surplus, pour l'exécution entière de l'article XXIV de notre règlement du 17 octobre 1810, qu'après l'homologation en justice et l'enregistrement des testamens et codiciles quelconques, les Greffiers des tribunaux de première instance seront, à l'avenir, tenus d'en envoyer des extraits, en ce qui concerne les legs pieux, au Procureur-général du Roi, pour qu'il en poursuive le paiement en sa qualité ou qu'il le fasse poursuivre par les Trésoriers des bureaux de charité, lorsqu'ils seront spécialement au profit des pauvres : et attendu que cette disposition correspond à celle de l'article IV de l'ordonnance du 11 février 1767, nous lui donnons tout effet rétroactif de droit, pour qu'il soit fait, tant par le Procureur-général que par ses substituts, même par les bureaux de charité, les recherches et diligences qui pourront conduire, dans l'intérêt des pauvres, à la connaissance des legs, dont la délivrance n'a point encore été effectuée.

Maintenons au surplus toutes les dispositions de nos règlemens du 17 octobre 1810 et 20 janvier 1811, auxquelles il n'est pas dérogé par le présent.

Sera le présent enregistré aux greffes des tribunaux, lu, publié, etc.

Donné au Fort-Royal Martinique, le 25 avril 1811. *Signé*, JOHN BRODRICK.

Enregit. aux Greffes des Tribunaux.

(N°. 1386.) ARRÊT *de la Cour d'Appel de la Martinique, concernant les Titres, Actes, Registres et Papiers du Greffe du Fort-Royal.*

Du 7 mai 1811.

CE jour le Procureur-général du Roi a communiqué à la Cour la lettre à lui écrite par le Président du tribunal de première instance du Fort-Royal, qui lui rend compte de l'état de décomposition dans lequel se trouvent les papiers, actes et registres, qui sont déposés au greffe dudit tribunal de première instance, dégât occasionné tant par la qualité du climat, que par les nombreux insectes dont la destruction est impossible, et ledit Procureur-général du Roi a demandé qu'il plaise à la Cour aviser dans sa sagesse aux moyens de prévenir des malheurs plus grands, et de conserver ce qui reste sain dans les minutes de cet important dépôt.

La Cour, etc., ordonne que les titres, actes, registres et papiers généralement quelconques composant le greffe du tribunal de première instance séant au Fort-Royal, continueront à demeurer audit greffe dans l'état où ils se trouvent, en par le greffier prenant toutes les précautions nécessaires pour que leur état n'empire point, et pour que les papiers qui ne sont point attaqués ne deviennent point victimes de la contagion.

Ordonne que par insertion dans la gazette officielle de la Martinique et publication au prône dans les paroisses de la colonie; les familles seront avisées de l'état de dépérissement et dissolution dans lequel se trouve le greffe du Fort-Royal, pour les mettre en mesure de retirer le plus promptement possible les expéditions qui peuvent leur être nécessaires, et par ce moyen sauver leurs titres des ravages du tems, du climat et des insectes.

Fait à la Cour d'appel de l'île Martinique, le 7 mai 1811. *Signé*, RONDEAU, *Greffier*.

(N°. 1387.) ARRÊT *de la Cour d'appel de la Martinique, concernant les Actes, Titres et Papiers etc. du Greffe du Tribunal de St-Pierre.*

Du 7 mai 1811.

CE jour le Procureur-général du Roi a dit à la Cour, que le greffe du tribunal de première instance séant à St-Pierre n'est pas exempt des dégâts dont est affecté celui du Fort-Royal, que les anciens registres des audiences sont les principales victimes des insectes, et que les registres, jusqu'à l'année 1760 inclusivement, sont dans un tel état de dissolution, qu'il est impossible d'y rien reconnaître, qu'au surplus la destruction de ces registres, dont une plus longue conservation deviendrait préjudiciable aux autres papiers du greffe, ne parait offrir aucun inconvénient, puisqu'il s'est écoulé plus de cinquante ans depuis leur cloture, et que toutes les sentences qu'ils peuvent contenir sont exécutées ou prescrites.

La Cour etc., prenant en considération les motifs à elle exposés par le Procureur-général du Roi, et voulant autant que possible prévenir de plus grands ravages au greffe du tribunal de première instance séant à St-Pierre, autorise le Greffier dudit tribunal à brûler les registres des audiences dudit greffe jusqu'à l'année 1760 inclusivement, invite ledit Greffier à redoubler de soins et de vigilance pour la conservation du dépôt important qui lui est confié.

Fait à la Cour d'appel de l'île Martinique, le 7 mai 1811. *Signé*, RONDEAU, *Greffier*.

(N°. 1388.) INSTRUCTIONS *de Son Excellence le Gouverneur de la Martinique, relatives à l'Ordonnance du 23 février 1811, sur les Primes d'encouragement.*

Du 11 mai 1811.

ATTENDU que par l'effet de notre ordonnance du 23 janvier 1811, relative aux primes d'encouragement, il peut se trouver par fois une surabondance de provisions dans les ports de la Martinique, et voulant prévenir les pertes qui résulteraient pour les commerçans, nous avons décidé et décidons, que dans toutes les occasions où il sera reconnu qu'une exportation de ce surplus de provisions pourra avoir lieu sans inconvénient, elle sera par nous permise, moyennant le versement au Trésor colonial d'un quart de gourde par quintal de morue, qui après avoir été débarqué et emmagasiné dans l'île (provenant de quelque port que ce soit du continent ou des îles de l'Amérique, et importé par quelque bâtiment que ce soit), sera exporté de la colonie.

Egalement une demi-gourde par baril de farine de froment. Un huitième de gourde par baril de farine de maïs, de seigle ou de maïs en grains, et une demi-gourde par millier de riz.

Donné à Saint-Pierre, le 11 mai 1811. *Signé* J. BRODRICK.

N. B. Il est entendu que ce n'est que dans le cas où les articles débarqués et emmagasinés dans l'île auraient été vendus, que le nouveau propriétaire, qui voudra les exporter, sera soumis à payer le droit d'exportation ; à moins que ces articles n'eussent reçu la prime (pour avoir été introduits sur des bâtimens nationaux) et alors, s'ils ne sont pas encore sortis des mains à qui elle a été comptée, le droit sera du montant de la prime, qui par ce moyen sera remboursée toute entière.

(N°. 1389.) ORDONNANCE *de S. E. le Gouverneur de la Martinique, pour l'Aliénation d'une partie des Maisons dépendantes de l'ancienne Communauté religieuse des* Dames Ursulines, *à l'effet de payer des Dettes contractées par ces Dames, pour Alimens, depuis* 1790.

Du 15 mai 1811.

Enregist. aux Greffes des Tribunaux.

(N. 1390.) RÉGLEMENT *de S. E. le Gouverneur de la Martinique, additionnel à ceux relatifs aux Arrivées et Départs illicites.*

Du 22 mai 1811.

SUR ce qui nous a été représenté, que l'exécution de quelques articles des réglemens existans sur les arrivées et départs illicites se trouve fréquemment éludée, soit parce que les peines n'ont pas été assez positivement énoncées pour que l'application puisse en être faite de manière à réprimer la désobéissance par des exemples efficaces, soit parce que les contrevenans s'emparent de quelques cas imprévus par les ordonnances pour s'y soustraire. Nous etc., avons ordonné et ordonnons ce qui suit : savoir :

Art. Ier. Les contrevenans aux défenses faites de communiquer avec les bâtimens arrivans, avant que les Officiers désignés pour le service du port ayent fait leur visite, seront condamnés à 500 livres d'amende pour la première fois, et au double en cas de récidive ; et en outre à la prison, suivant les circonstances de la contravention.

II. Les nègres patrons de canot ou autres qui auraient participé à la contravention, en conduisant à bord les particuliers désignés par l'article premier, seront châtiés exemplairement par jugement de police.

III. Le cautionnement fourni par un débiteur, à son départ de la colonie, ne pourra être censé éteint du jour de son retour, que lorsqu'il sera constaté qu'il a rempli toutes les formalités prescrites aux arrivans et aux partans.

Seront les présentes enregistrées tant au greffe de la Cour d'appel qu'à ceux des tribunaux de première instance, lues, etc.

Donné au Fort-Royal Martinique, le 22 mai 1811. *Signé*, John Brodrick.

Enregist. aux Greffes des Tribunaux.

(N°. 1391.) DÉCISION *de S. E. le Gouverneur Martinique, et Procès-verbal dressé en conséquence par les Officiers du Tribunal de Police de St-Pierre, concernant la construction de divers Hangards entre la Cale* Lucy, *et celle des* Pères-Blancs.

Du 30 mai 1811.

Vu la pétition à nous présentée, et voulant, autant qu'il est en nous, concilier les intérêts du commerce avec les vues d'utilité qui ont dirigé les dispositions faites pour le dégagement de la plage; attendu que ces dispositions générales, une fois exécutées, n'excluent pas les permissions particulières qui pourraient être demandées, pour des emplacemens dont l'occupation serait reconnue être sans inconvéniens, notre ordonnance du 24 décembre 1810 l'ayant même prévu, en déclarant que cette permission devra être demandée pour toute construction nouvelle de hangards : tout vu et considéré, nous ordonnons, que les Officiers du tribunal de police de St-Pierre, accompagnés du Grand-Voyer ou, à son défaut, du Voyer particulier de la ville, se transporteront sur les lieux, où ils inviteront le Commissaire civil de la paroisse à se rendre auprès d'eux pour les mettre à même d'obtenir tous les renseignemens qui pourraient être nécessaire, en cette circonstance, et où ils désigneront la quantité d'emplacemens qui pourront être destinés à des hangards sur la tranchée, depuis la calle Lucy jusqu'à celle des Pères-Blancs, sans nuire à l'emplacement destiné aux canots de poste et au bureau de leur direction; de quoi ils feront dreser procès-verbal, lequel sera à nous rapporté, pour être expédié, par chaque nouveau hangard dont l'établissement aura été admis, une permission particulière à la charge de payer le droit ordinaire de 18 liv. par pied et d'exécuter avec exactitude les articles II, III et IV, de l'ordonnance de M. le Général Keppel, du 30 décembre 1799; nous réservant au surplus dans l'ordonnance d'imposition de 1812, de fixer définitivement tout ce qui a rapport à cet objet.

Sera la présente décision enregistrée au tribunal de première instance à Saint-Pierre, à l'Administration, etc.

Donné au Fort-Royal, le 30 mai 1811. *Signé*, John Brodrick.

Suit le Procès-verbal dressé par les Officiers du Tribunal de Police en exécution de la décision ci-dessus.

Ce jour samedi 8 juin 1811, sur les 5 heures de relevée, en exécution et pour satisfaire à l'ordonnance de S. Exc. l'honorable John Brodrick, gouverneur civil de la colonie en date du 30 mai dernier, nous Jean-Amans Astorg, Président du tribunal et juge de police de St-Pierre, et Jean-Augustin Regnaudin, Procureur du Roi près lesdits tribunaux, Commissaires nommés par ladite ordonnance, nous sommes transportés au bord de mer, cale Lucy, à l'effet de procéder aux vérifications désignées par ladite ordonnance.

Où étant, avons trouvé le sieur Segond, voyer particulier de la ville, appelé en l'absence du Grand-voyer et le S^r^. Davrainville, négociant, lieutenant-commissaire civil de la paroisse, invité à se rendre auprès de nous pour obtenir de lui tous renseignemens nécessaires dans cette circonstance.

Avons requis le voyer particulier de faire mesurer le terrein depuis la cale Lucy, jusqu'au corps-de-garde dans la partie extérieure des tranchées ; il a été vérifié qu'il contient une espace de 80 pieds, outre la longueur du corps-de-garde qui est de 14 pieds ; ayant mûrement délibéré sur les inconvéniens qui avaient été supposés exister à l'établissement des hangards dans cette partie et sur les avantages que peut retirer le commerce de l'admission desdits hangards, sans aucunement obstruer l'emplacement destiné aux canots de poste, il a été reconnu qu'une largeur de 14 pieds, prise le long de la tranchée, laisse, dans un tems ordinaire, la longueur des canots de poste entre la lame et les hangards, que dans un cas pressant et au commencement d'un raz-de-marée, des précautions faciles amèneront les canots sous les hangards où ils seront arbrittés et d'où ils seront conduits derrière la tranchée par la cale Lucy, suivant le procédé dont se sont toujours servi les patrons en pareille circonstance. Mais il a été observé tant par M. Davrainville que par le Voyer, et reconnu par les Officiers du tribunal qu'il est nécessaire pour plus grande sûreté d'établir un ordre constant qui fixe ainsi qu'il suit les conditions de l'établisement d'un hangard.

1°. Il ne pourrait être que de 50 pieds ou environ dans ladite étendue de 80 pieds à prendre depuis le premier jusqu'au troisième arbre, afin qu'il y ait un grand espace auprès de la cale et auprès du corps-de-garde, qui laisse libre le passage.

2°. Que les 14 pieds soient mesurés du haut de la tranchée, ce qui donnera à peu-près deux pieds de plus à l'étendue de la plage entre la lame et le hangard.

3°.

3°. Que le hangard soit soutenu par des poteaux, qui l'élèvent à huit ou neuf pieds et que ces poteaux soient de dix pouces carrés, profondément placés, soutenus par des goussets placés à six pieds de distance, et soutenus par une sablière; le tout établi avec la plus grande solidité, de manière à écarter toute crainte d'écroulement.

4°. Qu'il soit expressément défendu de déposer aucunes marchandises, matériaux ou ordures, et mettre autres empêchemens quelconques, de manière que le dessous des hangards soit absolument et constamment libre, même dans le tems le plus calme; et que cette condition ne puisse être violée sous aucun prétexte.

5°. Qu'il soit ordonné, que la confection desdits hangards ne pourra être retardée par le concessionnaire, aussi-tôt qu'il aura entrepris l'ouvrage : à l'effet de quoi le Voyer particulier sera obligé de surveiller cette confection.

6°. Que l'exécution de l'article précédent, (en ce qui touche le dépôt quelconque qui pourrait être fait sous les hangards) soit confiée au Commissaire de police et à son Lieutenant, qui seront responsables personnellement de toute contravention; en conséquence seront autorisés à faire enlever, sans aucun délai, tout ce qu'ils pourraient trouver sous le hangard; et pour plus grande précaution, qu'il soit ordonné, qu'un exemplaire de l'ordonnance sera affiché sur les poteaux du hangard et qu'un gendarme de police sera constamment attaché à cette partie de la plage; et enfin que les contrevenans soient condamnés, outre les frais du transport qu'ils rembourseront, à payer une amende qui sera prononcée par le Tribunal de police sur la dénonciation.

Ensuite nous étant transportés par delà le corps-de-garde jusqu'à la rue Toraille, les mêmes procédés ont été exécutés. Il a été reconnu que cet espace est de 94 pieds et qu'il peut faire obtenir deux hangards de 40 pieds chacun sans nuire au passage et à la liberté de la cale : lesquels hangards seraient établis de la même manière et sous les mêmes conditions et réserves qui viennent d'être énoncées.

Un troisième emplacement, au-delà de la cale Toraille jusqu'à la cale des Pères-Blancs, donne 128 pieds et permet trois hangards de 40 pieds chacun. Il a été observé sur ce dernier emplacement que la lame est plus rapprochée de la tranchée; mais aussi que les canots passagers n'abordent point cette partie, qui est presque constamment libre.

De tout quoi avons fait dresser, par le Greffier ordinaire du tribunal, notre présent procès-verbal, que les susnommés ont signé avec nous après lecture faite.

Signé; SEGOND, DAVRAINVILLE, REGNAUDIN, ASTORG et BORDE.

Suit l'homologation du Procès-verbal.

Vu la pétition répondue de notre ordonnance du 31 mai dernier, et le procès-verbal du Tribunal de police de St-Pierre en date du 8 de ce mois, nous, etc. avons homologué et homologuons ledit procès-verbal, pour ressortir son plein et entier effet. Recommandons une surveillance spéciale à cet égard au tribunal, qui fera publier de tems à autre toute ordonnance de police qu'il jugera convenable, tant pour l'exécution des dispositions dudit procès-verbal que de tous autres réglemens existant sur le dégagement de la plage et le bon ordre, ainsi que la propreté qui doivent y régner.

Seront les présentes enregistrées au tribunal de première instance de St-Pierre et à l'administration, etc.

Donné au Fort-Royal Martinique, le 13 juin 1811.
Signé JOHN BRODRICK.

(N°. 1392.) DÉPART *de S. Exc. l'Honorable* John Brodrick, *Gouverneur de la Martinique, remplacé* par interim, *par S. E. le Brigadier-général* Charles Wale, *dans le Commandement Civil et Militaire de ladite Colonie.*

Du 24 juin 1811.

(N°. 1393.) EXTRAIT *d'une Lettre de S. E. le Gouverneur* par interim *de la Martinique, au Commandant du bataillon de St-Pierre, sur le service de la Milice, et le mot d'ordre à recevoir du Commandant de la Garnison.*

Du 3 juillet 1811.

JE suis bien convaincu, Monsieur, que vous ne négligerez rien pour mettre le service de la Milice destinée au maintien de l'ordre et de la tranquillité intérieure, sur le meilleur pied possible; et l'opinion que j'ai du zèle, qui vous éclaire sur les véritables intérêts de la colonie, ne me permet pas de douter de vos efforts à cet égard.

Je joins ici une lettre de M. le colonel Mackie, commandant la garnison de St-Pierre, d'après laquelle le mot d'ordre sera cacheté à votre adresse tous les matins et vous sera envoyé. Ce ne sera donc plus que de vous, que le commandant de votre garde le recevra; si par hasard quelquefois on oubliait de vous l'adresser, vous voudriez bien l'envoyer chercher, et tenir exactement la main à ce que vos patrouilles n'ayent jamais de prétexte pour négliger leur service.

J'ai l'honneur d'être, etc. *Signé* CHARLES WALE.

(N°. 1394.) Arrêt *de la Cour d'Appel de l'île Martinique, relatif à la Nourriture des Prisonniers, détenus aux Geôles.*

Du 4 juillet 1811.

La Cour, faisant droit au réquisitoire du Procureur-général du Roi, ordonne que, conformément aux dispositions de l'ordonnance du 30 avril 1771, les Procureurs du Roi près les Tribunaux du ressort feront, au moins une fois chaque semaine, la visite des geôles et prisons du ressort de leur tribunal respectif, et que les concierges desdites prisons seront contraints par eux à fournir aux prisonniers une nourriture saine, de bonne qualité et dans la quantité déterminée par les réglemens à ce sujet.

Fait à la Cour d'appel de l'île Martinique, le 4 juillet 1811. *Signé*, Rondeau, *greffier*.

(N°. 1395.) Extrait *d'une Lettre de S. Exc. le Gouverneur* par interim *de la Martinique, au Commandant du Bataillon de Saint-Pierre, sur les Patrouilles et les Rondes à faire de nuit dans la Ville.*

Du 17 juillet 1811.

Je sais, Monsieur, que c'est à l'organisation de la milice intérieure de St-Pierre, que cette ville est redevable de la répression de plusieurs désordres nocturnes et notamment de la cessation des vols, qui, pendant quelque tems s'étaient multipliés de toutes parts.

Je vous exhorte à inspirer à vos patrouilles plus de surveillance que jamais, à les multiplier, et à augmenter en conséquence le service s'il le faut, de manière à vous assurer que les réduits de la ville, les plus obscurs et les plus écartés, soient visités au moins deux fois par elles la nuit, et je vous prie de nommer un Officier de ronde, dont la mission sera d'aller à la rencontre des patrouilles, lorsqu'elles seront sorties, afin de s'assurer qu'elles font leur devoir : il commencera et terminera sa ronde par la visite du corps-de-garde de la milice, et vous fera tous les matins un rapport par écrit, que vous me transmettrez lorsqu'il contiendra quelque chose d'important.

Tous les grades, celui de capitaine compris, rouleront entr'eux pour cette ronde, et je m'en rapporte à votre zèle et à celui de Messieurs les Commissaires et Lieutenans-commissaires des paroisses du Fort et du Mouillage, pour que l'un de vous se joigne quelquefois à l'officier de ronde, ce qui sera d'un très-bon exemple.

En supposant cette inspection faite par un des officiers supérieurs tous les mois, elle ne reviendrait pour le même que trois ou quatre mois après.

Je vous prie d'appeler chez vous, Messieurs les Commissaires des paroisses du Fort et du Mouillage et de leur y communiquer cette lettre, afin qu'ils se pénètrent des dispositions qu'elle renferme, de l'exécution desquelles vous voudrez bien me rendre compte.

J'ai l'honneur d'être, etc. *Signé* CHARLES WALE.

(N°. 1396.) LETTRE *de S. E. le Gouverneur* par interim *de la Martinique, au Commandant du Bataillon de St-Pierre, sur les moyens de réprimer certains désordres dans la Ville.*

Du 2 août 1811.

QUOIQUE je crois avoir pris, Monsieur, toutes les mesures nécessaires pour asseoir la tranquillité de la ville de St-Pierre et pour éviter que le moment d'inquiétude, que viennent de lui donner quelques perturbateurs, soit dans le cas de se renouveler, j'ai jugé que, si par la suite, des circonstances du même genre, se représentaient, il convient que vous et Messieurs les Commissaires du Fort et du Mouillage vous vous réunissiez chez le Commandant de la garnison, que j'aviserai de cette disposition: vu, que, par votre connaissance des localités et de tous les individus sous vos ordres, vous serez mieux que personne dans le cas de lui donner des avis, selon ce que votre sagesse, votre prudence et votre fermeté vous dicteront, en vous concertant avec lui, tant pour concilier les esprits que pour maintenir la tranquillité par tous autres moyens en votre pouvoir.

Vous voudrez bien aussi, en toute occasion de tumulte, exercer la surveillance la plus active, et engager Messieurs les Commissaires à ne rien négliger pour retenir chez eux tous les jeunes gens turbulens, soit par la persuasion, soit par la force.

Je compte que vous ne vous relâcherez en rien du service que j'ai recommandé à vos patrouilles, et j'attendrai de votre zèle que vous me rendrez compte avec exactitude de tout événement extraordinaire qui viendra à votre connaissance, et que vous seconderez mes efforts en tout genre pour parvenir en pareil cas à découvrir la vérité, et à assurer le repos des citoyens paisibles, par le châtiment exemplaire des agitateurs.

J'ai l'honneur d'être, etc. *Signé* CHARLES WALE.

existe, il convient que le jugement définitif soit rendu à St-Pierre, et qu'en conséquence la Cour y soit convoquée pour le prononcer.

Nous etc., avons convoqué extraordinairement la Cour d'appel de cette île à St-Pierre, pour le 3 octobre, à l'effet de prononcer, conformément aux lois, le jugement définitif des coupables dont le procès s'instruit en ce moment.

Sera la présente ordonnance enregistrée au greffe de la Cour d'appel, etc.

Mandons au Procureur-général de tenir la main à son exécution.

Donné au Fort-Royal, le 30 septembre 1811.

Signé, CHARLES WALE.

Enregist. aux Greffes des Tribunaux.

N. B. La commission nommée par la Cour d'appel, ayant instruit la procédure, la Cour s'est réunie le 3 d'octobre, et par arrêt du 8 exécuté le 10, a prononcé peine de mort contre 15 individus dont 7 libres et 8 esclaves; quatre autres des prévenus, 2 libres et 2 esclaves, ont été renvoyés à un plus ample informé.

(N°. 1402.) ORDONNANCE *de S. E. le Gouverneur* par intérim *de la Martinique, concernant les Milices.*

Du 30 septembre 1811.

LES milices ayant été établies pour la police et la sûreté intérieure de la colonie, il convient qu'elles soient reconnues au moyen d'un uniforme colonial, qui sera fixé de la manière suivante :

ART. 1er. L'uniforme de l'infanterie sera : gilet blanc à manches, collet et paremens rouges, boutons jaunes unis, culotte et gilet blancs ou de nankin, chapeau rond, cocarde noire, bottes, guêtres ou pantalons à volonté.

II. L'uniforme des dragons sera : gilet vert à manches, paremens et collet rouges, avec deux rangs de boutons de chaque côté, redingotes de toutes couleurs à volonté, chapeau rond, cocarde noire.

III. Les officiers des compagnies porteront les marques distinctives de leur grade, en or : les Commissaires et Lieutenans-commissaires des paroisses les porteront à droite.

IV. L'uniforme ne sera porté, que lorsqu'on sera de service, et dans le cas de revue ou de rassemblement. Les Chefs de bataillons, Commissaires et Lieutenans-commissaires seront toujours censés de service.

V. Les compagnies de dragons nous ayant paru présenter les moyens les plus efficaces pour assurer l'activité des communications et la célérité des secours à porter en cas d'événement, elles devront être toujours bien montées et armées de manière à pouvoir servir à l'instant même : elles seront toujours composées de particuliers en état d'avoir un cheval et de suivre ce service.

VI. Tout ce qui a rapport à la discipline des milices sera suivi par les Chefs de bataillons, conformément aux ordonnances établies à cet égard, en ce qui concerne la police et la sûreté intérieure, seul objet de cette organisation, et notamment à l'ordre de service établi par M. le Général Brodrick, le 24 août 1810.

VII. Tout ce qui n'aura pas été prévu par cette ordonnance le sera par nos instructions articulières aux Chefs de bataillons et Commissaires des paroisses.

Seront les présentes enregistrées aux greffes des tribunaux.

Mandons aux Chefs de bataillons et Commissaires des paroisses de tenir la main à son exécution.

Donné à la Martinique, le 30 septembre 1811. *Signé*, CHARLES WALE.

Enregist. aux Greffes des Tribunaux.

(N°. 1403.) CIRCULAIRE *de S. E. le Gouverneur* par interim *de la Martinique, aux Chefs de Bataillons, en leur envoyant l'Ordonnance, du* 30 *septembre dernier, sur les Milices.*

Du 1er. octobre 1811.

Les derniers événemens, Monsieur, m'ont déterminé à prendre tous les moyens nécessaires pour rendre les milices aussi utiles que possible, dans les cas où les mêmes circonstances viendraient à se renouveller.

En conséquence vous verrez par l'ordonnance que je joins ici, qu'en les maintenant toujours de la manière dont leur service a été organisé par M. le général Brodrick, j'ai cru devoir leur donner un uniforme, qui puisse toujours les faire reconnaître avec certitude, et obvier aux inconvéniens des méprises qui pourraient avoir lieu dans la rencontre des troupes de ligne.

Reconnaissant aussi le besoin de pouvoir constamment disposer d'un secours qui puisse se porter le plus promptement possible sur tous les points qui l'exigeraient, j'ai ordonné que les compagnies de dragons fussent montées et armées avec le plus grand soin. Vous m'enverrez un état nominatif des personnes formant ces compagnies, à la composition desquelles je vous prie de porter toute votre attention, regardant ce service comme un des plus efficaces à cause de sa célérité.

Je compte aussi former quatre principaux dépôts d'armes dans la colonie, savoir : au Fort-Royal, à St-Pierre, à la Trinité et au Marin, à l'effet d'armer suivant les circonstances les compagnies qui devront l'être.

En cas d'alerte pour incendie, sédition ou autre trouble intérieur, la compagnie de grenadiers du bataillon dans lequel se trouvera un de ces dépôts, s'y portera de suite et y attendra des ordres ultérieurs, tandis que les autres compagnies se réuniront dans leurs paroisses respectives sous les ordres de chaque Commissaire dans le lieu ordinaire du rassemblement.

Je ferai toujours placer chez chaque Commissaire la quantité de cartouches nécessaires pour le service de la garde permanente déjà établie, en raison des fusils alloués à chaque paroisse.

J'ai l'honneur d'être, etc. *Signé*, CHARLES WALE.

(N°. 1404.) ARRÊT *de la Cour d'Appel de l'île Ste-Lucie, pour la formation d'une Compagnie ambulante pour la Chasse des Nègres marrons, par suite des événemens survenus à la Martinique.*

Du 8 octobre 1811.

CE jour la Cour ayant délibéré sur les mesures de sûreté qu'il était convenable de prendre d'après les événemens qui viennent d'avoir lieu à la Martinique, a arrêté et arrête :

1°. Que chaque Commissaire de quartier formera un tableau des blancs et gens de couleur libres de son quartier en état de porter les armes, et qui devront être tenus de faire le service, en cas de besoin, pour le maintien de l'ordre et de la tranquillité intérieure de la colonie.

2°. Qu'il sera fait de suite une chasse générale dans la colonie; qu'en conséquence l'on fera sortir, le même jour, de chaque quartier, un détachement pour battre les bois et parcourir les différens endroits, où pourraient se refugier les nègres marrons et les fugitifs de la Martinique. Ce détachement sera composé du nombre d'hommes, que le Commissaire civil croira nécessaire d'y employer, et il sera fourni à ce dernier, de la caisse coloniale, la somme qu'il jugera convenable, pour se procurer les vivres à fournir au détachement.

3°. Que M. le Général sera prié de vouloir bien faire fournir, à chaque Commissaire de quartier, six fusils et des munitions, pour être distribués, par ledit Commissaire, à ceux des hommes de détachement qu'il jugera à propos; et à la rentrée dudit détachement, le Commissaire se fera remettre ces fusils, qu'il gardera chez lui.

4°. Que M. le Général sera invité à faire une proclamation (*), par laquelle il sera promis une récompense à celui qui arrêtera un ou plusieurs des fugitifs de la Martinique. Cette récompense sera, pour le nègre esclave, de sa liberté; et dans ce cas le prix de l'esclave sera payé à son maître par la caisse coloniale, sur l'estimation qui en sera faite par arbitres; et pour l'homme blanc ou de couleur libre qui arrêtera lesdits fugitifs, ou l'un d'eux,

(*) Cette proclamation a eu lieu le 12 octobre suivant.

de vingt-cinq moëdes par tête, aussi payables par la caisse de la colonie; et que les personnes, qui seraient convaincues d'avoir recélé ou retiré lesdits fugitifs, seront poursuivies criminellement.

5°. Qu'il sera formé une compagnie de chasseurs composée de trente hommes de couleur libres, qui seront choisis sur la désignation des Commissaires-civils des divers quartiers de la colonie, desquels trente hommes, dix seulement seront de service alternativement, et par trimestre, pour la chasse des bois, et recevront de la caisse coloniale, pendant le tems qu'ils seront en activité, une demi-gourde chacun par jour, tant pour leur paie que pour leurs vivres. Cette compagnie sera commandée par un Capitaine, et il y aura un Lieutenant, tous les deux blancs; le Capitaine recevra cinquante moëdes par an, et le Lieutenant quarante moëdes aussi par an, le tout pris sur la caisse coloniale.

Outre la paie ci-dessus mentionnée, le détachement de cette compagnie, qui fera des captures de nègres marrons, profitera de leur prise, qui sera partagée entre les hommes qui le composeront, de la manière réglée. La prise de chaque nègre marron demeure fixée, savoir : à dix gourdes pour ceux pris dans les bois, et à 4 gourdes pour ceux arrêtés ailleurs.

Ordonne que le présent arrêt sera publié et enregistré, etc.

Fait à la Cour d'appel de l'île Ste-Lucie, le 8 octobre 1811. *Signé*, R. DROUILHET, *greffier*.

(N°. 1405.)

(N°. 1405.) ARRÊT *de la Cour d'Appel de l'île Ste-Lucie, concernant la petite Monnaie.*

Du 8 octobre 1811.

Ce jour le Procureur-général a dit : que l'incertitude qu'il y avait dans les marques de la petite monnaie, connue sous le nom de trois petites pièces et de trente sols, donnait lieu tous les jours à des disputes dans les marchés, et que la facilité qu'il y avait à marquer les trois petites pièces, de la même manière que les trente sols, enhardissait de coupables fabricateurs inconnus à étamper les pièces de trois marques rondes comme celles de trente sols; que pour mettre fin à ces disputes et aux abus qui résultaient de la facilité à marquer ces portions de gourde, il lui paraissait qu'il n'y avait point de meilleur moyen que de donner un cours forcé, pour la valeur de trente sols, à toutes les portions de gourde, qui ont cours actuellement pour trois petites pièces; que le nombre de cette dernière monnaie étant peu considérable, cette augmentation de valeur ne peut que favoriser la classe des nègres, qui seuls à peu-près en ont en leur possession, et que le même moyen ôtait aux coupables fabricateurs tout intérêt à mettre de fausses étampes.

Le Procureur-général s'étant retiré, la matière mise en délibération, la Cour a ordonné et ordonne, 1°. à partir de la publication du présent arrêt, toutes les petites monnaies, qui sont faites avec des portions de gourde (autres que celles marquées de trois et de deux étampes de St-Lucie qui ont cours pour trois, quatre et six escalins) auront cours forcé pour trente sols, et seront prises pour cette valeur dans tous les marchés, achats et ventes.

2°. Il ne pourra cependant pas être fait de paiement au-dessus de trente-six livres, en cette seule monnaie de trente sols.

3°. Les autres monnaies faites avec des fractions de quart de gourde, qui ont cours pour la valeur de trois tempés, conserveront toujours la même valeur.

Sera le présent arrêt lû, publié et enregistré au greffe de la Sénéchaussée, etc.

Fait à la Cour d'appel de l'île Ste-Lucie, le 8 octobre 1811. *Signé* R. DROUILHET, *Greffier*.

(N. 1406.) DÉCISION *de S. E. le Gouverneur* par intérim *de la Martinique, sur les marques de distinction que devront porter les Officiers supérieurs des Milices.*

Du 23 octobre 1811.

AYANT reconnu qu'il importe à la considération des officiers supérieurs des milices, que leurs distinctions soient assez remarquables, pour que leur rang soit toujours reconnu sans hésitation, dans toutes les circonstances, nous avons autorisé les chefs de bataillons en fonctions à porter les deux épaulettes à cordelières, les chefs de bataillons en second, les mêmes épaulettes avec la raie en soie, les commissaires des paroisses leurs épaulettes à droite, aussi à cordelières, et les lieutenans-commissaires la même distinction avec la raie en soie.

Signé, CHARLES WALE.

N. B. Son Excellence a bien voulu en même tems permettre de porter l'habit veste à ceux de MM. les habitans qui le préféreraient, et quant à MM. les officiers, il a toujours été entendu qu'ils sont autorisés à porter l'habit long.

(N°. 1407.) PROCLAMATION *de S. Exc. le Gouverneur* par interim *de la Martinique, qui met en Exécution dans cette Colonie les Ordres en Conseil du 6 septembre* 1811, *maintenant ceux des* 1[illegible] *avril et* 16 *août* 1809. *et* 10 *janvier et* 7 *février* 1810, *concernant l'Importation des articles propres à la Marine, des Bois de tous genres et Vivres de toutes espèces, jusqu'au* 31 *décembre* 1812.

Du 7 novembre 1811.

(N°. 1408.) ORDONNANCE *de Son Excellence le Major-général* Wood, *Commandant de l'île Ste Lucie, qui fixe la police des Pirogues, et établit le prix de leur fret et celui des Passagers.*

Du 17 novembre 1811.

SUR les plaintes qui nous ont été portées, tant par les propriétaires de pirogues que par les particuliers qui les emploient, et attendu qu'il est du bon ordre et de l'intérêt public de régler d'une manière précise tout ce qui peut concerner cette partie de la police, nous, etc. ordonnons et statuons ce qui suit :

ART. Ier. A partir de la publication de la présente ordonnance, tout propriétaire doit numéroter sa pirogue et se munir d'un permis du Receveur de la caisse coloniale, en acquittant les droits prescrits, s'il ne l'a déjà fait.

II. En vertu de ce permis et de la quittance des droits, le propriétaire se présentera à Castries chez le Procureur du Roi, et dans les autres quartiers chez les Commissaires-civils, et fera inscrire, sur un registre tenu à cet effet, le nom du propriétaire de la pirogue, le nom du patron qui doit la conduire, le numéro et le nombre des nègres dont elle est armée.

III. Le fret desdites pirogues, d'après le tarif qui sera joint ci-après, sera payé par l'affréteur, immédiatement après le voyage, en argent et non autrement, à moins qu'il n'y ait une convention contraire; et jusqu'au paiement le propriétaire ou patron gardera, en nantissement, les marchandises ou denrées prises à fret, ou les effets appartenant aux passagers.

IV. Lorsqu'une pirogue ne sera pas affrétée en entier, le propriétaire ou patron ne sera tenu à faire le voyage et à prendre partie de son chargement, qu'autant qu'il le voudra et sans qu'on puisse l'y obliger.

V. Dans le cas précédent, toute personne, qui aurait chargé partiellement la pirogue, ne pourra contraindre le patron à partir à sa volonté.

VI. Lorsque le patron consentira à prendre des passagers, il leur indiquera l'heure du départ, et il sera tenu de partir à l'heure indiquée, sous peine de perdre le fret du passage.

VII. Quand une personne aura affrété la pirogue en entier, elle pourra la faire partir à l'heure qu'elle voudra, pourvu toutefois qu'elle ait le tems convenable de faire le voyage dans le cours de la journée.

VIII. Dans le même cas de l'article précédent, le patron ne pourra rien charger dans la pirogue que du consentement de l'affréteur, et dans le cas contraire, le fret des objets qu'il prendrait serait diminué sur le fret total.

IX. Les propriétaires et patrons seront responsables de la perte des objets, denrées et marchandises données à fret, et même des avaries, lorsqu'elles arriveront par leur faute.

X. Toutes plaintes tant des particuliers que des propriétaires, patrons ou gens de l'équipage, seront portées à Castries devant le Procureur du Roi, et dans les autres quartiers devant les Commissaires-civils qui les jugeront sommairement et sans appel, et dans les cas graves cependant, ces derniers renverront les plaignans au Procureur du Roi.

TARIF,

Le fret d'une pirogue armée de 4 nages, sera payé de Castries aux endroits suivans, et *vice versa*; savoir :

DE CASTRIES	A l'Anse-la-Raie, ...	56 LIV.
	A la Soufrière, ...	54
	Au Choiseul, ...	90
	Au Laborie, ...	108
	Au Vieux-Fort, ...	126
	Au Gros-Islet, ...	36

Quand on ne frête pas les pirogues en entier, il sera payé de Castries aux endroits suivans, et *vice versa*.

Au Gros-Islet ou à l'Anse-la-Raie.

Pour un passager blanc, 6 livres 15 sous.
Pour les gens libres, 2 liv. 7 sous 6 den.
Pour un boucaut de sucre, 18 livres.
Pour un baril de bœuf ou farine, 3 liv.
Pour 100 livres de café ou cacao, 1 liv. 2 s 6 d.
Pour une balle de coton, 13 liv. 10 sous.
Pour un millier d'essentes, 9 livres.
Pour un millier de planches ou bois, 24 liv.

A la Soufrière.

Pour un passager blanc, 9 livres.
Pour les gens libres, 4 livres 10 sous.
Pour un boucaut de sucre, 27 livres.
Pour un baril de bœuf ou farine, 4 liv. 10 s.
Pour 100 livres de café ou cacao, 2 liv. 5 s.
Pour une balle de coton, 18 livres.
Pour un millier d'essentes, 13 liv. 10 sous.
Pour un millier de planches ou bois, 36 liv.

Au Choiseul.

Pour un passager blanc, 11 liv. 5 sous.
Pour les gens libres, 5 liv. 7 s. 6 d.
Pour un boucaut de sucre, 45 livres.
Pour un baril de bœuf ou farine, 7 liv. 10 s.
Pour 100 livres de café ou cacao, 3 liv. 15 s.
Pour une balle de coton, 30 livres.
Pour un millier d'essentes, 22 liv. 10 s.
Pour un millier de planches ou bois, 60 liv.

Au Laborie.

Pour un passager blanc, 13 liv. 10 s.
Pour les gens libres, 6 liv. 15 s.
Pour un boucaut de sucre, 54 livres.
Pour un baril de bœuf ou farine, 9 liv.
Pour 100 livres de café ou cacao, 4 liv. 10 s.
Pour une balle de coton, 36 livres.
Pour un millier d'essentes, 27 liv.
Pour un millier de planches ou bois, 72 liv.

Au Vieux-Fort.

Pour un passager blanc, 18 livres.
Pour les gens libres, 9 livres.
Pour un boucaut de sucre, 63 livres.
Pour un baril de bœuf ou de farine, 10 liv. 10 s.

Pour 100 livres de café ou cacao, 5 liv. 5 s.
Pour une balle de coton, 42 livres.
Pour un millier d'essentes, 31 liv. 10 s.
Pour un millier de planches ou bois, 84 liv.

Prions MM. les Officiers de la Cour d'appel, et mandons à ceux de la Sénéchaussée de faire enregistrer la présente ordonnance, qui sera lue, publiée, etc.

Donné à Ste-Lucie, le 17 novembre 1811.

Signé, Alexandre Wood.

Enregist. à la Cour d'Appel de Sainte-Lucie.

(N. 1409.) Ordonnance *de S. E. le Gouverneur* par intérim *de la Martinique, concernant la formation des Dénombremens et Recensemens ainsi que des Déclarations relatives aux Maisons, pour l'année* 1812.

Du 20 novembre 1811.

Section Première,

Dénombremens et Recensemens.

Art. 1er. A compter du premier décembre prochain, il sera procédé, dans la forme ordinaire, aux dénombremens et recensemens pour l'année 1812, de tous les habitans et particuliers de l'île Martinique, propriétaires ou non-propriétaires, possédant des esclaves ou n'en possédant pas, ainsi que des gens de couleur libres.

II. Tous ceux, qui sont obligés aux termes du précédent article, devront s'être présentés avant le 1er. février 1812, savoir : dans les paroisses des villes de St-Pierre et du Fort-Royal, aux bureaux de l'administration coloniale, et dans les paroisses de la campagne par devant MM. les Commissaires-civils, pour fournir ou retirer, chacun, sa feuille de dénombrement et recensement, sous peine, pour ceux sujets à la capitation, d'être taxés au tiers en sus de leur quote de l'année précédente, et de 300 livres d'amende applicables aux bureaux de charité pour ceux non sujets à la capitation.

III. Il sera porté la plus grande attention dans les bureaux de l'Administration et par MM. les Commissaires-civils, en délivrant les dénombremens, à faire ajouter sur chacun d'eux, les nègres nés ou achetés depuis la dernière déclaration; comme aussi à faire biffer ceux qui seront morts ou auront été vendus depuis la même époque; le tout avec mention, dans la colonne des observations, des noms des vendeurs et des acheteurs. Chaque dénombrement devra porter en outre, avec précision, la qualité de l'habitant, suivant qu'il sera sucrier, caféyer, cotonnier, cacaoyer, vivrier, ou seulement domicilié dans les villes et bourgs.

IV. Ne seront réputés infirmes, que les esclaves *mutilés, maniaques, perclus, ladres et aveugles*, dont l'état aura été constaté par les chirurgiens avoués des paroisses, lesquels délivreront gratis les certificats qui devront être représentés à l'appui des déclarations; sans ces conditions il ne pourra être prétendu ni admis aucune exemption de taxe.

V. Ceux des habitans de la campagne qui ont, dans les villes et bourgs, des esclaves à loyer et à la journée, ou autrement employés à la pêche, dans les acons, bâtimens caboteurs, canots de poste et canots dits passagers, seront tenus de les désigner séparément dans leurs dénombremens.

VI. Les domiciliés des villes et bourgs, qui sont propriétaires d'habitations quelconques, et conséquemment soumis à fournir de doubles dénombremens, ne pourront porter, sur ceux de la campagne, aucun des nègres de la désignation ci-dessus, qu'ils tiennent à leur service, à loyer ou à la journée.

VII. A l'époque de la confection des dénombremens et recensemens, les agens de la police commenceront à faire toutes les recherches et perquisitions nécessaires, pour reconnaître les contraventions, qui auraient pu être faites à ce qui est prescrit par les deux articles précédens; et par suite, ils arrêteront et conduiront à la geole les nègres non déclarés en conformité d'iceux, lesquels n'en pourront être retirés qu'à la charge par les maîtres de payer, pour chacun d'eux, entre les mains du Receveur du département de leur résidence, une amende de 600 livres dont le tiers appartiendra aux agens de la police et le surplus aux bureaux de charité.

VIII. Si, depuis le jour où un dénombrement aura été arrêté jusqu'au 1er. février prochain, il survient décès de quelqu'individu sujet à la capitation, le contribuable devra en justifier sur-le-champ aux Rédacteurs des rôles; faute de quoi et postérieurement à l'époque déterminée, il ne sera plus recevable au dégrèvement pour l'année.

Section II.

Déclarations du loyer des Maisons.

Art. 1er. Les propriétaires des maisons seront aussi obligés, à compter du 1er. décembre jusqu'au 1er. février prochain, sous la peine portée en l'article second de la section première touchant l'augmentation de taxe, de produire aux Rédacteurs des rôles d'imposition les déclarations relatives aux maisons avec le prix ou évaluation des loyers, suivant qu'elles seront louées ou occupées par eux-mêmes. Ils désigneront exactement les noms et qualités des locataires ainsi que les numéros des maisons, et ils rapporteront à l'appui les baux et autres conventions écrites; le tout d'après les feuilles imprimées qui leur seront délivrées à cet effet.

II. Toutes déclarations suspectes d'inexactitude devront être refusées par les préposés à leur réception; lesquels feront procéder dans la forme ordinaire, contradictoirement avec les déclarans, à l'évaluation vraie d'après laquelle les rôles doivent être dressés.

III. Les maisons qui, dans l'intervalle du 1er. décembre au 1er. février prochain, se trouveront vides, seront déclarées comme telles; mais, du moment qu'elles viendront à être louées ou occupées, les propriétaires seront tenus de produire les déclarations prescrites par l'article premier. L'administration fera soigneusement surveiller les contraventions au présent article.

IV. Les déclarations une fois produites, il n'y aura pas plus lieu à les rectifier, pour cause de diminution du prix des loyers, que pour cause de leur augmentation.

V. Les propriétaires de maisons ne pourront faire de poursuites en justice, pour obtenir le paiement de leurs loyers, que sur les expéditions, qui leur seront délivrées dans les bureaux de l'administration, des déclarations qu'ils y auront produites; et s'il résulte de la contestation, qu'il y a eu fraude concertée, entre le propriétaire et le locataire, ils seront condamnés, chacun, à une amende de 300 livres applicable aux bureaux de charité.

Sera la présente ordonnance enregistrée aux Greffes des Tribunaux, lue, publiée, etc.

Donné au Fort-Royal Martinique, le 20 novembre 1811. *Signé*, CHARLES WALE.

Enreg. aux Greffes des Tribunaux.

(N°. 1410.) CIRCULAIRE *de S. E. le Gouverneur* par intérim *de la Martinique, aux Commissaires civils des Paroisses, relative aux moyens d'exécution des Lois sur l'introduction des Etrangers dans la Colonie, et des mesures à prendre pour maintenir la tranquillité publique.*

Du 1er. décembre 1811.

D'APRÈS les derniers événemens, Monsieur, qui ont eu lieu à la Martinique, il est essentiel, pour l'ordre intérieur de la colonie, autant que pour la sûreté du Gouvernement de Sa Majesté et pour celle de toutes les personnes vivant sous sa protection, que les mesures les plus actives soient employées, pour éviter à l'avenir tout semblable sujet d'inquiétude.

Parmi ces mesures, il n'en est point de plus efficaces que celles établies par les ordonnances existantes, et par lesquelles il est pourvu à ce qu'il ne soit admis dans la colonie aucun individu, de quelque classe qu'il puisse être, sans la sanction du Gouvernement de Sa Majesté.

En me reportant à ces ordonnances et aux diverses instructions qui ont été données en conséquence depuis la conquête, je me suis convaincu qu'elles ont prévu tous les abus qui pouvaient s'introduire, et qu'il ne s'agit pour y obvier que d'une exécution exacte.

En conséquence je crois devoir porter votre attention sur les principaux réglemens de ce genre à l'égard desquels il importe de ne souffrir aucun relâchement.

Les dispositions faites sur cette matière se composent 1°. des ordonnances de Sir George Beckwith des 6 et 17 avril et 19 juillet 1809 concernant les Passe-ports, les étrangers et passagers et les permis de résidence.

2°. De la déclaration du 20 octobre 1694 renouvellée par la proclamation du Major-général Brodrick, du 27 avril 1810, concernant les arrivées et départs illicites.

3°. L'ordonnance du 4 mars 1729, celle du 2 octobre 1802 et celle du 5 décembre 1810, concernant les débarquemens clandestins.

Je vous prie de veiller spécialement à leur exécution, en ce qui vous concerne, et notamment à celle de l'article XII de l'ordonnance du 5 décembre 1810. En conséquence les Commissaires de police dans les villes, et les Inspecteurs de police dans les campagnes, soit par eux-mêmes, autant que la chose sera possible, soit par les agens sous leurs ordres lorsqu'ils ne le pourront pas eux-mêmes, feront, tous les lundis, une visite chez les hôteliers, cabaretiers, traiteurs ou aubergistes, pour reconnaître les personnes étrangères à la colonie, non munies de permis de résidence et dont ils n'auraient pas fait la déclaration après vingt-quatre heures de séjour chez eux; ce dont ils rendront compte aux Procureurs du Roi, afin de faire condamner les contrevenans à l'amende et autres peines portées par les ordonnances.

D'après l'organisation des milices, tout ce qui compose chaque paroisse doit être inscrit sur les rôles, soit dans la force active, soit parmi les infirmes et surâgés, de manière que le recensement de tous les hommes existans dans une paroisse soit connu du Commissaire, celui de tout le bataillon au Chef de bataillon et enfin celui de toute la colonie au Gouvernement, par la réunion générale des états de situation.

Vous observerez que pour vous mettre à même d'atteindre ce but avec exactitude, je fais rappeler à tout individu qui obtient résidence l'obligation où il est, en changeant de paroisse, d'en prévenir le Commissaire de la paroisse qu'il quitte, et de présenter et faire viser son permis par le Commissaire de la paroisse où il va, qui devra l'inscrire de suite sur le rôle des milices soit qu'il ait résidence temporaire ou permanente, tandis que son ancien Commissaire doit l'en effacer; cette obligation de se présenter ainsi d'une paroisse à l'autre, sera dorénavant insérée dans tous les permis.

Vous observerez aussi qu'aucun permis de Gouvernement n'est plus délivré aujourd'hui, sans que l'individu, auquel on le délivre, ait prêté le serment d'allégeance à Sa Majesté. Vous voudrez bien vérifier dans votre paroisse, s'il y existe des individus porteurs de permis précédens où l'on aurait omis d'énoncer qu'ils rempliraient cette formalité, et vérifier alors s'ils l'ont remplie; mon intention étant qu'aucun individu n'habite la Colonie, même pour un tems limité, sans prêter le serment d'allégeance.

En résumant les dispositions de cette lettre vous verrez que les objets principaux que j'ai en vue sont:

1°. De reconnaître à l'instant, si je le desire, tous hommes existant dans un bataillon au moyen d'une revue dont les contrôles me donneront d'une part, dans la force active tous les hommes depuis 16 ans jusqu'à 55, et de l'autre tous les sexagénaires ou infirmes.

2°. D'être certain que tous les individus existant dans les paroisses de l'étendue de chaque bataillon, soit qu'ils appartiennent à la force active, soit à la classe des infirmes ou sexagénaires, soient en régle à l'égard du serment d'allégeance.

3°. De vous donner, par ce moyen, la facilité de faire arrêter sur le champ quiconque ne serait pas sur les rôles des milices, de quelque couleur ou nation qu'il soit.

Je vous observe à cet égard que beaucoup d'étrangers profitent de la facilité que leur donne la connaissance de la langue anglaise, pour passer pour anciens sujets de Sa Majesté. J'ai pourvu à ce que ce moyen d'éluder la loi ne puisse être employé avec succès, en ce que tout ancien sujet du Roi est obligé de justifier de cette qualité à son arrivée dans la colonie et, en obtenant résidence, de s'inscrire sur le rôle du corps des volontaires royaux de la Martinique sous les ordres de M. le colonel Grant, que j'ai chargé de donner des certificats d'exemptions aux infirmes et surâgés; ainsi tout individu qui s'arrogera le titre d'ancien sujet britannique, et qui ne sera pas connu pour tel ou pour être employé dans les départemens de l'armée de terre ou de mer, ou qui ne sera pas porteur d'un certificat quelconque de M. Grant, devra être arrêté comme tout autre étranger sans aveu.

Vous voudrez bien m'accuser la réception de cette lettre, dont je recommande les dispositions à votre zèle et à votre surveillance et dont j'envoie copie à MM. les Chefs de bataillons, Procureurs du Roi, Commissaires et Inspecteurs de police, ainsi qu'à ceux de sûreté maritime, afin qu'ils en prennent connaissance et concourent à son exécution en ce qui pourra les concerner.

J'ai l'honneur d'être, etc. *Signé*, Charles Wale,

(N°. 1411.) HOMOLOGATION *par Son Exc. le Gouverneur* par intérim *de la Martinique, d'une Délibération de la Paroisse du Fort St-Pierre, en date du 17 novembre 1811, concernant 1°. le Canal du Fort, et la distribution d'une partie de ses Eaux, 2°. les arrérages dus à la Fabrique pour les Bancs, 3°. la reddition des comptes des Marguilliers qui ont été déchargés de leur administration, 4°. l'établissement d'une Fontaine publique au haut de la rue Levassor.*

Du 7 décembre 1811.

Enreg. ès-registres de la Paroisse et du Tribunal de St-Pierre.

(N°. 1412.) ORDONNANCE *de Son Excellence le Gouverneur* par intérim *de la Martinique, relative aux Primes d'encouragement pour les Bâtimens anglais qui introduiront à la Martinique des objets de première nécessité, pendant les trois premiers mois de l'année* 1812, *à dater du* 1er. *janvier.*

Du 26 décembre 1811.

ATTENDU les résultats utiles des mesures prises pour étendre les vues du commerce national sur tout ce qui peut être d'une nécessité directe à la colonie, au moyen des primes d'encouragement, établies par l'ordonnance du 23 janvier 1811, nous, etc., avons jugé convenable de prolonger pour trois mois les dispositions de ladite ordonnance : en conséquence avons ordonné et ordonnons ce qui suit :

ART. Ier. A compter du 1er. janvier, jusques et compris le 31 mars 1812, il sera accordé des primes, etc.

N. B. Le reste de cet article, ainsi que les 2e. et 3e. sont en tous points conformes à l'ordonnance précitée, n°. 1378, page 505 de ce tome.

IV. Toutes les instructions et décisions données pour l'exécution de l'ordonnance du 23 janvier 1811, sont renouvelées pour l'exécution de celle-ci.

Sera la présente ordonnance enregistrée aux greffes des Tribunaux, lue, publiée, etc.

Mandons au Chef de l'administration coloniale de tenir la main à son exécution.

Donné au Fort-Royal Martinique, le 26 décembre 1811. *Signé*, CHARLES WALE.

Enregist. aux Greffes des Tribunaux.

(No. 1413.) ORDONNANCE *de Son Excellence le Major-général* Alex. Wood, *Commandant de l'île Ste-Lucie, portant défense d'exporter les Animaux vivans, tels que Bêtes à cornes, menu Bétail et Volailles.*

Du 7 janvier 1812.

ATTENDU qu'il nous a été représenté, que des bêtes à cornes et d'autre menu bétail ont dernièrement été exportés en très-grand nombre de cette île.

Considérant l'inconvénient qui, nécessairement, résulterait d'une pareille exportation, tant pour les habitans que pour les troupes de Sa Majesté en cette garnison.

Considérant encore la détresse qu'éprouverait la colonie, si elle était privée de ses moyens de subsistance.

Nous avons statué et ordonné, statuons et ordonnons, qu'aussitôt la publication de cette présente

présente proclamation, l'exportation des bêtes à cornes, de menu bétail et volailles de toute espèce ne sera plus permise, ni du port de Castries, ni d'aucune autre place de l'île; et tous les officiers civils dans les différens quartiers de la colonie sont, par ces présentes, requis et il leur est enjoint d'user de la plus grande diligence pour découvrir toute tentative, qui pourrait être faite, pour exporter de tels bestiaux ou bétail, de saisir tous bâtimens trouvés en contravention à notre présente proclamation; en détenir le Capitaine et l'équipage, afin que des mesures soient prises pour faire confisquer lesdits bâtimens dont le Propriétaire ou le Capitaine sera convaincu du délit.

Il sera néanmoins permis de mettre à bord des bâtimens dans le port de Castries, la quantité de bêtes vivantes qui sera jugée nécessaire pour les provisions des personnes embarquées sur de tels bâtimens, pourvu que la quantité de gros et menu bétail n'excède pas ce qui pourra être raisonnablement alloué pour la consommation desdits bâtimens pendant le voyage qu'ils seront sur le point d'entreprendre.

Prions Messieurs les membres de la Cour d'appel et mandons à ceux de la Sénéchaussée de cette île Ste-Lucie de faire enregistrer les présentes, qui seront lues, publiées, etc.

Donné à Ste-Lucie, le 7 janvier 1812. *Signé*, ALEX. WOOD.

Enreg. aux Greffes des Tribunaux de Ste-Lucie.

(N°. 1405.) ORDONNANCE *de Son Excellence le Gouverneur* par interim *de la Martinique*, *sur les Impositions pour l'année* 1812.

Du 18 janvier 1812.

NOUS, etc., avons établi et établissons les impositions pour l'année 1812, sur le même pied que l'année dernière et ainsi qu'il suit :

SECTION PREMIÈRE,

Impositions sur la Colonie pour les Dépenses générales.

ART. 1er. Les esclaves des villes et bourgs ouvriers, domestiques, servant à loyer, à la journée, ceux qui sont employés à la pêche ou dans les acons, bateaux caboteurs, canots de pêche ou de passage ; tous les esclaves attachés aux poteries, chaufourneries, rummeries et vinaigreries autres que celles qui dépendent des sucreries, seront soumis à une capitation de trente-six livres par tête, depuis l'âge de quatorze ans inclusivement jusqu'à l'âge de soixante ans, exclusivement.

II. Les maisons de St-Pierre paieront un droit de sept pour cent sur le montant de leurs loyers.

Celles situées tant dans la ville du Fort-Royal que dans les bourgs du Lamentin, de la Trinité et du Marin, paieront aussi sur leurs loyers un droit de quatre pour cent seulement.

Et à l'égard des maisons occupées par les propriétaires eux-mêmes, les droits ci-dessus seront payés sur l'évaluation faite de leurs loyers dans la forme prescrite par les articles premier et second, section II, de l'ordonnance du 20 novembre dernier.

III. Seront cependant déchargées de l'imposition, les maisons de St-Pierre et autres lieux qui seront plus de vingt jours, chaque trimestre, sans être louées; et ce pour le tems qu'elles demeureront dans cet état, pendant ledit trimestre, ce que les propriétaires seront tenus de constater contradictoirement avec le Receveur du département : auquel effet ils auront, après lesdits vingt jours expirés, à lui faire d'abord la déclaration du jour où la non-location aura commencé pour cause de réparation, reconstruction ou autrement; et ensuite une autre déclaration du jour de la location nouvelle.

Ces deux déclarations seront reçues à côté l'un de l'autre sur un registre ouvert à cet effet, et il ne pourra être reçu aucune demande en rectification du rôle, qu'elle ne soit vérifiée par le Receveur principal des impositions sur ledit registre.

IV. Les impositions directes étant acquises au trésor public dès le premier jour de l'année, les esclaves capités et les maisons imposées demeureront affectés et hypothéqués au paiement de la somme totale d'impôt, pour laquelle leurs propriétaires sont compris aux rôles des contributions de l'année, en conséquence, dans le cas où ces esclaves et maisons viendraient à être aliénés ou vendus, les acheteurs seront responsables du contingent non-payé par les vendeurs, et sujets à toute la rigueur de la loi, pour l'acquittement dudit contingent, nonobstant le droit primitif que le Domaine conserve toujours sur le vendeur afin de mieux assurer la recette de l'impôt.

La même disposition s'étend aux Locataires des maisons, ils ne pourront payer leurs loyers aux propriétaires, qu'au préalable ceux-ci aient exhibé leurs quittances des impôts alors en recouvrement, et ce sous les mêmes peines que dessus.

V. Conformément à l'article II, section 1er., et à l'article 1er., section II de notre ordonnance du 20 novembre dernier, concernant la formation des dénombremens et recensemens, les particuliers qui n'auront pas fourni leur dénombrement ou fait la déclaration de leurs maisons en tems opportun, et qui seront en conséquence taxés à un tiers en sus de l'impôt, ne pourront prétendre à aucune rectification de cette taxe ainsi imposée. Les préposés à la formation des rôles et à la recette des impositions, sont responsables de l'exécution de cet article, qui ne pourra être réputé comminatoire.

VI. Les particuliers qui se trouveront hors d'état de payer leurs quote-parts d'impôts, s'adresseront aux bureaux de charité de leur paroisse pour obtenir un certificat qui constate leur impuissance d'acquitter lesdits impôts : ce certificat ne pourra être délivré par le bureau qu'en assemblée compétente.

VII. Tous les cabaretiers, traiteurs, aubergistes, limonadiers et autres vendant en détail, vin, eau-de-vie, et autres liqueurs, ainsi que les personnes tenant billards ou jeux permis, soit qu'ils donnent à boire ou non, seront tenus de prendre un permis de nous et de payer par chaque année les sommes ci-après fixées.

1,600 liv. pour ceux résidant au Fort-Royal;

2,000 livres pour ceux résidant à St-Pierre;

700 livres pour ceux résidant à la Trinité et au Lamentin;

450 livres pour ceux résidant au Marin, au Prêcheur et au Carbet.

Et 250 livres pour ceux des autres bourgs de l'île.

Le paiement de ces droits sera divisé en quatre époques de trois mois chaque, et exigible à l'avance, en janvier, avril, juillet et octobre.

Seront considérés comme contrevenans au présent article, tous marchands ou négocians qui vendraient des liqueurs ci-dessus, par mesures au-dessous d'un gallon, et seront en conséquence poursuivis à la diligence du Procureur du Roi, et condamnés à une amende égale pour la première fois au quart de la taxe annuelle, à laquelle ils auraient été imposés s'ils eussent pris un permis de nous, dont moitié au profit des Agens de la police, et le surplus applicable aux Bureaux de charité: en cas de récidive ladite amende sera double.

Les Habitans sucriers, qui fabriquent du tafia ou du rum, ont le droit de le débiter par toutes mesures, pourvu que ce soit dans leurs bâtimens ou manufactures, et non dans quelqu'autre lieu que ce soit de leurs terres ni sur les chemins.

VIII. Tous colporteurs, marchands-forains vendant dans les campagnes et tous gens de couleur libres, porteurs de balles ou de paniers, paieront une imposition annuelle de 200 livres par tête et ne pourront vendre qu'en vertu d'un permis de nous, qui ne sera accordé que sur la quittance du Receveur, à peine de confiscation des marchandises colportées.

IX. Les canots connus sous le nom de canots de poste, continueront à payer le droit de 36 livres par canot, établi pour contribuer aux frais de police de cet objet.

X. Il sera levé un droit de sortie de 18 liv. par millier de sucre terré, et en proportion pour les fractions de millier.

12 livres *idem* de sucre brut et *idem*.

3 livres 10 sous par quintal de café, et en proportion pour les fractions du quintal.

5 liv. 10 sous par quintal de coton, et *idem*.

1 livre 15 sous par quintal de cacao et *idem*.

12 sols par quintal de casse.

Et 6 livres par chaque centaine de gallons de sirop.

Lesdits droits seront à la charge du Planteur, mais acquittables par le Chargeur.

XI. Les denrées ci-dessus des autres colonies paieront, à leur entrée à la Martinique, les mêmes droits établis dans l'article précédent, toutes les fois qu'elles ne seront pas réexportées par celui qui les aura introduites. Les rums aussi des autres colonies continueront à payer, dans le même cas, le droit de vingt-sept livres (1) par boucaut d'environ 110 gallons, le tout conformément aux dispositions des instructions à l'Administration coloniale, en date du 24 décembre 1810; ne seront pas sujets à ce droit les rums introduits par les contracteurs pour le service de S. M.

---

(1) Ce droit pour 1813 a été fixé à 36 liv. pour chaque 100 gallons.

XII. Tous les droits domaniaux et seigneuriaux, tels que les épaves, bâtardises, deshérences, les biens vacans non réclamés, les confiscations et autres droits appartenant au Domaine, continueront d'être perçus comme par le passé.

XIII. La taxe pour le remboursement des nègres justiciés demeure fixée pour l'année 1812, à raison de 2 livres 5 sous par tête de nègre payant droit, dans les villes et bourgs, poteries, chaufourneries, rummeries et vinaigreries autres que celles qui dépendent des sucreries; la même taxe est fixée pour les campagnes à un droit de sortie de

20 sols par millier de sucre terré;

15 sols *idem* de sucre brut;

5 sols pour chaque quintal de café;

10 sols par *idem* de coton;

2 sols 6 deniers par *idem* de cacao;

Et de 10 sols pour chaque centaine de gallons de sirop, à la charge et acquittables comme à l'article X.

SECTION DEUXIÈME,

Impositions particulières sur les Campagnes pour l'Entretien des Nouveaux Chemins publics.

A mesure que les nouveaux chemins seront confectionnés dans une paroisse, leur entretien sera confié à des Entrepreneurs, et à cet effet :

Il sera perçu un droit de sortie de 3 liv. 10 sols par millier de sucre terré, et en proportion pour les fractions de millier;

2 livres 5 sols *idem* de sucre brut;

15 sols par chaque quintal de café, et en proportion pour les fractions du quintal;

30 sols *idem* de coton et *idem*.
7 sols 6 deniers *idem* de cacao et *idem*.
5 sols *idem* de casse et *idem*.

Et de 35 sols pour chaque centaine de gallons de sirop, à la charge et acquittables comme à l'article X de la première section.

Les poteries, chaufourneries, rummeries et vinaigreries autres que celles qui dépendent des sucreries, paieront un droit de 6 livres par tête de nègre pour le même objet.

SECTION TROISIÈME,

Impositions particulières sur la ville du Fort-Royal, pour ses Dépenses municipales.

L'entretien des villes devant être à leur charge, les maisons du Fort-Royal paieront un droit de deux pour cent sur le montant de leurs loyers, et ce droit sera établi et perçu ainsi qu'il est spécifié aux articles II et III de la première section, et son produit sera entièrement appliqué aux dépenses particulières à cette ville.

SECTION QUATRIÈME,

Impositions particulières sur la ville de St-Pierre, pour ses Dépenses municipales.

ART. Ier. Par les mêmes motifs et pour subvenir tant aux dépenses municipales fixes, qu'aux frais d'entretien, de réparations, d'améliorations et d'accroissemens successifs des objets d'agrémens publics, les maisons de St-Pierre, paieront, suivant le mode établi par la section III, un droit de deux et demi pour cent, et il sera levé en outre une taxe de

6 livres 15 sols par tête de nègres payant droits dans les deux paroisses.

II. Les cabrouets de la ville paieront aussi une taxe annuelle de 300 liv., dont le produit sera particulièrement affecté aux réparations des pavés et ruisseaux, refaits à neuf depuis l'année 1809, et desquels les particuliers n'ont plus la charge ; en conséquence les propriétaires desdits cabrouets seront tenus, dans quinzaine de la publication des présentes, de prendre au bureau de l'Administration municipale pour les faire rouler, une permission qui ne pourra être délivrée que sur la quittance du Trésorier municipal. Le Commissaire de police demeure au surplus chargé de surveiller l'exécution du présent article, par suite duquel il fera numéroter à la rouane lesdits cabrouets ; et attendu que les dommages causés aux pavés de ladite ville par les cabrouets, résultent évidemment de la forme des roues, nous ordonnons que, dans le délai de six mois, les propriétaires desdits cabrouets seront tenus d'y adapter des roues dont les jantes seront de sept pouces de large et recouvertes en entier par des bandes de fer, dans laquelle la tête des cloux sera totalement noyée.

III. Les hangards, servant au débit des bois, établis et à établir en vertu de l'ordonnance du 30 décembre 1799 et de la décision du 30 mai 1811, paieront un droit de 18 livres par pied qu'ils occupent le long des tranchées et des perrons des maisons donnant sur la mer. Leur plus grande étendue de ces tranchées et perrons à la mer, reste fixée à quatorze pieds, qui compteront, pour lesdites tranchées, du haut du mur, et ledit mur non compris.

Les titres desdits hangards étant tous enregistrés au bureau de l'Administration de St-Pierre, l'état en sera dressé dans ce bureau à la fin de chaque année pour servir à la perception du droit imposé : il ne pourra d'ailleurs en être établi de nouveau sans la permission du Gouvernement, et ils ne pourront plus à l'avenir être cédés, vendus ou abandonnés à d'autres qu'aux propriétaires, tant des maisons auxquelles ils correspondent que des tranchées qui les supportent, à moins cependant que ceux-ci ne soient refusant de les acheter pour s'en servir eux-mêmes ou les louer avec leurs maisons.

Dispositions d'exécution.

Quoique les impositions directes soient acquises au Trésor public dès le 1er. jour de l'année, notre sollicitude, qui s'étend sur toutes les parties de la société dont le Gouvernement nous est confié, nous porte à accorder aux habitans des villes et bourgs la même facilité dont jouissent les habitans des campagnes, de ne payer leurs quote-parts des impôts qu'au fur et à mesure qu'ils perçoivent leurs revenus ; en conséquence les contribuables à la capitation et à l'imposition sur les maisons, s'acquitteront de leur contingent de l'année en quatre termes égaux, savoir : le premier quart de ce contingent en avril, le second en juillet, le troisième en octobre, et le quatrième en janvier, et pour assurer l'exécution de cette disposition, les rôles de l'impôt seront remis aux mains des Huissiers dès le mois de mars, afin qu'ils agissent d'abord comme Receveurs, vis-à-vis ceux qui seront exacts à payer et ensuite comme contraintes par toutes les voies de droit, même par corps, comme s'agissant de deniers royaux, à l'égard de ceux qui ne se seront pas acquittés aux termes ci-dessus prescrits ; il est bien entendu que, lorsqu'il sera prouvé que les propriétaires de maisons n'auront pas reçu de leurs locataires le prix des loyers du trimestre dont la partie des impôts serait en perception, ils pourront fournir des mandats sur les locataires pour le montant de cette portion de leur contingent, et alors si la contrainte doit s'exercer, elle agira sur lesdits locataires.

Sera la présente ordonnance, enregistrée tant au Greffe de la Cour d'appel qu'à ceux des tribunaux de première instance, lue, etc.

Mandons au Chef de l'administration coloniale de tenir la main à son exécution,

Donné à la Martinique, le 18 janvier 1812.

Signé, CHARLES WALE.

Enregis. aux Greffes des Tribunaux.

(N°. 1406.) ORDONNANCE *de Son Excellence le Gouverneur* par interim *de la Martinique, portant établissement d'un Octroi en faveur des Bureaux de Charité pendant la présente année.*

Du 14 février 1812.

VU les divers comptes, qui nous ont été rendus, de l'insuffisance des ressources des bureaux de charité établis dans les villes du Fort-Royal et de St-Pierre et de la nécessité de venir à leur secours, pendant la présente année, en ajoutant des bases à celles déjà fixées à cet égard par l'ordonnance du 23 janvier 1811, et approuvant le moyen qui nous a été proposé d'un octroi dont le résultat, bien qu'éloigné de la masse des besoins, offrira néanmoins des soulagemens à la classe la plus indigente, et présente l'avantage d'une perception presque insensible, nous, etc., de l'avis de notre conseil privé, avons ordonné et ordonnons ce qui suit :

ART. 1er. Il sera fait au profit des pauvres, pendant le cours de la présente année, une retenue d'une demi-once sur chaque livre de viande vendue par les bouchers.

II. Les bouchers tiendront compte de cette retenue aux bureaux du Fort-Royal et de St-Pierre, d'après le mode que ces bureaux jugeront le plus convenable.

III. A St-Pierre le produit de cet octroi sera partagé par portions égales entre les bureaux du Fort et du Mouillage.

IV. Pour que les dispositions ci-dessus ne puissent être éludées, les bureaux de charité auront droit d'inspection sur le poids de la viande et s'entendront pour cette surveillance avec MM. les Procureurs du Roi.

V. Toutes fraudes ou contraventions de la part des bouchers seront punies de cinq cens livres d'amende, pour la première fois et du double en cas de récidive, le tout applicable aux bureaux de charité.

Seront les présentes enregistrées aux greffes des tribunaux, lues, publiées, etc.

Mandons au Chef de l'administration coloniale de tenir la main à son exécution.

Donné au Fort-Royal Martinique, le 14 février 1812. *Signé*, CHARLES WALE.

Enregist. aux Greffes des Tribunaux.

(N°. 1416.) CIRCULAIRE *de Son Exc. le Gouverneur*, par intérim *de la Martinique, aux Chefs de Bataillons, sur l'Ordre et l'Exécution à mettre dans le service des Milices.*

Du 20 février 1812.

DEPUIS le premier moment, Monsieur, de mon arrivée en cette colonie, je n'ai cessé de porter votre attention sur la nécessité de mettre de l'ordre et de l'exactitude dans le service de la milice. Les circonstances exigent que je vous rappelle mes diverses lettres à ce sujet, et que je vous observe que quelque nombreuses que soient les gardes de police et de sûreté intérieure, il ne doit jamais y avoir de relâchement dans la discipline et la régularité du service.

Je regarde comme un délit très-grave envers toute la colonie, la négligence ou l'indifférence pour un service qui doit contribuer à assurer sa tranquillité, et en conséquence je vous exhorte à punir avec sévérité tous les exemples de ce genre. Observez, je vous prie, que plus le grade des délinquans, leurs qualités, leurs intérêts et leur rang dans la colonie seront considérables, plus le mauvais exemple qu'ils auront donné sera dans le cas de tirer à conséquence et faire prononcer contr'eux des punitions rigoureuses.

Quelque desir que j'aie de donner des facilités aux personnes dont les affaires peuvent quelquefois souffrir du service exigé d'eux, je sens combien il y aurait d'inconvéniens à permettre les remplacemens par des salariés dont les corps-de-garde seraient bientôt remplis et qui livreraient presqu'exclusivement la police intérieure à une classe d'hommes qui n'a aucun intérêt à la maintenir; mais pour concilier les vues des réclamans avec le bien du service, j'approuve qu'il soit établi dans le bataillon une caisse de bienfaisance dans laquelle les personnes commandées soit pour les gardes, soit pour les revues, et qui desireront faire passer leur tour de commandement, verseront les sommes suivantes; savoir :

Pour les Capitaines, huit gourdes ou 72 livres.

Pour les autres grades, six gourdes ou 54 livres.

Pour les Sous-officiers ou miliciens blancs, 4 gourdes ou 36 livres.

Pour les Sous-officiers ou miliciens de couleur, deux gourdes ou 18 livres.

Moitié de ces sommes sera applicable aux bureaux de charité, et l'autre moitié à l'entretien de l'habillement des miliciens indigens, prélèvement fait d'abord sur le tout des frais d'entretien des armes du bataillon.

A défaut de versement de ces sommes, ceux, qui en auront contracté l'engagement seront censés délinquans au service et subiront la détention militaire d'usage, jusqu'à ce qu'ils les aient payées.

Je recommande à votre zèle l'exécution des dispositions de cette lettre, dont vous voudrez bien m'accuser réception.

J'ai l'honneur d'être, etc.

Signé, Charles Wale.

(N°. 1417.) DÉCISION *de S. E. le Gouverneur par intérim de la Martinique, en Conseil-privé, concernant le Jardin colonial des Plantes et sa Direction.*

Du 26 février 1812.

Vu la pétition à nous présentée, en conseil privé par le sieur Castelnau d'Auros, Directeur du Jardin colonial des plantes, sur l'état actuel de cet établissement, l'augmentation de forces et améliorations dont il a besoin pour acquérir une plus grande prospérité; et encore sur les conditions onéreuses de la direction du pétitionnaire. Vu aussi les conventions provisoires faites avec lui sous l'administration de Son Exc. le lieutenant-général sir Georges Beckwith, le 23 mai 1809, l'état annuel des dépenses qu'occasionnait ledit établissement sous le gouvernement français et le catalogue des plantes qu'il renferme actuellement.

Considérant sur le tout que, si d'un côté la nature de cet établissement mérite une attention particulière de la part du gouvernement, de l'autre il n'est pas juste qu'il reste plus long-tems à la charge du Directeur: en conséquence nous avons, de l'avis du conseil privé, décidé et décidons ce qui suit:

ART. Ier. Le sieur Castelnau d'Auros que nous maintenons, en tant que de besoin, dans sa qualité de Directeur du Jardin colonial des plantes, dirigera constamment ses lumières, son zèle et ses soins vers le but de cet établissement qui est de naturaliser à la Martinique les plantes des Indes orientales et principalement les épiceries; de fournir au Jardin des plantes de la Métropole celles qui pourraient y manquer; de rassembler sous le meilleur systême botannique, les indigènes les plus rares, et de former un dépôt de plantes médicinales pour l'usage des indigens.

II. Il sera en outre dans l'obligation,

1°. De soigner en bon père de famille les nègres du gouvernement attachés audit jardin, ainsi que les bâtimens et tout ce qui dépend de l'établissement.

2°. D'avoir en propre sur les lieux, une quantité suffisante de bétail pour fournir les engrais nécessaires à l'exploitation du jardin.

3°. De tenir en pépinière régulière une certaine quantité de tamariniers convenablement dressés et entretenus, pour servir aux plantations d'agrémens que l'administration municipale de St-Pierre jugera à propos de faire dans la ville et ses environs : au moyen de quoi il demeurera déchargé de l'entretien du Cours.

III. Le nombre de quatre nègres actuellement employés à la culture et autres travaux du jardin, étant insuffisant de moitié, l'administration coloniale avisera aux moyens de le porter successivement à huit. Elle pourvoira en outre,

1°. A la nourriture, à l'entretien et aux frais de traitement en maladie desdits nègres sur un taux commun dont elle conviendra pour chacun d'eux avec le Directeur à qui cette charge sera donné de confiance.

2°. A la fourniture, sur demandes signées du Directeur, des instrumens aratoires nécessaires pour l'exploitation dudit jardin.

IV. Toutes les réparations qu'exigeront les bâtimens dudit jardin ainsi que les améliorations du local en murs de clôture et de terrasse, canaux et bassin pour la conduite et réception des eaux dont la prise part de la cascade, seront faites, sous la direction et la surveillance de l'administration coloniale, qui pourvoira à cette dépense sur les fonds destinés à l'entretien et aux réparations des bâtimens civils.

V. Nous fixons à la somme de *quatre mille livres* par an, les émolumens dont le Directeur jouira désormais à compter du 1er. janvier de cette année.

Et attendu qu'il se trouve dans le local du jardin des portions de terre non convenables à sa culture, ledit Directeur est autorisé à les faire valoir pour son compte, en paturâges à ou autrement, avec ses propres esclaves, après avoir fourni à chacun des nègres appartenant à la colonie et attachés audit établissement autant de terre qu'il en pourra cultiver par lui-même pour son propre usage.

VI. Le Catalogue des plantes actuellement en culture au Jardin colonial, sera imprimé aux frais de la Colonie, et sous la surveillance du Directeur, au nombre de cent cinquante exemplaires, pour être distribués par le Chef de l'administration coloniale à tous les Fonctionnaires publics : les supplémens audit Catalogue seront pareillement imprimés et distribués de la même matière d'année en année.

VII. Au moyen des dispositions portées par les six articles précédens, les conventions provisoires du 23 juin 1809, demeureront sans effet à compter du premier janvier 1812.

Sera la présente décision enregistrée à l'administration coloniale pour être observée en tout son contenu.

Donné au Fort-Royal Martinique, le 26 février 1812. *Signé*, CHARLES WALE.

(N°. 1419.) ORDONNANCE *de Son Excellence le Major-général* Al. Wood, *Commandant de l'île Ste-Lucie, concernant le Paiement des Droits de Sortie et d'Entrée en faveur de la Caisse Coloniale.*

Du 21 mars 1812.

ATTENDU que par des faits connus et des informations certaines que nous avons reçues, il parait que souvent le paiement des droits a été éludé, tant sur l'exportation des denrées coloniales que sur l'importation de certains articles, notamment ceux dont l'importation est permise par des bâtimens neutres selon notre proclamation en date du 11 novembre 1811, faite conformément aux ordres de Sa Majesté en conseil, y mentionnés.

Considérant que cet abus est très-préjudiciable tant aux revenus de la colonie qu'à l'honnête commerçant, et qu'il ne ferait qu'augmenter impunément, si des moyens efficaces n'étaient employés pour le réprimer ;

Nous avons statué et ordonné ce qui suit :

1°. Il sera incontinent nommé par nous un Inspecteur colonial pour surveiller à l'exportation et à l'importation de tous les articles imposables au profit de la colonie, lequel Inspecteur ou son adjoint prendra note exacte de tels articles et en fera son rapport par écrit.

2°. Ledit rapport sera remis au Receveur de la colonie qui, sans y rien ajouter ou diminuer, percevra l'impôt colonial sur les divers articles imposables et décrits dans ledit rapport.

3°. Et comme l'on doit s'attendre que, par ce moyen, les revenus de la colonie augmenteront, pour récompenser l'Inspecteur colonial et les personnes employées sous lui de leurs peines et soins, il sera alloué et payé de la masse des impôts perçus par le Receveur de la colonie audit Inspecteur colonial trois mille livres d'appointemens; en outre il sera permis audit Inspecteur d'exiger et de recevoir de tout capitaine de bâtiment neutre qui aura la permission de vendre les articles mentionnés dans notre proclamation du 11 novembre 1811, et tout capitaine de bâtiment neutre payera audit Inspecteur, la somme de deux gourdes et demie par jour pour le nombre de jours qui sera nécessaire pour décharger la cargaison de tel bâtiment, pendant lequel tems ledit Inspecteur ou son adjoint dont il sera responsable, sera constamment présent et prendra état de la cargaison aux fins que dessus : et aucun capitaine de bâtiment neutre ne pourra débarquer aucune partie de sa cargaison sans prévenir ledit Inspecteur, en sa présence ou en celle de son adjoint. Tout article débarqué en contravention de notre présente ordonnance sera confisqué et vendu au profit de la colonie. Et avant qu'aucun bâtiment neutre n'ait permission de partir, chaque boucaut ou futaille de rum ou de sirop qu'il a à bord pour être exporté, sera jaugé et enregistré par l'Inspecteur, et le capitaine dudit bâtiment payera la somme d'un quart de gourde pour chaque boucaut ou futaille audit Inspecteur.

Donné à Sainte-Lucie, le 21 mars 1812. *Signé*, ALEXANDRE WOOD.

Enregist. à la Cour d'appel de Ste-Lucie.

(N°. 1420.) ORDONNANCE *de Son Exc. le Gouverneur* par intérim *de la Martinique, relative aux Primes d'encouragement pour les Bâtimens Anglais qui introduiront dans cette Colonie des Objets de première nécessité depuis le premier avril jusqu'au 31 juin 1812.*

Du 26 mars 1812.

N. B. Cet arrêté est en tous points conforme à celui sur le même sujet, du 26 décembre 1811, voyez le N°. 1402, page 547, de ce tome.

(N°. 1421.) ORDONNANCE *de Son Excellence le Gouverneur de la Martinique, portant établissement d'Officiers de l'Etat-civil dans les Paroisses où il n'y a pas de Ministres du Culte.*

Du 27 avril 1812.

VU les représentations qui nous ont été faites sur la négligence qui s'est glissé dans la rédaction de plusieurs actes consignés dans les registres des paroisses, nous avons cru devoir porter notre attention sur les moyens de remédier à des abus aussi préjudiciables à l'ordre public et à l'existence civile de tous les habitans de la colonie, et désirant obvier en même-tems aux inconvéniens du vide qu'occasionne aujourd'hui dans plusieurs paroisses le défaut de Ministres du culte, nous etc., et de l'avis de notre conseil privé, avons ordonné et ordonnons ce qui suit :

Art. Ier. Dans chaque paroisse où il n'y a pas de Curé, il sera établi un Officier de l'Etat-civil qui tiendra les registres dans la forme ordonnée par la loi, et y portera les actes de mariage, naissance et décès des blancs et gens de couleur libres, dûment reconnus pour tels par titres authentiques.

II. Les actes concernant les gens de couleur libres, ne seront valides que lorsqu'ils auront été appuyés par le certificat du Commissaire ou Lieutenant-commissaire de la paroisse et de deux Notables qui seront chargés de la vérification des titres de liberté.

III. Les actes feront mention de ces certificats et indiqueront qu'ils sont annexés aux registres avec lesquels ils seront envoyés au Ministère public.

IV. Pour l'exécution des dispositions précédentes il sera nommé dans chaque paroisse quatre Habitans notables dont deux se réuniront au chef-lieu tous les premiers dimanches de chaque mois avec l'Officier de l'Etat-civil et le Commissaire ou Lieutenant-commissaire pour procéder à la vérification des titres de liberté, et les actes ne seront définitivement rédigés et portés sur les registres qu'après ladite vérification.

V. Dans les paroisses où il y a encore des Ministres du culte, ceux-ci resteront chargés comme par le passé de remplir les fonctions d'Officier de l'Etat-civil, mais ils seront à l'avenir soumis aux formalités qui viennent d'être prescrites pour les actes concernant les gens de couleur libres.

VI. Il sera adressé par M. le Procureur-général, d'après nos ordres, des instructions dans les paroisses pour diriger les Notables et les Officiers de l'Etat-civil ; il avisera aux dispositions les plus efficaces à faire pour ces vérifications dans les villes du Fort-Royal et de St-Pierre, soit par lui-même soit par ses Substituts.

Seront les présentes enregistrées tant au greffe de la Cour d'appel qu'à ceux des tribunaux de première instance, lue, publiée, etc.

Mandons au Procureur-général de tenir la main à son exécution.

Donné au Fort-Royal Martinique, le 27 avril 1812. *Signé*, CHARLES WALE.

Enrégist. aux Greffes des Tribunaux.

(N°. 1422.) ARRÊT *de la Cour d'Appel de l'île Martinique, qui nomme les Commissaires et fixe les époques pour la Vérification des Registres de l'Etat-civil dans la Colonie.*

Du 6 juillet 1812.

CE jour le Procureur-général du Roi a donné lecture à la Cour d'une lettre à lui écrite par Son Exc. le Gouverneur de la colonie, le 2 du mois dernier, contenant que, d'après les observations à lui faites par ledit Procureur-général du Roi, sur ce que les affaires multipliées de ses Substituts ne leur permettaient pas de s'occuper exclusivement des vérifications ordonnées par l'article VI de l'ordonnance du

27 avril dernier, qu'il ne voit rien de plus simple que de laisser subsister pour les villes comme pour les campagnes les dispositions de l'art. IV.

Qu'il le prie aussi de vouloir bien inviter la Cour d'appel à sa prochaine séance à nommer dans son sein des Commissaires dont la mission serait de faire deux fois par an, aux mois de juillet et de janvier une visite de tous les registres qui ont rapport à l'Etat-civil et de s'assurer qu'ils sont tenus dans les formes et avec la régularité voulues par les lois, que cette disposition qui est conforme à l'esprit de tous les anciens réglemens, lui parait devoir concourir d'une manière très-efficace à l'exécution de la dernière ordonnance.

La matière mise en délibération, la Cour ordonne que par des Commissaires pris et nommés dans son sein, il sera procédé deux fois par an, au mois de juillet et de janvier, à la visite de tous les registres qui ont rapport à l'Etat-civil dans la colonie, à l'effet de s'assurer que ces registres sont tenus dans les formes et avec la régularité voulues par les lois, lesquels Commissaires dresseront procès-verbal à cet égard : et procédant ensuite à la nomination des Commissaires, cette nomination a été faite comme il suit :

Pour le Fort-Royal et la Case-Pilote, MM. Jorna de la Calle et Lejeune de Lamotte.

Pour St-Pierre, le Mouillage, le Carbet et le Prêcheur, MM. Menant et Perinelle Dumay.

Pour le Macouba, la Basse-Pointe, la Grande-Anse, Marigot et Ste-Marie, M. Dessalles.

Pour la Trinité, le Gros-Morne et le Robert, M. Bourk.

Pour le François et le Vauclin, M. Duval de Grenonville.

Pour le Marin et Ste-Anne, M. Pinel Féréol.

Pour la Rivière-Pilote et Sainte-Luce, M. Legendre de Fougainville.

Pour le St-Esprit, la Rivière-Salée et le Diamant, M. Huyghues Désétages.

Pour le Lamentin et le Trou-au-Chat, M. Le Pelletier Destournelle.

Pour les Trois-Islets et les Anses-d'Arlets, M. Faure.

Fait à la Cour d'appel de l'île Martinique, le 6 juillet 1812. *Signé*, RONDEAU, *Greffier.*

(No. 1423.) ARRÊT *de la Cour d'Appel de l'île Martinique, portant défenses aux Avoués de prendre des Inscriptions hypothécaires et de faire des appels de Sentence pour leurs Clients, sans qu'au préalable ils n'y soient autorisés par des Procurations spéciales.*

Du 6 juillet 1812.

CE jour le Procureur-général a dit à la Cour qu'il s'est introduit dans quelques-unes des fonctions des Avoués, des usages qui non-seulement ne sont autorisés par aucune loi, mais qui lui paraissent nuisibles aux intérêts des parties, tels sont :

1°. Celui qui s'est généralement établi parmi les Avoués, de prendre de leur chef et sans y être autorisés par leur clients une inscription hypothécaire aussitôt qu'ils ont obtenu un jugement en condamnation d'une somme ; qu'il peut en résulter un inconvénient qui même s'est déjà présenté plusieurs fois, que les parties condamnées venant à payer à l'Avoué peu après la signification de la sentence, ne peut plus faire radier l'hypothèque prise sur ses biens, parce que l'Avoué qui a pu prendre l'inscription sans pouvoir de sa partie, ne peut consentir à sa radiation, ce qui, lorsque le créancier est absent, constitue le débiteur qui s'est libéré en des frais considérables, pour obtenir jugement en dernier ressort, qui n'ordonne la radiation qu'après un délai.

Que ces jugemens rendus en première instance, lorsqu'ils ne sont point frappés d'appel, ne peuvent avoir force de chose jugée qu'après 10 ans selon l'ancienne procédure civile de 1667, que la nouvelle procédure civile fixe ce délai à trois ans; que cependant M. Malleville, l'un des auteurs du Code civil, dit positivement, dans les motifs sur l'article 2157 du titre des hypothèques, que lorsqu'un jugement en première instance a ordonné la radiation d'une hypothèque pour un titre éteint et soldé, si dans trois mois, il n'y a eu ni opposition ni appel, il doit avoir force de chose jugée et que la radiation doit être faite sauf à la rétablir si avant l'expiration du délai le créancier fait appel, que telle a été la décision de la Cour d'appel de Bordeaux dans une décision pareille.

2°. Que beaucoup d'appels de jugement sont portés devant la Cour par les Avoués sans qu'ils y soient autorisés par une procuration spéciale de leurs clients, que cette formalité très-importante, si elle était exactement suivie éviterait des frais aux parties qui souvent ne consentiraient pas à des appels dispendieux et sans objets.

En conséquence le Procureur-général a conclu, et faisant droit sur ses conclusions, la Cour ordonne, 1°. A l'avenir les Avoués militant près les Tribunaux de la colonie ne pourront plus requérir ni prendre d'inscription hypothécaire en faveur de leurs parties et en vertu des jugemens par eux obtenus, sans être munis d'un pouvoir spécial, qui contiendra en même-tems celui de consentir la radiation, lorsque le débiteur se sera libéré.

2°. Tout jugement qui prononcerait la radiation d'une hypothèque sur un titre éteint et soldé aura force de chose jugée trois mois après sa signification, si dans ce délai ce jugement n'est point attaqué par la voie de l'opposition ou de l'appel; en conséquence les Conservateurs des hypohèques de la colonie demeurent autorisés à radier provisoirement et contradictoirement, les inscriptions prises en vertu de pareils jugemens, sauf à rétablir lesdites inscriptions, en cas d'appel, avant l'expiration du délai prescrit par l'ordonnance de 1667 pour acquérir la force de chose jugée; de tout quoi lesdits Conservateurs seront tenus de faire mention en marge de l'inscription provisoirement radiée afin d'en conserver le rang.

3°. Les Avoués ne pourront désormais faire appel des jugemens qu'en vertu d'une procuration spéciale de leurs clients, et les Greffiers de la Cour ne pourront délivrer sur lesdits appels aucuns reliefs ni quittance d'amende, s'il ne leur est justifié de cette procuration.

4°. Ordonne enfin qu'expédition du présent arrêt sera, à la diligence du Procureur-général du Roi, envoyé aux Tribunaux du ressort, pour y être lu et publié à l'audience afin que tous ceux qu'il peut concerner aient à s'y conformer.

Fait à la Cour d'appel de la Martinique, le 6 juillet 1812. *Signé*, RONDEAU, *Greffier*.

(N°. 1424.) ARRÊT *de la Cour d'Appel de l'île Sainte-Lucie, concernant le Paiement des Frais de procédures dans les Affaires criminelles poursuivies à la requête du Procureur du Roi.*

Du 7 juillet 1812.

LA Cour, sur le réquisitoire verbal de Me. Cléret, conseiller, faisant fonctions de Procureur-général, a ordonné et ordonne qu'à l'avenir, les frais dans les procédures criminelles poursuivies à la requête du Procureur du roi, où il n'y aura point de partie civile, et qui devraient, d'après les ordonnances et réglemens, être payés par la caisse du Domaine du roi, tels que les salaires des huissiers, frais de conduite des criminels et salaires de témoins, seront payés par le Receveur et Trésorier de la Caisse coloniale.

Ordonne également, que les frais de pareille nature, qui ont été occasionnés par la procédure poursuivie à la requête du Procureur du roi en la Sénéchaussée de cette île, contre le nommé Prosper, dit Coco-Guit, mulâtre libre de la Soufrière, seront payés de la même manière.

Lesquels payemens se feront aux personnes à qui ils seront dus, sur la taxe qui en sera faite, par le Juge de l'instruction.

Ordonne en outre, que le présent arrêt sera envoyé aux officiers de la Sénéchaussée pour y enregistré, etc.

Fait à la Cour d'appel de l'île Ste-Lucie, le 7 juillet 1812. *Signé*, R. Drouilhet, *Greffier*.

(N°. 1425.) Arrêt *de la Cour d'Appel de l'île Sainte-Lucie, qui ordonne que les divers Réglemens et Ordonnances concernant les Orfèvres seront de nouveau lus, publiés et affichés, dans la Colonie, pour être exécutés sous les peines y portées.*

Du 7 juillet 1812.

(N°. 1426.) Homologation *par Son Exc. le Gouverneur de la Martinique, d'une Délibération de la Paroisse de Sainte-Marie, en date du 27 octobre 1811, pour une Imposition de de 20 sols par tête de Nègres payant droits, pour subvenir à la Réparation du Presbytère de ladite Paroisse.*

Du 8 juillet 1812.

(N°. 1427.) Avis *des Tribunaux de Première Instance de la Martinique, concernant l'Introduction et l'Emission dans la Colonie d'une nouvelle espèce de Fausse Monnaie.*

Du 28 juillet 1812.

Il circule depuis peu dans la colonie des pièces de cuivre argenté, imitant les fractions de gourdes dites mocos. Avec un peu d'attention on reconnait la fraude à la légère feuille d'argent dont ces pièces sont couvertes, et qui se détache facilement sous la pointe d'un couteau : ces pièces sont en outre dentelées en sens contraires de deux côtés, de manière qu'il y en a toujours un qui présente une ligne droite; elles sont plus petites que la fraction véritable de la gourde ; l'empreinte en est plus faible et paraît à peine sur le cordon qui est presque terne ; (l'Administration a fait déposer un de ces mocos dans chacun des greffes du Fort-Royal et de St-Pierre, pour servir de pièce de comparaison).

Le Ministère public s'occupe de tous les moyens d'atteindre les auteurs de ce délit et de tous les autres du même genre ; le public est invité à seconder ses efforts pour y parvenir, et l'Administration a reçu à cet effet de Son Excellence l'ordre d'exécuter l'article V de l'ordonnance du 4 juillet 1798, qui déclare que " quiconque aura découvert des fabricateurs " ou introducteurs de monnaies fausses ou al- " térées dans le titre ou dans le poids, ou " des agens, correspondans, fauteurs, com- " plices ou adhérens desdits fabricateurs ou " introducteurs, et opéré leur conviction devant " les Tribunaux, tellement qu'ils ne puissent " échapper au châtiment prononcé par les lois, " recevra une récompense de deux mille livres, " qui lui sera payée sur-le-champ de la caisse " coloniale, sauf le remboursement à cette " caisse sur le produit des amendes et con- " fiscations qui résulteront du procès. „

(N°. 1428.) PROCLAMATION *de Son Exc. le Gouverneur de la Martinique, pour ordonner l'exécution des anciennes Ordonnances sur la plantation des vivres du pays, vu la guerre avec les Etats-Unis de l'Amérique.*

Du 31 juillet 1812.

D'APRÈS les circonstances actuelles, et l'instabilité qui en résulte dans les rapports commerciaux de l'Archipel avec le Continent américain, il devient plus urgent que jamais de s'assurer de l'exécution des règlemens salutaires qui ont pourvu à la subsistance des habitans et de leurs esclaves par les moyens tirés de leur propre sol et de leur industrie. En conséquence nous appellons l'attention de tous les propriétaires de la colonie en général et des Commissaires des paroisses et autres fonctionnaires en particulier sur les ordonnances et règlemens existans pour la plantation des vivres du pays, et notamment sur ceux du 1er. septembre 1736, 10 Mars, 1740 et 2 juillet 1765, auxquels nous recommandons qu'il soit tenu exactement la main. Les dispositions salutaires qu'ils renferment garantiront les colons de toute inquiétude dans le cas où la situation actuelle des choses deviendrait plus grave, et dans toute autre cas leurs résultats ne pourront qu'être avantageux à la colonie en concourant à son bien être et à sa prospérité.

Donné au Fort-Royal Martinique, le 31 juillet 1812. *Signé*, Charles Wale.

(N°. 1429.) Homologation *par Son Exc. le Gouverneur de la Martinique, d'une Délibération de la Paroisse du Mouillage à St-Pierre, en date du 6 juillet* 1812, *pour l'imposition d'une année seulement de* 45 *sols par tête de Nègre payant droits, et de* 13 *livres* 10 *sols par chaque Propriétaire de Banc, étranger à la Paroisse, et ce pour subvenir aux frais de logement du Curé de la Paroisse.*

Du 12 août 1812.

(N°. 1430.) ORDRE *de S. E. le Major-général* Alex. Wood, *Commandant de l'île Ste-Lucie*, *concernant la petite Monnaie*, *dit* les Mocos de la Martinique.

Du 18 août 1812.

VU les réclamations qui nous ont été faites au sujet des *Mocos* dits *de la Martinique* qui sont fort au-dessous du poids fixé par les ordonnances, et qui ont été introduits en très-grand nombre dans la colonie.

Considérant qu'il est urgent d'arrêter le cours d'un mal qui peut avoir les suites les plus malheureuses sur-tout pour la classe indigente du pays, considérant, en même-tems qu'une grande partie de la monnaie de la colonie en a été exportée et qu'il est nécessaire de la remplacer, en conséquence ordonnons :

ART. Ier. Qu'il ne circulera et ne sera reçu en paiement d'autres *Mocos* que ceux poinçonnés à leurs trois angles de la marque S.

II. Que tous les *Mocos* dits *de la Martinique* du poids de trois penny-weight dix-huit grains et au-dessus seront étampés de ladite marque.

III. Que L^s^. Feningre, orfèvre en cette ville, poinçonnera à la réquisition des porteurs les Mocos du poids ci-dessus qui lui seront présentés, et qu'il lui sera alloué sept sols six deniers par chaque quatre Mocos qui seront ainsi étampés par lui. Lesquels 7 sous 6 deniers lui seront payés par les porteurs desdits mocos.

Ordonnons, au surplus, la stricte exécution de toutes les ordonnances relatives aux monnaies auxquelles il n'aura pas été dérogé par le présent ordre; lequel sera lû, publié, etc.

Donné à Ste-Lucie le 18 août 1812. *Signé*, Alex. Wood.

Enreg. à la Sénéchaussée le 5 septembre 1812.

(N°. 1431.) Délibération *préalable du Conseil privé, Son Excellence le Gouverneur y séant, concernant le Presbytère de la Paroisse du Mouillage à St-Pierre.*

Du 12 septembre 1812.

Le Conseil après avoir examiné les pièces et plans dont il avait fait précédemment la demande, a reconnu qu'il n'était pas possible de faire aucune concession de terrein pour l'établissement des Curés et Vicaires de la paroisse du Mouillage, sans retirer les moyens d'exécution d'un projet d'utilité et d'embellissement formé il y a déjà longtems pour une partie de la ville, en conséquence il croit qu'il sera beaucoup plus convenable de loger lesdits Curés et Vicaires dans une partie du couvent des Dames Dominicaines, qui, réduites à un petit nombre, laissent vacante une grande partie de leur local. Cet arrangement aurait l'avantage de réduire de beaucoup la dépense des paroissiens qui n'auraient qu'à réparer les bâtimens nécessaires, au lieu de faire de nouvelles constructions dans un terrein nu, les Ecclésiastiques pourraient se trouver beaucoup plus promptement logés, la caisse coloniale serait soulagée des réparations nécessaires à faire aux bâtimens concédés et l'on conserverait en même-tems des moyens pour l'exécution des projets formés pour l'utilité et l'embellissement d'une partie de la ville,

ville. Le Conseil pense qu'il conviendrait que l'Administration fît les démarches nécessaires pour parvenir à arranger cette affaire sur les bases présentées ci-dessus, de manière à ne rien faire contre le gré des Dames respectables qui font leur résidence dans la maison conventuelle dont on prendrait une partie.

Approuvé pour servir d'instructions à l'Administration coloniale. *Signé*, CHARLES WALE.

(N°. 1432.) ORDONNANCE *de Son Excellence le Major-général* Alex. Wood, *Commandant de l'île Ste-Lucie, portant qu'il ne sera plus accordé de Patente aux Gens de couleur se disant libres, et qui remet en vigueur les anciennes Ordonnances sur le fait des Libertés.*

Du 7 octobre 1812.

CONSIDÉRANT que, par notre ordonnance en date du 4 janvier 1808, nous avions accordé à tous les gens de couleur libres, ou se disant tels, un délai de trois mois pour faire vérifier leurs titres et se munir de patentes qui constatassent d'une manière fixe et uniforme leur état.

Considérant que ce délai est expiré depuis longtems et que, quoiqu'il ait été prorogé plusieurs fois, beaucoup de gens de couleur n'ont point satisfait aux dispositions de notre proclamation, et que la plûpart ne viennent réclamer une patente que lorsqu'ils se trouvent dans le cas d'une nécessité absolue d'exhiber leurs titres de liberté.

Considérant, qu'en conformité de ladite proclamation le Gouvernement pourrait faire déchéoir, ceux qui y ont contrevenu, de leurs prétentions à la liberté : mais que cette mesure qui ferait, sans doute, justice de beaucoup de gens de couleur jouissant de la liberté sans aucun titre, frapperait peut-être, en même-tems, sur de véritables libres qui, regardant cette disposition comme comminatoire, ont compté sur de nouveaux délais.

Considérant enfin, que le fruit que la colonie devait retirer de la stricte exécution de ladite proclamation, est avorté par la négligence et l'incurie de ceux dont elle devait sur-tout fixer l'état, et que l'inobservation, d'une part, de notre proclamation; de l'autre, des lois et ordonnances qui l'ont précédée, jettent du trouble dans cette partie de la législation de la colonie.

A ces causes, etc., ordonnons et statuons ce qui suit :

Art. Ier. Il ne sera plus délivré à l'avenir de patentes à aucun individu de couleur, de quelque sexe ou âge qu'il puisse être.

II. Les gens de couleur libres qui, en conformité de notre proclamation du 4 janvier 1808, ont fait constater leur état par une patente, continueront de s'en servir dans tous les actes où ils auront besoin de faire preuve de liberté.

III. Toutes les lois et ordonnances, tous les édits et règlemens sur le fait des libertés, en vigueur dans la colonie, avant la proclamation du 4 janvier 1808, continueront à y être exécutés.

IV. Les Cures de la colonie n'étant dans ce moment desservies que par un seul Prêtre espagnol, et ceux qui y viendront par la suite, pouvant rester long-tems étrangers aux lois et usages du pays, il est strictement recommandé à chaque Commissaire, dans son quartier, de ne laisser baptiser comme libres, et sur-tout de ne porter sur les registres de naissance comme tels, aucuns enfans, à moins que l'affranchissement des mères ne leur soit prouvé auparavant par des actes de liberté bien en règle, desquels actes ils seront tenus de faire mention sur les registres de baptême; en conséquence ils enverront tous les trois mois au Procureur-général, un état des enfans de couleur qui auront été enregistrés comme libres; pour lesdits enfans, être confisqués et vendus au profit de S. M. s'ils sont nés de mères esclaves.

Prions MM. les Officiers de la Cour d'appel et mandons à ceux de la Sénéchaussée, de faire enregistrer la présente qui sera lue, etc.

Donné à Ste-Lucie, le 7 octobre 1812. *Signé* ALEX. WOOD.

Enregist. aux Greffes des Tribunaux de Ste-Lucie.

(N°. 1433.) DÉCISION *de S. É. le Gouverneur de la Martinique, en son Conseil privé, concernant* 1°. *l'Ouverture d'une Rue de communication entre les Rues* Lucy *et* Toraille, 2°. *le prolongement de cette dernière parallèlement à la première jusqu'au Canal de la Ville,* 3°. *l'établissement d'un Cours au Mouillage, entre les Rues de la* Magdelaine, *et du Pensionnat Colonial,* 4°. *l'établissement du Presbytère de ladite Paroisse dans une portion du Couvent des Dames Dominicaines.*

Du 18 octobre 1812.

VU le rapport du Chef de l'administration coloniale sur le projet conçu depuis plus de

25 ans, d'ouvrir une rue de communication entre les rues Lucy et de la Magdelaine, dans la paroisse du Mouillage, et dont l'exécution a été retardée jusqu'à ce moment par le défaut de moyens.

Vu aussi le plan proposé, tant de l'ouverture de cette rue de communication, que d'une rue perpendiculaire formant parallèle à la rue Lucy, et au Pensionnat colonial, et de l'établissement d'un Cours, en prolongeant la promenade dite des Pères-Blancs, jusqu'à la rue de communication ci-dessus indiquée.

Et considérant, que cette opération peut se faire par la simple compensation de la valeur des terreins, qui naîtront de l'ouverture des rues, avec la valeur de la maison des héritiers Bottereau, qu'il faudra abattre pour ouvrir la première rue, et de celle des terreins de M. Mayne de St. Luce, qu'il faudra prendre pour former le Cours, à une différence près dans la valeur des acquisitions à faire, mais qui peut se remplir par les fonds municipaux de la ville, et dans la valeur de la petite place près l'Eglise qui pourrait être suprimée au moyen du Cours projetté. Le Conseil frappé des avantages considérables, qui résulteront pour la paroisse de l'exécution du plan proposé, et du bénéfice qu'elle apportera au fisc public par la recette des droits sur les maisons qui se construiront, et l'augmentation des loyers sur celles qui existent dans ce moment, est d'avis que l'exécution du projet soit renvoyée à l'Administration coloniale avec recommandation de n'employer la valeur de la petite place de l'église, qu'autant qu'il serait absolument nécessaire de s'en servir, et que la suppression de cette place serait approuvée par la paroisse en compensation du Cours à établir ; il est d'ailleurs bien entendu, que nul impôt ne pourra être levé sur la paroisse pour l'exécution dudit plan, que les sommes à prendre (s'il est nécessaire) sur les fonds municipaux seront calculés pour ne gêner en aucune manière le service annuel de cette caisse, et que le montant de ces sommes ne pourra dans aucun cas excéder 18.000 liv.

En conséquence l'Administration coloniale serait autorisée à passer tous actes nécessaires à l'accomplissement dudit projet avec tel Entrepreneur qu'il agréra pour son exécution.

Communication prise de la lettre de Mme. la Supérieure des Dames Dominicaines et de celle des Curés et Marguilliers de la paroisse du Mouillage, exprimant leur pleine et entière adhésion à l'établissement du Presbytère dans une portion du Couvent desdites Dames, ainsi que la cession généreuse que ces Dames font d'un appartement dépendant de leur Maison pour y établir l'hôpital du Bureau de charité ; le Conseil est d'avis que l'exécution des dispositions ci-dessus soit renvoyée à l'Administration coloniale sous la condition expresse que toutes les dépenses qui seront nécessaires, tant pour l'établissement du Presbytère que pour la translation des enfans-trouvés dans le nouveau local qu'ils occuperont, soient faites aux frais de la fabrique du Mouillage, et que les dépenses des réparations et installations de l'hôpital du Bureau de charité soient à la charge dudit Bureau. En conséquence l'Administration coloniale sera autorisée à passer tous actes aux fins de consolider les établissemens ci-dessus.

Pour instructions à suivre par l'Administration coloniale. *Signé* CHARLES WALE.

(N°. 1434.) ORDONNANCE *de Son Excellence le Gouverneur de la Martinique, pour l'exécution plus exacte de l'Ordonnance de Sir* George Beckwith, *en date du* 6 *octobre* 1809, *sur l'intérêt de l'Argent.*

Du 31 octobre 1812.

Si l'étude constante de l'autorité doit être de veiller au maintien des lois, ce sont sur-tout celles destinées à être la sauve-garde des familles, qui doivent fixer son attention aux époques malheureuses, dont l'égoïsme et la cupidité ne s'emparent que trop souvent au préjudice de tous les principes de l'ordre social.

Les articles I et II de l'ordonnance salutaire de Sir George Beckwith, en date du 6 octobre 1809, renferment toutes les bases nécessaires pour réprimer le fléau destructeur de l'usure, lorsqu'il sera possible d'en assurer l'exécution complète au moyen de quelques dispositions additionnelles, qui donneront aux Tribunaux de nouvelles facilités à cet égard.

En conséquence, nous, etc., avons ordonné et ordonnons ce qui suit :

ART. 1er. Tout ce qui pourra tendre à l'exécution la plus exacte des articles I et II de l'ordonnance de Sir George Beckwith, du 6 octobre 1809, portant règlement sur l'intérêt de l'argent, sera constamment l'objet de l'attention des Tribunaux dans toutes les affaires qui y auront rapport, et le Ministère public agira même d'office à cet égard toutes les fois que le cas le requerra.

II. Les Juges seront tenus en conséquence de demander à tout créancier qui voudra poursuivre, soit en son propre nom, soit comme tuteur, ou exécuteur-testamentaire, soit comme fondé de pouvoirs d'un absent de la colonie, un serment préalable portant que la créance qu'il réclame est bien réellement sa propriété ou la propriété de celui qu'il représente légalement, qu'elle ne contient (du moins à sa connaissance s'il n'est que représentant) aucun intérêt au-dessus du taux de la loi, et qu'il n'y a eu à son égard aucune transaction en contravention aux articles ci-dessus de l'ordonnance de Sir George Beckwith, réservant néanmoins en même-tems au débiteur toute action contre le créancier, s'il a contre lui à produire la preuve du parjure.

III. Ce serment sera fait personnellement par le créancier poursuivant (et en son absence de la colonie, par son fondé de pouvoirs), quels que soient les titres sur lesquels il poursuit; et d'après l'ordonnance du Juge, la première assignation portera que cette formalité a été remplie.

IV. Dans le cas de billets à ordres, mandats, ou de tous autres titres susceptibles d'endossement, le Juge sera tenu de demander le serment à celui en faveur de qui le billet aura été fait, au porteur actuel dudit billet et à celui ou à ceux des endosseurs qu'il jugera convenable.

V. Si le porteur actuel dudit billet n'est point présent dans la colonie, le serment sera demandé, à son défaut, au premier endosseur et ainsi de suite.

VI. Lorsque le créancier et le débiteur ne seront pas de la même jurisdiction, le serment pourra être reçu de la manière prescrite par le Juge du ressort dans lequel le créancier sera domicilié, et l'exhibition de ce serment suffira pour déterminer les poursuites contre le débiteur à son domicile.

Sera la présente ordonnance lue, publiée, etc.

Donné au Fort-Royal Martinique, le 31 octobre 1812. *Signé*, CHARLES WALE.

Enregist. aux Greffes des Tribunaux.

(N°. 1435.) ORDONNANCE *de Son Excellence le Gouverneur de la Martinique, portant rétablissement des Commissaires du Commerce, ainsi que de Courtiers Agens de Change commissionnés dans la Ville de St-Pierre.*

Du 31 octobre 1812.

ATTENDU que, dans les circonstances actuelles, il est devenu nécessaire de rétablir et même d'étendre quelques-uns des institutions existant antérieurement et qui ont été reconnues avantageuses aux relations commerciales de la colonie, Nous, etc., ordonnons ce qui suit :

ART. 1er. Il sera établi des Commissaires du commerce dans les villes, sur les mêmes bases que l'étaient ceux existant à St-Pierre avant l'année 1789, et entr'autres conformément à celles indiquées par la dépêche ministérielle du 22 février 1777, observant que les anciens et nouveaux Sujets de S. M. concourront à l'élection desdits Commissaires dans les lieux où ils seront établis ; les premiers en fourniront un de droit.

II. D'après les dispositions de l'article 1er, lesdits Commissaires seront établis au nombre de trois dans la ville du Fort-Royal, et au nombre de quatre dans la ville de St-Pierre.

III. Leur nomination ne sera définitive que lorsqu'elle aura reçu la sanction du Gouvernement.

IV. Dans les affaires où, par absence ou maladie, lesdits Commissaires se trouveraient en nombre incompétent, ils obvieront à chaque fois à l'incompétence, en se faisant assister par d'autres négocians notables à leur choix.

V. Pour prévenir les transactions usuraires qui se font clandestinement au moyen d'agens qui n'ont aucun caractère officiel et reconnu, les dispositions des ordonnances précédentes sur cet objet sont rétablies comme suit.

VI. Par suite de l'article précédent il sera établi pour la place de St-Pierre, deux Courtiers Agens de change commissionnés du Gouvernement.

VII. Ces Courtiers seront choisis sur une liste de six candidats qui seront proposés au Gouvernement par les Commissaires du commerce, dont le rétablissement est indiqué par l'article premier de la présente ordonnance, le Gouvernement se réservant la faculté de faire renouveller en entier les listes qu'il n'approuverait pas.

VIII. Leurs droits seront fixés comme suit, savoir : à un tiers pour cent sur les négociations d'Agens de change ; à demi pour cent sur celles comme Courtiers ou négociateurs de billets.

IX. Lesdits Courtiers Agens de change seront soumis à un cautionnement de trente-trois mille livres ; ils tiendront un registre paraphé par le Juge, où seront inscrits les bordereaux des transactions faites par leurs ministères, et toutes affaires personnelles leur sont interdites; le tout sous peine de cinq mille livres d'amende et de destitution et d'être poursuivis même extraordinairement, sans préjudice de toute action particulière contr'eux.

X. Tous individus qui se permettraient d'entreprendre sur les fonctions des Courtiers commissionnés, seront condamnés à une amende de dix mille livres et même au renvoi de la colonie suivant l'exigence des cas.

XI. Ces amendes seront reversibles par moitié, aux fonds généraux des bureaux de charité et moitié à la caisse des amendes.

Sera la présente ordonnance enregistrée aux greffes des tribunaux, lue, publiée, etc.

Donné au Fort-Royal Martinique, le 31 octobre 1812. *Signé*. CHARLES WALE.

Enregist. aux Greffes des Tribunaux.

(Nº. 1436) ORDONNANCE *de Son Excellence le Gouverneur de la Martinique, portant Règlement et Tarif général de tous les Emolumens attribués à divers Fonctionnaires publics dans ladite Colonie, pendant la durée de la présente Guerre.*

Du 31 octobre 1812.

LES anciens tarifs étant tombés en désuétude et étant, par ce motif et sous plusieurs autres rapports, devenus insuffisans, pour arrêter les prétentions arbitraires qui se sont introduites dans la perception des frais de justice et autres exigés par divers Fonctionnaires publics, nous avons cru devoir, d'après l'usage suivi par nos prédécesseurs, inviter la Cour d'appel de cette île, comme ayant plus directement ces objets sous les yeux, à faire travailler à une révision des précédens réglemens établis sur cette matière, pour, sur le plan qui serait proposé en conséquence, être par nous dressé un nouveau tarif uniforme pour la colonie, eu égard à la différence des tems et au prix actuel des choses nécessaires à la vie, ce qui ayant été exécuté, nous, après avoir duement examiné et considéré le travail qui nous a été mis sous les yeux, avons fait et dressé le présent règlement et tarif général pour être suivi et exécuté dans l'étendue de notre Gouvernement pendant la durée de la présente guerre; en conséquence, nous, etc., avons ordonné et ordonnons ce qui suit :

CHAPITRE PREMIER.

Droits Curiaux.

ART. Ier. Pour chaque publication de bans, extrait de baptême, mariage et inhumation, 3 livres.

2. Pour une messe basse, 3 liv.

3. Pour la levée d'un corps, 18 liv.

4. Pour enterrement et service simple, 30 liv.

5. Pour enterrement et service solennel, 40 liv.

6. Pour vêpres des morts, 15 liv.

7. Pour Grand'messe, 15 liv.

8. Pour pain et vin, par an, 180 liv.

CHAPITRE II.

Droits de la Fabrique.

ART. Ier. Pour ouverture de fosse, 4 livres 10 sous.

2. Pour les esclaves, 2 liv.

3. Pour les enterremens et services avec tentures de l'autel, des crédences et ornemens, 15 liv.

4. Avec tenture de l'autel, des crédences et de tout le sanctuaire, 54 liv.

5. Avec tenture de toute l'église, 108 liv.

6. Pour drap mortuaire, 3 liv. 15 sous.

7. Pour la croix, chandeliers et bénitier ordinaires, 5 liv. 12 sous 6 deniers.

8. Pour l'argenterie, 27 liv.

9. Pour la sonnerie et glas, savoir : pour les enterremens et service, comme à l'article 3, 15 sous.

10. Avec tenture de l'autel et du sanctuaire, 30 liv.

11. Avec tenture de toute l'église, 45 liv.

12. Les cierges pour les enterremens et les services (excepté ceux de l'autel qui sont à la charge de la fabrique) seront fournis par la famille ou ceux qui la suppléeront, en telle quantité suffisante pour le clergé et la représentation, et en telle autre que l'on voudra distribuer aux assistans.

Mais quand lesdits cierges seront demandés à la fabrique et qu'elle en fera la fourniture, il sera produit de cet article un compte particulier au prix du détail dans le commerce, exprimant la quantité de livres fournies et le nombre de cierges contenus dans la livre.

Il en sera de même du crêpe et des gants qui pourraient être aussi fournis par la fabrique.

CHAPITRE III.

Droits des Chantres, Sacristains, Clercs et Sonneurs.

ART. Ier. Pour le Chantre, dans un enterrement ordinaire, 4 livres.

2. Avec nocturne et vêpres, 8 liv.

3. Lorsqu'il y aura grand'messe, pour le tout, 9 liv.

4. Pour un service avec nocturne, 9 livres.

5. Pour le Sacristain, dans un enterrement ordinaire, 4 liv.

6. Lorsqu'il y aura tenture et argenterie, 8 liv.

7. Au Porte-croix pour un enterrement ordinaire, 2 liv. 10 sous.

8. Pour un enterrement solennel, 3 liv. 6 s. 8 d.

9. Au Diacre et Sous-diacre, chacun dans un enterrement ordinaire, 3 liv. 3 s. 4 d.

10. Dans un enterrement solennel, 6 liv.

11. Aux Acolites et Thuriféraires dans les enterremens ordinaires, 1 liv. 6 s. 8 d.

12. Dans les enterremens solonnels, 2 liv.

13. Aux Clercs, chacun dans un enterrement ordinaire, 1 liv. 6 sous 8 d.

14. Dans un enterrement solennel, 3 liv.

15. Au Sonneur, pour la petite sonnerie dans les enterremens et services, 2 liv:

Pour la moyenne, 4 liv.

Pour la grande, 6 liv.

16. Pour le Bedeau, enterrement ou service ordinaire, 3 liv. 15 sous.

17. Pour enterrement ou service solennel, 8 liv.

Chapitre IV.

Droits du Sceau.

Art. Ier. Pour toutes les lettres de dispense de chancellerie, par chaque impétrant, 13 liv. 10 sous.

2. Pour les légalisations et actes de notaire en forme exécutoire, 6 liv. 15 sous.

3. Pour les arrêts et jugemens définitifs, reliefs d'appels, permissions d'anticiper et d'intimer au conseil, 4 liv. 10 s.

4. Pour tous jugemens et ordonnances définitives du gouvernement, 4 liv. 10 sous.

5. Pour les appositions des scellés sur les effets d'un défunt, d'un failli ou autre cas, par chaque empreinte de cire, 4 liv. 10 sous.

6. Pour les sentences définitives, celles d'adjudications, d'insinuations et ensaisinement, d'enterinement d'arrêt par bénéfices de lettres, jugemens pour nomination de tuteur, curateur, séquestre, permissions de vendre, ordonnances pour saisies, décrets, paréatis et autres portant exécution ou dont le dépôt est ordonné, 2 liv. 5 sous.

7. Pour exécutoire de dépens, 2 liv. 5 s.

CHAPITRE V.

Droits des Juges.

ART. Ier. Pour droits de signature et paraphe, par chaque cause portée au rôle, 1 livre 10 sous.

2. Pour chaque apposition, levée ou reconnaissance de scellés, dans le lieu de leur demeure, 22 liv. 10 s.

3. Pour les actes d'affirmation et cloture d'inventaire, 5 liv. 12 sous 6 den.

4. Pour ceux de tutelle, curatelle et d'émancipation, 11 liv. 5 sous.

5. Pour les délibérations des parens des mineurs pour gérer, louer, vendre leurs biens et autres cas, 11 liv. 5 sous.

6. Pour insinuation, publication, et enregistrement d'actes à l'audience, 5 liv. 12 sous 6 den.

7. Pour ordonnances et autres actes de même nature à l'extraordinaire et sur requête dont le dépôt au greffe sera ordonné, 5 liv. 12 sous 6 den.

8. Pour prestation de serment et acceptation de caution, 5 liv. 12 sous 6 den.

9. Pour congé ou défaut à l'extraordinaire, 3 liv.

10. Pour sentence par défaut, appointement en droit ou à mettre et autres sentences préparatoires, 8 liv.

11. Pour sentence contradictoire définitive, 11 liv. 5 s.

12. Pour vacations aux ventes d'immeubles forcées ou volontaires, 11 liv. 5 sous.

13. Pour vacation à l'adjudication, 16 liv. 18 sous.

14. Pour interrogatoire sur faits et article, par heure, 8 liv. 15 sous.

15. Pour audition de témoins en matière civile et criminelle, répétition, récollement et confrontation, par chaque témoin, 5 liv. 12 sous 6 den.

16. Pour les décrets et jugemens de récollement et confrontation, 8 liv.

17. Pour interrogatoire des accusés par heure, 8 l. 15 s.

18. Aux inventaires et partages où ils peuvent être appelés, comparaison d'écritures et autres actes dans les lieux de leur demeure; par chaque heure de vacation, 8 liv. 15 sous.

19. Pour jugement d'élargissement sous caution ou qui renvoie les parties à fins civiles, 8 liv.

20. Pour certificats de vie et légalisation de tous actes, 5 liv. 12 sous 6 den.

21. Pour procès-verbal de visite d'une personne blessée, levée d'un cadavre, vérification d'effraction dans les villes et bourgs de leur demeure, 22 liv. 10 s.

22. S'il y a information sur les lieux, par heure, 8 liv. 15 sous.

23. Pour les taxes de dépens par chaque article alloué, non compris l'exécutoire, 8 liv.

24. Pour l'exécutoire, 5 liv. 12 sous.

25. Lorsque les Juges se transporteront hors de leurs demeures, ils se taxeront sur le pied de 54 livres par

jour dans la paroisse où est situé le siége de la sénéchaussée, 54 liv.

Et dans les autres paroisses de leur ressort, 81 liv.

Et lorsqu'ils vaqueront plus de six heures par jour, ils augmenteront leur taxe de 9 livres par heure, ce dont ils feront mention au bas du procès-verbal de clôture de chaque vacation.

26. Pour droit de réception de Chirurgiens et Orfèvres, 22 liv. 10 sous.

27. Dans tous les cas imprévus non mentionnés au présent règlement, les juges se taxeront selon le tems qu'ils y auront employé et à leur conscience.

Chapitre VI.

Procureurs du Roi.

Art. Ier. Ils auront les deux tiers des vacations et épices des Juges dans le lieu de leur demeure et à la campagne les mêmes droits.

2. Par heure de vacation aux ventes, 9 liv.

3. Par chaque vacation aux criées, 11 liv. 5 s.

4. Et pour l'adjudication, 13 liv. 10 sous.

5. Dans les inventaires et partages, où la présence des Procureurs du Roi est nécessaire pour l'intérêt des absens ou autrement, et dans tous les actes de leur ministère où ils sont employés sans les Juges, ils prendront dans le lieu de leur demeure 27 livres par vacation de trois heures, et à la campagne ils prendront par jour les mêmes droits attribués aux Juges.

6. Pour alignement des maisons ou rues dans le lieu de leur demeure, 27 liv.

7. Hors des lieux de leur demeure, 54 liv.

8. Pour chaque certificat et publication de congés, 4 liv. 10 sous.

CHAPITRE VII.

Greffier de la Cour d'appel.

ART. Ier. Pour relief d'appel, anticipation et autres actes de même nature, 8 liv.

2. Pour défauts et congés, 8 liv.

3. Pour les arrêts par défaut d'appointemens et d'instruction, 20 liv.

4. Pour les arrêts d'audience contradictoires et définitifs, 27 liv.

5. Pour les arrêts sur requête, portés sur le plumitif, 20 liv.

6. Pour les arrêts de dispense de lettres de chancellerie, 27 liv.

7. Pour expédition, par rôle, 4 liv.

8. Pour droit de consignation d'espèces, deux et demi pour cent.

9. Pour l'acte de dépôt, 8 liv.

10. Pour recherche de minutes dont la date est certaine, 4 liv.

11. Lorsque la date sera incertaine, par heure, 8 l. 10 s.

12. Lorsqu'ils travailleront extraordinairement avec les Commissaires de la Cour, par heure, 8 liv. 10 s.

13. Pour droit de réception en tout office lucratif, enregistrement de commission, etc.; savoir :

Pour les Juges, Procureurs du Roi et Greffiers, 150 l.

Pour les Substituts des Procureurs du Roi, 120 liv.

Pour les Avocats et Procureurs, 110 liv.

Pour les Huissiers, 67 liv.

Pour les Médecins, Arpenteurs-généraux, Voyers, et autres dont les provisions s'enregistrent en la Cour, 168 liv. 15 sous.

CHAPITRE VIII.

Greffiers des Tribunaux.

ART. Ier. Ils auront, en toutes vacations et en tous actes, les deux tiers des Juges; et pour leurs expéditions, par rôle, 2 liv. 5 sous.

2. Pour enregistrement des causes, dont moitié sera remise au premier Huissier de la Cour, 15 sous.

3. Pour les défauts ou congés d'audience ordinaire, 1 l. 8 s.

4. Pour tous les jugemens préparatoires n'excédant pas un rôle, 2 liv. 15 sous.

5. Pour ceux qui excéderont un rôle par chaque rôle expédié, 2 l. 15 s.

6. Pour acte de soumission, de caution, de renonciation à succession et à communauté et autres de pareille nature, 4 liv. 5 sous.

7. Pour les actes de produit, 4 liv. 5 sous.

8. Pour enregistrement de procurations, insinuations de donations, substitutions et autres actes sujets à publication, 5 liv. 12 sous.

9. Pour recherche d'acte ou minute dont la date est certaine, 2 liv. 16 sous.

10. Si la date est incertaine, par heure, 7 liv. 10 s.

11. Pour droit de consignation d'espèces, deux et demi pour cent, et pour l'acte de dépôt, 5 liv. 12 s. 6 d.

12. Pour les dépôts de papiers, vérification d'iceux, outre l'acte de dépôt, par heure, 7 liv. 10 sous.

13. Pour chaque extrait de baptême, de mariage ou inhumation qu'ils délivreront, 2 liv. 16 sous.

14. Pour enregistrement de liberté, 20 liv.

CHAPITRE IX.

Notaires.

ART. Ier. Pour contrat de mariage passé dans leurs études, 63 liv.

Hors l'étude dans le lieu de leur demeure, 72 liv.

Non compris l'expédition qui leur sera payée pour toutes sortes d'actes sur le pied de deux livres quinze sols par rôle, 2 liv. 15 sous.

2. Pour donation entre-vifs, démission, substitution etc. reçus dans l'étude, 54 liv.

Hors l'étude, 63 liv.

3. Pour vente de maison et baux à loyers, dans l'étude, 40 liv.

Hors l'étude, 46 liv.

4. Pour vente d'habitation, autre que sucrerie ou baux à ferme, dans l'étude, 108 liv.

Hors l'étude, 162 liv.

5. Pour vente de sucrerie, détail de nègres etc. dans l'étude, 162 liv.

Hors l'étude, 250 liv.

6. Pour tous actes simples et communs, comme procurations ordinaires, quittances, émargemens et autres en brevet, dans l'étude, 18 liv.

Hors l'étude, 27 liv.

7. Pour les inventaires, dans le lieu de leur demeure, par heure, 6 liv.

8. Pour inventaire à la campagne pour chaque journée de travail, 63 liv.

9. Pour les autres actes passés à la campagne, mêmes droits qu'à ceux passés dans leurs études, et pour frais de transport, par jour, 54 liv.

10. Pour vérification de pièces déposées pour la sûreté des particuliers, par heure, 6 liv.

Pour l'acte de dépôt, 6 liv. 15 s.

11. Pour consignation ou dépôt, deux et demi pour cent.

Pour l'acte de dépôt, 6 liv. 15 s.

12. Pour protêt, dans le lieu de leur demeure, 18 liv.

A la campagne, par jour, 45 liv.

13. Pour compulsoire, par heure, 6 liv.

14. Pour recherche d'acte, par heure, 6 liv.

15. Pour reconnaissance de sous-seing privé avec dépôt, 9 liv.

16. Pour collation de pièces qui leur seront présentées, par rôle, 1 liv. 2 s. 6 d.

17. Pour sommation respectueuse dans le lieu de leur demeure, à chaque Notaire, 15 liv.

18. A la campagne leur transport, par jour, 45 liv.

19. Les actes de liquidation seront soumis aux Commissaires taxateurs établis par la Cour d'appel, ainsi que toutes les discussions qui pourraient s'élever dans tous autres cas prévus ou non prévus.

CHAPITRE X.

Avoués.

ART. Ier. Pour droit de Conseil aux Tribunaux de première instance, 4 liv. 10 s.

A la Cour d'appel, 8 liv.

2. Pour le mémoire aux Huissiers, pour leurs exploits, 2 liv. 16 s. 6 d.

3. Pour toutes requêtes simples aux tribunaux, 2 liv. 16 s. 6 d.

A la Cour, 5 liv. 12 s. 6 d.

4. Les requêtes libellées, jugées nécessaires, ainsi que les écritures signifiées, seront, en première instance, taxées par les Juges conformément aux articles 21 et 22 du tarif général de 1771, et en cause d'appel, par les Commissaires de la Cour.

5. Outre la taxe desdites écritures, il sera alloué pour les grosses d'icelles, par rôle, 2 liv. 12 s. 6 d.

6. Pour les inventaires de production (y compris la cotte et paraphe des pièces) dressés en grosse comme ci-dessus, par rôle, 3 liv. 15 sous.

7. Pour les copies des écritures et inventaires de production ci-dessus, évaluées à la moitié des rôles de grosse, par rôle, 1 liv. 10 s.

8. Pour les copies de toutes autres pièces qui seront signifiées, telles que titres, contrats, etc, à la taxe des Juges et Commissaires de la Cour, à proportion de la fixation ci-dessus.

9. Pour faire répondre les requêtes au tribunal, 1 liv. 10 s.

A la Cour, 2 liv.

10. Droits de levée de tous actes aux Tribunaux, 1 liv. 10 s.

A la Cour, 2 liv.

11. Droit au sceau, 1 liv. 10 s.

A la Cour, 2 liv.

12. Port et rapport aux Tribunaux, 1 liv.

A la Cour, 2 liv.

13. Pour qualités et conclusions par écrit et droit à l'enregistrement de la cause, 2 liv. 12 s. 6 d.

14. Pour défauts et congés à l'ordinaire, 2 l. 12 s. 6 d.

A l'extraordinaire, 4 liv. 10 s.

15. Pour sentences par défaut, appointemens en droit ou à mettre, sentences de remises ou autres préparatoires à l'audience ordinaire, 4 liv. 10 s.

A l'extraordinaire, 8 liv.

16. Pour les sentences contradictoires et définitives, à l'audience ordinaire, 8 liv.

A l'extraordinaire, 11 liv. 5 s.

17. Pour comparution aux Greffes des tribunaux, pour faire des productions, declarations etc., 4 liv. 10 s.

A la Cour, 8 liv.

18. Pour comparution aux taxes devant les Juges, 2 liv. 12 s. 6 d.

Devant les Commissaires de la Cour, 5 liv. 12 s. 6 d.

19. Pour chaque article alloué dans les déclarations de frais aux Tribunaux, 6 liv.

A la Cour, 12 liv.

20. Pour tous actes de Procureurs à Procureurs, lorsqu'ils sont nécessaires, savoir : devant les Tribunaux, 4 liv. 10 s.

A la Cour, 8 liv.

21. Pour comparution dans les assemblées de parens, 8 liv.

22. Aux criés de vente d'immeubles et baux judiciaires, par criée, 5 liv. 12 s. 6 d.

A l'adjudication, 8 liv.

23. Lorsqu'ils seront appelés par les parties comme conseils, dans le lieu de leur demeure, par heure, 7 l. 10 s.

24. Pour transport à la campagne, par jour, 67 l. 10 s.

Droits de Comparution à la Cour.

25. Pour les défauts et congés, arrêts d'appointemens et arrêts sur requête, 8 liv.

26. Pour arrêts par défauts et préparatoires rendus sur plaidoiries, 11 liv. 5 s.

27. Pour arrêts contradictoires et définitifs, 22 l. 10 s.

28. Outre les droits ci-dessus, les Avoués, non domiciliés au Fort-Royal, prendront pour leur tranport, séjour et retour, par cause, 36 liv.

Lequel droit n'aura point lieu, quand lesdits Avoués feront comparaître à leur place quelqu'un de leurs confréres : auquel cas il ne leur sera alloué que les droits de comparution tels qu'ils sont fixés ci-dessus.

CHAPITRE XI.

Premier Huissier de la Cour.

ART. Ier. Pour chaque enrôlement de cause, 4 liv.

2. Dans les enrôlemens des causes des Tribunaux, moitié du droit qui a été fixé au chapitre des Greffiers des tribunaux.

3. Pour les arrêts d'audience définitifs, par défauts ou contradictoires, 5 liv. 12 s. 6 d.

4. Pour les défauts et congés, 1 liv. 18 s.

5. Pour les arrêts sur référé ou rapport, 11 liv. 5 s.

6. Pour réception des officiers et autres, dont les lettres et commissions sont enregistrées à la Cour, savoir :

Des Juges, Procureurs du Roi et Greffiers, 140 liv.

Des Substituts, 112 liv.

Des Avocats et Procureurs, 112 liv.

Des Huissiers, 56 liv. 5 s.

Des Médecins, Arpenteurs généraux, Voyers et autres, 112 liv.

CHAPITRE XII.

Des Huissiers.

ART. Ier. Pour exploits simples, dans les villes et bourgs de leur demeure, 2 liv. 12 s. 6 d.

2. Pour procès-verbaux de saisies-exécutions, annotations de biens, perquisitions, assignations à quinzaine, lorsqu'il y aura gardien établi, dans le lieu de leur demeure, 20 liv.

Et lorsqu'il n'y aura pas de saisie d'effets, tous les procès-verbaux, 5 liv. 5 s.

3. Pour protêt de lettres de change, 10 liv.

4. Pour chaque publication de vente ou autre, y compris l'affiche, 5 liv. 12 s. 6 d.

5. Par rôle de grosses qu'ils ont à fournir de leur procès-verbaux, 2 liv. 10 s.

6. Pour copies évaluées à la moitié des grosses, par rôle, 1 liv. 7 s. 6 d.

7. Pour capture et emprisonnement, procès-verbal, écrou, 58 liv. 10 s.

8. Lorsque les Huissiers seront employés pour le Roi, pour le Ministère public, pour le Domaine, ils auront par jour dans le lieu de leur demeure, 36 liv.

A la campagne, 42 liv.

VOYAGE A LA CAMPAGNE.

Jurisdiction du Fort-Royal.

Distance d'une lieue aux environs, Caze-Navire, Pointe des Nègres, et Banlieue, 9 liv.

Aux hauteurs, 20 liv.

Aux Pitons, 22 liv. 10 s.

Au bourg du Lamentin, 13 liv. 10 s.

Aux hauteurs, 22 liv. 10 s.

Au bourg du Trou-au-Chat, 20 liv. 5 s.

Aux hauteurs, 24 liv.

Au bourg du Saint-Esprit, 22 liv. 10 s.

Aux hauteurs, 29 liv.

Au bourg du Vauclin, Simon et Sans-Souci, 39 liv.

Au Marin, 40 liv.

Aux hauteurs du Marin et Vauclin, 45 liv.

Au bourg de Sainte-Anne, 48 liv. 10 s.

Aux Salines, 54 liv.

Au bourg de la Rivière-Pilote, 32 liv.

Aux hauteurs, 36 liv.

Au bourg de Sainte-Luce, 32 liv.

Aux hauteurs, 36 liv.

Au bourg du Diamant, 32 liv.

Aux hauteurs, 36 liv.

Au bourg des Anses-d'Arlets, 38 liv. 10 s.

Aux hauteurs, 45 liv.

Au bourg des Trois-Islets, 30 liv.

Aux hauteurs, 32 liv. 10 s.

Au bourg de la Rivière-Salée, 26 liv.

Aux hauteurs du Céron et des Trois-Rivières, 30 liv.

Au bourg du Gros-Morne, 24 liv.

Aux hauteurs, 30 liv.

Au bourg de la Tartane et Caravelle, 54 liv.

Au Robert, 33 liv.

Aux hauteurs, Pointe-la-Rose, 36 liv.

Au bourg du François, 33 liv.

Aux Roseaux, Pointe-la-Rose, 36 liv.

Jurisdiction de Saint-Pierre.

Distance d'une lieue aux environs, 10 liv.

Aux hauteurs, 18 liv.

Au bourg du Carbet, 14 liv.

Aux hauteurs, 20 liv.

Aux pieds des Pitons, 27 liv.

Fond-Capot et aux environs, 33 liv.

Caze-Pilote et dans les hauteurs de la jurisdiction, 40 liv.

Au bourg du Prêcheur, 20 liv.

A la distance d'une lieue au delà du bourg, 24 liv.

A la distance de deux lieues, 28 liv.

Aux anses Céron, Gallet, la Couleuvre et au-delà, 85 l.

Dans toute l'étendue de l'Ajoupa-Bouillon, 36 liv.

Dans l'étendue de la paroisse de la Basse-Pointe, 48 liv. 10 s.

Dans l'étendue de la paroisse du Macouba, 54 liv.
Dans toute l'étendue de la Grande-Rivière, 85 liv.
Dans toute l'étendue de la Grande-Anse, 54 liv.
Dans toute l'étendue du Marigot, 46 liv. 10 s.
Dans toute l'étendue de Sainte-Marie, 66 liv.
Dans toute l'étendue de la Trinité, 72 liv.

CHAPITRE XIII.

Censeurs Royaux.

Il leur sera alloué pour leurs peines et honoraires, par chaque feuille d'impression, 3 liv. 7 s. 6 d.

CHAPITRE XIV.

Voyers.

ART. Ier. Les Grands-voyers prendront, par jour de travail en campagne, 63 liv.

Pour les expéditions, par rôle, 3 liv.

2. Pour alignemens dans les villes et bourgs de leur demeure, 22 liv. 10 s.

En campagne, 45 liv.

3. Les Voyers particuliers auront par jour à la campagne, 54 liv.

Pour les expéditions, par rôle, 2 liv. 5 s.

4. Pour alignemens dans les villes et bourgs de leur demeure, 18 liv.

Hors des lieux de leur demeure, 54 liv.

CHAPITRE XV.

Arpenteurs.

ART. Ier. L'Arpenteur-général prendra pour ses opérations à la campagne, par jour, 72 liv.

Par rôle d'expédition, 3 liv.

2. Les Arpenteurs particuliers prendont, par jour, 63 liv.

Et pour les expéditions, par rôle, 2 liv. 5 s.

3. Les portes-chaînes auront par jour, 12 liv.

CHAPITRE XVI.

Experts, Estimateurs, Visiteurs, Vérificateurs nommés par Justice.

Pour le transport à la campagne, par jour d'opération, 54 liv.

CHAPITRE XVII.

Interprêtes des langues étrangères.

ART. Ier. Par heure de travail avec les Juges, 7 l. 10 s.

2. Pour traduction, suivant taxe des Juges.

CHAPITRE XVIII.

Curateurs aux Successions Vacantes.

ART. Ier. Pour assistance aux inventaires et ventes, dans le lieu de leur demeure, par heure, 4 liv. 10 s.

2. Pour transport à la campagne, par jour, pour tous frais et toutes opérations, 45 liv.

3. Pour nourriture des négres en attendant leur vente, en santé, 1 liv. 13 s. 9 d.

En maladie, 3 liv. 7 s. 6 d.

4. Pour chevaux et bêtes à cornes, par jour, 3 liv. 7 s. 6 d.

CHAPITRE XIX.

Médecins, Chirurgiens et Pharmaciens.

ART. Ier. Pour transport à la campagne des Médecins du Roi, par jour, 45 liv.

2. Pour transport des Chirurgiens majors, par jour, 36 liv.

3. Dans les cas où les Juges nommeraient d'autres Chirurgiens pour éviter de plus grands frais ou en l'absence des Chirurgiens majors, savoir : pour leur rapport, visite et affirmation, 22 liv. 10 s.

Pour ouverture de cadavre, rapport et affirmation, 54 l.

Et pour frais de voyage, pour venir affirmer, par jour, 22 liv. 10 s.

Dans les procès criminels où il y aura partie civile, il sera alloué aux Médecins du Roi, Chirurgiens jurés au rapport et des prisons ou autres nommés en leur absence, pour leur rapport, visite et affirmation, savoir :

Aux Médecins du Roi, 45 liv.

Aux autres Médecins, 36 liv.

Aux Chirurgiens majors, 27 liv.

Aux autres Chirurgiens, 18 liv.

Pour ouverture de cadavre, rapport et affirmation,

Aux Médecins du Roi pour leur présence, 54 liv.

Aux Médecins, 45 liv.

Aux Chirurgiens majors, 54 liv.

Aux autres, 45 liv.

Hors des lieux de leur demeure, outre les sommes ci-dessus, il leur sera alloué pour leur frais de voyage, savoir :

Aux Médecins du Roi, 36 liv.

Aux autres, 27 liv.

Aux Chirurgiens majors, 22 liv. 10 s.

Aux autres, 18 liv.

Pour chaque taxe, les Médecins du Roi prendront, 18 liv.

Les Chirurgiens majors, 11 liv. 5 s.

Médecins.

ART. Ier. La première visite en ville, il leur sera alloué, 12 liv.

2. Pour toutes les visites suivantes, 6 liv.

3. Il ne leur sera jamais alloué plus de deux visites par jour.

4. Pour chaque visite de nuit, après dix heures, il leur sera alloué, 24 liv.

5. Hors de la ville et jusques à une lieue de distance, 12 liv.

6. A deux lieues, 24 liv.

7. A trois lieues, 36 liv.

8. A quatre lieues, 48 liv.

9. A cinq lieues et demi, sera réputée la journée, et leur reviendra en tout, ordonnance comprise, 66 l.

10. Et il ne pourra être porté en taxe qu'une seule journée, tant pour l'aller que pour le retour, à moins que le transport ne fut au-delà de dix lieues de leur résidence, auquel cas ils pourront employer deux journées, 132 liv.

11. Lorsqu'un Médecin s'absentera de sa résidence pour rester auprès d'un malade, il aura par jour, la nuit y comprise, 144 liv.

12. Il lui sera alloué, lorsqu'il sera appelé à consulter, 66 liv.

13. Il est bien entendu qu'il n'y a consultation que lors de la réunion d'autres Médecins ou Chirurgiens.

14. Il sera alloué, pour leur assistance à l'ouverture d'un cadavre, avec visite, 66 liv.

15. Pour le cadavre d'un nègre esclave, 33 liv.

Chirurgiens.

Art. 1er. Le Chirurgien en ville aura, pour chaque visite du jour, 3 liv.

2. Pour celle de nuit après dix heures, 6 liv.

3. Il ne leur sera jamais alloué plus de deux visites par jour.

4. Pour chaque visite hors de la ville jusqu'à une lieue de distance, 6 liv.

5. A deux lieues, 12 liv.

6. A trois lieues, 18 liv.

7. A quatre lieues, 24 liv.

8. A cinq, six et sept lieues, il sera réputé la journée, et il leur reviendra en tout, ordonnance prescrite, 33 l.

9. Il ne pourra être porté en taxe qu'une seule journée, tant pour l'aller que pour le retour, à moins que le transport ne soit au-delà de dix lieues de leur résidence, auquel cas il leur sera alloué deux journées, 66 liv.

10. Lorsqu'un Chirurgien sortira du lieu de sa résidence pour rester auprès d'un malade, il lui sera alloué par jour, la nuit comprise, 72. liv.

11. Lorsqu'un Chirurgien sera appellé en consultation, 33 liv.

12. Pour ouverture d'un cadavre avec visite, 66 liv.

13. Pour celui d'un nègre esclave 33 liv.

14. Lorsque les Médecins et Chirurgiens seront appelés pour visiter plusieurs malades sur une habitation avec laquelle ils ne seront pas abonnés, il leur sera alloué, 1°. la visite en raison de la distance, 2°. une augmentation de vingt sols par tête s'ils voyent plus d'un malade, et dix sols dans la visite en ville.

Droits des Chirurgiens pour les Opérations, Pansemens, etc.

Art Ier. Pour chaque saignée au bras, 4 liv. 10 s.

2. Pour celle du pied, 6 liv.

3. Pour celle de la gorge, 9 liv.

4. Pour les accouchemens simples où il ne s'agit que d'aider la nature, 132 liv.

Pour les libres, 72 liv.

5. Pour les accouchemens laborieux, 200 liv.

6. Dans les deux cas ci-dessus mentionnés et lorsqu'ils auront rapport à des négresses esclaves, les chirurgiens n'auront que la moitié de la taxe prescrite pour les libres.

7. Pour chaque pansement d'ulcère simple, 2 liv. 5 s.

8. Lorsque la plaie ou l'ulcère seront accompagnés de sinus ou fusée, il leur sera alloué, remèdes compris, et moitié pour les esclaves dans les deux cas, 4 liv. 10 s.

9. Pour luxation et réduction de l'humerus, bandages et embrocation, celles du cubitus et radius, tout compris, 72 liv.

10. Lorsqu'il n'y aura qu'un des deux et avec fractures, 72 liv.

11. Pour la luxation des deux os avec fracture à l'olécrane, 120 liv.

12. Pour celle de la clavicule, 72 liv.

13. Pour celle de la machoire, 72 liv.

14. Pour celle de la cuisse, si la réduction est parfaite, 216 liv.

15. Dans tous les cas ci-dessous, lorsque la réduction sera incomplette, il ne leur sera alloué que le tiers de la taxe, et pour les nègres esclaves le sixième.

16. Pour fracture simple ou composée de deux os avec embrocation, tant aux extrémités supérieures qu'inférieures, 72 liv.

17. Pour fractures compliquées, appareil, bandage, onguent et pansement compris, 120 liv.

18. Pour la fracture de la clavicule, tout compris, 72 l.

19. Pour celle d'une ou deux côtes, avec pansement, 72 liv.

20. Lorsque les fractures seront compliquées, soit par plaie hémorragique ou dépôt causé par la contusion, ou toute autre cause que ce puisse être, il séra alloué, 144 l.

21. Pour la fracture de la machoire inférieure, y compris le traitement, 120 liv.

22. Il sera alloué la moitié desdites taxes pour les esclaves.

23. our l'opération du trépan avec une ou deux couronnes, et incision pour débrider les tégumens, 144 l.

24. Celles où il faudra appliquer au-delà de deux couronnes, relever les pièces d'os ou comporter les intervalles, 144 liv.

25. Pour l'opération du bec de lièvre, 72 liv.

26. Celle de la broncotomie, avec pansement et remèdes, 72 liv.

27. Celle de l'empyème avec pansement, 72 liv.

28. Celle de la gastroraphie avec pansement, 120 liv.

29. Celle de la paracentèse, 36 liv.

30. Celle de la bubonocèle, avec insus de l'intestin et de l'epiploon où il est de nécessité de débrider l'anneau herniaire, avec le pansement et remèdes, 120 liv.

31. S'il n'y a que l'epiploon qui fasse hernie, quoiqu'il faille débrider ou couper l'anneau, il sera alloué, 100 l.

32. Pour l'extraction d'une dent, 4 liv. 10 s.

33. Pour les esclaves, 2 liv. 5 s.

34. Opération de la fistule à l'anus, complète ou borgne interne, 144 liv.

35, Celle du borgne externe, 144 liv.

36. Pour l'ouverture des panaries des deux premières espèces, avec pansement, 9 liv.

37. Pour celle des deux dernières espèces qui obligent à ouvrir la gaine des tendons ou de débrider le périoste par tout, 18 liv.

38, Pour ouverture d'abcès, 9 liv.

39. Lorsque les opérations ci-dessus auront lieu pour les esclaves, il ne leur sera alloué que la moitié de la taxe.

40. Pour l'amputation d'un doigt ou orteil, pansement et remède, 15 liv. 10 s.

41. Celles des extrémités supérieures et de la jambe, pansement et remèdes, 120 liv.

42. Celle de la cuisse, tout compris, 144 liv.

43. Moitié de la taxe desdites opérations pour les esclaves.

44. L'opération de la taille, tout compris, sera taxée par le Médecin colonial inspecteur suivant ses circonstances.

Droits des Pharmaciens.

Art. Ier. Pour une médecine simple, 3 liv.

2. *Idem* composée avec obligation d'en détailler la composition sous peine d'être distraite du compte, 4 l. 10 s.

3. Une émulsion ou julep simple, 1 liv. 10 s.

4. Un lock pectoral et les potions suivant le Code, 4 liv. 10 s.

5. Purgatif en bol fondant ou autres, 1 liv. 10 s.

6. Une bouteille de quina composé et filtré à la dose de deux onces, 12 liv.

7. Une bouteille apozème purgatif, 4 liv. 10 s.

8. Une bouteille tisanne purgative royale, 9 liv.

9. Une bouteille tisanne sudorifique, 9 liv.

10. Une bouteille dissolution de sublimé, 3 liv.

11. La prise d'un gros de quina en poudre, 15 s.

12. Celle d'hypécachuana en poudre, 15 s.

13. La prise de deux gros d'hypécachuana en racine, 3 l.

14. Prise d'un gros de jalap ou autre poudre purgative, 15 s.

15. Prise d'une once de crême de tartre, sel de glauber ou d'epsom, 15 s.

16. Prise d'un gros de magnésie, 15 s.

17. Prise d'une once de sel végétal, 1 liv, 10 s.

18. Une potion émétisée, 1 liv. 10 s.

19. Une prise d'émétique, 10 s.

20. Une potion vermifuge simple pour adulte, 1 liv.

21. Une *idem* composée, 1 liv. 10 s.

22. Un grand emplâtre vessicatoire pour la poitrine, 9 l.

23. Un *idem* pour la nuque et les jambes, chaque, 4 l. 10 s.

24. Un *idem* pour cautère, 1 liv. 10 s.

25. La dose d'un gros d'onguent mercuriel pour friction, 15 s.

26. Pour tous les autres remèdes composés, soit mixtion, bols composés, opiats ou autres, ils seront taxés, d'après le détail qui sera donné de tous les remèdes qui entrent dans leur composition, par le Médecin colonial inspecteur.

27. L'opération de la vaccine sera faite gratuitement.

Les prix fixés dans le tarif pour les visites et soins des médecins, ayant été portés à un taux plus considérable que celui des chirurgiens, il est bien entendu qu'il ne doit être accordé aux premiers que lorsqu'ils se renfermeront exactement dans l'exercice des fonctions de médecin, mais que dans les cas contraires, ils ne pourront prétendre qu'à la taxe fixée pour les chirurgiens.

Défendons à tous autres qu'aux pharmaciens qui auront rempli le vœu des ordonnances, même aux médecins et chirurgiens dans les villes, d'avoir chez eux des pharmacies. Enjoignons à ceux qui se trouveraient dans ce cas, d'avoir à fermer leurs pharmacies six mois après la promulgation de la présente ordonnance pour tout délai.

CHAPITRE XX.

Jaugeurs et Etalonneurs.

Art. 1er. Pour procès-verbaux et affirmation dans le lieu de leur demeure, 18 liv.

2. A la campagne, pour tous frais et opérations, par jour, 45 liv.

Pour chaque livre de plomb, 1 liv. 10 s.

Pour chaque aune, 9 liv.

Pour chaque demi-aune, 4 liv. 10 s.

Pour chaque étampe, 1 liv. 15 s. 6 d.

Pour garnir les aunes de plomb et les étamper, 4 liv.

CHAPITRE XXI.

Salaires des Témoins.

ART. 1er. A toutes personnes au-dessus du commun par leur naissance ou emplois, à leurs épouses et enfans demeurant dans les villes, bourgs, banlieue de la jurisdiction où ils devront déposer et qui exigeront taxe, 1 l. 2 s. 6 d.

2. Aux habitans, marchands et autres personnes qui vivent bourgeoisement, leurs femmes et enfans, 4 liv 10 s.

3. Aux gens de métier ou autres qui travaillent pour gagner leur vie, 9 liv.

A leurs femmes, enfans, compagnons et apprentis, 6 l. 15 s.

4. Aux commis, précepteurs, économes, rafineurs, commandeurs et autres domestiques blancs ou libres, leurs femmes et enfans, 6 liv. 15 s.

5. Aux femmes qui ont des enfans, 6 liv. 15.

Les témoins qui viendront de la campagne, de quelque condition qu'ils soient, seront taxés par les Juges qui auront égard s'ils sont venus à pied, à cheval ou par mer.

CHAPITRE XXII.

Officiers de l'Etat-civil.

ART. 1er. Acte de naissance, 18 liv.

2. Actes de décès, 27 liv.

Dans le cas de transport hors de l'enceinte des villes et bourgs, 45 liv.

3. Acte de mariage, 45 liv.

4. *Idem* de divorce, 135 liv.

Pour les Extraits d'Actes civil à délivrer.

Art 1er. Pour naissance et décès, 9 liv.

Pour tous autres actes, 18 liv.

Chapitre XXIII.

Conservateurs des Hypothèques.

Art 1er. Pour chaque inscription hypothécaire, 18 liv.

2. Pour les bordereaux d'inscription quand les conservateurs les feront eux-mêmes, 13 liv. 10 s.

3. Pour chaque radiation d'inscription, 22 liv. 10. s.

4. Pour chaque certificat, 6 liv. 15 s.

5 Pour droit de recherche dans les registres, 4 l. 10 s.

6. Pour la transcription des actes de mutation, par chaque rôle d'écriture de 24 lignes à la page et de 15 à 18 syllabes à la ligne pris sur le registre d'inscription, 9 l.

7. Pour les copies collationnées, des actes déposés ou transcrits dans le bureau des hypothèques, par rôle, 9 liv.

Chapitre XXIV.

Dispositions Règlementaires et d'Exécution.

Art 1er. Chacun des dénommés au présent tarif sera tenu, 1°. d'en afficher, dans le lieu le plus apparent de l'exercice de son office, un exemplaire en placard.

2°. De porter le coût des actes, jugemens et autres pièces en marge des premières expéditions délivrées ou des pièces originales dont il n'est pas retenu de minute.

3°. De fournir de leurs opérations, vacations, honoraires et écritures quelconques, un compte ou l'état; certifié et signé conforme au tarif.

ART. 2. Toutes les expéditions et les grosses taxées par le présent tarif seront de vingt-quatre lignes à la page et de 12 ou 15 syllabes à la ligne; faute de quoi elles seront réduites à ce qu'elles doivent être, même rejettées de la taxe si le cas y échet.

3. Les particuliers qui auraient à se plaindre des comptes fournis par les différens fonctionnaires publics, enverront lesdits comptes avec leur plainte aux Procureurs du Roi de leurs jurisdictions qui dénonceront d'office les contrevenans et provoqueront contre eux l'application de la peine prononcée par l'article suivant.

4. Lorsqu'un fonctionnaire public quelconque, soumis au tarif, sera convaincu d'avoir exigé des prix plus forts que ceux fixés par ledit tarif, sur la plainte portée par le Procureur du Roi, il sera condamné à une amende de mille livres en faveur des bureaux de charité de la jurisdiction pour la première fois, à deux mille livres en cas de récidive, et à trois mille livres pour la troisième fois avec injonction de cesser ses fonctions, plus à la restitution de ce qui aurait excédé la taxe.

5. Maintenons au surplus celles des dispositions du tarif de 1771 qui ne se trouveront pas comprise dans le tarif actuel.

Sera le présent règlement enregistré aux greffes des Tribunaux.

Donné au Fort-Royal Martinique, le 31 octobre 1812. *Signé*, CHARLES WALE.

Enreg. aux greffes des Tribunaux.

(N°. 1437.) ORDONNANCE *du Juge de Police du Fort-Royal Martinique, qui fixe le Prix de la* Viande de Boucherie, *à raison de 30 sols, dans l'étendue de son Ressort, sous les conditions et peines prescrites par les Règlemens antérieurs.*

Du 12 novembre 1812.

(N°. 1438.) ORDONNANCE *de Son Exc. le Gouverneur de la Martinique, portant que le Prix de la Viande, sera fixé à l'avenir selon les circonstances par des Ordonnances de Police.*

Du 19 novembre 1812.

LES circonstances où se trouve la Colonie étant dans le cas de produire sur le prix de la viande des variations périodiques du même genre que celles qui existent sur celui de la farine, nous avons ordonné et ordonnons qu'à l'avenir le prix de la viande sera fixé dans le ressort de chacun des tribunaux de Première instance par des ordonnances de police à rendre suivant que le cas le requerra et d'après les variations constatées qui pourront avoir lieu dans le prix des bestiaux, ce dont il nous sera adressé en même tems un rapport.

Seront les présentes enregistrées aux Greffes des tribunaux, lues, publiées, etc.

Donné au Fort-Royal Martinique, le 19 novembre 1812. *Signé*, CHARLES WALE.

Enregist. aux Greffes des Tribunaux.

(N°. 1439.) ORDONNANCE *de Son Excellence le Gouverneur de la Martinique, concernant la formation des Dénombremens, ainsi que des Déclarations relatives aux Maisons pour l'année* 1813.

Du 20 novembre 1812.

N. B. Cette ordonnance est absolument la même que celle sur le même objet, en date du 20 novembre 1811, voyez le N°. 1409, pages 551 *et suiv.* de ce Tome.

(N°. 1440.) ORDONNANCE *du Juge de Police de la ville de St-Pierre Martinique, qui fixe dans l'étendue de son ressort, le Prix de la* Viande de Tortue, *à* 37 *sols* 6 *deniers la livre, et celui de la* Viande de Porc, *à* 25 *sols, la livre, sous les conditions et les peines prescrites par les Lois sur les Boucheries.*

Du 1er. décembre 1812.

(N°. 1441.) ORDONNANCE *du Juge de Police de la ville du Fort-Royal Martinique, qui fixe dans l'étendue de son ressort, le Prix de la* Viande de Tortue, *à* 37 *sols* 6 *deniers, la livre, et celui de la* Viande de Porc, *à* 25 *sols la livre, sous les conditions et les peines prescrites par les Lois sur les Boucheries.*

Du 5 décembre 1812.

(N°. 1442.) ARRÊT *de la Cour d'Appel de l'île Sainte-Lucie, qui autorise les Commissaires de Quartier à recevoir le Serment des Habitans et leur en fournir Certificat, pour constater que les Denrées embarquées sont du crû de l'Isle.*

Du 11 janvier 1813.

CE jour, sur la communication qui a été donnée à la Cour, par M. le Général, commandant en chef de la colonie, du plan proposé par le Collecteur des douanes de S. M. en cette île, tendant à réprimer le commerce interlope, et à empêcher que les denrées des îles voisines et particulièrement celles de la Martinique, ne soient embarquées ici pour l'Europe, comme denrées du crû de cette colonie; et comme dans l'exécution de ce plan, il s'agit d'un serment à prêter par les habitans, avant de charger leurs denrées sur les bâtimens caboteurs qui les transportent au port de Castries, et que le Collecteur propose que ce serment soit prêté devant MM. les Commissaires des quartiers.

La Cour ouï M. Cléret, conseiller faisant fonctions de Procureur-général du Roi, en ses conclusions.

Considérant que MM. les Commissaires de quartier n'ont aucune qualité pour recevoir ce serment, mais considérant aussi les inconvéniens et les préjudices qui résulteraient pour les habitans de la colonie, de l'obligation où ils se trouveraient de se déplacer de leurs habitations, pour venir prêter ce serment devant le Juge toutes les fois qu'ils voudraient charger des denrées sur les bâtimens caboteurs, pour les envoyer au port de Castries :

A arrêté et arrête, que MM. les Commissaires dans leurs quartiers respectifs, sont et demeurent autorisés, à recevoir le serment des habitans, dans le cas proposé dans le projet du Collecteur, et d'en délivrer certificat à la partie intéressée.

Ordonne en conséquence, que copie collationnée du présent arrêté, sera envoyée à chacun desdits Commissaires à la diligence du Procureur-général, ou de ses Substituts, et que la traduction en français, de la lettre du Collecteur, écrite à M. le général Wood, laquelle contient le plan dont s'agit, sera déposée au greffe de la Cour.

Fait à la Cour d'appel de l'île Ste-Lucie, le 11 janvier 1813. *Signé*, R. DROUILHET, *greffier*.

(N°. 1443) ORDONNANCE *de Son Excellence le Gouverneur de la Martinique, sur les Impositions pour l'année* 1813.

Du 14 janvier 1813.

N. B. Les dispositions de cette ordonnance étant (sauf le changement de l'article XI,) les mêmes que celles de l'ordonnance sur le même objet, en date du 18 janvier 1812, voyez le N°. 1405, pages 562 *et suiv.* de ce Tome.

XI. Les denrées ci-dessus des autres colonies paieront à leur entrée à la Martinique les mêmes drois établis dans l'article précédent, toutes les fois qu'elles ne seront pas réexportées par celui qui les aura introduites. Les rums aussi des autres colonies paieront dans le même cas un droit de trente-six livres par cent gallons, le tout conformément aux dispositions des instructions à l'administration coloniale, en date du 24 décembre 1810. Néanmoins ce droit sera remboursé aux contracteurs pour le service de S. M. à proportion des paiemens qu'ils auront faits pour la quantité de rums introduite par eux pour l'usage des troupes, en justifiant de cette quantité à l'administration coloniale par un certificat de l'Assistant Commissaire-général en cette île, et en affirmant par serment que lesdits rums ont été véritablement importés dans la colonie.

Enregist. aux Greffes des Tribunaux.

(N°. 1444.) ORDONNANCE *de Son Excellence le Major-général* ALEX. WOOD, *Commandant l'île Sainte-Lucie, pour l'Emission et la Circulation des Pièces d'Argent, composées de fractions de Gourdes.*

Du 20 janvier 1813.

AYANT pris en considération l'exposé de la Cour d'appel de cette île, à nous adressé le 14 janvier dernier, représentant l'embarras qu'éprouve le public par la sortie de la monnaie de la colonie, et proposant l'adoption de certains moyens, tant pour subvenir aux difficultés actuelles, que pour empêcher celles qui pourraient naître à l'avenir. Nous avons, en vertu des présentes, statué et ordonné ce qui suit :

ART. Ier. A dater du jour de la promulgation de cette présente ordonnance, il sera émis et reçu en circulation : 1°. des pièces d'argent provenant de gourdes coupées en trois morceaux, et ce, le plus près possible des colonnes, lesquelles resteront dans les morceaux de côté, et au moyen de ce, l'écu se trouvera tout entier dans celui du milieu, chacun des morceaux portera l'empreinte *S. Lucie*; les morceaux de côté ainsi coupés et étampés auront chacun la valeur de deux livres cinq sous, ou trois escalins, et celui du milieu six livres quinze sous, ou neuf escalins. 2°. Les demi-gourdes coupées et étampées de la même manière, vaudront : chacun des morceaux de côté, une livre deux sous six deniers, ou un escalin et demi, et le morceau du milieu, trois livres sept sous six deniers, ou quatre escalins et demi. 3°. Les quarts de gourdes, ainsi coupés et étampés, vaudront : chacun des morceaux de côté, onze sous trois deniers, ou trois tempés, et celui du milieu, une livre treize sous neuf deniers, ou deux escalins et un tempé.

II. La monnaie ainsi coupée et étampée, sera distribuée par M. William Woodyear, Receveur et Trésorier de la colonie, en échange pour de l'or, ou toute autre monnaie ayant cours en cette île, à la valeur desquelles monnaies, cette présente ordonnance ne change rien, elles circuleront donc comme par le passé.

III. Aussitôt que la quantité de gourdes ordonnée par Nous, auront été coupées et étampées, l'instrument qui aura servi à les étamper, sera déposé au greffe de la Sénéchaussée de Castries pour n'en sortir que par notre ordre, si, par la suite nous jugeons qu'il soit nécessaire d'augmenter la monnaie dont la circulation vient d'être ordonnée.

IV. Il est expressément défendu à toutes personnes, sous les plus griéves peines de la loi, de couper ou faire couper, d'introduire ou faire circuler dans cette colonie, aucune pièce d'argent provenant de gourdes, demi-gourdes ou quarts de gourdes, coupées ou étampées à l'imitation de la monnaie qui sera mise en circulation en vertu de notre présente ordonnance; ni de rogner, limer ou autrement diminuer ladite monnaie. La circulation de ladite monnaie ne sera d'ailleurs point permise à moins que dans les morceaux de côté, la colonne se trouve en entier, et que dans celle du milieu l'écu soit parfait.

Prions Messieurs les Membres de la Cour d'appel, et mandons à ceux de la Sénéchaussée de cette île Sainte-Lucie, de faire enregistrer les présentes qui seront lues, publiées et affichées partout où besoin sera.

Donné à Sainte-Lucie, le 20 janvier 1813. *Signé*, Alexander Wood.

Enreg. aux Greffes des Tribunaux de Ste-Lucie.

(N°. 1445.) Ordonnance *de Son Excellence le Gouverneur de la Martinique, attribuant à la Cour d'Appel de cette Colonie les modifications à faire aux Règlemens sur le prix de la Viande et du Poisson.*

Du 28 janvier 1813.

Les dispositions que nous avons faites par notre ordonnance du 19 novembre dernier pour que le prix de la viande fut fixé à l'avenir par des règlemens de police, ayant attribué ce soin aux tribunaux de première instance, il est entendu que, par suite des mêmes dispositions, la Cour d'appel de cette île devra, à l'époque de ses séances, se faire rendre compte desdits règlemens de police, et les modifier ou changer ou y substituer ceux qu'elle jugera convenable de faire elle-même tant sur cet objet que sur la taxe du poisson, qui sera aussi fixée à l'avenir par les mêmes règlemens, lorsque les circonstances seront dans le cas d'y indiquer des variations; et sur les motifs de chaque nouveau règlement rendu il nous sera adressé un rapport.

Seront les présentes enregistrées aux greffes des tribunaux, lues, etc.

Donné au Fort-Royal Martinique, le 28 janvier 1813. *Signé*, CHARLES WALE.

Enreg. aux greffes des Tribunaux.

(N°. 1446.) ORDONNANCE *de Son Excellence le Gouverneur de la Martinique, portant obligation de présenter les Enfans nouveaux-nés à l'Officier de l'Etat-civil dans les quarante jours de leur naissance pour tout délai.*

Du 29 janvier 1813.

LA négligence et le retard, que l'on apporte généralement à la présentation des enfans à l'officier de l'Etat-civil pour constater leur naissance et en dresser l'acte, entraînent beaucoup d'inconvéniens. Les représentations, qui nous ont été faites à cet égard, nous ont déterminé à fixer notre attention sur les moyens de remédier à cet abus; en conséquence nous, etc. ordonnons ce qui suit :

ART. 1er. Les parties intéressées ou toutes autres personnes désignées par la loi seront tenues et obligées de présenter les enfans nouveaux-nés à l'officier de l'Etat-civil pour constater leur naissance et en dresser l'acte dans les quarante jours de leur naissance pour tout délai.

II. Défenses sont faites à tous officiers de l'Etat-civil de recevoir ni dresser aucun acte de naissance lorsque le délai de quarante jours sera écoulé, avant d'y avoir été autorisés par un jugement du tribunal de première instance du ressort rendu en grande connaissance de cause sur les conclusions du ministère public, les parties intéressées présentes ou dûment appelées, sous les mêmes peines que celles portées pour les contraventions au tarif par l'article IV chapitre XXIV, du règlement du 31 octobre 1812.

Sera la présente ordonnance enregistrée aux greffes des tribunaux, lue, etc.

Donné au Fort-Royal Martinique, le 29 janvier 1813. *Signé*, CHARLES WALE.

Enreg. aux Greffes des Tribunaux.

(N°. 1447.) HOMOLOGATION *par Son Exc. le Gouverneur de la Martinique, d'une délibération de la Paroisse du Mouillage, en date du 17 août 1812, qui autorise les Marguilliers hors de charge, d'assister ceux en fonctions toutes les fois qu'il s'agira de délibérer et de prononcer sur des objets importants pour l'Eglise et la Fabrique, et qui ne seraient pas de nature néanmoins assez intéressante pour nécessiter la réunion de la Paroisse.*

Du 12 février 1813.

(N°. 1448.) ORDONNANCE *du Juge de Police de la Ville de St-Pierre Martinique, renouvellant les anciens Règlemens portant défense de se masquer et déguiser pendant le Carnaval.*

Du 17 février 1813.

(N°. 1449.) ARRÊT *de la Cour d'Appel de l'île Martinique, qui autorise les Présidens des Tribunaux de Première instance, à procéder à la fixation de certaines Taxes.*

Du 1er. mars 1813.

LA Cour etc., faisant droit sur le réquisitoire du Procureur-général du Roi, ordonne que toutes taxes quelconques, et en toute matière fixées et déterminées par le règlement du tarif du 31 octobre dernier, autre néanmoins que celles des liquidations faites par devant Notaires, seront faites par les Présidens des tribunaux de première instance du ressort, mais que cependant lesdites taxes ne seront réputés définitives et qu'exécutoire ne pourra en être délivrée, que lorsqu'elles auront été revêtus du *visa* des Commissaires de la Cour, que lesdits Commissaires donneront ensemble ou séparément.

Ordonne que le présent arrêt sera lû, publié à l'audience et enregistré aux Greffes des tribunaux du ressort.

Fait à la Cour d'appel de l'île Martinique, le 1er. mars 1813. *Signé*, RONDEAU, *Greffier*.

(N°. 1450.) ARRÊT *de la Cour d'appel de l'île Martinique, qui fixe jusqu'à nouvel ordre, le Prix de la Viande créole, à 40 sols la livre, et celui de la Viande espagnole, à 30 sols la livre.*

Du 8 mars 1815.

Vu la remontrance du Procureur-général du Roi contenant que, sur le rapport qui lui a été fait par le Commissaire de police du Fort-Royal, il est constaté que les bouchers sont absolument dépourvus de bestiaux et ne peuvent plus fournir aux besoins du public, que ce dénuement parait provenir de ce que le prix de la viande, fixé à trente sols par les dernières ordonnances, ne leur permet plus d'acheter dans les Campagnes les bestiaux nécessaires à la consommation, qu'il devient en conséquence indispensable, que, conformément à l'ordonnance de Son Exc. attribuant à la Cour le droit de statuer définitivement sur cet objet, la Cour prenne dans cette séance cette affaire en considération.

Pour quoi le Procureur-général du Roi a requis, la Cour ordonnant, que la boucherie, à dater de l'ordonnance à intervenir, soit fixée au prix suivant, savoir : la viande créole à quarante sols la livre et la viande espagnole, à trente sols, que les Commissaires de police prendront les mesures convenables pour qu'il ne puisse être fait à cet égard aucune fraude de la part des bouchers.

La Cour prenant en considération la remontrance du Procureur-général du Roi, ordonne qu'à dater du jour de la publication du présent arrêt

arrêt et jusqu'à nouvel ordre, le prix de la viande créole sera et demeurera fixé à quarante sols la livre, et le prix de la viande espagnole à trente sols la livre.

Ordonne que le présent arrêt sera imprimé, lû et affiché, etc.

Fait à la Cour d'appel de l'île Martinique, le 8 mars 1813. *Signé*, RONDEAU, *Greffier*.

(N°. 1451.) PROCLAMATION *de Son Exc. le Gouverneur de la Martinique, pour inviter les Colons à exécuter les anciennes Ordonnances concernant la Plantation des Vivres du Pays*

Du 10 avril 1813.

LA satisfaction avec laquelle nous avons observé les améliorations heureuses qui se sont opérées en dernier lieu dans le prix des denrées coloniales, et que nous avons l'espoir de voir maintenir, ne doit point nous faire perdre de vue que si d'un côté des débouchés s'ouvrent à l'extérieur, de l'autre la guerre avec les Etats-Unis augmente chaque jour les obstacles aux importations des objets nécessaires à la subsistance de l'intérieur.

Nous ne saurions donc trop nous empresser de rappeller aux Colons, combien ils ont eu, l'année dernière, à se féliciter de leur prévoyance à l'égard des vivres du pays, qui ont remplacé avec abondance, dans tous les quartiers, ce qui nous manquait à l'extérieur. Nous leur recommandons, dans le cours de cette année, la même attention; en les invitant à se tenir en garde contre l'illusion qui, séduisant souvent les propriétaires aux époques où la denrée est en faveur, les porte à croire, que le prix avantageux de cette denrée leur donnera constamment les moyens d'acheter les vivres, dont ils négligent alors la culture par eux-mêmes, pour s'occuper exclusivement des productions destinées à alimenter leurs manufactures.

En conséquence, conformément aux dispositions de notre proclamation du 31 juillet 1812, nous appellons l'attention de tous les propriétaires de la colonie en général et des Commissaires des paroisses et autres fonctionnaires en particulier, sur les ordonnances et règlemens existant pour la plantation des vivres du pays, et notamment sur ceux du Ier. septembre 1736, 10 mars 1740, et 2 juillet 1765, dont nous recommandons le maintien salutaire.

Donné au Fort-Royal, Martinique, le 10 avril 1813. *Signé*, CHARLES WALE.

(N°. 1452.) ORDONNANCE *de Son Excellence le Major-général* Alex. Wood. *Commandant de l'île Sainte-Lucie, portant défenses de bâtir à l'avenir aucun édifice quelconque en bois dans la Ville de Castries, et qui ordonne l'établissement de Pompes à incendies dans ladite Ville.*

Du 28 avril 1813.

DEUX incendies éprouvées depuis huit ans, par la ville de Castries, l'une le 15 octobre 1805, et l'autre dans la nuit du 6 au 7 de ce mois, l'ont ruinée deux fois et porté des coups funestes à la colonie et aux négocians de la métropole qui correspondent avec elle.

Cette ville, dont toutes les maisons ont été jusqu'à présent construites en bois, et couvertes en essentes, se trouve en outre dénuée de tous les moyens propres à borner les ravages du feu; elle deviendrait donc indubitablement dans un espace de tems, plus ou moins long, pour la troisième fois la proie des flâmes, si le Gouvernement ne prenait, dans la circonstance présente, des mesures nécessaires pour prévenir un semblable malheur.

Les négocians et propriétaires de la ville se sont assemblés en vertu de nos ordres, pour se concerter entr'eux, sur les moyens à prendre dans la circonstance, et pour faire part de leur vœu à cet égard. La Cour d'appel extraordinairement convoquée, nous a manifesté son opinion par son arrêté, pris dans la séance du 19 de ce mois.

Quoique quelques maisons subsistent encore dans cette ville, et que deux rues de cases dans le haut de ladite ville n'aient point été brûlées, la partie la plus riche et la plus commerçante a été consumée, et la valeur de ce qui subsiste, ne peut pas être considérée comme la dixième partie de ce qui a disparu. Quand on imagine qu'un semblable désastre a été consommé en quatre heures de tems, on doit frémir d'exposer au même malheur, les nouveaux établissemens, qui doivent remplacer les anciens, le premier moyen à employer est donc la proscription des édifices en bois. Tel est le vœu exprimé par les négocians et les propriétaires; telle est l'opinion que la Cour a émise: l'un et l'autre sont conformes à nos propres idées. Mais s'il est à propos de défendre la construction des maisons de cette nature, nous devons considérer en même-tems, que l'édification des maisons en pierres exige des travaux et des dépenses, qui doivent entraîner un tems considérable, pendant lequel beaucoup de personnes peuvent rester sans asile, et le commerce sans magasins ; c'est pourquoi nous nous sommes déterminés à accorder un délai pendant lequel, il pourra être permis de construire des cases basses en bois, et de les couvrir en essentes, à la charge de les démolir ou de les enlever à l'expiration dudit délai.

En conséquence, prenant en considération le vœu émis par les négocians et les propriétaires de la ville, l'arrêté de la Cour, en date du 19 de ce mois, et vu la remontrance à nous présentée par le Procureur du Roi ; en vertu des pouvoirs à nous confiés par S. M., ordonnons :

Art. Ier. Défenses sont faites de construire, à compter du 1er. janvier 1816, dans la partie de la ville qui vient d'être incendiée, aucune maison, cuisine, appentis, ou autre édifice quelconque, en bois, et de les couvrir en paille ou essentes, à peine de confiscation et démolition d'iceux.

II. Pendant le délai qui s'écoulera, jusqu'au 1er. janvier 1816, il sera permis de construire des cases basses, et sans exhaussement, en bois, et de les couvrir en essentes, à la charge par les propriétaires desdites cases, de les faire démolir ou enlever à l'expiration dudit délai, sinon d'y être contraints même par corps.

III. Il sera établi dans la ville deux pompes à incendies, pour l'établissement desquelles nous nous réservons de faire tels règlemens que nous aviserons, d'après le plan qui nous sera présenté à cet égard par le Procureur du Roi.

La présente ordonnance sera lue, publiée etc.

Prions MM. les officiers de la Cour d'appel et mandons à ceux de la Sénéchaussée de la faire enregistrer.

Donné à Sainte-Lucie, le 28 avril 1813. *Signé*, ALEXANDRE WOOD.

Enreg. aux Greffes des Tribunaux de Ste-Lucie.

(N°. 1453.) ORDONNANCE *de S. E. le Gouverneur de la Martinique, qui suspend, jusqu'à nouvel ordre, l'exécution des articles II à VI inclusivement de l'Ordonnance du 31 octobre 1812, sur l'Intérêt de l'Argent.*

Du 29 mai 1813.

FRAPPÉS de la nécessité de réprimer en cette colonie le fléau destructeur de l'usure, nous avons cherché tous les moyens d'assurer l'accomplissement de la loi salutaire et protectrice que Sir George Beckwith, rendit à cet égard le 6 octobre 1809.

Tel a été le motif de notre ordonnance additionnelle du 31 octobre 1812 sur le même objet.

Les diverses représentations que nous avons reçues à cette occasion, en nous donnant lieu de nous livrer à un nouvel examen, n'ont fait que nous confirmer dans notre opinion sur les maux qu'entraine l'usure, et spécialement sur ceux qu'elle a faits à cette colonie, et sur la nécessité d'opposer une barrière efficace à ses progrès.

Mais les tribunaux de première instance des villes du Fort-Royal et de St-Pierre nous ayant en même-tems fait des observations sur les obstacles que la jurisprudence ordinaire (dont il n'est pas dans notre intention de nous écarter) apporte en plusieurs circonstances à l'exécution de ladite ordonnance additionnelle, nous avons desiré avoir provisoirement égard à ce qu'ils nous ont exposé sur ce point, sans perdre de vue l'ordonnance de Sir George Beckwith, que notre intention est de maintenir par tous les moyens à la disposition du ministère public, des tribunaux et du Gouvernement.

En conséquence, nous, etc., avons ordonné et ordonnons ce qui suit :

Art. 1er. Conformément à l'article 1er. de notre ordonnance du 31 octobre 1812, tout ce qui pourra tendre à l'exécution la plus exacte de l'ordonnance de Sir George Beckwith, du 6 octobre 1809, portant règlement sur l'intérêt de l'argent sera constamment l'objet de l'attention des tribunaux dans toutes les affaires qui y auront rapport, et le ministère public agira d'office à cet égard toutes les fois que le cas le requerra.

II. Les autres dispositions de ladite ordonnance du 31 octobre 1812 demeurent provisoirement suspendues, jusqu'à ce qu'il plaise à son altesse royale le prince régent d'en ordonner autrement.

Sera la présente ordonnance enregistrée aux greffes des Tribunaux.

Donné à la Martinique, le 29 mai 1818.
Signé, Charles Wale.

Enregist. aux Greffes des Tribunaux.

(1454) Arrêt *de la Cour d'Appel de l'île Ste-Lucie, concernant le Traitement alloué au Curé, et qui fixe les Droits Curiaux, ceux des Fabriques et autres y relatifs dans toute la Colonie.*

Du 6 juillet 1813.

Ce jour le Procureur-général du Roi, en fonctions a dit :

« Messieurs, un objet bien essentiel pour cette colonie mérite de fixer dans ce moment l'attention de la Cour. Une des branches principales de son administration, est sur le point de manquer, et peut-être pour toujours. Le Ministre dont les fonctions à la fois civiles et religieuses sont si importantes sous ces deux rapports, se propose de retourner à son ancien troupeau. Le besoin d'un Officier pour constater l'Etat-civil, se joint donc à celui d'un Ministre de la Religion, pour réclamer plus fortement une mesure propre à fixer parmi nous le Révérend Père Manuel Sellent et Badia, si précieux par sa double fonction. Son mérite est trop généralement connu sans doute, pour avoir besoin d'un apologiste. Les conséquences de son départ sont donc allarmantes pour les moeurs et pour le sort des familles. D'après les efforts infructueux de M. de Barbier nous ne pouvons plus espérer de trouver un autre Ministre, du moins un Ministre respectable; la Religion serait donc abandonnée, et les mariages impossibles pour quiconque ne serait pas très-riche. Je n'ai pas besoin, Messieurs, de rien ajouter à cette idée, elle suffit pour éveiller votre attention et vous disposer à adopter un moyen qui assure à ce respectable Ministre une existence honnête.

Si je parlais à des Magistrats dont la morale et l'équité fussent douteuses, je craindrais de voir le moyen que je vais proposer, empoisonné d'un soupçon d'avarice; mais je n'éprouve aucune inquiétude à ce sujet. En proposant d'assurer à ce Ministre de la religion, fonctionnaire public de toute la colonie, une existence indépendante de soins et de calculs propres à le détourner de ses occupations, je crois le mettre à l'abri de tout soupçon d'amour des richesses. Borné en effet à une pension fixe, il ne pourra être accusé de travailler à s'enrichir, et certain de cette pension, il ne sera, ni lui, ni ceux qui s'intéressent à lui, inquiets pour ses besoins. Ce n'est plus le cas de le considérer comme un simple Curé d'une paroisse, et de lui appliquer les ordonnances qui y sont relatives; ses fonctions s'étendent sur toute la colonie. Toutes les paroisses doivent co-opérer à son entretien. Ses occupations devant être sans relâche, il ne doit pas en être détourné par des détails relatifs à son existence. Il est pour la colonie, ce que sont M. le Procureur-général et Messieurs de la Sénéchaussée. Seul dans sa partie, il est exposé à écouter tous les colons, à correspondre avec eux, et à se transporter à leurs sollicitations et besoins spirituels. Il est donc juste, que son traitement vienne de la colonie, et pour qu'il n'éprouve aucun retard, il faut le puiser provisoirement dans la caisse de la colonie. Le Révérend Père Manuel consent d'ailleurs à se rendre trois ou quatre fois l'an, dans les différentes paroisses de la colonie, et d'y passer tout le tems que son ministère y sera nécessaire.

En demandant d'ailleurs, que le Ministre de la Religion soit payé décemment par la caisse coloniale, je n'entends pas charger cette caisse d'un impôt. Je ne veux que la rendre dépositaire des produits des Fabriques et Droits curiaux ; pour tous les enterremens, services, quêtes, etc., de toute la colonie ; lesquels droits de Fabriques et curiaux seront perçus par les Marguilliers de chaque paroisse, et ce produit doit plus que fournir à une somme de vingt mille livres, que je propose d'assigner au R. P. Manuel, payables par trimestre. »

En conséquence, le Procureur-général, en fonctions, a requis, et la Cour faisant droit sur son réquisitoire, a arrêté et arrête ce qui suit :

Art. Ier. Il sera alloué au Révérend Père Manuel Sellent et Badia, curé, un traitement annuel de *vingt mille livres* et en conséquence le Trésorier de la colonie, sera autorisé à lui compter tous les trois mois, la somme de cinq mille livres.

II. Au moyen de ce, ledit R. P. Curé, abandonnera à la Fabrique les droits curiaux pour les enterremens et services funèbres, et sera tenu de pourvoir aux salaires d'un répondant ou acolite, et d'un domestique, s'il en a besoin, pour l'accompagner dans ses voyages, ainsi qu'aux frais de pirogues.

III. En conformité des ordonnances, les baptêmes et enterremens pour les esclaves se feront *gratis*.

IV. Les offrandes continueront d'appartenir audit Curé, conformément aux mêmes règlemens.

V. Lorsqu'un habitant aura besoin particulièrement du Curé, il sera obligé de lui fournir une pirogue ou un cheval pour se rendre chez lui ou d'en payer les frais.

VI. Les Marguilliers des différentes paroisses de la colonie, seront tenus de percevoir exactement, le produit de tous les droits de Fabrique, ainsi que les droits curiaux pour les enterremens et services funèbres, suivant le tarif ci-après établi pour la paroisse de Castries, dont copie sera envoyée à toutes les autres paroisses. et d'en déposer le montant tous les ans, entre les mains dudit Trésorier, d'après le compte qui sera réglé et reçu de la manière prescrite pour l'appurement des comptes des Marguilliers.

VII. Le R. P. Manuel, curé, se rendra trois ou quatre fois par an, dans les différentes paroisses de la colonie, et plus ou moins souvent, d'après la population et les besoins de chacune, pour y célébrer la Messe, et y remplir les autres fonctions de son ministère.

VIII. Les arrangemens ci-dessus n'auront lieu que pendant tout le tems que le R. P. Manuel se trouvera seul curé dans la colonie.

IX. Et attendu qu'il y a des Habitans qui cherchent à se dispenser des fonctions de Marguilliers dans leur paroisse, lorsqu'ils y sont nommés, contre les dispositions de la lettre du Maréchal de Castries en date du 2 mars 1785, la Cour ordonne qu'à l'avenir, aucun Habitant ne pourra se refuser à remplir les fonctions de Marguillier dans sa paroisse, lorsqu'il y sera nommé dans les formes usitées, à moins qu'il n'y ait de sa part, une impossibilité bien constatée; et ce, quand bien même il offrirait de payer une somme quelconque, pour s'en dispenser.

Ordonne que copie collationnée du présent arrêté sera adressée par son Président, à Son Excellence le major-général Alexandre Wood, commandant en chef de la colonie, pour être soumis à son approbation.

Lequel sera ensuite lû, publié et enregistré partout où besoin sera, à la diligence du Procureur-général ou de ses substituts, qui tiendront la main à son exécution.

Fait en la Cour d'appel, à Ste-Lucie, le 6 juillet 1813. *Signé* R. DROUILHET, *Greffier.*

Approuvé. *Signé* A. WOOD, *commandant.*

Suit l'extrait de la délibération de l'assemblée de paroissse de Castries, île Ste-Lucie, qui établit le Tarif mentionné dans l'arrêt ci-dessus.

Aujourd'hui 25 octobre 1812, du matin, *etc.* Sur ce qui a été observé qu'il convenait de faire un nouveau Tarif des droits curiaux de fabrique et autres, pour les enterremens et services funèbres, de manière que chaque particulier soit à portée de connaître ce qu'il aura à payer pour raison de ce, et puisse en même-tems borner cette dépense suivant ses facultés, en demandant la classe d'office qui lui conviendra.

L'assemblée a adopté le Tarif qui suit; lequel sera présenté à M. le Général commandant en chef de la colonie, en le priant de vouloir bien y donner son approbation, pour être suivi à l'avenir dans cette paroisse.

TARIF.

Pour un Enterrement ou Service funèbre de première classe.

Droits curiaux,	315 liv.
—— De fabrique,	162 »
Au Chantre,	66 »
Au Sacristain,	54 »
Aux Acolites, Porte croix et Sonneur, ensemble, qui leur seront réparties par M. le Curé,	63 »
Total	660 liv.

Pour un Enterrement ou Service funèbre de seconde classe.

Droits curiaux,	126 liv
—— De fabrique,	72 »
Au Chantre,	27 »
Au Sacristain,	18 »
Aux Acolites, etc. etc.	27 »
Total	270 liv.

Pour un Enterrement ou Service funèbre de troisième classe.

Droits curiaux,	66 liv.
—— De fabrique,	36 »
Au Chantre,	18 »
Au Sacristain,	12 »
Aux Acolites, etc. etc.	12 »
Total	144 liv.

Dans les sommes ci-dessus fixées, pour chaque classe d'enterrement et service, ne sont pas compris les cierges, qui seront payés en sus, s'ils sont fournis par M. le Curé.

Les enterremens pour les pauvres se feront *gratis.*

Pour une grande Messe de Requiem.

A M. le Curé, y compris le luminaire de l'autel,	72 liv.
Au Chantre, ...	18 »
Au Sacristain, ...	9 »
Aux Acolites, etc. etc.	9 »
Total	108 liv.

M. le Curé fixera le nombre de cierges qui seront placés dans l'Eglise, pour les enterremens et services de seconde et de troisième classes, et l'on ne pourra en employer au-delà du nombre fixé; mais pour ceux de première classe il sera loisible d'en distribuer telle quantité que l'on voudra.

N. B. Le Tarif des autres parts a été approuvé par S. Exc. le général Wood, commandant en chef de cette île Ste-Lucie, qui a homologué la délibération de l'assemblée de paroisse, pour être exécutée suivant sa forme et teneur, par son ordonnance du 1er. décembre 1812, mise au bas d'une expédition de ladite délibération. *Signé*, R. Drouilhet, *greffier*.

(N°. 1455.) Circulaire *de S. E. le Gouverneur de la Martinique, aux Commissaires-civils à l'occasion de l'Ouragan du* 23 *juillet* 1813.

Du 30 juillet 1813,

Je ne puis, Monsieur, que vous exprimer ma sensibilité à l'égard d'un fléau qui, d'après votre rapport et ceux qui me parviennent de tous les autres quartiers, parait avoir étendu ses ravages sur toute la colonie.

Du côté de l'extérieur, elle peut compter que je ne néglige rien de ce qui peut contribuer à lui procurer des secours : j'ai écrit de suite à M. l'Amiral pour lui faire connaitre notre position, et je lui ai démontré la nécessité d'en faire part sans délai à Terre-Neuve et à Halifax, d'où je ne doute pas qu'il ne se fasse, pour nous, aussitôt des expéditions; et en outre je viens d'annoncer au commerce, que j'accorderai des licences à tous les bâtimens pour lesquels il m'en sera demandé, et que j'étendrai cette facilité même à des bâtimens américains, sous garantie qu'ils n'en feront aucun usage illicite.

Néanmoins, quoique je ne croie pas avoir besoin de rappeler à votre attention les dispositions que je vous ai recommandées par ma lettre du 24 de ce mois, pour faire soigner celles des plantations de vivres qu'on peut espérer de sauver encore et pour en former de nouvelles, (sur-tout en *patates*, *maïs*, *ignames*, *ch ux caraïbes*, et autres objets ou sans risques ou d'un prompt rapport,) je dois vous dire que c'est de l'activité des habitans à cet égard, que nous devons principalement attendre l'amélioration de la crise où nous nous trouvons. Car vous jugerez vous-même sans peine, que la calamité actuelle embrasse un cercle beaucoup trop considérable pour que les moyens de la caisse coloniale, offrit-elle encore plus de ressources qu'elle n'en offre, fussent dans le cas de me donner la consolation de soulager les infortunes particulières que cet événement a multipliées sur tant de points divers, et qui, toutes ayant un droit égal à ma sollicitude, développent à chaque instant une surface tellement étendue, que l'épuisement de toutes les finances coloniales y seraient insuffisantes.

J'ai l'honneur d'être, etc.

Signé, Charles WALE.

(N°. 1456.) Décision *de Son Excellence le Gouverneur de la Martinique, sur le rapport du Chef de l'Administration concernant la reconstruction des Hangards à Bois détruits à St-Pierre dans l'Ouragan du 23 juillet* 1813.

Du 1er. septembre 1813.

Le Chef de l'administration coloniale a l'honneur de rendre compte à Son Excellence le Gouverneur, que la destruction des hangards du quartier du Figuier à St-Pierre, a amené le moment de rendre applicable à tous ces hangards, à mesure qu'on les rétablira, la décision du gouvernement, donnée sur l'avis du Conseil privé, le 30 mai 1811, ainsi que l'article III des ordonnances d'impositions de 1812 et 1813; en conséquence, sous le bon plaisir de Son Excellence, l'Administration suivra pour les hangards du Figuier, comme pour tous autres hangards à élever à l'avenir, la marche uniforme et simple qui a été adoptée pour ceux de la rue Lucy, ce qui est conforme au vœu de la loi.

Au Fort-Royal, le 1er. septembre 1813.

Signé, Pinel.

Vu et approuvé. *Signé*, Charles WALE.

(N°. 1457.) Instructions *du Chef de l'Administration coloniale, concernant la Reconstruction des Hangards à Bois, dans la Ville de St-Pierre.*

Du 4 septembre 1813.

Conformément à la décision de Son Exc. le Gouverneur, et pour fixer les doutes qui s'élèvent en ce moment au sujet de la reconstruction des hangards à bois détruits à St-Pierre par l'ouragan du 23 juillet dernier; comme aussi porter dans cette partie l'ordre et l'uniformité nécessaire pour prévenir le retour des difficultés auxquelles ces sortes d'établissemens n'ont cessé de donner lieu entre les personnes interressées à les former, et des incidens multipliés qui, d'un autre côté, ont si souvent entravé la perception du droit municipal y relatif, il a été arrêté ce qui suit :

1°. Les propriétaires des maisons et magasins donnant sur la mer, depuis la calle Lucy, jusqu'à celle des Pères-Blancs, auront, en vertu des permissions dont ils sont porteurs, la faculté de reconstruire de nouveaux hangards sur les mêmes emplacemens qu'occupaient les précédens, à la charge par eux de se conformer à tout ce qui est prescrit à cet égard, tant par la décision du général Brodrick, en date du 30 mai 1811, que par le procès-verbal des officiers du Tribunal de police du 8 juin suivant, dûment homologué le 13 du même mois.

2°. Les dispositions de la décision et du procès-verbal ci-dessus, sont appliquées à la reconstruction des hangards pareillement détruits sur d'autres points de la ville; en conséquence les propriétaires des maisons et magasins, comme l'étant aussi des tranchées qui y correspondent, seront seuls admis à se pourvoir par devant S. Exc. le Gouverneur, pour l'obtention des permissions nécessaires.

3°. Dans le cas, où ils ne voudraient point user par eux-mêmes de ces permissions, ils en devront la préférence à leurs locataires,

sauf

sauf à prendre avec eux tels arrangemens qu'ils jugeront convenables pour les cas de mutation et tous autres à prévoir entr'eux.

4°. Quelle que puisse être au surplus la nature de ces arrangemens particuliers, l'Administration ne reconnaîtra, pour le payement du droit municipal établi sur les hangards, que les propriétaires qui auront obtenu la permission de les construire : permission qui d'ailleurs passera de plein droit d'un propriétaire à un autre, à la charge par le nouveau de représenter son titre d'acquisition au bureau de l'Administration de St Pierre, pour qu'il en soit fait mention en marge de l'enregistrement de la permission primitive.

5°. Seront tenus dans le délai de trois mois à compter de ce jour, toutes les personnes auxquelles appartiennent les bois quelconques actuellement placés sur et devant les tranchées, de les faire transporter dans des lieux écartés; à défaut de quoi il y sera suppléé par la police en la manière accoutumée.

Seront les présentes, après avoir été enregistrées dans les bureaux de l'Administration, communiquées aux parties intéressées afin qu'elles n'en prétendent cause d'ignorance.

Au Fort-Royal, le 4 septembre 1813.

Signé, PINEL.

(N°. 1458.) ARRÊT *de la Cour d'appel de la Martinique, qui fixe la tenue de sa prochaine Séance, au 2 de novembre, attendu que le premier Lundi de ce mois, jour de* la Toussaint, *est une Fête consacrée.*

Du 9 septembre 1813.

CE jour le Procureur-général du Roi a exposé à la Cour que sa séance prochaine serait ouverte le 1er. du mois de novembre, si ce jour n'était la fête de la Toussaint qui est célébré dans la colonie, qu'il ne croit pas que cette circonstance doive porter à l'ouverture de ladite séance un délai de huitaine, que l'intérêt des justiciables, le sens même du réglement sur cette matière semblent l'indiquer pour le lendemain de la fête qui sera le mardi 2 novembre.

Pourquoi ledit Procureur-général a requis la Cour, ordonnant la publication et l'ouverture de sa prochaine séance, au mardi 2 novembre, avec envoi de son arrêté aux Tribunaux du ressort, afin que personne n'en prétende cause d'ignorance.

La Cour statuant sur le réquisitoire du Procureur-général du Roi, ordonne que sa séance prochaine s'ouvrira le mardi 2 du mois de novembre, charge ledit Procureur-général du Roi, d'en aviser par lettres ceux de ses membres qui n'ont point été présens à la séance actuelle, et ordonne qu'expédition du présent arrêté sera sur ses diligences envoyée aux Tribunaux du ressort pour y être lu, etc.

Fait à la Cour d'appel de la Martinique, le 9 septembre 1813. *Signé*, RONDEAU, *Greffier*.

(N°. 1459.) ARRÊT *de la Cour d'appel de l'île Ste-Lucie, portant défense aux Commissaires-civils d'ordonner en leur qualité des Transports et Descentes d'Experts pour aucune sorte d'opérations hors les cas de Périls dans la demeure.*

Du 4 octobre 1813.

LA Cour, etc., fait défenses à MM. les Commissaires-civils, d'ordonner en leur qualité, des transports et descentes d'experts pour dresser des procès-verbaux et faire des opérations quelconques, qui ne peuvent avoir lieu que par ordonnance du Juge, excepté dans le cas où il y aurait péril dans la demeure; lesquels procès-verbaux dans ce même cas, lorsqu'ils auront été faits parties présentes ou dûment appelées, seront envoyés clos et cachetés au Greffe, pour les parties y avoir recours, sans que lesdits Commissaires prétendent les garder par devers eux, ni en délivrer des copies.

Ce qui sera notifié auxdits Commissaires à la diligence du Procureur-général qui en certifiera la Cour en sa première séance.

Fait en la Cour d'appel de l'île Ste-Lucie, le 4 octobre 1813. *Signé*, R. DROUILHET, *Greffier.*

Approuvé, *Signé*, ALEX. WOOD.

(N°. 1460.) LETTRE *de Son Excellence le Gouverneur de la Martinique, aux Officiers des Tribunaux de Première Instance, au sujet de la fabrication des mauvais Pains.*

Du 7 octobre 1813.

J'AI reconnu, Messieurs, que quoiqu'il soit arrivé récemment dans la colonie, des farines en quantité suffisante pour améliorer le pain, celui que les boulangers continuent à donner au public est non-seulement d'une qualité très-inférieure, mais même dangereuse. Je vous prie de remédier promptement à un abus aussi pernicieux et d'exécuter la surveillance la plus active sur les mauvaises farines que la cupidité des boulangers entasse dans leurs magasins pour en faire dans des tems de détresse des mélanges viciés capables de produire des épidémies.

Vous voudrez bien donner des instructions positives en conséquence de cette lettre tant à l'officier de santé qu'à l'inspecteur de police de votre tribunal.

J'ai l'honneur d'être, etc. *Signé*, CHARLES WALE.

(N°. 1461) ORDRE *de Son Excellence le Gouverneur de la Martinique, relative au Péage du Bac de la Pointe Simon au Fort-Royal.*

Du 25 novembre 1813.

CE Bac étant une propriété particulière ainsi que le chemin auquel il conduit, et les dépenses qu'il occasionne se trouvant à la charge des propriétaires, il est juste que ceux qui voudront profiter de l'agrément que procure cette embarcation, au lieu de se servir du chemin royal et public, dédommagent les propriétaires dudit Bac en satisfaisant au péage suivant le tarif ci-après, que nous avons approuvé et approuvons pour être exécuté sous les peines de droit par toutes personnes de quelque qualité et condition qu'elles puissent être et qui se serviront du Bac sous quelque prétexte que ce soit.

TARIF.

Un cavalier avec son cheval, (à chaque passage,) 4 sous marqués.

Un blanc à pied, à chaque passage 2 sous marqués.

Un homme de couleur libre, 1 tempé.

Pour, un esclave, 1 sous marqué.

Ceux qui le préféreront feront leur abonnement séparé avec les propriétaires.

Mandons aux officiers de justice et de police, de tenir la main à l'exécution du présent ordre.

Donné au Fort-Royal, le 25 novembre 1813.

Signé, CHARLES WALE.

(N°. 1462.) ORDONNANCE *de Son Excellence le Gouverneur de la Martinique, concernant la formation des Dénombremens et Recensemens ainsi que des Déclarations relatives aux Maisons pour l'année* 1814.

Du 25 novembre 1814.

N. B. Les dispositions de cette ordonnance étant (sauf les changemens ci-après,) les mêmes que celles de l'ordonnance sur le même sujet, en date du 20 novembre 1811, voyez le N°. 1400, pages 539 *et suiv.* de ce Tome.

SECTION PREMIÈRE.

Art. III. Chaque dénombrement devra porter en outre, avec précision la qualité de l'habitant, suivant qu'il sera sucrier, caféyer, cotonnier, cacaoyer, vivrier, propriétaire de poterie, chaufournerie, rummerie et guildiverie, formant des établissemens particuliers, ou seulement domicilié dans les villes et bourgs.

SECTION II.

Remplacer la finale de l'Article premier par ce qui suit.

Ils désigneront exactement les noms et les qualités des locataires ainsi que les numéros tant des maisons, que des appartemens loués séparément et ils rapporteront, à l'appui des déclarations, les baux et autres conventions écrites; le tout d'après les feuilles imprimées, qui leur seront délivrées à cet effet.

Art. VI. Ces propriétaires demeureront à l'avenir chargés de l'entretien et du remplacement des nouveaux numéros posés cette année sur leurs maisons, et faute par eux de ce faire, il y sera pourvu à leurs frais.

SUPPLEMENT

AU CODE DE LA MARTINIQUE,

CONTENANT LES PIÈCES OMISES A LEUR ORDRE DE DATE.

(N°. 1463.) LETTRES-PATENTES *du Roi, portant établissement du Couvent Monastère des Dames Religieuses Ursulines, au Fort Saint-Pierre Martinique.*

Du 28 août 1681.

LOUIS, etc., SALUT : par nos lettres-patentes du mois d'avril 1631, sur l'avis de nos amés et féaux, les Directeurs-généraux de la compagnie des Indes occidentales, nous avons permis l'établissement d'un monastère de Religieuses ursulines, dans l'île de la Martinique, et pour le faciliter, nous leur avons donné par nos mêmes lettres, l'habitation en ladite île, provenant des deniers de la donation de Marie de Clemy, aussi les fruits, revenus, meubles, et autres choses en dépendans qui nous appartenaient en titre de deshérence. L'exécution d'un dessein si louable, si pieux, a été différé par l'opposition des Religieux de l'ordre des Frères Prêcheurs, soi-disant établis au Mouillage de la Martinique, dont nous les avons déboutés par arrêt de notre Conseil du 25 juillet de la même année, et depuis la Providence divine ayant inspiré à Laurence Dabin, veuve de Pierre

Hallot, sieur de St. Pierre, capitaine d'une compagnie de cavalerie entretenue pour notre service en ladite île, de contribuer à un si saint établissement, elle aurait par contrat du 29 juillet 1681, fait une donation irrévocable en faveur des Religieuses ursulines de la ville de St. Denis, qui passeront en ladite île à cet effet, de tous les biens à elle appartenans aux clauses, charges et conditions, mentionnées audit contrat, lequel contrat de donation, et lettres de ladite fondation par nous ci-devant accordées, lesdites Religieuses ursulines nous ont très-humblement fait supplier de vouloir ratifier et approuver, et en conséquence, en tant que de besoin, et où serait, la permission nouvelle de faire ledit établissement amortir lesdits biens tant donnés par ladite défunte de Clemy, que ladite de St. Pierre et de tout leur en octroyant nos lettres sur ce nécessaires.

A CES CAUSES, après avoir fait voir en notre Conseil l'avis des Directeurs de la compagnie des Indes occidentales, du 14 avril 1631, nos susdites lettres d'établissemens desdits mois et an, lesdits deux actes d'oppositions, l'arrêt de notre Conseil du 21 juillet 1631, et les contrats de ladite donation faite par ladite de St. Pierre et accepté par les Religieuses du Monastère de St. Denis aux fins dudit établissement, le tout ci-attaché sous le contre scel de notre chancellerie, nous en agréant et approuvant les susdits contrats et actes, et conformément à iceux, avons de nouveau permis et permettons par ces présentes signées de notre main aux Religieuses ursulines qui seront choisies par la Supérieure dudit couvent de St. Denis, de passer au nombre de six et davantage si besoin est, en notre dite île de la Martinique, pour y vivre en communauté, suivant les règles et constitutions dudit ordre, et à telle fin faire bâtir en ladite habitation qui leur a été donnée par ladite de St. Pierre à celle qui était ci-devant possédée par ladite de Clémy, ou tel autre lieu qui pourra être choisi par le sieur Patoulet, conseiller en nos conseils, Intendant de la justice, police et finances en nos îles de l'Amérique, l'église, maison, dortoir, jardin et lieux, clausvaux réguliers et nécessaires pour leur sûreté et l'observance de la discipline de leur ordre, auquel couvent lesdites Religieuses pourront recevoir en noviciat et à la profession celles qui les requerreront et qui y seront admises par la communauté; même recevoir auxdits couvent et monastère les filles des habitans de nosdites îles et autres pensionnaires et externes dans ledit Monastère pour apprendre les instructions, préceptes de la foi catholique, apostolique et romaine, à lire et écrire, et le travail manuel, aux ouvrages dont elles seront jugées capables, et pour donner moyen auxdites Religieuses de maintenir ladite communauté, subvenir aux nécessités d'icelles, et des Religieuses qui y seront reçues à l'avenir, leurs serviteurs, domestiques et nègres, nous avons auxdites Religieuses permis et octroyé de tenir et de posséder par leurs mains et en main-morte, même faire valoir par économes ou fermiers, tous et chacuns desdits habitations mentionnées en la susdite donation faite par ladite de St. Pierre, même celles ci-devant possédée par ladite de Clémy et tous les autres de leurs possessions qu'elles et celles qui les succéderont audit Monastère, pourront acquérir ci-après, leur permettons d'accepter tous legs et donations qui pourront leur être faite, soit en deniers, meubles ou héritages, tous lesquels biens et héritages nous avons à telle fin amortis et amortissons comme chose à Dieu dédiées pour en jouir franchement et quittement par lesdites Religieuses et celles qui leur succéderont, exemptes de tous droits généralement quelconques, et de notre plus ample grâce et autorité que dessus, nous avons en faveur dudit établissement quitté et déchargé lesdites Religieuses, couvent et communauté, même les serviteurs, domestiques, fermiers, économes et administrateurs, et généralement tous les biens et possessions d'icelle communauté présent et à venir de toutes charges droits, levées, capitations, corvées, guet et garde et généralement de toutes charges réelles et personnelles quelconques, qui sont ou pourraient être imposés à l'avenir en ladite île sous quelque prétexte que ce soit, même leurs nègres jusqu'au nombre de 200 travaillans, pour ledit Monastère et appartenances, pour lesquels elles ne seront tenues de payer aucune chose, non plus que des sucres qu'elles feront faire fabriquer jusques à la quantité de 400.000 livres par an, même du droit de poids desdits sucres, de tous lesquels droits et deniers nous avons déchargé et déchargeons ladite communauté à perpétuité par ces présentes, à la charge par lesdits Religieuses d'entretenir les clauses et conditions portées par le susdit contrat de donation faite par ladite de St. Pierre et de faire dire tous les ans le jour de la fête de St. Louis, une messe solennelle en leur église, et prier Dieu pour le repos de l'âme de nos prédécesseurs, et pour le maintien, prospérité et conservation de notre famille royale.

Si donnons en mandement à nos amés et féaux conseillers, les gens tenant notre Conseil souverain en l'île de la Martinique, que ces présentes ils fassent registrer et du contenu en icelles, jouir et user lesdites Religieuses et celles qui leur succéderont audit Monastère, leurs serviteurs, domestiques et nègres, fermiers et administrateurs pleinement, paisiblement et perpétuellement, cessant et faisant cesser tous troubles et empêchemens à ce contraire; car tel est notre bon plaisir, etc.

Donné à Fontainebleau, le 28 août 1681. *Signé*, LOUIS, *et plus bas*, COLBERT.

Enregist. au Conseil Souverain.

(N°. 1464.) PROCES-VERBAL *homologué par MM. les Général et Intendant de la Martinique, concernant l'Etablissement du Canal du Mouillage.*

Du 24 mai 1775.

AUJOURD'HUI 24 mai 1775, après due convocation les propriétaires et locataires des maisons situées en ce bourg St-Pierre, depuis la rue ou calle des dames Religieuses ursulines, jusqu'à l'extrêmité du Mouillage, étant assemblés dans la grande salle de l'Hôtel de l'Intendance, en présence de MM. les Général et Intendant, a été dit et exposé à l'assemblée par MM. les Commissaires nommés pour l'établissement des fontaines.

Qu'ils ont été autorisés par le Gouvernement à suspendre les opérations dont ils étaient chargées par la déclaration du 10 juillet 1773, pour attendre les nouveaux secours que MM. les Général et Intendant étaient dans le dessein de procurer aux habitans de ce bourg pour faciliter l'établissement projeté.

Qu'au lieu de 13,200 liv. que MM. les Général et Intendant devait faire remettre au Trésorier, ils lui feront compter la somme de 33,000 livres, et ils espèrent en outre que S. M. les autorisera à faire fournir par la caisse du Domaine une somme de 6,600 livres pour subvenir aux dépenses de la conduite des eaux dans l'Hôtel de l'Intendance, dans celui du Domaine du Roi et dans les prisons royales de ce bourg.

Que les révérends prêtres Dominicains voulant aussi contribuer à un établissement dont leurs paroissiens retireront un si grand avantage, offrent d'abandonner une somme de 30,000 liv. qui leur est dû par les syndics des créanciers des ci-devant Jésuites, et qui leur a été adjugée par arrêt du Conseil souverain, de cette île, applicable ladite somme ainsi que les intérêts échus, savoir, les deux tiers à la construction des fontaines, et l'autre tiers à l'hôpital des enfans trouvés, que ces différentes sommes formeront un objet d'environ 65,000 livres qui diminuera d'autant les impositions à faire sur les particuliers.

Qu'on a eu égard à l'appellation de la petite quantité d'habitans qui occupent les maisons depuis le cours de l'Intendance jusqu'à la calle Lussac, attendu leur proximité de la rivière et qu'ils ont renoncé à la fontaine qui devait être établie en leur faveur à la rue des Religieuses, ayant été reconnu que le coût de cette fontaine très-éloignée du grand canal, excéderait le montant de leur contribution.

Que pour diminuer la dépense il conviendrait de réduire au nombre de 5 les 10 fontaines qui devaient être placées dans les rues de traverses.

Que les propriétaires dont les terreins et maisons seront traversées par le canal, se plaignent de ce qu'en leur accordant un pouce ou demi-pouce d'eau, ils n'ont pas été déchargés en entier, de l'imposition et de l'entretien, observant qu'ils contribuent à l'établissement plus que les autres particuliers pour la servitude onéreuse et perpétuelle qu'ils seront obligés de supporter.

Et après que les plans et devis ainsi que la délibération du 10 juillet 1773, ont été de nouveau vus et examinés par l'assemblée, il a été unanimement délibéré ce qui suit : sous le bon plaisir de MM. les Général et Intendant.

1°. Que conformément à la délibération du 10 juillet 1773 il sera incessamment procédé à la requête de MM. les Commissaires, aux criées, au rabais de l'entreprise dont il s'agit, pour l'adjudication en être faite à la troisième criée au dernier enchérisseur qui offrira de faire les ouvrages au moindre prix, à la charge par lui de se conformer aux devis et aux plans qui resteront déposés au Greffe de la jurisdiction.

2°. Qu'après l'adjudication, MM. les Commissaires procéderont à la répartition des sommes qui doivent être fournies par les contribuables et qui seront imposées conformément à la susdite délibération.

3°. Que les taux de l'imposition se trouvant diminué par les nouveaux secours procurés par MM. les Général et Intendant, chaque particulier sera tenu de payer la quotité, savoir, moitié à la première demande, et l'autre moitié six mois après.

4°. Que les habitans des maisons depuis le coin de l'Intendance jusqu'à la calle Lussac, ne seront plus compris dans la répartition, au moyen de quoi, la fontaine qui devait être établie en leur faveur dans la rue des dames Religieuses ursulines, n'aura plus lieu.

5°. Que le nombre des fontaines dans les rues de traverses seront réduit à 5 qui seront placés, la première au Mont-Mirail, la deuxième à la rue du Petit-Versailles, la troisième à la rue Beauséjour, la quatrième à la rue du Précipice et la cinquième à la rue d'Orange.

6°. Que les propriétaires et locataires dont les terreins seront traversées par le canal, jouiront graduellement d'un pouce, ou un demi-pouce d'eau, suivant l'étendu de leur terrein, et seront exempts de l'imposition et de toute contribution pour l'entretien du canal et des fontaines.

7°. Que MM. les Commissaires feront compter à l'ent preneur les deniers qui lui seront nécessaires au fur et à mesure que les ouvrages avanceront, à l'exception du quint de la somme totale qui ne sera payé qu'après l'entière perfection desdits ouvrages au moyen de quoi l'art. 45 du devis n'aura plus lieu.

8°. Qu'au surplus les plans et devis ainsi que la délibération du 10 juillet 1773, seront exécutés suivant leur forme et teneur et resteront déposées au Greffe de la jurisdiction, pour y avoir recours.

Et après que l'assemblée a de nouveau remercié MM. les Général et Intendant, de leur bienfaisance, elle les a suppliés d'homologuer la présente délibération et de leur continuer leur protection pour opérer la prompte et entière exécution dans l'établissement dont l'utilité sera si précieuse; et ont tous les délibérans signé.

(Suivent les Signatures et l'homologation desdits Gouverneur-général et Intendant.)

(N°. 1465.) ORDONNANCE *de MM. les Général et Intendant de la Martinique, qui autorise la Construction de la Fontaine des Marins, au Mouillage, Ville Saint-Pierre, et qui accorde au Sieur* Segond *et à ses Héritiers, ou ayant causes la Propriété des Canaux et Fontaines, de la rive gauche de la Rivière du Fort.*

Du 26 septembre 1777.

Vu la requête présentée et le plan y joint, nous autorisons le sieur Segond, architecte, à construire la fontaine destinée au service des marins, au lieu indiqué par ledit plan, et conformément à icelui, avec permission au sieur Segond, à ses héritiers ou ayant-causes, de vendre aux marins l'eau qu'ils pourront avoir besoin aux prix et conditions dont ils conviendront avec ledit entrepreneur, sans néanmoins que lesdits marins soient obligés de prendre l'eau à ladite fontaine, et à la charge par ledit sieur Segond et ses représentans de fournir l'eau *gratis* aux vaisseaux et autres bâtimens de S. M. Autorisons aussi le sieur de Perpigna, Trésorier des deniers destinés à la construction des fontaines, de compter audit sieur Segond, la somme de 8,367 liv. 17 s., qui lui reste en mains, savoir : 6,292 liv. 10 sous, en argent, et le surplus en crédit sur les contribuables, moyennant quoi ledit sieur de Perpigna sera et demeurera bien et dûment déchargé de sa recette. Ordonnons en outre, que les particuliers redevables des prises d'eau, payeront annuellement audit sieur Segond, les rentes de cinquante et de trente livres fixées par la délibération du 10 juillet 1773, et conformément à icelle; et pour parfaire l'indemnité exigée par ledit sieur entrepreneur, il lui sera payé par le Receveur des deniers procédant des affranchissemens, la somme de 3,300 livres, immédiatement après que la fontaine destinée à l'usage des marins aura été construite, au moyen de quoi ledit sieur Segond sera tenu d'entretenir à ses frais et dépens et à perpétuité, les canaux et fontaines par lui construits, ainsi qu'il s'y est obligé au bas de la susdite requête, tant pour lui que ses héritiers ou ayant-causes, à peine de tous dépens, dommages et intérêts, et sous l'hypothèque de tous ses biens présens et à venir; et seront ces présentes enregistrées au Greffe de l'Intendance, et ensuite déposées ainsi que le plan que nous avons paraphé, au Greffe de la Jurisdiction royale du bourg Saint-Pierre,

où

où se trouve le dépôt de tous les autres actes concernant la construction des fontaines.

Donné à la Martinique, le 26 septembre 1777. *Signé*, Bouillé et Mondenoix.

(N°. 1466.) Extrait *d'une Dépêche ministérielle de M. le Maréchal de* Castries, *à M. le Marquis de* Bouillé, *Gouverneur-général des Isles du Vent et sous le Vent, donnant avis de la Révocation immédiate d'une Ordonnance rendue par Messieurs de* Damas *et de* Viévigne, *le* 23 *juillet* 1783, *sur le Commerce Américain.*

Du 13 février 1784.

N. B. L'ordonnance citée avait réduit les émolumens du Capitaine de port et de l'Interprète, qui d'après cette lettre ministérielle ont continué à les percevoir sur le pied de 66 liv. par bâtiment comme précédemment.

(N°. 1467.) Ordonnance *de Messieurs les Genéral et Intendant de la Martinique, portant Exemption de droit d'Ancrage et autres droits de Port en faveur du Paquebot destiné à faire les Voyages de la Martinique à Saint-Domingue.*

Du 25 janvier 1787.

Vu la requête du sieur Casy, ensemble l'avis du Commissaire, nous autorisons le suppliant à établir un Paquebot pour faire régulièrement des voyages de cette colonie à St-Domingue, lequel sera exempt des droits d'ancrage et autres droits de port seulement, à la charge par le capitaine dudit paquebot de ne jamais s'expédier sans avoir pris les paquets du Gouvernement et du Commerce.

Sera le présent enregistré à l'Amirauté et au Domaine.

A St-Pierre Martinique, le 25 janvier 1787. *Signé*, DAMAS et FOULQUIER.

(N°. 1468.) EXTRAIT *d'une Dépêche de sa grâce le Duc de* Portland, *principal Secrétaire de S. M. B. au Brigadier-général* George Prévost, *Commandant de l'île Ste-Lucie, pour l'établissement d'une Cour des Appels à Sainte-Lucie.*

Du 18 avril 1800.

MONSIEUR, puisque vous pensez que la création d'un Conseil ou Cour d'appels, dont M. Aubert sera chef en qualité de Procureur-général, formera, dans le moment présent, un établissement judiciaire suffisant pour la colonie, qui n'exigera que 500 livres sterling, pour le payement des salaires et les dépenses que l'entier établissement peut entraîner, vous vous considérerez par ces présentes autorisé à mettre ce plan à exécution sans aucun délai. *Signé*, PORTLAND.

Enregist. au Conseil de Ste-Lucie.

(N°. 1469.) PROCLAMATION *de Son Excellence le Brigadier-général* George Prévost, *Commandant de l'île Ste-Lucie, pour le rétablissement des Tribunaux dans ladite île.*

Du 1er. juillet 1800.

ETANT nécessaire pour le bien du service de S. M., ainsi que pour la tranquillité et protection de ses sujets en cette colonie, d'établir des Tribunaux et Cours de justice, pour rendre aux lois leur force et leur activité.

Considérant que dans l'état où se trouve la colonie, les lois, coutumes et règlemens de la Monarchie française, qui y étaient suivis, et les Tribunaux, qui étaient crées, pour juger les contestations et les procès entre les individus, sont plus appropriés et conviennent mieux dans la circonstance actuelle, et S. M. nous ayant fait transmettre ses ordres à cet égard par les lettres de sa grâce, Milord duc de Portland ; nous, etc., avons ordonné et ordonnons ce qui suit :

Art. Ier. A compter du jour de la publication des présentes, les lois, coutumes et réglemens de la Monarchie française, qui étaient suivis et observés en cette colonie, tant en matière civile qu'en matière criminelle et de police, continueront d'être suivis et observés, ainsi, et la même manière qu'ils l'étaient par le passé, sauf les exceptions ci-après.

II. En conséquence le Tribunal de la Sénéchaussée royale de cette île sera incessamment rétabli comme il l'était sous la Monarchie française, et les officiers de justice, qui le composeront, exerceront leur office, conformément aux lois et aux réglemens de la Monarchie française suivis et observés aux colonies du vent, et aux droits, honneurs, privilèges et émolumens y attachés, et ils tiendront leurs audiences suivant le réglement du Roi du 22 mai 1724 et d'autres y relatifs.

III. Considérant l'état de guerre actuel, qui rend encore plus considérables qu'en 1779, qu'une Cour d'appel avait été établi dans la colonie, les dangers et les inconvénien de porter comme par le passé ces appels au Conseil souverain de la Martinique; nous ordonnons, qu'il sera établi en cette colonie une Cour d'appel, pour juger en dernier ressort, par appel, tant en matière civile qu'en matière criminelle et de police conformément aux lois, coutumes, et réglemens de la Monarchie française, suivis et observés aux îles du vent, et aux droits, honneurs et privilèges y attachés, suivant les ordonnances de S. M. Française; et dont jouissent les membres du Conseil souverain de la Martinique.

Et néanmoins, conformément aux ordres de S. M., ordonnons que, dans toutes les affaires, qui ne l'intéresseront pas, la partie condamnée pourra, avec notre permission, se rendre appelant au Conseil privé de S. M., lorsque l'objet en litige excédera 500 pounds sterling, et alors l'exécution des jugemens sera suspendue, à moins que l'intimé ne donne bonne et suffisante caution, qu'il fera ample restitution de tout ce que l'appelant pourrait avoir perdu par l'effet de l'exécution du jugement, dans le cas que ledit jugement serait annullé et la restitution adjugé à l'appelant.

IV. Considérant que les habitans, planteurs de la colonie, sont ceux qui ont le plus souffert des pertes que les évènemens publics ont occasionnées, et qu'à cet égard ils méritent notre sollicitude et bienveillance. Considérant aussi, que les intérêts de leurs anciens créanciers méritent toute notre considération.

Conformément aux ordres de S. M., nous recommandons aux uns et aux autres de prendre entr'eux des arrangemens convenables qui liquident les premiers, et satisfassent les seconds, sans néanmoins, pour cela, priver les créanciers de leurs droits de faire actionner leurs débiteurs, lesquels ils pourront poursuivre suivant et aux termes des lois françaises jusqu'à la saisie-exécution, qu'ils ne pourront faire sans notre permission expresse, à peine de nullité, nous réservant à cet égard de donner les ordres nécessaires.

V. En conséquence des mêmes ordres de S. M., toutes les contestations et tous les procès sur les transactions commerciales, qui ont eu lieu dans la colonie depuis le 25 mai 1796, qu'elle a passé sous la domination anglaise, et qui pourront avoir lieu par la suite, seront poursuivis et jugés suivant et aux termes des lois anglaises, autant que les circonstances et les localités le permettront, et d'après le règlement qui sera fait à ce sujet; nous réservant néanmoins de donner des ordres pour l'exécution des jugemens.

VI. Considérant les anciens troubles, qui ont eu lieu dans la colonie, nous nous réservons la connaissance, le jugement et la punition des prévenus de crime et de délits publics et privés contre la sécurité et la tranquillité de la colonie, sans qu'aucune des cours de justice ci-dessus établies puissent s'en occuper, sous aucun prétexte, à moins que la connaissance ne leur en soit renvoyée par nous, étant nécessaire dans les circonstances actuelles, de laisser à cet égard l'autorité pleine et entière entre les mains du Commandant en chef.

VII. A compter du jour de l'installation du Tribunal de la Sénéchaussée et de la Cour d'appel, les comités que nous avions ci-devant établis cesseront leurs fonctions, et déposeront au Greffe de la Sénéchaussée les minutes et registres qu'ils peuvent avoir.

Et sera notre présente proclamation, lue, publiée, etc., et enregistrée en la Cour d'appel, et au Tribunal de la Sénéchaussée pour être suivie et exécutée selon sa forme et teneur.

Donné à Ste-Lucie, le 1er. juillet 1800. *Signé*, GEORGE PRÉVOST.

Enregist. à la Cour d'Appel de Ste-Lucie.

(No. 1470.) PROCLAMATION *de Son Exc. le Brigadier-général* George Prévost, *Commandant de l'île Sainte-Lucie, concernant les Congés.*

Du 22 juillet 1800.

TOUTES les personnes quittant cette colonie, doivent, avant leur départ, se présenter au Secrétariat du Gouvernement, et y donner caution pour le montant de leurs dettes, où y faire inscrire leur nom 15 jours avant d'obtenir un congé, pour que leurs créanciers puissent être instruits de leur départ, et y mettre opposition si le cas y échet.

Et tous maîtres de bâtimens sont avertis par ces présentes, que, s'ils prennent à leur bord des passagers qui ne seront pas munis de congés, ils seront poursuivis suivant la rigueur des ordonnances.

Donné à Sainte-Lucie, le 22 juillet 1800. *Signé*, GEORGE PREVOST.

(N°. 1471.) ORDONNANCE *de Son Exc. le Brigadier-général* George Prévost, *Commandant en Chef de l'île Ste-Lucie, portant Règlement et Tarif général de tous les Emolumens attribués à divers Fonctionnaires publics dans ladite Colonie.*

Du 22 septembre 1801.

LE tarif des frais de justice et autres que l'on suivait ci-devant en cette île, ayant été fait en 1771, par M. de Vallière et le président de Peynier, gouverneur et intendant de la Martinique; et nous ayant été représenté, que les dépenses en tout genre et les moyens de subsistance ont considérablement augmenté de prix depuis cette époque, nous avons jugé à propos, en rétablissant les Tribunaux réguliers dans la colonie, de faire un réglement à ce sujet, autant pour faire cesser l'arbitraire que les circonstances semblaient autoriser, que pour procurer aux divers Officiers et Employés la juste rétribution qu'ils ont droit d'attendre de leur labeur.

En conséquence etc., en vertu des pouvoirs à nous confiés par S. M., nous avons fait dresser le présent réglement et tarif général pour être suivi et exécuté ainsi qu'il suit :

CHAPITRE PREMIER.

Droits Curiaux.

ART Ier. Pour les baptêmes, *gratis*.

II. Pour les mariages, *idem*.

III. Pour chaque publication de bans, 1 liv. 10 s.

IV. Pour une messe basse, 3 liv.

V. Pour l'administration des Sacremens, *gratis*.

VI. Pour la levée du corps dans les villes et bourgs, 20 liv.

VII. Pour inhumation et enterrement simple 20 liv.

VIII. Pour un nocturne ou vêpres des morts, 12 liv.

IX. Pour une grande-messe, 12 liv.

X. Pour un enterrement solennel, diacre et sous-diacre, chappe et encens, 30 liv.

XI. Pour chaque extrait de mariage, baptême et inhumation, 3 liv.

XII. Pour les services, mêmes droits que pour les enterremens.

XIII. Pour la levée du corps, ouverture de la fosse des pauvres blancs, et autres libres, *gratis*.

XIV. Pour ce qui concerne les esclaves, droit seulement pour les fossoyeurs, 1 liv. 10 s.

XV. Les offrandes du pain-béni et autres, les cierges pour les baptêmes et pour les pains-bénis appartiendront aux Religieux desservant les cures, auxquels la fabrique payera, dans chaque paroisse, la somme de cent livres par an pour se fournir le pain et le vin, et la fabrique fournira la cire et tous les ornemens nécessaires.

CHAPITRE II.

Droits de la Fabrique.

ART. Ier. Pour ouverture de la fosse, 3 livres.

II. Pour la tenture de l'autel et des crédences, 20 l.

III. Pour la tenture de l'autel, des crédences et de tout le sanctuaire, 40 liv.

IV. Pour la tenture de toute l'Eglise, des bans et de la porte, 80 liv.

V. Pour le drap mortuaire, 4 liv.

VI. Pour la croix, chandeliers et bénitiers ordinaires, 6 liv.

VII. Pour l'argenterie, 18 liv.

VIII. Pour la sonnerie par glas, chaque sonnerie, 4 liv. 10 s.

CHAPITRE III.

Droits des Chantres, Sacristains, Clercs et Sonneurs.

ART. Ier. Pour chantres, enterrement ordinaire, 4 liv. 10 s.

II. Avec nocturnes ou vêpres, 6 liv. 15 s.

III. Lorsqu'il y aura grande-messe, pour le tout, 9 liv.

IV. Pour un service avec nocturne, 9 liv.

V. Pour le sacristain, enterrement ordinaire, 3 l. 10 s.

VI. Lorsqu'il y aura tenture et argenterie, 6 liv. 15 s.

VII. Au porte-croix, enterrement ordinaire, 3 l. 10 s.

VIII. Enterrement solennel 4 liv. 10 s.

IX. Au diacre et sous-diacre, chacun, 3 liv.

X. Aux acolytes et thuriféraires, 1 liv. 10 s.

XI. Aux clercs, chacun, 1 liv. 10 s.

XII. Aux sonneurs, pour chaque enterrement et service, 3 liv.

XIII. A Castries, celui qui fait les enterremens aura pour le tout, 66 liv.

CHAPITRE IV.

Prix des Bancs et Quêtes annuelles.

Laissons subsister le prix des bancs fixé par le tarif de 1771, ainsi que ce qui a été ordonné tant à ce sujet qu'à ceux relativement aux quêtes annuelles, élection de marguilliers et autres délibérations concernant la construction et réparations des Eglises et achats d'ornemens, et autres besoins.

CHAPTRE V.

Droits du Sceau.

ART. Ier. Pour toutes lettres de dispense de chancellerie pour chaque impétrant, 13 liv. 10 s.

II. Pour légalisations et actes des Notaires en formes exécutoires, 6 liv. 15 s.

III. Pour les arrêts et jugemens définitifs, reliefs d'appel, permission d'anticiper et d'intimer, et exécutoire de dépens du conseil, 4 liv. 10 s.

IV. Pour les sentences définitives, celles d'adjudication par vente ou baux judiciaires, d'insinuation, ensaisinement, d'enterrinement d'arrêts par bénéfices de lettres, permission de vendre, ordonnances pour saisies, décrets, pareatis, exécutoire de dépens décernés par les premiers Juges, 2 liv. 5 s.

V. Pour les scellés apposés après décès ou autrement pour chaque bande de deux cachets, 9 liv.

CHAPITRE VI.

Juges Royaux.

ART. Ier. Enjoignons aux Juges de se conformer pour la tenue des audiences, au réglement du Roi, du 22 mai 1724. Leur recommandons d'être très-exacts à ne mettre à l'extraordinaire que les causes qui sont de nature à y être portées.

II. Ils pourront faire dans leurs maisons les élections de tutelle, curatelle, avis de parens, assemblées, enquêtes, comparaisons de seing et écriture, vérifications d'icelles, taxes de dépens, liquidations de frais etc., dommages et intérêts.

III. Ils ne pourront prendre aucunes pices, ni vacations, pour tous jugemens d'audiences ordinaires, en matière civile et criminelle, et de police, ni pour enregistrement des lois et ordonnances, arrêts, réglemens, ni dans les causes où le Roi, ou le public auraient intérêt.

Leur sera alloué seulement par droit de signature et paraphe de chaque cause portée aux rôles des audiences ordinaires, 1 liv. 10 sous.

IV. Ils ne prendront aucun droit pour les appointemens et ordonnances sur requêtes pour quelque cause que ce soit, ni pour le paraphe aux livres de négocians, conformément à l'ordonnance de commerce de 1673.

V. Pour apposition, levée ou reconnaissance des scellés dans les villes et bourgs de leur demeure, 24 liv.

VI. Pour les actes d'affirmation de clôture d'inventaire, 9 liv.

VII. Pour les actes de tutelle, curatelle et d'émancipation, 12 liv.

VIII. Lorsqu'il y aura contestation pour la personne des tuteurs ou pour les destituer à la requête des parens ou par quelque motif que ce soit, à proportion du tems que les Juges y auront employé, et à leur conscience.

IX. Pour les actes de délibérations et avis de parens sur l'intérêt et état des affaires des mineurs, soit pour gérer, louer, vendre ou conserver leurs biens, et autres cas, 12 liv.

X. Lorsque lesdites assemblées seront longues et exigeront un examen et discussion considérables, ils prendront comme dessus, en leur conscience, suivant le tems qu'ils y auront employé.

XI. Les 4 articles ci-dessus, pour les pauvres, *gratis*.

XII. Pour les insinuations de donnations et autres actes, 6 liv.

Publication de testament, ou substitutions à l'audience extraordinaire, 12 liv.

XIII. Pour ordonnances simples et autres de même nature à l'extraordinaire et sur requête dont le dépôt au greffe sera ordonné, 6 liv.

XIV. Pour la prestation de serment et acceptation de caution, 6 liv.

XV. Pour défaut ou congé à l'extraordinaire, 3 liv.

XVI. Pour sentences par défaut, appointemens en droit, ou à mettre, ou autre sentence préparatoire, 6 livres.

XVII. Pour sentence contradictoire et définitive 12 l.

XVIII. Si le nombre des faits et l'importance de l'affaire exigent qu'il en soit délibéré, ils pourront prendre selon le tems qu'ils y auront mis et à leur conscience.

XIX. Pour vacations aux ventes d'immeubles par décret forcé ou licitation volontaire, et baux à ferme, par chaque vacation, 12 liv.

XX. Pour la dernière vacation à l'adjudication, 18 l. Indépendamment du coût de la sentence d'adjudication, pour laquelle ils prendront à leur conscience.

XXI. Pour interrogatoire sur faits et articles, par heure, 10 liv.

XXII. Pour audition de témoins en matière civile et criminelle, répétition, recollement et confrontation, par chaque témoin, 6 liv.

Et lorsque ce sera un étranger et qu'il y aura un interprête, 9 liv.

XXIII. Pour les décrets, jugemens de récollement et confrontation, 9 liv.

XXIV. Pour interrogatoire des accusés, par heure, 10 l.

XXV. Pour jugement d'élargissement sous caution ou qui renvoye les parties à fins civiles, à sa conscience.

XXVI. Aux inventaires et partages où les Juges peuvent être appelés, conformément à l'arrêt du Conseil d'état du 17 janvier 1688, comparaison d'écritures ou autres actes qu'ils peuvent expédier dans leurs maisons ou celles des particuliers des villes et bourgs de leurs demeures, par vacation de trois heures, 30 liv.

XXVII. Lorsqu'ils se transporteront hors des lieux de leurs demeures, soit en exécution d'arrêt, ou de leurs jugemens, ils se taxeront sur le pied de 100 livres par jour, y compris leurs frais de voyage et nourriture à compter du jour de leur départ jusques et y compris celui de leur retour, 100 liv.

XXVIII. Les épices et vacations des procès par écrit, tant en matières civiles que criminelles, sentence d'ordre et de distribution entre les créanciers, seront taxés par les Juges suivant la difficulté des affaires, le tems qu'il y auront employé à leur conscience, dont ils feront mention sur la minute de leur sentence et jugement; pareille mention sera faite par le greffier sur la première expédition qu'ils en délivreront pour en cas d'appel, même d'offices, si lieu il y avait, être lesdites épices et vacation, réduites et modérées par le Conseil.

XXIX. Pour les certificats de vie et légalisation de tous actes, 6 liv.

XXX. Pour procès verbal de visite de l'état d'une personne blessée, levée d'un cadavre, vérification de fraction dans les villes et bourgs de leur demeure, 24 l.

XXXI. S'il y a information sommaire sur les lieux, par heure, 10 liv.

XXXII. S'il y a transport hors de leur demeure, ils se taxeront à 100 livres par jour, y compris les frais de leur voyage et de nourriture, 100 liv.

XXXIII. A l'égard des visites et levées des cadavres des gens sans aveu, inconnus ou esclaves, ils les feront *gratis* quand ils en seront requis par le Procureur du roi,

XXXIV. Les procès criminels poursuivis à la requête du Procureur du roi seront instruits et jugés sans frais si ce n'est sur les biens des accusés, s'il y en a, et s'il sont condamnés.

XXXV. Pour toute instruction de procédure et jugement contre les esclaves au criminel, *gratis*.

XXXVI. Pour les taxes des dépens, six sous par article, alloué non compris l'exécutoire pour lequel ils prendront, 6 liv.

Leur enjoignons d'être très-exacts et attentifs, à procéder auxdites taxes conformément à l'ordonnance et audit tarif.

XXXVII. Pour droits de réception de chirurgiens et orfévre, 24 liv.

XXXVIII. Dans tous les cas imprévus non mentionnés au présent Règlement, les Juges se taxeront à proportion du tems qu'ils auront employé, et à leur conscience.

CHAPITRE VII.

Procureurs du Roi.

ART. Ier. Dans tous les cas, où les Procureurs du roi donneront leurs conclusions et feront leurs fonctions avec les Juges soit au civil, soit au criminel et à l'extraordinaire, de quelque genre et nature que soient les actes auxquels ils assistent, ils prendront les deux tiers des vacations des Juges, dans le lieu de leur demeure et à la campagne les mêmes droits que les Juges.

II. Ils assisteront aux ventes publiques d'effets mobiliers qui seront faites par autorité de justice, d'effets saisis, ou à la requête des tuteurs, curateurs et exécuteurs-testamentaires, syndics et quartier-maîtres, et dans tous les cas où des mineurs ou des absens pourront avoir des intérêts auxdites ventes, et ils prendront pour leurs vacations, par heure, 10 liv.

III. A l'ègard des nègres, chevaux, mulets, bagues, joyaux, et vaisselle d'argent de la valeur de trois cents livres au plus, vendus aussi par autorité de justice, la vente n'en pourra être faite conformément à l'article XIII du titre 33, de l'ordonnance de 1667, qu'après trois expositions à trois jours différens, pour lesdits effets être adjugés à la troisième criée, sans autre remise si ce n'est qu'il ne se présente aucun enchérisseur ou que sa remise fut requise par les parties intéressées, de quoi il sera fait mention dans le procés-verbal de vente, et les Procureurs du roi prendront pour les ventes de cette espèce par chaque vacation aux criées, 12 liv.

Et pour l'adjucation, 15 liv.

IV. Ils ne pourront assister aux ventes volontaires qui seront faites par les huissiers ou sergens à la requête des particuliers, de leurs meubles, nègres, effets et marchandises, à moins qu'ils n'en soient requis par le vendeur, de tout quoi il sera fait mention dans le procès-verbal de vente, et dans ce cas ils prendront les mêmes droits que ci-dessus.

V. Les Procureurs du roi taxeront gratis au bas de chaque procés-verbal de vente, soit forcé, soit volontaire, ce qui sera dû aux huissiers pour leurs vacations.

VI. Dans les inventaires et partages où la présence des Procureurs du roi est nécessaire, pour l'intérêt des absens ou autrement et dans tous les actes de leurs ministères, où ils sont employés sans les Juges ils prendront, dans le lieu de leurs demeures, trente livres par vacation de trois heures, et en campagne ils prendront par jour les mêmes droits qui ont été attribués aux Juges.

VII. Pour les alignemens des maisons ou des rues dans les villes et bourgs de leurs demeures, 30 liv.

VIII. Hors les lieux de leurs demeures, 60 liv.

IX. Pour chaque certificat et publication d: congé de ceux qui quittent la colonie, 4 liv. 10 s.

X. Pour chaque visa ou certification des criées d'immeubles, 4 liv. 10 s.

XI. Les Procureurs du roi feront les fonctions de Juges dans les cas d'absence, maladie, mort ou empêchement des juges.

XII. Les substituts des Procureurs du roi auront les mêmes droits quand ils feront leurs fontions.

CHAPITRE VIII.

Greffier du Conseil.

ART. Ier. Pour enregistremens d'édits, déclarations, ordonnances, réglemens, etc., *gratis*.

II. Pour les reliefs d'appel, anticipations et actes de même nature, 6 liv. 15 s.

III. Pour les défauts ou congés, 6 liv. 15.

IV. Pour les arrêts par défauts, appointemens et interrogations, 18 liv.

V. Pour les arrêts d'audiences, contradictoires et définitifs, 22 liv. 10 sols.

VI. Pour les arrêts sur requête portée sur le plumitif, 18 liv.

VII. Pour les arrêts de dispenses de lettres en chancellerie, 18 liv.

VIII. Pour les vus d'arrêts rendus sur referé au rapport seront taxés par le rapporteur suivant l'usage ordinaire.

IX. Les arrêts rendus pour enregistrement de lettres de noblesse, entérinement de lettres de grâces et autres brevets des parties, seront taxés par le rapporteur qui aura égard dans la taxe à l'état, condition et fortune des parties.

X.

X. Pour droits de consignation d'espèces, trois pour cent.

XI. Pour l'acte de dépôt, 6 liv. 15 s.

XII. Pour expéditions d'arrêts sur réferé ou rapport et seconde expédition de tous autres arrêts par rôles d'écriture qui seront de 24 lignes à la page, 12 ou 15 syllabes à la ligne, 2 liv, 5 s.

XIII. Pour recherches des minutes dont la date est certaine, 3 liv. 10 s.

XIV. Et lorsque la date sera incertaine, par heure, 7 liv. 10 s.

XV. Pour droit de réception en tout office lucratif, enregistremens des commissions, expéditions d'arrêts et actes y joints, si ce n'est pour l'installation de la Cour qu'ils feront gratis, ils prendront, savoir : pour les Juges, Procureurs du roi et Greffiers, 120 liv.

Pour les substituts des Procureurs du roi, 99 liv.

Pour les avocats et procureurs, 90 liv.

Pour les huissiers, 54 liv.

Pour les médecins, arpenteurs-généraux, voyers et autres officiers dont les provisions s'enregistrent en la Cour, 135 liv.

XVI. Dans le cas, où les Greffiers travaillent avec les commissaires du conseil, leurs vacations leur seront payées sur le prix de 22 liv. 10 s. par vacation de trois heures, et dans le cas où lesdits commissaires se feront assister par un Greffier choisi par eux, les vacations réglées comme ci-dessus seront partagées savoir : 13 liv. 10 s. audit Greffier commis, et 9 liv. au Greffier en chef, auquel il appartiendra en outre l'expédition, à l'effet de quoi ledit Greffier commis sera tenu de lui envoyer sur le champ la minute pour rester au greffe du Conseil.

XVII. Dans toutes les procédures criminelles à la requête des gens du Roi, ils ne pourront rien exiger, si ce n'est sur les biens des accusés et dans le cas où ils seraient condamnés.

XVIII. Pour la prononciation des arrêts aux accusés, absous ou condamnés, biffer les écrous et en décharger les geoliers, et toutes les procédures criminelles contre les esclaves, *gratis*.

CHAPITRE IX.

Greffiers des Jurisdictions.

ART. Ier. Les greffiers de jurisdiction seront tenus de se conformer aux réglemens pour leur assistance aux audiences et à la tenue de leurs plumitifs, ils les feront signer par les juges à la fin de chaque audience ou au plus tard à l'audience suivante; de même que les registres des insinuations, ensaisinemens et enregistremens: à l'exécution de tout quoi les Procureurs du roi tiendront la main et en rendront compte au Procureur général, lequel en rendra compte au Conseil.

II. Leur faisons défenses, sous telles peines qu'il appartiendra, de délivrer aucune expédition de sentence et jugement qu'ils n'ayent été signés par le Juge.

III. Ils ne délivreront aucune expédition, tant au civil qu'au criminel, qu'ils ne soient payés des droits et vacations des Juges et Procureurs du roi, dont ils feront mention sur lesdites expéditions et en demeureront comptables aux Juges et au Procureur du roi.

IV. Ils ne pourront rien prétendre ni exiger pour les enregistremens d'édits, déclarations, ordonnances et réglemens, concernant le roi et le public.

V. Pour tous jugemens à l'extraordinaire, procès-verbaux, actes de tutelle, curatelle, émancipation, audition de témoins, interrogatoire et autres actes, tant en matière civile que criminelle, dans lesquels ils assistent les Juges et travaillent avec eux, ils prendront les deux tiers de la taxe des Juges et en outre leurs expéditions à raison de 2 liv. 5 sous par rôle de deux pages, 24 lignes à la page, et douze ou quinze syllabes à la ligne, leur enjoignons de se conformer exactement au présent article et leur défendons, sous quelque prétexte que ce soit, de délivrer des expéditions qu'ils n'y soient pas conformés.

VI. Pour sentences ou jugemens sur procès par écrit, ils auront les deux tiers de la taxe des Juges y compris l'expédition.

VII. Pour toute autre expédition qui seront livrées au greffe, non compris la première expédition, des sentences par écrit et des jugemens d'audiences ordinaires, ils prendront 2 liv. 5 s. par rôle comme ci-dessus.

VIII. Dans les transports et commissions où ils iront avec les Juges, ils prendront les deux tiers des vacations des Juges et leurs expéditions.

IX. Pour enrégistrement des causes 15 sous, dont moitié sera remise au premier huissier du conseil.

X. Pour les défauts ou congés d'audiences ordinaires, 1 liv. 10 s.

XI. Pour les appointemens à mettre, en droit ou autres sentences préparatoires qui n'excéderont pas un rôle, 2 liv. 5 s.

XII. Pour toutes les autres sentences par défaut ou contradictoires qui excéderont un rôle, 2 liv. 5 sous par chaque rôle expédié comme ci-dessus,

XIII, Pour actes de soumission de caution, de renonciation à succession ou à communauté, et autres de pareille nature, 4 liv. 10 s.

XVI. Pour les actes de produit, 3 liv. 10 s.

XV. Pour enrégistrement de procuration et autres insinuations de donation, substitution et autres actes sujets à publication, 6 liv.

XVI. Pour recherche d'actes et de minute dont la date est certaine, 2 liv. 5 sous.

XVII. Si la date est incertaine, par heure, 6 liv.

XVIII. Pour droits de consignations d'espèces deux et demi pour cent, et pour l'acte de dépôt, 3 liv. 10 s.

XIX. Pour le dépôt des papiers, ils ne pourront exiger que le droit de l'acte, et de 6 liv. par heure pour la vérification des papiers.

XX. Pour chaque extrait de baptême, mariage ou inhumation qu'ils délivreront, 3 liv.

XXI. Pour enrégistrement d'acte de liberté, de la requête, ordonnances, et autres pièces y jointes, 36 liv.

XXII. Dans tous les procès criminels, instruits à la requête du Procureur du roi, il ne sera rien alloué aux greffier si ce n'est sur les biens des condamnés s'ils en ont.

XXIII. Toutes les procédures criminelles contre les esclaves, *gratis*.

XXIV. Les déclarations de marronnage et autres concernant les esclaves, seront reçues et les expéditions délivrées, gratis, ainsi que les autres actes concernant les esclaves.

Chapitre X.

Notaires.

Art. Ier. Pour les contrats de mariages passés dans leurs études, 60 liv.

Hors l'étude, dans le lieu de leurs demeures, 72 liv., non compris les expéditions qui leur seront payées pour toutes sortes d'actes sur le pied de 2 liv. 5 s. par rôle de deux pages, 24 lignes à la page et douze à quinze syllabes par ligne; leur enjoignons d'être très exacts pour leurs expéditions au présent tarif et leur faisons défense, sous telles peines qu'il appartiendra d'en délivrer aucune qui n'y soit pas conforme, et seront tenus de mettre au bas desdites expéditions les honoraires qu'ils auront reçus.

II. Pour donations entre vifs, testamentaires, démissions, substitutions et autres actes de même nature reçus dans l'étude, 60 liv.

Hors l'étude, 72 liv.

III. Pour contrats de vente de maison et baux à loyer, dans l'étude, 40 liv. Hors l'étude, 48 liv.

IV. Pour les contrats de vente d'habitation autres que les sucreries, baux à ferme, dans l'étude, 84 liv.

V. Pour les contrats de vente d'habitations sucreries avec détail de nègres, bestiaux et ustensiles, dans l'étude, 132 liv.

Hors l'étude, 150 liv.

VI. Pour tous actes simples et communs, comme pour procurations ordinaires, quittances et autres actes et brevets, émargement, dans l'étude, 12 liv.

Hors l'étude, 18 liv.

Lorsqu'il y aura minute ils seront payés en outre à l'expédition qu'ils délivreront sur le pied réglé ci-dessus, 6 livres.

Les procurations considérables et qui contiendront un grand détail, à la taxe des Juges.

VII. Pour les inventaires dans les lieux de leurs demeures par vacations de trois heures, 24 livres.

Et leur sera en outre alloué leurs expéditions comme ci-dessus.

VIII. Pour les inventaires faits à la campagne, ils prendront 72 liv, par jour y compris leurs frais de voyage, et en outre, leurs expéditions comme les articles précédens.

IX. Pour les autres actes qu'ils feront à la campagne, ils prendront les mêmes droits que ceux taxés ci-dessus pour lesdits actes, lorsqu'ils les passent dans leurs études, et en outre 60 liv. par jour pour leurs frais de voyages, séjour et retour, 60 livres.

X. Pour les partages, transactions et règlement de compte non compris les expéditions, ils seront payés selon le travail ou la condition faite avec les parties ou taxés par le Juge.

XI. Pour le dépôt des pièces qui doivent être annexées aux actes reçus par les notaires, ils n'en pourront rien exiger, l'augmentation que leur occasionneront lesdites pièces leur étant payé par les expéditions qu'ils en délivrerbnt.

XII. Pour dépôt d'autres pièces pour la sûreté des particuliers, ils prendront pour vérification desdites pièces, 6 liv. par heure et par l'acte de dépôt, 9 livres.

XIII. Pour consignation ou dépôt d'espèce, ils prendront deux et demi pour cent et pour le coût de l'acte non compris l'expédition, 9 livres.

XIV. Pour protêt fait dans le lieu de leurs demeures ils prendront pour l'original et la copie, 24 livres. Et s'il y a transpost en campagne, ils prendront en outre pour chaque jour de voyage, séjour et retour, 60 liv.

XV. Pour compulsoire, 8 livres par heure, et pour le procès-verbal non compris l'expédition, 9 livres.

XVI. Pour recherche d'acte dont la date est certaine, 2 liv. 5 sous; et si la date est incertaine, 6 liv.

XVII. Pour reconnaissance de sousseing privé avec dépôt, non compris l'expédition, 12 livres.

XVIII. Pour collation des pièces qui leur seront présentées, par rôle, 1 livre.

Et s'ils en font les copies, elles leur seront payées comme les autres expéditions.

XIX. Pour chaque sommation respectueuse pour les deux notaires dans le lieu de leur demeure, 40 liv.

Et s'il y a transport en campagne, ils prendront en outre 60 livres par jour par chaque notaire, 60 liv.

XX. Tous actes, contrats et expéditions pour les pauvres, *gratis.*

Enjoignons auxdits notaires de mettre au bas de toutes leurs expéditions, les droits, vacations et frais de voyage qu'ils auront pris; à peine de restitution et d'amende arbitraire, qui seront prononcées par les Juges des lieux, en cas de plainte suivant l'exigence des cas, même de privation de leur office en cas de récidive.

XXI. Leur enjoignons pareillement de tenir à l'avenir un répertoire exact et fidèle, par ordre de date, de tous les actes qu'ils recevront, dans lequel ils intituleront la nature de l'acte et le nom des parties entre lesquelles il est passé, sous les peines ci-dessus.

XXII. Les notaires qui quitteront la colonie, soit pour aller en Europe ou d'une île à l'autre, même dans une autre jurisdiction, où ils ne pourront plus exécuter leurs fonctions, et ceux qui auront quitté leur office seront tenus de remettre avant leur départ, ou un mois au plus tard après qu'ils auront quitté, toutes leurs minutes au greffe de la jurisdiction dans laquelle ils exerçaient, et les formalités de ces remises se feront en la maniére accoutumée et prescrite par la déclaration du Roi du 2 août 1717, à peine de 500 livres d'amende contre les notaires qui auront quitté et seront restés dans l'île ou contre ceux qui, après leur départ retiendront leurs minutes, lesdites amendes, applicables aux réparations du siége et prisons.

XXIII. Les minutes des notaires, qui décéderont dans leurs emplois, seront pareillement remises par leurs veuves et héritiers aux greffes des jurisdictions; ce qui sera exécuté, ainsi que le contenu de l'article précédent, à la diligence du Procureur du roi.

CHAPITRE XI.

Procureurs.

ART. Ier. Ne leur sera alloué qu'un seul droit de conseil dans les affaires, pour toutes demandes principales et incidentes, et un autre en cas qu'il soit fait quelques demandes principales ou incidentes et par les parties contre lesquelles ils occuperont, et ils prendront pour lesdits droits aux jurisdictions, 4 liv. 10 s.

Au conseil, 9 liv.

II. Pour le mémoire qu'ils seront autorisé à remettre aux huissiers pour les exploits contenant demandes et conclusions, 2 liv. 5 s.

III. Pour toutes requêtes simples dans le cas où elles seront nécessaires aux jurisdictions, 3 liv.

Au conseil, 6 liv.

IV. Pour les requêtes libellées, suivant la taxe des Juges et Commissaires, recommandons à ces derniers de ne les passer en taxe que lorsqu'elles seront absolument nécessaires.

V. Droit pour faire et répondre lesdites requêtes, aux jurisdictions, 1 liv. 2 sous 6 deniers.

Au conseil, non compris les frais d'exprès qui ne seront passés en taxe que lorsqu'il sera nécessaire, 2 liv, 5 s

VI. Droit de levée de tous actes, 2 liv. 5 s.

Aux jurisdictions, 1 liv. 2 sous 6 deniers.

Au conseil, 2 liv. 5 s.

VII. Droit au sceau, aux jurisdictions, 1 liv. 2 s. 6 d.

Au conseil, 2 liv. 5 s.

VIII. Droit de port et rapport de toutes les significations qui seront faites sous leurs noms, aux jurisdictions, 15 sous.

Au conseil, 1 liv. 10 s.

IX. Pour les qualités qu'ils seront obligé de donner aux greffiers et au bas desquelles ils seront tenus de mettre conclusions et droits à l'enregistrement de la cause, 2 liv. 5 s.

X. Pour droit de comparution aux audiences, ils auront, savoir :

XI. Pour les défauts et congés à l'audience ordinaire, 3 livres,

XII. A l'extraordinaire, 4 livres 10 sous.

XIII. Pour les sentences par défaut, appointemens en droit ou à mettre, sentences de remises ou autres préparatoires, à l'ordinaire, 4 liv. 10 sous.

A l'extraordinaire, 9 liv.

XIV. Pour les sentences contradictoires et définitives, à l'ordinaire, 9 livres; à l'extraordinaire, 12 liv.

XV. Comparution au Conseil, pour les défauts ou congés, arrêts sur requêtes et appointemens ou référés ordonnés sur les affaires appointées en première instance, 9 l.

XVI. Pour les arrêts par défaut, préparatoires et d'appointement rendus sur plaidoiries, 12 livres.

XVII. Pour les arrêts contradictoires et définitifs, 24 l.

XVIII. Tous les plaidoyers par écrit ou mémoires signifiés dans les affaires d'audiences, tant en cause principale que d'appel, et frais d'impressions, dans toutes sortes d'affaires, ne seront pas passés en taxes et ne pourront être regardés que comme frais préjudicieux pour la partie qui les aura fait faire.

XIX. Pour la communication au parquet lorsqu'elle sera nécessaire, 6 livres.

XX. Enjoignons aux procureurs de mettre au bas des écritures qu'ils feront signifier, tant en cause principale que d'appel, la note des honoraires qu'ils estimeront leur être dus, à peine d'être, lesdites écritures, rejettées des états de dépens.

XXI. Seront, lesdites écritures, taxées en première instance par les premiers juges lors du jugement du procès, suivant leur mérite et valeur, sauf à être taxées en cas d'appel, même d'office, si lieu il y a, réduites et modérées par le conseil.

XXII. Au conseil, lesdites écritures seront taxées, lors du jugement, sur le référé du rapporteur, pour lequel mention sera faite de ladite taxe au bas desdites écritures.

XXIII. N'entreront en taxe aucunes écritures qui n'auront pas été taxées, ainsi qu'il est ordonné ci-dessus, sauf, en cas d'oubli, aux procureurs, qui auront fait lesdites écritures, à se pourvoir par-devant le conseil, pour les faire taxer.

XXIV. Outre la taxe desdites écritures, sera alloué aux procureurs pour la grosse d'icelle, 45 sous par rôle de deux pages, 24 lignes à la page et 12 syllabes à la ligne.

XXV. Leur enjoignons en outre de se conformer exactement, pour les grosses qu'ils feront signifier, au présent tarif, à peine d'être, lesdites grosses qui ne seront pas conformes, rejettées et réduites à moitié, si le cas y échéait, par le commissaire taxateur.

XXVI. Pour les inventaires de production, y compris la cote et paraphe des pièces produites, par rôle, comme ci-dessus, 3 liv.

XXVII. Pour copie desdites écritures et inventaires de production, évaluée à la moitié du rôle de grosse, par chaque rôle, 1 livre 2 sous 6 deniers.

XXVIII. Pour copie de toutes autres pièces qui seront signifiées, tels que titres, contrats et autres, à la la taxe des juges et commissaires, à proportion de la fixation ci-dessus.

XXIX. Pour tous actes de procureur dans le cas où ils seront nécessaires, 3 livres.

Au conseil, 6 livres.

Abrogeons l'usage de signifier de pareils actes pour l'avenir, productions et autres procédures d'instruction pour lesquels les significations peuvent suffire, enjoignons aux taxateurs de rejetter lesdits actes des taxes lorsqu'ils y seront employés.

XXX. Pour comparution au greffe du siége inférieur pour faire des productions, déclarations, affirmations, consignations, dépôts, etc., 4 livres 10 sous.

Au conseil, 6 livres 15 sous.

XXXI. Pour comparution aux taxes devant les Juges, 3 liv.

XXXII. Pour les états de frais et déclaration de dépens en première instance par chaque article alloué, 5 l.

Et au conseil, 10 livres.

Ne pourront, les procureurs, exiger aucun autre droit pour la dresse desdits états et déclarations, et leur enjoignons de se conformer exactement à l'article 7, du titre 31 de l'ordonnance de 1667 et conformément à icelui, de n'employer que pour un seul article tous les droits quels qu'ils soient, concernant une même pièce, lesquels néanmoins ils seront tenus d'énoncer en détail, mais les réuniront par une accolade pour n'en former qu'un seul article.

Les taxes des dépens seront faites par les Juges et Procureurs du roi, que nous nommons sous le bon plaisir du conseil, commissaires à cet effet, savoir : par les Juges lorsque les sentences auront été confirmées, et par les Procureurs du roi, lorsqu'elles auront été infirmées.

XXXIII. Enjoignons auxdits Commissaires taxateurs de procéder aux taxes, conformément à l'ordonnance et au présent tarif, notamment d'être exacts à n'allouer que pour un seul article, tous les droits concernant la même pièce, et aussi à tenir la main, à ce que les expéditions et écritures soient telles qu'elles ont été réglées ci-dessus, sans qu'il puisse être alloué de plus grands droits, quand même la page contiendrait plus de 24 lignes, et la ligne plus de 15 syllabes, et seront tenus de rendre compte au Procureur-général des contraventions qui pourront être commises à cet égard par les greffiers, procureurs ou huissiers, desquels contraventions le Procureur-général instruira la Cour, pour y être pourvu, suivant l'exigence des cas.

XXXIV. Lesdits Commissaires taxateurs prendront pour leurs droits auxdits taxes, 12 sous par chaque article alloué et pour l'exécutoire, 12 sous.

XXXV. Pour comparution dans les assemblées de parents quelque nombreuses qu'elles soient, 9 liv.

XXXVI. Dans les longues délibérations et assemblées, ils seront taxés par les Juges.

XXXVII. Pour comparution aux criées d'immeubles et baux judiciaires, chaque criée, 6 liv.

XXXVIII. L'adjudication, 9 liv.

XXXIX. Lorsque les procureurs seront appelés par les parties pour leur servir de conseil dans les transactions, compromis et autres actes, ils prendront 7 liv.

10 s. par heure dans les lieux de leurs demeures, et s'il y a transport ils prendront 66 liv. par jour, y compris leurs frais de voyage, nourriture et séjour.

XL. Enjoignons aux procureurs d'avoir chacun un registre, sur lequel ils porteront exactement, tout ce qu'ils auront reçu de leurs droits, lesquels registres ils seront tenus de représenter, toutes fois et lorsqu'ils en seront requis, à peine d'être déclarés non recevables à demander le payement de leurs frais et vacations.

XLI. Leurs faisons défenses de se faire faire cession de droits litigieux ou stipuler à leur profit quelques portions de dettes ou d'effets contestés; de traiter avec leurs parties de leurs frais et vacations au-dessus du présent tarif, sous les conditions de ne les exiger qu'en cas de gain de cause, à peine d'interdiction pour six mois et de privation de leur office en cas de récidive.

XLII. Les avocats reçus au conseil ne pourront prétendre pour les articles du présent chapitre, qui les concernent, d'autres droits que ceux énoncés et fixés ci-dessus.

Chapitre XII.

Premier Huissier du Conseil.

Art. Ier. Pour chaque enrôlement de cause aux audiences du conseil, lequel droit lui appartiendra en entier, 4 livres 10 sous.

II. Dans les enrôlemens des causes des jurisdictions, demi du droit qui a été fixé ci-dessus au chapitre des greffiers de jurisdictions.

III. Pour les arrêts d'audiences définitifs par défaut ou contradictoire, 4 livres 10 sous.

IV. Pour les arrêts sur référé au rapport, 9 livres.

V. Pour chaque enrégistrement de lettres de noblesse, de grâces ou autres qui seront enrégistrées au conseil, suivant la taxe du rapporteur, lesquels droits seront perçus par le greffier en chef, qui en tiendra compte au premier huissier et qui ne pourra délivrer aucune expédition desdits enrégistremens, que ledit droit n'ait été payé.

VI. Pour réception des officiers et autres, dont les lettres et commissions sont registrées au conseil, savoir :

Des Juges, Procureurs du roi et Greffiers, 100 livres.

Des substituts, avocats et procureurs, 75 livres.

Des huissiers, 45 livres.

Des médecins, arpenteurs-généraux, voyers, etc. 75 l.

CHAPITRE XIII.

Huissiers.

ART. Ier. Pour exploits simples et significations dans les villes et bourgs de leurs demeures, pour l'original et la copie, 2 livres 5 sous.

II. A la campagne, outre les droits ci-dessus, pour l'exploit il leur sera alloué leurs frais de voyage ainsi qu'il sera réglé ci-après.

III. Pour procés verbaux de saisie exécution, annotation des biens avec perquisition et assignation à quinzaine, lorsqu'il y aura gardien établi, dans le lieu de leurs demeures, 24 livres.

Et lorsqu'il y aura enlèvement de meubles il leur sera alloué en outre, 9 livres.

A la campagne, outre les droits ci-dessus, leurs frais de voyage leur seront alloués suivant le tarif ci-après,

Et lorsque lesdits procès-verbaux de saisie exécution ne seront pas suivis de saisie d'effets, il ne sera alloué aux huissiers, non compris les frais de voyage, que la somme de 4 livres 10 sous.

IV. Les saisies conservatoires, les sommations aux gardiens de représenter les effets saisis et exécutés, les assignations à la partie saisie pour être présente à la vente, ne seront passées que comme exploits simples de 2 liv. 5 s.

V. Pour les protêts de lettres de change ils prendront pour l'huissier porteur des pièces et ses deux recors, 9 l.

VI. Pour les publications à cri public de ventes de meubles ou autres, faites à la requête des particuliers par autorisation de justice, il leur sera alloué par chaque publication, y compris l'affiche, desquelles affiches le nombre sera fixé par l'ordonnance du juge qui autorisera lesdites publications, 4 livres 10 sous.

VII. Pour chaque vacation aux ventes ordinaires de meubles, y compris les procès-verbaux d'entrée et de clôture, il prendront les deux tiers des vacations du Procureur du roi, et en outre 6 deniers par livre du montant net desdites ventes, lorsqu'ils seront chargés du recouvrement, duquel ils seront responsables par corps, sans qu'ils puissent exiger ce droit lorsque ces ventes seront faites au profit du roi ou de son domaine.

VIII. Pour les ventes de chevaux, nègres et autres effets qui exigent trois criées, outre les deux tiers du Procureur du roi, il leur sera alloué par chaque procès-verbal, 3 l. sans qu'ils puissent prétendre aucun autre droit pour conduite desdits nègres, chevaux ou autrement, 3 livres.

IX. Les ventes d'immeubles par licitation ou baux à ferme, les publications et affiches seront taxées par les Juges qui fixeront le nombre d'affiches qui doivent être apposées.

X. Pour chaque vacation aux ventes d'immeubles et baux à fermes, ils prendront la moitié de celle des Juges,

XI. Dans tous les autres cas, où ils assisteront les Juges, excepté le service des audiences ordinaires et extraordinaires et de police, ils auront également la moitié des vacations des Juges.

XII. Pour les grosses de leurs procès-verbaux de vente et autres actes de leur ministère, il leur sera alloué 45 s. par rôle de deux pages, 24 lignes à la page et 12 à 15 syllabes à la ligne, 2 liv. 5 s.

Leur enjoignons de se conformer exactement à la fixation portée au présent article, à peine d'être privés de leurs droits pour les grosses délivrées par eux qui n'y seront pas conformes.

XIII. Pour les copies desdites ventes qui seront signifiées, leur sera alloué la moitié de la valeur des grosses et les copies de toutes autres pièces qui leur seront remises par les parties hors d'instance, pour être signifiées, seront taxées par les Juges à proportion de la fixation ci-dessus.

XIV. Pour captures et emprisonnement pour dettes ou pour crimes, l'huissier porteur des pièces prendra, pour lui et pour deux autres huissiers ou recors, y compris les procès-verbaux et l'acte d'écrou, 66 liv.

XV. En campagne, outre la taxe ci-dessus, leurs frais de voyage, leur seront alloués, selon le tarif ci-après.

XVI. Lorsque les huissiers seront employés à la requête des gens du roi, dans les affaires civiles et criminelles où le roi et le public seront intéressés et qu'il n'y aura point de partie civile, ne leur sera alloué sur la caisse des amendes que 20 livres par jour; quelque expédition et exploit qu'ils fassent dans les villes et bourgs de leurs demeures, ils n'auront que les deux tiers de ce qui est alloué par le présent tarif pour les particuliers, sans qu'ils puissent rien prétendre ni exiger pour les publications d'ordonnances, édits, déclarations, etc.

TARIF

Tarif pour les Voyages de Campagne.

Route du Sud.

	Non compris l'exploit.		Y compris l'exploit.	
Grand-Cul de Sac	5 liv.	5 s.	7 liv.	10.
Anse des Roseaux , ...	8	5	10	10.
Anse la Raye, ...	12	15	15	
Rivière Canaris , ...	18	15	21	
Soufrière , ...	24	15	27	
Anse l'Ivrogne , ...	29	15	33	
Anse Choiseuil , ...	36		38	15.
Laborie, ...	42	15	45	
Vieux-Fort , , ...	47	15	50	

Route de l'Est.

Savannes, ...	43 liv,	15 s.	46 liv.	
Micoud, . . , ...	37	15	40	
Praslin, ...	30	15	33	
D'Ennery , ...	25	15	28	

Route du Nord.

Marquis et Dauphin, . . .	18 liv.	15 s.	21 liv.	
Espérance , ...	14	15	17	
Gros-Islet, ...	9	15	12	
Choc , ...	6	15	9	
Quartier de Castries, . . .	5	5	7	10.

Lorsque les exploits contiendront plusieurs significations pour le même quartier il ne sera alloué qu'un seul voyage et les exploits en sus.

Chapitre XIV.

Voyers.

Art. Ier. Lorsque les grands-voyers, ou le voyer, ou les voyers particuliers se transporteront pour faire des visites par ordre de justice ou à la requête des parties, ils en dresseront procès-verbal et seront tenus d'envoyer gratis leurs avis cachetés sur les contestations des parties aux greffiers des juges qui les auront ordonnés.

II. Ils prendront pour leurs vacations, par jour, depuis leur départ jusqu'au retour, 66 liv.

III. Et pour leurs expéditions, de deux pages, 24 lignes par page et 12 à 15 syllabes à la ligne, 3 liv.

IV. Pour les alignemens dans les villes et bourgs de leur demeure, avec l'expédition en sus, 22 liv. 10 s.

En campagne, 45 liv.

Et leurs frais de voyage comme ci-dessus.

V. Toute visite ou autre opération qu'ils feront et à quoi ils seront tenus par le règlement de 1725, concernant les chemins, *gratis*.

VI. Les voyers particuliers prendront pour leur transport en campagne 50 liv. par jour, à la charge aussi d'envoyer gratis leurs avis cachetés aux greffiers des juges qui l'auront ordonné.

VII. Pour l'expédition, comme dessus.

VIII. Pour alignement dans les villes et bourgs de leur demeure, avec l'expédition en sus, 18 liv.

IX. En campagne, par jour, 50 liv.

X. Ils seront tenus de faire gratis tout ce qui concerne le roi et le public.

CHAPITRE XV.

Arpenteurs Royaux.

Art. Ier. L'arpenteur-général prendra, par jour, à compter de son départ jusqu'à son retour, y compris les frais de voyage, 66 liv.

II. Pour les expéditions de ses rapports et procès verbaux, par rôle de grosse, comme celle des voyers, 3 liv.

III. Les arpenteurs particuliers prendront, par jour, 50l.

IV. Et par rôle de leurs expéditions, 2 liv. 5 s.

V. Les porte-chaînes auront, par jour, 12 liv.

VI. En cas de contestations, leurs plans seront taxés : savoir : ceux des arpenteurs particuliers par l'arpenteur-général, et à son défaut par le plus ancien arpenteur bréveté du roi, ceux de l'arpenteur-général par qui il sera ordonné par les juges.

VII L'arpenteur-général et autres seront tenus de mettre aux greffes des juges qui l'auront ordonné, leur avis cacheté concernant les contestations des parties et leurs frais.

A la mort ou départ d'un arpenteur particulier, ses minutes etc. seront déposées chez l'arpenteur-général, et en cas de décès de celui-ci, chez le plus ancien arpenteur particulier, qui les remettra à l'arpenteur-général qui sera nommé.

Chapitre XVI.

Experts, Estimateurs, Visiteurs, etc.

Art. Ier. Leurs salaires et vacations, s'ils en requièrent, seront taxés par les commissaires ou juges, ainsi que les procès-verbaux, selon l'étendue et la difficulté de leur travail et la distance des lieux de leur demeure.

II. Lorsqu'ils seront nommé d'office aux inventaires et partages, ils pourront prendre, par jour, y compris leurs frais de voyage et nourriture, 45 liv.

Si ce sont des gens de couleur 30 liv.

Chapitre XVII.

Interprètes des langues étrangères.

Art. Ier. Lorsqu'ils travailleront avec les juges dans les interrogatoires ou auditions de témoins, soit en matière civile ou criminelle, ils auront les deux tiers des juges.

II. La traduction des pièces sera taxée par le juge, suivant leur importance.

CHAPITRE XVIII.

Curateur aux successions vacantes.

ART. Ier. Enjoignons aux curateurs aux successions vacantes de se conformer exactement aux arrêts et réglemens concernant leurs fonctions et à l'édit de 1781, sous peine de privation de leur emploi, même de plus grande peine s'il y écheait.

II. Ils prendront pour leurs droits sur les sommes qui se trouvent en espèces dans les successions, deux et demi pour cent.

III. Sur le produit des sommes dont ils auront fait recettes effectives, provenant, soit de la vente des effets mobiliers, soit du recouvrement des dettes actives, dix pour cent.

IV. Sur le revenu net des habitations dont les économes ou régisseurs leur rendront compte, 5 pour 100.

V. Pour leur présence aux inventaires et aux ventes dans le lieu de leur demeure, par vacation de trois heures, 18 liv.

VI. A la campagne, par jour, à compter du jour de leur départ jusqu'à celui du retour, 60 liv.

VII. Les frais de justice, tant en demandant qu'en défendant, leur seront alloués comme aux procureurs, et ils pourront, s'ils le jugent à propos, instruire et défendre leurs causes par eux-mêmes.

VIII. La nourriture des nègres et bestiaux qu'ils seront obligés de garder jusqu'à la vente, leur sera allouée, savoir :

Les nègres, par jour, 2 liv. 5 s.

En cas de maladie, 4 liv. 10 s.

Les chevaux et bêtes à cornes, 4 liv. 10 s.

Et quant aux frais de transport des meubles et effets

pour être vendus dans les lieux principaux, et autres menues dépenses, ils leur seront alloués sur les quittances qu'ils en rapporteront, et néanmoins réduits, s'ils sont excessifs.

IX. Leur enjoignons de rendre leurs comptes exactement et de déposer l'argent qu'ils se trouveront avoir, dans la caisse du trésor, dont il leur sera fourni décharge.

CHAPITRE XIX.

Médecins et Chirurgiens.

ART. Ier. Lorsque les Médecins du Roi et les Chirurgiens des prisons seront nommés par justice pour visite et rapport de blessures, ouverture de cadavre, où il n'y aura pas de parties civiles ni biens pour satisfaire aux frais de justice, ils ne pourront rien prétendre ni exiger.

II. S'ils sont obligés de se transporter à la campagne, les Médecins du roi auront par jour, 36 liv.

Et les Chirurgiens-majors, 27 liv.

III. Dans le cas où les Juges nommeraient d'autres Chirurgiens pour éviter de plus grands frais ou en l'absence de Chirurgiens-majors, il sera alloué auxdits Chirurgiens pour leur rapport, visites et affirmations, 18 livres.

IV. Pour l'ouverture des cadavres, rapport et affirmation, 36 livres.

V. Dans les procès criminels où il y aura partie civile, les Médecins du roi et Chirurgiens jurés au rapport seront toujours nommés par préférence, et il leur sera alloué pour leur rapport, visite et affirmation; savoir :

Aux Médecins du roi, 36 liv.

Aux autres Médecins, 27 liv.

Aux Chirurgiens jurés, etc, 22 liv.

Aux autres Chirurgiens, 18 liv.

VI. Pour frais de voyage pour venir, par jour, 18 liv.

VII. Pour ouverture de cadavre, rapport et affirmation,

Aux Chirurgiens commis au rapport des prisons, 54 l.

Aux autres Chirurgiens, 45 liv.

Aux Médecins du Roi, s'ils y sont appelés pour leur présence, 54 liv.

Aux autres Médecins, 45 liv.

VIII. Hors des lieux de leur demeure, il leur sera alloué pour frais de voyage, par jour,

Aux Médecins du Roi, 36 liv.

Aux autres Médecins, 27 liv.

Aux Chirurgiens jurés, 22 liv. 10 s.

Aux autres Chirurgiens, 18 liv.

IX. Si en cas d'absence des Chirurgiens jurés commis au rapport, et des prisons, le Juge trouve à propos de commettre le Chirurgien-major, il sera payé comme les Chirurgiens jurés, et le Juge aura attention de leur faire prêter serment pour chaque opération, ainsi qu'aux autres Chirurgiens qui ne sont ni commis aux rapports, ni Chirurgiens des prisons.

X. Ordonnons en outre qu'à l'avenir tous les comptes fournis par les Chirurgiens aux habitans et particuliers contiendront en détail, date par date, tous les remèdes qu'ils auront fournis, les pansemens et opérations qu'ils auront faits et ils feront mention des drogues dont les médecines et autres remèdes auront été composés, à peine de radiation desdits articles, lesquels comptes ils seront tenus d'affirmer en jugement s'ils y sont portés et seront renvoyés ensuite devant les Médecins du roi, pour être examinés et taxés, ou en leur absence devant les Chirurgiens jurés commis au rapport ou des prisons, même devant les Chirurgiens-majors, si le cas y échéait, en leur faisant prêter serment, comme il est ordonné ci-dessus.

XI. Pour chaque taxe, les Médecins du roi prendront 15 liv.

XII. Les Chirurgiens jurés, etc., 9 liv.

XIII. Si les comptes sont longs et sujets à discussion, les honoraires des Médecins du roi, ou Chirurgiens commis à leur défaut pour faire ladite taxe, seront taxés par les Juges à proportion du travail et du tems qu'ils y auront employé.

Chapitre XX.

Jaugeurs et Etalonneurs.

Art. Ier. Laissons subsister tout ce qui a été ordonné relativement aux poids et mesures par le chapitre XIX du tarif de 1771, autant que les circonstances le permettront, ainsi que relativement aux Jaugeurs et Etalonneurs qui seront tenus de s'y conformer, et auxquels il sera alloué pour les visites particulières qu'ils feront dans les lieux de leur demeure pour vérification, procès-verbal et affirmations, 18 liv.

Les visites générales, soit qu'ils les fassent seuls ou avec les officiers de police, *gratis.*

II. Les poids et autres mesures seront étampés par les Etalonneurs, à peine de confiscation d'iceux et de 30 liv. d'amende.

III. Les poids et mesures et aunes des marchands qui se trouveront faux, seront confisqués avec les marchandises et denrées vendues à faux poids et fausses mesures, ainsi que celles qui se trouveront dans les boutiques, déjà pesées et mesurées, et les délinquants condamnés à l'amende suivant l'exigence du cas et de plus grande peine en cas de récidive.

IV. Les Etalonneurs seront tenus de distribuer à ceux qui les en requerront, de petits poids de plomb jusqu'à 1●

livres pesant, des aunes, demi-aunes, pots, pintes, chopines, demi-septier ou autres petites mesures bien vérifiées et étampées.

V. Ils prendront pour chaque livre de plomb, 1 l. 10 s.

VI. Pour chaque aune, 6 liv. 15 sous.

VII. Pour chaque demi-aune, 3 liv. 10 s.

VIII. Et quant aux pots, pintes et chopines, ils les vendront en conscience, suivant leur qualité. Il sera néanmoins loisible aux marchands et autres de se fournir eux-mêmes des poids et mesures et aunes à la charge de les porter chez les étalonneurs, pour les faire vérifier et étamper.

IX. Les Etalonneurs prendront 9 deniers par livre pesant de la quantité qu'ils vérifieront.

X. Pour chaque étampe sur poids et mesure, 15 s.

XI. Pour ajuster les aunes, les garnir de plomb par les deux bouts et les étamper, 3 liv. 10 s.

XII. Et pour les demi-aunes, 2 liv. 15 s.

XIII. A la campagne soit pour faire des visites ou les opérations ci-dessus, ils prendront par jour, 27 liv.

XIV. Les commis à la police des lieux, où il n'y a pas d'Etalonneur, profiteront de son passage pour faire les visites et vérifications dont ils dresseront procès-verbal qu'ils enverront au Procureur du roi, et se conformeront au présent Réglement et Tarif.

CHAPITRE XXI.

Geoliers et Concierges.

ART. 1er. Les Concierges et Geoliers se conformeront au titre 13 de l'ordonnance de 1670 sous les peines y portées, et auront une attention toute particulière, à bien loger, nourrir et tenir proprement et surement les prisonniers tant en santé qu'en maladie.

Enjoignons au Procureur du roi d'y tenir la main, de visiter les prisons au moins une fois la semaine, et d'en rendre compte au Procureur-général.

II. Les Concierges et Geoliers prendront pour chaque extrait d'emprisonnement, recommandation ou décharge des personnes libres, 2 liv. 5 s.

III, Pour la nourriture des blancs en santé, par jour, 4 liv. 10 s.

IV. En maladie, 6 liv.

V. Pour la nourriture des esclaves lorsque la farine de manioc vaudra 24 liv. le baril, et la morue 66 le quintal, 1 liv, 10 s.

Et lorsque ces objets vaudont plus, 2 liv. 5 s.

Les articles ci-dessus seront fixés suivant les circonstances par les Juges et Procureurs du roi et demeureront, quant à présent, fixés au dernier taux.

VI. Et en cas de maladie des esclaves prisonniers, ils prendront le double.

VII. Pour la nourriture des mulâtres et nègres libres, malades ou en santé, ils prendront un tiers en sus de ce qui leur sera alloué pour les esclaves.

Leur défendons très-expressément de traiter comme malades et de porter sur leurs états des dépenses extraordinaires pour blancs, nègres et gens de couleur libres ou esclaves sans un certificat du Chirurgien des prisons, visé dès le jour même, par le Procureur du roi, sous telles peines qu'il appartiendra.

VIII. Pour gîte et geolage, 15 s.

IX. Pour férage et déférage si le cas l'exige, 1 liv. 10 s.

X. Pour l'entrée et pour la sortie, 1 liv. 10 s.

XI. La nourriture des prisonniers pour dettes, sera payée par les créanciers qui les auront fait emprisonner entre les mains des geoliers, à raison de 90 liv. par mois, ce qui fait 3 liv. par jour, laquelle somme ils seront tenus de consigner d'avance au commencement de chaque mois.

Prises et Captures.

1. Il sera alloué au commis à la police par arrestation et capture d'une personne libre en ville, 9 liv.

A la campagne, 18 liv.

2. Pour arrestation d'un esclave de la ville ou de la campagne, s'il n'est pas marron, 4 liv. 10 s.

3. Arrestation d'un esclave marron, mais de la colonie, 36 liv.

S'il est d'outre mer, 66 liv.

4. Pour arrestation à la campagne d'un esclave marron, 36 liv.

Indépendamment de la conduite, qui sera taxée d'après la distance.

5. Pour arrestation d'un esclave marron dans les bois, 66 liv.

Indépendamment de la conduite comme ci-dessus.

6. Prise et conduite des chevaux, mulets et bêtes à cornes, 18 liv.

7. Nourriture d'iceux par jour, 4 liv. 10 s.

8. Entrée et sortie, 2 liv. 5 s.

9. Prise des cabrits, 4 liv. 10 s.

10. Avec leurs petits, 9 liv.

Sauf et réservés aux propriétaires, à qui ces animaux auront occasionné un dommage considérable, à le faire estimer et à se pourvoir conformément au règlement du 4 janvier 1781.

Chapitre XXII.

Salaire des Témoins.

Art. 1er. Les Juges continueront de faire la taxe des frais et salaires des témoins, dans le cas où ils en exigeront, et ils leur alloueront, savoir :

A toutes personnes au dessus du commun par leur naissance et emploi, à leurs femmes et enfans demeurant dans les villes, bourgs et aux lieux de la jurisdiction où ils devront déposer, 15 s.

Aux habitans, marchands et autres personnes qui vivent bourgeoisement et qui requéreront taxe, 1 liv. 10 s.

Aux gens de métier qui travaillent pour gagner leur vie, 6 liv.

A leurs femmes, enfans, compagnons et apprentis, 3 l.

Aux commis, précepteurs, économes, rafineurs, commandeurs et autres domestiques blancs ou libres, 4 liv. 10 s.

A leurs femmes et enfans, 2 liv. 5 s.

Aux femmes qui ont des métiers, 4 liv. 10 s.

Aux esclaves de l'un et de l'autre sexe, soit qu'ils aient des métiers ou qu'ils n'en aient pas, 1 liv. 10 s.

II. Aux témoins qui viendront de la campagne, de quelque condition qu'ils soient, laissons, à l'arbitrage du Juge, le montant de leur taxe, attendu la difficulté de prévoir les différens cas.

III. Dans les cas où les parties civiles voudraient faire venir des témoins résidant en campagne et qui ne seraient pas en état de faire des frais de voyage, elles seront tenues, préalablement, de consigner en mains du greffier le montant de leurs salaire et frais de voyage, tels qu'ils seront réglés par le Juge.

IV. Dans les procédures instruites et poursuivies à la requête du Procureur du Roi, les témoins n'auront rien, si ce n'est que l'accusé fut condamné et qu'il eut de quoi payer les frais de justice.

Ordonnons que le présent Règlement portant Tarif, sera exécuté selon sa forme et teneur, nonobstant tous autres Tarifs, réglemens, jugemens, et usages contraires, que nous abrogeons.

Faisons défenses à tous ceux qui y sont dénommés d'y contrevenir sous quelque prétexte que ce soit, sous peine de restitution du double, même d'être poursuivis et punis comme concussionnaires si le cas y échéait, et sera le présent Règlement et Tarif enregistré aux greffes de la Cour et de la Sénéchaussée à la diligence de M. le Procureur général et ses substituts et lu en public partout où besoin sera.

Donné à Ste-Lucie, le 22 septembre 1800. *Signé*, GEORGE PREVOST.

Enregist. aux Tribunaux de Ste-Lucie.

(Nº. 1472.) ARRET *de la Cour d'Appel de l'île Ste-Lucie, qui ordonne aux Notaires de se présenter par-devant le Sénéchal avec leurs Commissions pour être vérifiées et confirmées.*

Du 14 octobre 1800.

VU par la Cour la remontrance du Procureur-général du Roi, expositive que dans l'absence des lois et des tribunaux il a été nécessaire d'établir des Notaires pour l'intérêt des colons et des familles; que les uns qui ont été anciennement commissionnés, ont été autorisés par MM. les Commandans en chef à en continuer les fonctions; que d'autres qui les avaient abandonnées, et qui les avaient exercées à la Martinique, sont revenus en cette île et ont repris leurs fonctions sur une simple permission; que d'autres enfin ont été commissionnés du gouvernement; que tous ou la plupart n'ont pas prêté serment comme la loi l'exige ou ont exercé sous leurs anciens sermens, que les différentes interruptions avaient annullés; que l'intérêt de ceux qui ont contracté devant les Notaires jusqu'à présent, exigent que les actes et contrats qu'ils ont passés valident malgré l'irrégularité dans laquelle étaient les Notaires, par le défaut de serment. Pourquoi il requiert, etc.

La Cour faisant droit sur ladite remontrance, ordonne que tous les Notaires exerçant dans la colonie seront tenus, dans le délai de quinzaine à compter du jour de la signification du présent arrêt, de se présenter en personne à l'audience et par-devant M. le Sénéchal, (M. le Procureur du Roi présent,) avec les commissions et autorisations qu'ils peuvent avoir, pour exercer l'office de Notaire, afin de les faire connaître et enregistrer, et prêter le serment si lieu y a; et que ceux qui n'auront que de simples autorisations ou permissions de M. le brigadier-général Prévost, ou de ses prédécesseurs seront tenus d'obtenir une commission régulière, de se faire recevoir audit office de Notaire, en la manière ordinaire à la Sénéchaussée, et d'y prêter le serment en pareil cas requis, sinon et faute de ce faire dans ledit délai, et icelui expiré, que les Notaires refusans ne pourront exercer ledit office; ordonne néanmoins que tous les actes que lesdits Notaires ont pu faire pour aucune partie et de telle nature qu'ils soient, valideront malgré l'irrégularité où pourraient être lesdits Notaires par le défaut de serment, sans cependant nuire ni préjudicier aux parties interressées. Mandons, etc.

Fait en la Cour d'appel de l'île Ste-Lucie, le 14 octobre 1800.

Signé, FRANÇOIS COULON, *Greffier en chef.*

(N°. 1473.) EXTRAIT *d'une dépêche de Sa Grâce le Duc de* Portland, *principal Secrétaire de S. M. B., au Brigadier-général* George Prévost, *Commandant de l'île Sainte-Lucie, portant Confirmation de l'Etablissement de l'Ordre Judiciaire dans ladite île.*

Du 31 octobre 1800.

J'APPROUVE entièrement l'établissement judiciaire qui a été formé pour l'Administration ordinaire de la Justice de Sainte-Lucie. *Signé*, PORTLAND.

Enregist, au Conseil de Sainte-Lucie.

(N°. 1474.) PROCLAMATION *de Son Excellence le Brigadier-général* George Prévost, *Commandant de l'île Sainte-Lucie, concernant les Colporteurs.*

Du 13 avril 1801.

SUR ce qui nous a été représenté, que plusieurs marchands forains, la plupart esclaves, se répandaient dans les campagnes, pour y vendre toutes sortes de marchandises dans les bourgs et sur les habitations, ce qui est très abusif et a toujours été défendu par les Lois de la colonie, notamment par l'article 30 de l'ordonnance de 1783, qui défend ce commerce à quelque personne que ce soit, même de la colonie, sans une permission du Gouvernement.

Considérant que ces marchands forains, souvent esclaves, peuvent favoriser les vols des marchandises en se chargeant de les vendre, et que d'ailleurs vendant leurs marchandises au comptant, ils exportent la majeure partie du numéraire de la colonie,

Considérant encore que, si ce commerce offre quelqu'avantage à ceux qui le font, il est plus juste et plus avantageux à la prospérité de la colonie, que ce soit les Colons qui en profitent, lesquels d'ailleurs seront à même de veiller et de répondre des abus qui pourraient en résulter.

Nous, etc., faisons très-expresses inhibitions et défenses à toutes personnes, soit libres ou esclaves, de colporter et vendre des marchandises dans les campagnes, soit dans les bourgs où sur les habitations, sans une permission du Procureur du Roi, qu'ils seront tenus de montrer aux Commissaires de quartier et aux Commis à la police, lesquels, à défaut de cette permission, se saisiront des personnes et marchandises, et les feront conduire ès-prisons de la ville de Castries, aux ordres du Procureur du Roi, où les marchandises seront confisquées, et les propriétaires condamnés en 500 livres d'amende, le tout applicable, les deux tiers au Roi, et l'autre tiers à celui qui aura fait l'arrestation; laquelle susdite permission ne pourra être accordée qu'à des personnes libres résidant dans la colonie, et pour un an seulement, en payant 66 livres à M. François Coulon, que nous établissons Receveur à cet effet, et de la quittance duquel ils justifieront au Procureur du Roi.

Prions MM. de la Cour d'appel d'enregistrer etc.

Donné à Sainte-Lucie, le 13 avril 1801. *Signé*, GEORGE PRÉVOST.

Enregist. à la Cour d'Appel de l'île Ste-Lucie.

(N°. 1475.) ORDONNANCE *du Sénéchal de Sainte-Lucie, concernant les Criées à la Voix, et non à l'extinction de la Bougie.*

Du 30 avril 1801.

Vu le réquisitoire du Procureur du Roi, et y faisant droit, nous Sénéchal, ordonnons provisoirement et jusqu'à ce qu'il plaise à la Cour d'appel de cette île en ordonner autrement, qu'à l'avenir les criées et adjudications, qui se sont faites jusqu'à présent à la barre du siége à l'extinction de la bougie, ne se feront plus qu'à la voix et ce fondé sur les motifs et considérations exposées audit réquisitoire.

Sera notre présente ordonnance lue, etc.

Fait à la Sénéchaussée de Ste-Lucie, le 30 avril 1801. *Signé* BUTEL.

(N°. 1476.) ARRÊT *de la Cour d'Appel de l'île Sainte-Lucie, qui ordonne que l'Audience de la Sénéchaussée qui se rencontrera le Lundi que la Cour s'assemble, sera renvoyée du Samedi précédent.*

Du 7 juillet 1801.

(N°. 1477.) ARRÊT *de la Cour d'Appel de l'île Ste-Lucie, concernant les Papiers, Titres etc., des Officiers publics décédés ou déportés, et qui se trouvent en la possession de leurs Veuves, Héritiers ou Autres.*

Du 5 octobre 1801.

Vu la remontrance par écrit du Procureur-général du Roi, qui lui a fait le rapport

rapport qu'il y avait chez différens particuliers de la colonie des papiers auxquels le public pouvait être intéressé, parce qu'ils provenaient de différens Officiers publics, qui avaient exercé dans la colonie, tels que Notaires, Procureurs et Huissiers; qu'il y a des exemples, que des veuves ou héritiers survivans ont pris soin de ces papiers, et qu'ils les rendent journellement à ceux qui y ont intérêt, mais qu'il y en a aussi qui en ont trafiqué et qui d'ailleurs n'y ont aucun intérêt comme veuves survivantes ou héritiers; qu'il est aussi important qu'utile pour le public, qui est imbu que ces papiers ont été consumés par l'incendie de la ville, qu'il ait connaissance, qu'il y en a, qui ont été sauvés, auxquels il peut avoir intérêt. Que ce n'est pas chez les particuliers, où ces papiers se trouvent, qu'on pourra les découvrir, et qu'il convient qu'ils soient remis dans un dépôt public, pour être rendus fidellement à ceux qu'ils intéressent ou être plus particulièrement conservés. Pourquoi il requiert, etc.

La Cour, faisant droit sur ledit requisitoire, a ordonné et ordonne que par M. le Sénéchal, à la diligence de M. le Procureur du Roi et en sa présence, les scellés seront apposés sur les malles dans lesquelles sont lesdits papiers publics, sur la représentation qui en sera faite par ceux qui en sont les dépositaires, pour lesdites malles être transportées au greffe de la Sénéchaussée et ensuite être procédé par M. le Sénéchal, en présence du Procureur Roi, et des dépositaires s'ils le jugent à propos, à l'examen desdits papiers, dont il sera dressé procès-verbal, et pour, sur leur utilité, être ordonné qu'ils soient déposés au Greffe, pour être remis, ou en être délivré expéditions à qui il appartiendra. Ordonne en outre que copie de ladite remontrance, ensemble avec la copie du présent arrêt, seront envoyées aux Officiers de la Sénéchaussée, afin qu'ils aient à s'y conformer.

Fait à la Cour d'appel de l'île Ste-Lucie, le 5 octobre 1801. *Signé*, F. COULON, *Greffier en Chef.*

(N°. 1478.) PROCLAMATION *de Son Excellence le Major-général* George Prévost, *Commandant de l'île Ste-Lucie, portant établissement d'une Chaine pour les Esclaves des deux Sexes, qui seront pris dans les grands Bois.*

Du 5 octobre 1801.

CONSIDÉRANT que malgré l'amnistie qui a été accordée aux esclaves des deux sexes, qui se sont dérangés pendant les troubles qui ont existé dans cette colonie, il y en a qui n'ont pas voulu en profiter, et qui persistent dans leur brigandage, en se tenant cachés dans les grands bois d'où ils font des incursions sur les habitations pour y voler.

Considérant que, dans les différentes chasses qui ont été faites par nos ordres, beaucoup de ceux qui ont été pris, ont été rendus à leurs propriétaires sur leur réclamation, mais que les mauvaises qualités de ces esclaves les ont empêchés de profiter du pardon de leurs maîtres, et les ont déterminés à retourner dans les grands bois, en sorte que non-seulement ils donnent le plus mauvais exemple, mais encore font renaître les inquiétudes et la crainte de nouveaux troubles.

Considérant que, dans le nombre de ces esclaves, il y en a qui sont coupables de crimes capitaux, mais que faute de preuves légales on ne peut les juger suivant la rigueur des lois.

Considérant enfin les inconvéniens qui résulteraient de la remise de ces esclaves à leurs propriétaires, combien il est important de s'assurer d'eux, et qu'en les employant aux travaux publics, non-seulement ils seront mieux contenus, mais encore deviendront utiles à la colonie, au bien du service du Roi et à la discipline qui convient à des esclaves.

A ces causes, nous, etc., statuons et ordonnons ce qui suit :

Art. Ier. A compter du jour de la publication de la présente, il sera établi une chaine à laquelle seront attachés, deux à deux, les esclaves de l'un et de l'autre sexe, habitués des grands bois, qui sont déjà arrêtés, ou qui le seront à l'avenir, et le seront, savoir : les hommes ensemble et les femmes ensemble.

II. Pourront néanmoins les propriétaires desdits esclaves les réclamer, en justifiant, par une déclaration devant les Officiers civils de leur quartier, ou au Greffe de la Sénéchaussée, du tems de leur marronnage ; et s'il est justifié que ces nègres marrons ne sont pas habitués des grands bois, mais marrons par habitude, ou qu'ils sont des nègres nouveaux, alors ils seront rendus à leurs maîtres sur l'attestation du Procureur du roi ou celles des Officiers civils de chaque quartier,

III. Les esclaves de l'un et de l'autre sexe ainsi attachés à la chaine, seront employés aux travaux publics de la colonie, et seront nourris et entretenus aux frais du Roi, en tous tems, à la réserve de celui pour lequel ils seront employés aux travaux à la charge du public; auquel cas la nourriture desdits esclaves sera réglée à l'amiable entre les Commissaires au département des vivres et ceux qui seront obligés de contribuer aux dépenses desdits travaux.

IV. Les esclaves ainsi attachés à la chaine seront marqués à la joue gauche des lettres CH, afin qu'au cas d'invasion ils puissent facilement être reconnus.

V. Pourront pareillement être mis à la chaine, sans cependant être marqués comme il est dit ci-dessus, les esclaves mauvais sujets que les maîtres desireront faire punir de cette manière, mais du consentement du Procureur du roi, à la charge de les nourrir et entretenir.

VI. Les esclaves de l'un et de l'autre sexe, qui seront attachés à la chaine, caserneront chacun séparément à la geôle, c'est-à-dire les hommes ensemble et les femmes ensemble, seront sous la garde et discipline d'une ou plusieurs personnes si besoin est, suivant leur nombre, lesquelles ne pourront infliger aucun châtiment exemplaire que du consentement du Procureur du roi, et seront lesdits gardiens payés à raison de 7 escalins par jour, des fonds qui seront destinés à cet effet, et auront en outre la ration du Roi.

Prions MM. les Officiers de la Cour d'appel d'enregistrer, etc.

Donné à Sainte-Lucie, le 5 octobre 1801. *Signé*, GEORGE PRÉVOST.

Enregistré à la Cour d'Appel de l'île Ste-Lucie.

(N°. 1479.) ARRET *de la Cour d'Appel de l'île Ste-Lucie, sur l'Apposition des Scellés.*

Du 6 octobre 1801.

LA Cour, etc., a ordonné et ordonne que l'arrêt du Conseil souverain de la Martinique, du 4 mai 1771, portant réglement sur l'apposition des scellés, sera de nouveau enregistré sur le registre des enregistremens de la Cour pour être exécuté selon sa forme et teneur, et qu'au lieu des Commissaires de police, MM. les Officiers civils des quartiers sont invités à apposer lesdits scellés, ou les faire apposer par un habitant notable en l'absence des Notaires, et que copie dudit arrêt, par extrait, ensemble du présent, seront envoyés aux Officiers de la Sénéchaussée pour y être être lus, etc., et copies envoyées à MM. les Commissaires civils et Notaires de chaque quartier pour qu'ils aient à s'y conformer et tenir la main à leur exécution.

Mande, etc.

Fait à la Cour d'appel de l'île Ste-Lucie, le 6 octobre 1801.

Signé, F. COULON, *Greffier en Chef.*

(N°. 1480.) ARRÊTÉ *du Grand-juge de la Martinique et de Ste-Lucie, relatif à l'installation du Tribunal de Première Instance de Ste-Lucie.*

Du 10 vendémiaire an XI, (2 octobre 1802.)

CONSIDÉRANT que l'île Ste-Lucie a été évacuée par les troupes anglaises et restituée à la France en exécution du traité d'Amiens.

Que les chefs militaires et civils appelés par le premier Consul à la régir, y ont déjà mis en vigueur les institutions créées ou maintenues par les Consuls.

Qu'il importe de ne pas interrompre le cours de la justice, et d'autoriser provisoirement les Tribunaux qui rendaient la justice en 1789, à continuer leurs fonctions.

Vu les articles I et VI, de l'arrêté des Consuls du 29 prairial an X, et l'article 35 du titre 3 de l'arrêté du 6 du même mois; arrête :

Le Commissaire du gouvernement près le tribunal d'appel de la Martinique se rendra incessamment à Ste-Lucie, au lieu et place du Grand-juge dont il y remplira les fonctions, il y convoquera les Juges composant le tribunal appelé la Sénéchaussée en 1789 (1).

Il les présentera au général Noguès, commandant de Sainte-Lucie, pour être par lui, après avoir reçu la promesse de fidélité à la République française, autorisés à continuer leurs fonctions.

Ledit Commissaire requerra ensuite, au nom du Grand-juge, l'enregistrement ès-registre dudit

(1) C'est ce qui a eu lieu le 15 vendémiaire an XI.

tribunal de toutes les lois, ordonnances ou arrêtés, dont la publication a été ordonnée et qui seront exécutés à la Martinique.

Il se fera ensuite remettre les noms, les dates des âges et l'état des services des Juges et autres Fonctionnaires composant ce tribunal, où y étant attachés, pour, sur la remise desdites pièces, être par nous proposé et par le Capitaine général statué ce qu'il appartiendra sur l'organisation définitive des Tribunaux.

Donné au Fort-de-France, le 10 vendémiaire an XI. *Signé*, LEFESSIER-GRANDPREY.

(N°. 1481.) PROCLAMATION *de leurs Excellences le Général* Grinfield, *et le Chef d'Escadre* Samuël Hood, *Commandant les Forces de Terre et de Mer de S. M. B., qui accorde aux Habitans de l'île Ste-Lucie, les mêmes avantages qu'avant la dernière cession.*

Du 23 juin 1803.

QUOIQUE ladite île ait été prise d'assaut et sans aucune capitulation ou stipulation quelconques, néanmoins, pour tranquilliser les habitans et les propriétaires sur leur état actuel jusqu'à ce que la détermination de S. M. soit définitivement prononcée, leurs Excellences leur assurent pleine et entière jouissance de toutes leurs propriétés, sous les lois qui existaient dans la colonie à l'époque, immédiatement antérieure à la dernière cession.

Toutes les Autorités constituées sont chargées de se conformer à cette proclamation.

Donné à Sainte-Lucie, le 23 juin 1803.
Signé, GRINFIELD et SAMUEL HOOD.

Enregist. au Greffe de la Sénéchaussée de Ste-Lucie.

(Nº. 1482.) PROCLAMATION *de Son Excellence le Brigadier-général* Robert Brereton, *Commandant de l'île Ste-Lucie, pour le Rétablissement des Tribunaux et Commissaires Civils dans ladite île.*

Du 4 juillet 1803.

ATTENDU que par une proclamation faite par le lieutenant-général Grinfield et le commodore Samuel Hood, commandant en chef les forces de terre et de mer de S. M. aux îles du vent, commandant en l'île de la Trinité; ladite proclamation en date du 23 juin 1803;

Nonobstant que ladite île ait été prise d'assaut et qu'elle ait été rendue à discrétion aux armes de S. M., il a plu auxdits lieutenant-général Grinfield et commodore Hood, en vertu de leur dite proclamation, d'assurer aux habitans de cette île l'entière jouissance de leur propriété sous la constitution en vigueur dans la colonie antérieurement à sa dernière cession au Gouvernement français,

Dans la vue de rendre son cours à la justice, afin que les lois soient établies en conformité de ladite proclamation, nous, en vertu des pouvoirs qui nous ont été confiés par ledit lieutenaut-général Grinfield, commandant en chef, nous avons rétabli et par ces présentes rétablissons la Sénéchaussée royale dans tous ses droits et prérogatives, ainsi et comme elle était établie sous le gouvernement du brigadier-général Vansitart, immédiatement avant la cession de l'île Ste-Lucie, du 29 septembre 1802, et ce jusqu'à ce que la volonté de Sa Majesté ou les intentions du Commandant en chef des forces de terre de Sa Majesté dans les îles du vent nous soient ultérieurement connues.

En conséquence avons constitué et nommé pour les différentes fonctions en ladite Sénéchaussé royale, savoir :

Messieurs,

Jean-Marie Aubert, Sénéchal.
Jean-Jacques Baylies Dupuy, procureur du roi.
Guillaume de Barbier, premier substitut.
Louis-Vital Gibelin, second substitut.
Et Pierre-Antoine Dieudonné Cornau, Greffier.

Tous Notaires, Avocats, Procureurs et Huissiers attachés audit Tribunal, sont autorisés à exercer leurs fonctions comme par le passé.

Et par ces mêmes présentes avons constitué et nommé Commissaires civils dans les différens quartiers de la colonie avec les mêmes pouvoirs et attributions dont ils étaient saisis à l'époque sus-spécifiée, et également jusqu'à ce que la volonté de S. M. ou les intentions du Commandant en chef nous soient ultérieurement connues; savoir :

Messieurs,

Leclair Dujon, ... A Castries.
Sarraute, ... A l'Anse-la-Raie,
Levexier et Saint-Philipe, ... A la Soufrière.
Delort, ... Au Choiseul.

MESSIEURS,

Godard, ... Au Laborie.
Levacher, ... Au Vieux-Fort,
Lamaze, ... Au Micoud.
Saint-Hilaire, ... Au Praslin.
Salton, ... Au D'Ennery.
Hosten, ... Au Dauphin.
Glapion et Naçaburu, ... Au Gros-Islet.

Nous avons à remercier ceux des Commissaires de quartier, qui ont obtempéré à la réquisition que nous avons faite, par notre lettre circulaire du 27 juin, du cinquième des nègres mâles des différentes habitations, pour être employés pendant un mois au quartier-général, au Morne-Fortuné et à Castries. Cette réquisition a été exécutée avec une grande promptitude, excepté par un petit nombre de Commissaires. Ces derniers ont probablement été empêchés, par l'éloignement de s'y conformer avec autant de célérité, que nous l'aurions desiré, mais au moyen de cette proclamation elle recevra sans doute son entière exécution.

Donné à Sainte-Lucie, le 4 juillet 1803.
Signé, ROBERT BRERETON.

Enregist. au Greffe de la Sénéchaussée de Ste-Lucie.

(N°. 1483.) PROCLAMATION *de Son Excellence le Brigadier-général* Robert Brereton, *Commandant de l'île Sainte-Lucie, qui rétablit la Cour d'Appel de ladite île.*

Du 28 juillet 1803.

ATTENDU qu'un Conseil supérieur ou Cour d'appel existait ci-devant comme partie de la constitution de cette colonie, et attendu que par une proclamation rendue par le lieutenant-général William Grinfield, et le commodore Samuel Hood, commandant en chef les forces de Sa Majesté Britannique, en date du 23 juin dernier, après la reddition de cette colonie aux armes de Sadite Majesté, le rétablissement de la constitution est accordé aux habitans telle qu'elle était sous le gouvernement anglais avant la dernière remise.

Nous, en vertu des pouvoirs et de l'autorité qui nous sont confiés, rétablissons par les présentes ledit Conseil supérieur ou Cour d'appel, sur le même mode et avec les pleins pouvoirs, fonctions et privilèges y attachés, lorsque, par ordre de Sa Grâce le duc de Portland, lord secrétaire d'Etat, elle fut d'abord établie par la Proclamation du brigadier-général Prévost, du Ier. juillet 1800, et ordonnons que les divers articles et dispositions de la susdite proclamation seront considérés de ce jour comme étant en force et vigueur.

Nous appointons les membres ci-après nommés pour former ledit Conseil supérieur ou Cour d'appel :

Messieurs,

William Alexander, ... Soufrière.
Philipe Devaux St-Philipe, ... *Idem.*
Pierre de Glapion, ... Gros-Islet,
Thomas Naçaburu, ... *Idem.*
Charles de Marsanges, ... Castries.
J.-B. Lamothe Hosten, ... Dauphin.
Robert Ewing, ... Castries.

MESSIEURS,

Ackey Lawrence, ... Vieux-Fort.
De Guisselin, ... Gros-Islet.
Longueville, ... *Idem.*
Woodyear, ... Castries.

Les membres ci-dessus appointés s'assembleront extraordinairement en la maison du gouvernement à Castries, lundi, 15 août prochain, à dix heures du matin. Dans cette assemblée, les séances régulières de la Cour et les règlemens nécessaires aux affaires de justice seront définitivement arrêtés et ils seront annoncés par une nouvelle proclamation.

Donné à Sainte Lucie, le 28 juillet 1803.

Signé, ROBERT BRERETON.

Enreg. à la Cour d'appel de Ste-Lucie.

(N°. 1484.) PROCLAMATION *de Son Excellence le Brigadier-général* Robert Brereton, *Commandant de l'île Sainte-Lucie, concernant les Cabaretiers, Teneurs de Billard, Marchands forains et les Rentes des Terreins appartenant à la Colonie.*

Du 2 octobre 1803.

ATTENDU que, pour subvenir aux besoins de la colonie, il a été constamment levé des droits sur les personnes qui tiennent des cabarets et des billards, ainsi que sur les pacotilleurs et marchands forains.

Attendu que dans la ville de Castries, il y a plusieurs terreins appartenant à colonie, et sur lesquels des particuliers ont élevé des maisons ou cases qu'ils occupent ou qu'ils louent, que ces particuliers en conséquence ont dû prévoir, que tôt ou tard ils seraient teuus de payer à la colonie les loyers desdits terreins, aux taux en usage.

Nous, de l'avis de la Cour d'appel, et en vertu des pouvoirs qui nous sont confiés, avons ordonné et ordonnons ce qui suit :

Art. Ier. Toutes personnes, qui voudront faire courir dans les campagnes des marchandises par panier, celles également qui voudront tenir un cabaret ou un billard, s'adresserout au Procureur du roi pour en avoir la permission.

II. Le Procureur du roi ne délivrera lesdites permissions qu'autant que les personnes qui les demanderont, lui représenteront la quittance du Receveur, des droits ci-après fixés.

III. Ces permissions seront délivrées pour une année, à la fin de laquelle elles devront être renouvelées.

IV. Le Receveur des droits, sera le sieur W. Woodyear, que nous avons commissionné à cet effet. Il les recevra personnellement dans la ville de Castries. Dans les autres quartiers ils seront reçus par les Commissaires-civils, qui en feront passer le montant audit sieur Woodyear.

V. Les cabarets quant à leur nombre et aux droits, demeurent fixés comme suit :

A Castries, il y en aura cinq. Le droit à payer pour chacun de ceux qui les tiendront seront pour chaque permission de 660 liv.

A la Soufrière et au Vieux-Fort, leur nombre, dans chacun de ces quartiers, sera de trois. Les droits pour chaque permission seront de 528 livres.

Au Gros-Islet et au Laborie, il y en aura deux pour chacun de ces quartiers. Les droits pour chacue Commission seront de 400 liv.

Dans chacun des quartiers du Choiseul, de l'Anse Laraye, du Micoud, des Canaris, du Praslin, du D'Ennery et du Dauphin, il y aura un cabaret dont les droits seront de 330 l.

VI. Les billards, quant à leur nombre et aux droits, demeurent fixés, savoir :

A Castries deux, dont les droits seront pour chacun de 1320 liv,

A la Soufrière deux, les droits pour chacun seront de 1000 liv.

Au Vieux-Fort un, dont les droits seront de 1000 liv.

Dans les autres quartiers, il pourra être établi un billard pour chacun, ceux du quartier du Gros-Islet et du Laborie, paieront 800 liv.; et celui de chacun des autres quartiers seulement, 528 liv.

VII. Il sera payé par chaque colporteur, pacotilleur et autres personnes, qui font courir des marchandises en paniers dans les campagnes, 72 livres par an.

VIII. Les personnes qui occupent des terreins dans la ville de Castries, appartenant à la colonie, en paieront les loyers à raison de 20 sous le pied de façade, par mois, une année sera toujours payée d'avance.

IX. Seront les lois et règlemens relatifs aux cabaretiers, teneurs de billards et autres que ces présentes peuvent concerner, exécutés suivant leur forme et teneur, les renouvellant à cet effet en tant que de besoin.

Mandons aux Officiers de la Sénéchaussée de tenir la main à l'exécution des présentes.

Donné à Ste-Lucie, le 2 octobre 1803. *Signé*, ROBERT BRERETON.

Enregit. à la Sénéchaussée de l'île Ste-Lucie.

(1485) Arrêt *de la Cour d'appel de l'île Ste-Lucie, concernant les Nègres marrons et les Dénombremens des Esclaves.*

Du 3 octobre 1803.

La Cour etc. a ordonné et ordonne ce qui suit :

Art. Ier. Les propriétaires ayant des esclaves actuellement marrons seront tenus, dans les huit jours de la publication du présent arrêt, d'en faire leur déclaration qui contiendra le nom, l'âge et le sexe desdits nègres, ainsi que l'époque depuis laquelle ils se sont absentés des habitations : ces déclarations seront reçues par les Commissaires-civils, chacun dans leur quartier respectif, et sans frais. A cet effet chacun desdits Commissaires-civils tiendra un registre, qui sera paraphé par le juge des lieux. Pareilles déclarations seront faites à l'avenir, et dans le délai de huit jours, par les propriétaires dont un ou plusieurs nègres se rendront marrons, à peine contre lesdits propriétaires de confiscation desdits nègres, au profit du Roi, quand ils seront arrêtés.

II. Les Commissaires-civils enverront au Procureur du roi, chaque lundi, une copie d'eux certifiée des déclarations quils auront reçues pendant la semaine précédente.

III. Tous les propriétaires, dans le cours du présent mois d'octobre, remettront aux Commissaires civils de leurs quartiers respectifs un dénombrement triple de leurs esclaves avec désignation de leur couleur, de leur sexe et de leur âge. De ces dénombremens, après avoir été signés tant par le Commissaire-civil que par le propriétaire, l'un sera remis au propriétaire, l'autre gardé par le Commissaire civil et l'autre envoyé au Procureur du roi. Toutes les fois qu'un propriétaire achetera, vendra ou perdra un esclave, il en informera le Commissaire civil, qui lui-même en donnera avis au Procureur du roi.

IV. Quand un esclave sera arrêté et conduit à la geôle, le Procureur du roi, sous aucun prétexte, ne pourra en ordonner l'élargissement, qu'au préalable il n'ait vérifié que cet esclave est porté sur le dénombrement de la personne qui le réclame; si l'esclave ne s'y trouve pas porté, il sera considéré comme épave et comme tel vendu.

V. Toutes les lois et réglemens concernant le marronnage, seront exécutés selon leur forme et teneur, en ce qui concerne la punition des nègres marrons. Ordonne que le présent arrêt sera enregistré en la Senéchaussée, etc.

Fait en la Cour d'appel de l'île Ste-Lucie, le 3 octobre 1803.

Signé, F. COULON, *Greffier en chef.*

(N°. 1486.) ARRÊT *de la Cour d'appel de l'île Ste-Lucie, portant qu'à l'avenir, en cause d'appel, il ne sera plus donné de premier congé ni de premier défaut, dans les affaires qui seront portées devant ladite Cour, et sur lesquelles seront intervenus des jugements et sentences de la juridiction de ladite île.*

Du 12 janvier 1804.

(N°. 1487.) ARRÊTÉ *du Capitaine-général de la Martinique, qui attribue au Tribunal spécial, la connaissance du Crime de Désertion à l'Ennemi, d'Embauchage, d'Espionnage, de Passage à bord des Vaisseaux Ennemis, et de retour sur le Territoire Ennemi.*

Du 24 pluviose an XII, (14 février 1804.)

(N°. 1488.) ARRÊTÉ *du Capitaine-général de la Martinique, qui renvoie à l'exécution de l'Arrêt du Conseil d'Etat du Roi, en date du premier Mai 1778, pour le Payement des Nègres justiciés, par le Tribunal spécial.*

Du 24 pluviose an XII, (14 février 1804.)

(N°. 1489.) PROCLAMATION *de Son Excellence le Brigadier-général* Robert Brereton, *Commandant en Chef de l'île Ste-Lucie, concernant les Empoisonneurs.*

Du 17 avril 1804.

CONSIDÉRANT les plaintes réitérées, qui nous sont faites, du crime d'empoisonnement des esclaves et des bestiaux, commis par les esclaves eux-mêmes.

Considérant combien il importe d'arrêter la fréquence de ce crime par une punition prompte et exemplaire.

Considérant que les coupables échappent à la punition qu'ils méritent, par le défaut des preuves suffisantes que la loi exigent, à l'égard même des esclaves, quoiqu'ils soient moralement convaincus de ce crime.

Considérant enfin, qu'une commission particulière composée d'habitans notables, qui connaissent plus particulièrement le genre et la nature des esclaves, peut seule atteindre les coupables avec une célérité qui assure la punition.

Nous, etc., ordonnons et statuons ce qui suit:

ART. Ier. Dans le cas où aucuns esclaves pourront être accusés du crime d'empoisonnement ou de maléfice ou de sortilège, les propriétaires des esclaves ou autres habitans, qui auraient connaissance du crime, en informeront immédiatement le Commissaire civil du quartier dans lequel ce crime aura été commis, lequel fera à l'instant arrêter les prévenus du crime, nous en préviendra de suite, et nous désignera quatre habitans notables désintéressés à la plainte, pour, conjointement avec lui, former une commission extraordinaire qu'il présidera.

II. Aussitôt que le Commissaire civil aura reçu notre autorisation, il se réunira avec les habitans notables qui auront été désignés, et procédera à l'instruction de la procédure contre les prévenus jusqu'au jugement définitif, qui ne sera néanmoins mis à exécution, qu'après nous avoir donné connaissance de la procédure qui aura été tenu et avoir reçu notre sanction.

III. Toutes les personnes qui seront appellées par la commission extraordinaire pour déposer ou autrement, donner les renseignemens qui leur seront demandés et qui refuseront de comparaitre, à moins d'excuse légitime et justifiée, seront condamnées par la commission extraordinaire à l'amende de la somme de 50 liv., au paiement de laquelle elles seront contraintes même par corps.

IV. Quoique nous ayons lieu d'espérer qu'aucun habitant ne se refusera à former cette commission extraordinaire, qui n'est établie que pour leur avantage; néanmoins, si aucuns de ceux qui auraient été désignés par le Commissaire civil, et approuvés par nous, se refusaient de se réunir au jour, lieu et heure assignés, et ceux qui après avoir assistés au jugement refuseraient de le signer, il nous en sera rendu compte par le Commissaire civil, pour être par nous pris contre eux telle mesure qu'il appartiendra.

Prions MM. du Conseil d'enrégistrer, etc.

Donné à Ste-Lucie, le 17 avril 1804. *Signé* ROBERT BRERETON.

Enreg. à la Cour d'appel de Ste-Lucie.

(N°. 1490.) ARRÊT *de la Cour d'Appel de Ste-Lucie, qui ordonne qu'à dater du 1er. mai 1804, les Huissiers régleront leurs comptes tous les deux mois avec les Avocats et Procureurs, et qu'à l'avenir, à partir de ladite époque, lesdits Huissiers ne seront point tenus de recevoir en paiement de leurs salaires des renvois sur les parties; abrogeant, à cet égard, tous les règlemens et usages contraires.*

Du 20 avril 1804.

(N°. 1491.) ARRÊT *de la Cour d'Appel de Ste-Lucie, qui défend aux Officiers de la Sénéchaussée, de faire enregistrer aucunes Lois, Proclamations, Déclarations, Arrêts, etc., sans qu'il y ait été préalablement ordonné par la Cour.*

Du 2 juillet 1804.

(N°. 1492.) PROCLAMATION *de Son Excellence le Lieutenant-général* Wm. Myers, *Commandant en chef des forces de S. M. B. aux îles du vent, concernant les châtimens extraordinaires infligés aux esclaves par leurs maîtres.*

Du 10 décembre 1804.

AYANT été informé qu'un meurtre cruel et délibéré, accompagné des circonstances d'une barbarie singulière, avait été commis à Ste-Lucie, au mois de juin dernier, en la personne d'une mulâtresse, par les instigations et en la présence de son maître, et comme il a été agité si, par la teneur de la proclamation du lieutenant-général Grinfield, l'auteur dudit meurtre devait subir un châtiment proportionné à ce crime, j'ai, en conséquence de ce, fait exposer ledit cas au secrétaire d'état de Sa Majesté.

Maintenant donc que j'ai reçu du comte *Camden*, un des principaux secrétaires d'état de Sa Majesté, la déclaration du bon plaisir de Sa Majesté à ce sujet, que tout crime de cette atrocité soit puni avec la dernière sévérité; je notifie et proclame par ces présentes à tous ceux qu'il appartiendra, que tout maître, maîtresse, propriétaire, possesseur, ou autre personne que ce soit, qui, de son propre gré, de son bon plaisir, de sa volonté, de sa connaissance, par sa permission, de son aveu, de son consentement, mutilera, démembrera aucun esclave, après avoir été convaincu sera condamné à une amende de 100 liv. sterling, et un emprisonnement qui ne pourra excéder douze mois, pour chaque esclave qui aura été mutilé ou démembré, et dans tous les cas atroces, lorsque les maîtres de tel ou tels esclaves aura été convaincu de tel crime, la Cour devant laquelle un tel criminel aura été traduit, si elle le juge convenable, pourra déclarer libres et déchargés de toutes servitudes quelconques, tel ou tels esclaves; et pourra ordonner que ladite amende de 100 liv. sterling, par chaque esclave ainsi mutilé, ou démembré, soit payée à la justice et fabrique de la paroisse d'où dépendent tel ou tels esclaves, pour être appliquée à l'usage de ladite paroisse, et pour ce, chaque esclave ainsi mutilé ou démembré recevra de ladite paroisse 10 livres sterling sa vie durant.

Et de plus je notifie et proclame par ces présentes, que quiconque délibérément ou volontairement, ou cruellement tuera ou fera mourir un nègre ou autre esclave, telle personne aussi coupable, étant convaincue sera jugée digne de mort, sans privilège du clergé, et sera exécutée en conséquence d'un tel crime.

Donné à la Barbade, le 10 septembre 1804.

Signé Wm. Myers.

Enreg. à la Cour d'appel de Ste-Lucie.

(N°. 1493.) Ordonnance *de Son Excellence le Gouverneur de la Martinique, sur les Chemins publics de cette Colonie.*

Du 21 avril 1810.

Vu le rapport qui nous a été fait par le Chef de l'Administration coloniale, le 20 mars dernier, sur les chemins de la colonie et sur les dispositions à faire à l'avenir à leur égard, nous lui renvoyons l'exécution desdites dispositions, auxquelles il est chargé de tenir la main.

Toutes les opérations relatives au tracé seront conséquemment suivies à sa diligence, après en avoir conféré avec le Grand-voyer, à qui il donnera ses instructions et qu'il fera assister, dans chaque paroisse, par le Commissaire-civil et par des habitans instruits et capables de concourir au succès de l'opération.

Il en désignera en outre un certain nombre qui seront priées de procéder avec le Grand-voyer au tracé général dans tous les quartiers où il se transportera.

Lorsque le travail relatif à la confection général des chemins sera organisé, le tout sera renvoyé à notre approbation définitive.

Donné à Saint-Pierre, le 21 avril 1810. *Signé*, JOHN BRODRICK.

Suit le rapport du Chef de l'Administration coloniale, sur les Chemins publics de la Martinique.

Les comptes qui me sont rendus des différentes paroisses de la colonie s'accordent tous sur le mauvais état des chemins, et les habitans en demandent avec instance la réparation. Deux vices ont de tous les tems empêché d'avoir de bons chemins dans ce pays. Le premier prend sa source dans le tracé. On s'est contenté, en ouvrant les routes, de chercher le trajet le plus court; et au lieu de choisir le terrein le plus convenable, on a fait passer les chemins, soit sûr la crête des mornes, soit dans les endroits fangeux : de là tous les inconvéniens auxquels il faut remédier aujourd'hui. Le second vice résulte de la manière dont l'entretien et la réparation des chemins se font. A de certaines époques on assigne à chaque habitant une portion de la route publique de sa paroisse pour être faite ou réparée par lui ; il s'en acquitte à peu-près comme il l'entend ou le veut, et jamais il ne fait la moitié du travail nécessaire : nul ensemble, nulle police générale ne sont établis à cet égard, et cependant il est du plus grand intérêt pour les habitans d'avoir des chemins aisés et bien entretenus.

Je pense qu'il serait nécessaire de profiter de ce moment, où les chemins sont totalement abimés, et que chacun sent la nécessité de s'en occuper sérieusement, pour faire un nouveau tracé des chemins royaux et de communication ; c'est-à-dire rectifier tout ce qui peut se trouver de défectueux dans les uns et abandonner entièrement les autres, pour les établir de nouveau, en choisissant les terreins les plus convenables.

Cette opération exigera des dépenses; mais il faut se décider à les faire : s'il en coûte aux habitans dans ce moment ils en seront grandement dédommagés par la suite.

Les chemins ainsi remis dans le meilleur état possible devront être soigneusement entretenus par des entrepreneurs responsables de toute négligence à cet égard, et payés à tant la toise, au moyen d'une légère addition d'imposition sur les denrées. De cette manière, les bras attachés à la culture n'en seraient plus continuellement détournés comme auparavant ; et il est clair qu'il résulterait de ce nouveau mode d'entretien des chemins, bénéfice et repos pour le planteur, avantage pour le public et satisfaction pour le Gouvernement, que cette partie de la haute police plaçait dans la nécessité d'émettre sans cesse des ordres d'une difficile exécution.

Avant de commencer la réforme des abus, qui ont de tous les tems privé cette colonie de l'avantage inappréciable d'avoir de bons chemins, et de travailler efficacement à lui en procurer de tels, il faudrait employer des hommes de l'art à examiner l'état actuel des routes publiques, remarquer tout ce qu'il y a à réformer et rapporter le plan des changemens convenables en donnant l'apperçu des dépenses à faire, tant en argent qu'en journées de travailleurs. Si, au lieu de cette mesure générale pour la confection de nos routes publiques, on s'en tient à l'ancien mode de réparation, on aura chaque année à recommencer le mauvais travail qui se fait depuis l'établissement de la colonie, et certes, cette méthode n'est pas économique.

L'excédent de fonds de l'exercice 1809, est une bonification ou, pour mieux dire, un superflu de recettes faites sur la colonie, qui n'est tenue de fournir que la somme nécessaire aux dépenses générales à sa charge. Cet excédent de fonds donc doit être considéré comme une propriété coloniale, et le plus juste comme le plus noble emploi qu'on en puisse faire est de l'appliquer à des établissemens d'une utilité générale. Rien de plus urgent et de plus important dans ce moment que la confection des voies publiques. Ces fonds présentant une forte masse de moyens, tout ce que les chemins, ponts et canaux, exigent de dépenses en argent, doit être pris sur cette masse pour ne laisser à la charge des planteurs que les journées des nègres nécessaires à cette opération, qui, une fois consommée, n'exigera plus de leur part aucun sacrifice du même genre.

Après la confection des chemins, l'objet le plus important pour la colonie étant la réparation des églises dans les campagnes, ce qui restera de fonds doit y être employé : et c'est ainsi que, d'année en année, l'excédent des recettes ordinaires fournira les moyens de former dans la colonie des établissemens utiles à sa prospérité.

Fort-Royal, le 20 mars 1810. *Signé*, Pinel.

(N°. 1494.) Lettre *de Son Excellence le Gouverneur de la Martinique, à M. le Procureur du Roi de St-Pierre, à l'effet d'empêcher, que la Guadeloupe et la Martinique, ne se purgent aux dépens l'une de l'autre de leurs Vagabonds et Gens sans aveu.*

Du 25 avril 1810.

Comme il est extrêmement important, Monsieur, que la Guadeloupe et la Martinique ne se purgent pas de leurs vagabonds et gens sans aveu aux dépens l'une de l'autre, je me suis concerté à cet égard avec le Gouvernement de cette dernière colonie, et j'ai recommandé au bureau des passe-ports de n'en donner aucun pour la Guadeloupe, à des gens renvoyés d'ici. Je vous serai obligé, afin de seconder mes vues d'une manière efficace, de surveiller très-exactement les demandes ou cautionnemens que vous viserez, afin de refuser le visa pour la Guadeloupe, à tout individu suspect.

J'ai l'honneur d'être, etc. *Signé*, John Brodrick.

(N°. 1495.) Circulaire *de Son Excellence le Gouverneur de la Martinique, à Messieurs les Commissaires civils, sur l'exacte observation des Lois existantes sur les Arrivées et Départs illicites.*

Du 10 mai 1810.

J'ai l'honneur, Monsieur, de vous adresser une proclamation qui a pour objet de renouvell r les lois existantes sur les arrivées ou départs clandestins ou illicites, je vous prie d'y tenir rigoureusement la main; plusieurs exemples récens m'ayant convaincu de la fréquence des délits de cette nature et de la nécessité d'atteindre sur-tout les capitaines ou maîtres de bâteaux qui y donnent lieu, vous voudrez bien, lorsqu'il y aura des plaintes de ce genre prendre connaissance des faits et en instruire de suite M. le Procureur du Roi.

J'ai l'honneur d'être etc. *Signé*, John Brodrick.

(N°. 1496.) Ordonnance *de Son Excellence le Gouverneur de la Martinique, pour l'ouverture d'une nouvelle Rue au Fort-Royal, et le prolongement de celle du Gouvernement.*

Du 12 mai 1810.

Vu la requête du voyer du Fort-Royal et le procès-verbal d'adhésion des propriétaires intéressés, nous ordonnons l'ouverture et le prolongement des rues désignées, à la charge par les particuliers qui sont tenus à en faire le pavé, de l'exécuter sous l'inspection et le nivellement du voyer de la ville.

Seront les présentes enrégistrées au greffe du tribunal de première instance du Fort-Royal, ainsi que le procès-verbal annexé.

Donné à St-Pierre, le 12 mai 1810. *Signé*, John Brodrick.

Suivent la Requête et le Procès-verbal mentionnés dans l'Ordonnance ci-dessus.

Requête.

Monsieur le Gouverneur,

Le soussigné, a l'honneur de mettre sous les yeux de V. Exc. le plan général de la ville du Fort-Royal, afin qu'elle puisse juger par elle-même de la nécessité absolue d'ouvrir une rue qui communique de celle de *Sainte-Elizabeth*, sur le canal, et de prolonger celle du gouvernement jusques vers le mur du Collège.

C'est d'après le vœu de plusieurs propriétaires qui doivent recevoir sur leurs terreins ces rues, que le soussigné demande, qu'il plaise à S. Exc. d'en ordonner l'ouverture, qui ne manqueront de contribuer à l'embellissement de la ville ainsi qu'à l'épuration de cette partie où l'air est très-concentré.

Le soussigné a l'honneur d'assurer monsieur le Gouverneur de son respect et le prie de prendre en considération la présente pétition, *Signé* GOURAUD FAUVEL, arpenteur du Roi en fonction de voyer de la ville.

PROCÉS-VERBAL.

L'an mil huit cent dix et le 3 du mois de mars,

Nous soussigné, arpenteur du roi et voyer particulier de la ville du Fort-Royal, certifions nous être transporté à la réquisition des propriétaires des maisons soussignés, pour prendre connaissance de la position du terrein appelé place des quatre noirs (concédé par le Gouvernement français, le 20 nivose an XI, pour par ses concessionnaires être tenus de contribuer, chacun en proportions relatives à la surface de son terrein, à la dépense qu'exigera l'établissement en entier du pavé de la rue du Canal et de la rue Saint-Antoine, ainsi qu'à la dépense du quai et de la promenade qui seront faits sur le bord du canal, depuis le pont jusqu'au mur du collége etc. etc.) afin d'ouvrir la rue Saint-Antoine jusqu'à toucher le canal, et de prolonger la rue du Gouvernement jusqu'à toucher la rue Saint-François.

Nous aurions dressé le présent procés-verbal pour servir à l'appui de la pétition que nous devons présenter à Monsieur le général à ce sujet. Fort-Royal, les jours, mois et an que dessus. La minute est signée, Gouraud Fauvel, veuve Lasoude, Demile, Raynal Ste-Croix, Pinel, Garnier Laroche, Desrobert, Loudun, L. Bourgeois, P. Germa, Annette Dauphin, Charlery, Tiberge et société, veuve Berthier.

(N°. 1497.) CIRCULAIRE *de Son Excellence le Gouverneur de la Martinique, à Messieurs les Commissaires civils, sur la Police et la Sûreté intérieure de la Colonie.*

Du 24 août 1810.

LA surveillance qui doit faire, Monsieur, un des principaux objets de votre attention, et spécialement la nécessité de placer entre vos mains tous les moyens de réprimer le marronnage, exigeant que vous ayez à votre disposition toutes les armes nécessaires pour mettre en activité, de tems à autre, les détachemens que vous seriez dans le cas de commander, soit pour des chasses des nègres marrons, soit pour donner main-forte au Commis à la police, soit enfin pour les arrestations de vagabonds, gens sans aveu, ou autres cas de police intérieure, j'ai l'honneur de vous prévenir que j'ai destiné à votre paroisse   fusils et gibernes, qui resteront en dépôt chez vous pour cet objet.

Il sera alloué au Commis à la police un supplément de traitement pour remplir à l'égard de ce dépôt les fonctions d'armurier (*) : il aura soin en conséquence de tenir toujours en état les armes, qu'indépendamment de la surveillance journalière que j'attends de votre zèle, vous voudrez bien donner ordre à l'Inspecteur

---

(*) Dans les grandes paroisses, il y a un armurier.

de police d'examiner, toutes les fois qu'il fera sa tournée, afin qu'il en fasse mention dans son rapport.

Afin d'utiliser ce service de police de la manière la moins onéreuse aux habitans, et pour en rendre l'exécution la plus facile possible, vous commanderez chaque mois une compagnie, dont hommes seulement se tiendront prêts chez eux à marcher par semaine, et sur ces hommes, il suffira qu'il y en ait qui se rendent le dimanche au bourg où ils demeureront de service fixe ce jour-là.

Vous donnerez communication au Commandant de bataillon des résultats de cette disposition de police, et vous voudrez bien en conséquence lui adresser les états de situation de votre paroisse, afin qu'il m'envoie son état général qu'il continueara de me faire passer ainsi de trois mois en trois mois.

J'ai l'honneur etc. *Signé*, John Brodrick.

P. S. Indépendamment des détachemens extraordinaires où vous aurez à commander des Officiers, il conviendra que vous en ayez toujours un de service auprès de vous le dimanche dans le bourg.

(N°. 1498.) Circulaire *de Son Excellence le Gouverneur de la Martinique, à Messieurs les Chefs de Bataillon, sur la Police et la Sûreté intérieure de la Colonie.*

Du 24 août 1810.

J'ai l'honneur, Monsieur, de vous adresser la copie de la lettre circulaire que j'écris aux Commissaires des paroisses relativement aux dispositions qu'exigent la police et la sûreté intérieure de la colonie : ces dispositions, ainsi que vous le verrez, se bornent à un service de police, dont la nécessité est généralement sentie et qui a déjà lieu dans quelques paroisses. Vous n'aurez conséquemment à y intervenir que pour recevoir de chaque Commissaire le mouvement de sa paroisse et sa situation en hommes, dont je vous prie de m'adresser un état général, aussitôt que vous aurez pu le composer, et ainsi consécutivement de trois mois en trois mois, à compter du 1er. octobre prochain.

J'ai l'honneur d'être, etc. *Signé*, JOHN BRODRICK.

(N°. 1499.) INSTRUCTIONS *de Son Excellence le Gouverneur de la Martinique, relatives aux Marins envoyés aux Prisons de la Colonie par les Capitaines des Bâtimens Marchands des Rades de Saint-Pierre et du Fort-Royal.*

Du 16 octobre 1810.

LORSQUE le capitaine d'un des bâtimens marchands de la rade de St Pierre ou du Fort-Royal, enverra à la geôle des hommes de son équipage ou employés à son bord, les prisonniers ne pourront être reçus que sur une demande visée d'un des Officiers de l'administration coloniale soit à Saint-Pierre, soit au Fort-Royal.

Ce visa ne sera donné qu'autant que la demande portera les motifs qui obligent le capitaine à requérir la détention du prisonnier, et qu'il fournira au bureau de l'Administration bonne et valable caution, qui garantira : 1°. que justification sera faite desdits motifs par devant M. le Procureur du roi dans les vingt-quatre heures, si ledit capitaine a intention de prolonger la détention au-delà de ce terme;

2°. Que les frais de geôle seront payés et les prisonniers rembarqués à l'époque de son départ, à moins d'une permission expresse du gouvernement de les laisser à terre, de manière qu'ils ne soient jamais à charge de la colonie.

Il sera à cet effet tenu à l'administration un registre sur lequel tous les cautionnemens ainsi donnés seront inscrits et numérotés.

Les hommes appartenant à des bâtimens de la rade, envoyés en prison par leurs capitaines et reçus sans que les formalités ci-dessus aient été remplies, resteront à la charge des concierges.

Donné à St-Pierre, le 16 octobre 1810.
Signé, JOHN BRODRICK.

(N°. 1500.) DÉCISION *de Son Excellence le Gouverneur de la Martinique, portant approbation à l'établissement du Pensionnat Colonial, dans le ci-devant Couvent des Pères-Blancs, à Saint-Pierre.*

Du 22 octobre 1810.

Vu et approuvé par nous Gouverneur de la Martinique, les conventions faites pour l'établissement d'un pensionnat d'éducation, à St-Pierre, à la charge par le Sieur Perry, directeur du pensionnat,

1°. D'accomplir exactement, sous la surveillance particulière de l'Administration, les engagemens qu'il a contractés, tant par le prospectus de nous approuvé, que par les conventions ci-dessous.

2°. De nous présenter incessamment, pour être aussi approuvé, le réglement de discipline qui devra être observé dans l'intérieur du pensionnat.

3°. De tenir un registre, cotté et paraphé par le Chef de l'Administration, dans lequel il inscrira sur six colonnes la date de l'entrée des élèves, leurs noms de baptême et de famille, le lieu de leur domicile, le titre auquel ils sont au pensionnat, la date de leur sortie et le tems qu'aura duré leur résidence.

4°. De fournir à l'Administration, de trois mois en trois mois, à compter du 1er. janvier prochain, la situation du pensionnat en nombre de maitres et d'élèves présens.

Sera au surplus ledit pensionnat soumis, pour tout ce qui concerne la conduite et les moeurs, au curé de la paroisse, et pour l'enseignement et la police, à l'inspection des Magistrats.

Exemptons le directeur et les maîtres qu'il s'adjoindra de toute charge et de tout service publics, comme aussi de toutes corvées les domestiques qui seront attachés au service intérieur du pensionnat.

A St-Pierre, le 22 octobre 1810.

Signé, I. Brodrick.

Suivent les Prospectus et Conventions soumis à l'approbation du Gouvernement, pour l'établissement d'un Pensionnat, à St Pierre.

PROSPECTUS.

La Martinique se trouvant aujourd'hui privée d'institutions propres à l'éducation de la jeunesse, et le rétablissement de ses institutions conservatrices de la morale et des lumières, devenant un besoin qui se fait journellement sentir, le soussigné a osé espérer, qu'une entreprise formée dans ces vues d'utilité publique attirerait les regards des pères de famille, et que le Gouvernement la jugerait digne de sa bienveillance.

En

En conséquence il donne avis qu'il vient d'établir un nouveau pensionnat dans le ci-devant couvent des Pères-Blancs. Cet édifice isolé, vaste, et d'une distribution commode, jouit d'un air salubre et d'une eau pure. Il a plusieurs jardins, une ample terrasse, une cour spacieuse et toutes les ressources qu'une ville coloniale riche et commerçante peut offrir. La plupart des enfans y pourront trouver une portion de connaissances suffisantes; les autres y recevront au moins une ébauche préparatoire qui, portée dans les écoles européennes, peut leur ouvrir les carrières brillantes du barreau, du génie, de la médecine et de la politique.

Pour inspirer de bonnes mœurs aux élèves, on les instruira dans les dogmes de la Religion et dans les règles de la biensėance. Le pensionnat se trouvant situé près de l'église paroissiale, ils pourront sans interrompre leurs études, vaquer à leurs devoirs de piété sous la direction du curé de la paroisse.

Ils observeront l'exercice, la tempérance et la propreté. Leur nourriture sera saine et copieuse. Il y aura des femmes préposées à les peigner et à les soigner.

On enseignera, 1°. à lire d'après le nouvel alphabet et à écrire d'après le caractère anglais; 2°. l'arithmétique-pratique; 3°. un abrégé de la grammaire française; 4°. La géographie ancienne et moderne avec une notion très-succincte de la sphère (tout ce qu'on peut en dire étant presque inintelligible sans la trigonométrie;) 5°. la mythologie; 6°. l'histoire et la chronologie; 7°. la grammaire française raisonnée, c'est-à-dire présentée dans ses trois branches, analise, syntaxe, prosodie, et un traité de synonime; 8°. Les langues anglaise, espagnole et latine, (dans l'étude de cette dernière, on supprimera la composition et le dialogue comme inutiles; on s'attachera seulement à la traduction pour familiariser les élèves avec Cicéron, Horace et Virgile qui sont les sources inépuisables des richesses littéraires; 9°. les mathématiques jusqu'aux équations du troisième degré avec quelques applications sur le terrein; 10°. la sphère ou un abrégé d'uranographie; 11°. la rhétorique et la versification française; 12°. la tenue des livres; elle complètera les études des jeunes gens destinés au commerce.

Les maîtres choisiront parmi les sciences ci-dessus, celles qui auront les rapports les plus directs avec la vocation des disciples.

Une marche progressive convenant à l'enseignement, on suivra la précédente avec exactitude, persuadé qu'une mauvaise didactique est un dédale où l'esprit erre longtems dans l'incertitude avant de trouver la vérité.

Pour faciliter le travail et pour mieux enseigner l'orthographe, on dictera des cahiers extraits des meilleurs auteurs et dégagés autant que possible, d'abstractions et de prolixités. On tiendra, sur-tout, à ce que les élèves comprennent bien leurs leçons et en expliquent tous les mots.

Aux heures de loisirs, des livres choisis seront le délassement de ceux qui aimeront la lecture.

Le nombre des professeurs croîtra en raison de celui des élèves.

Toute réunion nécessitant des statuts qui maintiennent la subordination, le pensionnat aura un réglement et une discipline particulière sous la surveillance immédiate des magistrats.

Pour exciter l'émulation, il se fera au bout de chaque année un examen public suivi d'une distribution de prix et de louanges proportionnées au mérite.

Les vacances dureront quinze jours et auront lieu dans le carnaval.

Conditions.

Le prix de la pension pour la nourriture et l'instruction sera de 2,700 livres par an.

Celui de la demi-pension, 2,000 liv.

Les externes payeront, 1,080 liv.

Le pensionnat fournira les maîtres d'agrémens, le blanchissage, le papier, l'encre etc., aux conditions ci-après :

Le dessin, *gratis*.

La musique vocale et instrumentale, 432 liv. par an.

La danse, 324 liv.

Le blanchissage et ravaudage, 225 liv.

Crayons, plumes, encre et papiers, 225 liv.

Le prix des livres classiques et des instrumens de musique ne pouvant se fixer, le pensionnat s'engage à les fournir à fort bon compte.

N. B. 1°. Les payemens se feront d'avance et par trimestres. Les parens sont invités à ne pas les différer de plus de huit jours, sans quoi on se verrait à regret forcé, par le manque de fonds, à remettre l'enfant à sa famille.

2°. En cas de maladie, les parens auront le choix du médecin et en payeront le compte.

3°. Chaque pensionnaire se munira de son linge, de deux hamacs, de huit serviettes et d'un couvert complet.

4°. Les classes s'ouvriront le 17 du courant.

St-Pierre Martinique, le 15 août 1810. *Signé*, Amédé Perry.

Vû et approuvé, *Signé*, John Brodrick.

Conventions.

Aujourd'hui 1er. septembre 1810, entre M. Nicolas-Constance Coquille de Champfleuri, Commissaire de l'Administration coloniale, chargé en chef du service à St-Pierre, stipulant en sa qualité d'une part;

Et M. Amédé Perry, demeurant en ladite ville de Saint-Pierre d'autre part;

Il a été fait les conventions suivantes, pour avoir leur effet après l'approbation de M. Pinel d'Ortion, Commissaire en chef de l'Administration coloniale.

Art. Ier. L'administration, dans la vue de favoriser l'utile établissement du pensionnat, dont le prospectus présenté par M. Perry a reçu l'approbation de Son Exc. le Gouverneur Brodrick, y affecte, sous le bon plaisir du Gouvernement et jusqu'à ce qu'il en soit autrement ordonné par lui, le ci-devant couvent des Pères-Blancs, faisant actuellement partie des domaines coloniaux, ensemble les bâtimens, jardins et enclos ou vergers qui en dépendent: en conséquence le tout sera mis immédiatement à la disposition de M. Perry, en qualité de directeur du pensionnat, pour l'établir sous le régime et dans la forme portés par le prospectus annexé à ces présentes.

II. Toutes les distributions, additions et réparations, dont les bâtimens ont besoin, pour répondre à leur destination, seront faites, sous la direction de l'Administration, aux frais de la caisse coloniale, d'après le plan dressé par le Grand-voyer comme architecte.

III. De son coté, M. Perry, sera tenu en sa qualité de directeur du pensionnat:

1°. De s'adjoindre le nombre de maîtres nécessaires pour remplir exactement les conditions du prospectus, et de leur faire un traitement susceptible de les attacher aux pénibles devoirs de leurs fonctions.

2°. De garnir le pensionnat comme l'hôpital et les logemens des maîtres, de tous les meubles et effets nécessaires pour leur complète installation.

3°. D'y entretenir régulièrement une quantité suffisante de domestiques, pour y assurer un service exact et la salubrité de l'air par les soins relatifs à la propreté.

4°. De faire à ses frais aux bâtimens, aux murs de clôture, aux canaux servant à la conduite des eaux, et aux réservoirs et bassins qui les reçoivent, les réparations dont ces choses pourront avoir successivement besoin, pour être exactement tenues dans l'état où elles sont mises pour répondre à leur destination ; à l'effet de quoi l'officier d'administration, chargé en chef du service à St-Pierre, se transportera de trois en trois mois sur les lieux pour en faire une visite exacte, et provoquer ce qui aurait été négligé à cet égard.

IV. Ne sont point compris dans l'ensemble des lieux affectés au pensionnat, l'espace qui se trouve au sud des bâtimens et de l'enclos, depuis le terrein du Sieur Maine de Sainte-Luce, jusqu'à l'escarpe du morne qui domine cette partie, entièrement réservée pour promenade publique ; non plus que les bâtimens délabrés situés à l'extérieur de la ligne qui sera tirée de ce côté pour fixer les bornes de l'enclos.

V. Celles dans lesquelles ledit enclos se trouvera par là renfermé, ne sauraient d'ailleurs être un obstacle à l'exécution de tout projet relatif à la continuation de la rue Saint-Dominique ou Toraille, dans sa longueur du coté du nord, même à l'ouverture d'une rue de traverse à son extrémité supérieure, cas auquel les nouvelles clôtures nécessaires seront faites sur les deniers municipaux de la ville.

VI. Si M. Perry, venait à décéder ou à renoncer à la direction du pensionnat, même à la perdre par cas fortuit ou autrement, le mobilier du pensionnat, à lui appartenant, sera estimé par des arbitres convenus, pour leur valeur être payée à lui ou à ses héritiers par celui qui lui succéderait dans les fonctions de directeur.

VII. Il est au surplus bien entendu que si l'établissement du pensionnat n'obtenait pas le succès que le Gouvernement s'en promet pour l'avantage de la colonie, il pourra en tout tems prononcer dans sa sagesse ce qu'il jugera convenable à cet égard.

Signé, Amédé Perry, Coquille de Champfleuri; Vû par nous Chef de l'administration coloniale, *Signé*, Pinel.

(N°. 1501.) Lettre *de Son Excellence le Gouverneur de la Martinique, à Messieurs les Inspecteurs et Commissaires de Police, relativement aux Permis de Résidence.*

Du 26 octobre 1810.

Je vous prie, Monsieur, de ne point perdre de vue qu'un de vos premiers devoirs est de faire exhiber les permis de résidence de tous ceux qui ne vous sont pas connus pour propriétaires présens lors de la conquête, ou ayant domicile dans la colonie dès cette époque; et de faire arrêter et conduire à la première geôle tout étranger blanc ou de couleur qui ne pourra pas produire de permis de ce genre ou dont le permis se trouvera expiré

Vous voudrez bien vous livrer continuellement à cette recherche, et observer que l'ordre que je vous donne est permanent; et qu'il ne suffit pas de l'exécuter au moment où vous le recevrez, mais qu'il ne doit jamais tomber en désuétude.

J'ai l'honneur d'être, etc. *Signé*, John Brodrick.

(No. 1502.) Instructions *de Son Excellence le Gouverneur de la Martinique, pour l'exécution de l'article II, de l'Ordonnance du* 24 *Décembre* 1810, *sur l'Imposition coloniale de la Martinique.*

Du 24 décembre 1810.

Les factures assermentées exhibées au domaine pour le chargement des denrées coloniales devront à l'avenir porter le poids des sucres chargés.

Il ne doit point être perdu de vue, que le principal objet du droit établi est d'empêcher les denrées des autres colonies de servir de prétexte à l'écoulement des denrées de la Martinique, en fraude des droits coloniaux.

Or, toute vente faite à la Martinique, en denrées, soit à terre soit en rade, doit être sujette au droit.

D'après cela si le domaine permet de transférer de bord à bord pour exportation, il convient d'ajouter dans la permission, sans changement de propriété, et de prévenir, qu'en cas de vente qui opère ce changement, le droit est dû.

La même observation doit être faite si on permet d'entreposer des denrées à terre pour être rembarquées sans payement de droit.

Sous ces conditions on peut permettre de transférer de bord à bord des denrées, ou d'en entreposer en magasin.

Dans le cas de denrées entreposées, ce qui devra être sous la surveillance des Officiers des douanes de S. M., un bon du montant du droit, consenti à la caisse comme pour deniers royaux, sera consigné entre les mains du Receveur-colonial au bureau de la douane, pour être rendu, si les denrées sont rembarquées avant trois mois, ou pour être acquis définitivement au revenu colonial, si après les trois mois l'exportation n'a pas été effectuée, (sauf aux intéressés à obtenir de nous un renouvellement de terme si lieu y a.)

Par cet article II, le rum introduit par les contracteurs de S. M. pour la consommation des forces, est exempt de droits, mais ce rum ne devra néanmoins entrer que sur des certificats de M. Sommerville, assistant-commissaire, qui constatent que cet objet est importé au compte du commissariat pour le servive de S. M.

Il doit être entendu que serment devra préalablement se prêter par-devant M. le Collecteur des douanes de S. M. pour toute demande d'exemption de droits coloniaux.

Seront les présentes instructions enregistrées à l'Administration coloniale, remises aux préposés aux recettes coloniales près les douanes de S. M., pour que MM. les Collecteurs y aient recours lorsque les circonstances l'exigeront.

Donné à la Martinique, le 24 décembre 1810. *Signé*, JOHN BRODRICK.

(N°. 1503.) Ordonnance *de Son Excellence le Gouverneur de la Martinique, sur le Nivellement et le Tracé des nouveaux Chemins.*

Du 26 décembre 1810.

Attendu que la lenteur avec laquelle s'opère le nivellement et le tracé des nouveaux chemins de la colonie, s'oppose aux avantages qui doivent résulter de leur confection, et pour prévenir les difficultés que le Grand-voyer a rencontrées dans l'exécution des ordres du gouvernement : il lui est enjoint de se servir des arpenteurs et voyers de la colonie, pour faire le nivellement des nouveaux chemins, opération dans laquelle ils auront à se conformer aux instructions qui leur seront données par ledit Grand-voyer, ou M. Jean Huyghues, qui lui est adjoint ; ces voyers ou arpenteurs seront payés à raison de 25 livres par chaque centaine de toises.

Lorsque le Grand-voyer aura à employer un arpenteur ou un voyer, il lui donnera l'ordre de s'occuper du nivellement dont il s'agira, en lui enjoignant de cesser toutes opérations particulières de son état pour s'occuper uniquement dudit nivellement, et ce, sous peine de désobéissance aux ordres du gouvernement et par conséquent d'être punis suivant l'exigence des cas.

Il se fera rendre un compte exact tous les quinze jours, par les nivelleurs, du travail qu'ils auront fait, les inspectera lorsqu'il le croira nécessaire, et rendra aussi tous les quinze jours le compte au Chef de l'administration coloniale, tant du travail fait dans les différentes paroisses, que des incidens et entraves qui pourront se rencontrer afin qu'il nous en instruise, et que nous ordonnions ce que de droit, suivant les circonstances.

Donné au Fort-Royal Martinique, le 26 décembre 1810. *Signé*, JOHN BRODRICK.

(N°. 1504.) ORDONNANCE *de Son Excellence le Gouverneur de la Martinique, concernant la vente à rentes perpétuelles de l'habitation du Fonds St-Jacques, faisant partie des Domaines coloniaux.*

Du 20 janvier 1811.

ATTENDU que l'habitation coloniale dite le Fonds Saint-Jacques, est une propriété onéreuse sous le rapport d'une location qui laisse toujours à la charge du propriétaire les réparations, les frais d'entretien et les reconstructions qu'exigent ce genre de biens.

Attendu que les locations à baux déterminées à tems fixes, en exposant l'atelier considérable dépendant de cette propriété à un changement de domination, peuvent être la cause ou le prétexte de mouvemens intérieurs et de pertes majeures quelquefois irréparables.

Attendu que l'intérêt du locataire étant de retirer le plus grand profit possible d'un bail dont il a toujours l'expiration sous les yeux, il en résulte un travail forcé pour les esclaves, pour les animaux et pour les terres, qui tend nécessairement à en diminuer la valeur et en avancer journellement la ruine au détriment du propriétaire.

Attendu que, si d'un côté le mode de louer les biens coloniaux est vicieux, de l'autre celui de les vendre et d'en amortir le prix l'est beaucoup plus encore, en anéantissant tout d'un coup des ressources annuelles et de tous les tems.

Attendu qu'un mode, qui assurerait à ce propriétaire tout le revenu possible de son capital, sans dangers ni charges, et laisserait au détenteur du bien toute la latitude nécessaire pour le faire valoir à son profit, en même-tems que la prospérité qu'il donnerait à ce bien retournerait à celle de la chose publique, serait vraiment le mode qu'une sage et prévoyante administration devrait adopter.

Attendu que les revenus du Fonds St Jacques, sont d'ailleurs destinés annuellement et applicables, par les mains de l'administration coloniale, à l'entretien du culte et du clergé.

Attendu néanmoins que le gouvernement est lié déjà par le bail qu'il a consenti au Sieur Jean-Joseph-François de Perpigna, détenteur actuel, qui, aux termes du bail, est fondé à réclamer et réclame des réparations urgentes et d'un grand prix, et auquel, dans le cas d'une résiliation forcée, s'il y avait lieu, il serait dû des dommages et intérêts considérables.

Attendu que sur la proposition qui lui en a été faite, ledit Sieur Jean-Joseph-François de Perpigna, tout en discutant et soutenant ses intérêts, a apporté dans cette discussion l'abandon le plus généreux sous les rapports du bien public et de son pays, et que les compensations auxquelles il aurait droit et dont il consent à se désister, lui méritent toute préférence.

Attendu d'ailleurs, que le plus haut prix et la sécurité la plus grande que le gouvernement et l'administration coloniale puissent désirer, ils les trouvent en lui et dans la solidité du caution qu'il représente.

Vû le rapport du chef de l'administration, de l'avis de notre conseil privé, tout vû et considéré, nous avons décidé et ordonné que l'habitation dite le Fonds St-Jacques sera, par le ministère de l'administration coloniale, donné à titre de bail perpétuel d'héritage, à rentes annuelles et foncières à M. Jean-Joseph-François de Perpigna, aux clauses et conditions qui seront stipulées dans l'acte par devant notaire qui sera passé à cet effet.

Donné au Fort-Royal Martinique, le 20 janvier 1811. *Signé*, JOHN BRODRICK.

Suivent le Rapport du Chef de l'Administration coloniale, et la Décision du Conseil Privé.

RAPPORT.

L'habitation St-Jacques, ne rend que 68,000 livres, tandis que le capital qu'elle représente s'élève à plus de deux millions; encore faut-il que sur cette modique somme de 68,000 livres, l'administration paye les réparations et autres charges spécifiées par le bail. Dans ce moment le fermier de St-Jacques réclame des réparations urgentes, et l'on doit s'attendre qu'il y en aura successivement d'autres et qu'en dernier résultat la rente que ce bien donne pourrait être plutôt une illusion qu'une réalité.

Le mode de louer de tels biens tend évidemment à les ruiner ou au moins à rendre nulles les rentes du propriétaire. L'intérêt du locataire est de tirer le plus grand produit possible, et il est naturel qu'il soigne plus cet intérêt que tout autre ; or les soins qu'un propriétaire donne ordinairement à la conservation de sa chose, ceux qu'il prend pour en augmenter la valeur, etc., sont négligés : on ne peut en douter. Le résultat qu'on vient d'avoir d'un bail de sept ans de l'habitation St-Jacques prouve ces assertions.

Si d'un coté le mode de louer les biens coloniaux est vicieux, de l'autre celui de les vendre et d'en recevoir le montant l'est encore plus ; nous en avons la triste expérience dans la vente que M. Bertin, préfet colonial, a faite, lors de la reddition de l'île à la France, d'une grande quantité de maisons provenant des biens du clergé ; mais un mode qui assurerait au propriétaire tout le revenu possible de son capital sans dangers ni charges, et qui laisserait au détenteur du bien toute la latitude nécessaire pour le faire valoir à son profit, en même-tems que la prospérité qu'il donnerait à ce bien retournerait à celle de la chose publique, serait vraiment le mode qu'une sage administration devrait adopter.

D'après ces considérations, je pense, que le parti le plus sage à prendre relativement à l'habitation Saint-Jacques serait de la vendre à rentes perpétuelles, en hypothéquant le capital tant sur le fonds même que sur d'autres biens, dont la valeur réelle assurerait celle de ladite habitation, en, par l'acheteur, d'en payer la rente par trimestre sous bonne et solvable caution. *Signé*, PINEL.

Décision du Conseil privé de Sa Majesté du 21 *Décembre* 1810.

Vu le rapport du Chef de l'administration coloniale, sur le parti à prendre à l'égard de l'habitation Saint-Jacques, le conseil juge que l'examen récent des comptes de M. Poux, confirme l'opinion donnée par le Chef d'administration, que le système de location est onéreux, et que ce qu'il y a de plus avantageux pour la colonie est d'adopter en entier son plan à l'égard de cette propriété, en la vendant à rentes perpétuelles tant sur l'habitation que sur d'autres biens, dont la valeur réelle assurerait celle de ladite habitation en, par l'acheteur, s'engageant à en payer la rente par trimestre, sous bonne et valable caution, en donnant la préférence au fermier actuel à prix égal, ou en lui accordant les dédommagemens qui seront reconnus justes, s'il ne lui convient pas d'acquérir.

Et M. Joseph de Perpigna en sa qualité de fermier actuel de ladite habitation a remis une note contenant des observations sur sa situation personnelle dans le cas d'un nouvel arrangement, auquel il est néanmoins disposé à se prêter, avec toutes réserves qu'il déclare faire pour la conservation de ses droits; ladite note est restée annexée aux pièces à l'appui de ce procès-verbal.

Fort-Royal, le 9 janvier 1811. *Signé*, John Brodrick.

(N°. 1505.) Instructions *de Son Excellence le Gouverneur de la Martinique, pour l'exécution de l'Ordonnance du* 23 *janvier* 1811.

Du 1er. février 1811.

Lorsqu'un bâtiment, ayant droit aux primes établies par l'ordonnance du 23 janvier dernier, fera son entrée à la douane, le capitaine sera tenu d'y présenter la facture des articles pour lesquels les primes sont allouées, en détaillant le nombre de futailles par numéro marquées des lettres de la cargaison, et il spécifiera le poids, si c'est de la morue ou du riz; cette facture sera par lui assermentée et déposée à la douane. Lorsqu'il voudra faire son débarquement, il préviendra l'officier de l'administration coloniale chargé du service dans le port où ce débarquement devra se faire, en indiquant les magasins dans lesquels il se propose de déposer son chargement : l'officier d'administration enverra à bord, à l'heure indiquée, un préposé pour veiller au débarquement et tenir état, par lettre et numéro, des futailles. Lorsque le débarquement sera achevé, le préposé rapportera au bureau de l'administration l'état qu'il aura formé et alors la douane et l'administration de concert vérifieront les marchandises dans le magasin sur la facture assermentée, et l'état fait par le préposé au déchargement; et si tout se trouve conforme, elles délivreront le certificat d'après lequel les primes devront être payées par le trésor colonial. Au Fort-Royal, la vérification du poids de la morue et du riz se fera dans le magasin, de la manière qui sera jugée convenable par la douane et l'administration.

Il est entendu que la prime est allouée par quintal de morue et millier de riz, poids de chargement ordinaire du port où l'expédition aura été faite en Amérique.

Pour que la prime soit acquise, il faut que les articles soient bons et marchands.

Donné au Fort-Royal, le 1er. février 1811.
Signé, JOHN BRODRICK.

(N°. 1506.) ORDONNANCE *de Son Excellence le Gouverneur de la Martinique, concernant les changemens faits dans l'organisation des Brigades de Police à St-Pierre.*

Du 25 mars 1811.

VU les représentations de MM. les officiers du tribunal de première instance de St-Pierre et le rapport du chef de l'administration coloniale sur un changement à faire dans l'organisation des brigades de police de ladite ville, à l'effet de mieux utiliser et assurer le service de ces brigades, nous avons décidé et décidons que les deux brigades seront réunies en une seule composée comme suit :

D'un lieutenant commissaire de police ayant rang de lieutenant d'infanterie de milice, dont les fonctions seront les mêmes que celles du capitaine commissaire, à l'exception qu'en sa qualité de lieutenant il demeure subordonné à son capitaine comme tout officier en sous ordre.

Son traitement annuel sera de 6,000 livres, et comme lieutenant de la compagnie des pompiers 1,200 livres, total 7,200 livres.

D'un brigadier à la solde par an de 3,500 livres, et comme sergent de la compagnie des pompiers, 660 livres, total 4,160 liv.

De deux sous-brigadiers, chacun à 2,400 liv.

De quinze archers, chacun à 1,700.

Les frais d'habillement, de chaussure et de coucher, demeurent établis comme par le passé.

Maintenons au surplus toutes les dispositions de l'ordonnance du 10 juillet 1809, concernant l'organisation de la police dans les villes,

en

en tout ce qui n'y est pas dérogé par la présente décision.

Donné au Fort-Royal, le 25 mars 1811. *Signé*, JOHN BRODRICK.

(N°. 1507.) EXTRAIT *d'une Lettre de Son Excellence le Gouverneur de la Martinique, à M. le Procureur du Roi de St-Pierre, sur les Débarquemens clandestins.*

Du 26 mars 1811.

JE suis informé, Monsieur le Procureur du Roi, que l'exécution rigoureuse de l'art. VI de l'ordonnance sur les débarquemens clandestins est sujette à quelques inconvéniens, lorsque cet article est dans le cas d'être appliqué à des personnes, dont le rang, la considération et les principes sont assez notoires pour les mettre dans le cas de l'exception déjà prononcée pour les *sujets nés* de S. M.

Je m'en rapporte entièrement sur vous à l'égard des exceptions de ce genre.

Je vous recommande toujours de profiter du moyen que donne cette ordonnance pour écarter les faux libres de la colonie, et empêcher ceux de ce genre, qui en seraient sortis, d'y rentrer de nouveau avec leurs prétentions imaginaires.

J'ai l'honneur d'être, etc. *Signé*, JOHN BRODRICK.

(N°. 1508.) CIRCULAIRE *du Chef de l'Administration coloniale aux Membres du Comité des Chemins, renfermant les Instructions pour l'exécution des nouveaux Chemins de la Martinique.*

Du 1er. mars 1812.

MAINTENANT, Messieurs, que les nouveaux chemins sont tracés ou commencés dans presque toutes les paroisses de l'île, et que l'esprit public est fixé sur les avantages qui doivent résulter d'une opération aussi importante, Son Excellence le Gouverneur veut régulariser les derniers efforts que nous avons à faire pour terminer un ouvrage aussi utile au pays, et faire cesser les abus qui se sont glissés dans certaines paroisses et qui pourraient compromettre l'achèvement de l'ouvrage, ou les intérêts des Habitans zélés pour l'établissement des chemins, et appréciateurs des avantages qu'il leur prépare.

En conséquence Son Excellence m'a ordonné de maintenir la méthode établie et qui remet au Comité de chaque paroisse (composé de Messieurs le Commissaire-civil, les Commissaires *ad hoc* et de plusieurs des Habitans les plus éclairés et les plus sages, choisis et nommés par le Commissaire civil), tous les soins qui concernent la confection de ces chemins suivant le tracé fait par le Grand-voyer et les Commissaires *ad hoc*, et relaté dans leur procès-verbal.

Son Excellence considère les membres du Comité comme les péres de famille de la paroisse, toujours occupés des moyens d'empêcher que, dans un travail aussi majeur, les uns ne soient lézés par les autres, et de s'assurer que tous concourent proportionnellement au bien commun; aussi sa confiance en eux, est celle due à une réunion d'hommes les plus éclairés, et les mieux intentionnés pour l'intérêt des Habitans et l'exécution des ordres du Gouvernement.

Cependant comme il se trouve malheureusement parmi les Habitans des paroisses, comme dans toutes les sociétés, des hommes sur lesquels la loi a besoin de s'appésantir, et qu'il faut punir pour que justice soit rendue à tous, Son Exc., pour aider les Comités, m'a prescrit les dispositions suivantes, dont j'aurai a lui rendre compte de l'exécution chaque mois,

1°. Le Comité se réunira toutes les fois qu'il le jugera à propos, mais au moins une fois tous les quinze jours, pour délibérer sur ce qui est relatif aux chemins de sa paroisse, arrêtera les dispositions qui devront avoir lieu et en requerra l'exécution du Commissaire civil, comme représentant de toutes les autorités dans sa paroisse. Le Commissaire civil demeure responsable de cette exécution en son propre et privé nom.

2°. Le Comité fera passer au Chef de l'administration coloniale, dans la huitaine qui suivra la réception de cette lettre, l'état des opérations qui ont été faites précédemment soit pour l'ouverture, soit pour la confection des chemins suivant le modèle ci-joint n°. 1.

3°. Au premier de chaque mois il enverra au Chef d'administration l'état du travail fait pendant le mois écoulé, suivant le modèle n°. 2.

4°. Comme le Comité a dû choisir le mode le plus convenable à la paroisse pour la confection de ses chemins, chacun des contribuables a dû être taxé en raison de ses moyens, soit pour le travail en masse, soit pour celui d'une répartition : ainsi nul ne peut se refuser à remplir sa tâche sans désobéir aux ordres du Gouvernement et manquer de délicatesse envers ses Concitoyens. Les délinquans, dont la négligence ou la mauvaise volonté auront été bien reconnues dans la vérification faite en Comité assemblé, ne doivent donc prétendre à aucune rémission d'une faute aussi grave envers leurs co-paroissiens, et le Gouvernement leur applique définitivement les dispositions prononcées par les ordonnances en pareil cas, de la manière suivante :

Lorsque, sur les comptes que le Comité des chemins d'une paroisse se fera rendre, il reconnaitra dans un contribuable négligence ou mauvaise volonté à remplir sa tâche, ce Comité requerra le Commissaire civil de faire louer sur le champ le nombre de nègres nécessaires pour remplir la tâche en souffrance et dresser le compte de la dépense des journées de ces nègres, pour être visé par le Comité et envoyé au Chef d'administration qui en fera payer le montant sans délai. Ce compte ainsi payé sera à l'instant remis aux Huissiers pour en opérer le remboursement à la caisse coloniale, par toutes les voies de rigueur établies pour la perception des deniers royaux.

Les Comités doivent n'avoir pas perdu de vue, que le moyen le plus efficace de bien employer le tems des nègres et d'exécuter un bon ouvrage est celui de les faire surveiller par leurs propres maîtres pendant le travail, tandis que les personnes les plus entendues dans la confection des chemins dirigeront l'ensemble des travaux ; chaque Comité à cet égard adoptera la mesure que sa sagesse lui indiquera, sa mission étant de procurer à sa paroisse les meilleurs chemins possibles, en allégeant cette charge aux habitans par tous les moyens et sur-tout par l'activité, le plus précieux de tous ; car plutôt les chemins seront achevés, plutôt on en ressentira les bons effets, sans aucune sollicitude pour l'avenir.

Dès qu'il y aura dans une paroisse, mille toises de chemins sans lacunes et confectionnées, les cinq premières cents toises seront remises à l'Administration après la vérification faite par le Grand-Voyer en présence des membres du Comité ; les cinq cents restantes ne lui seront remises, (après la même vérification) que lorsqu'il y en aura cinq cents autres de confectionnées, et ainsi de suite ; voulant toujours laisser aux parties des chemins, dont l'Administration se chargera, le tems de se consolider. Ces chemins ainsi remis à l'Administration seront entretenus à perpétuité par des Entrepreneurs, employés à cet effet, et de manière à ce que les habitans jouissent constamment des plus belles routes, et que leur entretien ne soit plus, comme par le passé, sous leur responsabilité et par corvées de leurs nègres.

Je joins ici, Messieurs, les instructions du Grand-Voyer, dont la rédaction a été ordonnée par le Gouvernement, afin que leur ponctuelle exécution, dans chaque paroisse, ne laisse rien à desirer dans les travaux du tracé, de l'ouverture, de la confection et de l'entretien des nouveaux chemins de la colonie.

J'ai l'honneur d'être, etc. *Signé*, PINEL.

Suivent les Instructions du Grand-Voyer de la Martinique, pour le Tracé, l'Ouverture, la Confection et l'Entretien des Nouveaux Chemins.

L'impraticabilité de la plus grande partie des chemins de la colonie, leur excessive déclivité dans quelques endroits, et les travaux très-dispendieux qu'aurait exigés leur réparation, ont déterminé le Gouvernement à ordonner un nouveau tracé de ces chemins, tel qu'il offrît, pour toujours, tous les avantages qu'on doit en attendre, tant pour le transport des denrées aux lieux d'embarquement, que pour une communication facile dans l'intérieur de la colonie.

Déjà les anciens chemins sont abandonnés dans les paroisses où les nouveaux sont en partie confectionnés, et l'on ne peut douter que l'ouverture de ceux-ci occupant les atteliers, et les anciens chemins restant sans réparations, ils ne soient, pour la plupart, rompus après l'hivernage prochain. Ces considérations jointes à celles de n'être plus chargés de l'entretien de leurs chemins, ont déterminé divers particuliers à hâter la confection des portions qui leur ont été réparties, pour les remettre au Gouvernement, qui les fera entretenir par entreprise sous l'inspection de Voyers et d'un Comité, établis à cet effet dans chaque paroisse.

Mais l'on sent aisément, que les entrepreneurs ne devant être chargés que de l'entretien des nouveaux chemins, il faut qu'ils soient remis au Gouvernement entièrement confectionnés et tels qu'ils doivent toujours exister; en conséquence le Gouvernement a ordonné au Grand-Voyer de rédiger et de lui présenter les instructions générales qu'il jugerait nécessaires tant pour le tracé et l'ouverture des nouveaux chemins, que pour leur entière confection, afin qu'elles servissent de règle dans toute la colonie, tant pour l'ouverture actuelle que pour l'entretien des nouveaux chemins à l'avenir.

Tracé et ouverture.

1°. Dans tous les endroits où les nouveaux chemins auront été nivelés avec des piquets à crochet ou entaille, ce sera ce crochet, et non le pied du piquet qui déterminera le niveau de l'escarpement.

2°. Avant que de commencer la fouille du chemin, non-seulement toute la largeur que devra avoir le chemin, mais encore quelques pieds en deçà et au-delà seront coutelassés, tous les arbres et halliers ou cafiers abattus, sur une largeur de 28 pieds dans les mornes et de 31 pieds dans les endroits où le terrein se trouvera plein.

3°. On commencera ensuite l'ouverture des chemins par la fouille de quatre pieds de largeur au moins, à partir desdits piquets et à la hauteur de leur entaille.

4°. Dans les paroisses où l'on aura adopté le mode de la répartition pour la confection des chemins, lorsqu'il se rencontrera, dans le premier escarpement de quatre pieds de largeur, de très-grosses roches ou des carrières qui exigéront qu'on y fasse jouer la mine, ces roches seront découvertes avec soin, afin que le Comité nommé dans chaque paroisse puisse, en se transportant sur les lieux, juger du plus ou moins de difficultés qu'ils présenteront, évaluer le travail qu'ils exigeront, et répartir d'une manière plus juste, à chaque particulier, la portion qu'il aura à confectionner.

5°. L'expérience ayant prouvé que les terres de remblai se ravinent et sont entraînées par les grandes pluies, avant qu'elles aient eu le tems de se consolider, les chemins seront escarpés sur le solide, et ces remblais ne seront point compris dans la largeur que devra avoir le chemin, excepté dans un petit nombre d'endroits presque pleins et très-rocailleux. Ces terres seront donc renvoyées au-delà des piquets et au-dessous du niveau du chemin, pour qu'elles ne puissent s'opposer à l'échappée des eaux pluviales.

6°. Lorsque, dans le premier tracé, il se rencontrera de petites ravines ou des ravins secs, sur lesquels il n'aura pas été jugé nécessaire d'établir quelqu'ouvrage en maçonnerie, ces petits ravins seront traversés par de petites murailles sèches d'environ dix-huit pouces ou deux pieds d'épaisseur et auxquelles on donnera beaucoup de talus. La partie supérieure sera comblée en roches ou rocailles, à la hauteur de l'entaille des piquets. Cette précaution assurera la solidité du chemin et en diminuera les sinuosités.

7°. Pour faciliter la fouille et le déblai des terres dans les endroits où l'escarpe se trouvera considérable, l'on mesurera horisontalement à partir des piquets et de distance en distance, la largeur que devra avoir le chemin, y compris le fossé et le talus de l'escarpe; on en tracera ensuite le bord supérieur, et l'on commencera par-là la fouille au moyen des pics ou des pinces qui avanceront beaucoup plus le travail que les houes. Les terres s'ébouleront d'elles mêmes, le talus se formera naturellement, et en descendant ainsi jusqu'à la rencontre du niveau du chemin, on évitera les accidens qui arrivent souvent dans les fouilles faites au pied des escarpemens.

8°. Le talus des escarpes sera de quarante-cinq degrés dans les endrois où le sol sera sablonneux ou susceptible d'éboulemens, et il n'aura que la moitié de la hauteur de l'escarpe de déclivité dans les endroits où le terrein sera plus solide : cette précaution sera inutile dans ceux où le chemin sera pratiqué dans du tuf ou dans des carrières dont les pierres ne pourront se détacher.

Dimensions et confection.

1°. Tous les chemins de la colonie auront, à l'exception des endroits où il se rencontrera des escarpes trop considérables, 25 pieds francs de largeur, non compris les fossés.

2°. Dans les mornes où les escarpes seront considérables, ils ne pourront avoir moins de dix-huit pieds de largeur, pour éviter les accidens qui résulteraient de la rencontre des cabrouets conduits par des nègres presque toujours malhabiles ou insoucians. L'on doit observer ici que plusieurs cabrouets ont des essieux de huit pieds de longueur.

3°. Les levées à faire dans des terreins marécageux auront trente pieds de largeur pour prévenir l'évasement causé par la pression des voitures sur un sol mouvant.

4°. Les fossés auront trois pieds de largeur et un pied de profondeur ; ils seront interrompus, de distance en distance, d'une toise de longueur pour éviter l'accumulation des eaux et leur faire traverser le chemin par des échappées qui seront pavées et ouvertes obliquement, afin de faciliter l'écoulement des eaux et le passage des roues.

5°. Dans les endroits où il sera possible de substituer des coffres-à-mort ou manchons à ces échappées, la localité ou le volume des eaux déterminera la dimension des fossés.

6°. Mais, dans l'un et l'autre cas, on s'attachera à choisir, le plus qu'il sera possible, les endroits où les eaux des échappées ou des coffres-à-mort ne minent pas le bord du chemin; ce à quoi l'on pourra obvier par un pavé ou par de grosses roches plates qui rompront la chûte des eaux.

7°. Les fossés des levées seront proportionnés au volume d'eau qui les environnera et au besoin de terres nécessaires à leur élévation. Partout où il sera possible d'y rapporter des terres de remblai, celles qui seront tirées des fossés serviront à élever les bords de la levée, comme étant plus propres à se lier avec elle; et le centre sera comblé en tuf, rocaille ou bonne terre de remblai.

8°. Dans les terreins presque pleins, les chemins auront, de droite et de gauche, un fossé de trois pieds de largeur; mais dans les pentes de mornes, ils n'auront qu'un fossé du côté de l'escarpe; et il ne sera pas permis d'en ouvrir un sur le bord opposé du chemin, sous prétexte de déterminer ailleurs la chûte des eaux provenant des échappées.

9°. La nature de la plus grande partie du sol de la colonie, et la difficulté de se procurer, sans de très-grands frais, des roches, des rocailles et du gravier pour ferrer les nouveaux chemins, exigent qu'ils soient bombés, afin que les eaux pluviales ne puissent y séjourner et qu'elles s'égoutent dans les fossés latéraux.

10°. En conséquence, tous les chemins de la colonie, à l'exception de ceux qui seront fouillés dans des carrières, seront bombés de dix-huit pouces de hauteur dans leur centre et entretenus dans cet état; ce qui les consolidera dans peu de tems et diminuera les frais de leur entretien.

11° Comme il est nécessaire que l'air et le soleil dessèchent les chemins qui ne sont pas ferrés, les haies ou lisières qui les avoisinent seront taillées et entretenues à quatre pieds de hauteur, et les arbres coupés de manière, que leurs branches ne s'avancent pas de plus de quinze pieds du bord desdits chemins du côté du nord, et de vingt-cinq pieds du côté du sud, où le soleil se trouve plus long-tems et plus incliné pour nous que dans la partie du nord.

12°. Moyennant ces précautions et la surveillance des comités des paroisses intéressées à l'entretien des nouveaux chemins, l'on ne peut douter que la colonie ne jouisse dans peu du fruit des sacrifices qu'elle fait actuellement, et que dans des tems plus heureux, elle ne bénisse le Gouvernement paternel qui lui aura procuré par là des avantages d'autant plus grands, qu'il concourt avec elle à l'exécution de cette belle entreprise, par la construction qu'il a ordonnée des ponts si long-tems projetés par les anciennes ordonnances, et dont la multiplicité exige des dépenses énormes qui ne l'ont point rebuté.

Par ordre du Gouvernement.

Signé, GAILLARD ST-LÉGER.

(N°. 1509.) DÉCISION *de Son Excellence le Gouverneur de la Martinique, en Conseil privé, concernant les Embranchemens des Chemins particuliers.*

Du 27 mars 1812.

LE conseil considérant que les changemens faits dans la direction des chemins royaux priveront grand nombre d'habitations de leurs anciennes communications, estime qu'il est de toute justice de fournir à ceux des habitans qui se trouvent dans ce cas des moyens de rejoindre la route publique, lorsque la nécessité les forcera de demander une nouvelle ouverture, et pense que l'exécution de ces nouvelles opérations doit être renvoyée à l'administration qui s'en entendra avec les comités des chemins et voyers *ad-hoc* de chaque paroisse. Le conseil observe en outre que ces chemins particuliers doivent être dirigés de manière à être utiles au plus grand nombre possible d'établissemens et le moins onéreux que faire se pourra aux propriétaires sur les terres desquels ils passeront. Ces chemins n'auront que dix-huit pieds de largeur et seront exécutés d'après les principes qui ont dirigé le tracé et la confection des chemins royaux, en cherchant cependant à accorder la commodité des transports et l'intérêt des particuliers que ces nouvelles directions chargeront de servitudes; considérant d'ailleurs qu'il est impossible d'établir des règles fixes pour tous les cas particuliers, le conseil pense que tous ces détails doivent être confiés aux soins et à la direction du chef de l'administration aidé des éclaircissemens fournis par les Comités et Voyers *ad-hoc*.

Fort-Royal, le 27 mars 1812. *Signé*, CHARLES WALE.

FIN DU CINQUIÈME VOLUME.

TABLE

ALPHABÉTIQUE ET RAISONNÉE

DES MATIÈRES

Contenues dans le cinquième volume du Code de la Martinique.

A

D

Enfans trouvés.

F

G

H.

I

J

L

N

Q

R

S

U.

V.

FIN DE LA TABLE DU CINQUIÈME ET DERNIER VOLUME.

www.ingramcontent.com/pod-product-compliance
Ingram Content Group UK Ltd.
Pitfield, Milton Keynes, MK11 3LW, UK
UKHW020129290926
15471UKWH00003B/369

9 782012 53111